教育部哲学社会科学重大课题攻关项目
"城市新移民问题及其对策研究"

流动与定居之间
当代中国城市新移民个案研究

周大鸣 主　编
谭　杰 副主编

中山大学出版社

·广州·

版权所有　翻印必究

图书在版编目（CIP）数据

流动与定居之间：当代中国城市新移民个案研究/周大鸣主编．—广州：中山大学出版社，2018.12

ISBN 978-7-306-06421-9

Ⅰ.①流… Ⅱ.①周… Ⅲ.①城市—移民—研究—中国 Ⅳ.①D632.4

中国版本图书馆 CIP 数据核字（2018）第 193168 号

出　版　人：	王天琪
策划编辑：	王　润
责任编辑：	王　润
封面设计：	林绵华
责任校对：	付　辉
责任技编：	何雅涛
出版发行：	中山大学出版社
电　　话：	编辑部 020－84111996，84113349，84111997，84110779
	发行部 020－84111998，84111981，84111160
地　　址：	广州市新港西路 135 号
邮　　编：	510275　　　　传　真：020－84036565
网　　址：	http://www.zsup.com.cn　　E-mail：zdcbs@ mail.sysu.edu.cn
印　刷　者：	佛山市浩文彩色印刷有限公司
规　　格：	787mm×960mm　1/16　27 印张　796 千字
版次印次：	2018 年 12 月第 1 版　2018 年 12 月第 1 次印刷
定　　价：	120.00 元

如发现本书因印装质量影响阅读，请与出版社发行部联系调换

本书由广东省金秋慈善基金会资助出版

目　　录

关于研究方法的说明……………………………………………………… 1

沈阳个案调查汇编

案例编号：沈阳—智力型—001 ……………………………………………… 4
案例编号：沈阳—智力型—002 ……………………………………………… 7
案例编号：沈阳—智力型—003 ……………………………………………… 10
案例编号：沈阳—智力型—004 ……………………………………………… 14
案例编号：沈阳—智力型—005 ……………………………………………… 19
案例编号：沈阳—智力型—006 ……………………………………………… 25
案例编号：沈阳—智力型—007 ……………………………………………… 30
案例编号：沈阳—智力型—008 ……………………………………………… 33
案例编号：沈阳—智力型—009 ……………………………………………… 36
案例编号：沈阳—智力型—010 ……………………………………………… 40
案例编号：沈阳—劳力型—001 ……………………………………………… 43
案例编号：沈阳—劳力型—002 ……………………………………………… 54
案例编号：沈阳—劳力型—003 ……………………………………………… 58
案例编号：沈阳—劳力型—004 ……………………………………………… 61
案例编号：沈阳—劳力型—005 ……………………………………………… 65
案例编号：沈阳—劳力型—006 ……………………………………………… 68
案例编号：沈阳—劳力型—007 ……………………………………………… 71
案例编号：沈阳—劳力型—008 ……………………………………………… 74
案例编号：沈阳—劳力型—009 ……………………………………………… 79
案例编号：沈阳—劳力型—010 ……………………………………………… 84
案例编号：沈阳—经营型—001 ……………………………………………… 87
案例编号：沈阳—经营型—002 ……………………………………………… 92
案例编号：沈阳—经营型—003 ……………………………………………… 96
案例编号：沈阳—经营型—004 ……………………………………………… 99
案例编号：沈阳—经营型—005 ……………………………………………… 103
案例编号：沈阳—经营型—006 ……………………………………………… 107
案例编号：沈阳—经营型—007 ……………………………………………… 111
案例编号：沈阳—经营型—008 ……………………………………………… 115
案例编号：沈阳—经营型—009 ……………………………………………… 119

案例编号：沈阳—经营型—010 ………………………………………… 124
案例编号：沈阳—经营型—011 ………………………………………… 127

杭州个案调查汇编

案例编号：杭州—智力型—001 ………………………………………… 132
案例编号：杭州—智力型—002 ………………………………………… 134
案例编号：杭州—智力型—003 ………………………………………… 137
案例编号：杭州—智力型—004 ………………………………………… 139
案例编号：杭州—智力型—005 ………………………………………… 141
案例编号：杭州—智力型—006 ………………………………………… 143
案例编号：杭州—智力型—007 ………………………………………… 145
案例编号：杭州—智力型—008 ………………………………………… 147
案例编号：杭州—智力型—009 ………………………………………… 148
案例编号：杭州—智力型—010 ………………………………………… 152
案例编号：杭州—劳力型—001 ………………………………………… 154
案例编号：杭州—劳力型—002 ………………………………………… 155
案例编号：杭州—劳力型—003 ………………………………………… 157
案例编号：杭州—劳力型—004 ………………………………………… 158
案例编号：杭州—劳力型—005 ………………………………………… 160
案例编号：杭州—劳力型—006 ………………………………………… 162
案例编号：杭州—劳力型—007 ………………………………………… 163
案例编号：杭州—劳力型—008 ………………………………………… 165
案例编号：杭州—经营型—001 ………………………………………… 166
案例编号：杭州—经营型—002 ………………………………………… 168
案例编号：杭州—经营型—003 ………………………………………… 169
案例编号：杭州—经营型—004 ………………………………………… 170
案例编号：杭州—经营型—005 ………………………………………… 172
案例编号：杭州—经营型—006 ………………………………………… 173
案例编号：杭州—经营型—007 ………………………………………… 175

郑州个案调查汇编

案例编号：郑州—智力型—001 ………………………………………… 178
案例编号：郑州—智力型—002 ………………………………………… 184
案例编号：郑州—智力型—003 ………………………………………… 189
案例编号：郑州—智力型—004 ………………………………………… 193
案例编号：郑州—智力型—005 ………………………………………… 198
案例编号：郑州—智力型—006 ………………………………………… 202

案例编号：郑州—智力型—007 ·················· 208
案例编号：郑州—智力型—008 ·················· 215
案例编号：郑州—智力型—009 ·················· 221
案例编号：郑州—劳力型—001 ·················· 227
案例编号：郑州—劳力型—002 ·················· 230
案例编号：郑州—劳力型—003 ·················· 233
案例编号：郑州—劳力型—004 ·················· 236
案例编号：郑州—劳力型—005 ·················· 241
案例编号：郑州—劳力型—006 ·················· 245
案例编号：郑州—劳力型—007 ·················· 250
案例编号：郑州—劳力型—008 ·················· 254
案例编号：郑州—劳力型—009 ·················· 258
案例编号：郑州—劳力型—010 ·················· 262
案例编号：郑州—经营型—001 ·················· 267
案例编号：郑州—经营型—002 ·················· 272
案例编号：郑州—经营型—003 ·················· 277
案例编号：郑州—经营型—004 ·················· 282
案例编号：郑州—经营型—005 ·················· 287
案例编号：郑州—经营型—006 ·················· 292
案例编号：郑州—经营型—007 ·················· 296
案例编号：郑州—经营型—008 ·················· 301
案例编号：郑州—经营型—009 ·················· 308
案例编号：郑州—经营型—010 ·················· 313
案例编号：郑州—经营型—011 ·················· 318

成都个案调查汇编

案例编号：成都—智力型—001 ·················· 326
案例编号：成都—智力型—002 ·················· 329
案例编号：成都—智力型—003 ·················· 331
案例编号：成都—智力型—004 ·················· 332
案例编号：成都—智力型—005 ·················· 334
案例编号：成都—智力型—006 ·················· 336
案例编号：成都—智力型—007 ·················· 338
案例编号：成都—智力型—008 ·················· 340
案例编号：成都—智力型—009 ·················· 342
案例编号：成都—智力型—010 ·················· 344
案例编号：成都—劳力型—001 ·················· 345
案例编号：成都—劳力型—002 ·················· 347

案例编号：成都—劳力型—003 ……………………………………… 350
案例编号：成都—劳力型—004 ……………………………………… 352
案例编号：成都—劳力型—005 ……………………………………… 353
案例编号：成都—劳力型—006 ……………………………………… 355
案例编号：成都—劳力型—007 ……………………………………… 357
案例编号：成都—劳力型—008 ……………………………………… 359
案例编号：成都—劳力型—009 ……………………………………… 361
案例编号：成都—劳力型—010 ……………………………………… 362
案例编号：成都—劳力型—011 ……………………………………… 364
案例编号：成都—经营型—001 ……………………………………… 366
案例编号：成都—经营型—002 ……………………………………… 368
案例编号：成都—经营型—003 ……………………………………… 371
案例编号：成都—经营型—004 ……………………………………… 373
案例编号：成都—经营型—005 ……………………………………… 376
案例编号：成都—经营型—006 ……………………………………… 378
案例编号：成都—经营型—007 ……………………………………… 380
案例编号：成都—经营型—008 ……………………………………… 382
案例编号：成都—经营型—009 ……………………………………… 383

广州和东莞个案调查汇编

案例编号：广州—经营型—001 ……………………………………… 386
案例编号：广州—经营型—002 ……………………………………… 388
案例编号：东莞—经营型—003 ……………………………………… 390
案例编号：东莞—经营型—004 ……………………………………… 392
案例编号：东莞—经营型—005 ……………………………………… 394
案例编号：东莞—经营型—006 ……………………………………… 396
案例编号：东莞—经营型—007 ……………………………………… 398

附录1　从农民工到城市新移民：一个概念、一种思路（杨小柳　周大鸣）……… 400
附录2　迁移与立足：经营型移民创业历程的个案研究（周大鸣　余成普）……… 413

关于研究方法的说明

2007年，周大鸣教授作为首席专家承担了教育部哲学社会科学重大课题攻关项目"城市新移民问题及其对策研究"（项目编号：07JZD0025）。该课题已于2013年结题，同名的结题成果已由经济科学出版社于2014年出版。

在借鉴国外移民研究相关分类的基础上，根据从事工作的类型不同，我们将城市新移民分为劳力型移民、智力型移民和经营型移民，并就此展开探索。本研究中"城市新移民"的界定包含以下几个要素：①出生地与原户籍都不在本地，在本地居住2～5年；②有在城市（城镇）定居的意愿；③具有合法居所；④具有合法收入。其中，劳力型移民的特点有：（教育）未受过高等教育；（工作）有合法收入，但技术含量低；（收入）工资收入低于输入地平均水平；（时间）出生地与原户籍都不在本地，在本地居住2～5年的新劳工及其家庭成员；（居住）常住输入地，有定居城镇的意愿；（来源）农村劳动力和城镇下岗职工，其中农民工是劳力移民的主要部分。智力型移民的特点有：（教育）受过高等教育；（工作）就业门槛高；（时间）出生地与原户籍都不在本地，在本地居住2～5年的智力移民及家庭成员；（居住）常住输入地，有定居城镇的意愿。经营型移民，则是有自己的投资和产业（如小企业、小作坊、商铺、饭馆等等）的一部分人，他们依靠资金或者技能来运作自己的产业。

根据课题设计，本课题以定量和定性研究的实证资料为研究基础。考虑到我国目前区域经济发展的格局、城市新移民的分布格局及各地在处理城市新移民问题上出现的新举措，本研究选择珠江三角洲、长江三角洲、东北地区、中西部地区的城市作为调查点。所选的城市及其选择理由如表1所示。

表1 选点及其缘由

城市	经济区域	新移民现状	相关政策
广州	珠三角城市群	各类新移民集中	
东莞	珠三角城市群	新移民，特别是劳力型移民集中	新莞人，大胆尝试实施了对外来工的一系列保障措施
杭州	长三角城市群	各类新移民集中	浙江省在试点推行居住证制度
郑州	中部地区	新移民的输出地，同时也是移民的输入地	
沈阳	东北地区	新移民的输出地，同时也是移民的输入地	
成都	西部地区	新移民的输出地，同时也是移民的输入地	

我们以配额抽样的方式完成调查，每个地区发放550份问卷，其中50份为备份样

本，智力型移民、劳力型移民与经营型移民的比值为150：200：150。2008年11月至2009年4月间，课题组先后在广州、东莞、沈阳、成都、杭州、郑州开展新移民调查，共发放问卷3300份，回收问卷3234份，其中无效问卷66份，最终形成数据的问卷3168份，问卷有效率为96%。

在定性调查中，为保证个案的丰富性，课题组充分考虑了各个城市的差异，制定了统一的定性调查原则框架，要求个案调研必须包括访谈对象的迁移并在城市立足的过程、访谈对象社会网络的现状和变迁、访谈对象对城市社会的参与情况、访谈对象的未来规划四个方面。在这一原则内容的基础上，没有为各个子课题组制定统一的定性调查提纲。从收集的定性个案来看，不同地区、不同个案的经历丰富多彩，已达到了定性个案研究的预期目的。在广州等6个城市共开展了146份的个案访谈（如表2所示）。

表2　个案访谈的城市分布

	沈阳	杭州	郑州	成都	广州+东莞	合计
智力型移民	10	17	10	10	2	49
劳力型移民	10	12	10	11	5	48
经营型移民	11	8	10	9	11	49
合计	31	37	30	30	18	146

我们从这146份个案中，挑选了呈现完整、翔实丰富的123份个案汇集出版，目的有三：第一，作为研究过程和研究内容的一部分，个案材料始终是定性分析的根本。我们依托这些材料已经出版的论文和专著，只是从这些材料中经过"编码""分类"和"系统化"后的部分"成品"，受篇幅和侧重点限制，始终没能展现个案复杂的、多彩的生命史。个案汇集的出版弥补了论著的缺憾。第二，这份个案汇集，近80万字，是来自不同高校、多位老师和学生共同参与的成果。做过定性访谈的学者可能清楚，个案访谈从研究设计、获得调查许可、访谈到整理材料等环节需要耗费大量的人力、时间和经费，假如这些访谈材料仅仅用于发表几篇论文，或者出一本专著，还是显得有些可惜，甚至觉得有些"浪费"。我们出版这份个案汇集，是希望学界同仁能够在此继续挖掘可用资源，充分实现该份材料的价值。第三，城市新移民是中国社会转型的产物，每个个案都体现了时代的烙印，突显了城市新移民在社会急剧变迁中的挣扎痕迹。关于劳力型移民（如农民工）、经营型移民等学界已经发表了大量的论文，但就我们所知，基于定性访谈，充分展现个案迁移、立足过程，社会网络、社会参与状况，以及未来规划的个案生命史的访谈依然鲜见。

本书的访谈资料呈现形式多样，既有记述型，又有自述型，还有对白型，因调查者与个案的不同，所以以不同的形式呈现，以期对访谈个案进行最真实的还原。我们相信，这123份移民迁移过程的完整记录，不仅具有人类学、社会学的学科价值，也将具有重要的史学价值和数据库功能。

沈阳个案调查汇编

案例编号：沈阳—智力型—001

访谈对象： 王女士（以下简称 A），26 岁，辽宁盘锦人，大学本科学历，失业中
访谈时间： 2009 年 8 月 1 日 18 时
访谈地点： 沈阳皇姑区辽宁大学家属小区
调查员： 于洋

一、访谈背景

整个访谈的过程中，我一直都被感动着，有一种"置身其境"的感受，因为太多的故事都是在诉说当下大学毕业生求职与工作的辛酸历程。A 就是这个"沉默的大多数"中的一员，她大学毕业后选择留在沈阳工作，孤身一人在这个城市打拼，在挫折中保持乐观，俯仰之间不断地反思并重构自己的生存经验。

与 A 结识，是通过我兼职的培训学校里一个同事的介绍，她们是一起合租房子的室友。由于这样一个"弱关系"桥梁的连接，在这之前我对 A 并没有太多的了解，于是在访谈之前，我通过 QQ 和电话与她交流过几次。这样一来，就可以为我深度访谈的展开做好铺垫。我对她的访谈是在午后进行的，地点在 A 所租住的寓所，虽说屋子的空间不大，但是却被收拾得井井有条。初次见面，她表现得很热情，并在我们正式进入访谈之前请我吃水果，她很善于言谈，举手投足间透露出几分坚韧和自信的气息。

二、移民生活的真实口述

（一）毕业与求职

A 来自盘锦市的一个小城镇，是家里的独生女，父母都是普通工人。2002 年高考的时候，A 的分数超过了当年本科的录取分数线，但是由于志愿没有填报好，她最后读的是沈阳的一个专科学校，学习计算机专业，后来通过"专升本"的方式，获得了本科学位。用 A 的话说"我求学的道路挺曲折的"。在大学期间，A 学习用功，成绩优秀，每年都能获得奖学金，她还积极参加各项学校举办的活动。毕业之前，她入了党，并且被评为当年的辽宁省优秀毕业生。

2007 年 A 大学毕业后，没有选择回到家乡找工作，她说："学我这个专业的，留在沈阳应该比老家机会多，况且就算回家，家里也没有什么能用得上的关系。"就这样，她留在了沈阳。和大多数毕业生一样，她参加了几次招聘会，但是需要计算机专业的单位较少，工作不是很好找。

当时有这样一种就业途径，A 可以先交一定的学费，参加工作单位的岗前培训。她

没有选择这样的就业方式，她说："说白了，你要参加培训，你起码得交培训费，还有你起码得有三五个月的时间在培训，这无形中就使你的工作时间往后推了嘛！我当时决定到最后要是实在找不到工作的话，再去培训公司。"6月份的时候，大学生就业指导中心开了一场招聘会，她就投了几份简历，没想到一切还很顺利，6月末她就被她后来工作的公司录用了，她在7月份就正式入职了。A所在的公司是一家私营公司，在规模上属于中等，人数大约40人，员工的保险齐全，普通员工每月的工资是1400元左右，去掉保险，每月也就能拿1000元钱左右。在A的叙述中，她的公司是被这样"描绘"的："这是一个个人开的公司，在工资方面'倍儿抠'，每个月加班不足40个小时就不给加班费，这就是公司的硬性规定。公司的发展应该靠跑业务、提高技术来获得，但我们公司不这样，它为了赚钱就在员工身上'抽血'，应该给100元，却给50元，公司的发展不是靠省出来的。"

（二）工作历程的三部曲

1. 延长试用期的苦闷

A的整个工作历程是由一个个辛酸的片段所组成的。在她的工作经历中，公司的女副总B就是其中的重要人物之一。A说："你和一个人接触，他喜不喜欢你，讨不讨厌你，你都会有感觉的，两个人在这呢。B跟我说话是一个态度，跟别人说话是另一个态度，她从我进公司就看不上我。"在A看来，B一开始就对她存在偏见，"我面试的时候就是我们副总B面试的，我当时报的是JAVA方向，但是她一直问我C语言方向的问题，还问了一些私人问题，我觉得就是挑刺儿，我觉得有些问题是没有意义的，就是在为难我。"面试之后A觉得自己可能不会被录用了，出乎意料的是A最终却被录用了，而她的故事也在此埋下了伏笔。

刚进公司的时候，公司的工作挺多，A就跟着忙。当时发生了一件事情，A所在的小组当时接到了有关CPS的活，他们的小组长C来统计学过CPS课程的员工人数。由于A在大学的时候没有修过CPS课程，当C问她的时候，她就说："我没学过，但是我可以学，可以看。"后来，小组长没有把机会给她。她说："当我反过头来的时候，我说我也要分，我也要任务，小组长却说任务分完了，不能再分了。"通过分任务这件事情，A认识到自己能力的不足，她当时是这样想的："我不能因为这件事情置气，反正公司的活都是活，大家都要干的，我就干我的。"那段日子A过得并不是很愉快，觉得这件事不是一个好兆头。

2007年10月份，A的三个月试用期到了，公司开始找同她一起进公司的同事谈话，同她一起进公司的几个同事都"转正"了，A当时就想："这个也找了，那个也找了，为什么不找我谈话呢？"过了几天，副总B终于找A谈话了，B觉得A的能力不行，要延长适用期。"当时我就感觉一盆冷水泼了下来。"同她一起进公司的同事都是"零经验"进来的，其他人都"转正"了，只有她被延长了试用期，她觉得原因可能是分CPS任务这件事情产生了负面作用。A当时想："我不能跟领导较真，因为刚有三个月的入职工作经历，如果因为这个离开公司去别的公司，就还得有三个月的试用期，并且经验还不足，我就忍。"在以后的工作中，A并没有因此而表现出异样，反而更加积极，如果工作没有忙完，她就在下班后再忙一会儿。一个月以后，副总B找A谈话，告诉A说她能力可以了，决定让她转正。

2. 出差天津的辛酸

2008年1月份，A到天津的一家大公司出差半年，据A说："我们公司没有自己的市场，我们被派出去到大公司很合算，大公司给的钱起码是我们公司的两倍，而我们的工资不变。"A满心欢喜地出差了，她认为这次终于可以学到更多的经验了。在这家大公司，出差的人员被分为两个小组，其中一组从事编码任务，而另一组从事测试任务，A当时被安排做测试的工作。工作了一段时间以后，由于从事编码的工作人员工作进度慢，测试组就没有工作做，在此情况下，A就被分配了一部分编码的活。由于A之前没有接受过编码的工作培训，项目书写得也不够详细，她的工作就延期了。这时A的组长又是C，C责备了A以后，就派公司的另一个男同事来帮助她，可是这个男同事只是"纸上谈兵"了一番，就离开了。A说："我们公司的同事都这样，彼此之间并不互相帮助，一个简单的问题，你问好几声，都没有人回答，并且公司的人普遍认为，在计算机方面，女孩子的能力不如男孩子。"后来这个工作就被转派给另一个女孩子了。这件事情后来被公司知道了，副总B打电话责备了她一番。这时A觉得，她所有的事情都坏在小组长身上。A认为："从进公司分配CPS任务到出差，坏事都坏在小组长C身上了，他是一个告密者，是一个你有一点小毛病就给你往上报的人，他是一个踩着别人的肩膀往上爬的人。"当然，副总B知道了这件事情以后，对A的印象就愈加不好了。

3. 处于失业的无奈

2008年7月份，A结束出差回到了公司，由于金融危机的影响，公司没有什么活了，但令A疑惑的是，公司在这时却招了一批新人进来。这样在公司没有活做的情况下，员工增加了，薪水就提不上去。后来A听别人说，这批新人都是走后门进来的。2009年1月份公司老总承诺公司不裁员，并且此时公司与A续签了就业合同，合同一直签到2010年12月份。在这期间副总B曾找A谈话，让A去干前台接待的工作。A认为："当时我是以程序员的身份进来的，不能让我去做前台啊，对不？而且前台是吃青春饭的，也不能干一辈子啊。"A拒绝了B的要求。用A的话说："这样我和副总的隔阂就更深了。"

2009年4月，副总B找A谈话，觉得A的工作热情不高，并且能力不行，要把A辞掉。这时A找到公司老总求助，老总同意把A留下来，让她再分别去和自己的部长、人力资源部，还有副总B去谈，结果唯独副总不同意A留下来。A接着又去找老总，老总让A去市场部工作，结果市场部的人觉得A没有"门路"，就把A拒绝了。由于合同期没到，当我问A为何不追究公司的法律责任时，A说："我也咨询了，但是公司会在我的解聘合同上写能力不行之类的话，如果那样，不仅官司不能赢，而且以后继续找工作都不好找了，另外，就算你告，公司也不会有人给你作证的。"就这样，2009年5月1日，A离开了公司，进入失业状态。

三、生活现状与未来的规划

A认为失业给了她新的人生经验。一方面，自己的专业水平需要提高，失业后的这段时间里，A一直在学习计算机知识；另一方面，她也意识到公司中人际关系的重要性，正像她所说的那样："我以后不会那么被动了。"

失业以后，A 没有选择回家，她说："毕竟沈阳比老家要好，而且我的户口已经迁过来了，我也已经习惯这个城市了。"自从毕业后，她就没有花过父母的钱，她说："家里没有太多的能力给我打通渠道，我也从来没想过回家里，父母给了我名字，我要自己打品牌。"她有一个男朋友，是通过家里亲戚介绍的，现在两个人并不在一起，男朋友在国外工作，对她来说，"这个对象有没有都一样"。以前没失业的时候，她经常和大学同学一起出去逛街，最近失业了，她没找她的同学，她是一个自尊心比较强的人，而且上学的时候成绩好，现在落到这种地步，有点不好意思。访谈的时候，她跟我说，有个沈阳亲戚给她介绍了一个服装专卖店的库管工作，她原打算去做这份工作，但是这份工作要求长期干，她最后拒绝了，她还是想找一份和自己所学的计算机有关的工作，她说："因为我毕竟是学计算机的。"她目前的目标是，35 岁之前能在一家软件公司当上部长的职务。依然记得她那句话："既然已经选择了沈阳，我就要把我的人生在沈阳走完。"就这样，我们结束了谈话。

案例编号：沈阳—智力型—002

访谈对象：苗女士，26 岁，辽宁锦州人，本科学历，到沈阳 8 年，现在在某科研仪器公司驻沈阳办事处工作，从上学、工作一直到结婚，自立的她始终有着自己的人生规划
访谈时间：2009 年 7 月 16 日下午/2009 年 7 月 18 日下午
访谈地点：某科研仪器公司驻沈阳办事处会客室
调查员：郭永平

一、访谈背景

在沈阳市和平区高楼林立的繁华街道旁，矗立着一座十分气派的大厦，苗女士所在公司驻沈阳的办事处就在这座大厦的第 28 层，我和她约好五点半在这里见面。选择苗女士作为访谈对象的理由，一是因为在 2009 年 3 月城市新移民问卷调查时对她进行过访谈，从那以后我们经常联络并且成了朋友，所以这次她很爽快地接受了我的访谈请求；二是她自从上大学来到沈阳，直到在沈阳工作、买房、结婚，一路走来始终有着明确的人生方向，这是智力型移民的典型特点。当我如约来到她所在公司的会客室时，已经过了下班时间，公司里只剩她一个人了，她高兴地欢迎着我的到来，热情地给我倒了杯水，"有什么忙我能帮上的？"她热心地询问起来。

二、迁移及立足过程

苗女士很文静，是独生女，老家在辽宁省锦州市的乡村，由于父母年龄大，已经不能下地干活了，家里的地都由亲戚代为耕种。2001年她考上大学，和高中时认识的男友一起来到沈阳读书，四年后毕业时她考虑到沈阳离家近，对这座城市比较了解，同学朋友也在沈阳，就和男友合租了个月租650元的房子，准备在沈阳找工作。

（一）工作难找

为找工作，苗女士费尽了心思。她一开始是买来一些报纸，看到合适的招聘信息就打电话过去，也经常上网到各个网站投放简历，人才市场她则去得较少，她认为人才市场没有针对性。那时候，招聘单位一听是应届毕业生，不管你有没有能力，只要没有工作经验一概不要，对于这种现象，她现在也能理解了，"80%的招聘单位都这样，没有工作经验的短时间很难进入角色，我自己现在给公司招聘员工时，也倾向于要有工作经验的"。网上找工作虽然信息多，但也常有风险。有一次，一个诈骗团伙在网上看到了苗女士的联系电话，就天天骚扰她，逼得她关机后，骗子就往她父母家打电话，说他们的女儿在外出了车祸急需他们汇4000元，等她20分钟后开了机，父亲给她打电话说已经把钱汇出去了。苗女士赶忙在沈阳报了警，警察一本正经地详细做了笔录后，说："你就认命吧，就这么地吧。"她的心顿时凉了一大截，最后还是家乡的警察侦破了此案，追回了汇款。工作没找到，还连累家人受到了惊吓，那时她都快崩溃了，不想再找工作了，在朋友和男友的劝慰下，才挺了过来。20天后，一个偶然的机会苗女士应聘到了某电脑培训学校前台接待的工作，月薪700元。虽然和本科所学的环境科学专业一点都沾不上边，但她没想那么多，先工作了再说。刚毕业的第一年她需要从家里拿钱才够每月900元的基本开销。在她看来，找份好的专业对口的稳定工作，要有人际关系，一方面是她家里没关系，另一方面她是外地来的，人际关系不够宽，没有人介绍，好工作根本就找不到。她在这所电脑培训学校认认真真干了三个月就被辞退了，后来她才知道那所学校因为经营不善在她离开的第二个月就倒闭了。

刚毕业就失业，看着身边的同学纷纷找到了工作，没找到工作的人已所剩无几，苗女士心理压力大极了。她想找个比原来更好点的工作，虽然有了工作经验，但还是太少，只能一点点碰运气。苗女士很庆幸身边一直有男友的陪伴，不断鼓励她，才支撑她走了下去。一个半月后，一家科研仪器公司在沈阳的办事处在网上看到了她的简历，给她打来电话让她去应聘，面试的工作人员很善良，她顺利通过面试后，就应聘到了现在的职位。这家公司的总部在北京，在全国各地都设有办事处，在沈阳的这个办事处除经理外，其余九人都是业务员，一年四季常在外出差，苗女士则留守在办事处，负责办事处在驻地的一切事宜。办事处提供给员工五险一金，基本工资加绩效奖金至少也有2000多元，每逢节日还有100元的福利，规模虽然不大，但人文环境好，公司里的同事大多是外地人，他们经常在一起聚餐聊天，关系都很好。苗女士说，初来单位时她什么都不会，连传真都不会发，什么事都做不好，"挨骂是家常便饭"，之后不断犯错不断改正，一年以后，业务熟练了，她也成了公司的顶梁柱。这一干就是四年，前几天她又刚跟公司签了三年的合同。虽然该行业竞争激烈，又遭遇了金融危机，公司销售量有所下降，苗女士的年度奖金被取消，月收入也少了30%，但她对这份工作还是很满意的。她知道现在的工作对个人没有太大的发展空间，她想尝试各种各样的生活，去做一些有挑战的事情，到全国各地去转转，她不怕换一份新的工作重新开始，最担心的是人家不用她，所以她现在没打算换工作。在苗女士看来，每天能"朝九晚五"在写字间工作，加上她业务熟练，待遇也不错，又有男友依靠，自己已经很幸运了。

（二）结婚定居

2008奥运年，她和男友结了婚，在工作单位附近贷款买了一套二手房，双方父母借钱帮他们付了首付。现在，他们每月的费用除了日常开销，包括水费、电费、煤气费、宽带费、物业费、礼金、请朋友吃饭等大约2000元外，还要付2000元的住房贷款。苗女士的丈夫是一家军区医院的大夫，虽然是非部队人员，月薪比部队人员的少一半，但也有2000多元。两人的月收入和家庭支出基本是持平的。她的朋友圈以同学为主，周末经常和高中、大学的同学一块逛街、看电影、吃饭、唱歌，偶尔父母和老家的亲戚朋友来了，他们也会热情地接待，她认为现在的生活很幸福。

三、社区建设和城市管理

谈到对沈阳整体的印象，苗女士觉得这个城市发展比较快，适合居住，车越来越多，交通很方便。随着地铁的开通，将来会更方便。但她发现沈阳的宠物不登记，不注册，很多都没牌，狗粪到处是，严重影响了城市的卫生。在她所在的社区，噪音很大，可没人管，治安也不好，至今丢了六辆自行车。她没和社区人员打过交道，遇事还是找警察，可警察的办事效率仍旧不高，只是做做表面工作。在苗女士的眼中，沈阳人虽然"不欺生，但挺横，不太懂礼貌"。因为工作，她经常和地税等政府部门的工作人员打交道，但她觉得他们中70%的人不好打交道，虽然严格按照规定办事，但工作没热情，总是不大搭理人的样子，有时证件没带齐，她刚问："缺什么呢？""自己看，自己看！"就被冷冰冰地挡回去了。虽然基层人员不好打交道，但是上级管理人员的态度还是很好的。现在苗女士已经落户沈阳，但她说在本地人眼里，自己依然是个外地人，每逢长假当本地人全家去郊游的时候她和丈夫都要回老家，所以还是有所不同的。

五、社会保障情况

（一）档案和户籍情况

苗女士在沈阳上的大学，户口也随之迁来。大学毕业后，苗女士将档案放入一家人才中心，户口则被迁回老家，直到她买下房子后户口才终于落在了沈阳。

（二）医疗、工伤、养老以及其他各类保险情况

苗女士单位的效益还比较好，三年以来单位一直给她交"五险"（包括养老保险、医疗保险、失业保险、工伤保险和生育保险）。三个月前，单位已开始给个人交住房公积金了。虽然她丈夫在医院工作，可是也没享受到这些待遇。目前，她还未用到这些保险，她担心的是父母的身体健康，虽然有了农村合作医疗保险，但是她仍旧不放心，还是觉得要攒些钱才保险。

六、未来规划

对于未来，苗女士和丈夫曾设想在郊区再买套新房，买辆车，把父母接来沈阳一起住。可是以他们目前的工资水平是办不到的，为了提高收入，她也曾开过网店卖衣服，可是一件都没卖出去。再过三年到五年，她要面临的困境是不可避免的：一方面她和丈夫都是独生子女，现在双方的父母身体健康，还能干活，能挣些钱，再过五年干不动了，加上还要赡养爷爷奶奶，他们就要承担得更多；另一方面就是生孩子的问题，提到这件事，她连想都不敢想。一是孩子的抚养费负担不起，比如上个普通的幼儿园学费每个月都得1000多元，更别说好的幼儿园了，上普通的幼儿园又担心孩子得不到好的教育。二是如果三年以后有了孩子，公司会立即找人接替她的工作，休完产假后，她想再回来上班就很难了。如果公司不让她干了，她打算做个买卖，虽然没什么方向，但她愿意去摸索。她也曾想过考公务员，可是受专业限制，没有合适的岗位可以报考，另外她觉得"没有人脉，即使考了第一又能怎样？"她再三强调：必须拼命赚钱，否则就没有未来。

案例编号：沈阳—智力型—003

访谈对象： 高女士，27岁，辽宁锦州人，大学本科学历，到沈阳9年，现为某培训学校教师，她认为自己从工作到家庭一切都很顺利，她知足常乐，有机会她希望能继续深造
访谈时间： 2009年7月18日下午
访谈地点： 沈阳某私立培训学校教室
调查员： 谢红萍

一、访谈背景

沈阳某私立培训学校内，学生和家长挤满了每个教室，正值暑期，来学校上课的学

生非常多。下课后,学生和家长们陆陆续续走出教室,一间教室内,还有三个小学生在讲台上进行演讲,他们的家长则坐在教室最后面欣赏着,辅导老师坐在前排给每个学生细致点评后,学生们才兴高采烈地走下讲台,父母领着又和老师交流了些孩子的学习情况后,才一一离开。我在门口一直等着,那个戴着眼镜、扎着马尾辫、穿着白色孕妇裙的老师,和同事对学生在课堂上的表现情况进行了一番讨论并详细地做了记录后,抬头看见我来了,连忙起身,抱歉地对我说"让你久等了"。高女士现在已经怀孕三个多月了,待她休息片刻后,我开始了对她的访谈。

我是经同学介绍认识高女士的。2009年3月,我的同学曾经对高女士进行过城市新移民的问卷调查,所以高女士对我进行的访谈比较熟悉,而且高女士十分健谈,利于访谈。同时高女士从外来学生到本地媳妇的发展历程比较有典型意义,所以具有重要的深度访谈价值。

二、迁移及立足过程

高女士是独生女,辽宁锦州人,父母都是生意人,因奶奶家在沈阳,经常随父母来沈阳走亲戚,故对沈阳从小就熟悉。

(一)工作:从曲折到顺利

2000年,高女士到沈阳读大学,学的是理科。临近毕业时她到人才市场找工作,看到了这所培训学校的招聘信息,就去应聘教小学语文,经过笔试、面试、试讲后被成功录用。当时她的想法很简单,因为就业压力大,就没有考虑工作与所学专业是否对口,为了能有个立脚的地方她必须得到这份工作,"有了工作了就必须好好干"。尽管在前三个月内,试用期工资只有600多元,但她吃住都在奶奶家,开支比较小,所以每月的收入与开支基本平衡。刚开始工作时,她很没自信,一堂课四十分钟根本不知道怎么讲,在这个学校家长可以随堂听课,第一次讲课就被家长批评得一无是处,训斥得下不了讲台,她痛哭流涕,当时恨不得马上找个地缝钻进去,她说那天她都不知道是怎么回到家的。后来在当过老师的奶奶的劝慰下,她终于过了这道坎。说起当时走过的路,她现在仍记忆犹新,为了能够走下去,永不服输的她在上完自己的课后开始听其他老师讲课。备课也是一件十分痛苦的事,因为没有经验,对一切都是陌生的,所以她常常备课到凌晨两三点钟。课下,她经常虚心向其他老教师请教,同时主动和家长沟通。经过不断的努力,她的课讲得越来越成熟,渐渐地投诉电话少了,班上的学生也渐渐多了起来,这是对她教学水平最大的认可。一年后,随着她讲课水平的提高,各种荣誉也纷纷而至,校领导不仅在全校大会上表扬她,而且她还被提拔为学科的负责人,这时的她自信极了。可是学科负责人却不是好当的,她年龄小,那些有资历的老师根本就看不起她,常常是她在台上开大会,他们在台下开小会,对她置之不理。高女士端正心态,始终怀着一种虚心和尊敬的态度,对他们彬彬有礼,细心体察他们的难处,尽一切可能积极地帮他们解决生活中的困难。同时,高女士在业务上更是加倍努力,最终赢得了同事的信任,大家也对这个初出茅庐的小丫头开始刮目相看了。由于工作压力大、课时多,她的体重下降了十斤,每天讲课下来她常常嗓子疼得发不出声来,加上她本身贫血,所以她有时会觉得无法坚持下去，学生的电话、家长的问候，就成了支撑她走下去的最大动力。

（二）婚姻：从外来人到本地人

高女士和丈夫是在 2007 年结的婚，丈夫是本地人，为人踏实，在银行工作。婚后她和公婆住了一年，公公婆婆都很善良，她与他们相处得十分融洽。在自己父母亲和公公婆婆的帮助下房子已经付了首付，2008 年高女士和丈夫迁入新居，房子地处沈阳的繁华地段，不仅地段好，装修得也很漂亮。小区各项设施都很完备，美中不足的是物业管理，他们还没搬进新房时，就要缴纳物业费，高女士认为这笔收费不合理，要和物业公司讨个说法。她的月薪已达到 4500 元，丈夫在银行的收入也很高。因为夫妻俩都有住房公积金，所以他们每月只需在住房公积金基础上再还 400 元的房贷。高女士和丈夫每月的日常开支大约 2000 元，双方父母年龄还小，也不需他们操心，这对于两口之家来说是极其幸福的。现在她正在学习理财，将一小部分用于基金和股票的投资，其余收入全部存入了银行，为即将出世的孩子积攒生活费。同时，高女士对她的大学文凭一直心有不甘，她说高三时由于一时迷糊，高考成绩不理想，现在都不敢提起自己就读大学的名字，怕同事瞧不起，她还想读研究生，继续深造，这也需积攒一大笔费用。

三、社会关系网络状况

谈起对自己的定位，她认为虽然毕业后把户口落在了沈阳奶奶家，有了本地户口，但她依然认为自己是外地人。直到结婚以后，她才觉得自己是本地人了。在她眼中，沈阳人排外、不好打交道，尤其是上了年纪的人太小气、爱计较，一些本地人并不比某些外地人生活富裕，但本地人的优越感特别强，这与现代和谐社会是相悖的，所以她认为的沈阳市人文素质有待于进一步提高。

高女士是在沈阳上的大学，毕业后又留在了沈阳，多年在沈阳的学习与生活经历使其对沈阳的环境已经很适应了。她的很多同学也在沈阳工作，当工作不忙时她就找同学们一块聚聚，这就是她仅有的活动圈子，她也很少到丈夫的朋友圈中聚会，因为她想保留他们各自的生活空间。当我问她是否会和单位的同事一块出去游玩时，她说："单位的人不太好处，我很少和他们有工作之外的交往。"她倒是和许多家长的关系比较好，家长们有时会打电话给她，或者请她吃饭，或者给她送礼，针对这种现象，高女士说："现在老师收礼很普遍，但是我很少收礼，除非是家长非要给我，我实在躲不开。"

四、对社区建设和城市管理的调查

现在高女士已经是真正的沈阳人了，这不仅表现在她已经在沈阳拥有了房子，而且关键是她在心里已经把自己看作是沈阳人了。"沈阳城市的发展速度很快，交通也很便利，这是我喜欢沈阳的重要原因。"当我问及关于社区方面的问题时，高女士说："我在现在的社区时间不长，连邻居也不认识，更不用说和社区干部打交道了。"她认为她居住小区的物业管理费用不合理而且物业部门也不管什么事，因为现在的物业公司都被开发商承包出去了，虽然她和物业管理人员通过电话交涉过，向对方说明如果不改变交纳方式她将拒绝交纳物业费，但是她最终承认毕竟人在屋檐下，过两天她还是会把物业费交了的。

五、社会保障情况

（一）档案和户籍情况

高女士上大学来到沈阳时户口和档案也随着迁来了。大学毕业后她把户口落在了沈阳奶奶家，但是工作单位都是临时的，不需要档案，所以档案的问题一直是困扰高女士的大问题，直至现在档案仍在自己家里放着。

（二）医疗、工伤、养老以及其他保险情况

2005年，也就是高女士工作的第二年，单位给她上了医疗、工伤、养老以及其他保险，这是令她欣慰的一件事，这些保险的一部分从自己工资里扣，另一部分单位给交，大约每月100多元。只是没有生育保险，即将生孩子的高女士对此十分担心，如今她已自己交了生育险。

六、未来规划

随着各类培训学校的增多，行业竞争越来越激烈，尽管学校的合同上规定禁止该校的教师在离开后一年半内从事该行业，但学校里的一些资深教师还是陆陆续续地离开，有的自己开班，带走了很多学生，学生的大量流失严重影响了学校的效益。如今，高女士也陷入了困境，在家长的口碑相传中，她在这个行业的知名度越来越高。但为了保胎，她休息了两周，回到学校后，发现学生走了三分之一，一位家长对她说："高老师你怀孕了，你什么时候生完孩子回来，我再领着孩子来。"无论她怎么解释都无济于事。她对我们说："鱼和熊掌不可兼得。"家人劝她在家休息，可她不愿闲着，就继续上班。她知道如果生完小孩，再回来上课就得从头开始，因为家长不会真正等她回来，他们会送孩子去其他的培训学校，她说如果她回来时这个班还能保持现在的规模，她就会继续干下去，如果人数太少，达不到现在的规模，她就可能离开现在的学校了。当问起她的去向时，她说，她将会去效益更好的私立学校应聘，因为她相信自己一定能胜任。

高女士说自己脾气急，经常因为家庭琐事和父母争执。父母觉得放假了，她和丈夫就应该回老家和他们在一起，而她觉得平时没有时间，放假应该出去旅游，放松一下。就因为这件事，她和父母亲大吵了一次。为此，她挺苦恼，觉得父母对她太约束了，还是把她当孩子看待。以后等她的宝宝平安出世后，在成长过程中，她会让孩子干自己喜欢干的事，发挥孩子的最大潜能，而不是像她父母亲那样干预她的生活。她最大的愿望是希望父母亲能身体健康，逢年过节，她都会回家乡的观音庙上香，祝愿全家人平安、健康。

案例编号：沈阳—智力型—004

访谈对象：王女士，31岁，河北保定人，大专学历，来沈阳3年，自由职业，个性好强，追求物质利益至上的价值观，竭力想摆脱农村户口，成为一个时尚的城里人

访谈时间：2009年7月18日下午/2009年8月30日下午/2009年9月5日上午

访谈地点：沈阳市铁西区某小区内

调查员：谢红萍

一、访谈背景

在与朋友的聊天中，得知王女士的经历丰富，非常符合访谈的要求，我的这个朋友是王女士的老乡。在我的再三请求下，王女士终于答应接受我的访谈，但她极力反对我对访谈内容进行录音，尽管我详细说明不会涉及个人隐私，但最终她还是拒绝录音，为了保证访谈内容的真实性，我只好遵照了她的要求。

对王女士的三次访谈都是在王女士的家中进行的。第一次访谈是在下午四点钟，我准时来到约定地点，王女士满面笑容地将我迎进门。这是一间两室一厅的120平方米的套房，屋内的设计以欧式风格为主调，既华丽贵气又不失典雅大方，屋里就王女士一人，她身穿着粉红色的家居服，轻挽着发髻，一副慵懒的样子，尽管年过三十，但岁月难掩其美丽的容颜。"睡了一下午，知道你要来，这不才起来，见笑了。"咯咯咯，她的笑声十分清脆。我们的访谈就在这样轻松的环境下拉开了帷幕。

二、迁移及立足过程

王女士是河北保定人，在家排行老二，还有一个姐姐和一个妹妹，都已成家，父亲在她上中学时就已去世，母亲仍在家务农，和妹妹及招赘的妹夫住在一起。提起母亲，王女士一再强调："母亲为我们受的苦已经够多了，无论如何我都得让母亲过上好日子。"王女士从上小学开始学习成绩一直就很好，1995年初中毕业后更是以全乡第三名的优异成绩考取了中专，当时的中专毕业生是分配工作的，且分配的工作都很好，对于农家子弟来说无疑是十分向往的，当然中专的分数要求高，招收人数少，是很难考取的。为了能早日工作赚钱养家，她便选择了中专。上了中专后，她一面刻苦学习行政管理专业课程，一面又积极参加各种活动，结识了许多专业的同学。中专毕业后，她原本想能够顺利地进入政府机关从事行政工作，却没预料到政策变化影响了那年中专毕业生的工作分配，她的同学大多未能分配到工作。也正是从那年开始，中专就不再是这些乡镇的优秀毕业生们所热衷报考的学校了。毕业就失业，这个噩耗是她始料未及的，她也

曾找过关系送过礼但是都没有结果。这期间，好强的她一面开始自学大专课程，一面着手寻找工作。

（一）迁移的曲折路

1999年，在一个同学的介绍下，她和同学一行二十多人去了湖北省襄樊市的一家公司，年轻气盛的他们工作热情高涨，公司没有固定的地址，只是在临时租来的房间内对他们进行培训，然后让他们出去推销产品。她对我说："当时我们都觉得接触到了一份新鲜的工作，且十分信服那种经营理念，既能锻炼自己，展示自己的能力，又能挣到不菲的薪水，所以都很投入。"刚去的两个月他们还互相竞赛，比谁每天推销的产品多，因为推销得越多报酬就越多。尽管他们住的是八个人一间的40多平方米的小房，生活条件较差，但是他们始终相信只要努力就能提升业务量，提高收入。渐渐地他们发现公司的负责人只有介绍他们来的那个人，再上一级的领导他们自始至终也没见过，且培训地点也经常变换，甚至有的特别保密，只是在培训前的十分钟他们才知道确切地址。后来直到他们的负责人，即上线，为了壮大业务队伍，极力鼓吹他们把自己的亲戚朋友都召集来，即发展下线，他们才逐渐明白这就是所谓的传销。这期间有五六个同学找机会回家了，剩下的同学包括她在内则陆陆续续把自己的朋友同学叫来，她说："当时我们真的挺疯狂的，不知怎么了就像着了魔一样，也许就是别人说的洗脑吧，我把我最好的朋友也叫来了，因为这件事我们从此成了陌路人。"她在那干了一年半，直到和其他同学为了利益之争产生矛盾最终决裂，同时她也想换份工作了，才返回了老家。

回到家乡，她一面去了一所电脑培训学校学习电脑知识，一面继续找关系希望分配工作的事能早日落实。在来沈阳之前的四年里，她一直待在家乡，通过自考获得了大专文凭。工作还是极不稳定，四年共换了四份工作，几乎是一年一换，她教了一年书后又去当地的广告公司跑了一年业务，之后又去了金伯利钻石店当了一年的销售人员，最后到了一家商贸中心当了一名公关经理，可见她的工作经历十分丰富。她长得漂亮，又聪明能干，追求者当然很多，在众多选择中，她与一个家境殷实、工作稳定的小伙子订了婚，但她一直向往大城市的生活。

2005年年底，一个在沈阳工作的表妹回家探亲，从此改变了王女士的生活轨迹。她看到表妹给叔叔买了辆私家车，而且还嫁了个沈阳人，身上穿的戴的全是名牌，她就下定决心也要到沈阳去闯一闯，她相信凭着自己的外表加能力也一定能在沈阳过上好日子。2006年刚过完年，她就不顾家人的反对，毅然和未婚夫解除了婚约，她说他们之间也没什么感情，只是觉得年龄大了到了该结婚的时候了才定的婚。对于这件事，她说："我觉得最对不起的是我妈，让她为我操心，我心里很难过，但为了去沈阳寻找我一直向往的新生活，我只能暂时让她伤心了。"临走前，她对妈妈发誓，她一定能出人头地，让妈妈过上好日子。

（二）立足的非常路

刚到沈阳的前两个月，她一直住在表妹家，表妹富裕的生活更加坚定了她扎根沈阳的想法，她开始四处寻找工作，虽然有大专学历，又有多年的工作经验，但还是没能找到理想的工作。她曾去了一家黄金专卖店应聘，干了两个月后，觉得这样下去没有什么发展，就辞了工作。

辞了工作的王女士没有了经济来源，只能和表妹生活在一起。一个月后，表妹给她推荐了股票投资公司，说那里挣钱快，问她想不想干，她说她从未接触过股票，又没什么本钱，不打算进行股票投资，但是表妹说这份工作不需要投资本金，只要能说会道就行，和推销商品差不多。她抱着试试看的心态在表妹的介绍下进了一家股票投资公司。她一直很自立，不想在表妹家继续"寄人篱下"下去，就和同去的五个同事合租了一套60多平方米的两居室，他们正好三男三女就分别住了一间。虽然工作多年她也积攒了不少钱，但她仍然精打细算，生活得十分朴素。除了衣服、化妆品的开销较大外，她每月的花费在400元左右。这家投资公司是由台商办的，规模挺大，员工共有100多人，其中有20多名分析师，其余全是业务员。刚到公司，王女士就看到数十个业务员每人桌前都有一台电脑，都抱着电话打个不停，热烈的气氛让她觉得和当时传销培训时的情境有点相似。由于对股票知识一无所知，所以她加倍努力。她被分配到了E组，组长是个哈尔滨人，姓关，兼E组的操盘手，人很热情，在关组长的热心帮助下，她很快就熟悉了业务，只要每天将分析师推荐的股票用电话销售的方式推销给炒股的客户即可。只是发展客户需要下些功夫，也许公司提供的100多个客户的电话中，只有一个能谈成业务，但必须不厌其烦地逐个打才有希望。虽然王女士以前做过传销，当过钻石、黄金的销售人员，但那些都是面对面跟客户进行交流，通过电话进行销售的方式，她还是不太适应，但她知道销售的技巧是相通的，如何让客户信任是最关键的。在公司，各组每月的业务额都是要公开的，且业务额的多少直接关系到组长和组员的工资提成，每月业务额排名第一的小组，公司会重奖两万元，这两万元奖金将从排名靠后的小组按名次依次扣除，这样的奖惩办法也被各组长效仿，组长为了提高业绩，将公司扣除小组的奖金分配到各组员身上，对组员的业绩每月进行排名，重奖第一名，最末一名则被扣除全部奖金。所以，组员的工资除每月一千元的底薪外，每做成一笔业务，会有10%的提成，再加上公司每月给各组的奖金。如果干得好的话，每月的收入四五千元也是常见的。王女士说自己很幸运，遇到了关组长，关组长是个智慧能干之人，他每天都会给组员早晚开两次会，早上刚上班，他会给各组员开个简单的动员会，鼓舞士气，下午临下班时，他会给组员开个分析会，将他们每天遇到的问题进行总结并让业绩好的组员给大家谈经验，讲销售技巧，大家互相交流取长补短，每到周末关组长还经常组织组员去聚餐唱歌，增强小组的团结。四个月下来，他们组的业绩就连续获得了三连冠，关组长也成功被提升为业务经理，E组的组员们包括王女士在内也成了业务骨干，当上了其他组的组长。谈到业务，王女士神采飞扬，难掩其骄傲之情，她说："这个工作，只要把握好客户想赚钱的心态，将投资公司的经营理念宣传到位，把分析师讲得十分专业，充分让客户信服，签成第一张业务单，以后就轻车熟路了。"具体谈到她的第一张业务单时，王女士讲，她的第一张业务单是在到公司后的第20天签成的，虽然金额只有6000元，但她费尽了口舌，她跟人家讲，公司是私募机构，给客户提供的股票都是机构自己的，保证能用资金提升起来的，且内幕消息十分可靠，短线、长线都可以做，保证三个月内翻番，签了单子后会稳赚，如果有风险也由公司承担，对个人的利益不会有丝毫影响，公司的分析师都是从上海请来的、多次在电视上进行分析解说的知名人物……她的第一张业务单就是在这一系列的吹捧之下签成的。当我问及她销售内容的真实性时，她轻轻一笑，说："哪有什么真正的私募，只不过是打着私募的幌子而已，一切都是为了出单，只要签了单子，赚到提成，客户赔了公司也不会负责的。如果给客户的第一支股票赔了就找托词，跟他说时间不是三个月吗，保证以后的股票会帮他连本带利赚回来。当然最终的亏损只能由客户自己承担了。""那就不担心客户告发吗？"我问。她答道："没关系的，如果客户告发，公司被查处后又会改换另一个名字重新开始的，行业里的人都知道这个潜规则。"

2007年5月30日，上证和深证的股指大跌，致使大多数股票持有者损失惨重，她所在的投资公司业务量也大受影响。王女士和九名同事就随着关组长一起离开了公司，带走了他们自己发展的客户资源。6月份，关组长自己成立了一家投资公司，让王女士担任业务经理，两个月后，她觉得给别人打工还不如自己单干，就离开关组长的公司，和男友一起在家打电话开始了他们自己的业务。男友负责分析股票，她负责打电话联系业务。男友是她原来公司的同事，当初因考取了沈阳某高校国际金融专业的研究生，为挣些学费就来到沈阳准备在开学之前打工赚钱，在同公寓的六个人中，男友是第一个出单的，而且金额高达7万元，这在他们公寓里可是个爆炸性的新闻了，为了取经，她主动和他搭讪，后来他们日久生情，发展成了恋人，半年后他们从集体公寓搬了出来同居在了一起。

为了增加投资，扩大规模，男友和学金融的三个女同学合资开了家股票投资公司，这样他们自己的投资公司就成立了，男友是法人代表，她和男友的合股占公司股份的30%，其余三个同学则等额地占有其余70%的股份，这样他们五人就全成了老板，虽然那三个同学是学习金融的，但她们只有理论知识，不熟悉业务，王女士就自然成了业务主管，为公司培训新业务员，还给公司签了一笔金额为80万元的大单，这是他们公司签订的第一张业务单，也是最后一张。因为他们自己分析的股票没有像所承诺的那样得到收益，反而亏损了10%，所以客户很恼火，决定索要回全部资金，不然就把他们公司告上法庭。公司刚开办，男友希望能大事化小，在双方的协商下，公司把服务费全数退还给客户，赔偿金额则按股份比例由他们几个股东平摊，可是那三个同学却不答应，她们认为这个客户是由王女士负责的，应由她承担50%的赔偿费，其余50%的赔偿费再按股份比例平摊，于是这原本只是公司和客户之间的纠纷却发展成了公司内部股东间的矛盾。男友夹在四个女人的中间左右为难，一边是自己的女友，一边是三个不肯吃亏的同学。在双方的僵持下，赔偿费的问题始终没有得到解决，眼看着客户即将把公司告上法庭，作为法人代表的男友难辞其咎，就在这时那三个女同学连夜把公司的数台电脑和办公桌椅等全部搬走，最起码保住了她们自己的本金。这一行为激怒了王女士，她劝男友把事情告诉他的导师，让导师出面解决，否则她也要把那三个同学告上法庭，最后男友用自己的钱赔偿了客户，他想息事宁人，念在大家同学一场，不愿再与同学争执下去。王女士得知事情最终的处理结果后特别生气，于是和男友三天一小吵五天一大闹，最终男友搬回了宿舍。一个月后，王女士发现自己怀孕了，她一想到男友办的这件事就觉得窝囊，本想把孩子打掉算了，但转念一想自己已经30岁了，也想成家生子了，就拨通了男友的电话，男友得知她怀孕的消息后立即跑来，把她拥在怀里并承诺和她立即结婚。

（三）婚姻的坎坷路

2008年6月，男友研究生毕业，进入了一家外企，待遇很优越。7月份，她怀着三个月的身孕和男友一起回到男友的山东老家准备结婚，可是男友的父母却认为自己的儿子尽管出身农家，但毕竟是研究生学历，且现在也有了沈阳户口，工作好待遇高，令人羡慕，而王女士虽然长得漂亮，但却是大专学历，又没固定工作，还是农村户口，无论怎样在他们眼中两个人很不般配，要不是知道她怀孕了，老两口是肯定不答应这桩婚事的，他们的婚事就这样被勉强接受了。接下来就开始张罗婚礼的事了，因为新媳妇怀着身孕，婆家只请了一些关系较近的亲戚简单在家办了几桌酒席，王女士的妈妈也从河北老家被邀请来参加典礼，婚礼当天她妹妹陪着她妈来到她婆家，当看到婚礼冷清的场面时，她妈的眼泪就止不住地往下流，看到母亲难过的样子，她的心被揪得疼极了，她当即就离开了婚礼现场，无论母亲怎样劝阻也无济于事，她要求婆家一定要办一场风光的婚礼才行。回到沈阳后，因为婆家的脸面受损，丈夫很生气，经常不回家，随着肚子一天天大起来，她越来越觉得心中委屈，那些日子里她总是一个人在家，情绪不好，行动也不方便，营养更跟不上，丈夫因为婚礼的事一直耿耿于怀，很少照顾她。为了顺利生下孩子，她返回了河北老家，因为她还没在娘家办酒席，所以虽然领了结婚证，但在家乡人眼中没有办酒席就等于没结婚，为了维护母亲的颜面，身怀六甲的她只好在老家附近租了一所房子待产。在母亲和姐姐、妹妹的悉心照顾下，2009年初她顺利产下一子。得知这一喜讯，婆家承诺等孩子过了百天就给他们补办一场风光的婚礼，虽然在怀孕的这段时间，婆家人从没有来看过他，电话也很少打，丈夫对她也冷淡了很多，这一切都让她心寒，可是为了孩子将来的成长，加上母亲的百般劝解，她最终接受了丈夫的道歉，答应了婆家的请求。在孩子百天后，他们先后在婆家和娘家各举办了一场风光的婚礼，她和丈夫也商量好要重新开始。如今，婆家帮她照看着孩子，她也刚回到沈阳一个月，因为丈夫刚购置了一套新房，是以她的名字落的户，她终于有了沈阳户口，从此摆脱了农村户口，成了真正的城里人，这次她暂时放下宝贝儿子，就是想亲自指导新房的装修，一个月后房子装修好了，屋里的每件家具摆设都是她精心挑选的，看着温暖美丽的家，她感叹终于实现了当初来沈阳的理想，这正是她梦寐以求的生活。

三、社会关系网络的现状和变迁

多年在外工作的王女士交友已经越来越有目的性了。她说："为了生存，你不得不这样。"以前的同学朋友大多已经结婚回了老家，大家已经很陌生了。现在与王女士相处的大多是以前在工作中结识的同事，"他们很不好处，都是奔利益来的，你得时时小心"。所以在同事圈中她并没有真正的知心朋友，但是她在沈阳的几个老乡还算得上是她的挚友，她们经常在一起吃饭、唱歌、美容、逛街，我就是经过她其中一位老乡介绍才访谈到她的。虽然真正的朋友不多，但是她并未感到孤独，因为有丈夫的陪伴，她觉得很幸福，另外工作中的利益关系让她变得不再轻易相信任何人，她自始至终都认为只有家人才是最可靠的。

四、社会保障情况

（一）户籍和档案情况

中专毕业后王女士没有就业就失业了，当时不得不把户口和档案放回老家，之后的工作都是临时的也不需要调动档案，所以档案也一直没动，现在她觉得档案对她事业的发展没有什么影响，如果将来需要，她从老家迁来也不迟。她对户口则十分看重，因为她一心想成为一个真正的城里人，只有拥有了沈阳户口才能让她从骨子里真正认定自己的城市人身份，从而达到她的目标，通过买房她最终拥有了沈阳户口。

（二）医疗、养老、工伤以及其他保险情况

王女士时间长的几份工作都是见不得天日的，"单位也是经常换招牌，哪会给上医疗、养老、工伤等各类保险？"在她看来，只要有钱就行，没有那些保险也无所谓。"况且汶川大地震时那些保险公司不也都倒了吗？什么都没有钱来得实惠。"

五、未来规划

王女士对于现在的生活很满足，但是从她的话语中流露出了她的更大目标。她下一步计划买车，所以她还是想找一份薪水高的工作。看到在沈阳的表妹已经投资房地产并赚得了很大的利润，她也跃跃欲试，她说她还要赚更多的钱，给孩子提供最好的物质生活，以后送儿子出国读书，她还想到世界各地旅游，她依旧自信地认为她一个又一个的目标终将会实现。

案例编号：沈阳—智力型—005

访谈对象：王先生，30 岁，祖籍山东莱州，大学本科学历，沈阳某杂志社主编
访谈时间：2009 年 8 月 9 日
访谈地点：沈阳市和平区哈尔滨路 58 号房联大厦 712 室
调查员：赵洪娟

一、访谈背景

之所以选择王先生作为我的深度访谈对象有以下原因：一是我与王先生既是同乡又是大学校友，在大学的时候我们关系处得非常好，他来沈阳后，我经常去他那里蹭饭，因为经常接触，他的经历我很了解，所以把他作为我的一个访谈对象，便于我访谈的深

入进行;二是作为80后的"沈漂"(没有固定工作在沈阳漂泊的人),在来沈的短短3年内能买一套自己的楼房,从身份上把自己转化为本地人,个中原因需要对他的"漂族"生活进行解读;三是从他现在的工作待遇以及社会网络关系的扩大化上来说他已经很风光了,但他的当地身份并没有得到社会网络的认可,这也是他现在在沈城发展所面临的最大困境。下面首先从他的生活现状来解读他"漂族"的生活。

二、反过来的生活

王先生的生活现在完全改变了,他在沈阳某杂志社做主编,他的工作伙伴多是一些银行、证券公司、股票公司以及期货公司的经理或者董事们,这标志着他的工作身份已进入白领之列;另外,他已经在沈阳购买了自己的住房,目前的月均收入在5000元以上,按照现阶段衡量"沈漂"的通用标准(以是否拥有住房和工作收入高低为主要指标),他至少也是"漂族"中的中上层成员,而这些成绩都是他一步步取得的。

王先生的房子是2008年10月份签的购买合同,因为他单位的员工没有公积金待遇,所以他只能选择商业贷款,又因为贷款必须有当地户口,而他的户口在大学毕业时就迁回老家了,所以他只能用女朋友的当地户口购房,他自嘲式地解释道:"虽然这房子是我买的,但所有权是我女朋友的,因为用的是她的户口,我的户口至今还在老家,如果我们不结婚,我的户口就迁不到沈阳。"但是这样他也很满足,至少在心理上觉得自己有房子了。在2009年1月办理了新房入住手续、3月份装修完毕,他就急不可待地从租住的房子里搬了进去,现在房子里面有冰箱、热水器、电视、电脑、电烤箱以及各种小家电,他完全过上了小资一族的日子。

可是他刚到沈阳时候,是在辽宁大学家属区租的木板式床铺,每月110元钱,价格很便宜,但是一个房间住8个人,有学生,有打工的,还有混日子的,各色人都有,房东除了给大家一张桌子,其他的什么家具都不给。一谈起那个屋子,他说他就想起了屋子里天天飘着的臭味,觉得恶心,可那时候没有条件租环境好的房子。

住了一个月,他就搬出来了,租了个插间(多个人合伙一起租一套房子,厨房、卫生间、客厅共用),这时候王先生自己买了台二手电脑,并与合租者合伙安装了宽带网线,他每月分担网费160元,每月的房费是300元,这个租住条件虽比以前好多了,但因为是一楼,所以特别潮,老鼠也时常在地板下面蹿溜。后来,因为有个合租者经常带女朋友回来住,共用一个厨房、卫生间就产生了许多不便,王先生就有了出去租房子的打算。

后来王先生有个同学想来沈阳发展,就联系他,让他帮忙找住的地方,王先生就和他的同学商量是否可以一起合租,要是可以的话,房子由王先生来找,他同学自然愿意,就答应一起合租。王先生就通过房屋中介,在沈阳某大学家属区租了个两室一厅的房子,房屋位于3楼,还是阳面,有电视、热水器、煤气管道、衣柜、桌子以及书柜,王先生认为这次租的房子很划算,条件比以前的好,但房租还是每月300元。

2007年11月,王先生结束了跟别人合租房子的生活,自己租了个单间,并在这期间添置了电冰箱、电烤箱等电器。这时候他每月付500元的房费。

直到2009年3月搬到自己买的新房子里,才预示着他的居住条件彻底地得到了改善。这种改善不仅仅体现在与所住之房的关系上,更重要的是由此而引发出了与社区的关系的改变。作为租住者时,他没有机会和权利参加社区的活动,但住到自己的新房后,在这座城市里就有了归属感,社区的活动他就会尽力参加,而且非常注意社区宣传板上的通知。

王先生的居住条件的改善是与其工作状态和工作带来的收入密切关联的。虽然工作收入在逐渐增多,但工作身份却一直都处在流动的尴尬中。

三、屡次工作变换中的不固定角色

(一)初来者一切归零的萧条状态

王先生是2006年11月16日来到沈阳的,在来沈阳之前,他在黑龙江省某市日报做责任编辑,主要负责报纸教育版面的新闻稿件的采写和排版,发展前景不错。因为女朋友先来沈阳发展,所以他也非常自信地辞掉了日报的工作,来到沈阳。

刚到沈阳之时,他觉得凭借自己以前的工作经验,找一份工作是没问题的。可是半个多月过去了,工作一点结果也没有,他没有完全失望,而是继续找。又过了半个月,几乎把沈阳跑遍了,他依然没有找到工作。这时,他心里有些失落,觉得在这座城市里,自己非常渺小,身边没有亲人,没有朋友,没有同学,没有以前的同事,自己以前的工作经验在这里算不上什么,他很苦闷,经常闹情绪。

一个月下来,他身上的积蓄剩余不多了,他慢慢认识到找一份理想工作不是一朝一夕的事情,眼下只能先解决衣食问题,找份临时活先干着。他在辽宁大学家属区租住时,意外地在家属区的宣传栏获得了一条招聘文言文翻译的用人信息,这是他的第一份零活,是给韩国人翻译家谱,具体的工作就是把古式家谱翻译成白话文,每翻译一页有5元钱的收入,王先生文字功底好,一天下来也能赚到100元左右。这份钱虽然不多,但对当时的他却非常重要。

当时他想只要能维持日常的衣食,工作就可以慢慢找了,同时也降低了对工作的要求,甚至到了只要用人单位给他机会,他就干的地步。

王先生觉得很悲哀,自己从一个骨干编辑到现在成了一个打零工的,对于这种身份转换,他一时适应不过来,一切又回到了起点。

(二)劳资纠纷的败诉者

王先生就这样一边打零工一边马不停蹄地找工作。白天四处找工作,晚上回来趴在床铺上翻译家谱,就这样坚持了一个多月,终于被一家房地产代理公司录用,做了文案策划。按照沈阳企业单位的薪水标准,试用期工资是600元或800元,因为他有工作经验,所以单位给了他试用期800元的月薪。王先生表示,虽然工资给的是少了点,但有工作先做着,这已经不错了。

在房地产代理公司做了一个多月,做得并不顺利,名义上是策划,可是实际上天天就是给部门负责人端茶倒水和整理部门办公室的卫生或者给领导出去跑跑腿。因为怕失去这份工作,所以他就不敢贸然跟单位谈这个问题。

他觉得沈阳与他以前居住的城市文化理念是不同的，生活节奏也要快很多，他最不能接受的是同事关系非常冷漠，他说："我作为新人经常是热脸碰冷屁股，每天工作时间感觉特别郁闷，正常的工作不让我做，老同事也不爱搭理我们新人，压力非常大。"刚刚来沈的外地人是需要适应时间的，但时间又不能太长，否则就会被淘汰掉。于是王先生平时挤时间学习文案策划理论，尽最大努力来熟悉沈阳的人文地理与生活节奏。

在这家公司工作一个半月后，他被某报社应聘成功，他跟这家房地产代理公司提出了辞职，但是这家房地产代理公司的负责人说不能给他当月的工资，原因是公司有规定，如果辞职必须提前半个月跟公司打招呼，否则就扣发离职当月的工资。

他入公司之初并没有人让其学习公司的规章制度，他的知情权并没有得到保证，所以他拒绝承认此规定的合法性，竭力跟单位争取，但是无果。后来实在没有办法，他求助于某报社媒体，但报社回绝了他，原因是此问题太敏感，不利于社会稳定。就这样，他半个多月的工资被这家房产代理公司不合法地扣掉了，而王先生则成了劳资纠纷中的败诉方。

（三）企业潜规则的出局者

2007到12月中旬，王先生通过了沈阳某知名报社的招聘考试，在800多人的竞聘者中脱颖而出，说到这里，王先生非常骄傲，他表示能进入到这家报社他有些兴奋，更有些激动，因为该报社在沈阳颇有名气，这也预示着他的发展空间要比在房地产公司大很多。

报社对新员工做了一个多月的岗前培训，把他分到了经济专刊部做编辑，负责理财版面。三个月的试用期，月薪1000元，报社给每位新人安排了一个老员工做师傅。王先生表示作为编辑，工作性质非常简单，就是走工作流程，由记者提供稿件，进行文字整理，报部门主任审核签字，再上报主管总编辑审核，只要主管总编签完字，这一轮的工作流程就结束，就可以完成自己的工作，这些工作对于王先生是较为轻松的，所以到报社起初的三个月里，他并没有感觉到这份工作有什么压力。

试用期结束之后，工资提高到每月1900元，作为新人也有了独立负责的版面了，如果自己负责的版面有问题产生，就要罚钱，还要以书面形式张贴通告，严重的甚至还要罚以待岗，总之所有的工作失误都是有代价的。王先生天天专心致志地盯住自己的版面，唯恐出现错误。几个月下来，他的版面信誉一直很好，而且还得到过几次好版面的奖励。王先生以为只要兢兢业业做好自己的版面，保证自己的版面不出错误就能保住这份工作，但作为一个到沈阳只有1年多的年轻人，仅仅做好自己的本职工作还是不够的，报社的人际脉络也很重要，可是他忽略了尽快通晓该报社处世原则这件事，现在他感慨这里面也有很多潜规则，只是自己当时作为新人不知道，致使自己糊里糊涂地丢掉了这份工作。

他做的版面有一处信息是客户服务商提供的，服务商每天晚上9点准时把信息发到编辑的邮箱，编辑只要负责把这些信息加到版面固定位置就行了。但是2007年6月的某日晚，到了23：30了，对方提供的信息还没有发过来，报社24：00准时截版，王先生就焦急地给客户打电话，只要能联系的电话都打过了也没有结果。急迫之下他只好给他的编辑老师打电话，老师表示让他去找当班领导，王先生只好去找当天负责编辑的部门主任汇报，而主任却说没事，那个位置实在不行就加上一些其他内容，王先生按照主任的意思做了应急处理，按照惯例带着处理了的版面找到副总编辑把情况进行了汇报，副总编辑也表示先发版，别延误了出版时间，以免影响整份报纸的发行。

这件事的出现成了王先生"霉运"的开始，第二天客户看到报纸没有登载自己的信息就来到报社投诉，可是所有知情的领导都为了顾及经济利益而没有为王先生辩解，社长批评总编辑，总编辑批评部门主任，而部门主任想让王先生把这件事背下来。可是王先生认为这件事自己可能有一定的责任，但是没有严重到要扣工资的地步，而且是对方没提供信息，他的应急处理都是遵照各级领导的指示进行的，如果自己有错，那也只是一部分，部门主任也有失职之处。要是这样的话，按照报社规定要扣除本人、部门各个领导的奖金，相关人员还要在当月的总结大会上做检讨、接受批评，这样，该部门及其领导将颜面尽失，年底先进部门评选肯定要受到影响。部门领导私下暗示王先生直接去找报社领导自己把这件事承担下来，可是，年轻气盛的王先生觉得这样不公平，这样做的话就意味着自己在报社的前途基本没有了。于是，王先生就越级直接找到上层主管领导来解释这件事，可他不知道领导们不会考虑他的得失，他们只顾及报社的利益，最终把全部责任都推到王先生一个人身上。他的领导说："你是个新人，犯错情有可原。"被迫背上黑锅后，部门主任就慢慢减少了王先生的版面，原因就是觉得王先生越过他直接找上面领导解释此事属于越级行为，是对他的不尊重。版面少了，王先生的工资就少了，到8月份，王先生只好主动辞职。

访谈到这里，王先生感叹道："我这次的失败主要是因为单位的各种人际关系没有理顺。对于新人来说，干好工作是一方面，但要快速地融入这个集体，首要的还是要搞好人情关系。有几次部门领导让我请同事吃饭，我都不以为意，因为我觉得如此规模的大报社不可能存在这种潜规则，还有就是自己确实没有那么多的钱，二十多个人怎么请啊！其次就是要让同事知道自己有路子、有人脉。例如跟我同时去的一个女同事，是当地人，在沈阳其他媒体做过多年的编辑，这个人的工作能力不在我之上，但她的嘴上功夫很好，成天和同事嘻嘻哈哈，面上关系非常好，一到领导安排工作，她不能做的也硬充胖子，先担下来，领导就觉得她工作能力强，实际上她的版面做得很一般。这个女同事现在还在那家报社，这就说明她比较懂得跟同事交流，可那时我就知道闷头苦干，总在领导和同事面前谦虚，他们就怀疑我的处世能力，自然看低我，我现在已经很注意自己在这方面的问题了。"

王先生所谈到的都是这家报社的潜规则，正如王先生说："那个单位就是个地狱，你要是能经得住考验，一直留在那里上班，那么你就成了魔鬼或者是土匪。"

（四）无法得到老板信任的业务骨干

辞职以后，报社的一位同事觉得他为人诚实，在2007年10月份把他推荐给了现在杂志社的老板。王先生说，来到这家杂志社，起初做编辑，他吸取了在报社失败的经验，经常主动找老板交流工作。通过多次的交流，老板发现他是个很有想法的年轻人，于是就提升他为执行副主编。王先生说："其实那个时候，我还没有具备那个能力，老板主要是想培养我，一是我诚实可靠，再有就是我原来工作过的报社在沈阳也算是个大报社，他看中了我在大报社的工作经历。"

王先生没有辜负老板对他的培养，慢慢地成熟起来了，成为老板身边的得力助手。因为这是一个以广告收益为主的杂志，所以他大部分工作时间是在外面谈客户，凭借着前一份工作的客户基础，很快他在杂志圈子里就小有名气了，谈成了不少广告，他是这个杂志社唯一能谈成广告的工作人员，每单广告老板给他10%的提成，一个月下来他的薪水能达到5000元以上。

他不仅成为了主管领导，而且是业务主干。随着业务的成功，他的社会交往圈子也逐渐变大，靠这些关系网络，他能达成许多事情。老板发现靠自己的人脉所不能做成的事情王先生就能做成，心里渐渐对王先生产生了不信任，认为王先生在利用杂志社这个平台为自己谋福利。2009年8月底，老板把王先生由主编降为副主编，只负责自己的版面，但薪水待遇不减，实际上这是对王先生发展的一种限制。从这次变动中，王先生更确实地感受到了这份工作在未来的不确定性。

工作之余，王先生也有自己的交际圈子，跟一些关系较好的合作伙伴吃吃饭、唱唱歌是经常的事情。2008年10月，他在这个城市买了一套房子，在短短的3年之内，能达到今天的程度，已经算是很成功了，可他现在又有了新的发展目标——考公务员。他说："在别人看来，我的工资待遇也算可以的了，但这家工作单位毕竟是私企，我也就是给老板跑腿的，虽然有各种规章制度，但是那只是一个形式的东西，执行起来随意性比较大，休息日老板定，休几天也是老板来定，这些都是客观存在的问题，我只想到一个按章工作的单位，至少工作起来心情是愉悦的。"

王先生的经历不能说是一波三折，却也不能说是顺畅，从文案策划到报社编辑再到杂志社的主编，从第一个单位克扣工资到第二个单位的黑锅事件，都说明他起初来这个城市的不适应，可他又无力合法解决，只能调试个体的适应力。他原本是个寡言少语的人，可现在的他一讲话起来头头是道；他原本是个朴素老实的农村孩子，可现在他老板评价他已经很"精明"了，我想这些都是他在这个城市立足的经验吧。

四、城市身份——"三无"人员

王先生称自己是"三无"人员——无户口、无身份证、无档案。2005年大学毕业时，当时学校规定无论是否找到接收单位，一律把户口迁走。王先生把户口迁出来后一直放在自己手中，直至2006年春，他父母告诉他老家里要动迁，按每户的人头给拆迁费，为了得到拆迁费，他就托关系把自己的户口落到了自己村里，直到现在老家也没有拆迁。他结婚后户口才迁到沈阳。至于档案，因为他大学毕业时还欠学费，学校按当时的规定直接把档案扣在学校，一直到现在，他也没打算还那笔学费，他说现在档案好办，只要肯花钱就能办个假的，所以原来的档案要不要都不影响他赚钱。他的身份证2008年上半年丢了，因为他的户口在老家，所以要办理身份证只能回老家办理，可是他上班时间回不了家，节假日回家，办理身份证的机构又不上班，因此一直没办理。

虽然是"三无"人员，但不影响他的单位给他上养老保险、医疗保险、失业保险，三险每月总共从他工资里扣去156元钱。

五、未来的规划

他对未来的规划主要体现在对事业的追求上,现在的工作虽然收入颇高,但私家老板对他的不信任,让他心里很失落,他觉得这份工作早晚会丢掉。从他一系列的工作经历来看,员工都无法真正依靠这些企业,只有追求稳定的公务员工作,才能有安全感,这就是他未来的规划之———备考公务员;或者等积蓄攒够了,自己做个体生意,多赚些钱生活才能稳当。

案例编号:沈阳—智力型—006

访谈对象:小杨,男,25岁,辽宁辽阳人,大学本科学历,某房地产公司土建工程师
访谈时间:2009年8月23日晚/2009年9月8日上午
访谈地点:阿美莉卡西餐厅(后一次为电话访谈)
调查员:王瑛琦

一、访谈背景

小杨其实比我大,因为他们单位的人都叫他"小杨",于是我也就这么叫他。小杨来沈阳快两年了,上海某名牌大学毕业,由公司总部分配到沈阳分公司,家在辽阳,相当于在外地上完大学后又回到了辽宁。他来沈阳半年之后我们认识的,经常一起吃饭、聊天。从平时的谈话里我了解到,他并不喜欢沈阳,而且根本就不想在沈阳待着,甚至在工作还未满一年的时候他就去上海面试打算跳槽,但是没有成功。之后我又进一步向他了解不打算待在沈阳的原因。他属于自愿抗拒融入沈阳生活的那一类人,这类人数目不多,但是确实存在,当我在考虑新移民融入的问题时,似乎都是以他们自愿融入沈阳为前提,再来考虑是否在融入中出现问题。对于他这一类人,我不能忽视,在融入过程中有没有问题都是后话,前提是个人自身主观上并不想融入沈阳生活。

二、对沈阳的否定

他大学毕业之后就任职于一家房地产公司,他是全国排名前十的某大学毕业的,谈到为什么供职于现在这家公司,他谈到,当时可选择的公司也不少,觉得这家公司比较新,发展空间大,薪酬方面也很满意,于是就签了两年。他这份合同马上要到期了。

(一)对家乡生活的反思

他上大学之前一直在家乡辽阳生活,辽阳毗邻沈阳。他在初中的时候就已经对辽

的生活方式产生了怀疑。他说当时就对一些事情很反感,但因为当时年龄小,所以有些事也就去做了。现在回头看以往的生活,他觉得很荒唐。一次他的姥姥和姥爷过生日,大家高兴之余,他的阿姨就让他唱一首歌给大家听,在饭店的包房里面还有两个服务生,在他唱歌的时候,那两个服务生一直在笑。他认为他们的笑绝对不是因为他唱得好,具体笑什么他也不清楚,只是当时很不舒服。还有一次妈妈带他吃烧烤的时候,告诉他热的话就把上衣脱掉吧。他说:"可能在东北赤裸上身很正常,但那确实是不文明行为,而生活在其中的人却不觉得有什么不妥。"

(二)来到沈阳时的矛盾心情

起初被深圳总部分配到沈阳分公司的时候他很矛盾。一方面,他觉得他适应这里的生活没有问题,毕竟他在东北的大环境下生活了十八年。另一方面,他又不甘心。他认为如果他在沈阳的人际关系网成形且可用的话,那么他可能就要永久性地留下了,而那正是他所不想的。于是他带着这种矛盾的心情来到了沈阳。谈到为什么他这么不喜欢沈阳的生活方式时,他说了很多。

(三)生活不方便的沈阳

他认为在沈阳生活很不方便。超市基本上九点以后就关门,再想要买什么东西就没有别的途径了。有一次他晚上去机场接朋友,他们一起打车从机场出来去往他的住处,出租车沿着十一纬路直开过去,当时大概是晚上九点半,他说十一纬路上的饭店差不多都关门了,只有一家还开着,仅有的一桌客人也喝酒喝得有些多了。他不排除他没找对地方的可能,但是他认为在沈阳生活不方便。

他来沈阳生活之前就对这里的生活方式很抗拒,在他的内心里他觉得沈阳这里没什么发展,城市也不发达,所以到这里生活之后,他就开始抗拒融入这里的生活。一开始就不喜欢或者刚来一段时间就不喜欢沈阳生活方式的人有一定的数量。

(四)人情社会的沈阳

他认为,沈阳是一个人情的社会而不是制度的社会。在沈阳办事,多是针对人情和你这个人本身,很少有针对事情的。要是觉得你这个人本身不怎么样,恐怕这个人就很难办成什么事情了,即使这件事情和这个人本身的联系并不大。在沈阳办事多以感情为基调,人脉很重要。他谈到,在沈阳很容易听到两个人在那里闲聊,说我家的谁谁是干什么的,他家的谁谁怎么样。大家很注重亲情和人脉,很少说自己,沈阳人更注重血缘关系。所以他认为,在沈阳办事并不是遵循规章来办。他工作上有报批报建的程序,他说对于这项工作就不能很好地按流程来走,或者是根本就走不通。

他崇尚契约论,一般不会迟到,"我自己懒散耽误了时间,我会打车过去"。他不要求别人一定守时,但是自己一定要守时。"我答应了几点能到,我就一定会到,即使是自己的原因多花了打车的钱。我承认有些事情我办不到,但是我会尽力。我尽力把我自己这份做好。"在沈阳,他认为人们不太重视契约,一般情况下如果和朋友约好时间逛街的话,朋友总是迟到,因为大家根本就不太在乎迟到的问题,觉得反正也是逛街,早半个小时逛和晚半个小时逛没有什么区别。"如果你和我约,你要是提前告诉我你会迟到半个小时的话，我会很高兴，因为我可以自由安排这半个小时，你要是不告诉我，那我就得在那干等。我不认同时间观念不强的人。在沈阳有时间观念的人很少。相对来说，在深圳的人时间观念相对较强。"

（五）规章失效的沈阳

他对沈阳的生活确实有很多看法。他说，在大型超市都有小额商品结算的专用款台，在沈阳这种小额结算款台基本上形同虚设，如果你对其他人说你符合这个条件，要优先结算，那是不可能的，其他人根本不认同这个优先权。所以他也入乡随俗，在沈阳的超市老老实实排队结款，即使是小额购物。还有一件事就是，他在沈阳打车的话，只打旭龙公司的出租车。谈到原因他说，只有旭龙家的出租车没拒载过他。他的公司在一个交通要地，早上那个路段经常塞车，所以很多出租车司机在早上的时候都不愿意去那个地方，于是他早上打车上班也就经常遭到拒载，只有旭龙公司的司机没有拒载过他。对于此事，他自己的说法就是，"对于任何事情我有一个自己的态度，有些事情我知道我改变不了，但是我也要迎击和抗拒这种事情。虽然我的力量是微不足道的，但是我要有自己的行为方式。我有一个态度要让你知道，你不给我一个说法，我就给你一个说法"。

（六）悲观且封闭的沈阳

他这个人对很多问题都有自己的看法，有些事情可能是我们习以为常的，他同样也提出了质疑，而且言之有理。他认为沈阳甚至东北是一个悲观而封闭的社会。人们对于一些用自己力量可以改变现状的事情多采取接受现状的态度，并没有要靠自己的力量来改变这种现状的打算。就像当他说打出租车遭到拒载的时候，有人告诉他可以去改乘公交车，他承认这也是一种处理方式，是一种"绕行"的解决办法，但事情并没有被真正解决。

谈到悲观社会，他说，在路上从身边开过去一辆好车，有人就会说，"这孩子他爸爸一定有钱，不然这么年轻一人怎么能开上这么好的车？"于是他认为，在沈阳，人们注重的不是如何来实现自己的未来，使自己过得更好，而更多是在抱怨，好高骛远，对于未来有很多的想法，但是也就是说说就拉倒了，不实干，并没有强烈的改变现状的决心和行动。"不像南方一些城市的人那么实干，东北人在好高骛远、吹嘘的时候，南方人也许已经生产出来十双袜子、五个打火机、十副手套了。"所以他认为沈阳人乃至东北人都很悲观。他不否认自己有悲观的一面，毕竟受大环境的影响。他也并不想摆脱悲观，因为他觉得根本做不到。"我不可能完全否定自己生活中的十几年，特别是小时候的十几年。"

他从来不试图改变别人的想法，他觉得别人怎么想是他们自己的自由，"我不关心别人怎么想，他们爱怎么想怎么想。"但是他很在意别人怎么评价他。"也还是无法影响别人的想法，我自己想知道别人对我的看法，仅仅想知道，我自己也不会改的。"

对于封闭社会这个说法，他举的例子是沈阳的桌牌俱乐部。桌牌要很多人一起玩，他刚开始找人玩的时候根本就找不到人，"你不知道他们在哪，沈阳的很多桌牌俱乐部都是封闭的，从不给自己的俱乐部做宣传，你要是自己找到了要加入就大家一起玩"。

他觉得沈阳的人际关系圈较固定。

他对沈阳的否定并不是建立在赞同其他城市的基础上,他到哪一座城市都有他否定的那部分。他觉得什么事情都是有两面性的。

(七) 几乎没有优点的沈阳

谈到沈阳这个城市有什么特点时,他谈到沈阳的消费水平相对较低,这样来说,日子过得也相对要好一些。从他供职的公司来看,沈阳这边公司制度不严,生活压力和工作压力较小。针对制度不严他说他单位一个人力工程师天天在办公室打牌,根本就没有人管,奖金照发不误,在公司的地位也不受影响。"在沈阳分公司,人们不经常用规章制度来卡你。"他举了一个他在上海工作的公司的例子,该公司要求每天早上八点半之前打卡,过时间算迟到,扣奖金。有一次他们部门加班到晚上十一点多,然后部门负责人告诉他们等一等再走,等过了十二点再走正好去打卡,这样明天早上八点半之后来也没问题了。因为已经把当天早上的卡打完了。他认为,在上海的大公司大部分人都是利用规则,而不是想要去破坏这个规则。在沈阳人们就会说,前一天我们加班到那么晚,第二天迟到怎么了,为什么扣我们奖金,毫无理由。他觉得这是东北所特有的。"现在在沈阳,如果还出现在上海的那种情况的话,我还是会那样做的,因为我觉得那样做是对的。我不管别人怎么做,我更倾向于我认同的做法。"

他认为沈阳的生活压力和工作压力相对较小,但这并不是他现阶段所追求的,他觉得现在应该在重压之下努力奋斗,他还没有到安逸的年龄,如果工作压力小,就会丧失上进心。"我不允许自己有满足感。我要使自己有提高。我就不理解在沈阳怎么会有人五点半下班五点二十就收拾好东西在那等着,回家干吗啊?待着能提高自己吗?在香港上班族很忙,白天工作,休息的时候在充电。所以那里会出现中年危机,因为这个年龄到了工作的瓶颈期。在沈阳没什么中年危机,因为沈阳人一直都是这么过的。"他认为出现这种情况不是不同人的问题,而是沈阳这个大环境的问题。他认为沈阳这所城市更加关注生活。在南方一般婚假为一周,在沈阳婚假给十五天,这样更有利于感情生活。他同样也提出不赞同的意见,休息时间长了必定不利于城市经济的发展,所以这也是北方城市没有南方城市发达的原因之一。

(八) 一直留在沈阳的原因

他之前去上海面试了两家公司,现在仍留在原公司。之所以没走的原因是,到新公司提升空间不大,而且做的工作也还是一个初级的而不是高级的工作。他一直在找工作,一直没找到太合适的。他说现在的公司给他的定位很奇怪,所以跳槽也没那么容易。现在是挂着土建工程师的牌子,做项目副经理的工作。他现所在的公司在全国各地都有分公司,他本可以申请调离沈阳分公司的,为什么没有调走,是因为在职业上没有更好的发展。他认为在现在的公司能力提升空间很大,但职业上升空间不明朗。他认为一个人的一生从整体来看是随着时间的推进而层次逐渐上升的,但是就职业的发展看是一个有波峰、波谷的曲线。"不会有不提高的人,只是有些时候提高缓慢些。"他认为一个人的经验确实是资本,但是也不能被经验禁锢住。他认为这个社会并不是经验社会,没有经验也可以一鸣惊人。他个人更提倡能力全方位的提升,获得一种能力的平衡。

我问他，如此否定沈阳的生活方式那为什么还一直留在沈阳，他完全可以改变这种现状。"我留在沈阳纯粹是为了事业的进步，无关生活，我总有一天会离开这儿。"

三、社会关系网络的现状和变迁

他把在沈阳的交际圈分成三大块，一是公司，二是论坛，三是来沈之前的交际圈。现在第三部分所占的比重很小，第一部分为主体。他不打算留在沈阳，也就没有刻意地去建立自己的人脉，而是采取顺其自然的态度。有事情能按程序走最好，实在要走人情的话，公司的事情就要靠公司去公关了，和他自身的关系不大，他自己也没什么需要走人情的事情。他属于封闭的人，虽然他很健谈，但是他遇到困难或者心情沮丧的时候，从来不和人说，也不抱怨，他都是自己调整。他觉得说了也无济于事，还给别人增添烦恼，倒不如自己内部消化了。

四、对城市社会的参与情况

他从来没有和社区打过交道，"我和他们打交道干什么？"和邻居也没什么交往，很多邻居也是租住者。

五、社会保障情况

（一）档案和户口情况

他的档案和户口都在深圳人才市场，现在任职的公司总部在深圳，所以签约之后就把档案和户口直接落到了深圳人才市场。当他离职的那天到深圳人才市场迁出来就可以了，档案和户口的管理费用到时候交齐就行了。因为户口不在沈阳，所以他之前要评助理工程师职称的时候遇到了障碍，要到户口所在地去评。其他的也就没什么感觉了。他也没办居住证，因为在沈阳不办居住证也能缴纳保险。

（二）医疗、工伤、养老以及其他保险情况

他有医疗、工商、养老、失业、商业保险。"月月都在工资里扣好几百块钱。"但是因为医疗保险的地域限制，他深圳的医保在沈阳是不可用的，所以他买药、去医院看病都是自费。保险报销的地域限制还是很严格的。

六、未来规划

他现阶段的目标是，三年到五年之内做到项目经理，多挣些钱。他认为不管做到什么层次，都还是有更高的层次需要自己去追求。对于长远目标他并没有打算。他谈到等他这份快要到期的合同结束后，他会根据公司给出的条件决定是否续约，他主要是看重事业的发展前景和职业的上升空间。到时候他可以更好地选择自己的生活了。具体以后会在哪定居,"It's complicated.(这很复杂)"现在还不好说,所以只有近期几年的目标。

案例编号:沈阳—智力型—007

访谈对象: 雷女士,辽宁锦州凌海人,大学本科学历,某户外移动媒体公司部门经理
访谈时间: 2009年8月9日下午/2009年9月6日晚
访谈地点: 宿舍(后一次为电话访谈)
调查员: 史建丹

一、访谈背景

我和雷女士是大学好友,她的阅历比同龄人丰富,而且情感细腻、表达能力强,这是我选择她作为访谈对象的原因。她来自农村家庭,家里原来做运输行业,后来父亲做买卖亏了本,还负债累累,直到现在还经常有债主上门讨债。雷女士经历了家里由富到穷的过程,因此从小就比较早熟,对人情世故,她比同龄人看得透彻。大学时期,作为新闻系唯一的一个女班长,她在调节人际关系和处理班级事务方面游刃有余。由于没考上研究生,她毕业后进入了一家户外移动媒体公司当销售员,在两年之内一步一个脚印从底层的销售员当上了中层管理者。

二、求职坎坷路——高学历却找不到好工作

雷女士的求职路比较坎坷。她进这个单位之前应聘了很多公司,电视台、报社、IT公司、证券公司、保险公司、网站、摄影制作单位等等,她说:"招聘市场的工作都去应聘了。"最开始的时候她觉得工作很好找,面试过几家小公司,但觉得公司太小,上升机会不大,想一想她就退出了。她觉得凭借自己的能力和学历能够进入大企业谋得一份社会地位高的工作。

她说:"人才市场上的工作,要么要求工作经验,要么是不喜欢的,如销售员、业务员。当时心里很抵触此类行业,觉得大学毕业生去做销售,没有任何社会地位。"有一个阶段,雷女士在人才市场和网络上大量地投简历,基本上都没有回复。因此她开始调整自己的择业方向,中小企业成为她的应聘目标。经过一番比较后,她选择在一家新兴的户外移动媒体公司作销售人员。

三、学会在公司立足——困难重重

刚进公司的时候,她遇到了很多困难。比如说她一度很孤立,不和大家进行交流。

她说:"公司销售人员的学历和相应的知识文化水平、能力都很'有限'(她很体面地用了有限这个字眼,其实是说他们的学历低),在这些人当中她觉得自己挺优秀的,因此对他们挺不屑一顾的。"在公司的销售总结会上,由于她看不惯其他销售人员夸夸其谈、标榜自己的业绩,所以不屑于表达自己的看法和意见。她说:"其实每天我工作是做得最踏实的,我也是最有步骤地去跑客户的,其他的销售人员可能是夸大了自己的工作困难和细节,或是讲述他们臆想中去拜访但是根本没有去拜访的客户。"在总结会这个环节上雷女士就落后于同事了,而且还造成和同事的关系也不是特别好。

销售员的工作也是困难重重。因为雷女士人生地不熟,加上人们对销售员的反感,她时常感到委屈。有一次她约见一个高职学校的校长面谈,结果校长故意让雷女士在几个部门转来转去,让她在外面等了好长时间。见面时,对方也没有真心想谈具体的合作意向,反而有意探寻她的隐私。校长言语中流露出一些很不屑的态度,问她"你一个月赚多少钱啊?那点钱够干什么啊"等话。她说:"销售的时候会经常遇到这些事情和人,当你很有礼貌地介绍自己的时候,有人就会打断你的话:'行了,你不用说了,你回去吧。'因此很难约见客户。客户对业务员的态度很差,不会给你讲电话的机会。"吃过很多闭门羹之后,倔强的她决定要做好销售。雷女士改变了原有的销售策略,她先从客户的角度出发做出一个完善的方案,然后再洽谈业务,终于做出了成绩。其他同事都来找她帮忙做销售方案,一来二去,她跟同事的关系也相处融洽了。后来公司的领导调她去做销售方案的企划。当时她很犹豫,她说:"第一,我已经喜欢上了销售这个工作,因为可以接触很多上层公司的领导人,接触人的档次高一些,得到的锻炼多;第二,领导说我销售能力不行的时候,我很想做出业绩。所以当时不是特别想转入策划,但是从心里和特长来说我还是更适合做企划,而且从销售向上爬也太漫长了,做企划没有人跟我竞争。"理性分析后,她同意从销售调到企划。她很努力地学习新的东西,周六周日也加班。一段时间后,她得到了销售人员的认可,但是却引起了直属部门领导的嫉妒。她说:"因为很多销售人员都来找我帮忙解决问题,领导觉得我有越权的嫌疑,这时候她就直接向我施加了更大的压力。比如说,不安排重点的工作给我做,在我的功绩上加上她的名字,明明我的东西做得不错还给我脸色看,有什么相应的会议不让我去参加,不断地打压我。"面对领导的排挤,雷女士只好忍气吞声。

此时,雷女士的感情也出现了问题。(因为雷女士很忌讳提"前男友",所以此段没有录音。)她的前男友Z和她是老乡,俩人一起考研究生,结果只有Z考上了,她落榜了。一个上班、一个上学,加上雷女士上班忙碌,Z觉得被忽略了,找了新的女朋友。和Z分手后,雷女士觉得在沈阳待不下去了。因为和Z相识的这四年都在这个城市,或欢喜或忧伤,走到哪里都是影子。

感情的失意,再加上在公司勤勤恳恳地工作却得不到相应的回报,这使她做出了辞职的决定。没料到这次辞职却成为她升职的一个机遇。上层领导开会决定,给她一个升职的发展空间,把她从一个普通职员升为部门经理,让她到一个部门做负责人,给一两个月的缓冲时间,看她能否适应领导工作。

这对她是一个很大的挑战,因为这个部门一直处于"群龙无首"的状态。先前几个负责人都因为没法管理这个部门而自动离职。她的部门里有很多年资、经验比她丰富的同事,一开始的时候,她说的话没有人听,安排的工作没有人做。此时,她充分发挥了自己以前当过班长的沟通强项,"我先和大家做朋友,让大家不好意思推辞你交给他们的工作。再者,我安排工作的时候,先为大家做个相应的规范模板。这样也会让他们的工作有条理,大家就会觉得你说得有理有据,没有理由不听你的话。后来大家觉得你确实有过人之处,想得更周到一些,慢慢开始追随你,这就是一个过渡的过程"。两三个月后,她升为部门经理。

不同的阶段面临不同层次的压力。因为她所在的移动媒体公司有时候会碰到一些棘手的案件,她作为中层领导,需要在各大媒体前解释案件发生的前后过程,给公安部门提供线索以协助破案,因此她在电视或者报纸上的曝光频率很大。虽然她的胆子很大,但是仍然害怕会引起刑事案犯的仇恨,心里又担心又恐慌。她说:"一个外地人,举目无亲,很害怕打击报复,因为毕竟家人、恋人都不在身边,没有人保护自己。"

四、两地恋爱——矛盾两重体

雷女士现在的男朋友和她同岁,在北京读研。有时候她觉得两地恋爱挺好,可以保持一种新鲜感,随时随地可以干自己的事情,不受约束。但有时候生病、遇到困难、不开心的时候,就会对异地恋很不满足。"因为你应该依赖的人不在你身边,你也不会得到实质性的帮助。"

两地恋爱相当不容易,每一次相聚都是快乐的,分开时都很失落。"每次他来的时候都会很激动,走的时候都会失落,失落的时间在持续增长,心里觉得挺不舒服的,只好通过让自己忙碌起来,晚上加班、出去跑跑步、约朋友吃饭等来缓解这些情绪。"

她觉得自己难过的时候,往往还是一个人面对和承担。虽然她性格外向,也有很多朋友和姐妹,但是她说:"有的时候需要的人不一样,当工作遇到问题的时候,'姐妹淘'(女性好友群)不能解决这个问题。"一次,她的工作出了差错,给公司带来了很大的损失和麻烦。恰巧此时她正值工作瓶颈期,这半年辛辛苦苦下来得到的加薪升职的机会,就因为这次事件而付之东流。她心情郁闷,很希望男朋友来陪陪,但是他也很忙。她不无失落地说:"虽然过几天他来了,可是我已经不是当时的那种心情了。因为难过的时候已经过去了,他当时并没有陪在我身边,有时候一想到这件事就觉得心里挺失落的,真的很希望自己难过的时候,有人陪着一起走过。"我问她未来有没有想过什么时候结婚,她一脸的茫然,觉得暂时没有这样的打算,还是留在以后考虑。"如果想在一起就会往一起努力。"她说。25岁在城市里是风华正茂的年纪,在农村的老家,这个年龄段的女人一般都结婚了。她的父母虽然没有催她,但也经常告诉她,要找个男朋友。(父母不知道她有男朋友,因为她觉得现在两人还没有谈婚论嫁的打算,很不稳定。)她和北京读研的男友没有任何经济基础,而且是异地,一年半载也不可能结婚。但是她还是想30岁之前能够结婚生子,不想变成大龄女青年。

五、未来规划——升官发财、赡养父母

谈到未来的规划,她毫不掩饰地说,想尽快升官发财。她想把家里的债务还清,想给在农村的父母买意外伤害保险。"因为父母是农村户口,只有农村基本医疗合作保

险，额度太小，怕父母以后得病，想买个重大疾病保险。现在的医疗保险是必须到指定医院去看病，你若是在这个医院达不到治病的标准，就拿不到保险金了。"

雷女士父亲去年9月份的时候，在沈阳建筑工地打工，结果工地拖欠工资，一直没有全部要回来，只拿到了百分之六十的工资。她也想去要回工资，但是不知道去哪里要。今年，她刚把上大学时欠的助学贷款还清，就差家里的债务了。她的心思很重，父母将近60岁了，还在外面奔波劳碌。家里没有积蓄，父母没有退休金，仅有两三亩地维持生活。在同龄人中，她26岁当上部门经理已经是佼佼者了，然而现实逼迫她还得不断地努力赚钱，她想如果一年半载内再不升职、不涨工资，她就要跳槽，也许会去南方的大城市发展，或者会去北京。

案例编号：沈阳—智力型—008

访谈对象： 李女士，35岁，祖籍辽宁营口，新疆昌吉人，大专学历，某境外就业服务公司业务内勤
访谈时间： 2009年7月20日上午/2009年9月6日下午
访谈地点： 三好街南湖科技大厦
调查员： 史建丹

一、访谈背景

李女士是我二姨夫公司的业务内勤，十多年前从新疆来。在她来之前，我就想着新疆美女都是大眼睛、高鼻梁、编小辫儿的模样。结果一见面，和先前想的一点不一样。李敏个子高大、偏胖、圆脸、留着短发（但不是很时髦，看样子很长时间没有去理发店打理了，白发偏多，此处和后文有所关联），眼睛不大，但是很有神，谈话过程中我们一直有眼神的交流。

李女士性格豪爽，外向。我觉得她的身高、长相都像东北人，后来才知道她的父母都是辽宁人，年轻时支边才去了新疆。她是在新疆出生长大的，高中毕业才离开新疆，大学在西安读的。现在她的哥哥已在新疆成家立业。她很孝顺，工作几年后就把退休的父母接到了沈阳。

二、迁移及其立足过程

（一）借读书之机出新疆

问她为什么来沈阳工作时，李女士说："因为有亲戚在沈阳，沈阳就业机会也多，交通也相对方便。新疆再怎么好，交通也不方便。"她说不趁着上大学的时候到外地读

书,感受一下外地的风土人情,就很少有机会出新疆了,可能要一辈子和父母一样待在新疆了。"高中时班上大多数人都是这个想法,因此有百分之六七十的人都考到了外地读大学。"这点她觉得和沈阳人的想法不一样,沈阳的父母希望孩子一直在身边,最远是到大连、北京,很少把孩子送到广州等远地方。

(二) 两个工作 (1995—2009 年)

李女士认为自己很幸运,毕业第一年就通过亲戚介绍,在沈阳找到一份会计工作。工资开始只有 300 元,后来涨到 500 元。一个外地人刚工作既没有经验,又没有门路,有单位愿意接收,她已经很知足啦。她说:"让我学经验,不让我倒交钱我已经很感谢了。"但过了半年,她有点不想待下去了,"因为那家单位是卖电梯的,常年不开张。电梯是工程用的东西,卖出一部就是上百万的销售额,一年卖出一部就算挣到钱了。我总共待了七个月,一笔业务也没做成,也学不到什么东西"。而且这七个月在亲戚家白吃白住,她有点坐不住了,开始寻思跳槽,亲戚家不是一个完美的落脚点。她想找个包吃包住有员工宿舍的单位,于是来到了这家境外就业服务公司。

(三) 适应不了重重压力——患病 (2003—2007 年)

李女士兢兢业业地干着会计工作,2003 年当了主管会计。回想起这段往事,她说:"人活着挺不容易的,工作、家庭要照顾好,事业要有个螺旋式的上升。""当主管会计的时候压力特别大,有段时间都得忧郁症了,半夜都睡不着觉。你看我头发都白了。有段时间躺在床上一下就睡着了,半夜两点固定醒来,就想明天需要办的事,一、二、三、四、五,怎么办完美,想得可细了。"除了工作压力大,同时她还要考助理会计师证,周六周日要到东北大学上自习,晚上枕着书睡觉,特别紧张。"当时危机感比较强,假如你是沈阳本地的,有门子、有熟人,也许不考会计证也行,反正有亲戚介绍工作。可我是外地的,我一定得考个证书,假如我失业了,我可以拿证去找工作,没有证书觉得心里没有底气。没有熟人帮我找工作,只能靠自己。"

没过多久她就开始生病,失眠、头发大量地掉。她说:"头发一个月几乎掉光,恢复用了四五年,我看了六七家医院,钱花了四五万元。有三四年的时间,我没有机会去理发店理发,因为头发都掉得差不多了。"而且她曾一度怀疑自己得了忧郁症。"当时电视上播张国荣自杀,说抑郁症是怎么回事,我就觉得自己的症状跟抑郁症很符合。我看电视上说的抑郁症的表现,我有七八条符合,属于亚健康状态,比如说,我特别能吃东西,在办公室每当心情不好的时候就吃东西。而且特别烦躁,有时候这边手机响,那边电话响,非常闹心。还有晚上睡觉不能想事,一想就睡不着。我以前挺爱逛街、看电影,生病后就觉得逛街没意思,买完新衣服就往柜子里一扔,对任何事情都没有兴趣。"说这些话的时候,我能理解她当时的烦恼和压力,一个外地人在沈阳工作,她想每一件事情都做好来证明自己的能力。因为不是在国企工作、不是公务员,所以工作的不稳定性使得她的危机感和压力都超过本地人。但是她说出来却是云淡风轻,仿佛是别人身上的事情,而且说到她的头发几乎掉光、夏天出门需要戴假发时,还戏称自己是带了个皮帽子。

从生病那件事情后,她觉得自己的人生观和价值观发生了翻天覆地的变化。以前她的事业心、责任心很强，每天都规划明天工作干什么、每一步该怎么做，有哪些事情需要反复确认等。现在问她未来的打算，她说："无所谓，走到哪算哪。其实人很脆弱的，你要是碰到天灾人祸，过年有没有这条命都不好说。这可能有点悲观，但我觉得活好现在就行，我不想将来。"现在的她很重视生活质量，因此辞掉了主管会计的工作，现在负责业务内勤。平时看些书来调节自己的心态，或者逛逛街买点东西。以前工作压力大的时候，她连逛街都觉得没意思，对任何事情都提不起兴趣。

（四）近期烦恼——工作不稳定（2008年至今）

2008年金融风暴席卷全球，欧美国家受到了重创，同时也影响到了我国的进出口贸易。李女士的公司是搞境外就业服务的，受到了相当大的影响。"企业利润至少下降了百分之六十，原来能赚一百万，现在四十万都赚不上。"问她最近有没有烦心的事情，她一直说工作不稳定。因为公司的效益不好，准备减薪和裁员，办不下去的话就要倒闭。"我今年在这个单位待着，明年就不一定了，只要是企业就都会有这方面的担心。你看我们单位去年效益特别好，今年一下子就不行了。我要是公务员，不用赚多，一个月固定给我三千块钱，我也觉得很好。因为我知道我每个月都会挣钱。"对于稳定，她说："越岁数大，越应该稳健些，因为没有时间折腾了，折腾不起了。三十多岁了，自己要合计怎么稳中求胜……稳定压倒一切。"她觉得在企业很不稳定，这个月赚了三万块，下个月兴许一分钱都没有。"每个月家里水电费、煤气费、上网费等等，一个月至少要赚上一千块，才能支付这些花销。一旦收入减少或将来养孩子（李女士还没有孩子），就可能入不敷出，我觉得有一个很稳定的经济来源非常重要，否则心里很不安定。"

三、社会关系网络的现状和变迁

李女士从小在新疆长大，比起东北人，她说她更喜欢西北人。按她的话说，"西北人还是憨憨的，没有沈阳这边人的心眼多"。可以看出她是喜欢西北、喜欢新疆的。她说："由于新疆的经济各方面没跟上内地，所以人的思想相对比较朴素。我家住在乌鲁木齐边上的昌吉，门不锁都行，不过也有偷啊抢啊，但哪个地方没有？相对来说，新疆还是民风淳朴。"她觉得相比起西北人，沈阳人的心眼还是多。她认识的一个沈阳人就心眼多，能忽悠人、不实在，还宰熟人。他是母亲的一个朋友，是部队里退休的医生，人有点势利眼，属于用人朝前、不用人朝后的类型。她气愤地向我说起了与他打交道的经历，"有一次，他来我家，跟我爸说'你这个病吃某某药能挺好的'。我爸就说，'行，那我试一试吧。'第二天他来了，说'这是我自己配的，一般人我不给，你是我姐夫我才给'。把药往那里一扔，我爸问多少钱，他说两千。我跟你说啥叫宰熟人，就是他这种情况，讨了便宜就卖乖。我怀疑他那个药卖不出去了，反正那个药也吃不死人，我爸吃了也没好，但是吃也吃不死人。他啥意思啊？你要说我跟你关系好，你先试试，如果好，再卖给你大量的药，那也是个道理"。后来她就不怎么爱理他了，她的父母倒还是心地单纯地觉得他这个朋友挺好。

李女士的朋友圈子狭小。谈到这点，她觉得自己相对于本地人很不占优势，因为本地人小学、初中、高中等同学都可以发展成朋友，像滚雪球一样，积攒着人脉。她学生时代交的朋友都四散到各地了，西安、上海、北京、广西等等，本地的朋友很少。因为她觉得人一旦工作后，同事双方存在着利益之争，就很难成为朋友了。人生在世，朋友多，路才好走，就比如说她母亲2009年春节的时候生病住院，按规定她父母的医疗保险只能报销百分之六十的医疗费。如果她在新疆，家里找找朋友的话，就可能报销百分之七八十，甚至百分之八九十都说不准。而她在沈阳的朋友特别少，没有朋友能帮她分忧，她的丈夫需要在家照顾父亲，医院全凭着她一个人交钱、买饭、照顾病号。

案例编号：沈阳—智力型—009

访谈对象：小晨，男，24岁，铁岭开原人，大学本科学历，来沈阳两年多，记者
访谈时间：2009年8月15日
访谈地点：小晨在沈阳租住的暂住房
调查员：王姝

一、访谈背景

我和小晨是通过朋友认识的，从他两年多以前来沈阳做记者，到今天我们已经十分熟悉了。我们偶尔小聚，其间会听到他谈及近来工作中遇到的不顺心事，让他觉得有委屈感和在沈阳独自生活的孤独感。

小晨，1985年生人，出生在距沈阳仅一小时车程的小城市开原。大学毕业那一年他拒绝了一切在小城市工作的机会来到沈阳，因为他觉得大城市的机会多，生活也会更好些。他从小在父母身边备受呵护，父亲任职于国有垄断企业，家境一直比较殷实。母亲从小比较溺爱他，不曾打骂，一般他提出的要求都会给予满足。儿子离家来沈阳工作甚至未来要定居于沈阳父母都是支持的，工作方面，担心儿子的工作有时可能遇到危险就经常打电话嘱咐；生活方面，母亲放心不下，就经常往返于家和沈阳两处，给儿子做饭、洗衣服。

二、迁移及立足过程

小晨向我描述他的家乡开原："城市规模不大，从这头到那头，走的话能有个二十分钟，绕城一圈也就四十分钟时间。那个地方这两年城市规划还是很好的，街道、道路环境还不错，也挺干净的。但是直观上看没有什么像样的企业，就是典型的一个县级市。"自己生活的老家"地方小，想唱个歌看个电影都没地方，满大街的人都认识"。尽管如此，他还是热爱着开原："自己的家乡当然喜欢啊。"

他很早就有投身大城市的愿望，大学毕业后，他打算来大城市工作："还是觉得生

活在大城市好些吧，机会多一些吧。"2007年，他毕业于一所重点大学的广电专业，过关斩将进入沈阳主流传媒业工作，成为一名记者。他觉得自己找到了专业对口的工作，学以致用，是相当幸运的大学毕业生。来的时候他满怀信心和热情："我跟别人讲，他们还不信，我确实是觉得记者这一职业是伸张正义的，自己也是带着热情来的。"

记者正是与人打交道的职业，工作的原因让他接触到很多沈阳人，他说沈阳人有钱的多，没钱的也多，因为沈阳的人多。他见过沈阳有钱人生活的奢侈，但他较多的是和生活在这一城市底层的人打交道，那些人残疾、重病者、下岗工人、低保户，甚至有些人明明已经贫困潦倒了还享受不到低保。通过走进这些人，他发现他们的生活还没有一些来此谋发展的外来人过得好。他向我谈起自己遇到过的一位采访对象：那个人已经是肺癌晚期，低保，离异，前妻带着儿子一块过，离婚是因为妻儿实在忍受不了他的家庭暴力。在那个人病入膏肓的时候，前妻竟不计前嫌把他接回家悉心照顾，只是家里实在是无力支付医疗费，只能回家熬日子。到那个人家的时候看到的情景是家徒四壁。像这样家庭贫困还患重病的沈阳人他还见过很多，如一个男孩身患白血病，家庭困难，向媒体寻求帮助。他在看到了那一家人的情况以后很受触动，于是回来用心写稿，但种种原因稿子最终没能发表。不久他接到那家人的电话得知男孩已经不在了，他把自己已经做好却没能发表的素材送给那家人，留作男孩生前最后的纪念。他说像这样患重病还没钱治疗来向媒体寻求帮助的人在沈阳太多了。

工作中常常被感染，也常常感到委屈和无奈。遇到的第一件让他觉得很委屈的事情时，他刚刚转为正式记者。一位女士找到他，说自己新买的棉衣被洗衣店洗花了。洗衣店说是商场售货的质量问题，商场说是洗衣店洗涤剂的问题，两方互相踢皮球，那位消费者又不舍得拿鉴定费，最终问题没有解决。事情被他曝光以后，洗衣店的生意受到了严重影响，老板因此给他打了一个多月的骚扰电话，"天天都给我打电话，想起来就打，就是骂我，根本不听我解释"。那名消费者也埋怨他没给解决问题还让自己丢了人。

他本来是个腼腆、慢热的人，但是他说："其实和采访对象交流倒是没什么困难，就是有的时候你给人家解决问题了，人家还骂你。"他举了个例子，比如说这家的下水道堵了，他去了，找相关部门给解决了，人家又说屋里天棚也漏了也给解决一下吧，他建议他们先找相关部门，媒体起的是监督的作用，如果解决不了再找他，"这样有时候都会挨骂"。有的时候到了一家，结果邻居也出来了，"邻居说：'你是记者，那我家也有问题你给解决一下呗？'"一听邻居的问题他还真解决不了，"人家就说：'那他家有事你能解决，我家就不行，你跟他家是亲戚啊！'"有的就干脆在采访车前面一躺不让他走。受累、挨骂、落埋怨的事情很多，有的人还扬言要到法院告他。"现在能做到了工作就是工作，下班了就把它忘掉，我有的同事就不行，像有些女记者就经常被采访对象气哭。"

工作中不顺心的事他从来不对父母说，"其实受委屈心里憋屈时会想父母，不过已经学会忍住不跟他们说了。给他们讲的都是一些比较有意思的事儿"。事实上，父母知道儿子的工作有时候是很危险的。儿子每天东跑西颠儿给人家解决纠纷妈妈非常担心，"她当然担心了，尤其是我做这个工作，她经常打电话问我这两天都干什么了，忙什么事，有没有危险啊……"妈妈在家里只要一看到电视上有记者被打的新闻第一时间就给儿子打电话,"她说真有什么危险的事你可别往上上啊!"对此他说真有那样的任务交给你了,再危险也得去,特别是自己还年轻,不能让那些年纪大的记者去呀。一次,他遇到一件碎尸案,采访时他亲眼看见了尸体的一条大腿和大量的现场照片,回来连续几天吃不下饭,脑子里都是自己看到的场面。后来他给妈妈打电话说起这件事,妈妈心疼坏了。

他与单位签了五年的合同,至今未换过工作,每月收入都在四千元以上。但是他说现在工作压力比过去大了,过去是领导安排任务,现在是自己去找新闻,所以一待下来没活干的时候心里会很没底。

三、社会关系网络的现状和变迁

去年,父母交了17万元的首付给小晨在浑南买了一套80多平方米的房子,每月还款2500元,要还十年。还贷,他和父母各负责一半,去年过年回家的时候他给父母1万块钱作为还贷费用。现在他与同事合租一间80多平方米的房子,每人每月房租650元。他和室友的作息时间不太一样,基本上是各自活动。

来到他的家,正赶上他的妈妈从老家过来,阿姨给我开门,手里还拿着拖布,热情地招呼我之后又拿着拖布进他室友的房间继续擦起来,她说晚上人家回来了就不好意思进去擦了,偶尔能听见她说一声:"这屋子可怎么住啊!"此时,小晨正在自己的房间上网,我走进去发现他平时用的饭桌兼电脑桌可算是擦出亮了。妈妈每次来都是这样,在儿子的家里里外外忙活。来沈阳工作以后,他的妈妈每隔十天半个月就会坐一个多小时的火车来沈阳儿子这进行大扫除。总是坐早上的火车到,给儿子的家收拾几天,再坐晚上的火车回。有时候晚上7点20的火车,6点半的时候妈妈还在刷碗,然后收拾自己的行李包,高高兴兴地来,高高兴兴地干活,匆匆忙忙地赶火车回去。一次他的妈妈见到我说:"这次挺好,这次就攒了12双袜子,有一回都20多双。"妈妈认为儿子爱吃家里的土豆,来的时候就拎来,对此他说:"怎么说呢,就是做家长的一份心情吧,其实家里的土豆和哪的土豆不一样啊。"回去时妈妈再把儿子单位分的他不爱吃的东西背回家,"她怕浪费了嘛"。他是家里的独子,老家他同龄的人当中一半都有兄弟姐妹。当初他想学做饭,妈妈强烈阻止,因为儿子如果学会了做饭将来成了家做饭就会受累,他爸爸在家就什么都干,儿子如果也跟他爸爸一样她舍不得。在沈阳,他通常不在家开火做饭,中午在单位吃,下班以后回家减肥不吃饭,家里常备方便面,一般是饿了煮袋面,高兴的时候就照着菜谱做。

我向他质疑他的生活自理能力,他坚持说自己这方面其实做得挺好,洗衣服、做饭都会,他说他不是不爱干活,而是看不见那个活。"有一次我爸说:'我下回再也不来了,那个房子太乱了!'"但下一次还是会来。对于自己那个小家,他自己觉得挺干净:"自己觉得挺好,父母来了就看不过去。"因此才给我造成了他"娇生惯养"的假象,他一再强调自己的自理能力很好。

谈到"想家"的问题,他说:"家不就是爸妈嘛,一个破房子有什么想的啊。"开原离沈阳不算远,想家了随时就可以回去,"现在觉得,父母需要我比我需要他们多些"。他给家里打电话一般是周末晚上话费不贵的时候,自己也没什么事儿的时候,通常聊个十来二十分钟，妈妈会问："大宝贝，想妈没啊？想了那妈过几天就过去……有啥衣服要洗的没？钱还够花不？……晚上吃的啥？咋不吃呢，总减啥肥啊，把胃都饿坏了，妈就愿意看你胖乎的，整那么瘦干啥啊，颧骨都出来了，不好看……"

去年他的表妹来沈阳上大学，有的时候周末会到他这来，妹妹来了也会帮他收拾屋子，他带妹妹出去改善伙食。另外，他有三四个老家的同学毕业以后也来到沈阳工作，有时候他们会相约到其中一个人的家里，自己买菜，包饺子、涮火锅，从来不去饭店，他们觉得他们之间的感情如果去饭店就俗气了，不亲切。偶尔也会因为工作和别人吃饭、喝酒、应酬。

他说自己有时能感觉到一个人很孤独，"上班的时候还好，如果每天都有事忙的话还好"。尤其是在周六周日的时候，那两天自己通常早晨六点来钟就会睁眼，打一圈电话，如果朋友们都有事，那他一天就没安排了，这样的时候就情愿自己忙点。"刚来的时候吧，就自己上家乐福、太原街逛一下，现在不去了，实在不太想总去逛街。"过节不能回家的时候，一个人就给自己做点菜。他还是个很有情调的人，他会到书店精心选一本菜谱，然后去超市按照菜谱认认真真买食材，从桂皮、八角到百合、莲子。自己一个人在家赶上高兴的时候，按照菜谱一步一步操作，成果通常自己还满意。他强调自己不是不会做饭，而是一个人不想做。

现在他养了一只小白猫，他说养猫是"自己小时候的理想"，他是个喜欢肃静的人，狗过于热情，猫不像狗，想安静的时候，你不理它，它也不会理你。更重要的是，你觉得寂寞时，也能逗逗它。

四、对城市社会的融入状况

他在大连念了四年的大学，所以能很快地适应在外地的生活。他没参加过什么社会活动。自己经常和社区干部打交道，不过那都是工作中要接触的，而他自己租房生活的社区的人他都不认识，活动也从来不参加，他说社区的那些活动基本上是带着那些老头老太太和小学生玩的。

五、社会保障情况

（一）档案和户籍情况

他的档案被单位统一转到了沈阳市人才管理经营服务公司。目前户口在老家，等房子下来以后可以迁到沈阳。

（二）医疗、工伤、养老以及其他保险情况

单位给交五险，没有公积金，所以他的房子是用父亲的公积金贷的，名字是父母的。

六、未来规划

"上这么多年学,就是为了出来,出来了还回去干什么啊。"未来注定要与父母两地生活了,父母坚决不打算搬到沈阳打扰儿子将来的小家。父亲还有十年退休,到时候即使是把家里的房子卖了还不够在沈阳再买半个。妈妈说开原的老年公寓还是不错的,到时候就去那。他表示坚决不会让父母晚年去那里过,由于父母工作忙,姥爷和姥姥就是在那里离开的,他知道那是什么样的地方。

有了份不错的工作和房子的他至今还是单身,因此他妈妈要操心的事情还有——在老家打听在沈阳工作的好人选,只要有合适的就要来姑娘的照片,来的时候带上给儿子看。未来,即便是儿子有了小家了,妈妈的打算还是要经常往沈阳跑,给儿子家打扫卫生,洗洗涮涮,不多打扰,儿子要是用得着,她就多待几天。他说:"是啊,不来就不来吧,他们的亲戚朋友都在老家,来沈阳连个唠嗑的人都没有,想来的时候来住两天就行了呗。"

他说现在感觉到有点虚度光阴,自己每个月的工作量完成以后平时的业余时间比较多,大部分时间都是睡觉和玩了,他希望自己能够利用那些时间再搞点副业,他的很多同事就是这样。未来他希望自己能成为"名记",他不打算换工作,他开玩笑地对我说:"除非中央台要我,凤凰卫视也可以考虑。"

案例编号:沈阳—智力型—010

访谈对象: 许先生,31 岁,营口大石桥人,大专学历,2002 年来到沈阳,蜡厂外贸业务员
访谈时间: 2009 年 8 月 10 日中午
访谈地点: 沈阳圣洁蜡业有限公司办公楼二楼外贸部办公室
调查员: 崔丹

一、访谈背景

当我刚接到这个访谈任务的时候,出现在我脑海中第一个符合要求的访谈对象就是许先生。他是我妈妈的同事,从他开始在蜡厂工作我就认识他了,之后他在我家附近的小区买了房子结了婚,现在也可以算得上是邻居了。他个子不高,相貌也很一般,但接触后却能给人留下很好的印象,他幽默、乐观、努力。以前了解过他的一些经历,感觉他还是一个家庭观念很重的人。除此之外,他爱交朋友、爱运动,工作也很出色,认识他的朋友大多对他评价很好。今天一早和他一起坐通勤车来到蜡厂,在车上向他说明了这次访谈的目的,他很愿意配合。但是到了蜡厂之后他就一直很忙,直到中午他才空出

一些时间来。他一般吃完午饭后会和同事们打一会儿篮球，今天我就占用了他的打球时间进行了这次访谈，地点就在他的办公室。

二、迁移及立足过程

许先生是辽宁省营口大石桥人，今年31岁。家里有父母和两个妹妹，父母以种地为生，家里还有些果树。大妹妹在他上大学的时候就结婚了，现在已经有了两个孩子，小妹现在在丹东上学。1998年他考上了渤海大学的专科，于是离开老家去了锦州念书，所学专业是国际经济与贸易。在大学期间他交了个女朋友，并且现在成为了他的老婆。2001年7月毕业后，他来沈阳参加了一场大型招聘会，在招聘会上遇见了现在的老板，促使他之后来到了沈阳工作。

他大学毕业的时候女朋友考上了大连外国语大学的本科，虽然当时他已经在沈阳的招聘会上找到了工作，但是还是决定陪女朋友去大连念书。他在大连做了一年的促销工作，每个月的工资是700～800元，单位包住，每月的工资除了用作自己在大连的生活费以外，还要给女朋友一部分作为零花钱，还要寄回家里一部分。经过在大连这一年的生活，他和女朋友认识到这里并不适合他们发展，大连消费太高，他们是刚毕业的学生，赚的钱太少，这里的消费他们承担不起，所以他决定到沈阳工作，女朋友留在大连准备考研。

2002年7月的时候，他回到了一年前在招聘会上应聘的这家蜡厂开始做外贸业务员。蜡厂要求新进的员工都要在车间实习一段时间，以便于了解蜡厂的产品和制作流程，这段时间的工资只有700元。他来沈阳以后就一直住在蜡厂的宿舍里，蜡厂以前的员工宿舍我曾经参观过，条件不是很好，好几个人挤在一个不大的房间里，因为蜡厂地处沈阳市的郊区，所以周围很荒凉。他在蜡厂员工宿舍住了三年后，女朋友也来到了沈阳，两个人在市内租了个房子住，而且他女朋友也在沈阳找了份工作，一个月的基本工资是2500元，有提成，年底还有额外的分红。工作了几年后两个人靠自己的能力付首付，贷款买了个81.4平方米、两室一厅的房子，并且在2007年10月2号结了婚。结婚的所有费用也是这几年两个人工作共同攒的钱，没有用家里花一分钱。他自身是个很努力、很能吃苦的人，他从一个月700元工资的实习外贸业务员一直做到了一个月3000元工资的外贸部主管，应该算在沈阳发展得很成功了。现在他的家庭每个月的收入大概能达到6000元，每个月要还房屋贷款1200元，除了每月的基本生活费以外，他还要提供小妹的学费和生活费。

在他的经历中，不得不提的就是他和他老婆的故事。他的老婆叫小梅，也是外地农村户口。他很爱老婆，用他自己的话说就是"比较痴情"。两个人是大学时候的同桌，毕业之后小梅考了大连外国语大学的本科。小梅家里对她的期望很高，希望她能考上研究生。但小梅连续考了两年也没有考上，在这二年期间小梅一直在大连复习，没有任何收入。这段时间除了小梅家里给她寄学习和生活的基本费用以外，他也会从他的工资中拿出一部分寄给小梅作零花钱，他还时常攒钱去大连看小梅。除此之外，他家里的小妹正在上大学，需要他承担一部分生活费和学费。刚到沈阳的时候他赚得少，经常会向同事借钱。当时很多人认为他很傻，为了给小梅寄钱自己省吃俭用的，到时候一旦人家考上研究生了肯定是要和他分手的，但他说他自己对爱情比较执着和自信。他和他老婆交往的时候他老婆家里是反对的，因为他长相不太好，学历不高，家庭条件也不好，他为了说服她家人，经常往她家里跑，接触多了她的家人发现他人很好，而且后来小梅也没有考上研究生，家里也就没有再继续反对。他们结婚后生活得也挺幸福的。他现在对老婆特别好，休息的时候就会陪老婆逛街，而且我了解到家务活他也很在行，做饭、洗衣服一般都是他的任务。现在两个人有了孩子，他们的精力大部分都放在了照顾孩子上。

三、对城市社会的参与情况

他的性格很外向，喜欢联系人，喜欢交朋友，朋友也很多。他有几个高中同学也在沈阳发展，他们一直都保持着联系，有时候休息就会一起出去聚一聚，这些同学和他的老婆也很熟，所以有时候还会去他家坐坐。除了这些在沈阳的同学以外，他平时来往的主要是单位同事、客户，还有小区的邻居。上班的时候，每天中午他都会利用午饭后休息的时间组织几个同事一起打篮球，周末的时候除了陪老婆、带小孩、做家务以外，还要去踢球，感觉他的精力总是很充沛，好像永远都不会感觉累一样。

他虽然爱好很广，也喜欢参加各种活动，但是由于他的闲暇时间有限，所以参加的社会活动并不多，只参加了他们小区里居民组织的足球队。他们足球队大概由40多人组成，每周日他们都会在一起踢3~4个小时的球，他们队里还经常组织比赛、聚餐等活动。他们足球队听上去还很正规，他说队里还有职位分工的，他在队里任财会一职，看来队里还有经费让他管理。

他现在说话还是保留着大石桥的口音，虽然生活上已经完全融入了沈阳这个社会，但是当人问他是不是本地人时，他认为对自己和对本地人来说，他都还只是个外地人。他已经在沈阳买了房子落了户，也在这组织了自己的家庭，可是对于沈阳，他还是缺乏一种归属感。

四、社会保障情况

他的户口在他买完房子以后落到了沈阳，而他老婆的户口因为老家是根据每家人口来分地的，所以没有迁过来。他老家虽然也是按人口分地，但是他上大学的时候要求把户口迁到学校，毕业以后许先生的户口迁回了大石桥，已经是非农村户口了，不能占分地的份额，这样他的户口即使留在大石桥也没有什么用了，所以他在买房子的时候就将户口落到了沈阳，这样许先生孩子的户口也可以随他落在沈阳，上学就没有户口的限制了。

他和老婆工作的单位虽然都是私企，但他们属于办公室的高层工作人员，所以单位都给他们上了应缴的保险，没有什么可担心的，而让他担心的是父母的保险问题。他的父母都是农村医疗保险，每年交十几元钱，一旦有病的时候能报销的也特别少，而且这种保险只能在老家的几个指定医院使用，离开了老家这种医疗保险就不能使用了。

五、未来规划

他的未来压力还是很大的,当我提到他们夫妻的父母时,他说这也是他挺担心的问题。他想将来把父母接出来和他们一起生活,而小梅将来也会接父母来沈阳生活,小梅家里没有男孩,妹妹初中毕业,一直在饭店当服务员,赚的不多,没有她条件好,所以把父母接出来主要还得靠他和小梅两个人,这样接四位老人来沈阳赡养的重担就落到了他身上,如果四位老人都来沈阳的话他就需要再买一套房子,那他想把现在这个房子的贷款一次性还清的想法就无法实现了,很有可能还要再承担一份房贷。他的小妹毕业后也想来沈阳发展,也需要照顾。他现在有15年的房屋贷款要还,但他认为自己的工作属于给私企打工,不会稳定15年,目前孩子还小,也不能换工作,这一切都成了将来许先生要面临的问题和负担。他对这些问题抱着很乐观的态度,他说他相信"车到山前必有路,船到桥头自然直"。现在他们两个人都把心思用在照顾孩子上,他说他对女儿的成长不会给太多压力,希望孩子长大一点后让她学习钢琴,培养一点业余爱好,让她有个轻松的童年。从他现在获得的成就来看,在外来打工人员中还算成功的,房子买了,也在沈阳落了户,他接下来就该为家人能来城里生活而努力了。

案例编号:沈阳—劳力型—001

访谈对象:鲁先生,36岁,山东济南人,高中文化,沈阳某工程公司现场施工管理人
访谈时间:2009年8月22日下午/2009年9月4日下午
访谈地点:沈阳东陵某小区内
调查员:隋丽

一、访谈背景

与鲁先生是很熟识的朋友,认识有六七年了,并且因为一层亲戚的关系,平时交往比较多,对他的经历大致了解一些,这为深度访谈提供了良好的交流基础。并且,他属于典型的来自农村的打工青年,怀着强烈的"城市梦想"踏上异乡的土地,经历过形形色色的工作,品尝过各种各样的打工的甘苦,因此,以他为对象透视城市新移民中的劳力型群体,具有一定的代表性。

当我通过电话提出访谈请求时,他非常爽快地答应了,并且为了方便我的访谈,提出要亲自来我家一趟。在电话的这一端,我甚至能感觉到他谈话中所流露的一种愉快情绪,这似乎是一种参与社会、获得认可,并为社会提供标本的自豪。

他出现在我的面前时,明显感觉黑瘦了很多,他擦了擦额头的汗,咧了咧嘴,憨憨地一笑,说:"最近一直在地铁口施工,太忙了。"我们的访谈是在我家里,所以显得

很随意，很融洽，我特地为客人准备了水果，访谈时间很长，从下午三点一直进行到晚上七点，地点也由房间转移到了院子中，我家人在小院子里支起了烧烤架，我们坐在台阶上边吃边聊，当然，啤酒是少不了的。他的话匣子一打开，往事似乎一起涌了上来，他谈兴很高，说话的时候我注意到他投入的神情，还有在追忆往事时的唏嘘与感慨。

二、迁移及立足过程

鲁先生现在在沈阳已经安了家，有一个不大的房子，有妻子，还有一个不满三岁的孩子，每月千元房贷和家庭的双重压力使他看起来有些憔悴，"现代人生活压力都挺大，哎，万恶的'房奴'制度"。他在访谈之前先发了一通自嘲似的感慨。回首自己走过的历程，他觉得可以写一部小说。

（一）在家乡的情况

鲁先生的老家在山东农村，隶属济南市，是个有名的贫困县。直到现在家乡还是经济落后，在济南市倒数第一。"地少人多，没有其他资源，人均一亩多地，一年到头打不出多少粮食。"在鲁先生的印象中，小时候家里年年有债务，农活也特别繁重，每到割麦子的季节，全家都要下地干活，白天地里热，只好晚上割，他和弟弟轮流回家做饭，因为做饭可以少干点活，所以他和弟弟都特别愿意做饭，到现在鲁先生基本上所有的面食都会做。

说到学业，鲁先生说，那时一是因为穷，学习的条件差，二是因为贪玩，所以学习不太好。小学一年级到四年级基本上都是上学半年，休息半年，教室也没有固定的，是大队废旧的房子，四处漏风，后来冬天就上老师家里去上课，教课的老师就一个，后来五年级时是到别的村里学校念的，条件能稍好一点。五年级毕业考初中时，第一年没有考上，直到第二年才考上。后来上了高中以后，鲁先生感觉到了学习的压力，"那时学习很吃力，感觉到基础很重要，那时都想重新回初中学一遍"。那时觉得念书有意思是因为不用下地干活，可是初中教学质量不好，虽然勉强考上高中，但想重新回去看书，已经没有机会了。在高中时鲁先生的学习成绩一般，但是却有一项专长——体育。他体育特别好，在学校的综合测试中，跑、跳、耐力、爆发力综合得分获得了全校第三名，曾经代表学校参加过市里的运动会，获得过济南市三级跳远第三名。"那时条件太落后，没有钱，连个证书也没有，只有体育老师给照了一张相，现在还有。"高考失利之后，由于他体操协调性比较好，悟性也特别高，体育老师让他练体操，再复读一年，那时复读很正常，能考上大学的大都是镇上的学生，或者是复读生。可是他考虑到家庭负担重，另外文化课基础也差，就没有复读。

从学校回家之后，帮助父母养家的责任落在了鲁先生的肩上。为了生活，学一点手艺，他在济南市一个培训学校学了三个月的无线电技术，主要是修理家用电器之类的。后来他在镇上赶集的时候摆摊，修了半年多的家用电器，"那时修得挺好。后期不太喜欢出摊，觉得没前途，就不做了"。

之后，1993年左右，他去外地做过劳务。在河北砖场，一个老乡在那干过。第一次出远门，他觉得挺新鲜，听说挣钱挺多，三四个月的时间挣了1000多元。"一开始受不了，太累了，砖厂讲究效率，要跟上机器的节奏。第一个月瘦到110斤，手上的茧子老厚了。"在砖厂的最后一个月，鲁先生的脚砸伤了，幸好没有大碍，就在工地上干点轻快活。说起那时的劳动，鲁先生还心有余悸："吃人肉一样的活，常年干的还行，刚开始干的真受不了，不是人干的活，人就像牛马，没有任何思想，就是出蛮力。"后来他觉得无法承受这种劳动，于是在这个工期结束之后，就没有再去。

从砖厂回来后，他在镇上一个亲戚开的回收站帮忙，过年时亲戚给了他200元钱。春节过后，看着还弥漫着年味的小村子，鲁先生陷入了沉思。未来的出路在哪里？还在贫穷的家乡守着这点地？肯定不行。鲁先生想到了再次外出打工。

（二）踏上闯关东的征程：从技工到护工

闯关东是世世代代的山东人为了生计背井离乡去东北开辟一块新的生活天地的移民现象，大批量的闯关东潮发生在清末，如今，这些早期的移民在东北的土地上早已落地生根，世代繁衍，他们辛勤劳作，成了东北人的重要组成部分。在鲁先生的山东老家，在他小时候，遇到灾荒的年头，经常还有出来闯关东的，回去之后总会讲一些东北的民俗，比如酸菜炖肉什么的，当时鲁先生还小，听起这些，就当作笑话，没想到后来他真正领略到了闯关东到东北吃酸菜炖肉的感受了。

当时一个亲戚在沈阳打工，回家时鲁先生问他在沈阳怎么样，他说那边干活还行。鲁先生动心了，决定出去闯一闯。可到东北人生地不熟啊，怎么办，还得找熟人先落脚。这是打工者的普遍规律，依靠一定的地缘关系网络或者亲缘关系网络先落个脚，作为迁移的前提或者第一步。

"我没有直接到沈阳，我先到了台安的一个舅家，是个八竿子打不着的舅舅，姥姥本家的亲戚，他是个老红军，退休了，没儿没女，先奔他去，落个脚。"他带了一封老家的本家亲戚写的信，可是舅舅从来没有见过这个远方的外甥，说什么也不认。好在舅妈回来了，热情地收留了他。"舅妈特别热情，给我做酸菜炖肉吃，在老家时别人讲东北民俗（吃酸菜炖肉），当成笑话，可这次感觉太香了，大锅炖的。那时她家也不太富裕，我后来走时还给了我不少鸡蛋。"在舅舅家落脚之后，鲁先生从台安来到了沈阳。开始了他闯关东的征程。当时在沈阳鲁先生只有一个亲戚在打工，但是过得也挺难，就没有去找他，自己直接去到了沈阳南湖劳工市场。幸运的是，鲁先生第一天就找到了工作，没有流落街头。在沈阳找到的第一份工作是在一家工艺美术店做工，同去的四五个人，老板用不了这些人，就想办法撵走了几个，最后留下了鲁先生和另一个，老板把不想用的人辞退走了，还给了5块钱，鲁先生告诉老板可以在那住，就留下了。在这个工厂第一晚上挺难过，"那时候是春天，没有暖气，穿了从家里带来的我妈做的大棉裤，套了两层，还是冷，后来烤火，过了一宿"。

在工艺美术店起初是煮模子，比较简单，后来女老板看他有点文化，就让他喷色，后来喷得也很熟练了，但是那个活有危害，有味儿，最后在这里，干了三个多月就不干了。"那时候，我和老家的姐夫通了一次电话，那是我第一次打电话，觉得挺新鲜的。"

"后来联系上了我在沈阳打工的那个亲戚，他在家具厂包了点活，把我叫去，厂里把身份证压下，一共我就待了三天，给椅子抛光，一上午就做4个，结果两个不合格，觉得没意思就不干了，挣不着钱，感觉也没什么发展。最后也没要到钱，当时烦死那个地方了。"

在这三天中，其中第一天是和老乡去南湖那里招工，给鲁先生留下了很特别的感触。"就是我来时找工作的地方，去招人，心情不一样，感觉挺好。"在沈阳的第一年，鲁先生说有一份工作非常难忘，也是给他命运带来转折的一个工作，他在南湖劳工市场发现了机遇。

离开了家具厂，鲁先生重新成了在劳工市场寻觅工作机会的打工者。"没办法，我又回到了南湖劳工市场，心里也没有什么目标，来什么人都凑上去听，后来有一个老太太和老头，一看就是有文化的人，他们招一个护理，本来是要找四十到五十岁的男人，照顾一个老人，医大的一个教授，生活不能自理。我一直跟在他们后面，跟他们说话，当时我寻思，老在市场找，老干体力活，不如找一个不是纯体力的活，医大的教授肯定接触的人多，万一有合适的机会呢？于是我就一直跟着他们，跟他们说我能吃苦，他们一看我挺真诚，就让我去了。"这段护理工作在鲁先生的打工生涯中是一个转折点。护理医大教授的过程正像他自己设计的那样，他认识了一个老太太。这个老太太当时是甲亢，在他当护工的那家医院住院。他没有事的时候经常去和病人们唠嗑，并且帮着倒倒水啥的，大家对他印象都挺好。"这个老太太说她儿子开了一个灯具店，问我愿不愿意去，我说愿意。我心里想，最起码不是体力活，档次能高一点了。"

在护理医大教授期间，医大教授这个高层次的文化人给了他很大的触动，他羡慕有文化的人，渴望知识。"我在他的床下发现了不少旧书，我就拿出来看，有一本英语书，很旧了，我就念，老教授躺在床上有时还笑，问他念得对不对，他就点头或摇头。"那些简单的字母和单词唤起了鲁先生学习的欲望和动力。但是，那时的鲁先生依然生活拮据，为了生活，他必须省下每一分钱，吃饭也舍不得花钱，后来就帮着送饭的护士干活，帮着推车，护士就不要他的饭钱了。

在医院护理老教授的时间不长，大约有四个月，直到遇到了病房里的老太太，给他介绍了新工作，他才离开。走了一年多之后，他想去看看老头，"我觉得老头挺好的，后来我去看过一次，没了，护士说去世半年了。哎，我在时他还很健康呢"。说到这里他眼里似乎有闪光的东西。

（二）在灯具厂的四年：从安装工人到"总管"

灯具厂是鲁先生在沈阳的第一份正式工作。在那里他一共干了四年，结束了漂泊不定的打工生活，生活和收入相对稳定下来，在沈阳也逐渐站住了脚。这四年间，他完成了从一个纯体力劳动的农村青年到初级管理者的转变，经历了一次短暂的婚姻，并结识了现在的妻子。

在病房结识的老太太的介绍下，鲁先生进了一家灯具厂，他在那什么活都干，除了安装灯，还有接货、送货、提货，在那里他认识了一个电工，叫大虎，特别脏，从来不刷牙，和他一起住，大虎17岁就出来蹬倒骑驴，住了一段时间后，他受到鲁先生的影响，开始刷牙，后来变得可干净了，头发上还打啫喱，像变了一个人。在那里鲁先生爱看书，平时爱写点东西，如随笔、随想什么的。后来，在这些干了一年多的工人里，老板看他有点文化，就安排他管理一个新成立的柜台。后来，老板的生意越做越大，在大连开了一个分店，让他到那边去做管理。前期效益还不错，后来老板的姑姑也去了，就处处约束他，在大连他一共待了两年多。老板的姑姑很霸道，有时还自己捞点钱，总看他不顺眼，处处排斥他。

"我的婚姻就是这个时候发生的，老板的姑姑天天给我灌输落叶归根的思想，劝我回家找个对象，于是我动心了，那时二十五六岁了，回家折腾了一阵，就像赵本山说的初恋时不懂爱情，不知道爱情是什么，比较简单。"结婚后，发现两个人差距太大，那个女孩家庭条件挺好，不爱干活，到城里来也不打工，待了一段时间，当时租房子住，比较艰苦，让她回去，她不回去，自己跑去劳务市场。鲁先生不放心，跟去了。

"天意似的，发生了两件事。一件事，有一个不怀好意的人让她去，一看就是坏人。我告诉她那是骗子，她一合计也是，就没有去。再一件事，忽然来个两个排的解放军，来抓不带身份证的，都给抓到一个车上了，当兵的把各个出口都给把起来了，我和她跑到了公交车上，这要是被逮进去，可怎么办，还得待好几天。车不让开，士兵上车查，我吓坏了，我装着往车下看热闹，我就怕当兵的抓我，我没带身份证啊，抓着了好几个，当兵的年纪小小，遇到不老实的、反抗的，还打。还好，没有查我，我松了一口气。"这件事让鲁先生对妻子的怨恨更深了，还有"两个人在一起没有共同语言，我在城里时间长了，农村的很多事都不懂了，我讲城里的事她也不明白，她讲农村的事我也不明白。"抓人这件事对鲁先生刺激挺大，一直在考虑离婚的事。当然还有一些其他的原因。"命里注定的事！哎，碰着这事，对她刺激也挺大，觉得城里也不是好呆的，我提出离婚，她有点不相信，我就先回沈阳了。离婚的事拖了一年多，好多亲戚都打电话来劝。我舅舅是老家学习特别好的一个人，特别有名，考上了山东大学，因为血压高，没有被录取，他打电话劝我，我就说了一句话，是他当年告诉我的，在外面能稳定的话，将来不要找农村老家的，就是在郊区找也别回来找了。我说了这句话，他就把电话撂了。"这件事对鲁先生是个挺大的挫折。

后来在大连效益也不好了，老板的姑姑开始控制他，把长途电话也锁上了，不让他和外界联系，也不给他钱，折磨他，可能是他知道一点她贪钱的事，怕他回沈阳说。"这段时间，完全被控制了，回家没有钱，回沈阳也没有钱，电话也打不了。她和沈阳老板说我不想回沈阳了，在大连呆得挺好。那段时间我特别瘦，吃也吃不好。"

"有一天，来了一个算命的老太太。那时我心态特别不好，有被囚禁的感觉，大概有半年时间，那时也没有办法，心里特别难受。正好这个老太太过来，我本来不想算，可老板姑姑就让我算。老太太说我命不是太好，为什么有时有贵人相助，是因为你父母积善行德修来的。她说我现在犯小人。老板的姑姑受不了了，说现在谁不犯小人呢。算命的老太太把我当时的心情描述得特别准确，打动了我的心。老太太让我到后边去，告诉我解决的办法。让我拿200元钱，她说，孩子，你得想办法，那时她的眼神，我觉得和我妈一模一样，我看着特别亲切。我当时兜里没有钱，就去找旁边小卖店的一个女孩借了200元钱，给了老太太，她教了我四句话，从我头上拽了四根头发，让我四天之后，八点之前，把头发放在白碗里，一脚门里一脚门外，说这四句话。完了我就盼啊，终于盼到过了四天了，我就照做了。然后，我就跟老板姑姑说我要回沈阳，她说不给我钱，我说我借钱也得回去，她说沈阳那边不要我了。当时我打了一个电话回沈阳，老板问我还想不想回沈阳干，我说想，他就让我把灯都卸下来，包装好，找一个车，拉回沈阳。老板姑姑气坏了，又蹦又跳的。"

"在大连市，我干了一点私活，有人找我帮着修灯，我用赚的钱买了一把吉他，走的时候她不让我拿，我气得把吉他摔了，我当时真急眼了。摔吉他的时候手都破了，我包好手就上车了。一个月后，我回到了大连，周围邻居都不认识我了，在沈阳心宽体胖，那时我胖到150斤了，后来我把钱还给了大连那个女孩。"

这个时期，灯具厂老板买卖又干大了，要开一个1000多平方米的灯具广场，装修得特别漂亮，鲁先生帮着管理装修现场，一共八九个月。后来又让他去买材料，他不是贪心的人，账务上一是一、二是二，后期什么都管，一直到2001年。广场全部装修完之后，老板请了一个香港人负责管理。

"大虎那时犯事儿了，老板开了一个地下赌场，没多久被查了，大虎和警察冲突，被通缉。后来老板请了一个香港人来管理广场，我就跟着他。他管理得特别好，跟他在一起，我学到了很多管理方面的经验。那时我们招聘了不少应届的大学生，有辽大的，他们去了啥都不会，但是一唠嗑时，觉得和人家有差距，我就报了自考，学的是沈阳工业大学的市场营销，天天去学习。我报自考，老板很不高兴。"后来因为老板犯事，那1000多平方米的广场被撤销了。

当时因为自考的事和老板关系很不好，他过了两科，后来没学完。"他们在和平大街那边开了一个厂，让我白天黑夜地待着，不让我出来，有一次上自考课，老板发现我不在厂里，借着酒劲让我走，我就走了。"

"那时认识了A，后来的媳妇。当时她是在灯具厂做企划，老板新开了一个桑拿洗浴的店。有一天，我骑车带着她去那个店，道挺远。我觉得这个女孩挺能吃苦，彼此都挺有好感。后来A离开了这个单位，因为老板娘脾气不好，侮辱人。A走之后，我打电话给她，见过几次面，我把我的情况和她说了一下，之后我们就确定关系了。后来我到和平大街看店的时候，A去看我，我特别感动。我不在灯具厂干了，她也挺支持我。"

（三）转行：装修公司设计师

离开了工作了四年的灯具厂，鲁先生不像刚来沈阳那样无所依靠了，有了四年的城市生活经验，他已经慢慢适应并熟悉了城市生活的规则，对前途不再迷茫了，另外有了女朋友陪在身边，他的心里也更踏实了。女朋友是大专毕业，学美术的，没有固定的工作，但是女朋友是农村出来的，能吃苦，能力也挺强。女朋友家是辽南农村的，离沈阳也不远，坐3个小时的火车就到了，女朋友在沈阳还有很多的亲戚，一个亲姐姐大学毕业后留在沈阳工作，已经成家了。当然，尽管和女朋友的交往遭到了她家人的反对，但是他们还是总在一起，同甘共苦，这让鲁先生很感动。

在女朋友的支持下，鲁先生花了800元学习了室内设计，就是电脑绘制装修效果图，这对没有美术基础的鲁先生来说虽然有点难，但是他还是有一定的兴趣基础的，"原先对这个就很感兴趣，在灯具厂装修时，台湾的设计师拿来的图纸我看着特别新鲜，还以为是在哪里照的呢，后来才知道是电脑画出来的"。

学习完室内设计，鲁先生进入到一家装修公司搞设计，他虽然没有专业学美术的画得好看，但是签单率很高，因为他发现，签单不在于图画得好不好，而在于和客户的沟通，给客户讲清楚具体的装修方案。但是时间长了，他发现，设计图纸也挺累，有一次，为了画图，他一宿没有睡，累病了。而且，他越来越觉得，自己没有美术基础，从长远看，干设计也是没有什么前途的。后来鲁先生女朋友的父亲来沈阳做手术，没有人照顾，鲁先生向老板请假，老板不太讲情面，没批，他一气之下就离开了这家装修公司。在这家公司干了不到两年，他转而开始管理现场。因为"发展趋势都是小孩子在干设计，设计也是抄来抄去，没有什么价值，后来有公司让我干现场，因为我有现场的经验"。

"在那家公司工资还行，但是要押身份证原件，这一点有点狠，他不让你走，要稳定，后期请假不给，那时还没结婚，就不干了。"再后来他又进了一家装修公司，可干了不到一年。

（四）进入连锁企业：工程部管理者

鲁先生这回又开始应聘去了，现在他的应聘方式不再是去劳工市场了，他在人才市场找工作，看前程无忧招聘报，看到一个鞋企招聘，他们要求应聘者要有大学文凭。鲁先生让老家人帮忙办了一个假证，最后去了那家鞋企。"在那干了一年多，不到两年，就是出差，老出差，当时结婚了。在鞋企主要的工作就是负责全国连锁店的装修，统一标准，我就去买材料，工期都很紧。"

在这家企业鲁先生说学到了很多在连锁企业工作经验，"连锁企业和一般企业是不一样的，很重要的一点是要和各个部门协调，开发部、工程部、各个地区各自为政，地区负责人说话很重要，一句话传到老板那，吃不了兜着走，他们说什么都不能得罪，工人不爱干，上边还要求工期，需要技巧来协调"。在这家鞋企工资月月开，没有保险。那时鲁先生已经结婚了。后来夫妻俩考虑到不能长期分居两地，就不干了。

"后来柔婷来沈阳招聘，在前程无忧报上招聘，占了整个版面的四分之一，招工程部总监，年薪8万，写得特别诱人，当时带着设计作品、学历证书就去了，在五星级酒店招聘，我都从来没进去过。面试后等了两三天，通知我去天津复试。回来跟A商量，就去了。在天津的一个五星级大酒店培训，会议室很大，一共四个公司领导，每人一个问题，那时我也不大打怵，我一直在看管理方面的书，包括工程管理、企业管理、工业材料管理等，反正那段时间没少看书。"

"在柔婷刚开始分到天津事业部，一个月工资4500元，在天津培训企业文化培训了3天，培训之后要求写培训的感受，我写了7000多字，回到房间写了一天，写了很厚很厚的一摞纸。"在天津先实习，正好有几个工地装修，一个人管一个工地，其中有一个难题，当时7天装修一个店，工程队要钱，公司觉得高了，工程队觉得赔钱，公司让鲁先生去估钱。工程队工人跑到店门口躺着要钱。公司怀疑有人在中间吃了回扣。鲁先生去了之后，工程部的人介绍了情况，他和同去的人一起估算，觉得也差不多，就向公司汇报了。说他们工程队也挣不到多少钱，然后给做了证明。"工程队挺感谢我们的。"

"在天津实习了一个月，我就被派到了河南，正赶上小城市大力开发，待了一个月，又被派到广州呆了4个多月，后期妻子去了，因为这段时间一直不能回家。在广州工作也还挺好，妻子去广州，住在亲戚家在广州的空房子，待了一个月，那时一个月工资4500元，而且每个月还能报销车费、电话费、住宿费。"

在广州认识的一位地区经理调到了总部，对他印象挺好，就把他调到了大连。刚到大连的一年多一点时间，跟地区分部关系处理得也不错，但是后来他们之间互相的利益纠纷影响到了他的工作，他把这件事反映到集团了。过了半年时间，他的关系被调到集团里去了，他也不知道。又做了一段时间，和大连那些人的关系有点紧张，再加上想回家，他又辞职不干了。

回沈阳之后在一个工程公司工作了一段时间，工资被拖欠了，他去找过，公司就说他半道走了，不给。接着他又应聘到辽宁一家工程公司做施工员兼内业，就是管理档案及其他文字性的东西。"这些公司也都要求学历，我都用的以前的假文凭。他们着急用人，填简历的时候大体差不多就行。"这家公司在鸡西有工程，鲁先生在鸡西做了四个多月，工程还得继续干一年，考虑到离家太久的问题，中间还不能随便请假回家，正好又赶上过年，鲁先生再一次辞职。

"在鸡西干得其实也不错，但工资给扣了，因为工程没有完事，交接没有完成，其实都交接好了，正好赶上过年了，我就回家了。过年之后得了腰椎间盘突出，治病需要钱，去要钱，说了很多好话，他们才给了我1600元，那时工资应该有1800元。吃饭不用花钱。""当时老板也说想好好培养培养我，不知道真的假的。"

"后来就去了英语学校，原先填过简历，学校一开始让我当分校校长，可是我没有经验，心里没底，没敢干。后来招聘开发部的负责人，给我打电话，我就去了，正好那一段时间因为腰椎间盘突出，在家休养，没有工作。"

英语学校赶上经济危机，没有干起来，把很多新设的岗位都撤了，他下岗了。这家学校很有意思，很正规，"管理上细之又细，精之又精，四天一个会，每天一个短信，报告工作内容，月总结、周总结、企业文化的培训心得，天天写东西。我开玩笑说，我搞工程的，到这里把这几年的文字都写了"。在英语学校他干了4个月。

现在鲁先生在一个以前认识的搞工程的朋友那里，帮着看现场，这是一个家族企业，靠人脉接手一些工程，鲁先生主要负责其中的地铁口装修工程的现场施工管理。天天要到工地去，起早贪黑，工地离家远，坐车要一个半小时。每天回到家里要晚上7点多钟。没有休息日，但是有事可以请假。现在每个月能赚2000元，老板说工程结束之后还能给一些工程款的提成。

三、社会关系网络的现状和变迁

鲁先生已经两年没有回山东老家了，去年冬天母亲曾经去鲁先生的岳母家看孙女，住了一个多月。主要是想多陪陪孩子，她家里离不开，不能过来帮着带孩子，很过意不去，就利用冬天农闲时来帮着亲家看看孩子。临走时还给儿媳妇留下了500元钱，儿媳用这些钱给她买了车票和衣服。

有了孩子之后，生活上很拮据，回家要花费一大笔钱，除了往返的路费外，还有给家人、亲戚买东西，至少要2000块钱，所以回老家现在对他来说很奢侈。平时想家的时候就给父母打个电话，一个月至少通一次电话。

平时的社会关系网络主要还是集中于亲缘关系，因为妻子家在辽宁，在沈阳也有一些亲戚，平时对鲁先生一家有很多照顾，走动很多，他经常去串门，吃吃饭。遇到经济上有困难的时候，还会向他们借一些钱。鲁先生今年春节后得了腰椎间盘突出，不能去上班，收入受到很大影响，这时房贷和生活费都成了问题，要靠这些亲戚周济。

每逢节假日，鲁先生都会和妻子回岳母家，岳母家距离沈阳要坐三个小时的火车，交通还算方便。孩子在农村的岳父岳母家，每隔两三天会给孩子打一个电话。现在鲁先生一家收入不高，所以他很少给岳母家钱，他说只能等经济好一点再给。

鲁先生的人际交往圈子并不太大，主要是在工作中结识的朋友。在不同的工作单位，都有一些比较谈得来的朋友，但是只是偶尔打打电话，聊聊近况，很少能聚到一起吃饭喝酒。在连锁企业认识的同事和朋友，大多在外地，行踪也不固定，分布在各个省市，有一些已经联系不上了，个别的还能通通电话，保持联系。

鲁先生的社会关系网络从最初到沈阳时的以地缘关系为主，演变到现在以亲缘关系为主，主要是因为婚姻关系的影响。除了亲缘关系外，他还有少量的工作关系网和地缘关系网。总体上来说，鲁先生交友范围不是特别广，这也和他长期从事外埠工作有关，人际交往的网络因为工作关系的调离和工作地点的变动而受到冲击，甚至断裂。

四、对城市社会的参与情况

鲁先生的社会参与意识比较强，从接受这份调查的态度上就表现出来了，他很愿意参与社会调查这样的公益活动，觉得很有意义。他与社区有联系，主要是在办理户口和孩子预防体检证过程中与社区打过交道，在社区的动员下，捐了几次款，数额不多，都是十元二十元，并且对这种捐款也不抵触，觉得可以接受。在汶川地震时，他在工作的单位也捐了200元。

他的妻子是一个非常外向的人，喜欢参与公共事务，在所居住的园区有很好的人际关系，与大多数邻居都认识，并和邻居们一起参与了小区业主委员会选举和更换物业公司的活动。因为小区的维权活动，与物业公司斗争，还上了电视。鲁先生和妻子虽然性格不太一样，但是他对妻子参与公共事务的行为并不反感和排斥。

鲁先生对城市社会的参与情况比较好，分析原因主要有以下几点：一是鲁先生本人的性格比较开朗，非常温和，心态比较健康，所以很乐于参与社会事务，他也能从中感受到成就感和认同感。二是稳定的婚姻关系和居住条件使他有信心和条件参与小区事务。三是受到家人的影响。他的妻子在这方面给予他的影响应该是比较大的，或者说妻子间接推动他了参与社区的活动，比如捐款。

问到鲁先生在城市迁移过程中是否有被排斥和歧视的感受时，他表示没有这种感觉。我并不认同这一点，我想可能是因为我们之间比较熟悉，他不想回答这种有伤自尊的问题，所以他并没有说出真实的想法。理由有二：一是因为在大连工作期间，他与前妻经历了大连劳工市场的清理行动，面对全副武装的士兵，面对被围得水泄不通的劳工市场，他感到了强烈的恐惧，"我吓坏了，我装着往车下看热闹，我就怕当兵的抓我，我没带身份证啊，抓着了好几个，当兵的年纪小，遇到不老实的，反抗的，还打啊。还好，没有查我，我松了一口气"。这件事对在城市里打工时间不长的他触动非常大，他至少感受到了在城市立足的艰难和凶险，那么也就意味着，他感受到了来自城市的对打工者，尤其是外来者面目狰狞的一面。这件事也直接促成了他第一次婚姻的终结。二是在沈阳打工的过程中，经常有被拖欠工资的时候，在讨要工资的过程中，一些歧视性和侮辱性的话语应该不可避免，在这个时候，作为打工者，作为异乡人的孤立与无助感应该不会没有。

五、社会保障情况

(一) 档案和户籍情况

一般来说，作为一个比较低层的打工者是没有档案，也不需要档案的。在鲁先生的城市迁移过程中，我们看到，他并不是一个高校毕业的高学历者，在早期的工作经历中也并没有因为学历的要求而使他在求职上受到阻碍，但是当为了获取更高级一点的工作时，档案和学历问题就显得比较突出了。鲁先生只有高中学历，尽管报了自考，但是只通过了两科，没有拿到最后的学历；虽然一直在自学，但是随着高等教育的普及，一个大专或者本科学历已经成为求职的必备条件。在这种情况下，鲁先生无奈选择了造假。他伪造的档案寄放在了老家的人事部门，当然，这也是因为有特殊的关系，而且是在小县城，所以也比较容易造假。

户口，在农村打工者的眼中有着多重含义，那是城市人的身份证，是成为城市人的标志。鲁先生和妻子的户口原来都在外地，鲁先生户口在老家济南，因为户口在那里，所以在他的户头上还分了一亩多地。妻子户口在大专毕业时托人落到了县城了，当时办理户口时人情费花了1000多元，那时大概是2000年，户口政策比较宽松，有学历的，只要能够找到接收的街道，花一点钱都可以办。

2004年在沈阳买了房子之后，小两口把户口都迁到了沈阳，因为当时沈阳只要在市内五区买房子都可以办理户口迁入。另外考虑到将来孩子落户、上学等一系列问题，就把户口迁来了。鲁先生的母亲对迁户口有些不情愿，觉得城市户口没有多大用，在农村还能分点地，老了有保证。鲁先生妻子的情况也差不多。她家里都是女孩，两个姐姐都在城市安了家，父母希望她将来能继承农村的产业和田地。由于膝下无子，她父母和村里协商，允许给大女儿办理户口，就是迁回农村，这样家里就多了六七亩地。当然这个户口是假的，她父母希望她真正把户口迁回来，因为担心农村土地改革，要查户口。农村的政策越来越好了，有农村户口，将来可以拥有几亩地，根据国家政策将来允许土地流转，那土地就意味着生活的保障。在这个问题上，鲁先生的岳父岳母和他妻子之间一直还有分歧。鲁先生的妻子不喜欢将来回农村，她相信凭着自己的能力能够在城市立足。目前，似乎态度有所转变，如果不是考虑孩子将来的上学问题，她也愿意把户口迁回农村。

关于城市户籍的心理变化可以看出随着市场经济的发展，户口的功能越来越单一，在户口身上的身份、政治、文化的以及由此带来的一系列的相关利益越来越少，所以现在即使是农村打工者也不太看重户口了，只是在子女就学时户口还有一定用处。另外，对于鲁先生这样的打工者，城市户口也给他们求职时带来了一些优势，有些公司在招聘的时候特别强调要沈阳城市户口。因为这些顾虑，目前鲁先生夫妻的户口还是城市户口，落在了他们买的40多平方米的房子上。他们的女儿出生后户口和他们落在了一个户口本上。

(二) 医疗、工伤、养老以及其他保险情况

鲁先生及其妻子目前都没有交保险,沈阳市城市养老保险的覆盖面挺广,对于像鲁先生和妻子这样的无稳定工作的群体,也可以到社区去办理保险,但是二人均没有这方面的考虑,主要是养老保险的钱对他们来说负担太重,他们只有 3000～4000 元的收入,还要供房贷,供养孩子和日常生活用,没有多余的钱用来交保险,对于保险的相关知识他们也没有过多去了解。

鲁先生在打工的单位中,只有去年工作过的外语学校,完全按照国家的劳动法,给上了养老保险和医疗保险,缴纳了住房公积金,但是时间只有 4 个月,随着他被解职,保险也停了下来,他说暂时不打算续交,主要是因为没有钱。

如果说养老保险对他们来说还是很遥远的事,那么医疗保障问题现在却是他们时刻要面对的。因为年轻,二人没有生过什么大病,但是 2007 年鲁先生妻子生孩子,是剖宫产,花了五六千元,花掉了当时家里大部分积蓄。随着孩子的出生,各项花费急剧上升,生活一度陷入困顿。

2009 年春节过后,鲁先生突然得了腰椎间盘突出,生病不仅意味着要治病,也意味着失去工作。没有了收入来源,当时鲁先生妻子因为生孩子在家有两年没上班,这时刚上班,工作也不稳定,收入也很少。这段时间他们全靠借钱生活,前后和亲戚借了将近一万元。

这次生病对鲁先生思想和生活的影响也特别大,用他的话说,"改变了人生观","从这件事,悟到了人的生命、健康是任何东西取代不了的"。从此他开始关注与养生有关的所有东西,在网上发现了中医理论,认为特别好,特别有道理。于是开始钻研黄帝内经等中医书籍,收获特别大,懂得了很多养生的常识,平时也特别注意身体的保养,不再熬夜,不再喝酒,甚至水果也很少吃了,他常年的口腔溃疡因为注意饮食也不治而愈。现在鲁先生逢人便谈他的养生经。妻子对此很有微词,对他的做法有些看不惯,两人因此还闹了矛盾。生病之后,生活的拮据让鲁先生和妻子的关系也出现了一些问题,妻子有些抱怨,但是鲁先生对此很乐观,他说哪有夫妻没有矛盾的,慢慢都会好。

六、未来规划

说到未来规划,鲁先生沉吟了一会,说:"整个人生这块,一个人的命运、机遇、能力也不一样。以后(叹了一口气)假如能挣到足够的钱还是不想回农村,如果经济情况不允许……"他话锋一转,似乎很高兴的样子,"贷款几年就要还完了,现在是单间,想换个两室的,继续'万恶的供房制度'"。说着,他笑了。他说:"我对以后的生活还是很乐观的,事物都是在变化的,我也想以后有机会包工程,那就有钱了,就不会回农村了。"他希望将来能够积累人脉,包个工程。他说,当初从连锁企业出来,就是因为在连锁企业要全国各地跑,不固定。离开的原因家庭因素是一方面,另外也有人脉的问题,"以前认识的人都联系不上了,换号码了,就不联系了,所以想固定下来,人脉也能稳定、广泛一些"。

最后鲁先生说自己最近一直有一个愿望："我想去讲课，讲生活态度、人生哲理、养生知识，人家给有头有脸的人讲，我就给老头老太太讲，我现在啊每到一处都给他们讲，他们也特别爱听。老人爱得病，现在很多中医的方法可以改善这些病。"

案例编号：沈阳—劳力型—002

访谈对象：张先生，38 岁，辽宁兴城人，初中学历，瓦工
访谈时间：2009 年 9 月 1 日晚上/2009 年 9 月 10 日晚上
访谈地点：张先生的租住房
调查员：李阳

一、访谈背景

去年我结婚的时候，房子装修需要定制两个铝合金门框，而就在离我家不远的一个街道上正好有一个铝合金店，我就去他们那里谈了一下定做事宜。恰好老板的一个朋友正在他的店里，谈话中知道他姓张，在附近一家劳工市场做瓦工，从聊天中得知他的技术娴熟，当时正好我在找瓦工装修房子，所以请他帮忙。张先生性格比较随和，很好沟通，谈起话来比较方便也很随意，因此选择张先生作为访谈对象。

张先生有很大的一个特点就是憨厚，笑起来有点傻傻的感觉。他皮肤很黑很粗糙，这可能是因为他从小生长在农村并长期在外劳作的原因吧，但是身体还算强壮。张先生对目前的生活状态谈不上满意，因为无论是生活上还是工作上，他都觉得不是很稳定，用他的话说就是过一天算一天，他也不知道明天会是个什么样，而这一切他又无力改变，只好默默承受。

二、迁移及立足过程

张先生老家在兴城市一个小乡镇，离县城很远，家里有三个兄弟一个姐姐，由于家里经济状况比较窘迫，生活实在困难，所以几个兄弟都还没有初中毕业就辍学了，在家帮助父母做些农活。虽然说日子是比以前好了一些，但还是过得比较拮据。邻居几个一起长大的哥们都到外地打工去了，这几年挣了些钱，也都说上了媳妇。可是张先生一直也没有能说上媳妇，再加上家里兄弟好几个，就更难说了。因此，张先生也想出去闯荡一下，希望自己能够打拼出一片天地，最基本的想法就是希望能够挣点钱，然后回家娶个媳妇。于是，他就卷起行李卷，随身带了几件换洗的旧衣服，又带了 200 元钱，就只身一人来到了沈阳这个大都市。

1994 年，初次来到沈阳的张先生也不知道应该去哪里找工作，也不知道自己能做些什么，在大街上走了一天的他什么工作也没有找到。到了晚上，只好花 5 元钱住进了

一个小旅店，说是旅店，其实他的房间只有一间床，别无他物，而且还很潮湿。旅店老板还是一个不错的人，告诉他附近有一个建筑工地，可以到那里去碰碰运气。于是第二天，他就来到了那个工地。经过几个好心的工人介绍，他找到了包工头，虽然各种工种都已经有足够的人做了，但包工头还是叫他做搬运砖头的搬运工，每天10元钱，包吃包住。他觉得不错就留了下来，这是他在省城里的第一份工作。

1996年，由于建筑老板拖欠工资，大部分工人都换了地方工作，或者是干脆直接回家了。张先生也离开了工地，但他还不想回家，后来在一位好心工友的指引下来到了沈阳市人才市场。可是没有文化、没有手艺的他想找份工作实在是比登天还难，那个时候他才感觉到没文化、没手艺是不行的。苦等了几天之后终于有一家鞋厂要人，说是每个月给500元，还包吃包住，他就去了。在这个小厂里勉强支撑干了一个月，他就辞职了。原因是鞋厂胶水的化学药味太刺鼻，根本就无法工作，老板是个吝啬鬼，所有的员工连个口罩、手套都舍不得给配，呛得每个人都不敢多喘气。每天下班手上都是厚厚的一层胶水，要是想弄掉这些胶水就得半个小时，后来干脆就不弄了。另外厂里说是包吃包住，可是每天吃的都是大白菜、馒头什么的，连个油星都没有，住的地方用他的话说连狗窝都不如。而且连个周日都没有，一天工作10多个小时，忙的时候加班还没有加班费。因此来的人大多干不了多久就离开了，因为这地方没办法干得时间长，要不肯定慢性中毒。离开的时候，老板只给了他300块钱，说是他耽误鞋厂的工作了，他开始还和老板理论，可是老板根本不讲理，最后还找来了两个小混混，说要是不走就打他。没有办法，胳膊拧不过大腿，他就只好离开了。

离开了鞋厂的那段日子，他是和以前的几个工友一起过的，他说一天他在大街上看到一根电线杆上面有一个招聘启事，是一家酒店招保安，张先生觉得自己身体还算健壮，再加上个头也行，年纪也不是很大，于是就抱着试试看的心理按照上面的地址找到了那家酒店。酒店的前台经理接待了他。经理是个实在人，和他谈了以后，觉得他人很朴实，身体条件也适合当保安，就留下了他，每个月800元钱，也是管吃管住。他觉得这次的工作环境与前两次的相比是最好的，工资也不低，就在酒店待下了。张先生说在酒店的那些日子是他生活中最好的日子。每天不用起早，吃的也不错，而且工作也比较轻松，就是站立时间长的时候会感觉有点累，不过还好，因为有换班的，也算比较不错了。可是好景不长，还不到半年，因为那个前台经理辞职不干了，他就被新来的前台经理辞退了，新的前台经理安排了自家的一个亲戚顶替张先生，用张先生的话说就是郁闷加点儿背。不过生活还得继续啊，他只好在朋友的介绍下，又来到了一个新的建筑工地做瓦工。不过因为之前他没有做瓦工的经历，所以最初也只好跟着一个师傅学，空闲的时候在工地里做些零活，虽然没有在酒店里的工作轻松，不过在这里可以和师傅学点手艺，也算是一件幸事了。经过半年多的学习，张先生终于学会了这门手艺，因此也就顺理成章地从一个做零活的工人，变成了有点手艺的建筑工人了。收入自然也就多了起来，开始的时候每个月都能拿到1000多元。

在1998年的时候，张先生通过在沈阳认识的朋友介绍，处上了一个对象，她也是从外地来沈阳打工的农村孩子，相同的命运使两个人很合得来，也有的话说，经过一年的接触，两人就结婚了，现在有一个孩子，在城里的打工子弟小学上学。

靠着自己的手艺，张先生在沈阳算是安顿了下来，但是，他在外面打工从来都没有签过合同,他说没有这方面的意识,问及他有没有被拖欠工资的经历,他说:"这是常事儿。"有一次,他带几个老乡一起去一处工地打工,干了一个多月,一分钱都没有拿到就被赶走了,他们去找律师,可是律师要他们出示与工地老板签订的合同,他们说没有,律师说那就没有打赢的希望了。后来他们找到了记者,上了电视,终于要回了他们的工钱,张先生开玩笑地说,现在什么事情就怕曝光,只要曝光,上电视,那就什么事情都给你解决了,要不然没有人管你。通过这件事情,他和工友们知道了签订合同的重要性,但是这件事也让张先生伤透了心,最后离开了那个工程队,自己出来单独做装修,就是现在大街上经常看到的瓦工。

张先生说现在大多都是给私人房子的业主干活,这种小活一般都是一个星期就完活,不会拖欠工资,但也会碰上一些不讲理的业主。他说,有一次,给一家业主做活,说好了工钱80元一天,但最后结算工钱的时候,业主不是挑这干得不好,就是说那干得不好,最后一天只给50元,由于自己是外地人,这里毕竟不是自己的家乡,碰上点事情没有人会帮忙,就是好朋友也指不上。所以没办法,只能吃哑巴亏。还有一次,业主一分钱都没给他,理由是他做的活没有让业主满意,"我干活的时候,他一直在旁边来着,如果不满意的话为什么一开始他不让我改过来,肯定是故意的,就是不想给我钱"。不过话说回来,大多数的业主都是不错的,有的天天都给他做好吃的,有时候还下饭店,还能喝上两瓶老雪花啤酒,给这样的人干活就会感觉很轻松。所以也就铆足了劲儿给人家好好干,即便是钱少点,心里也高兴。张先生说:"其实我们心里也明白,人家这样对我们,就是希望不出现质量问题,将心比心,我们也不能对不起人家。"

现在的活不好找了,再加上经济危机活就更不如以前好找了,大街上的墙根脚那,有很多人都是很久没找到活的,而且不仅活少了,工钱也少了很多,以前的工钱差不多一天100多元,现在连80元都不到了,他说在外打工就是这样,有时候就是靠运气,赶上年头好了,就能多赚点,要是点儿背了,那就难说了。

三、社会关系网络的现状和变迁

张先生的社会关系网络不是很广,开始来沈阳的时候,根本就没有熟人,第一次在工地干活的时候认识了一些工友,工友之间会互相帮忙介绍活干。另外,和工头处好关系对找活是非常有帮助的,所以现在他所认识的人主要是干活认识的工友,还有一些老乡,另外就是干活结识的工头。平时大家都很忙,很少有时间在一起,只有在没活的时候大家才会凑在一起,找一个小店,点上几个小菜,喝上几瓶啤酒,他说这个时候才是最开心最快乐的时候。因为这个时候大家才可以天南海北地胡扯一顿,然后抒发一下自己的情绪。

张先生说这样的机会现在也不是很多了,因为很多人都成了家,有了孩子,再出来聚也不方便了,所以还是很怀念以前那个时候的。

四、对城市社会的参与情况

张先生说他一直在外漂泊,因为租住的地方处于都市边沿,没有和居委会什么的打过交道,他们对外来人也不是很关心,社区活动什么的,他都不关心,更别说参加了。

在问及在外漂泊流动有什么感想，是否觉得适应当地的生活时，张先生说一开始很不适应，没有家的感觉，但是后来就慢慢习惯了，也开始融入这个城市。他说他很喜欢沈阳，这里的人很豪爽，小市民味不是特别浓，也不爱计较。他回忆说，有一次他和几个工友在一家小店里喝酒，一直喝到很晚，饭店老板不但不生气，最后还另外给他们加了几个菜，说他们实在是不容易，最后结账的时候老板还给打了个折。张先生说虽然这件事不大，但是在他的心里却留下了深刻的印象，因为这件事让他感觉到了出门在外的家的温暖，同时也感觉到虽然自己处在这个社会的最底层，但是还是有很多人尊重他们、关心他们，这让他们少了一点自卑感。

五、社会保障情况

（一）档案和户籍情况

张先生在外打工，没有档案，都不知道档案是个啥东西，他也不关心这个，也没有人关心这个，因为他觉得自己是没有文化的人，好像就没有这个资格拥有档案似的。在外打工，他最讨厌查暂住证，因为有的时候工作单位不提供住宿，就得自己租房子，有时他和工友正在睡觉的时候，查暂住证的人就把那一块聚居区围起来，让所有租客拿暂住证下楼，没有暂住证的立马被拉进一个面包车内，送往拘留所。要么给钱，要么老板给钱保出来，而大多数的时候都是自己掏钱。

（二）医疗、工伤、养老以及其他保险情况

张先生虽然做过建筑工人，但从来没有给自己买过意外伤害保险之类的东西，自己本来挣的就少，还要补贴老家用，根本就没有多余的钱去买保险，再说即使买了也主要是交自己的钱，还不如自己多拿着点现钱。而且工地上太复杂了，承包商和分包商签订合同的时候，都会在合同上事先把工伤事故的责任归于小的包工头，让这些小包工头承担责任，这是一个不公平的协议，因为没有给农民工买工伤保险，小的包工头一般没有能力给农民工赔偿，因此，在出事故的时候，农民工就得不到应有的赔偿。

关于养老保险，他更是享受不到。但是他买了医疗保险，好像是一年交 80 元，如果生病的话，可以报销 60%，要是没有得病的话，还可以用这笔钱给其他生病的家人买些药。这也算是解决了农民的一件大事。

六、未来规划

张先生现在有一个儿子，念小学三年级，家里父母年纪也大了，身体也不好，虽然这些年自己在外面赚了点钱，但是家庭负担还是很重。现在只能拼命赚钱，为了孩子的将来，就是再辛苦也值得。他希望孩子将来能考上重点高中、重点大学，他说自己就是吃了没文化的亏，因此决不能让孩子再是个文盲，就是再苦也要供孩子上学。"有了文凭就能改变身份了，就再也不会让人瞧不起了。如果孩子学习不好，也要让他学一门像美容美发那样的手艺，再也不会让他卖苦力挣钱了，也不会让他像我这么辛苦。"

说起对将来的打算,他说给人家装修的时候很是羡慕人家的房子,张先生很希望能在这个城市里拥有一套属于自己的房子,但是现在他还没有这样的能力,即便是贷款,也要拿出首付来,但是这样的话,生活就很紧巴了,所以自己还是要努力地干下去。

最后,张先生说他希望政府能够对在城市里的打工者再多一分关爱,多一分照顾,多一些福利,让这些在外奔波的打工者能有一个比较良好的生存环境。他的愿望很简单,也很纯朴,但现实中却又是那么难以实现。

案例编号:沈阳—劳力型—003

访谈对象: 吴女士,49 岁,初中文化程度,辽宁鞍山人,下岗后到沈阳打工已有 4 年,现为沈阳某高校宿舍公寓的清洁人员,尽管条件艰苦,仍能苦中作乐
访谈时间: 2009 年 7 月 16 日中午/2009 年 7 月 17 日中午
访谈地点: 沈阳某高校宿舍公寓的后勤处
调查员: 郭永平

一、访谈背景

在沈阳某高校宿舍公寓的门口,一位身着蓝绿色制服的保洁员正拎着两个装满垃圾的黑色塑料袋急匆匆地走下台阶。由于袋子太大,她的下半身几乎全被遮住了,加上袋子太重,在她费力地将袋子拖下台阶时,被绊倒在地。见到这种情形,我赶紧上去将她扶起,和她一起把那两大袋垃圾拖到了路边的垃圾箱里。她气喘吁吁地笑着对我说:"没把你的衣服弄脏吧?"这就是我要访谈的对象吴女士,宿舍公寓的保洁员就是她现在的工作。由于她在我居住的公寓楼里工作,在每天简单的一声声招呼中我们彼此熟悉了起来。她是一个很随和的人,当我提到要对她进行访谈时,她毫不犹豫就答应了。

"学生刚换完宿舍,一大堆活,刚忙完。"她乐呵呵地对我说。由于平常吴女士工作很忙且离家较远,所以我只得占用她中午的休息时间进行访谈。她属鼠,今年 49 岁,人很开朗,谈起目前的生活她十分满足,认为日子过得很好,因为现在没什么负担了,可当我问及她来沈阳的原因时,才得知在岁月的坎坷中她对幸福的定义却是如此的不同。

选择吴女士作为访谈对象有以下两点原因:一是吴女士在我们宿舍楼所有的保洁员中工作最认真,且性格和蔼,待人热情,容易访谈;二是我对吴女士的情况比较了解,她下岗后为了孩子来到沈阳重新找了一份工作,期间经历了曲折的过程,具有重要的访谈价值。

二、迁移及立足过程

吴女士和丈夫原本都是辽宁省鞍山市某国有企业的职工,2000 年国企改革后下了

岗，为了供女儿上学并维持家庭的日常开支，丈夫去了沈阳某建筑工地当了一名技术工，而她只得自谋出路。她告诉我们，从下岗到现在具体换过多少份工作连她自己也记不起来了，只知道那是一段特别苦的日子，因为年龄大且文化程度低，工作很难找，连饭店刷盘子的工作都找不到，生活的艰难可想而知。那时候，她特别苦恼，觉得生活没有光明，没有出路，压力特别大。家里唯一的孩子正逢中考，由于离重点高中的分数线差四分，普通高中又没报，为了孩子能上普通高中，他们给学校交了一大笔费用。吴女士一直在强调：他们两口子苦点累点不算啥，孩子的学业最重要。为了维持家里的开支她曾经白天当保姆，晚上到夜市上摆地摊。即便如此，也赚不了多少钱，摆地摊除去卫生费、管理费、地皮费等费用共计10元外，每天连10元钱也剩不下。就这样为了孩子，为了家庭，她每天像是打游击似的干着好几份工作。功夫不负有心人，三年后，吴女士的孩子考取了沈阳某高校的建筑专业，一家人在欢庆的同时也犯了愁，这四年的学费和生活费需四万多元，将会是更大的一笔开销。在困难面前，孩子哭着说要放弃上大学的机会，想快点工作帮着填补家用，被吴女士制止了，她说："孩子很懂事，但是再穷我也不能耽搁了孩子。"她和丈夫一合计，大不了比以前更加辛苦些，再多打几份工，办法总比困难多。在孩子上大学的四年里，她比以前更加辛苦了，好在平时她人缘好，亲戚、朋友也乐于帮忙，这为她减轻了许多负担。当她回忆起孩子上大学的四年生活，她用一句话做了总结："那段日子真的很苦。"

2005年，在沈阳打工的丈夫也遭遇了困境，建筑单位因资金短缺，只能付给工程队60%的工程款，致使工人的工资只支付了一小部分，其余的工资则一直拖欠到现在。孩子上学的开支怎么办？在沉重的压力下，丈夫得了脑血栓，住进了医院，她赶忙放下手里的活赶到沈阳。吴女士说："那时我看着昏迷不醒的丈夫感到天都要塌下来了，常常偷偷地擦眼泪，这是我生活最艰难的时期，一边要伺候病中的丈夫，一边又要照顾上学的孩子。"虽然由于丈夫的手艺好，深得老板的赏识，老板帮着交了医疗费，但那时的她已不能去工作，也就没有了经济来源，只得东凑西借欠下一大笔债。过了几个月，丈夫的病情有所好转，为了提高收入，方便照顾丈夫和孩子，她留在了沈阳，一家三口在丈夫的工地附近租了间40多平方米的房子，月租500元。

在丈夫的老板的介绍下，她来到沈阳某高校的宿舍公寓当了一名清洁人员，虽然没有签订合同，也没有任何福利，甚至"过年过节连一粒米也没发过"，每天工作八小时，没有双休日，但是每月700元的工资能按时发到她手里，比起其他工作要么要先交押金，要么拖欠工资，她已经很知足了。刚开始工作的时候，她说："可累可累了，可是没有办法，为了生存，你就得去累、去拼命。"她所工作的宿舍楼共六层，住着1560个学生，只有四个保洁员，两人一组，她和另一个同事负责第一、二、三层西面的清扫工作。她说，前面的楼只住着400个学生，也是四个管理员负责清扫工作，比较起来，她们的工作量非常大。由于长时间的工作，她的手部关节都变了形，再加上工作辛苦，她的体重也减少了20斤。学生楼里的厕所每周要用硫酸消一次毒，由于没有任何防护措施，她经常被刺鼻的异味呛得喘不过气来，导致她多年的哮喘病再次发作。为了省钱，她不敢去大医院看病。到了小医院她告诉大夫，她是下岗工人，恳求大夫给她开些便宜的药，这样输了七天的青霉素病情才有所好转。四年中，周围的同事换了又换，甚至现在的三个同事也觉得工作太累，又没有什么保障想要辞职不干了，但她却想要坚持下去。吴女士告诉我,"虽然辛苦,但是能够维持生计就行,家里每月的开销要1000元左右,仅仅是房租、水、电、煤气、一家人吃饭的费用,这还得是在会过日子的情况下1000元才能打住,否则根本不够用"。于是她经常在菜市场走来走去,就为了研究哪家的菜便宜,"便宜点咱不就能省点吗?"

三、社会保障情况

(一) 档案和户籍情况

吴女士和丈夫的户口和档案都在老家鞍山市的原单位放着,她认为她和丈夫年龄都大了,把户口和档案迁过来已没有必要,她总是期待着将来国家对他们这些下岗的贫困职工会有政策上的帮助。她希望女儿的户口能留在沈阳,这样会更加有利于女儿今后的发展,"我们的就无所谓了",吴女士说。

(二) 医疗、工伤、养老以及其他保险情况

吴女士说:"以前生活艰难的时候,觉得活着太苦、太累,有时甚至觉得自己都坚持不下去了,现在我感到活着有希望了。"2005年,她享受到了国家提供的医疗保险的优惠政策(如果当时的企业还没破产,国家给下岗职工提供医疗保险方面的优惠政策),吴女士因没到退休年龄,养老保险要自己交40%,其余由国家负责。2007年,吴女士的孩子大学毕业后到了一家私企工作,虽然薪水不高,但也够一个人花了。她顿时感到肩上的担子轻了很多,同时她也很庆幸,孩子学的是理科,找工作比文科生容易些,而且在孩子已经毕业两年的同学中,还有三分之一的同学没找到工作。对于孩子的将来,她希望孩子的工作能更稳定些,但主要还是会由她自己做主。丈夫所在的工程队因为"三角债"问题一直拖欠着丈夫两万元的工资。因为丈夫还要跟着老板继续干,医药费上还欠着老板人情,所以就没敢再跟老板提还工资的事。目前,她最担心的是丈夫的病再次复发,"这病不能去根,只能每天吃些药,一年打两次针,一针1000多元,几年下来这些零散的医药费也花去了两万多"。尽管丈夫可以上班了,但反应能力还是差些,视力也下降了,得时刻操心,况且没有医保,只是在住院的时候鞍山的原单位给丈夫办了每月108元的低保,随着丈夫的出院低保也被取消了。这不可预测的未来无疑是他们家的一颗定时炸弹,随时都会来临,她只希望不要给孩子增加太大的负担就好。

四、社会生活情况

在沈阳的这些年里,她除了家人外,接触最多的就是同事,刚来沈阳时她很不适应,因为沈阳的物价比较高,而且同事中多是本地人,他们很"欺外人",为了不受气,她就默默地用工作证明自己的能力,结果卫生检查样样合格,再加上她十分勤快,什么脏活累活都抢在别人前头,长时间下来别人都赞叹她能干,大家都喜欢和她相处,关系也变得十分融洽。对于其他的本地人,她则很少接触,在她眼里,这些本地人没有"热乎心",喜欢"瞅笑声"。在沈阳她最大的感受就是交通事故经常发生,令人担心。

她吃穿简朴，每天早上四点半就起床开始为一家人做饭，六点钟出门坐一个半小时的公交车来到学校公寓上班，中午吃着她自己带的饭菜，一天工作下来常常感到体力不支，可是晚上回家看到全家人健健康康地在一起吃着晚饭，她就很心满意足了。吴女士每日除了辛苦的工作外还要干许多家务活，很少有空闲时间，她说她要操心孩子的生活和丈夫的健康，既没有闲心逛街，也没有钱买衣服，化妆品、保健品等就更不敢奢求了。

五、未来规划

对于未来，她没打算留在沈阳，尽管沈阳的医疗技术比鞍山好得多，但消费水平也高出鞍山一大截，在沈阳买房她连想都没想过，"我这样收入的家庭，买房是我们想的事吗？""以后只有一步一步趟着走了，只要生活能维持我就知足。"吴女士说："现在，我感到活得特别有意义、有奔头，虽然随着年龄的增长，我越来越力不从心，但我知道只要还能劳动，还能挣点钱，就能维持生活。"她始终保持着乐观的心态。

案例编号：沈阳—劳力型—004

访谈对象：林先生，30岁，吉林公主岭市农村人，中专学历，到沈阳打工7年，曾经换过三份工作，现为沈阳某运动商城的销售人员，多年在沈阳工作的他最终还是想回老家成家立业
访谈时间：2009年7月18日晚
访谈地点：沈阳皇姑区某运动商城
调查员：谢红萍

一、访谈背景

沈阳某运动商城的销售人员林先生是经朋友介绍认识的。为了对他进行访谈，我除了给他打过三次电话外，还于7月16日亲自去其工作地点跟他商讨过对他访谈的具体事宜，我们最后商定在7月18日晚进行访谈。当我7月18日晚再次来到林先生的工作地点时，一身运动装扮，T恤衫、运动裤、运动鞋，散发着青春活力的他正在忙碌地工作着。为了不影响他的工作，我一直等到他9点下班后才对他进行了深度访谈。

选择林先生作为访谈对象的理由有二：一是他虽然已经三十岁了，但是心态很年轻，喜欢和人交流，十分健谈；二是他从农村到城市再到农村的过程具有访谈价值，虽然他认为自己作为外地人已经很适应这里的生活了，但这并未改变他传统的乡土观念，这种浓厚的传统价值观不仅体现在他来沈阳的原因上，也必将导致他的离开。

由于林先生在2009年3月的城市新移民问卷调查中是重要的被访者，所以我们很快就进入了主题。访谈过程中他始终带着快乐的笑容，交谈在愉快轻松的气氛中进

行着。

二、迁移及工作过程

林先生出生于吉林省的一户农民家庭,家里排行老二,哥哥已经成家,现在在家乡务农。1993年,林先生曾跟随做买卖的父母在沈阳住了三年,初三毕业后又返回吉林老家,在当地的一所技校学习了两年的机械加工。2002年,父亲在沈阳的远郊开了个工厂,为了"自己家的买卖,给自己家挣钱",他再度来到了沈阳,在父亲的小厂中临时帮忙。来沈阳的七年中,他一共换了三份正式的工作,前两次的工作都是在父亲的劝说并帮助下找到的,第三次才是他自主选择的工作。

(一) 第一份正式工作:父亲劝说

林先生来沈阳的第一份正式工作是2002年在一家机械厂当工人。工厂的厂长是林先生父亲的朋友,林先生就是在父亲的劝说下才去那里工作的。虽然已经过去七年了,但是林先生对当时父亲说过的"咱庄稼人,又没啥文化,要学门手艺才能立足"的话印象很深刻。这份工作是在林先生不大情愿的情况下开始的。因为林先生的父亲和厂长是朋友,所以他一直没签合同。厂子规模不大,但效益一直都不错。他和一位河北籍的工友住在厂里的宿舍中,午饭由工厂提供,早晚饭自己解决。他每天的工作时间是从早上8点到下午5点,中午休息两个小时,有双休日,每月有500元的基本工资和500元的奖金,虽然没有其他福利,但是过年过节厂里也会发些糖、茶叶一类的物品,由于家里生活宽裕,并不需要他贴补,所以他一个月的薪水也够自己花了。三年中,他一边当学徒虚心请教,一边练手艺埋头苦干。说起当学徒的日子,他说:"师傅很严厉,不会因为我是厂长朋友的孩子对我另眼相看,在这里看重的是手艺,表面上师傅耐心教技术,但总会留一手。"2005年,他的技术已经相当熟练了,当工厂准备跟他正式签订合同时,他却辞职了,原因在于他是个外地人,在沈阳本来朋友就少,再加上这个工厂中大多数同事是成了家的四五十岁的工人,年轻人很少,没有朝气,随着最后几个年轻人的相继辞职,他也离开了那个工厂。关于辞职的事,林先生说:"我是先斩后奏,没告诉我爸,只有我哥我嫂知道,后来我爸知道了,但是我已经辞职了,我爸也没怪我。"

(二) 第二份正式工作:父亲帮助

林先生的第二份正式工作是在沈阳的一个汽车轴承厂当工人。一直以来在"守家在地"传统观念的影响下,林先生觉得还是待在自己的家乡好。第一份工作辞职后,他在家待了一个月,父亲还是知道了他辞职的消息,于是百般劝导他后,又介绍他进入了沈阳一个熟人的汽车轴承厂。这个工厂是大陆与台湾开办的合资企业,他每月的工资是1400元并且有三险一金。林先生和工厂签了三年的合同,由于工厂不提供住宿,所以他不得不和朋友在附近租了个20平方米的房子,房租是每季度1000元。谈到在沈阳的这第二份工作,他一再表示"原本没想干这行,可既然干了就不能让人瞧不起"。刚开始时,他认为他有手艺,工作对他来说应该不成问题了,可是"你刚去,人家都是老人,就调理你,本来定额在一百八的,非让你上二百,什么累活重活都归你,轻松点的活你连想都别想"。林先生有着不服输的精神，什么样的活他都能扛得下来，这样的情况持续了一年后有所好转，同事们也都对他刮目相看了。三年合同到期时，老板想给他涨工资继续留他，这次却是家里人反对他继续干下去的，说他岁数大了，该成家了，让他回家相亲，他在沈阳也处过几个对象，可都是因为他没房而最终分手。

2008年4月，他回到吉林农村的老家，在家人的张罗下看了好几个对象，始终没有合适的，最后还是没有完成家人交代的任务。在家待的时间长了，他觉得总得干点什么，不然太没意思了，就考虑着做个买卖，刚把这个想法跟家人提出，就遭到了所有人的一致反对。他们都认为："你没结婚，就不让你出去干，万一把钱赔了你结婚时咋整，只要你结了婚，好与坏就是你自己的事了，你爱咋整咋整。"在家待的这四个月中，由于父亲平日好赌欠债累累，最后把厂子也搭了进去，母亲也因此和父亲离了婚。对于父母的离异，他很冷静地对待，认为自己年纪大了，对于父母的离婚可以理解。与此同时，他和哥哥各自分得了一份家产，一幢房子，一些地，六七万块钱和一些大约值五六万元的树株。对于一个农民家庭来说，这些家产足够他娶个媳妇、做个买卖了。由于他没成家，他的那份家产暂由哥哥帮着打理，一直等他结了婚，才能正式交给他。成家是迟早的事，可做买卖他却摸不着头绪，他想开个服装店，却无从着手，于是他准备再次到沈阳考察。

（三）第三份正式工作：自己寻找

林先生的第三份正式工作就是在现在所在的运动商城当一名售货员。2008年8月他再度来到沈阳，在原来的工作地点附近和朋友合租了一间月租为400元的房子，又在朋友提供的招聘信息下，来到运动商城当了一名销售人员。为了房租能便宜些，并且和以前朋友也能够互相照顾，林先生租的房子离现在的工作地点很远，每天上班，他要倒两趟公交车，共八站地，为了避免路上堵车，他每天必须七点就到公交站点等车，一年来他从未迟到过。现在的销售工作与他原来的工作截然不同，不需要任何手艺，只需遵守商场的管理制度就可以了。对此他的看法很是乐观，认为以后要自己开店，熟悉销售很有必要。他和商场签了两年的合同，每天从早上九点上班到晚上九点下班，中午休息三个小时，没有双休日，遇到商场搞活动时每天还要加半个小时的班。每月的工资加提成有1000多元，商场提供三险但没有住房公积金，虽然工资不高但他很满意："每天一到这里，心情就不一样了，环境好，都是年轻人，有朝气。"看着浑身散发着活力的他，我也不禁被他的快乐感染了。谈到工作，他说难免也有不顺，但都是小事，无非就是和小他四五岁的店长打交道时，不习惯小年轻那指指点点的吵吵劲，"人呐，都有私心，这可以理解，你说我，我接受就是了，我不和你吵，我虽然不是销售业绩最好的，但我也不是老末，反正年底我就不干了"。一方面他喜欢年轻人多的行业，这样每天都会感到很青春，另一方面，他也承认自己老了，当周围的年轻同事都在业余时间通过当陪练赚外快时，他则安分地做着自己的本职工作。

三、社会关系网络的现状和变迁

来沈阳的这些年，与他交往最多的就是工作中的同事。他说："我不得罪谁，与朋友、同事都相处得不错。"他日常生活中最大的开销是在和朋友吃饭,虽然一般是 AA 制结账,但是每日也要花费几十元。朋友中大多是本地人,但这些本地人并不好相处,在他看来,这些本地人很"牛",瞧不起外地人,一起出去吃喝时,经常算计他,让他多花钱。另外就是想法不一样,在商城的这些年轻同事花钱大手大脚,经常向他借 300 元到 1000 元不等,买些美莎一类的兴奋药到迪厅去嗨,回头早把借钱这事忘到脑后了。在和这些当地人交往的过程中,他说:"还是好人多,人嘛,都是一点一点打交道的,人家认为你行,才和你处。"对于自己的定位,他不认为自己是个外地人,一来他在沈阳待的时间长,二来从他的口音判断也听不出他是个外地人。可是在他看来在沈阳发展,"你得有资本,得有房",这里不是他的久待之地。

四、对城市社会的参与情况

林先生喜欢帮助别人,他认为自己虽然不会在沈阳长期待下去,但是每次看到一些路边的乞讨者,他都会给他们投去一块两块钱,他认为大家在外漂泊都挺不容易的,即使被骗也心甘情愿。他还去献过两次血,为此他很骄傲,他想万一哪天他遇到情况需要输血时,也将会得到好心人的帮助。他从未和社区人员打过交道,对社区也没什么概念,房租和水电煤气费都是直接交给房东。

五、社会保障情况

(一)档案和户籍情况

林先生的档案和户籍一直在吉林老家没有变动过。他对于户口和档案没多少认识,觉得没什么用,因为一直以来找的工作单位都没有需要档案的,所以档案就放在老家。在他看来,国家现在对农村的政策非常好,农民能享受的优惠政策也增多了,林先生说:"我在老家自己有三亩地,每亩地国家每年补一百元,三亩就是三百元。据说以后国家对农村的政策会更好的。况且我年底就打算回去了,所以没有把户口迁出来的想法。"

(二)医疗、工伤、养老以及其他保险情况

林先生所在的第一个单位是个小型的民营企业,没有为员工提供过任何保险,提到工伤保险,林先生说,在第一个工作的厂子中大多是经验丰富的年纪较大的工人,他们的薪水高,即使遇到工伤,厂子也会出钱帮他们解决,而林先生这些年轻人则没有这种待遇,如果真的遇到工伤了,因为父亲和厂长的关系好,他也会不了了之的。林先生工作的第二个厂子规模较大,是个合资企业,都要和员工签订合同并提供三险。林先生现在的单位也给职工提供三险。当我问及辞掉工作以后这些保险怎么办,会不会自己交时,他说他不会自己交,因为他最终还是要回家的,他并不知道这些保险以后会有什么用。

六、未来规划

目前他生活中最苦恼的事就是孤单,"要是有了处得好的女友,就无所谓住房了"。他会找份高薪水的工作,苦点累点都无所谓,年底他就辞职回老家了。他一心想自己做买卖,趁年轻"赔就赔了,赚就赚了,你越是啥都不敢,你越是在家闷着,越没出息"。现在他正筹划着代理一个品牌,等年底回家乡如果有合适的就把婚事定了,就"守家在地"了。

案例编号:沈阳—劳力型—005

访谈对象:王女士,45岁,内蒙古人,小学文化,蜡厂车间包装工人
访谈时间:2009年8月10日下午
访谈地点:沈阳圣洁蜡业有限公司办公楼二楼会议室
调查员:崔丹

一、访谈背景

我今天一大早就跟着蜡厂员工的通勤车来到了工厂,寻找符合我这次访谈条件的受访对象。但到了办公室以后发现,这里工作人员都很忙,原定的那个访谈对象上午没有时间,于是我便自己去蜡厂的车间里转了转。一进车间就闻到了一股刺鼻的味道,这是蜡烛的香精味,很熏人。厂子最近好像接了几张比较急的订单,所以工人们都在忙着干活。我转了一圈后便去找了车间的负责人,和她说明了我的来意后,她介绍了几个外地的工人给我认识,其中就有王女士。第一眼看到她,我推断她的年龄至少也有50岁了,但她告诉我她今年才45岁,看上去她要比实际年龄苍老得多。我和她聊了几句,认为她的经历不仅有她自己的特殊性,而且她现在的生活也有一定的代表性,很能代表多数蜡厂包装工人的生活状况,于是就选择了她作为我这次的访谈对象,她也答应下午会空出些时间来和我聊聊她的生活状况。由于她们是实行计件工资的制度,占用她的时间肯定会减少她的收入,所以我决定上午先留在车间帮助她干些活,这样不仅能帮她减少损失,也能体验一下她们的包装工作。下午3点钟左右,她放下手里的工作来配合我完成这次访谈,由于车间机械运作的声音太大,所以我借用了蜡厂办公楼二楼的会议室来和她聊天。

二、迁移及立足过程

王女士是内蒙古人,2001年来的沈阳,已经在沈阳生活了8年。现在和18岁的女

儿以及年迈的父母一起在沈阳租房子住。在内蒙古老家的时候，家里有地，一家人主要就依靠这块地来生活，家里的主要劳动力是她的丈夫。但在2001年的时候她的丈夫过世了，在家里失去了主要劳动力且没有耕种机械的情况下，为了一家人的生计，她不得不选择外出打工来赚钱。由于当时她的父母年纪大了，女儿还在上小学，她一走就没有人能照顾他们了，另外她也不想离开家人，所以就带着他们一起来到沈阳。选择沈阳这个城市有两点原因：一是因为她在沈阳有亲戚，人生地不熟的也可以有个照应；二是她认为和老家相比，沈阳是个有发展潜力的城市，工作机会也比家乡那边多。她说："丈夫过世后，我也没想那么多，就急急忙忙地来了沈阳。"她用"急急忙忙"来形容她当时来沈阳的情形，因为支撑这个家的重担一下子落在了她的身上，为了生存，她急切地需要来沈阳打工赚钱，其心情可想而知，也许那个时候她也顾不上失去丈夫的悲伤就急急忙忙地来了沈阳吧。

她离开内蒙古的时候把家里的耕地租了出去，到了沈阳后在沈阳市的东陵区李相镇租了一间平房，一家四口人就挤在这一个不大的房间里。幸运的是那时候正好赶上她现在所工作的蜡厂招聘车间包装工人，于是她没有费太多周折就在沈阳找到了工作，在这个厂子做起了包装工人，一直做到现在。她说她们是以计件的方式算工钱的，工作时间和每月的收入都不是很稳定，要看工厂接单的多少了。工厂接的单子不多的时候，一般她们的工作时间是早上7点到晚上6点，如果赶上厂子接了几单急活儿，就像我今天看到的这种情况，她们就需要加班赶货，这时就要从早上7点工作到晚上8点了，比平时多出来的那两个小时有每小时1.5元钱的加班费。她们基本上是没有休息日的，这样下来最多的时候一个月能赚到800多元，不好的时候只有600多元。因为她们一家四口只靠她一个人的收入生活，所以这600～800元钱就是她们一家人的生活费和女儿上学的费用。刚来的时候钱不够用是常有的事，她就只好向工厂同事或者亲戚借钱，这种情况一直持续到了女儿初中毕业。

她的女儿初中毕业以后，因为家里的经济情况确实是太困难了，无法再继续供女儿上学，所以她只能劝说女儿放弃升学。她女儿自己本身是很想继续念书的，当知道自己不能再念书的时候曾为此哭过几回，但是她说："家里情况就是这样，那能咋办呀！"当她谈到这些时真的是很无奈。不再念书后女儿在沈阳的另一家工厂找到了工作，一个月的工资大概是八九百块钱，工厂包住，但不包吃，没有保险。女儿每月除了留下自己的伙食费，其余的工资全补贴家里，这样她一家人的生活开始有所好转。

三、社会关系网络的现状和变迁

因为她的工作基本没有休息日，所以自然也就没有什么娱乐活动的时间了。她家里只有一台电视，下了班看电视就是她的全部娱乐活动了。她和邻居家往来也不多，她说自己上班比别人早，下班比别人晚，见面的机会不多，也不会麻将和扑克什么的，所以都玩不到一起去，和邻居顶多也就是见面打个招呼而已。她现在的主要交际范围就是蜡厂的工人和她在沈阳的亲戚。她在沈阳的亲戚自己家里种了一些蔬菜，每年到了收获的季节都会给她家送一些菜过来，因此她除了冬季，一般都不大会去市场买菜，这样也省了不少开销。除了亲戚外，她接触的人就是蜡厂的工人了，她每天的大部分时间都在蜡厂里工作,也没有休息天,所以来沈阳以后能交到的朋友仅是蜡厂的工作人员了。

女儿有了工作,家里生活条件好了点,她们就换了一间房子,虽然也是平房,但是这回有两个房间了,父母住一间,她和女儿住一间,每个月的房租是80元。现在生活虽然不是很富裕,但是也算基本稳定下来了。她家里没有热水器,冬天洗澡主要用水壶烧水,然后倒到盆里洗,我说这样做太麻烦了,她说别人家有热水器可以烧水洗澡,可是她家没有啊。看来她家的生活水平虽然比刚来沈阳时的条件好多了,但是生活设施仍不够完善,还存在着许多问题和不便。

四、对城市社会的参与情况

她平时没有参与什么社会活动,没有社团和组织类的活动,也没有什么其他的娱乐活动,与社区居委会也没有什么接触,甚至连邻居接触得也很少。其实她的这种情况很常见,由于她年纪偏大,本身就不愿意参加什么娱乐型的活动,再加上她来沈阳以后就一直忙着赚钱养家,也没有多余的时间和金钱去参加一些社会活动,如果有那个时间我相信她会选择多做些工作多赚点钱。还有一点就是她现在居住的地方属于沈阳二环以外的工业区,那里工厂多,居民少,几乎也没有什么社区活动。

五、社会保障情况

问到她现在生活中最担忧的是什么时,她的答案很实际——没钱。除了钱的问题,我了解到在她的生活中还有一个很让人担忧的问题,就是她和父母的养老保险问题。她和父母都没有养老保险,只有老家给上的那种农村医疗保险,也就是说她的父母现在是完完全全的一点收入也没有,全靠她来供养。现在她倒是还可以赚钱来供养他们,但是等到她退休以后自己也没了收入来源,那就很难供养父母了,到时候三个人唯一能依靠的就只有她的女儿了。这个问题还是以后的问题,而在眼前最大的问题是医疗保险的问题,她和父母所上的农村医疗保险一年自己只需要交十多块钱,但这种医疗保险只能限制在家乡的指定小医院使用,在沈阳是用不了的。她的父母现在都有70多岁了,年龄大了身体都开始不太好了,她说小病花不了几个钱,一般去沈阳医大二院自己拿钱看还可以承受,但是父母年纪大了,说不定什么时候就会生病需要住院,到那时自己可就拿不起这个钱了。如果真有这种情况,她可能就只有扔下沈阳的工作陪父母回老家看病了,但是这样她丢了工作没了收入,本不宽裕的生活也就更成问题了。

六、未来规划

谈到对将来的打算,她说自己没有计划太多,她们一家人目前的户口还在老家没有迁过来,关于今后的去留问题,她会听从女儿的决定。她说女儿现在还小,还没有交男朋友,她希望女儿20岁以后能在沈阳找个本地户口的男朋友,然后在沈阳落户。当然这还要看女儿的意愿,如果女儿决定留在沈阳发展,她会和女儿一起把户口迁到沈阳落户,如果女儿不想留在沈阳,她会跟着女儿一起走。

至于她自己，现在的工作虽然收入不高，也没有养老保险，但她没有想过要换工作。一是她认为自己年纪也大了，工作不好找；二是她没有什么一技之长，又是个女人，除了这种简单的工作不知道自己还能干什么，而且她自己也比较喜欢这种手工类的工作。老了以后的问题她说自己没有想过，只说："再说吧，那能咋办呀！"但她明确地说女儿成家后，自己是不会和女儿女婿住在一起的，她不想成为女儿的负担。

案例编号：沈阳—劳力型—006

访谈对象： 李女士，51 岁，初中文化，辽宁铁岭西丰人，沈阳某高校食堂工作人员
访谈时间： 2009 年 8 月 23 日
访谈地点： ××大学宿舍内
调查员： 于洋

一、引言与访谈背景

下面我要讲述的是一个女性城市移民的故事，这是一个既"一般"又"特殊"的故事，说它"特殊"，是因为这位女性是为了照顾正在读大学的肢体残疾的女儿才来到城市的；而"一般"之处在于，作为一个劳工移民，她也遭受到了来自外部力量的排斥。通过她对自己工作生活的细致讲述，我们可以发现她的日常工作现场实则是一个复杂的权力网络，其中布满了支配与反抗的张力，而只要你从这个个案拓展出去，就会发现她的讲述只不过是一个缩影，其背后反映的是整个社会的运作逻辑。作为一名新来的工人，她首先遭受的是同行的冷漠；作为一名声望较低的工人，一名学生的话语也能给她施加压力；作为一名劳务工，在与正式工的对比中，她意识到了他们之间的不平等。面对支配，她实践了自己的"反抗"技术，最终形成了她自己的"弱者的武器"。

二、移民的过程及原因

关于李女士故事，要从她的女儿讲起，她的女儿先天残疾，生活不能自理，在她的成长过程中，李女士对她的女儿倾注了更多的爱。虽然肢体残疾，但是李女士的女儿天生聪慧，并且勤奋好学。上大学是她女儿一直的梦想，女儿读高中的时候，为了方便照顾女儿，她们全家搬到了县城。李女士一边照顾女儿，一边在学校附近的饭店打工。2006 年女儿高考结束，填报志愿的时候，她帮女儿报考的是山东的一所医学院校。"当时我们报考的时候，就觉得这个学校应该会对残疾人特别照顾，因为什么设施都是按照残疾人的要求去做的。再一个，同学都是肢体残疾者，互相有共同语言。"2006 年 9 月 6 日，李女士一家高兴地到山东的这所大学报到，临走的时候，全村人都送，"大伙都挺羡慕的，特别是农村考出个大学生不容易"。到了学校，他们把该办的手续都办完

了,"女儿的系主任问她能不能站,女儿说不能站,他就说不行,说她实验课上不了,我当时就要求陪读,他说也不行,我哭着求他,就差给他跪下了,都不好使,我一看学校这态度,就和女儿回来了"。回到家里以后,他们全家人的情绪都很低落,"我们当时不知道该怎么办,该走哪条路,因为专收肢体残疾的学校都拒收了,其他学校想都不敢想,就是升学这条路,我是觉得一点希望都没有了"。李女士找到了残联,残联的意见是让李女士的女儿再复习一年,然后报考一所省内的院校,并承诺如果学校不收,残联可以出面帮助协调。"要是不让我女儿上大学,那她窝囊也得窝囊不行了,看别人上大学,她心里很难受,做父母的,要是看到子女这种心情,比自己遇到这种事都难受。"9月15日,她和女儿一同进入了高中寝室,准备2007年的高考。"2007年我们考来了××大学,到××大学报名的时候,心里也没底,××大学对咱们特别热情,老师对咱们热情,学生对咱们也好,那时候的心情就特别好了。"

"开学以后,女儿上课,老师安排同学接送,根本就不用我,我就想找个活。"后来在与宿舍楼管理员的接触中,管理员发现李女士干活很利落,就把李女士介绍到学校的食堂工作。

三、走进她的工作现场

(一)工人之间的紧张关系

食堂是学校经营的,一共有19个工作人员,其中正式工7个人,劳务工12个人。"正式工一般都不干什么活,都是管点什么事啥的,要是干也是干比较轻的活。正式工都是沈阳的,劳务工家在沈阳的少,基本上都是从外地来的,有亲属在这工作,就把他们介绍来了。"

"刚去的时候,得说对工作咱不熟,不知道做什么,虽说领导告诉了你做什么,但是感觉手特别笨。在这个时候呢,特别难,因为他们就是要求你怎么做,但没有人细致地教你怎么做。"但是这些李女士能忍受,让她感到伤心的是其他工人对她的漠视,"我刚到食堂的时候开始负责前厅的卫生和收拾学生吃完的餐盘,最让我感到心里不是滋味的事是,其他工人已经下班吃饭了,我不知道已经下班了,就还在那干,过了一段时间,我自己才摸索到,下班以后活没干完也不用干了,没干完等到上班的时候再继续做。就没有一个人告诉过我这些。"李女士说:"劳务工之间的冲突很多,反而和正式工之间没有冲突,正式工对我们还真挺好,这个食堂的劳务工素质都很低,没念过书。要是来个新人,活干得不行,就没法在这干,你干啥都说你不对,挤对也给你挤对走了。"当我问她为什么会有这种情况的时候,她说:"在劳务工看来,比如在一个组切菜,如果你切得慢了,我就得多干,就觉得不公平,就是这个心理。"而在我看来,除了这个原因外,还有另一个比较重要的原因,随着正式工的退休,劳务工越来越多,这就要在劳务工人之间产生班长之类的新的管理层,所以劳务工人之间的关系处于一种紧张的状态。李女士靠着自己的能力和忍耐现在已经熟练掌握了应有的工作技能,并且和食堂的主任关系很好,"虽然关系不好搞,但还应付得来,我和主任关系好了,其他劳务工就得怕我点"。

（二）一个同学的话语权力

在平时的工作中，除了和工人打交道外，李女士也要和就餐的学生打交道。在与学生打交道的过程中，李女士有她的感慨，她讲了这样一件事："学校食堂要求学生吃完饭把餐盘端回去，有的同学就不端，还用一种瞧不起的眼光看我，他们不端我也不说什么，因为我女儿在这个学校上学，我把这个学校的学生都当自己的孩子看。我们食堂的餐盘不让往别的食堂端，有一次，有一个同学往另一个食堂端餐盘，我就说，同学，这个餐盘不让往那屋端，因为那屋也有餐盘，你要是在那屋吃就用那屋的餐盘，要不多费劲！那个同学却说'我愿意'，并且还特别不高兴。我觉得这里面就有歧视，她觉得我的工作层次比较低，就没把我当回事，比如给学生打饭票的正式工，他们坐在那里打饭票，他们要是说，学生就以为人家是领导，就听，其实有时候心里也挺不平衡，挺难受的。"这也使李女士认识到劳务工和正式工的不平等。

（三）一封写给科长的信

在随后的日子里，食堂中发生了一件事，就是劳务工集体给食堂领导写信。"我们劳务工的工作时间是早上6点半到晚上6点半，正式工的工作时间是早上9点到晚上6点半。另外正式工休大礼拜，我们没有休息，时间就差这么多。他们的工资比我们多多了，劳务工干的活多，正式工干的活少。假如现在下班都出去扫地，正式工人家就不扫地，劳务工就得扫地，这也不是正式要求的，领导说要扫地，你就得干，劳务工不扫地，领导就可以给你辞掉，你当然就要好好干了。正式工不一样，人家不干活领导也不能给人家辞了。后来我们这食堂就有一个劳务工代表给我们这主管食堂的伙食科科长写过一封信，大家都签名了，因为我们劳务工这时候是一个心情的，我们就是要求有正式的休息时间，你们休大礼拜，哪怕给我们劳务工休小礼拜也行，我们也有个人的私事啊。办私事是一个原因，再一个就是周六周日本来就应该休息，人家正式工都休息，咱们劳务工如果不给休息，那能不能给咱们算加班？还有一个就是要求给我们交保险，因为国家有这个政策。写完信之后，食堂给劳务工的条件比以前强了，一个月有四天休息时间，你要是不休就给你20块钱加班费。来这打工的，都是因为家里条件不好，所以谁也不休，谁都上班，为了挣这20块钱。但是保险现在还是没有。"

四、工作现状及未来的打算

现在李女士早上4点钟起床，到食堂去烙饼，这样每天可以多挣4元钱。6点半出去卖早饭，卖到9点左右，她可以休息吃早饭，吃完早饭，她就开始切菜，为食堂的午餐做准备，切到10点半左右，她就开始卖中午饭。下午能休息一个小时，一直到晚上6点半下班。周六她不休息，"能多挣20块钱，在咱们这是挺大个事呢"。她整日就是在宿舍和工作的食堂间穿梭，"这一天挺累的，下班还晚，也不想上哪去了"。校园就是她的整个活动范围，她并没有参与到城市的生活中去，并且她在沈阳也没有什么亲戚，所以我们可以看出她的生活是非常单调的。

现在李女士丈夫一个人在家里种地，偶尔能来沈阳看看她们。"现在种地有农业补贴,所以咱家你叔就留在家里种地了。"他们全家的户口都没迁到沈阳,还是农村户口。当我问及她的未来打算时,她说:"我就想女儿毕业了能找到合适的工作,她在哪我不能离她远,我得在她附近,要是她毕业以后在沈阳工作,那我也不能回西丰了,你叔到时候也不在家种地了,也到这儿来。年龄大了呢,要是打工打不了了,就做点别的活,也在女儿旁边干点啥。我现在的想法是,我不想别的,我自己无所谓,我不需要什么回报,我女儿好点就行了。"

案例编号:沈阳—劳力型—007

访谈对象: 贾先生,27 岁,辽宁法库人,初中毕业,豆饼店老板
访谈时间: 2009 年 8 月 23 日星期日晚 5 点左右
访谈地点: 沈阳和平区某豆饼店
调查员: 史建丹

一、访谈背景

今天原本打算采访粮店大姨,但是粮店大姨对调查访谈的戒备心很重,我只好作罢,寻找其他可能的人选。这一下午问了几个人,都一无所获。正当我心灰意冷的时候,突然想去附近的豆饼店问问。贾先生像往常一样,热情地跟我打招呼,于是我向大哥说明了来意后,开始了愉快的访谈。因为贾先生在沈阳工作的六年里,主要以服务行业为主(现在做的豆饼生意规模也不大,只是一个小店面,至今才经营三个月),所以我把他定义为劳力型移民。

二、迁移及立足过程

(一) 辞职来沈阳找工作

贾先生说自己是一个不满足于安逸、喜欢挑战的人。他从小学习不好,所以初中毕业就没继续读了。后来因为父亲的社会关系,他被安排到派出所当通讯员。在农村,在派出所上班是很体面的工作。贾先生之所以辞职不干,一方面是因为他觉得派出所太复杂了,干的时间长了,得罪了不少人。按他的话说,"那个派出所,以赌博、嫖娼、打架、斗殴为生。派出所养人、养小姐出去做不正当的事情,小姐定期告诉派出所嫖娼者的名单,之后罚款的钱由派出所和小姐对半分,这叫'养人钓鱼'"。另一方面是因为他不甘心一辈子待在农村,总想出去闯一闯。他母亲在农村开饭店,父亲在外地"对缝"(倒卖各种东西)。可能是受了父母亲的影响,他觉得自己从小就有生意头脑,所以想出去闯荡。

于是辞职后的第二天，贾先生便带着1000元钱只身一人来到沈阳。他父母得知后很生气，他们觉得自己的孩子这么年轻就在派出所工作，将来肯定会有很大的发展。况且他人也特别老实，不适合在外闯荡，因此父母并不赞同他到外地谋生。但贾先生性格很倔强，并没有顺从父母的意愿，而且他也不愿意在派出所过那样的生活。他觉得凭自己的能力，在大城市做一些生意肯定会有很大发展。

（二）打　工

在2003年"非典"期间，贾先生来到沈阳打工。他先后在洗浴中心、KTV、保险公司、银行等地方工作，还做了些违法的事情，庆幸的是他浪子回头，及时收了手。他刚来沈阳，投奔了一个亲戚，是他的哥哥。哥哥帮他在洗浴中心找了份服务生的工作。因为他没有经验，什么都不懂，没过几天就被辞退了，他只好到另一家洗浴中心。刚换工作的时候是他最艰难的时候，他住在正在装修的洗浴中心的桑拿屋里，屋子里堆满砖头瓦块、潮湿冰冷。由于贾先生手头没有钱，两天只吃了一块钱的馒头，渴了就喝点自来水。贾先生自尊心很强，不好意思跟哥哥借钱，跟亲人打电话的时候也从来不诉苦，就这样坚持了一个月。第一个月的工资是520元，他很开心，买了部手机，结果被以前的一个哥们儿骗走了，相当于白忙活了一个月。后来他找了个有钱的女朋友，工作也不干了。两人住在外面，各种费用都是女方出。这样快到两年了，他一分钱也没攒下，还欠债1000多元。朋友劝他找个赚钱多的工作，万一女朋友离开了，还能自食其力。朋友的话、想赚钱的动力促使他后来去商务KTV应聘。

KTV是一个欺负生人的地方。作为新人，必须很勤奋、头脑精明灵活、会说话才能留下来。刚来的时候，他很勤奋，19张16开的菜单，两天就背会了。"酒、饮料、菜、烟都得记住名字，烟是什么烟，威士忌是怎么回事，啤酒怎么做的，老龙口多少度，洋酒卖多少钱，基围虾怎么做的、多少钱、什么口味，以及每天的服务流程、工作流程、员工守则等，都得记住。"他很努力，所有人的活，他都帮着干。"人家上菜我帮着上菜，人家搬酒我帮着搬酒。人家挣钱揣兜里了，就给你买瓶水。你必须主动干活，等人家说话，你就会被瞧不起，什么都晚了。用脑子想事，用眼睛看哪有活儿，必须得干。"刚开始的时候，他什么也不会，谁也不看好他。通过努力干活、和同事请教，一个月以后，他留了下来。后来经过两个多月的磨炼，顾客想做什么想说什么，他心里都能知道，提前为客人准备齐全了，比如顾客出来洗手，他就把纸巾递给顾客。他熟记每个客人姓名，"比如你常去KTV，你一来，就大喊，谁谁来了。客人就会觉得特有面子。要让客人享受皇帝般的感觉，客人话还没说完，服务员就得给安排完了"。KTV服务员的工资不高，但是客人给的小费多，多的500、1000元，少的一二百元。因此他的工资随着他阅历的丰富而直线上升，第一个月800元、第二个月1400元、第三个月2700元、第四个月3000元，以后没有低过4000、5000元，多的时候6000元。他的工资属于中等水平，KTV服务员一个月最高可以赚10000多元。

商务KTV是进行商务洽谈的地方，所以有小姐陪酒。他对此有一番理解："我找你办事，带你去商务KTV，唠嗑肯定不能干巴巴的吧，跟服务员说，'带两个人进来。'小姐就进来了，穿得非常暴露，客人就可以放松一点。主人说，'给我瓶洋酒，一万块钱的。'客人一听太有面子了，为我开这么贵的酒，在KTV玩得挺高兴，喝得也差不多了,双方就开始谈事情了,基本都能成功,这叫商务KTV。"在商务KTV做了两年服务员,他的改变很大。他觉得自己长了很多见识。因为服务员是最低级、第一线的工作,接触的人群是最广泛的,三教九流什么都有,高官、黑社会……所以他从什么都不懂到学会了看别人眼色、学会了琢磨别人的想法。他说,"服务员个个都是这个样子,不然就会被淘汰。他们必须精明,头脑灵活,有眼力,会说话。"

他在这样的环境下,看生意场上商人怎样互相利用、看高官怎么勾心斗角,学会了在潜规则下钻空子。商务KTV有一套系统的规章制度,也有很多潜规则。第一就是小姐和服务员不能谈恋爱。一旦发现就要被辞退。贾先生说,"如果和服务员处对象,小姐陪客人的时候会三心二意,老想着你。服务员也会分散注意力,服务肯定就不到位了呗。"第二,不可以"砸单",所谓"砸单"就是明明结账是100元,服务员说成120元,砸一下,揣走20元。第三,服务员要给老板开资。(这是个新鲜事情,我听都没听说过。)男孩每月要给老板300元,女孩每月交500元。假如男孩20个,女孩20个,老板光收取服务员的月份钱就达八九千元。

贾先生触犯过一些潜规则,但是由于他的推销业绩一直处于前三名,经理没有马上辞退他。所谓推销,是服务员向客人介绍食品时,极力推销一些马上要过期的食品。"厨师长会给经理打电话,吩咐服务员今天宫保海参极推、土豆片极推。还有一套所谓的奖励机制。不仅给奖金,每月还进行百分制评比,谁的分数高可以随便挑包房,包房位置越好,给的小费越多。"贾先生积累了一套自己的销售技巧,因此销售业绩总排在一二名。但是他一直很谦虚,每次都说自己运气好。其实是保密,怕技巧被人学着。在我的强烈要求下,他给我讲了几个例子。"比如说,你请客请人吃饭,我就说今天海参鲍鱼比较好,它是软体,没有骨头,对人体好处怎么样怎么样,他请人吃饭就会碍于面子不得不点;或者钻空子,我给小姐递个眼神,小姐就和客人说我想吃那个,就点了。所以服务员跟小姐关系必须要好,两个人好来好去就会日久生情,就会出事。"凭着这套溜须拍马的功夫,他的小费总比别人多。

说起辞职来,他说原因太多了,一言难尽,非常复杂。主要还是女人问题,这是KTV服务员的禁忌。辞职后,因为2年的KTV服务员经验,他很轻松地找到了酒吧服务员的工作。那是一家韩国酒吧,他会一点韩语,因此点菜、点歌、敬酒都没问题,受到经理的赏识。但是一次客人唱歌的时候,他给女客人送花(为了活跃气氛,服务员经常给客人送花,这是一件常事,客人也会觉得收到花很有面子),但是这个女客人的男朋友却因为这个事吃醋了,骂了他几句。当时他觉得挺受辱的,本来是想做好事却被人骂了,于是顶撞了客人几句,这在服务行业是原则性的错误,所以他被迫离职了。

(三) 寻求稳定工作

离职这件事让他觉得做服务员虽然赚钱多,但不是长久之计。他开始寻求稳定的工作,卖保险、代办信用卡、开大排档,但是都不长久。他的保险工作才干了2个月,第一个月培训,第二个月的时候,家里女朋友、亲戚都不看好,他亲身体验了一下,觉得保险工作就是凭语言让别人掏钱,很让人反感,后来合计了一下又辞职了。

(四) 自己当老板

2008年他第一次下海，准备开大排档，结果没开张就赔了1万多元。因为沈阳是2008年奥运会的分赛场，所以不允许经营大排档，他已经什么都准备好了，房租、电费、水费等各种费用都交齐了，结果全部打了水漂。但是这件事并没有让他灰心，"如果男人不能负担这些，被这点压力打垮，你的女人将来怎么跟你？"于是2009年夏，他又开始经营豆饼店。问他为什么开豆饼店，他说，"两个月前我第一次吃豆饼，就觉得这个东西怎么这么好吃，于是拜这家师傅为师，交了3500元，学了5天，开起了豆饼店。"豆饼店刚开业第一天、第二天没几个人，第三、四天后，人越来越多，以前的朋友也来捧场。夏天豆饼不好卖，容易坏。秋天天凉了，豆饼保存期能延长点。贾先生说自己心很大，即使生意不好，也没觉得什么。"我擅于挑战，没有别人聪明，但是能吃苦。"他未来的计划是将豆饼店扩大，卖西点产品，比如三明治。

三、未来规划

贾先生2007年用两年5万元的积蓄，加上父母的钱，买了一处20多万元的房子。房贷的压力不是很大，一个月800元。对于未来，他想15年之后，能够有房有车，不用太有钱，但是一定要够花，把房贷11万还了。他说，"刚出来的时候想法很单纯，觉得家里没有意思，出来后越混心越野、心越活，这是生活压力、社会压力、家庭压力等种种压力磨练出事的。"贾先生家祖祖辈辈都是农村人，他希望从自己这辈翻身，留在城里。他说宁愿多付出点辛苦，也要让自己的儿子在大城市读书学习。

贾先生说自己曾经是个浪子，女朋友很多，糊里糊涂地过。后来看到朋友有了家、买了房子，觉得有个稳定的生活也挺好。"两个人没事收拾家、吃个饭、唠唠嗑，挺好。"

案例编号：沈阳—劳力型—008

访谈对象：小杨，男，25岁，鞍山岫岩人，本科学历，大学毕业以后在沈阳工作2年多，沈阳某矿泉水饮品厂工人
访谈时间：2009年8月30日傍晚
访谈地点：小杨家小区的石桌椅上
调查员：王姝

一、访谈背景

之所以选择小杨作为我这次访谈的对象，是因为他是我大学的同班同学，我们十分

熟悉，交谈起来会更加随意。更加重要的原因还在于，大学本科毕业的他目前从事的工作却是在沈阳一家生产矿泉水饮品的企业当车间工人，我想要知道他的心里是否会有落差。大学毕业后，为了能够留在沈阳，他放弃了家里准备为他安排的政府雇员的工作机会。

他在上大学的时候生活就非常节俭，从不给自己买没用的东西，事实上他的家庭条件不错。他上学的时候生活状态非常散漫，逃课、挂科，他说自己对所学的汉语言文学专业毫不感兴趣。他说自己的母亲就向往大城市，为了留在大城市，也为了将来让父母也来大城市，他还是心甘情愿地在沈阳闯，尽管一路跌跌撞撞，也不后悔。更何况他在沈阳房子也买了，不可能回去，也不打算回去了。

二、迁移及立足过程

他的家乡在辽宁鞍山岫岩县，岫岩玉贵为国石，那里因玉而闻名，因玉而贵为玉都。2003年，他考进沈阳大学，本科，服从分配进入汉语言文学专业，他肯定地说自己对这一专业不喜欢，毫不感兴趣。他说感觉自己这大学上得一点意义都没有，"浪费青春浪费钱"。谈起大学四年的收获，他说："大学，就是认识了一帮朋友吧。"

他说家乡是座小县城儿，还没有沈阳一个区大。他的母亲一直就向往大城市，愿意到大城市生活。母亲将自己年轻时来大城市的愿望寄托在他的身上。毕业那年，他决定留在沈阳，他为自己即将开始的找工作、面试特地准备了一身像样的行头：劲霸的上衣、九牧王的裤子。"你们沈阳本地人一买衣服都要上千块，咱能跟你们比吗？咱这一件衣服四五百块钱，过年开回辈才买一回这样的。"他觉得自己和沈阳人相比有悬殊的差距。高中时在家，自己买的鞋都是一百块左右一双的，看到有的同学穿双四五百块钱的鞋会觉得人家很奢侈，"来到沈阳一看，基本上那就太平常了，那不是平常事儿吗？"他的父亲是当地的公务员，他记忆中的家是"从小就比较穷"，有外债，家里住"小破平房"，他说小时候一袋锅巴几毛钱，能吃上一袋锅巴心里头都老高兴了。父亲上班以后家里条件才渐渐好了起来，分了房子，搬进了楼房，逐渐过得有了起色。即使现在的生活好了，他也省惯了，认为花四五百块钱买件衣服就是不值。从毕业到现在，自己身上穿的衣服还都是上大学时买的，只买过一双鞋，还是他的母亲有一次来实在看不过去了给他买的，"现在一天早出晚归，在车间就穿工作服，还买什么衣服穿啊"。

我们开始一起追溯他毕业以后这两年来做过的工作，他说："那工作可多了去了。"做过多少连他自己都记不清楚了。我们从他有印象的聊起。

(一) 对第一份工作他失望至极

2007年夏天大学毕业后，他找到的第一份工作是在一家给企业做网站的公司负责电话销售。工作内容是打电话询问对方是否有意图建网站。公司就给他一本黄页，他就在黄页上挨页翻，挨个电话号码打，从上班到下班就是打电话。"一天打200左右个电话，基本上拒绝你的人是相当多的。"一天下来口干舌燥，挨骂无数，"遇到好心的、态度好点的，人家跟你说我们不需要，遇到那种态度不好的，直接就用那种很凶的语气跟你说：'以后别再往我们这打电话了啊！'所以说你可以想想，一天下来能是一种什么心态"。他说15个电话里有14个是拒绝他的,而且同一本黄页已经被一茬又一茬的新员工打过无数次了,对方一接电话语气里就流露出反感。每天打200个电话,打了半个月的成果是只找到了一个客户,新员工找来了客户老员工带着他谈,期间他只需要坐在边上一言不发即可。老员工跟客户谈的时候,他没有说话的机会,更不用说设计网站了。第一份工作没能坚持一个月,用他的话说:"干半个月我就扛不住了!"他对自己踏入社会的第一份工作失望至极,半个月以后自己主动离职。那份工作试用期是每月500元,他觉得自己没给公司做成什么事,也就没去要那半个月的工资。初入社会的他觉得钱多钱少无所谓,自己也根本没把工资当回事,只要能有个工作就行。同去的5个人,一个月内也都相继离开。他至今对那种"郁闷"难以忘记,难以释怀,他很难用言语向我形容出他所经历过的"郁闷":"刚毕业出来找工作就找了这么一份工作,一天200个电话,天天都是那种态度对你!太郁闷!那种郁闷,反正,你自己可以想象。"我想我是可以想象到的,但我所想象的,也远不及我面前这位老同学所经历的。

(二)第二份工作:推销保健品

2008年冬天,他的第二份工作开始了:向50岁以上的中老年人推销保健仪器,用他自己的话说就是"卖药儿"。至今他也不知道那些保健仪器(血疗仪)到底是好是坏,他没用过,只要把东西往好了说就行,"说白了就是忽悠吧"。在我们聊起这一段工作经历的时候,他向我透露了其中很多的内幕,他特意很谨慎地强调:"我只说我这家的,其他卖药的跟我没有多大关系啊。"推销血疗仪时要先给顾客做现场测量,仪器体验店里的工作人员通常是要做手脚的,即便顾客的血黏度不高也是完全可以做出血黏度高的。同样,健康人的血糖也是完全可以做出高血糖的,"所以说,想让你有病,你就有病,不想让你有病,你有病也可以说你没病"。他在体验店里认识了很多爷爷奶奶,与他们相处得很好,那些爷爷奶奶对他不错,他从不向那些爷爷奶奶推销产品,也不让他们买东西。这样下来,每月要完成的4000元的销售任务就完成不了,完成不了任务就意味着每月只能拿一半底薪,他只能向那些不认识的人推销,以保证自己每月1000多块钱的收入,"跟他们,说白了,也没有多少感情,没什么忍不忍心的"。小半年以后,由于老板雇来的经理经营无方,用他的土话说那经理"就是个山炮",不会处理与客户的关系甚至是员工内部的关系,导致老板在沈阳的四家体验店同时关门,"我呢,也就顺利下岗了"。那时是2008年的3月。

(三)2008年春天到2008年年底:无业,装修房子

随后,他又来到一家证券公司,培训以后上岗,安排给他的工作是抢别家证券公司的客户,"没法抢啊,你说是不是?人家都在别人家买股票挺长时间了,你上那去拉,没法拉!"于是,他再一次失业。

2008年春天,父母给他在沈阳买了新房,他开始装修房子,找工作的事暂放一边。中间还抱着"重在参与"的心态参加过一次公务员考试。

毕业离校的那天,他和寝室其他三位外地兄弟将行李搬进了沈阳五爱市场附近的一间出租房,插间。那是一间三室一厅的房子,80多平方米,房主把三间屋子分别租给三户,一共八人。他们那户四人,一个季度房租950块钱,每人每月平均不到100块

钱。他描述当时他们四个人的房间是进屋就是床,一张双人床加两张单人行军床放进去就剩下过道的地方。最糟糕的情况是四个人都待业,他说自己当时"已经无聊得都买MP4 了",再后来实在没意思才把电脑从家里拿过来。没有工作的他没有收入,和上大学那会儿一样,向家里要生活费,对于他来说,那时还向家里伸手要钱,是别无办法的选择。"咱也不好意思跟家里多要啊,天天吃泡面呗,一个月 500 块钱。有时候在外边吃点,那也都是挑便宜菜吃,一般一份菜三块钱、四块钱,再来一份米饭,也就这么样吧。"同屋的其他三位兄弟也都处于失业、找工作、无业的潦倒状态,也是吃便宜菜、吃泡面。早晨起来不吃饭,中午吃一顿,晚上吃一顿,他们都不会做饭,大部分时候是吃泡面,"到后来,看到泡面就恶心,不管你是泡着吃还是煮着吃,都已经达到这种程度了"。男生一顿只吃一袋泡面不够,他说:"面不够吃,汤还不够喝啊。"当初自己的那种生活状态,至今他也没和家里人说,即便是当时说了家里能多给些钱,他也坚决不想让家里知道。"自己一个人搁外面,就这么过吧,没办法。"

他家在沈阳给他买的房子是一次性付款,20 万元,63 平方米,装修花了不到 3 万元。装修的前前后后都是自己一个人,父亲在老家上班,母亲虽然退休在家,但是因为没有地方住也就没来,总不能"两个来月住旅店啊!"两个多月的时间,房子简单装修完,铺了地板、瓷砖、墙砖,卫生间里安装了坐便器、淋浴设施,家具只有一张桌子、一张双人床,都是最便宜的,家用电器有两样:电脑和电磁炉。

(四) 2009 年至今:在沈阳一家矿泉水饮品制品企业当车间工人

他做过的大部分工作是销售,他说毕业时自己还满心憧憬销售工作,认为销售做好了能挣很多钱,"结果去干上了才发现不是那么回事"。他觉得自己不适合做销售,于是改变方向。2009 年在家过完春节回沈阳后,他继续找工作,在报纸上看到一家矿泉水饮品制品企业招聘车间工人,五险一金都有,每月收入 1200 元到 1300 元,他马上过去登记,接下来就是回家等电话。八天以后,他并没有接到被录用的通知。当时他已经有将近一年的时间处于无业状态了,非常需要有份工作,"实在是没有办法,感觉这个工作待遇条件符合我的要求,就争取一下吧"。他积极争取,先是上午打电话,得知人家已经开始用人了,下午又直接找到那家工厂。接待他的主任再次将工作的详细情况向他介绍了一遍:没有休息日,即使过年可能也不会有,每天早晨七点半上班,上班时间正常,下班不正常……最后主任问:"你一个大学生,能干吗?"他觉得当时自己已经无业那么长时间了,这一家条件还可以,就一再表示自己能干。主任特地到厂长办公室跟厂长说明了他的情况,二十分钟以后带来的消息是先回去办健康证。第二天,他便接到电话通知:可以去上班了。"人家觉得你是大学生,这工作你不可能干。确实也是这么回事,有挺多人去干了一天,第二天就不来了……刚开始接触车间工作你会不适应,车间里声音闹。"现在,车间里就他一个本科生,还有一个大专生。他负责在生产线上"放瓶"。

他目前的情况是每个月收入 1200 元到 1300 元,单位给交养老保险和医疗保险,明年又会有住房公积金。工厂提供午饭,晚上有时加班,晚饭也会在工厂吃,这样吃饭就省下不少钱,除去交电话费和充公交卡,他每月能攒下大部分工资。现在下班了还能给自己买点水果,"以前不吃,没有那个习惯,再说以前也是没那么多钱,现在感觉钱能富余点了,有时候想吃就买点吧"。不加班的时候下班后就路上买盒饭、麻辣烫、馒头、包子之类的回家吃,或者煮袋方便面,现在煮面还能给自己扔个鸡蛋进去,能达到这种状态,他已经很满意了。我建议他学做饭,自己在家做比买着更节省,他说:"自己一个人上这个班本身就累,下班回到家以后你没那心情和那闲工夫再做饭吃。"

这个工厂夏天很忙,因为夏天是饮用水销售旺季,他一般早晨7点上班,晚上八九点下班,有时候连续干,最长的一次是连着干了36个小时,一天一夜再加一白天,"加班费,别提那个加班费了!一小时两块五,很不值得"。有时候加班晚了,没有公交车就得打车回家,晚上加班挣的还没有打车钱多呢,逼得没办法,他给自己买了辆二手自行车。8月份单位组织去了两天海边,从去之前开始赶进度一直到回来以后,基本上一个月没休息。现在天开始冷了,旺季要过去了,他每周休一天的日子也快来了。妈妈有时候会过来给儿子做饭,陪他住一个月。他说前段时间加班到晚上九十点钟,到家实在是累得不想洗衣服,"给我妈打电话,就是让我妈过来给我洗衣服"。车间里很多年纪大点的人都建议他换工作,说他在工厂圈着,都浪费了,他自己也打算年底换个工作,不是怕累,而是付出和回报不成正比,"但也不能像以前似的说不干就不干,现在怎么说呢,自己就算成熟了那么一点儿吧"。

三、社会关系网络的现状和变迁

2008年夏天,他的房子装修完成,他们四个人的出租屋也到期了。他自己也没记得是哪一天,他搬进了装修完的新家,与此同时,同住的三人一个回家了,一个找到了工作,还有一个继续找工作,实在找不着落脚的窝,他就把这个朋友带回新家,直到找到工作,单位提供宿舍。至今,他的家还经常接待"无处安身"的朋友。最初,他打算把三个人都带回他的新家的,和父母一商量,他们坚决反对,家里的意思是如果是"清水房"还可以商量,刚装修完的房子哪能就带人过去"祸害",他说他们那不叫"祸害",而是好动,"我们都比较活泼好动!"就这样,他们在五爱市场附近那一处共同的临时小窝宣布解散。谈话中我能体会出他对那段日子的怀念,那似乎是大学生活的惯性带来的余味:一个屋睡觉,一起看一台电脑演的一部电影,一块"疯仗"……即便是无业、潦倒,但大家在一起,心是不寂寞的。"现在自己住,天天晚上回去没有个说话的人。说是孤独也行,说是寂寞也行,反正就是有这种感觉吧。"如今大家已经是各忙各的了,即使有时想聚一聚,自己也少有休息日,难见上一面。

他父母都在老家,妈妈退休在家能经常来沈阳,一般每次来能陪他住一个月,给他做饭。他说这段时间大姨夫去世,妈妈在老家陪大姨,挺长时间没过来了。

四、对城市社会的参与情况

如果问他参与社会活动的情况,他只说在大学的时候还参加学校组织的活动,进入社会之后就没有过了,也不想参加什么社会活动,再说他也没有那个时间。

五、社会保障情况

（一）档案和户籍情况

目前，他的档案在沈阳市人才市场。大学毕业的时候，沈阳市人才市场到学校去给毕业生办档案代理，当时毕业后想留在沈阳的同学都办了，他也给自己办了，交了200多块钱。

他的户口还在岫岩，等房产证下来以后，就可以迁到沈阳了，他说未来要把父母的户口也都迁过来，父亲还有八年退休，等父亲退休以后就让父母都来沈阳生活。他多次说道："不能把我爸我妈扔那么远啊，那没人照顾了。"

（二）医疗、工伤、养老以及其他保险情况

现在的工作是他在报纸上找到的，当时写的待遇是五险一金，但是去了之后只给交两险：医疗保险和养老保险，据说工作一年以后会有住房公积金。他说单位给他们交保险都是最低那个层次的，交不交根本没什么意思。车间里的同事基本上都是三十岁以上的，他说那些人都是为了混上个保险才去的。

他说目前还没认识到保险对自己有什么意义，自己还年轻，身体好，没有什么毛病。但是如果自己不在这家工厂干了，还是得接着给自己交。

六、未来规划

他说自己现在是刻意地攒钱，希望将来能自己干点什么，做点小买卖。未来最理想的状态是每月三五千块钱，把父母接来一起住，现在的房子还是小，将来结婚时再另外买个大点的，也得买车。

没有女朋友是目前比较困扰他的问题，他说他大姨给他算过命，说他26岁的时候能结婚，"现在看来26岁是有点困难啦！"前段时间相过一次亲，开始聊得不错，后来对方一听说他现在的工作直接就拒绝了，"人家说将来的老公得是事业型的！"当访谈的最后我问他还有什么想说的时候，他一再请我留意着有什么合适的人好介绍给他，他想找个真心和他过一辈子的人结婚，"不能是那种今天要买这，明天要买那的"。

案例编号：沈阳—劳力型—009

访谈对象： 刘女士，24岁，辽宁抚顺人，小学学历，沈阳某公司业务员
访谈时间： 2009年8月22日晚/2009年9月8日上午
访谈地点： 刘女士家（后一次为电话访谈）

调查员：王瑛琦

一、访谈背景

刘女士和我认识有四年了，我们是通过别人介绍认识的，只是偶尔见面寒暄、一起吃饭。她和我同岁，七年前从抚顺来到沈阳。她不爱说话，一说话就笑眯眯的，我一直都挺好奇这样一个女孩子是怎么靠自己一步步走到现在的，特别是近三年在三好街这个人员流动频繁之地是如何打拼的。这次深度访谈给了我打开心里这个谜团的机会。

二、迁移及立足过程

她来沈阳工作七年了，现在是沈阳某公司业务员。工作七年仍然没有得到很大层次的提升，这是劳力型移民面临的一个大问题。工作很大程度上是为了生计，得不到能力的提升，所以从事的工作一直属于社会底层的工作。

（一）动荡期

她2002年念完初中一年级，辍学来到沈阳。她有一个表姐在沈阳开发廊，就让她一起来沈阳学习美容美发。她和父母说要来沈阳那天家里气氛很凝重，父母不同意，觉得她年纪太小，那年她17岁，之前一直在父母身边生活。对于父母的反对，她很不理解，于是就和父母怄气，不和父母说话，就这样过了一夜。第二天起床父母告诉她，如果自己愿意就去沈阳吧。到现在父母那一夜怎么商议的，怎么样做的思想斗争，她都不知道。

于是第二天她带着行李高高兴兴地和表姐去了沈阳，她的第一份工作就是在表姐的发廊里面当学徒。做给顾客洗头、烫头、染色等小工的工作（小工是理发店中干此类活的人员的称谓，还有大工、中工）。在表姐的发廊没有什么和她有关的利益冲突的事情，毕竟是自己家的亲戚，当时那个发廊的工作人员基本都是老板或者老板娘的亲戚。

作为服务行业，免不了和顾客打交道，这样自然会有一些事端。有些顾客心情不好，就故意找茬，说哪里哪里弄得不好，然后去老板那告状，顾客一告状她们这些店员的奖金就难保了。有些顾客的要求是合理的，毕竟做头发属于技术活，有瑕疵也正常，这也就不怪顾客不高兴了。在顾客的找茬行为中，她们充当了顾客的发泄口，人难免有心情不好的时候，顾客心情不好她们也就无故地受气。对于无端发火的顾客她的应对方式就是不吱声，随便你怎么说好了，你告状也没关系，都是自己家亲戚能怎么样。就这样她在这个表姐开的理发店待了一年多，离开的原因是因为非典。

理发店是人员流动频繁的地方，也是传染疾病的多发地。非典时期她们店员都很害怕，于是就要求回家，不想在店里待着了。老板自然不同意，毕竟理发店还是要营业的，营业的话店里就得有人干活。于是她们就派了一个女孩和老板娘，就是她的表姐谈判。为什么选择那个女孩呢？因为那个女孩平时就经常找老板娘谈话。老板娘没比她大几岁，在2003年的时候她们年龄都不大，所以做事也会欠考虑，而且平时说话比较直，对于老板和老板娘考虑不到的事情，她们就要帮着想着。对于事情处理不完善的地方她们也经常纠正老板娘的错误，当然是以谈天的方式向老板娘透露。被派出去谈判的那个女孩是老板的妹妹，经常找老板娘谈天，所以她就自然而然地被选中去谈判。最后谈成了，虽然老板和老板娘不高兴她们走，但是她们还是都回家了。走的时候，当月的工资并没有结，由于她当时是学徒，所以头半年根本就没有工资，就是店里包吃住，等有了工资之后也没有多少钱，所以她对于当月的工资没有结也没什么特殊感觉。老板告诉她们回家待一周没什么事情了就回来。具体那个女孩和老板娘怎么谈的她也不知道详情，她干活从来都是干好自己的，别人的事不多过问。就这样她在沈阳待了一年多之后由于非典回到了家乡。理发店的其他人员在一周后都回到了店里，继续干活，她没有回去。没回去的原因是因为她觉得表姐的发廊技术比较保守，在那也学不到什么新的技术和花样，所以就没回去。

之后她在家乡找了个发廊，干了几天就不干了，决定回沈阳，说到回来的原因，她说，"感觉这边（沈阳）还是比家里好点，刚出来没多久接触的人也少，感觉还是这边好一些，家里毕竟是农村。当时看就是觉得环境好"。对于环境我又进一步追问，她所指的是经济环境和自然环境。她这一次回沈阳之前先给朋友打了电话，让朋友先给她联系好了工作，然后才回来，工作是发廊助理。这次工作的发廊相较于表姐的那个小发廊的管理制度更规范一些，这次是从一开始就有工资了。这个工作她做了一年，谈及辞职的原因她说老板和老板娘有些刻薄，"老板娘的小嘴巴，不饶人的那种，小事上办得抠抠搜搜的。也没有矛盾出现，就是干时间长了不想干了，想换个环境"。

接下来她受朋友之托去给朋友看店，还是理发店，"什么样人交什么样朋友，所以朋友当时基本都是干美容美发的"。给朋友看了两个月店就不看了，因为当时朋友也不太想干了，给朋友看店期间没有工资，当时朋友也要给她工资，她没好意思拿，但基本上一切花销也都是朋友拿，所以生活上没有什么困难。我问她当时朋友不想干怎么没把店顶下来，她告诉我说："当时年龄小也没想到那么多，也没什么钱。"在那之后她又回家了，谈到这次为什么回家时，她说主要是原因是出来两年多了，都没怎么回家，家里不高兴了。回家待了一个月，在抚顺找了份服务员的工作，因为那时天冷了就没回沈阳。她现在对我说，那次做了两个月服务员之后就决定再也不干服务员了，"伺候人这活太累了"。当服务员期间由于吃饭不规律，基本睡前会吃一顿饭，使得她那时候用她自己的话说就是"脸老圆了"。快不干服务员的时候她生病了，再加上快过年了，她索性就不干了。

之后她又分别在抚顺和沈阳的理发店各干了三个月。至此她除了在表姐的理发店干了一年多以外，就频繁地换工作，都是两三个月就换一个。除了理发店小工、服务员外，她还做过收银员等。"当时年龄也小，干什么都没有长性，有时候也没什么原因，甚至有时候看老板不顺眼也就不干了"。到目前找这么多次工作，只有一家专卖店要求沈阳市户口，没有户口的话需要一个沈阳本市人做担保，"贼（方言，特别的意思）来气，也就没去"。

（二）稳定期

三年前她来到三好街工作，三好街是沈阳一个销售各种电子产品的商圈，人员的流动性极大，务工人员一般都不会在三好街连续工作三年以上，找工作的时候也都不要求户口和经验。她来三好街工作的时候是住在郊区的朋友家，离三好街并不近。当时也是朋友约她来三好街找工作，她就跟着一起来了。她在三好街找的第一份工作就是现在这个工作，当一个公司的业务员，朋友认识这家公司的经理，打了个招呼她就来了，毕竟大家都认识，即使她对这个行业不了解，也没什么过多的啰嗦就来到三好街工作了。

在三好街人们不在乎你是不是外地人，因为在三好街基本都是外地人，当时面试她的那个经理同样也是外地人，所以他们根本就不在乎你是哪里人，只要这个活你能干就可以了。"感觉行你就留下，不行就走。"刚开始从事这份工作的时候，有老业务员带着她去三好街的那些店面发报价单。发的时候还要说几句简单的介绍。"当时根本就不好意思说话。"她先和老业务员一起跑客户，"要是觉得那家能出（货）的话，就经常去几趟呗"。她运气很好，来到公司的第一个星期就卖了一台八百多元的机器。她说这次能卖出去纯属碰巧，一个客户来询价正好问到她，她就给报了一个低价，于是交易就成功了，但是那一次报的基本是底价，没挣到多少钱，和客户说了实情之后，她的第一个客户告诉她："那我给你加五十块钱吧。"当时经理给她们的底价就比较高，因为刚去工作，所以公司不会告诉实价。她在工作中给人感觉总是能机缘巧合地做一些事情，有很多瞎猫碰到死耗子的事情。我就问她怎么总能当"瞎猫"啊，她说自己也不知道。

起初打开自己的市场的方式是在店面里摆自己的产品，她公司的产品是UPS电源。她看到有的店面摆电源卖，她就去跟人家套近乎、闲扯，先摆几个自己公司的电源代卖，慢慢地就把上一家供货商给挤掉了。直到今天我才搞清楚，她公司是该电源的东北总代理，我之前一直以为她是去跑客户端的业务，结果今天我才知道她都是出去跑分销商的业务，她说她们公司根本跑不到客户端，因为她们的客户端多为事业单位、企业、医院等大型设施场所，由于单位没有途径、人脉，所以她从来都是跑分销商那一块。分销商主要是系统集成商，谈到怎么找到集成商，她说三好街有一个大的联系图，有的时候会看到系统集成商的广告，她就过去送报价单。她经常要出去扫楼（去系统集成商密集的商圈挨家挨户地介绍自己公司的产品，发放报价单），去扫楼会很尴尬，但是她所扫楼到的公司无论前台也好，采购经理也罢，都能让她把要说的话说完，留下报价单和名片。她的很多项目都需要持续跟进，每隔一段时间就要给各集成公司打电话，要是他们手头有项目的话自然就会询价，如果看有购买的意愿，就密集联系议价。"这是一个长期跟进的工作。"我问她哪里来的那些集成公司的电话，因为她的客户有很多不是沈阳本地的公司，有的公司甚至都出过几次货了还没见过那个公司的人，她告诉我说常年在三好街工作的朋友手里有一份统计表，她也不知道朋友怎么拿到的那张表，表上面有公司名称、法人和公司电话，因为都是集成公司，所以出货效果比较好。"那表公司还让我给其他员工呢，我没给，那是我私人物品凭什么给他们，他们也就随口一说，我也一直没给。当时朋友也是因为私人关系给的我。"有了那张表，她的业绩一直不错。

她说做业务累，累脑又累心，但是锻炼人，虽然她感觉自己到目前还没被锻炼出来。她说她自己一直还是真诚待人，所以经常有人问她，是不是刚"出道"啊。她自己对这个问题也是一笑置之，她也会纳闷自己怎么还这么"傻"。对于这份工作，客户方事情比较杂，要和客户持续保持联络，关照好各方，要跟进货物是否到了客户手里，运行情况怎么样，售后做得是不是满意。在单位也有一些不顺心的事情，主要来自经理。她要了解某一个产品的市场评价，产品的检验报告和客户反馈信息，经理就经常没有这方面的信息,她很生气,经常自己生闷气,同事也知道她的脾气,一生气大家也不怎么劝,就自动不理她,让她清静。做了将近三年的业务,她现在也打通了自己的人脉,跟进项目、投标等工作也得心应手了。现在她就在跟进一个投标项目,她告诉我,下周一还要去报名投标去,这一流程她都已经熟悉了。做了近三年的业务,我在期间也一直会和她联系和见面,她一直都没怎么变,还是那么踏实和诚实。

(三) 在沈阳的生活感受

谈到在沈阳生活这么长时间以及自己在社会上待了近七年的感受和看法时,她觉得人现在都太现实,这主要是通过她哥哥和哥哥的女朋友的事情得到的结论。她哥哥的女朋友因为钱和婚期延后的问题和她哥哥分手了,七年的感情就这样没有了。她觉得现在人只认钱,根本无须过多地谈感情。但是她也不是不相信感情,只是不再盲目地把感情放在第一位了。当她的第一段感情结束之后,她就把感情看淡了。对于在工作上面的事情,她觉得工作是自己的事情,其他同事的业绩她从不多问。她勤勤恳恳地做自己的事情。

三、社会关系网络的现状和变迁

她来到沈阳后,身边的朋友都是到沈阳工作之后通过工作关系认识的。特别是在当业务员之后认识了很多人,其中的一部分就成了她的好朋友。她平时经常和一两个关系好的朋友出去吃饭、休闲。她不喜欢热闹,所以她租房的时候都是自己住,从不和人合租。她反倒和老乡们并不是很熟悉,她上学时候熟识的朋友和同学都不在沈阳。她现在这些朋友也谈不上什么人脉。她说她自己事情本来就少,所以对人脉也没什么特殊概念。谈及朋友这个概念时她说:"只有爱人会让人失望,朋友没有什么失望不失望的。"

四、对城市社会的参与情况

她从来没和居委会打过交道,她之前住在打工的店里,居委会有事情也都是和老板说,不会直接和她交涉。自己租房住之后,她也没和居委会打过交道。平时白天上班,就晚上在家睡个觉,周末居委会的人也休息。她的房东也从来没有让她去居委会填表或者办什么事情。她主观上不想去参加社区的活动,她更喜欢清静。

五、社会保障情况

(一) 档案和户籍情况

她的档案和户籍都在抚顺新宾的老家,她虽然也想把户口迁到沈阳来,但是她从来没有去实行这件事情,也没有具体去询问过合不合迁入条件。其实想把户口迁入沈阳并不难,条件很宽松,沈阳户口改革了四次,每次都放宽一些条件。

（二）医疗、工伤、养老以及其他保险情况

她没有任何保险，她有病都不怎么去医院，就自己买些药吃，她觉得现在药太贵了。在沈阳，除了政府部门、事业单位、国企等大型企业等给缴纳保险和公积金以外，私企等都不给缴纳保险。她目前还没有给自己缴纳保险的计划，"等30岁以后再说吧"。

六、未来规划

谈到未来，她有读书的打算，她也已经报名参加了沈阳广播电视大学（以下简称电大）的夜校，学习营销学。9月份就开始上课了，她想以后如果不在现在这家公司做业务，再找工作怎么也得要求一个大专学历，所以她未来两年要读书，想获得学位。"倒也不是一定要靠这个学位找个工作，起码自己也有个学历吧。毕竟现在自己连初中毕业证都没有。"谈到有没有因为没有高中毕业证被卡在某事上时，她说有，一次是应聘收银员，再一次就是在电大报名的时候，她都如实和负责人说她没有毕业证，但是这两次都没什么大问题。负责人告诉她，拿个复印件就可以，"这样就好办多了，贴上自己的照片写上自己的名字就行"。她现在已经在学校旁边找好了房子，准备晚上没有工作上的事情耽搁的话就按时去上课。对于这次学习，她没什么信心，特别是英语，"底子特别不好，需要多下力气"。"工作上越来越上手，因为现在有个人带着我，给我铺了很多路，这样我也能快速地成长起来。"这个人是她现在的男朋友，她现在过得很知足也很幸福。

她以后不一定会留在沈阳，但未来两年因为要读书，所以近两年还是会在沈阳。对于未来她没有过多的计划，想走一步看一步。下一年她想多赚些钱，毕竟干业务近三年，也明白了怎么回事。她想自己买个房子，争取把首付挣出来。希望她在下一年能实现自己的这个理想。

案例编号：沈阳—劳力型—010

访谈对象：王女士，27岁，辽宁省昌图人，初中学历，1998年来到沈阳，现在是百货商场联销员
访谈时间：2009年8月23日下午
访谈地点：王女士的姐姐家
调查员：崔丹

一、访谈背景

王女士是通过我的另一个访谈对象许先生介绍认识的，她是许先生老婆的妹妹，现

在暂时住在许先生家里,我们约定了下午 4 点钟在许先生家里见面。许先生家离我家不算远,步行大概 15 分钟,是新建不久的物业小区,环境很好,这里居住的大多是刚结婚不久的年轻人。问了小区里的几个居民以后,我找到了许先生家。我进屋以后发现他家好热闹,许先生的母亲和丈母娘也都在。他的家人很好客,许先生的母亲刚从老家回来,带了不少自己家种的苹果,老人拿出一些苹果来招待我。我看了一下他家的房子,大概有 80 多平方米,两室一厅,装修得不错。在这两室一厅的房子里要住 6 口人,许哥夫妇、两位老人、王女士,还有许先生夫妇新添的小宝宝,两位老人大多是轮流来照顾刚出生的宝宝,都不会长住。通常王女士是和两位老人住在大屋里,许先生夫妇和孩子住在小屋里。王女士给我的感觉是个爱打扮的漂亮女孩,化了淡妆,穿着也挺时髦挺都市的,几乎看不出来自农村。因为厅里太吵了,孩子在哭,老人们在唠嗑,所以我和王女士就进到卧室去聊天了。

二、迁移及立足过程

王女士是辽宁铁岭市昌图县人,家里有父母和一个姐姐。父母在家以种地为生,姐姐目前也在沈阳,已经结婚生子,她现在就住在姐姐家里。她是 1998 年初中毕业以后来的沈阳,到现在已经在沈阳生活了近 11 年。因为王女士家的长辈一直想培养出一个高材生,但他们家庭条件有限,所以想集中财力培养两个孩子中的一个继续念书。姐姐那时候学习成绩很好,而她则相对较差,所以家里决定让姐姐继续念书,而她外出打工来供姐姐上学,于是她在 16 岁初中毕业以后就开始来沈阳打工。当时会选择来沈阳的原因很简单,就是这里离老家近,而且她在这里还有亲戚。

到了沈阳以后,她找到了一份餐饮服务的工作,在一家饭店里做服务员,一个月的工资是 300 元钱,那时候店里是包吃包住的,所以自己也没有什么其他花销,而且她说当时自己还小,也不懂得怎么花钱,这 300 元钱自己不会花多少。由于家里还要供姐姐上学,需要钱,所以这些工资大部分她都会寄回家里。

她到沈阳以后也换过不少工作,除了现在这份工作外,一直都是做餐饮服务员,最长的做了 8 年。这类工作大多都是单位包吃包住的,所以她在沈阳一直没有自己的固定住所,都是随着工作单位的变化而变化的。当她谈到自己那个时候工作的社会地位时,她明显感到很自卑,她认为自己当时的工作和身份都属于社会最底层的一类人,大部分沈阳人都很瞧不起他们这些外来打工的农村人。有时候一些没有素质的客人酒喝多了以后就会对他们说一些带有侮辱性的话,说他们是农村人没见过世面之类的,而且还会骂他们一顿。她给我讲述了一次她遇到这种没素质的客人时发生的事。她说,她工作了近 8 年的那家酒店属于比较高档一点的酒店,价位也相应会贵一些。有一次几位客人来他们酒店聚餐,这几位客人可能属于某公司底层的工作人员,全是男的,对他们酒店的消费也有些承受不起。客人喝了不少酒以后把几个酒店喝酒用的高脚杯弄碎了,按照酒店规定,打碎一个高脚杯要赔偿五元钱,打碎那几个杯子总共也就赔十多元钱,最后加到了账单里。结账的时候这几个客人核对得很细致,就发现了这多出来的十多元钱。他们本来因为菜贵心里就不太舒服,这回就更横了起来,和服务员们起了冲突。这些客人让她去找经理,对服务员说话也开始出言不逊,嘲笑他们是农村人没见过世面什么的,经理来了拿这些客人也没有办法,最后也就只能把这十多元钱给抹了。她说这类客人常常有。

干了10年左右的餐饮服务员以后,她通过以前酒店的朋友介绍,找到了现在的这份工作——百货商场的联销员。她一直都有换工作的想法,因为自己在那家酒店也做了8年了,想换一个环境了,而且做餐饮服务员也没有什么发展,社会地位低让人瞧不起不说,赚的也不多,还不给交保险,不是长久之计。王女士现在的工作是百货商场和厂家之间的联销员,和产品厂家签合同,属于厂家的员工,但在百货商场工作。这份工作没有休息天,两班倒,一天早班一天晚班,早班工作4个小时,晚班工作8个小时,总的算下来还是符合国家规定的工作日总数的,工资是每月1200元,但她现在的工作是不包吃住的,所以从她开始在百货商场工作到现在的这四五个月一直都落脚在她姐姐家里,吃住都不用她交钱。

三、社会关系网络的现状和变迁

她原来在酒店工作的时候主要的朋友都是和她一起吃一起住的同事,这些同事大多数也都是来自外地的,但自从离开酒店以后,经常联系的也少了,不过现在这份工作还是以前的同事给联系的呢。她现在住在姐姐家,所以主要的交际圈就是姐姐这一家人了。

她现在的工作虽然没有休息天,但实行的是倒班制,赶上早班的时候中午就可以下班了,所以她的闲暇时间是比较多的。王女士闲暇时不会和朋友去KTV、酒吧之类的娱乐场所,她唯一的爱好就是逛街、买衣服,一般会找姐姐或者她男朋友陪她逛街,她说自己每个月最大的支出就在穿上。给我的感觉,她已经从那个16岁刚来沈阳时还不会花钱的小女孩变成了现在这个喜欢打扮、喜欢逛街购物的都市女孩了。

四、对城市社会的参与情况

王女士说自己没有参加过任何形式的社会活动,她住的小区里有不少自己组织的团队,像她姐夫就参加了社区里的足球队,但她什么也没参加。她的性格比较内向,不怎么喜欢接触陌生人,她说自己不像她姐夫那样喜欢交朋友,周围的邻居都知道她姐夫叫什么名字,她来这住了这么长时间,连周围的邻居还不认识,更不用说参加什么社会活动了。她总说自己是从农村来的,社会地位低,本地人瞧不起是肯定的。我认为在她心里始终因自己是个外地人而感到自卑,这也是她不愿参加社会活动的原因。她喜欢买衣服,喜欢打扮自己,也许是因为想在外表上掩盖她心里对自己身份的自卑感吧。在她的观念里,她认为自己对沈阳人来说永远都是外地人,这和户口在哪没有关系,她认为现在户口对一个人没有什么影响,自己是在昌图出生的,就永远是昌图人,即使在沈阳落户了,对沈阳也不会有像昌图那样的归属感。

五、社会保障情况

她现在工作的百货商场是要求各个产品厂家给这些联销员交五险一金的,但是她所属的厂家没有给他们交，而是将应交的保险钱以工资的形式发给了他们，在她每月1200元钱的工资中，有200元钱是厂家让联销员自己交保险才多加给他们的。她说虽然厂家给他们多加了这200元，但是自己平时钱还是不够花，想要交保险就更困难了。不过联销员也有升职的机会，他们如果做得好，就有可能被百货商场录用，在百货商场里任高一层的职位。那样的话他们就可以把工作关系转到百货商场，和百货商场签劳动合同，百货商场虽然也是私人的，但属于正规的企业，会给他们上五险一金，工作也会比较稳定。

六、未来规划

现在的这份工作虽然有升职的机会，但是她还是想换份工作，她说自己现在赚的还是太少了，不够花，就算升职了工资也不会涨多少，而且她说自己未来的发展方向也并不在此，她希望能攒一些钱，然后自己试着做些生意。如果只打工的话钱不够花，也没有大的发展。但是她虽然说想自己做生意，但问到更具体做什么的时候，她还是没有什么的规划。

她目前的户口还在老家，暂时还没有将户口迁到沈阳的想法，因为老家的政策是按照家里的人口数分地，所以她和姐姐即使都在沈阳生活，户口也都没有迁过来。

她前不久才交了一个男朋友，是沈阳人，她说自己找男朋友也没有必须是沈阳人的要求，只要他上进，肯努力，即使不是沈阳人也可以凭他们自己的能力打拼，在沈阳买房子成家。她和男朋友计划明年结婚，她说结婚后也暂时不会把户口迁到沈阳，一两年以后有孩子了会落到父亲的户口上。

案例编号：沈阳—经营型—001

访谈对象：吉先生，30岁，辽宁抚顺人，初中学历，到沈阳7年，现经营一家理发店，从给人打工到自己开店，一路走来，他感谢失败教会了他成长，更感谢妻子对他的支持与帮助
访谈时间：2009年7月19日晚/2009年8月14日/2009年8月18日
访谈地点：沈阳市皇姑区某发廊
调查员：郭永平

一、访谈背景

沈阳皇姑区的一家小理发店是我经常光顾的地方，因为朋友的头型特别，换了好几家理发店都理不好，最后经这家理发店的师傅剪完后才满意而归。之后我慕名而来，成了店里的常客，渐渐地，我和理发店的老板兼理发师吉师傅也成了好朋友。我几乎把吉

师傅的发廊当作了我的半个家，只要有时间我就会去他的店里。

选择吉师傅作为深度访谈的对象有两点原因：一是2009年3月在城市新移民的问卷调查期间吉师傅便是我的访谈对象，有了上次的调查，吉师傅对城市新移民这一课题有了比较深入的了解，易于访谈；二是吉师傅出身于贫困家庭，但是他有百折不挠的意志，一步步地向自己的成功迈进，他的经历具有访谈价值。

二、迁移及立足过程

吉师傅是辽宁抚顺人。从小就很懂事，经常帮助家里下地干活，深知庄稼人的不容易。初中毕业后，吉师傅曾随父母去上海做过药材生意，由于药材生意不好做，他就跟着老乡到沈阳打工，在饭店刷了两个月的盘子，他觉得"这样混下去也不是个事"，就回到抚顺准备学门手艺，考虑再三，他选择了理发。在抚顺的美发学校学习期满后，他信心百倍地回到老家所在的县，开起了理发店，可是他的手艺还不成熟，顾客很少，理发店没过多久就倒闭了。家里人认为他根本不适合理发，亲戚朋友也纷纷反对他再从事理发行业。性格内向的他一言不发，执拗地来到沈阳继续学习理发。

（一）A发廊

2005年刚过完年，他身上只带了200元钱就来到了沈阳，和老乡挤在一间简陋的小屋里。他满怀着希望，一家一家理发店上门询问，每天都会跑十几家店，几天后终于找到一家店，老板让他先试剪一下，当时外面正下着大雪，跑了一天的他手脚冻得僵硬，试剪时手一直在发抖，结果没被录用。回去后就发起了高烧，为了省钱，他没去医院，硬是自己吃药挺了七天，高烧才退。眼见日子一天天过去，带来的二百元钱除了交房租外所剩无几，老乡的情况也不比他好多少，他们顿顿吃泡面。一个月后，吉师傅终于找到了A发廊，当时A发廊正在扩展业务，要招聘两个助理，虽然待遇很低，没有底薪，只有30%的提成，但是老板会管一顿午饭，这对他来说太有诱惑力了。虽然他每天特别勤快，但工作并不如人意，顾客来了一看他是刚来的都不愿让他剪，老板一般也不想让他干，每次轮到烫头老板就会亲自动手，另一个助理也和他一样，根本插不上手，一个月下来他只拿到了200多元的薪水，还是不够维持生活。他反复安慰自己，"就只当是学手艺了"。可是之后的两个月，境况还是没有改善，他就辞职了。

（二）B发廊

吉师傅在A发廊工作受挫后费了好大的劲才找到了B发廊的工作。B发廊的店老板是个女的，人很热情，别看店小，可是生意很好，这正是他想学习的地方。虽然工资也是没有底薪，只有提成，还不管午饭，但他还是接受了这份工作。B发廊老板经营有方，敢于放手让这些新人去剪，还经常对他们进行技术指导。第一个月，他就挣了700元，后来他越来越有干劲，勤加苦练，琢磨技巧，手艺不断提高，渐渐成熟了起来，月收入有时能达到3000元。他一直都想开个属于自己的理发店，因此他小心翼翼地把一笔笔收入积攒下来，准备日后开店之用。在此期间他认识了正在上大专的女友，女友父母亲离异，家境困难，他就拿出自己积攒的钱帮助女友解决学费问题，同时，因为弟弟经常惹事，给父母带来了不少麻烦，他还拿出部分积蓄汇回家，以解决家里的问题。这样，他开店的理想就不得不延期了。

（三）自己的发廊

吉师傅说："能开一家属于自己的发廊是我一直以来梦寐以求的。"在 B 发廊工作一年半后，他不仅在理发行业有了一定的经验，而且也有了一定的积蓄。时机已经成熟了，虽然老板一直挽留，但是他还是离开了 B 发廊，接手了一家转让中的小理发店，实现了他理想的第一步。

理发店由于是转让过来的，所以他只简单购置了一些美发用品，收拾干净后，就迫不及待地开了业。开业那天正巧是正月十五元宵节，他放了两挂小鞭炮，欣喜地和女友拥在一起，可是整整一天都没有顾客上门。晚上 10 点，他们关上店门，这才想起连碗过节的元宵都没吃。2007 年沈阳的正月特别冷，暴风雪过后，地上的积雪都过膝了，当他们走到超市时，超市已经关门了，此时的女友已累得走不动了，他背起女友，踏着积雪一步步走着，刺骨的寒风迎面吹来，他深知无论前方的路有多么难走，都要坚持下去。由于他肯吃苦并且勤于钻研，他的手艺越来越好，回头客越来越多，店里的生意也渐渐有了起色。虽然以前在家乡开过店，而且他在其他理发店打工时也非常留心人家的经营方式，但是不同的环境仍然要有不同的方式。首先在理发用品的选择上，每次他都要亲自到配货中心和老板商量具体细节，因为配送的货物直接影响到顾客挑选美发产品时的价格问题，一旦和其他店的美容产品雷同，且价格不同，就会失信于顾客。其次是工商税务人员常会不请自来，店里的营业执照过期后，因生意不好，他就想拖一阵，这时税务人员就登门造访了，先是摆一阵官腔，用国家的法规"吓唬"一下，然后就和颜悦色地说："这样吧，你们先交几百元，以后再有人来，给我打电话，保证帮你们摆平。"吉师傅说，这是行业的潜规则，干他们这行的人都明白。再次理发是服务性行业，顾客就是上帝，无论顾客怎么难缠，你都得耐着性子。有一次一位女顾客来烫头发，非要按着自己的设计去烫，吉师傅跟她再三讲明按她自己的意愿烫出的效果不会很好，但那位女顾客固执己见。吉师傅给她烫完后，那位女顾客非常不满，大声吵闹着非得重做，直到吉师傅给她重新做完后，她才嘟嘟囔囔地离去。

此外，吉师傅所在的街上发廊达八家之多，而顾客的数量是有限的，在这种饱和的状态下，行业竞争十分激烈。2008 年受金融危机的影响，物价纷纷上涨，美发产品批发商们请调研公司到各个理发店调查，发现理发店都有涨价的意愿，最后在金融危机的背景下，由于理发店理发涨价而使美发行业没有受太大的影响。吉师傅虽然也相应地提高了价格，但因受地理位置所限，来理发店光顾的顾客年龄都比较大，他担心顾客难以接受涨价，因此只对价格进行了小幅度的调整。两年来，他一直努力地经营着这个小店，只有女友帮他打打下手，做些简单的活，给顾客洗头、打扫一类的，其余全靠他一人打理，他每天都得待在店里，即使淡季也不休息。他说，店里的老顾客多，如果人家来了你不在，再来还是找不见人，慢慢地就会失去很多顾客。每逢过年过节，是理发店生意最好的时候，所以他没有休息日，更别提什么休闲生活了。目前，他的生意经营得还不错，正准备招人手，但是学徒不好找，因为现在的"90 后"大都不能吃苦，找会手艺的助理吧，那些人要求多，而且只是想来练手，并不打算长干，所以一直没招到合适的人。吉师傅说，以后等资金充足了，他想找个地段好点的地方，开个分店，把自己的理想一步步实现。

三、社会关系网络的现状

在沈阳的这几年，吉师傅说："自从有了女友的陪伴我就不再孤独。没有女友，就没有我今天的成就。"在女友眼中，他善良、踏实、人品好，虽然她的家人和同学都对从事美发的人有偏见，劝她找个条件好的，可她坚信自己的选择是正确的。2009 年 5 月，他们幸福地结了婚，虽然没有丰厚的彩礼，没有隆重的仪式，但他知道妻子都是为他未来的生意考虑，不想让他为了结婚欠下一大笔债。吉师傅不想妻子跟他一直住在店里受苦，就用妻子的名字在郊区买了套 40 平方米的新房。为了妻子的个人发展，他一方面积极找关系为妻子寻求稳定工作，一方面鼓励妻子继续读书。如果妻子想当个家庭主妇，他依然会全力支持。

由于他为人诚恳，朋友们都愿意与他交往。这些朋友都是通过理发认识的，大多很真诚，但也有些是利用他、想占他便宜。去年，他的弟弟因为工作原因在老家惹上了官司，作为家中的老大，他一方面安抚父母，一方面找律师打官司，刚好有个朋友说有认识的律师，但需要 1000 元请客吃饭，他毫不犹豫地相信了朋友，但最后还是没找来律师，他才知道被骗了。

在和本地人的交往中，他觉得本地人冷傲，不好打交道，始终都很排外。吉师傅认为沈阳人的素质不高，经常会看到清洁工刚扫完地，过往的行人就随地乱扔垃圾。对于户籍在哪他都无所谓，并且认为在新农村建设的推动下农民的优惠政策越来越多，在家中他还有土地，没有必要迁移户口，而且妻子的户口已经落在了沈阳，以后孩子上学有妻子的户口做保障就够了。他和妻子正准备要小孩，谈到未来对孩子的教育，他希望自己的孩子无论男女，都要健康、善良，不强求有多高学历，但要有见识，做个好人。

四、对城市社会的参与情况

在访谈中，当我问到他与社区干部的关系时，他说"我从来没有和他们打过交道"。现在他住在店里，也不涉及这些事。但是如果可能，吉师傅还是愿意参加居委会的选举。他觉得社区干部离他很远，没事一般不会找他。即便被他们找了也不是好事。平时吉师傅工作很忙，基本上是早晨九点到晚上十一二点，根本没有时间参加其他社会活动。虽然在郊区买了一套 40 平方米的房子，但是他不准备住，而是准备租出去。"以后会和社区打交道，但是到那时再说吧。"

五、社会保障情况

（一）档案和户籍情况

吉师傅的档案和户口都在辽宁抚顺的老家，他也不准备迁来。他说："国家在新农村建设中有许多优惠政策,我把户口放在家里还能享受这些政策,村里的三亩地,每承包一亩地出去给我 200 元,三亩共 600 元,同时国家在每亩地上每年还补 50 元,我这些地每年有固定收入 750 元,够我一个月的开支了。如果把户口迁来,我在家就没地了,不合算。"当我问到他将来如果户口不在沈阳,孩子上学是否会有影响时,吉师傅说:"我老婆的户口现在在沈阳,将来孩子随她上户口,不会有影响的。"

(二)医疗、工伤、养老以及其他保险情况

吉师傅一开始认为只要有钱就无所谓什么保险了,但是近来生意冷淡让他不得不进行更加周全的考虑。吉师傅说:"人总会老的,我们这些没有固定工作的人年轻时还可以靠手艺养家糊口,老了就惨了。"在沈阳的这些年来吉师傅在工作的同时,经常关注医疗、工伤、养老以及其他保险情况,但是"现在的骗子很多,我对医疗、工伤、养老以及其他保险情况了解不多,况且我也没有太多的钱,等将来有钱了我会给自己上保险的"。

六、未来规划

吉师傅已经在沈阳买了一套房子,虽然只有 40 平方米。"等我有了钱就换一套大的。"吉师傅准备在沈阳发展,他觉得这几年来,他对沈阳的环境已经很适应了,况且这儿机会多,将来对孩子的发展也好。他下一步准备选一个好的地段,在沈阳开一家更大的理发店,但是由于资金不足,一直在筹备之中。如果有合适的能赚钱的行业,他也会涉足。但是终究他还是准备在理发的事业上发展,他说:"毕竟这是我的本行。"

七、调查后记

吉师傅从一个性格内向、手艺差的年轻学徒成长为一位灵活精明、手艺高超的年轻老板,期间经历了重重坎坷,一路走来,他始终目标明确,终于靠着手艺在沈阳打拼出了属于自己的一片天地。对吉师傅进行访谈后,我有以下一些体会:

第一,他头脑灵活,是一个很精明的人。这从他虽然在沈阳有了房子可仍然把户口放在老家,两边的资源他都想方设法地利用,且积极想尽一切办法投入资金托朋友帮女友找工作和找人帮弟弟打官司这一系列的事上都可以看出来。可见灵活的投资观念和广泛的人际关系是经营型移民的共同特点,这些正是他们立足于城市的必备要素。与同样注重人际交往的智力型移民进行对比,经营型移民更加注重与行政部门相关的人脉网,因为他们为了生意必须和工商、税务、城管、卫生等部门打交道,这直接关系到他们的切身利益。

第二,他肯于吃苦,勤于奋斗,无论多么坎坷,他都没有放弃,坚持不懈地发展着自己的事业。从给人打工到自己开店,一路走来,他感谢失败教会了他成长,更感谢爱人的无私支持。他可以说是白手起家,但是他有强烈的成功欲望,并且一步步地在向自己的成功迈进。目前他最苦恼的事是缺乏资金扩大规模,因为他知道没有发展就注定会落后,这也是许多小投资者们必须要考虑的。唯有具备这种投资的前瞻性才能更好地在城市长期地稳固下来。

第三，吉师傅目标明确，有自己的人生规划。自始至终我都把他界定为一个不善言辞的人，但是在访谈中他却向我敞开心怀谈了大约三四个小时自己的奋斗之路。如今的他已经逐渐变得城市化了，怎样待人处事已经了然于心，这便是吉师傅的成长之处。吉师傅和普通的发廊老板不一样，他说："我不仅仅是为了养家糊口，也不仅仅是因为这个行业风刮不着、雨淋不着而从事这个行业的，实际上主要是从心里我就特别喜欢这个行业，当我为顾客理完头后，心里就特别有成就感。"从与李师傅的交谈中可以看出，他已把这个行业当作他一生的事业，这正是他能在沈阳立足的重要原因，也是十分难能可贵的。

我2009年9月再次到吉师傅的发廊时，吉师傅告诉我，他妻子老家所在的镇上有铁矿，来往的人很多，但是没有像样的饭店，他和他妻子准备10月份到那开一家像样的海鲜店，等赚了钱回沈阳买套大房子，同时在沈阳开个大一点的发廊。这就是吉师傅对未来的构想。在生活中吉师傅不仅要担负起家族中长子的重担，还要承担做丈夫的责任，面对工作和生活的压力，对于一个而立之年的人来说，未来之路依旧不平坦。

案例编号：沈阳—经营型—002

访谈对象：李先生，23岁，吉林永吉县农村人，中专学历，到沈阳7年，现经营一家家电制冷维修店，是一个既具传统观念又敢于拼搏创业的80后青年
访谈时间：2009年7月15日晚/2009年7月18日晚
访谈地点：沈阳皇姑区李先生所开的家电制冷维修店
调查员：郭永平

一、访谈背景

进入暑季的沈阳经常下雨，对李先生的深度访谈就是在雨天中进行的。2009年7月15日傍晚，我打着雨伞来到李先生的店里。他的店紧临街道，坐落在一栋陈旧的居民楼里。第一层楼面朝街道的窗户上，挂着一个家电制冷维修的牌子，鲜红的牌子上还有五颗白色的星星，标志着五星级的服务水准，可见主人的独具匠心，这就是李先生的小店。

选择李先生作为深度访谈对象与2009年2月对其进行城市新移民问卷调查时的访谈有关。具体原因有三：一是经过我和他的多次交往，发现他干工作特别仔细，人也很健谈，容易访谈；二是他来自吉林农村，在沈阳没有任何社会关系，技校毕业后独自一个人来到沈阳打拼，现在已经拥有了属于自己的天地，具有访谈价值；三是在他的身上既具有"70后"传统的一面，也具有"80后"现代的一面，在社会转型时期中具有代表性。

李先生工作很忙，怕他不在店里，这次深度访谈前我和他通了电话，约好了晚上7点在他店里见面。当我到达李先生店里时，他刚吃完自己做的晚饭，看到我来了，他很热情地招呼我坐下，在这种融洽的气氛中我开始了对他的访谈。

二、迁移及立足过程

李先生的店里堆满了各种收购来的以及需要修理的家电，门口挂着一个小广告牌，上面画着一只身穿风衣、头戴绅士帽的样子很酷的机器猫，旁边醒目地写着"本店温馨提示，请妥善保管好您的物品"，下面还附有小店的联系电话，这是他亲自设计的广告，这则以智慧的机器猫为形象的广告设计得虽然很简洁，但是寓意极其丰富。他把这个广告牌悬挂在同事、朋友的店里，既起到了提示人们注意保管好自己物品的作用，又为自己的修理店做了广告，可以说是起到了一举两得的作用。他把这种小方法称为"绿色方法"。李先生把他的这些小发明、小创造都称为"立体性思维"，并且他也想做个"立体性思维"的人，用他的话来说"立体性思维"就是指"方方面面都要发展，这样的生活才更加多姿多彩"。

李先生是吉林人，父母亲在家务农。虽然他是家里的独生子，但是父母亲对他从来不娇生惯养。从小他就聪明可爱，上小学时望子成龙的父亲就让他背化学元素表，可他偏偏不爱学习，这个阳光大男孩从小喜欢体育运动，还当上了班里的体育委员。由于他人缘好，同学们都喜欢和他在一起玩。因为个人爱好，中学毕业后他到家乡的一所技校学习家电维修，2002年技校毕业后他跟着实习时认识的师傅来到沈阳，凭借家里带来的3000元钱开了一家家电维修的小店，从此他吃住在店里，开始了在沈阳的创业之路。

刚到沈阳时，他遇到了很多困难，即使是迷了路，想问问身旁的本地人，对方大多是冷冰冰的态度。开店时遇到的困难更大，办了营业执照后的一个月生意都没开张，住的屋子不但冬天没暖气，而且夏天还漏雨。由于一开始效益不好，所以他只能顿顿吃泡面。李先生觉得关键是宣传不到位，为扩大知名度，他在报纸上登过广告，还到处散发小传单、张贴小广告，一有电话打来他就带上工具赶紧上门修理，生意这才陆陆续续开始有了起色。可随意张贴小广告，影响了城市环境，电话被电讯公司停了，眼见生意受到了影响，他不得不交了1000多元的罚款才接通电话。为了躲避高额的工商税务费，也为了选个好点的地段，他先后换了五个地方。由于学历低，他没有太大的奢求，只能慢慢奋斗，但无论遇到什么困难他从未放弃过，即使在长时间没有收入的情况下，他都没有向家里伸手要过一分钱，硬是坚持了下来，半年后他把开店时从家里拿的3000元钱全部还给了父母亲。李先生孝顺父母，每逢播种、秋收时他都会赶回家帮忙。他热爱生活，坚信靠自己的努力拼搏就可以过上和城市人一样的生活。由于他肯钻研技术、手艺好、服务态度热情周到，2005年，店里的生意渐渐多了起来。现在他每月的收入在2000元到3000元之间，有时在朋友的介绍下如果能揽到修理冷库的活，还能挣到5000元。他从来不乱花钱，除了基本的开销，剩余的钱会全部存到银行。他把一笔笔账目都记在一个小本上，拿出来让我看，足见他善于理财的一面。他认为社会是所大学，关键在于要接触各类人物，每个人都不一样，都需要你去琢磨，认真对待，尤其是他这种服务性的行业，认清这点很重要。工作中难免会遇到难缠的客户，他说事在人为，不同的客户要用不同的方式对待。一次他给一个客户上门修理冰柜，检查完冰柜后，他和那家的女主人已经说好，冰柜过于陈旧他只能试试，那个女主人同意了。冰柜经他修理后当时就正常工作了起来，没过几天那家男主人回来后发现冰柜又坏了，就打电话把他叫去，那家男主人一看他是个外地来的小年轻，仗着个头大就和李先生横起来，边说脏话边举起菜刀吓唬他，他见状立刻握住那男主人举菜刀的手，说："你有本事就砍死我，砍不死算你没种。"那男主人当时就被李先生震住了，没想到这个小年轻还有如此胆量，态度一下子就和缓了起来，和李先生商量坏掉的冰柜该怎么办。在李先生看来，一个外地人出门在外多一事不如少一事，就答应帮男主人找买家，卖掉冰柜，最终和和气气地解决了问题。通过此事，他再三强调身体素质的重要性，可惜他整天都要守在店里等生意，已经无暇顾及他喜欢的体育运动了。在与同行的竞争中，他说："人家本地人人脉广，办事方便，外地人不认识人，办事很困难。"他希望城市针对外来人口能有一些优惠政策。外地人在这个陌生的城市开个小店本不容易，工商、税务部门不考虑任何条件都一概而论，排斥外来人，让这些外来人感受不到城市的温暖，遭遇到的都是冷漠和无情，坚持不下去的人就会返回家乡，没上进心的人则可能走上歧途，成了危害社会的一员。

三、社会关系网络的现状和变迁

如今，他最骄傲的事情是因为父母教育得好，他没走上邪路。同时他所交往的人也没有一个是酒肉朋友，他们都很有上进心。李先生交友广泛，遍布各行各业，这些朋友都是在工作中认识的，本地人和外地人各占一半，尽管和他交往的朋友都比他年龄大，有的已经四五十岁了，但他们仍能成为忘年交，在朋友眼中他可不是个小男孩，而是个真正的男子汉，是个仗义的哥们。李先生的乐于助人在朋友圈子里是出了名的，凡是朋友需要，他都会立刻跑去帮忙，出钱出力毫不犹豫。他说，出门在外朋友最重要，大家都不容易，朋友买房、开店问他借钱，他都会很大方地拿个万八千借给朋友。他特别看重朋友的人品，最讨厌别人骗他，有一次一个朋友借口家里出了事向他借了笔钱，后又对家人撒谎从家中骗了些钱，将这些钱挥霍一空后，被他发现，他当即就和这个朋友绝交了。在对女友的选择上，他也把人品放在第一位，其次才是性格、工作能力。李先生说，他现在已经有了一个知心的女友，虽然长得不是特别漂亮，但是人品很好。

自信执着的他始终坚信只要人生的路走正确，不偏离航道，就会生活富裕，拥有未来。每到夜深人静的时候，忙碌了一天的他会把一天的经历写在日记里，他还常常以这种方式时刻提醒自己，用自己的劳动做个对社会有用的人。正如他在日记中所写的："在80年代前，人们多数具有吃苦耐劳的精神，他们有志气、有毅力，是他们创造了新社会，才有今天繁荣富强的国家，为了社会的稳定和发展，要把这个理念接力下去，更要注重新世纪的青年们，不能让我们有懒惰和虚荣心的思想，要控制好我们从幼年到青年时的人生行走路程，不能溺爱我们，要关注我们自身的生活自立能力和社会工作能力，每一步都要让我们体会到长辈的艰辛。现在我们让长辈看到的是我们不想吃苦就想去享受，有这种懒惰的想法家庭不会幸福，国家也不会繁荣昌盛，我作为新世纪的青年，为人要有生活原则，做事要讲诚信，做男人要胸襟广阔，要做一番有利于国家和亲人的事业。""要勇攀高峰,放飞希望,成就未来梦想,必须树立良好的价值观,那样幸福的笑容就会向你走来。"

四、对城市社会的参与状况

李先生平时工作很忙,即便如此,他还是积极参与了一些社会活动。在 2008 年汶川大地震中,他一次性捐了 100 元。他说:"我们每个人都会有遇到困难的时候,我现在帮助他们,等我有困难时他们也会帮助我。"

当我和他谈到社区建设和城市管理时,他说:"沈阳的交通很便利,公交车很便宜,但是经常有小偷,政府需要好好管管。""我住在店里,社区干部也不和我打交道,如果有事社区干部会找我的房东,但是我听我朋友说社区干部不好打交道,经常以权压人。有机会我也想参与社区的选举,但是我们这些外地人不会有机会的。"说到这里李先生叹了一口气!

五、社会保障情况

(一) 档案和户籍情况

李先生技校毕业后来到沈阳,当时想把户口和档案转到沈阳,但是在这儿举目无亲,他不知道把这些东西放在哪合适。随着时间的推移,国家在户口和档案上的政策已经逐步发生变化。城里人和乡下人的区别已经不大,所以他就一直没把户口和档案迁来,现在他的档案和户口仍在吉林老家。他觉得迁起来麻烦,也没有什么用途,现在不准备办。等到他将来有了房子,他会把户口迁来,因为那样对孩子入学有好处。

(二) 医疗、工伤、养老以及其他保险情况

李先生说现在医疗、工伤、养老以及其他保险他都没有。这些事他也琢磨了很长时间,很多推销保险的也到他的店里给他介绍过,但是他现在对那些名词还是相当陌生。"等我将来有钱了,我会给自己买一笔数目很大的保险。"

六、未来规划

鉴于自己的收入情况,李先生正准备买个二手房,可是贷款需要有单位做担保,这可让他犯了愁,他正在多方想办法。他说,等以后时机成熟了,打算招些徒弟,开个分店,把手艺传给徒弟后,他再去经商,多挣些钱。他喜欢待在沈阳,认为城市发展得快,机遇多,更重要的是在这有很多朋友。我以他的日记结束了这次谈话,今年过生日时他在日记中写下了这样的话:

"我的人生如果像流星一样一闪而过也要发出瞬间的星光,如果像微小的晨露也要闪出璀璨的光芒,追赶时间让我成长,跨越时间让我渺茫,珍惜生命长河中的每分每秒吧,人生有情,生命无价,我要追逐着你的追逐,如果有了伴的路,今生可能更忙碌。

有希望的路是不会平坦的,做一个有志者,在人生道路上,敢于先行,驾驭快乐人生。"

案例编号:沈阳—经营型—003

访谈对象: 段女士,47岁,辽宁铁岭西丰人,初中文化,沈阳市铁西区龙华市场卖鱼商贩
访谈时间: 2009年8月15日上午
访谈地点: 沈阳市铁西区龙华市场大厅
调查员: 于洋

一、引言与调查背景

20世纪80年代以来,随着城市化进程的加快,原有的标志城乡二元结构的户籍制度开始松动,城市的广阔空间给昔日固守田园的农民提供了谋生的机会。在这个过程中,有这样一个群体,他们离开了生于斯、长于斯的农村社区,离开了养育他们的土地,来到城市做起了小本生意,他们即我们常说的"小商贩"。凭借着固有的吃苦耐劳精神,他们为自己在城市中拓展出一片生存空间。关注他们的生存现状,成了我的兴奋点,他们为何来到城市?他们的生活方式是什么样的?他们是如何表述这个城市的?带着这样的疑问,我开始了对段女士的深度访谈,下面让我们来倾听她的故事。

段女士是我学妹的母亲,在与学妹的闲聊中得知了学妹的家庭情况。五年前,学妹的父亲来到沈阳,在一个市场大厅中租了几个摊位,做起了卖鱼的生意。两年之后,他赚到了一些钱,发现做生意要比在家种地的收入多,于是就让在家中的妻子把地租出去,来到沈阳和他一起做买卖。现在他们两个人就住在大厅的屋子里,一边做生意,一边负责给大厅打更。与学妹联系之后,我带着礼物去拜访他们。学妹来到车站接我,我同她一起来到了她父母所住的屋子,当时她的父亲出去上货了,就母亲一个人在家。屋子不大,有十几平方米左右,并且有些阴暗。我休息了一会儿,和学妹的母亲段女士拉了一些家常后,开始了对她的访谈。

二、移民的原因及过程

(一)为孩子赚学费

关于段女士的故事,要从他们来沈阳之前说起。他们一家共有五口人,段女士夫妇,一个儿子和一个女儿,还有她的婆婆。在农村,他们家一共有人口地十五亩,果园十五亩,果园里面种的是山楂,有一年冬天,由于温度太低,山楂树都冻死了,后来他

们就在果园中种树了。段女士夫妇主要以种地为主，农闲的时候，段女士的丈夫就到外边收牛，然后回到自家附近的集市上卖，从中赚一些钱，段女士就在家里育肥牛。段女士说："俺们在家的收入是农村中高的了，每年能收入两万元左右，除了种地，她爸还倒卖牛，像俺们这不是有大集吗，他爸就上北面收牛，反正什么地方都走，然后到集市上去卖，就像'对缝'似的，我还在家育肥牛，结果育肥两茬之后牛行就下跌了，我们就不干了。"后来，女儿上了高中，儿子也升了初中，两个孩子的学费是一笔不小的费用。家里的花销开始增加，日子过得开始有些紧张了。

段女士的弟弟在沈阳做生意，2004年冬天，他有些忙不过来，就求段女士的丈夫过去帮忙。"现在这个卖鱼的摊位是她老舅的，那年冬天，她老舅他们忙不过来，让她爸来帮忙，是11月份过来的，帮他们干到元旦吧，一共干了一个多月。"后来段女士的弟弟不想做卖鱼的生意了，想把自己的摊位租出去，就问段女士是否准备留下摊位，由于段女士的丈夫先前给自己的小舅子帮过忙，"他爸说，留着就留着吧，两个孩子都上学，在家种地也不好维持，卖鱼不像在家干农活那么累，另外收入也比在家强"。当时段女士的丈夫虽然意识到了这些，但是还是没有太大的把握，结果段女士和她的丈夫是这样决定的："不知道做这个买卖能不能比种地强，完了我就说，你去就去吧，我在家种地，反正能多挣就多挣，能少挣就少挣，这地先不扔，我种地一年还能挣一万多块钱。"这样，段女士留在家里种地，照看老人和孩子，她的丈夫来到沈阳做生意。

（二）生计方式的转换

来到沈阳后，段女士的丈夫和小舅子合租房子住，开始做生意。段女士一个人留在家里种地，回忆起那两年，段女士说："他不在家，牛具什么的我也不会，她爸在家的时候，咱家有三轮车，山地就用犁杖种，平地就用手扶拖拉机种，她爸不在家，我就得雇人，特别累，自己能干的活还行，自己干不了的活，也挺难，像秋天拉苞米的时候，上栈子，我就扛不动苞米。"

2006年的时候，段女士的丈夫生意做得挺红火，他旁边摊位卖烟草和茶叶的业主打算兑摊位，他就给兑了下来。这样，他就开始有些忙不过来了，于是段女士把家里的地租了出去，来到了沈阳和他一起做生意。2006年末，市场大厅缺打更人员，段女士和她的丈夫就做了这份工作。段女士说："让俺们看大厅，相比之下不用花租房子的钱了，一个月还给我们800块钱，这一年就又多挣一万来块。"自从段女士来了以后，段女士的丈夫轻松了许多，烟草和茶叶的摊位由段女士来打理，丈夫上货的时候她就给看看摊位，"平时就洗洗衣服，做做饭，干点零活什么的"。每天早上段女士的丈夫都要到二三十公里外的张士开发区上货，起早贪黑的，用段女士的话说："虽然不是很累，但是一天到晚都忙忙叨叨的。"

干什么都有干什么的技巧，卖鱼也有卖鱼的技巧。段女士说："咱家这卖鱼的技巧都是跟她老舅卖鱼的那个月学的，后来也自己慢慢摸索，比方说买鱼的来了，哪个蔫吧，你就得抓哪个。上鱼的时候，你也得会看，要是挑不好了，回来活得时间就短，就爱死，那样就赔本了。"段女士觉得做生意一直还挺顺利的，需要交的费用什么的，营业大厅都给代理了。唯一让段女士烦心的就是总有找茬的顾客，"和顾客的纠纷经常有，有的人你给他正好的钱了，他说钱不够。或者你给他钱，他走了一圈以后，说你给他的是假钱，像这样的情况都有。这市场啊，人多了，啥事都有"。

三、生活中所遇到的问题

（一）移民对儿子的影响

说起自己的儿子，段女士表现出几分无奈和愧疚，她说："咱们来这了，对孩子也有影响的，给她小弟扔家了，和他奶在一起。这孩子不在大人眼皮底下就放荡了，不好好学习。前年春天，这孩子就说啥也不念了，怎么说也不念，后来就来这打工，就给人家做香肠，做到了七八月份，就吵吵累，我看孩子挺瘦的，可怜他就不让他干了。10月份的时候，他回家待了两个月，回来和他大姑家那小子插伙灌香肠卖，一人拿一万块钱，干到了去年五一，也没挣多少钱，就不干了。我就说，这回打工的滋味你也尝到了，自己做买卖的滋味你也尝到了，都不容易，唯有念书好，能有点前途，哎呀，大伙好说歹说，去年五一就又回去念书了。念到去年寒假，他大爷家那小子在铁岭倒卖烟，他放假前，他大爷家那小子就给他小弟打电话，说忙不过来，让他去帮忙，你说他就帮这一个月，就帮糟了，这心就帮散了，这回开学又没回去，这托谁说，托谁劝，说啥就是不念了，现在就跟他大爷家那小子收烟呢，这孩子太气人了。"从段女士的谈话中，我深刻地体会到了她想让儿子读书的强烈愿望，她认为她出来做生意都是为了供儿子和女儿读书，而儿子这样的做法让她很伤心。

（二）生活的不适应与回家的打算

在沈阳，段女士没有什么亲戚。除了自己的弟弟外，还偶尔和一个当年下放到他们村的知青有些联系。她和丈夫的活动范围基本上就是这个市场，市场的其他业主基本上也是从外地来的，但是他们的交往很肤浅，段女士说："这在外面和在家不一样啊，彼此之间就是见面说说话，太深的交情没有。"她对周围的环境并不适应，"外面这人都不好相处，农村太实在的人在这地方都待不了，你在农村和邻居相处的那个实在劲，你在这个地方，你就用不上，你太实在了，人家还以为你傻呢，市场里面有些事啥的，都得留点分寸，你平时感觉跟人家处得挺好的，挺靠近，实际上人家就可能上你的钱匣子里偷钱啥的，这里的人你怎么交都交不透"。

段女士并不适应这里的生活，她说："这就是为了供孩子上学，没办法，实际我不愿意在这里待着，只不过花钱啥的各方面能比农村充足，毕竟一年能比农村多挣两万多元。"段女士夫妇决定把孩子供完之后，家里的开销不那么大了，就回家。段女士是个孝顺的儿媳妇，她说："她奶今年76岁了，在家里身体不算太好，一个人维持也挺难的，依仗她大爷还有她大姑，他们在附近给照顾一下还行，不过我们还是有些过意不去。"他们夫妇决定女儿大学毕业以后就回家。

案例编号：沈阳—经营型—004

访谈对象：李先生，29 岁，辽宁营口人，大专学历，沈阳"左邻右舍"炭烧火锅店老板
访谈时间：2009 年 8 月 30 日下午
访谈地点："左邻右舍"炭烧火锅店内
调查员：李小娟

一、访谈背景

　　选择李先生作为访谈对象有以下几方面的原因：第一，他是我同学的好朋友，容易沟通。第二，他是农村人，以前在沈阳没有任何社会关系。2000 年大专毕业后他独自一人在沈阳打拼，并且开了自己的店，具有访谈价值。李先生最大的特点就是坚强、自信、有个性。他毕业于广告学院，主修广告设计，由于广告的主要特点是要独特创新，这在一定程度上影响了他的性格和行为方式。就连火锅店的装修都是他自己一手操办的，店内选用了类似咖啡屋的暖色调，墙上则挂着以国内外获奖电影为主题的画报。
　　2009 年 8 月 30 日下午去了他的店面，他正好出去采购货物了，我等了大约四十分钟，期间看了这个火锅店的装潢，觉得很有特点。李先生回来后把货物整理好放进厨房，一边擦汗一边坐下来与我说话。他戴着一副黑框眼镜，小平头，看着很精干。李先生是个特别随和的人，即使他的员工做错了，也从不责难。当天厨师的手切菜时割破了，当老板的他也去帮忙，他们相处得很好，李先生与身边的每个人都是朋友。

二、迁移及立足过程

　　李先生是营口人，他的生活阅历很丰富，工作也换了好多个，现在是"左邻右舍"炭烧火锅店的老板。由于没考上大学，他 1998 年来到沈阳，作为一个自考生就读于沈阳广告学院。

（一）2000 年夏：打工之始——初生牛犊不怕虎

　　2000 年夏，李先生毕业了，当时他还没找到与自己专业对口的工作，但又不愿意让家里人供养，他没有经济来源，孤身一人怎么在沈阳过呢？于是他为了糊口找到了第一份工作——销售电话卡。当时手机并没有普及，大部分人还是选择买电话卡（200 卡、201 卡）来互相联系，也就是说当时的电话卡比较畅销。他的工作便是在辽宁大学科技园门口（当时他在辽大附近住）卖电话卡，炎热的太阳晒得人直发慌，为了不让任何一个机会溜走，他不得不对每一个路过的人重复同样一句话："你要卡吗？"李先

生干了两周，赚了几百块钱，本以为可以拿到自己应该得到的工资，没想到老板却要克扣一部分，原因是老板认为他的销售额度不够。他经过几次交涉还是没有拿到全部工资，这激怒了善良的李先生，在和老板的一番据理力争后，他只好借用暴力维护自己的权益，和老板打了起来，终于讨到了工钱。

（二）2000年9月—2007年10月：打工岁月——彰显人格魅力

1. 业务员

李先生找到了第二份工作，即在一个网络公司做业务员，当时网络公司也算个新名词，电子商务更是陌生，民众根本不承认这种非实体店，因此业务很难做。在他的生活中，这段日子他觉得最苦，每天骑着自行车，穿梭于沈阳的大街小巷，可是几个月下来都没有收获，被别人拒之门外简直就是家常便饭。而且找个人和找单位还不一样，个人能否成为自己的客户还在其次，起码还能见面谈谈；找企业单位时，保安就不让进去，连见面的机会都没有，更不用说成为客户这档子事了。当我问到这份工作中最记忆犹新的是哪一次时，他猛地想起来说："记得最清楚的是我终于有一个客户了，他是广告学院的校长，也是我的老师。"李先生告诉校长可以利用网络平台来发布招生信息，校长听后很感兴趣，随后就成为他的一个客户。四通八达的人际网络是做业务的基本条件，而李先生刚从学校毕业，又是外地人，人脉并不广，其潜在的客户源仅仅是他认识的那几个人，所以发展客户的难度是很大的，尤其是这种大家都不了解的网络公司。由于提高业绩的难度较大，李先生便辞掉了这份工作。

2. 采购员

李先生的第三份工作是采购员，他在这个公司里做了四五年。这个公司是他好朋友姑姑的企业，需要找个信得过的人做采购，他经过面试被录用了。我们普通人心里觉得采购算是一个肥差，但是李先生说采购很难做，并不是我们想象的那样。他虽然做得很出色，但压力也特别大，年初企业会下发一个指标，他每天买东西、开发票，白天上一天的班，已经是疲惫不堪了，晚上还得继续做账目，因为账目是最重要的，一定得做得一清二楚。一个阶段结束了，拿上发票到会计那儿报账，录入到公司购物库里之后，当初买东西所付的钱才会拿到自己手里，虽然说也能赚点钱，但做采购真的很累，压力也大。

3. 房地产销售员

2005年，李先生意识到自己原来没有多少钱，平时赚的钱都大手大脚地花出去了，真是"钱到用时方恨少"啊，于是他找了第四份工作——房地产销售。他为了避免超支，就把一部分赚到的钱储蓄起来，而且平时花钱也没有以前那么大手大脚了，另外，房地产公司每个月只发一部分工资，剩余的工资连带奖金会在年底一并发下，这样也能积攒起来。2005年，房地产市场需求无限增大，销售业务出奇地好做。李先生抓住了这个机会，很努力地工作，节假日都不休息，这就能有更多的时间去接触更多的客户，就会有更多的销售机会。在同事中间，销售房屋量最多的总是李先生，第一是因为李先生的性格，他为人友善，和蔼可亲，服务态度又好；第二是因为李先生并不是一见面就把房子模型或平面图拿出来介绍给客户，而是先掌握一下客户的基本资料，例如家里有几个人、家人的工作性质、全家的收入等等。他往往会站在客户的角度上着想，依据客户的家庭成员、工作性质等因素来为客户挑选最适合的户型。同时李先生会很细心地为客户讲解怎么居住更适合家人的工作和休息，哪种户型更舒适更省钱。这个销售理念是李先生成功的关键，很多客户买了房子后觉得很好很划算，自然会推荐自己的亲朋好友来找他购买。李先生在房地产销售时，其他同事的年龄都比较大，也很成熟，同事之间不会因为一两个客户而勾心斗角，因此李先生在房地产销售这方面做得很好，也积攒了不少资金，这为他下一步自己做生意打好了基础。据李先生介绍，现在房地产销售就不好做，那些年轻人都不够成熟，不想着怎么提高自己的销售能力与推销技巧，而是不择手段地去抢客户，甚至不惜贬低同事。其实同事之间关系处不好也会影响业绩的，用李先生的话来说，就是"自己搬个石头把信息通道堵上了，怎么能把工作做好？"

（三）2007年10月至今：纵横商海——用智慧铸就成功

其实在2005年，李先生已经萌发了做生意的念头，独自到浙江去看了一些自己认为在沈阳有市场需求的商品，想在沈阳做产品代理商，可惜所需要的代理费远远不是他口袋里的钱能付得起的。我问他有没有想过去银行贷款，他说没有，当时外地人在沈阳很难从银行贷到款，而且李先生认为抵押贷款也不现实，当时自己没有房产、没有车，当然更不能把营口老家的房屋抵押出去。由于没有资金，交不起代理费，他做产品代理商的想法也到此为止了。

后来在房地产这个行业干了两年，他积累了很多经验，也交了不少的朋友。2007年10月份左右，李先生开始寻思着自己做生意，但是到底在哪方面投资他还没想好。后来他一个朋友的建议，成就了他的今天。这个朋友对李先生说："你这人性格好，对人态度好，这是服务行业所必需的，你做肯定能成功。"由于他朋友年纪大，处事经验丰富，他相信朋友的眼光，便欣然接受了这个建议。考虑到租店面、装潢、办许可证、雇佣服务员等将是一笔大的开销，这样算下来等到开业那天手里的钱就所剩无几了，因此李先生认为只有做现金流动快的行业，才能让手里的资金周转通畅。餐饮业是资金回流较快的行业，没有足够的钱也没关系，因为只需要买够今天的食物就可以了，不像服装业要积压货物，也就是积压资金，一时翻不过身来。就这样，"左邻右舍"炭烧火锅店在李先生的精心筹备下开张了。

李先生开这个火锅店花了十几万块，当初自己手里有六七万，朋友借给了他十万。这时李先生还是不愿意去贷款，他认为，第一贷款利息高，不划算；第二自己是外地人，没有固定资产能拿去抵押，也没有固定工作作为贷款收入证明，只能采用"融资"的方式了。他把这个投资想法考虑好，做了个企划书，让朋友看，感兴趣的朋友就借给了他钱或者参与了进来。

开店的第一步是租店面，租店面不仅费力也很费时，所幸的是李先生的一个朋友正好有一间合适的铺面，不仅为他节约了时间，而且这个朋友还免了他9个月的租金，这对李先生来说犹如雪中送炭；其次装潢也很关键，但李先生是广告专业的学生，对装潢设计很在行，倒也没费多大劲；最后，店面只需办好许可证就可以开业了，但这一步李先生却遇到了一些阻碍。虽说是按程序办事，但相关的办证人员每次都只有一句话——没办下来，"人家不急咱着急啊，自己找个关系，然后'贿赂'一下也就办下来了。可能办不下来的原因就在这里吧……"李先生很无奈地说。可见要想做生意必须得与政府里的人打交道，还得有内里关系。开办火锅店的一切事宜筹备完事，准备开张时，他手里只剩几千块钱了。不过开张第一天所有的坐席都满了,客流量要比期望值高很多。后来紧挨着他的店又有人开了两家,但是没过几个月就倒闭了。至于原因,李先生说也许是人去的不多、吃的东西价格有点贵或者不合大众口味,或者是环境不如他这边好,也或者是促销的方式没有这边好,等等。我问李先生火锅店的宣传工作是怎么做的,李先生笑笑说:"我就是广告,我站在门口,见面和大家打个招呼,让他们有空来吃。"原来李先生的这个火锅店就开在他的客户群中间,这里大多数房子都是他销售出去的。他认识的人多,朋友多,自然来吃火锅的客人也多。李先生也会在平时的服务中介绍一些关于自己火锅的特色,展示自己火锅店的LOGO标识,在火锅的实用价值上附加虚拟价值,把吃火锅来"左邻右舍"炭烧火锅店的意识潜移默化传达到客人心中,形成客人的一种共识。

一般情况下,天气热的时候算是火锅店的淡季,一天的利润只有一千多元,天气凉了,火锅店的旺季就来了,一天的利润能有五六千元。李先生面对淡季时也是有一些促销方式的,例如餐后送果盘,或者过节送饮料等。

三、社会关系网络的现状和变迁

由于李先生到沈阳后的前七年都是在打工,工作变动频繁,这样就扩大了人际交往圈。朋友在李先生的事业进程中是很重要的,后来生意越做越红火,认识的人越来越多,朋友圈子也越来越大。他们大多是他的同学、客户,一般过年过节会互相问候,时间久了会约到一起出去喝酒、钓鱼、打球。而且在休闲娱乐期间也会结交很多新的朋友。李先生还说他很多朋友都比他有钱,以后做生意需要资金时,朋友都会借给他的。他说对于那些政府部门的工作人员,要很积极主动地维护这些关系,一定要经常请他们吃饭喝酒,送点烟酒之类的礼品,这样才能为自己的生意铺好路。

四、对城市社会的参与情况

李先生忙于经营他的火锅店,很少参与社会上的一些活动。至于小区里的事情同样很少参与,现在小区的居住环境和治安环境都很令人放心,该交的费用都交了,而且自己每天早出晚归,先得把自己的事情做好,也没时间去管这些事情。

五、社会保障情况

(一) 户籍情况

李先生念大专的时候,户口已迁到沈阳,然后在2006年买了房子,户口转到了辖区内的派出所,因此并不存在因为户口而带来的麻烦。

(二) 医疗、养老、工伤以及其他保险情况

李先生做电子商务的业务员时,单位就开始给交"五险",也就是如果在单位工

作，那么单位就给交，没在单位工作时就自己交。现在开店了，保险就更得自己去交了。

李先生说他现在每年开销就得 8 万元，除了基本生活费用外，还得交自己和妻子的保险，汽车也要花费一些，年底还要孝敬父母。当他说到自己每年的花费时，他说自己和本地人是有一点差别，如果本地人自己有房子的话，就可以免去买房的一大笔钱了，而李先生买房子在当时花了 6 万多元。李先生说生病看医生有点不方便，大点的医院太远了，感冒发烧这些小病一般就在小门诊上看。

六、未来规划

生意上，李先生的想法很特别，他想把这个火锅店做成一个小品牌，然后在其他区开办连锁店。若是经营很惨淡的话，他会考虑出兑。他认为做什么事都得考虑到风险。如果不开店了，就和朋友合伙做点其他生意。

至于以后要不要留在沈阳，李先生说那得取决于父母了，如果父母过来就留在沈阳，要是父母不过来，他们生活不方便时，就只有李先生回去了。他说："回到家乡也挺好，生意嘛，在哪儿都一样干。"从这里可以看出孝敬父母、落叶归根等传统观念深深扎根在李先生的自身意识里。至于未来孩子的教育问题，李先生说家乡的教育也挺好，关键是看家长对教育的重视程度。

案例编号：沈阳—经营型—005

访谈对象：燕红，女，32 岁，铁岭人，初中文化，来沈阳 4 年，炸串店老板
访谈时间：2009 年 8 月 17 日下午
访谈地点：铁西区勉业路燕红的小店门口
调查员：王姝

一、访谈背景

我的小姨家楼下有一家炸串店，老板是位年轻女人，叫燕红，她们非常熟悉，经常在一起聊得是不亦乐乎。燕红是个活得随意而真实的人，对周围所有的人都热情。请她做我访谈的对象是因为我得知她的老家在铁岭，18 岁出来打工，到今年 32 岁，其间打工、结婚、生子、摆地摊、开小店，她身上一定有很多故事。而更主要的原因是：她与大多数誓要变成沈阳户口的外来人不同，每天不辞辛苦挣钱，是为了攒够钱再回到农村老家去。对于她来说，愿望很简单，不是住进城市里的高档小区，而是在老家有一间大点的房子，里边住着父母、女儿、丈夫和自己。

二、迁移及立足过程

她的家境曾经很富裕，父亲承包村里的工厂，她回忆说工厂效益最好时钱都得用麻袋往家装。后来父亲贷款投入了一大笔钱给厂子更换设备，当信心满满地等着续签合同的时候，得到的结果却是意料之外：村里欠了钱用工厂顶了账不再承包给父亲了。工厂没有了，一家四口搬出了原来的家开始租房生活，父亲干什么也没有当时办工厂的劲头。原来自己和姐姐要什么就能有什么，后来人家的小孩都能买新衣服而她们却没有。她是个乐观积极的人，笑着向我回忆母亲曾用自己的棉衣换钱，买了一根麻花放在柜子边上，姐俩一闹的时候就揪下来点哄她们。大了以后，她和姐姐去给人挖姜，每人每天挖12个小时挣10块钱。勉强念完初中以后，她开始了打工生活，到了沈阳，又去过大连，"我这人呢，就是想出来见一见世面，有机会我就想哪都去看一看"。

（一）18岁与沈阳第一次接触

18岁的时候，她与这座城市第一次接触，在沈阳明廉市场给人家卖饼干。那时的那份工作是她一个人守着一排长长的饼干摊子，一个月挣200块钱。坚持不到半年时间，她就回家了。随后又去了大连，在一家生产出口塑料的工厂当工人。她去大连父亲不支持，也不给她钱。她说大连东西贵，物价太高，再加上跟同事吵了一架，索性就回家了。在大连的打工生活不到一年。

（二）2005年3—4月：再来沈阳，在一家做钢材生意的小公司卖钢材

她第二次来到沈阳便一直生活至今，她记得很清楚到沈阳的那一天是2005年3月16日。得知丈夫打工的那家卖钢材的小公司招人，她就与丈夫在这里汇合。丈夫本是不支持她也来这家公司打工的，但是她在沈阳定居的小姨支持。她在这家公司卖钢材，但不到一个月的时间便发现这家公司存在问题。她评价这家公司"很复杂"：这里不仅仅是家族"小集团"，并且老员工欺负新来的，把过失算在新人身上开脱自己，这也正是丈夫不支持她来这里打工的原因。一个月以后，她作为公司唯一的新人，因为"犯了很多错误"，被老板开除了。

（三）2005年4月—2005年冬：在一家生产电脑排风扇的工厂当工人

不久她找到了第二份工作，在一家生产电脑排风扇的工厂当工人，上一周夜班上一周白班，在流水线上每天与水和酸、碱等化学物质接触。这样的工作显然会给身体造成伤害，"是对身体不好，但是你没有别的地方去啊"。在工厂她每天要工作12小时，每小时只有两块钱的报酬，长期夜班，而且工厂常常让工人超负荷加班到后半夜，"不管你累不累，你给人家打工，人家说了算呐，就这样"。她说正常上夜班自己是受得住的，但这种加班法让她严重缺乏睡眠："睡眠不好，后脑勺可疼可疼的了，还吐。"后来她从流水线调到质检部，又从质检部调到食堂负责采买。半年以后，经各方面考虑，她决定辞去在这家工厂的工作。

辞去工作的她在家待了下来。冬天到了，丈夫打工的那家卖钢材的公司到了冬天效

益差就想方设法减人，于是丈夫也没有工作了。庆幸的是丈夫不久之后找到了新的工作，在一家生产丸子、香肠一类食品的公司做冷库库管，尽管每月只有600块钱的收入，但足以解决夫妻二人当时的燃眉之急。她也一直处在找工作的过程中，然而找工作，很难。

（四）2006年春天至今：从路边摆摊到拥有自己的小店

丈夫所在的食品公司鼓励员工家属加盟，并且加盟费相对便宜，"后来我就推个小车，在建设大路摆摊"。2006年的春天，她开始在马路上推小车卖炸丸子、炸香肠。谈起最初摆小摊儿的经历，她至今还很激动："刚开始干吧，感觉不好意思！从北三路一直推到建设大路那儿的装备学校去！哎呀不好意思！感觉特不得劲，满大街的都瞅你啊！"从她北三路租来的房子到装备学校，仅凭她一个人手推着车走，而绝对不是骑着，那是一段她一个人要推上近一个小时的路程，我不禁感叹面前这位柔弱女子的生活韧劲。后来，她把小摊儿推到学校后门的小区去卖，她的小姨在那个小区里住，也可以照顾她，收摊以后车就可以锁在小区里不用再往家推了。

在学校门口卖炸串的生意始终不好，一天挣不了多少钱，她开始计划找一个固定的地方。虽说推着车是没有房租也不交税，但还是想有个固定地方。主要还是因为"沈阳的城管太厉害了！遥街撑！"她笑着说自己跑得快，没被抓着过。"在那干了没几个月，就开始找地方，就找到富强农贸大厅了。"她在富强大厅每月500块钱租了个搭边儿的位置卖炸丸子，"哎！别说，卖得蛮好的，一天最不好也得卖个一百四五十块钱，卖得多的时候比如星期六、星期天能卖300多块钱，300多块钱能剩一半利！"

农贸大厅的营业时间是有规律的，从早7点到晚7点，她觉得其余的时间就浪费了，希望能卖的时间再长点。一年以后，她来到了现在的这个地方，是在距离富强农贸大厅不远的居民区内。这是一家超市的东面墙，有5平方米大小，每天营业时间自己说了算，一般是从早10点到晚10点，夏天还能长点，每月租金500块。丈夫每天下班以后就来店里帮她，"他下班就来，我这没事就逛去了，这个点儿我开始溜达溜达，要不在这圈一天。他一回来我就开始走，再不我打点儿彩票去，现在好这个！"

三、社会关系网络的现状和变迁

她的二姨、小姨都已经在沈阳定居，二姨的家离她的店不远，有时候能过来看看她。她说自己跟小姨的感情好，但是小姨整天打麻将，她不爱去小姨那儿。她的丈夫是河南人，他们一块打工认识的。丈夫的父亲早逝，留下很多外债，想念书都念不上，18岁出来打工，挣点钱都还了家里债，还给大哥娶了媳妇。丈夫的姐姐在沈阳做生意买了两套房子，发展得好，但对他们夫妻也没什么照顾。

她的女儿今年8岁，至今在铁岭老家由姥姥姥爷带着。女儿一岁多的时候，她就离开孩子出来了。孩子不在父母身边总是不好的，但对于她一家来说却也是没有办法的。好在沈阳离铁岭老家只需要坐一个多小时的火车，姥姥能经常带孩子过来。孩子学习不好，回家也没人能辅导，"孩子说了：'你和我爸也不管我啊。'"老家的教学不像这边受重视，她形容是"稀里糊涂，和她上学那会儿一样"。很多人建议她把孩子接到沈阳,她不愿意。至于为什么不把女儿带到城里,她说:"这都补习,谁能补得起啊!一个月挣那点钱都得给她补习了。这儿的孩子行啊,有奶奶爷爷,奶奶爷爷还有劳保。钱呢,不允许,她爸一个月1000块钱,我呢好了1000多块,不好了就1000块钱,除去租房子,三个人吃饭,孩子再补习不够用。"她从一位当老师的顾客那里学来一句话:"孩子不在于念书多少,只在于脑子转不转。"她很赞同这句话。对于女儿的学习,她觉得虽然都说念大学好,但怎么有那么多大学生毕业找不到工作?总之她还是希望女儿能好好学习,能念到哪她就供到哪,当然也不给孩子压力。除了经济方面的原因,她作为一个农村母亲在城市孩子身上发现的一些问题也值得我们思考。她发现城里的孩子很娇惯,比吃比穿,没有自立能力,可能是环境的原因孩子学坏的特别多。女儿在家里能帮姥姥干活,"她姥姥说孙女呀帮姥姥干什么什么,我女儿就说:'姥姥你等着。'"而对于城里的孩子,她说:"他会摆弄你,让你给他干。"

到现在,她在这里经营已经有两整年,与附近很多居民都熟悉了。"这个地方的阿姨们都挺好,那个时候我在建设大路,那边的阿姨一点都不好,你卖点东西她就打电话叫城管来抓你。"

她是个很不平常的农村女人,她的热情能够把周围人的情绪调动起来。因为有这样的性格,她能很顺利地融入大城市,与城市人打交道,而更重要的是,与人打交道她是真心实意的。她也是个活得随意又真实的人:"人家要是问我怎么不吃鲍鱼呢,我就告诉他我买不起,不说不爱吃。"

四、对城市社会的参与情况

她没参加过什么社会活动,平时也很少跟社区的人打交道,一般是社防的人来找她办暂住证。人家不来找她办她也不去找:"你去找了,人家还得说:'不找你,你来办什么啊!'"

她说她现在好"打点儿彩票",中过两回1000块的,中过一回800块的,中过400块的,320块的中过几回。"但是总的说吧,打彩票还是不赚钱,这个一点保障都没有。"她说买彩票中了就中了,不中自己就是在支持社会福利事业,心理也平衡。

五、社会保障情况

(一)档案和户籍情况

她的户口在老家,她说:"不买房子谁给你落户口啊。"主要是将来攒够了钱她是要回农村老家的。她和丈夫每年都办暂住证。而对于自己的档案在哪她也不清楚。

(二)医疗、工伤、养老以及其他保险情况

现在,她丈夫每月的工资从600元涨到了1000元,单位还给交养老保险和医疗保险。而她没给自己交保险:"我要是再交保险,就更不够活了,我还不如回农村了呢。"

六、未来规划

关于房子，目前她和丈夫每月 330 块钱在附近租了一间插间，从那走到她现在的小店不到 10 分钟时间。她说："买房子是甭想了！关键是挣的钱供不上趟儿。挣这点儿钱买房子不可能！太贵，太贵！""还房贷，睁眼睛你就开始还钱！还钱！闭眼睛寻思，还是还钱！"

谈到未来的打算，她很兴奋，放下手上正在穿的香菜卷双手合上："我告诉你我的初步目标啊！就是挣点钱，攒点钱，回家！""不用太多，两三万块钱就行。回家，我爸说把他们的房子卖了，卖了咱们再盖，整个大的，咱们在一块住。"到时候夫妻二人一块回铁岭农村。她说自己的丈夫没有一技之长，老实得近乎于窝囊，有一种自卑感，所以不愿意跟别人交流，不适合给人家打工，他自己也不喜欢上班抛头露面，想回农村养点什么。她开玩笑说自己每天最愿意做的事情就是数钱，她希望自己和丈夫能够尽快攒够钱回老家，盖一间大房，和父母、女儿一起生活。但是这几年家里总是出事，好不容易攒点钱，父亲的腿撞了，又攒下一点，丈夫大哥的腿又骨折了。

她从不否认在城市里生活比在农村好，但现实不允许，她心中渴望的还是老家那一片土地，她从那里走出，也强烈地希望回到那里去。她每日不辞辛苦为之奋斗的幸福很朴素：老家能有一间大房子，里面住着父母、女儿、丈夫和自己，养几头猪，喂一群鸡鸭。用她自己的话说："就实惠地活着吧！"

案例编号：沈阳—经营型—006

访谈对象：杨女士，42 岁，山西文水人，初中文化，来沈阳 5 年，在沈阳经营粮油店
访谈时间：2009 年 8 月 20 日下午
访谈地点：铁西区六马路永兴粮油店
调查员：王姝

一、访谈背景

在这一课题进行初访的时候我就接触了杨女士一家人，当时的受访人是男主人，简单的问卷我们进行了两个多小时，他对每个一问题都详细回答并且发表自己的感受，这便使我一接到现在的任务就迫切地将他们这一家作为我访谈的对象。男主人刚回老家走了不到一个星期，这一次接待我的是小店的女主人，杨女士。

我特地赶了个下雨天来到她的粮油店，和她聊我这次的访谈话题，以便不耽误她做生意，因为下雨天出门买东西的人相对会少。她来自山西农村，2004 年和丈夫来到沈阳，至今 5 年多了，我家是他们粮油店的老客户。来的时候是夫妻二人，她看着店，丈

夫给顾客扛着大米送到家去，随后两个儿子念完初中陆续从老家过来，帮忙送货。她认为他们一家虽然是做生意当老板，但还是靠力气吃饭，她说这样的活沈阳人是不会干的，都是农村远道过来的人才干。老家不富裕，如果富裕的话，他们也不会出来，出门在外人生地不熟，一切靠自己闯，但凡富裕一点，他们也不愿意出来，"出来做生意，是想把日子过得好点儿"。我们的谈话，从她"干什么都不容易"这句话开始……

二、迁移及立足过程

她的老家在山西文水的农村，那里不产煤，产煤的地方都富了起来，他们那个地方的人只靠种地生活。老家没有山、没有水，但庄稼长得好，却地少人多。家里种麦子和苞米，特别是苞米，一到收的时候多得人人都不爱吃。关于老家，她说："不富裕，富裕的话都不出来了。"只要是老人能照顾孩子的家庭，青壮年都外出打工去了，"能出来的都出来了，村里现在是老人和孩子多"。"也有出不来的，家里老人年纪大了不能看小孩的，他们就不出来。"她的一大家子老少三代生活在一起，人多地少，加上她和丈夫有三个孩子，三个孩子都要上学，负担很重。为了能过得好点，她和丈夫就出来了，到离家不远的太原开了一家粮油店。在太原的粮油店经营了一年多时间，生意不好做，太原做粮油生意的很多，挣不了多少钱，但也比在老家种地收入多。

后来，她从到沈阳打工回去探亲的老乡口中得知沈阳好。2003年冬天，她和丈夫来沈阳做了一番细致的考察，在老乡的帮忙下他们在沈阳的铁西区小六路上租下了一间临街的37平方米的小店面，一切准备妥当。2004年春节一过完，她就与丈夫离开山西老家，来到离家千里之外的东北沈阳，开始了在这里与农村老家甚至是跟太原完全不同的生活。来的时候，是她和丈夫两个人，"刚开始出来，人生地不熟特费事，费劲儿！自己闯，干啥都自己干"。随后，两个儿子初中毕业陆续来沈阳帮助父母照顾店里的生意。

他们一家的永兴粮油店在铁西卫工农贸大厅斜对面，租金不算贵，这一带地理位置好，马路不宽，小店处在很大一片居民小区里，来往去农贸大厅买菜的人很多，就可能顺路买她家的粮油。现在是夏天，天亮得早，他们家5点多钟就开门，这个时间去早市买菜的人通常顺路来打声招呼，他们就会给人家扛一袋大米送去。刚开始的时候不认识路，丈夫就背着大米跟在人家后面，"现在好了，现在都认识了，说一声就送去了，打个电话也行"。丈夫一个人送的那会儿经常是送完这家送下一家，忙的时候早饭要到上午11点来钟才能吃上。后来，家里添了一辆自行车，送大米就可以把大米放到车后座，用自行车推到楼下再背上楼。再后来又加了一辆人力三轮车。她说沈阳的小偷太厉害了："刚停门口，一回头就没了。"自行车和三轮车丢了，她家就买了两台电动车，买的都是便宜的。有了电动车，丈夫和两个儿子送货就更省力气了。

到沈阳的第二年，他们家开始送煤气罐，她说："这个更难弄。"煤气罐比大米沉很多，送一个挣三五块钱。别人眼中，她是开店当老板，而她自己认为全是"靠力气吃饭"。他们一家四口吃、住、工作都在店里，里屋一张桌子上放着一台旧电视，是房主留下的，还有一张双人的上下铺，是两个儿子来以后搭起来的。那是仅有的生活空间，其余地方都整整齐齐叠满了米面袋子。厕所虽然能用，但是家里面积实在是太小了，一进一出开关门的话货就没地方摆了，如果放在外边，城管来了会管，有时候还会没收东西，索性全家就到对面的农贸大厅里去方便。马路对面有两间大点的店面，但是换大的，价钱也高。今年房租从过去的每月800元涨到900元，她表示可以理解："现在东西都不便宜，今年比较，啥也贵，涨点也可以理解。"

谈话中，她反复说"城管严"，尤其是在铁西区。"严的时候来一大批人，四五辆车，上边坐得都是人，下来端上东西就走了。""有时候喇叭里面告一告就走了，有时候把摆在外面的东西拖到车上就都拉走了。"前年她家就有过这样的经历："鸡蛋、面在外面，就让人拿上车就走了。"后来丈夫去取回来了，没有罚款，被训了一顿。她说他们家倒无所谓，东西放台阶上，一听见城管来了就搬进来，她说她有的老乡、邻居赚钱比他们更辛苦："连倒骑驴、水果都搬走了。这些人都是农民，都是生活条件不好的，远地方出来的，有钱的谁干这个，晒得黑乎乎的，在外面一天，挣两个钱，起早贪黑地出来卖点菜，也是不让摆。"她说城管没收东西以后一般都让取回来，但就是"有时候，满满的一篮葡萄、满满的一篮桃子，拿回来就剩下半篮了。"她很客观地看待"城管严"的问题："严点也好，也有好处，也有不好的地方。不管的时候，到处都是马路市场，连车都通不过去，挡路。管得严了，人们就挣不到钱；不管，这马路上就摆得乱哄哄的，应当也管一点。"

三、社会关系网络的现状和变迁

今年，她的大儿子20岁，小儿子18岁，最小的女儿13岁，她说两个儿子书念得不好，念完初中就让他们过来帮忙了。小儿子刚来的时候十四五岁，背着50斤的大米爬楼梯给人家送去，让人看了非常心疼，问她是否舍得让孩子背那么重的东西时，她说："他们在家的时候都下地，有劲。这边的男孩都会做饭，他们不会，他们在家都种地。"来了之后那个小儿子长得很快，个子高了，如今已经变成了肌肉结实的壮小伙。这段时间生意不忙，丈夫回老家刚走不到一个礼拜，得回家待上一个月，这样，两个儿子比以前累了，"他爸在时他们乐"。这个年纪的男孩子应该是爱玩爱动的，他们的妈妈说："没有时间，就在家里等着，累了就看看书，看看电视，看看报纸，也买闲书。"

当谈起留在老家的小女儿时，我能感觉到她心里是给予了更多的疼爱的，但是小女儿远在老家她见不着，每年只有过年回家那半个月的相处时间。也正是因此，这位母亲的眼中流露出的是爱和抱歉。小女儿留在山西老家由爷爷奶奶带着，爷爷奶奶现在60多岁，身体很好，还能下地干活。母亲对女儿和女儿对母亲有着一种独特的爱，我问她想不想小女儿，她说："想啊，经常打电话，刚开始她小的时候，让她接电话她都不说话，现在大了，她自己就打电话过来。"至于为什么不把女儿接来接受城里的教育，她说要是把女儿接来，还得回去考学。小女儿去年暑假跟回沈阳的老乡过来，待了一个假期很高兴，她说沈阳好，也愿意来。走的时候女儿伤心得不行，因为爸爸妈妈和两个哥哥都在这里，只有她一个人在爷爷奶奶身边，只有过年才能再见面。我告诉她可以让小女儿考沈阳的大学，到时候就能在身边了，她说小女儿的学习成绩一般，但她非常希望女儿能念书："一个女孩子，还是得念书。"能念到哪她就供到哪，不能像两个哥哥，"姑娘大了干姑娘的活，小子干小子的活，这两个小子没活干，姑娘长大了当个教师，教书,多好!那要看她的造化。"

他们一家在沈阳的老乡很多,遇事都互相帮助。现在同村的还有很多人陆陆续续来到沈阳打工,到沈阳之后如果还没找到落脚的工作,尽管自己家居住的面积实在是不大,她和丈夫也让他们来借宿:"都是一个村子的,认识,就是不是一个村的,不认识,来了没地方住,也得让住!"

他们一家很少与人打交道:"一般不打交道,没什么事,都不接触,打什么交道啊。"但她说她家的邻居都特别好,刚来的时候不知道哪是哪,都是邻居告诉他们的。现在他们一家由最初来时的人生地不熟,到今天在铁西区去哪都能找到,连和平区有的地方也能找到。

四、对城市社会的参与情况及在所迁移城市的融入状况

社会活动,她没参加过,主要是也没有什么社会活动。与社区的人也不打交道,社区工作人员只有收卫生费的时候才来,收了钱就走,其他事情不打听。可见,她生活的社区对于城市移民的关注显然是不够的。

来沈阳五年了,她回忆自己只去过一两回商场,公园什么的都没去过,"一开店就没时间出去呀,找店的时候还出来转一转。现在哪有时间出去呀,有人来了就卖,没人也得坐一坐"。平时生活用品到对面农贸大厅买完了就回来,自己身上穿的衣服还是从家来时带过来的,她说:"干活嘛,穿啥都一样。"常买她家东西的顾客也给他们送干活穿的衣服,"给的都是好的"。

五、社会保障情况

(一)档案和户籍情况

当问到她的档案情况时,她说:"什么?档案?"显然对档案的概念十分陌生,然后回答我说:"农村哪有什么档案啊。"他们一家户口都在老家,但是年年都办暂住证,为的是在沈阳的生活过程中别有什么麻烦。

(二)医疗、工伤、养老以及其他保险情况

她没有任何保险,她说如果入保险的话每月得交不少钱。

六、未来规划

最初来到沈阳开粮油店时她说不好干,没有客户,"刚开始不容易,慢慢支起来就好了"。"现在好了,现在最起码都是老客户。"因为做生意"起步不好起",她也没打算换地方。

我可以感受得到他们一家对大城市生活的喜爱。她说:"城里哪里都好,买东西也方便,农村怎么也不行。"她是愿意生活在这里的,希望自己家的粮油店能够继续经营

下去，直到干不动的那天。但是她又说："走一步看一步，到时候再说吧，老家都有老人，哪能都不回去了。"她和丈夫四十多岁了只能到现在这样的程度了，今年的效益比往年差，经济危机了，去饭店吃饭的人少了，饭店向他们店里要的米面也就少了。未来，他们也许会把店交给一个儿子，但她还是希望两个儿子能够在沈阳找个工作，凭力气给人家打工也行，在沈阳安家、娶媳妇。

案例编号：沈阳—经营型—007

访谈对象：国女士，53 岁，辽宁辽阳人，小学毕业，五爱市场经营者
访谈时间：2009 年 8 月 24 日下午/2009 年 9 月 4 日晚
访谈地点：五爱市场（第二次是电话访谈）
调查员：王瑛琦

一、访谈背景

　　五爱市场（以下简称"五爱"）是东北三省最大的零售商品集散地，我去的那天在市场里面坐了五个小时，目睹了他们的经营乃至生存状态，五爱人很多，以批发为主，零售为辅，现在在五爱做买卖的人一般都是来了十多年，算是在沈阳立了足，他们中的很大一部分都不是沈阳人，他们来到五爱创业、守业或者把产业交给下一辈来经营。五爱的经营者们都很忙，因为一直有顾客来买货。他们对于这十多年的经营感触并不是很深，就像这十多年的岁月是在不经意间流走的一样。他们中的一部分现在已经有自己独立代理的品牌了，有的甚至是东三省的总代理，有的仍然是散货主，在常人眼里他们相较于老百姓是有钱人，但是今天我也了解到了在五爱做买卖的不易。

二、初来沈阳的买卖人

　　之前国女士就在辽阳的老家做童装零售生意，谈到来沈阳的初衷，她说她家本来就干这一行，五爱建成之后，就过来做买卖了，农村毕竟经济不够发达，她的妹妹先在五爱做买卖，她看还不错，就也跟着过来了，过来之后有妹妹的指路有些事情就明白怎么做了，而且两家都是做童装批发的买卖，所以很多事情也有个照应。来沈阳是十多年前的选择，如果现在再选择的话，她觉得沈阳可能并不是最优选择。当时她一家全都来到了沈阳，那年她儿子十六岁。

　　刚来沈阳的时候，她现在所在的服装大厅刚刚建好，她之前在辽阳老家就是卖童装的，于是到五爱之后还是从事了童装生意。五爱起初刚盖好的时候，谁也不清楚日后能不能发展起来，一开始五爱里面的床子（档口）是免费使用的，"床子都是开着的，你自己看中哪个了，并且这个床子还没卖出去的话，你就可以在里面放上货品卖了。有人

买了那个床子的话,给人家腾出来就行"。当时东北缺少这么一个商品的集散地,可以说在当时是市场的空白点,所以五爱市场逐渐地发展了起来,慢慢地床子都卖了出去。她现在也没有自己的床子,一直是租的别人的。当时没有买一个床子她很后悔,"当时生意刚刚有起色的时候好床子就没有了,再说了人家一看卖得这么好,也就没有人想转手床子了"。她就租了一个在电梯口下面的床子,开始在五爱做生意。因为在老家的时候有童装销售的经验,加上妹妹的指路,她的买卖很快就上了正轨。她先生在南方发货,她在五爱卖货,儿子上学。

  刚来沈阳时,她也适应了一段时间。她老家在辽阳农村,来到沈阳之后,农村和城市生存状态的差异就显现了出来。生活方式上就有很多的不同。在老家的时候都是每顿都做新的菜吃,基本没有剩饭剩菜的情况。所以到沈阳之后她每次去菜市场买菜都是买够一顿的分量,买的菜看起来很少,家里一般不存吃剩的菜,所以不是饭点的时候饿了,家里通常没有吃的东西。同时她这样也给别人一种小气的感觉,一顿才买那么点菜。冰箱里面基本都是空的。现在她家的生活方式并没有多大的改变,明显的变化是多了些零食和水果。

  她的儿子来沈阳这边上学没有什么入学障碍。她一家来到沈阳时儿子已经十六岁了,来了本应该读高中,但是她的儿子没有念正规的高中,而是念的一个类似于中专的金融学校。"别人也是拿钱交学费,我们也一样,所以没觉得有什么困难。"

三、一成不变的买卖生活

  来到五爱之后,她基本上就是天天卖货,和其他部门或者人员也没打过什么交道。物业归五爱集团所管,上面有检查的也是直接和五爱集团交涉,关联不到他们这些做买卖的散户。在五爱的生活基本就是某一天生活的无限重复,每天都差不多。2007年之前都是凌晨3点多起来上行,2007年之后五爱的销售时间发生变动,就不用那么早起床了,5点起来过去上行就赶趟。她家就在五爱旁边,步行也就十分钟不到,很方便。当时买房的时候也是为了离五爱近才买的。早上起床后上行,天天都如此,到市场之后就陆续的有人来批发,也零售衣服。她雇了一个服务员,两个人能忙过来。儿子念了三年中专毕业之后,也偶尔过来帮忙。儿子在23岁的时候结了婚,然后媳妇也就不再做别的工作,过来帮忙,这样人手多了,她就只管收钱。

  由于婆媳关系不和,儿子和儿媳妇提出来要单干,正好离她床子不远处有一个床子正在招租,她就给儿子和儿媳妇租下来了。因为儿子毕业后一直跟着她做买卖,所以儿子和儿媳妇租床子的钱都是她出的。儿子也和父亲一样,去南方往回发货。他们卖的东西是不同的,各卖各的货。家里只剩下了她和儿媳妇两个人,即使关系不和,她也还是秉承家和万事兴的传统,和儿媳妇和平相处。现代社会婆媳住在一起关系不和是最普遍不过的现象了。这期间,儿子在南方把脚给崴伤了,回沈阳休养了很长时间,这样儿媳妇的货也由公公也就是她先生发回来。直到2006年,儿媳妇怀孕,儿子和儿媳妇的买卖也就不做了,儿子还是到她的床子帮忙,儿媳妇就安心养胎。现在他们又在一起做买卖了。

四、生意的现状

　　五爱集团的政策规定，十多年前购买床子的人，对所买的床子有五十年的拥有权，在五十年内床子如何租、租金多少五爱集团是管不到的，这都属于拥有者的个人行为。所以现在也就出现了一个问题，就是她所在的服装大厅，出现了年年哄抬租价的现象，因为在五十年内，五爱集团对卖出的床子没有控制权，所以这样的哄抬租价是没有人管的，几个床子的主人，在一起一商量就会抬高租金，还想在五爱做买卖的商户，就不能不租，比如她家的情况。面对连年上涨的租金，如果还想保持利润的提升，就必须提高销售价格。在东北除了五爱这个大集散市场以外，在西柳（辽宁海城）也有一个批发市场，西柳的市场成立时间要晚于五爱市场，两个大市场离得不远，但竞争并不是很激烈，各有各的客户群。"相对于西柳，五爱的租金要贵很多。"

　　她说现在生意越来越不好做了。他们找货源是到南方去找那种小型的服装厂，差不多就是小作坊那种，然后让他们给做衣服，可以自己设计样子也可以到厂家挑选样子。然后小批量地做出来把成品发回沈阳，她先生常年在外地发货，她就在五爱里面销售。对于这种进货方式，她说："这样基本上不会被骗钱，因为厂子就在那里，我先生也是住在厂子里面，安全和货源都是有保障的。"因为她家找到的制衣厂都较小，所以有时候会出现服装跟不上卖的局面，就得寻找其他的厂家协同生产，于是就出现了这种情况：一手（大、中、小号三件或四件为一手，多用于批发）服装的大号和小号可能不是一个厂家生产的，有的时候色彩和布料就不一样。谈到为什么不用大厂子来生产时，她提到，因为自己家的买卖不大也不是代理，大厂子都不爱给做，觉得数量较少，所以她先生就只能奔走于各小厂中催货和发货。她先生自己在外地一般也都是住在服装厂提供的住处，吃饭和住宿都没什么大的问题，再加上在外面跑了那么多年了，也认识了很多朋友，所以在外面也就不觉得不方便和寂寞。

　　但是在家里这边有时候就会不太平，会被人骗钱。五爱是个以批发为主的销售地，所以就免不了大批量发货这一流程。有的顾客自己来上完货之后拿回去卖，有的款式卖得快，就会出现不够卖的情况，这种情况下，他们就不再自己亲自来上货了，通常解决这类问题的办法就是给五爱的业主打电话补货，业主把货发过去就可以了。那么这个钱怎么结算呢？在五爱由货站来做这件事情。大体情况就是业主通过货站把货物发出后，由货站的人负责把货送到买家的手里，在发货的袋子上面写上欠了多少钱，然后这笔钱由货站送货的人来收取，回来之后业主再到货站去取自己的钱。不难看出，这期间就很容易出现问题。有的货站在一夜之间就消失了，这种事情并不是出现了一两次。想建立一个货站很容易，办一个营业执照，在五爱的附近租一个门面就可以了。我去的时候看到货站的门面一般都很少，货物就都堆在外面的地上。五爱里面的床子很密集，她所在的那个四层的服装大厅里面有将近六千个档口，这么算起来的话，如果一个货站一夜消失了，卷走的钱财和货物的数量是相当大的，而且涉及的人员范围较广。但是又没有其他途径来运输这些货，所以业主每每遭遇这种事情的时候都是自己干吃亏，却没有更好的解决方法。

　　五爱现在还有一个更坏的趋势就是赊账。很多顾客来上货的时候不带现金，都是赊账，这次上货的钱在下次上货甚至下下次上货的时候才给结算。因为现在竞争激烈，别人家赊而你家不赊恐怕就要少挣很多钱。于是这项"风险投资"在五爱也就日渐普遍。一般来上货的人不会仅仅在一家拿货，这样东赊一家、西赊一家的话，一旦这个人消失，损失也是很大的，且涉及范围同样较广。这种人要是想消失很容易，因为来上货的一般都是外地人，业主也不知道他们的底细，消失的方法就是不再来五爱上货，然后手机关机甚至停机。业主们还是有苦难诉。无论是床子拥有者们哄抬租价还是货站、赊账者消失这种事情都是和五爱集团的管理是分不开的。如果五爱集团加大力度来规范和打击这种事情的话，有些损失是可以避免的。

国女士所在这个服装大厅房子较老，已经有十多年了，中央空调也已经失灵，她的童装区在大厅的负一层，由于负一层通风不畅，所以大厅里面基本是夏热冬冷。前几日沈阳高温35度持续一周，大家纷纷向五爱集团反映闷热问题，甚至出现销售者销售货物时连连晕倒的情况。五爱集团的应对措施就是，气温达到35度的时候，一家给发一小桶冰来降温。"有些损失是可以避免的，环境也是可以变得更好的，就看五爱集团是不是下力度来治理了。"

她从市场下行回家后，自己吃口饭就去麻将社打麻将，打麻将就是她休闲活动的全部。谈及原因，她说自己的先生不在身边，一直在南方发货，儿子和儿媳也不住在一起，自己没什么意思就去打麻将，大家在一起打还挺热闹的。打到晚上然后就回家睡觉，一天就过去了。

五、社会关系网络的现状和变迁

她在沈阳十多年了，她有两个交际圈：一是妹妹等亲戚们，二是麻将社的麻友们。去五爱上货的人多为外地人，大家基本上是上完货就走，上货的时候感觉和她很熟，但是他们还是属于陌生人范畴。她一家经常回辽阳老家，父母还有很多亲戚们在那边。像她的孙女满月酒、儿子新房子搬迁请吃饭等一类事情都是在辽阳老家进行了一次，在沈阳小范围又进行一次，以辽阳老家为主，主要的人脉和人际关系网还是在辽阳老家那边。而且她从心底里认同老家那边的人，虽然她一直生活在沈阳，但是对老家有割舍不断的情怀。在市场里和她关系较好的人也都是辽阳老家那边过来的买卖人，她一家经常搭他们的顺风车回辽阳老家。

六、对城市社会的参与情况

她白天在五爱做买卖，下行后就去打麻将，基本都不在家里待着，所以很少和社区的人打交道。她也没想过要去参加社区的选举，她觉得自己根本没有时间放在社区的事务上。她和邻居们的关系很好，因为大家都是老邻居了，相邻住了十来年。出门遇见了会彼此亲切地打招呼。

七、社会保障情况

(一) 档案和户籍情况

因为她家在沈阳买了房子,所以户口早就迁到了沈阳。沈阳的政策是外地人在沈阳买房子就给落户。所以一家人都把户口都从辽阳老家迁了出来。至于档案,她已经不知道她还有没有档案了,因为她也没在单位上过班,一直都是做买卖,档案恐怕已经没有了。

(二) 医疗、工伤、养老以及其他保险情况

因为她是从农村出来的,所以没有医疗保险和养老保险。当年在农村老家那边推行农村合作医疗的时候她也没参加。她认为那都是白花钱,自己也不会有什么大病,根本就用不到。所以她和她先生都没有医疗保险。她现在有个头疼脑热的病就自己去药房买些非处方药吃,也就好了。现在看没有医疗保险还没什么大问题。她当初之所以没有去参加合作医疗保险,主要原因还是她个人的认识问题,她觉得没有用,白花钱,同样我们也可以看出来城乡合作医疗的宣传力度还是不够的,很多人还是没了解合作医疗的深层意义和重要性。

八、未来规划

谈到未来,她说:"这两年争取跑下来一个品牌的代理,这样先生也就不用常年在外面跑了,厂家给发货就可以了。再过几年就把买卖交给儿子和儿媳打理,好坏也就看他们了。"

案例编号:沈阳—经营型—008

访谈对象:程程,女,23 岁,辽阳灯塔人,中专学历,美容院老板
访谈时间:2009 年 8 月 19 日下午/2009 年 9 月 8 日中午
访谈地点:岁月无痕美容院(第二次为电话访谈)
调查员:王瑛琦

一、访谈背景

程程来沈阳已经三年半了,自己当老板也有两年了。她说话很快,再加上我同样的快语速,一开始访谈进展得很快,她是我弟弟的女朋友,所以之后我们聊了一些家常,又穿插进一些深访话题,这样才把语速缓和了下来。作为一个小生意人,她有与她的年

龄不相称的生活态度与处事标准。她说她开店到现在没遇到过什么困难，她认为钱能解决的事情就不是难事。她从劳力型移民转变成投资性移民，只用了不到两年的时间。作为一个23岁的美容院老板我觉得有深访价值。

二、打工妹阶段

她今年23岁，20岁不到的时候她就来到了沈阳市苏家屯区（以下简称"苏区"），也就是我的家乡。苏区是郊区，与沈阳市内五区的经济发展程度有差距。她之所以来苏区主要是因为她的朋友和亲戚在这儿。她刚来沈阳的时候没想在这里工作，初衷是来玩的。她之前在学校学的美容，于是来到苏区后第一份工作就是美容师。她说工作还是挺好找的，因为现在美容院数量多，所以刚到这儿的时候就能找到一份工作。说起那份工作，她感触颇深。来到苏区之后，她住在店里。当时店的老板是男的，店长是女的，就他们三个人在店里住，有的时候店长经常不回来住，所以就剩她和她的男老板。她说当时很没有安全感，毕竟和一个男的一起住，那段时间她常常睡不好觉，感觉身心疲惫。但在店里吃住都不用愁，自己也就省了很多事情。美容院作为服务行业，和其他第三产业没有差别，都是与人打交道的行业，服务别人。店里自然有很多顾客，我问她在这份工作里遇到什么困难没，她说："顾客什么样的人都有，而且是上帝，她们说什么就是什么呗。"据她说，在店里经常有顾客心情不好，然后故意找茬向老板告状，结果就是扣钱。我问她是不是也经历过许多次这种事情，她说她倒没有遇到过，自己刚来的时候不像现在这么能说，不爱吱声，和顾客只说一些好听的话，即使顾客心情不好说她，她也不言语。"她说她的呗，我不吱声她还能怎的。"这或许就是她刚开始融入社会的为人之道吧。能不能说和会不会说真的都是锻炼出来的，现在与她聊天，她完全没有了当年那个青涩的小姑娘的影子，毕竟现在自己是老板，没有了寄人篱下之感。她当时工作的那个美容院就是她现在自己所拥有的这家美容院。

三、美容院老板阶段

（一）资金来自父母

她说她从来沈阳到现在一切都很顺利，机遇都很好。这个美容院当时正好老板要把它顶出去，要回市里生活，不想再在苏区待着，就要把这个店脱手，而那时她正好在这家店工作，有接手的想法之后，就自然而然地接管了过来。当时并不是只有她一个人想接手，还有其他人也想来接手。那为什么是她接手的，她只说，因为她在店里干活，所以一切事情办起来方便些。就这样她自己成了美容院的小老板。接手美容院的钱都是家里出的，这里简单交代一下她家的情况。她说来沈阳时父母没有反对，觉得自己想去就去好了，能养活自己固然好，要是养活不了，家里给一部分钱也没问题。她是家里的独生女。她的父母现在在村子里包地雇人种。大体意思是这样的，她父母把其他家的地租下来，每年付给人家一定的租金，然后再雇人种这大概四百亩的地，除了租金和人工费以外的余额就是他们那一年所挣的钱了。我当时听她说完父母的情况，开玩笑地说了一句：

"有点地主的感觉啊。"她大笑说:"就跟那个差不多。"所以父母的积蓄也就成了她接手美容院的资金。我问她说:"父母没有反对你开店吗?""我自己想开他们也没有办法,就给我拿钱呗。"父母是女儿的强力后盾,不管是精神上还是物质上。父母相信她能干好自己的事业,同时也并没有过多的期望在她身上,只是觉得女儿过得好才是最重要的。

(二) 艰难创业阶段

就这样她接手了美容院,她说接手时也想过以后会有很多事情,但是完全没有想到有这么多事情。我看了一下,营业执照还是原来的那个老板的名字,我问她为什么没换,"这个也不重要,大家知道是我就行了呗,不然太麻烦了"。我问她有的东西要换吧,她说是的,而且很麻烦。我们先说了税务方面的事情,她说她当时去办税的时候那才真是麻烦。不用多说,我也能想到到底有多难。"当时就是往里面砸钱,从开始办到办下来,前后大概持续了半年,这期间请税务部门的人员吃了无数次饭,给人家赔笑脸。往里面砸老多钱了。"她说办税这个事不用针对整个税务部门来办,主要针对他们领导就可以了,通过其他人来找到领导。于是我问她这个"其他人"是怎么找到的,"是通过在苏区的朋友左拐右拐地联系上的,这中间拐的弯越多钱花得也自然就多"。21岁的她已经开始接触到这社会的阴暗面,我问她当时什么感觉,对城市生活有什么看法。她淡淡地说:"其实在哪不都这样,当时可是花了老多钱了。"脸上多了几分和年龄不相称的不屑。"还好,有朋友还认识税务的人,不然更难办了,当时就合计办完了之后就好了,咬咬牙也就过来了。"现在再有税务上面的事情就好办多了,直接去找税务部门领导就可以了,她已经建立了自己的人脉。除了税务部门,还要和卫生部门打交道,第三产业是卫生部门的主抓区域。她的美容院也经常有卫生部门的人来检查,常常会因为一些莫须有的理由被罚钱。我问都有什么理由,她列举了几个,比如产品产地与实际不符、产品不合格一类的。"有的时候看一看就罚你点钱,咱们都说不明白。"人家说罚钱就不得不给,虽然有时候来罚她钱她也会不强烈地抗议下,但是人家就告诉她,那钱不交不行,好在也就几百块钱。"胳膊拧不过大腿,不然让你停业整顿,不是更耽误事,要罚就给了,好在没那么频繁地来。"第一年的时候她一共被卫生部门罚了七百多块,这还是找人托关系之后的数目。要是没有人脉,那就不一定罚多少了。当时找的那个人,是她自己建立起来的人脉,"就是当时吃(饭)出来的"。她说她现在天天就像待宰的羔羊一样,等卫生部门什么时候又来罚她的钱。店里也就没什么其他的事情了。即使认识人的话也没办法,就等着不一定又来什么事情了。身为外地人来办这些事情,她说并没有感觉到有什么不方便,"有的时候你自己不说其他人也不一定知道你是外地人(东北地区方言差异不大),即使知道了也没什么,现在身为外地人又不是什么不光彩的事情"。她自己办一些手续的时候没有因为是外地人而多走程序,只觉得有些机关部门真是太霸道了。

(三) 美容业现状

她之前就是美容师,所以对美容院的整个行业现状和产品概况都了解,对于刚接手过来的美容院没有生疏的感觉,接管很顺利,包括人员和设备,基本上除了老板换了,其他的都没有改变。顾客也是接手过来继续服务。"服务好、效果好才能拉到更多的顾客,大家说好,也就过来了呗。"她会在苏区的报纸上给她的美容院打广告,搞活动的时候店里的生意很好。她说刚接手美容院那一年生意好,基本那时候投资的钱就大部分都回来了。今年生意就不太好,金融危机对她的美容院冲击很大。"美容行业不像人们的吃穿住行必须要消费的,对于美容,人们采取了可有可无的态度,要是有时间和金钱就来护理一下,没时间或者闲钱不足时可能美容这一块的花销就要缩减甚至取消了。"一个小美容院对于经济的起伏还是很敏感的。现在店里就她和另一个美容师两个人,也能忙过来。做美容的顾客们来之前会打电话预约,大家把时间错开,也就不至于忙不过来。五个月前美容院就她一个人看着,从美容师到杂工的活都是她自己做。她说她自己并不感到害怕而且能待得住。她用自己的韧性和耐力挺了过来。她对于美容这一行可谓轻车熟路了,她有她自己的产品来源,厂家直接给送到店里,也省掉很多麻烦事情。现在她的店所在的位置周围没有第二家美容院,所以这个市场空白点掌握得非常好。之所以一直在苏区开店,而没有在市里开店,是因为市里的费用太大,虽然利润相对会提高,但是在强竞争力之下,还是生意不好做。现在她在苏区的生意还不错。

她对于美容业现状的看法是:竞争压力太大。想提高竞争力的唯一方式就是学习更深入的知识,主要是指美容手法这部分。她一直有去市里的美容学校学习的想法,但是由于要自己看店还要服务顾客,所以总是没有时间来做这件事情。

四、社会关系网络的现状和变迁

她现在的朋友圈子基本都是以前认识的人,很少有新人加入到她的朋友圈子中。她觉得朋友还是老的好,大家都彼此熟悉和知道底细,也不用做作,是什么样子就什么样子,怎么高兴怎么来。

她现在的男朋友,就是我弟弟,算是她新近认识的人了。以前的朋友大家都比较熟悉,所以不会发展感情。找男朋友的话,她觉得肯定不能在老朋友圈子里面找。她和我弟弟是网上认识的,在访谈中间她也一直在用手机上QQ。上QQ是她与陌生人交流的首要渠道和主要方式。她和她的顾客们也都是维持服务与被服务的关系,除了这层关系以外,就没有过多的联系了。

五、对城市社会的参与情况

她基本不和社区打交道。社区的人也从来不来她的店里。美容院基本没有休息日,作为老板的她更是每天都要到店里,所以平时都是朋友到店里找她,一起出去吃顿饭。她对城市生活的参与程度不高。

六、社会保障情况

(一)档案和户籍情况

她的户口在辽阳老家,档案在自己手里面。现在的店也是租的房子开的,所以户口还迁不过来,她特别想把户口迁过来,对此,她比较乐观,说:"嫁人不就迁过来了嘛。"

(二) 医疗、工伤、养老以及其他保险情况

她现在没有任何保险,即使和她的店关系最紧密的商业保险也没有,所以她店里的财产一旦遭受不可抗拒力造成损失时,也只能自认倒霉了,完全没有途径获取赔偿。她现在还没意识到商业保险对于她店的重要性。对于她自身的各类保险,她打算以后再说。现在年纪轻轻的也不能有什么大病。总之,目前看来还没有什么事情非要用保险来解决的。

七、未来规划

对于未来,她的想法是把美容院做大,开分店,她想把分店开到市里去。有想法就是好的,毕竟要先有梦想才能去实现梦想。她还想自考个管理学的学位,我也简单地跟她说了下自考的流程和方法。之所以想学管理学,一是可以更好地管理自己的店,如果以后开了连锁店的话,管理很重要。二来,就算以后不干美容院这一行业,也可以用管理学的学位来找个工作。"旱涝保收的生活也不错,不像现在这样这个月不挣钱的话就得吃老本了,压力很大。而且太累了,杂七杂八的事情特别多。现在的好处就是很自由。"用知识来充实自己是好的,希望她以后无论是开了分店还是学习管理都能成功。

案例编号:沈阳—经营型—009

访谈对象:蒋女士,31 岁,初中肄业,重庆巫山县人,18 岁就跟随男朋友(现在的丈夫)到了沈阳,从事美发师工作已经 13 年了,现在经营着一家拥有 6 个座位的美发店,还没有落户沈阳
访谈时间:2009 年 7 月 20 日上午
访谈地点:沈阳市于洪区长江北街"久久美画"发型设计店
调查员:杨楠

一、访谈背景

蒋女士是一名美发师,我是她的一个客户,认识她已有 4 年多了。之所以选择了她作为访谈对象,是因为一方面对她比较了解,她经历丰富,是完全凭借自己的打拼在异乡生根发芽的,我很欣赏她;另一方面,她这个人性格开朗、健谈,很容易沟通。

蒋女士给我的第一印象是干净利落,有着重庆妹子的麻利和泼辣,言语之间透露着她的自信和精明,神情显得满足而幸福。每次做头发的时候,我们都海聊一番,嘴不闲

着，从家庭生活到新闻趣事，几乎无所不谈。

她的美发店平时生意较忙，所以我特地选择了相对比较清闲的星期一，在美发店刚刚开门的9点钟来拜访她。但没想到的是，已经有一位她的老顾客在店里等候她了。而此时，蒋女士因为她的儿子生病不能去幼儿园，所以她不得不在家里照顾一下儿子，只能晚来一会儿。大约11点左右，蒋女士领着儿子来到了美发店。在我说明来意之后，蒋女士欣然同意接受访谈。在她给顾客做完头发之后，我们便坐下聊了起来。

二、迁移及立足过程

蒋女士来自重庆农村，自言不爱读书，初中便辍学，17岁跟着一个姑姑出来打工，先是在天津的一个亲戚家里给人家带了半年的小孩。1996年，经人介绍，认识了现在的丈夫（厨师，四川人），于是便一起来到了沈阳。

（一）做小保姆的辛酸

第一次出来打工的蒋女士是在天津的姑姑的公婆家给姑姑看小孩，姑姑和姑父都在北京工作。姑姑的公婆住在军队的干休所里，平时的很多家务事都有勤务兵来做，蒋女士主要是看小孩。在中秋节那天，蒋女士安顿好了小孩，因为想家无法安睡，便独自出来到庭院里散心。当时已是深夜，姑姑的公婆发现她没有在房间，并且小孩不慎掉下了床，便找她回来，还呵斥了她。蒋女士很委屈，觉得已经是深夜了，而且是在本应该团圆的节日里，雇主不仅不能体谅她的心情，还呵斥她，所以蒋女士下定决心要离开工作清闲、生活舒适的干休所。

做保姆的时候蒋女士认识了一个四川老乡，也就是她现在丈夫的哥哥。当时，他见蒋女士不想干了，便把在沈阳做厨师的弟弟介绍给她。于是，蒋女士离开了天津，来到了沈阳。

（二）艰苦的学徒期

来到沈阳之后，蒋女士在男朋友建议下，没有出去找零工干，而是决定学一门手艺。于是便交了4000元的学费，拜沈阳的一位颇有造诣的美发师学习美发技术。蒋女士说当初做学徒的时候是很辛苦的。学徒期3年，每天早上7点到师父的美发店打扫卫生，做开业前的准备工作，而且经常是工作到晚上10点之后，有时候要到11、12点，而学习美发技术、练习美发的基本功要在日常工作结束后才开始。那时，蒋女士常常要到凌晨才能回到自己在沈阳租住的房间。更艰难的是，这3年学徒期是没有工资的。而且，这3年期间，蒋女士根本就没有见到师父，师父在此期间恰好在英国学习美发技术。蒋女士的美发技术主要是在师父回来后，给师父做小工时学习的。

这段艰苦的学徒经历为蒋女士未来的事业发展奠定了成功的基石。首先，蒋女士没有经历大多数打工者所面临的找工作的压力。聪颖的她在学徒期满之后便给师父做小工，尽管工资才300元/月，但却得到了师父的真传，学到了高超的美发技术，并且学成之后，在师父所开的沈阳最高档的美发店里谋到了月薪高达5000元以上的正式美发师的职位。其次，她不仅学到了真正的手艺，而且由于是从学徒做起，一直做到了大师傅，所以她也积累了丰富的从业经验。最后，在这段学徒和工作期间，蒋女士和一些同事建立了牢固的友谊，有些人成为其长久的朋友。在他们离开师傅、各奔东西之后依然保持着密切的联系。这座城市对于蒋女士来说已不再陌生。

（三）自己开店、自己做老板

来沈阳打拼10年后，蒋女士开始了自己的独自创业。2005年，蒋女士的久久美画发型设计店开始装修了，那个时候我还不认识蒋女士，但这个正在装修的美发店却引起了我的注意。与附近其他七八家美发店相比，蒋女士的美发店整洁、典雅，舒适的长沙发、日式的收银台吊灯、时尚但不俗气的美女海报、操作台上的面巾纸盒、干净的饮水机和空调、高档的美发设备……尽管装修并不奢华，但一切在我看来，这个美发店是要给顾客提供优质服务的，而不是简单地理个发而已。

蒋女士虽然没有受过什么市场营销之类的专业训练，但精明的她仿佛天生就懂得经商之道。她早在给人家打工期间就注意培养自己的忠实客户，与部分客户建立了长期的关系，她还真的颇有些追随者，走到哪里，这些老客户就跟到哪里。蒋女士说："我的客人五大区哪的都有（沈阳市内共有5个区）。"在小店的选址方面，她选择了离自己曾经打工的美发店有一定距离但又不是很远的一个小市场里，以方便她的老客户；而这个小市场又通向沈阳的一条繁华大街，既保证了交通便利、客流量大，又不在主要街道上，租金便宜。另外，尽管她的店选在了这个不足50米长的小市场里，但蒋女士依然选择了高档美发店使用的高品质的美发用品，以确保服务质量。蒋女士说："做任何事都要用心来做。做事情要凭良心。一分钱一分货，各种美发用品由顾客自己选择，我绝不会骗顾客的。"

蒋女士对自己的美发技术充满了自信，认为自己在同行中"还是比较不错的"，自言自己在这方面还是有些天赋的，并且十分重视继续学习，平时经常阅读与美发相关的杂志，参加学习班，紧跟时尚的变化，学习新的美发技术。她认为，美发没有什么模板，要根据客户的职业、气质、脸型、身材等特点，结合顾客的喜好，为客户选择适合的发型。言谈之中，我可以看出她十分喜欢这个职业，她说："实实在在地干，靠实力。（工作得）挺开心的。给客人做得美了，客人高兴，我也高兴，客人美了，我也美了。"

凭着自己高超的美发技术、高品质的服务和良好的信誉，蒋女士维护住了以前的高端客户，并进一步确定了自己的目标客户群，为追求服务品质的客户服务。因此，当我问及她对现在的生活感觉怎么样时，她说："感觉就是比较稳定，事业比较稳定，收入比较稳定，没有什么大起大落。"蒋女士现在的收入除了开店的成本和家庭开销，每月还能节余1万元左右。

（四）美满的家庭生活

蒋女士的家庭生活也如同她的事业一样"平稳"，没有任何波澜。18岁经人介绍认识的男朋友，无论是在生活上还是在事业上，都给了蒋女士全力的支持和指导，成为蒋女士在异乡谋生的港湾。他们一直保持着良好的关系，在沈阳共同打拼，在沈阳结婚，在沈阳生子。现在，蒋女士在美发店的附近租了一间2室的住房，供一家三口和店里的

2个员工居住。房间里有全套的家具和家用电器，生活舒适而安定。

蒋女士的孩子现在已经3岁了。我问她："在沈阳生孩子还顺利吗？"她说很顺利。从怀孕到生产她都没有遇到什么来自城市人口管理政策方面的问题。蒋女士选择了在居住地附近的一家小医院生孩子，我问她为什么选择这么一家小医院，她说："我没有什么不放心的，我怀孕期间是在大医院检查的，没有任何问题，再说，这家医院里生孩子的人很多，其中不乏当地人。"

现在蒋女士遇到的最大问题就是没有人看孩子。因为尽管美发店雇有3个大工、1个小工，但还是主要靠蒋女士自己支撑，所以小孩7个月就被送到幼儿园。由于开店没有节假日，所以在幼儿园休息的时候，她还要带着孩子来上班。就是在做访谈的这天，由于孩子身体有些不适，不能上幼儿园，蒋女士不仅上班来晚了，而且还是带着孩子来的。

三、社会关系网络的现状和变迁

蒋女士自从来到沈阳之后，便主要生活在沈阳，很少回重庆老家。现在，在她店里工作的3个大工，一个是她的堂妹，也有了自己的家庭，另外两个也是外地来沈打工的；还有一个小工看起来年纪很小，是她丈夫家的一个亲戚。我问他多大了，他说他16岁，但我觉得他很有可能不满16岁，也就十三四岁的样子，大概是担心还不到法定的工作年纪就工作被举报，才瞒报了年龄。

她堂妹学美发、做美发师是受了她的影响；蒋女士的弟弟也曾经在沈阳打工，也是个川菜厨师，现在在荷兰做劳务工，这则是受了她丈夫影响的。他们主要的社交圈子是重庆老乡。

由于工作的原因，蒋女士离开家乡的这14年中，仅仅回家过过一次春节，一般都在工作的淡季回家看看。我问她：春节不能回去，想家吗？她说：怎么能不想。为了这份乡愁，蒋女士的所有沈阳春节都是和老乡一起度过的。也许正是离家的这份孤独使得蒋女士从来没有感觉自己是个沈阳人，即使是将来户口落到了沈阳，即便嘴上说着"我感觉哪里都一样"，她还是认为自己是重庆人，将来老了，还是希望回老家养老。聊到这里，我停下来，问正在一边玩耍的蒋女士的儿子："你是哪里人啊？"她的儿子脱口就说："沈阳人。"今年蒋女士打算带着孩子和丈夫一起回家过年，因为父母的年龄都大了，到了该尽孝的时候了。

蒋女士和她周围小店里的人相处得很好，她的儿子来到店里后，旁边的复印社的阿姨便来到店里，逗着她的儿子玩，还给买了小食品。看得出他们相处得很融洽。我问蒋女士有没有和她的邻居成为朋友，她说没有。主要是没有时间相处，大家都很忙，几乎没有时间在小区的庭院里和邻居们唠家常。

除了重庆老乡，蒋女士最重要的朋友是当年在师父的美发店里结交的同事们。尽管工作很忙，但蒋女士认为自己的业余生活还是很丰富的。由于自己做老板，时间比较自由，因此不忙的时候她经常和以前的同事逛街，差不多每个月他们都会聚一聚，吃饭、泡酒吧、去KTV是他们常选的娱乐项目。

善于交际的蒋女士还与一些顾客发展成了朋友，她们都十分关心和爱护她。蒋女士说：刚来沈阳的时候有自己是外地人的感觉，最近几年没有了。在沈阳的这些年，蒋女士没有受到歧视，她觉得自己与本地人打交道没有困难。她说："（生活）挺平常，挺平淡的，想做的事都还可以。遇到的客人都很客气，对我很好。"特别是在汶川地震之后，很多客户都很关心她，打来电话问她家里的情况，问她需要什么不，这让蒋女士十分感动。蒋女士说自己"挺幸运的，大家都对我挺好的"。我问她为什么没有感觉到排外或被歧视，蒋女士认为可能是自己的收入高的缘故。

四、对城市社会的参与情况

蒋女士虽然已经在沈阳生活了 14 年，但却从来没有参加过任何与这个城市相关的社会活动。因为是租房子住，所以对于小区的事情，她从来不过问，也没有别人来问她。她也从来没有遇到暂住证的问题，即便是怀孕要生孩子了，也没有什么街道、社区的老大妈来问一问。

蒋女士的美发店的手续则是蒋女士亲自到当地的工商局办理的。我问她有没有因为没有本地户口遇到什么麻烦，她说："没有，十分顺利，给了身份证，交了钱，就办下来了。我的手续是十分齐全的。"

五、社会保障情况

（一）档案和户籍情况

蒋女士结婚之后就落户到了婆家，现在的户口已经完成了农转非，是城镇户口了。但考虑到儿子渐渐长大，她决定将户口迁到沈阳。尽管父母希望他们能够回到重庆老家，但他们在沈阳的事业已经稳固，不打算离开沈阳。他们计划等孩子到了上学年龄就在沈阳买房子，把户口迁到沈阳来。他们了解到，只要在沈阳买了房子，户口就可以迁入，没有政策上的问题。说起在沈阳买房子、安家的原因，蒋女士说，这完全是为了儿子，如果不是为了儿子上学方便，她不会落户沈阳和在沈阳买房子的。

（二）医疗、工伤、养老以及其他保险情况

蒋女士从来没有把落户沈阳和她将来会享受到城里人的医疗保险和养老保险联系起来，她说她从来没有考虑过这个问题，但她从投资和储蓄的角度购买过商业保险。

六、未来规划

对于未来的事业发展，蒋女士说："我还是比较现实的，没有太多的想法，顺其自然，计划没有变化快；将来也许会和自己的丈夫开一家川菜馆，但现在条件还不成熟。"现在蒋女士的丈夫已经不做厨师了，家庭的所有收入都来自这个美发店，他们这些年的积蓄都被丈夫投资于拆迁工程了，由于市场不景气，投资还没有收回来。但言谈中，蒋女士似乎并不担心投资可能会失败。

案例编号：沈阳—经营型—010

访谈对象：辛先生，34岁，安徽省太湖县人，高中学历，1996年来到沈阳，私企业主（汽车回收厂老板）
访谈时间：2009年8月31日晚上
访谈地点：辛先生的私家车里
调查员：崔丹

一、访谈背景

约到辛先生真的是很不容易，他的生意忙，公司的事情比较多，约了他几次都赶上他没有时间。今天他出去办事，从办事的地方回家会路过我家，他答应如果早的话会给我打电话，所以一晚上我都在等他的电话。大概晚上8点多钟的时候，我终于等来了他的电话。他说他才忙完，是开车过来的，车就停在我家小区的门口。我之前没有见过他，出小区后就看见一辆黑色的别克车停在门口，旁边站了一个人，这个人个子不高，瘦瘦小小的。他向我招招手，我就走了过去。虽然他来沈阳好多年了，但是他说话仍然带些南方口音，我听起来很费劲。打了招呼以后我们就在他的车里开始访谈。

二、迁移及立足过程

辛先生是安徽省太湖县人，1975年生人，今年34岁。他的老家是在农村，父母以种地为生，家里有一个弟弟和一个妹妹，家庭条件比较困难。他从小到大在他们那学习一直都很好，但是和老师的关系并不是很好。高考的时候因为和化学老师不和，所以化学这科没有答，总成绩和本科线差了2分，后来被一所专科学校录取。他还记得当时专科的学费总共是4800元，由于家里那个时候困难，拿不出这么多钱，所以没能念上大学。

由于大学没有念上，1996年的时候他就来了沈阳，当时他的弟弟在沈阳做回收旧汽车配件的工作，他来了以后弟弟帮他在一个家具厂找了一份工作，这份工作一个月的工资只有298元。他感觉这样不行，做这个工作没有什么发展，而且一个月只能赚不到300元钱，太少了，不会有什么大成就的，所以他辞掉了家具厂的这份工作，开始学习怎么做旧汽车配件的生意。弟弟当时也是刚开始做这行，还不太懂，他们倒是有不少老乡都在做这行，但由于利益关系这些老乡不肯教他该如何去做，所以他就在老乡们卖货的时候自己在一旁偷着看，看老乡们都是怎么卖的，看一样记一样，琢磨明白一点以后就开始自己蹬着自行车，驮着那些旧汽车配件去汽车修配厂卖。他说当时他到沈阳以后，身上只剩下20块钱，来回跑汽车修配厂的那辆自行车就是好说歹说才用这20块钱从邻居那赊来的。冬天的时候沈阳很冷，他和小弟就穿着件毛衣骑着自行车满沈阳市跑。老家的冬天没有那么冷，所以厚衣服也只有一件。下雪的时候把衣服浇透了都没有第二件衣服可以换。

他一开始给自己定下的目标是在沈阳一年要赚到5000元钱，赚够5万元就带着钱回老家。结果做这行的第一年他就赚了1万多，超出了他的预设目标，他认为做这一行钱来得挺快，就一直做了这一行。但当时家里的妹妹考上了大学，在合肥上学，所以他说自己赚点钱就都给她邮回去了。说到这的时候他很自豪，说作为一个农村人在城市里一年能赚到1万多元已经很不容易了，在家乡那个时候万元户已经是很了不起的了。

1997年下半年，他的妹妹毕业后开始自己赚钱，他也就不用再往家里寄那么多钱了，只需要寄父母的生活费就可以了。那时候做生意赚的钱也比以前多了，这样他就开始攒钱来做生意本。到了1998年以后，他就开始改做了收旧汽车的生意，也扩大了生意的规模。他还记得他做第一笔旧汽车生意的时候花了4000多元的本金，然后就获得了4000多元的利润，他意识到这个生意要比做旧汽车配件赚钱容易，做汽车配件一次只能赚百八十块钱，有时候还赚不到钱。于是他就开始骑着自行车满沈阳市跑旧汽车的生意。就这样做了一年的收旧汽车的生意大概赚了3万到5万元。

在做旧汽车的生意这段时间他认识了他现在的老婆，1999年，老丈人帮他借了10万元左右，加上自己这几年攒的几万元钱，东凑西凑，凑够了20万元，他自己开了一家汽车拆解回收公司，将回收来的汽车销售给汽车报废回收公司。这时候他才算开起了自己的第一家公司，公司成型的第一年里他就赚了二三十万。但是一年以后由于国家打击非法拆装拼装汽车等行为，和他合作的公司成了打击对象。他就换了合作公司，开始和沈阳市报废汽车责任有限公司合作。2003、2004年那两年和这家公司的合作使他的事业开始走向一个高峰。2003年的时候赶上这家公司换领导，他和这位领导很合得来，他的公司的地址也换到了比较繁华的位置，生意开始变得很顺当，欠的钱也都还清了，生意开始越做越大。到了2007年，整个沈阳市的旧车都由他们公司承包了。

2008年开始由于废钢价格下降，他做的这个行业受到影响，所以他将公司停止运转，开始寻找新的经营项目。2009年初他尝试着去大连做海鲜生意，但没有成功，而此时废钢价格又开始回升，于是他在5月份回到沈阳开始重新整合公司继续运营，现在公司正处在重新起步阶段。

三、社会关系网络的现状和变迁

他在刚来沈阳的时候主要的活动群体是他的老乡们，那个时候来沈阳的老乡大部分都在从事回收旧汽车配件的生意，而他也想进入这个行业，所以他每天都会跟这些老乡在一起，看他们怎么卖出，向他们学习怎样做这行生意。2003年的时候，包括他的公司，一共7家汽车拆解公司基本将沈阳市的该行业垄断，而这7家公司的经营者都来自他的老家安徽。

他说自己是个很大气的人，他说想交朋友就要该花钱的时候花钱，不能在乎这些小的利益。2003年他的事业之所以能开始走向高峰，是因为他和合作公司新上任的老板关系很好，用他自己的话说就是"处得比较明白"。他说那个时候他总会请合作公司的老板出去娱乐，像吃饭、洗澡之类的活动常常有，他也在这个老板那得到了不少生意上的机会。

他认为商人的生意都是在酒桌上谈成的。作为商人，抽烟、喝酒成了他们必备的技能，不会这些是做不成生意的，所以他不希望女儿将来继承他的事业。

四、对城市社会的参与情况

他没有什么其他的社会活动，似乎对这些也不太感兴趣，他几乎将所有的心思都扑在了他的事业上。他的公司在重新整合的阶段，天天都很忙，几乎每天都要晚上8点以后回家，这次的访谈我也是约了他好多次才做成的。他在家的时间很少，居住的社区如果有什么活动，他也是没有时间参加的，他参加比较多的应该是饭局之类的活动，至于参加社会活动他都没有想过。

五、社会保障情况

他现在住的房子是丈人家的房子，前不久他在沈阳浑河边的物业小区买了房子，现在户口也已经迁到了沈阳。

他虽然自己开公司，但到目前为止没有给自己和公司的员工上任何保险，他说国家现在有规定，公司必须要有一定人数的保险，等这回公司重新整合步入正轨以后，会给一些员工交保险。他没有给自己交保险的想法，他说像自己这种做生意的人，就算退休不工作的时候，也不会差那每月发的1000多块钱的养老保险，到时候还要每个月去取，还挺麻烦的。

六、未来规划

他的父母现在还都在农村，妹妹在合肥的证券公司做财务总监，一年也能赚30多万元，不用他担心什么，让他担心的是父母。他说他在沈阳也买了房子，现在父母都50多岁，还算年轻，但是将来他们年纪大了以后一定会接他们来沈阳。不过问题是之前父母也曾来沈阳生活过一年，但是他们并不太喜欢沈阳的生活。他来沈阳的时候很年轻，只有22岁，接受新的语言环境速度很快，但他的父母不一样，他们这个年纪接受能力差，很难接受新的语言和新的生活环境，尤其他们是南方人，语言和我们北方的语言差别较大，来到沈阳后他们几乎一句话都听不懂，交流存在问题就很难交到什么朋友，不像在家里，有空的时候可以和邻居朋友们在一起聊聊天什么的，后来他们就又回了安徽。他现在住在营盘一带，但他已经在浑河边上的住宅小区里买了一套130多平方米的房子，他说房子装修好后还是想把父母接过来一起生活。

他的女儿现在在营盘上小学四年级，今年十岁，学习成绩是班级里的前两名。他希望女儿将来能多念点书，他不想让女儿和自己一样走从商这条路。从商需要会抽烟、喝酒，女孩不适合，他说女孩就适合多念点书，这就是他的观点。他说他对女儿的要求也不高，只要能念上本科，他将来就能托人给她找个证券公司的工作。他认为学历和能力是将来生存的一方面，社会关系也是不可缺少的另一方面，所以他才在交往方面从来不在乎钱。在他的观念里，自己就算再有钱，也不是受人尊敬的那一种。只有有知识、有文化的人在社会上才能受到人们的尊重，他说有文化的人说出来的话都和他们不一样，比他们有水平。

案例编号：沈阳—经营型—011

访谈对象：潘先生，41 岁，初中毕业，安徽怀宁县人，木匠出身，1991 年来到沈阳，2008 年在沈阳落户，现在是个小包工头
访谈时间：2009 年 8 月 1 日傍晚
访谈地点：沈阳市皇姑区的潘先生家
调查员：杨楠

一、访谈背景

潘先生多年前经人介绍，给我的同事做过家庭装修，他们因此相识，并逐渐发展成为朋友，潘先生每年从家乡回来都会给我的同事带些家乡的土特产，潘先生的儿子也常常到我的同事家小住，玩玩。其实这份访谈的资料还有相当一部分来自于我的同事。

工作繁忙的潘先生在一天傍晚抽出时间，并应我的要求在他的家里接待了我。

二、迁移及立足过程

潘先生是家里的长子，下面还有 3 个弟弟妹妹，当时农村生活比较艰苦，所以 1986 年初中毕业后他就跟随家乡的一位师父学习做木匠，3 年学徒期满之后，就开始了独立谋生。

潘先生最早是跟着老乡到武汉打工，后来又跟着老乡来到北京，在北京的一家工厂里做家具。1991 年又是经老乡介绍来到了沈阳，来沈阳的主要原因是沈阳的工资比北京高。当时，北京的家具厂的工资是 20 元/日，而沈阳则是 25 元/日。

（一）高超的木匠手艺和诚实守信使潘先生建立了良好的人脉关系

潘先生不仅手艺好，而且做事认真，潘先生说："我从来不糊弄人家。"凭借着高超的木匠手艺和诚实守信，潘先生没有像多数进城打工的人一样在街头风吹日晒，为找到下一份工作而焦虑地等待，基本上所有的活都是老乡和老客户给介绍的。

来到沈阳之后，潘先生不再做家具了。当时，潘先生主要是给鲁迅美术学院的老师做雕刻和大型的艺术工程。在没有工程的时候，他主要是给私人做木制的阳台窗户。1998 年之后，家庭装修开始兴起，潘先生也开始做家庭装修的活，由于有大型艺术工

程装修的经验,所以家庭装修对潘先生来说是"小菜一碟"。

其实在与潘先生的聊天中,我感到他并不是很善言辞,主要是我问什么他答什么。所以我觉得潘先生之所以能够建立起来这么好的人脉关系,主要是因为他高超的木匠手艺和诚实守信。

(二) 来自城里人的歧视使潘先生渴望成为城里人

经过多年的打拼,在1992年,潘先生花了2万多元在自己的老家盖起了一栋两层小楼,这可是村子里的第一个小楼房。小楼盖起来了1年之后,潘先生在这栋小楼里骄傲地迎娶了他的新娘。在家乡,潘先生可是令同乡羡慕的对象。

尽管潘先生的活不断,收入不错,但在城里打工的日子其实并不轻松。像所有的从农村到城里打工的人一样,潘先生的妻子、孩子、父母在家乡留守,自己在城里过着简单而艰苦的生活,大部分的时间都在工地上吃住,没有什么娱乐。生活上的寂寞、艰苦倒还可以忍受,潘先生说最不能忍受的就是来自城里人的对他们的傲慢、无理、歧视和欺辱。这些歧视来自各个方面,甚至在公交车上有时也会无端地遭到白眼和谩骂。因为是外地人,为避免不必要的麻烦常常忍气吞声,有的时候,甚至有些雇主会以装修有问题为由拒付或少付工程款。但最令潘先生感到难过的倒不是来自某些人的歧视。毕竟,在沈阳,他还是遇到的好人多。令潘先生难过甚至恐惧的是对所有外来务工人员都有的"暂住证"制度。

潘先生说,他们住在工地上,有的时候会有当地的派出所来查,他们主要是为了挣钱,有的时候工钱还没有给,哪里有钱给他们!为躲过执法人员的盘查和盘剥,潘先生他们常常将工棚的门在外面锁上,他们则从窗户爬进去,不敢开灯、不敢说话。潘先生说:"我们不怕暂住登记,只对收费反感,因为收费了也没有给我们办什么事情。对于我们来说没作用。"

尽管潘先生的收入并不少,但因为自己不是城里人,没有城市户口,便受到差别对待,这成为潘先生渴望成为城里人的主要原因之一。

(三) 潘先生的第一桶金

2006年,潘先生的机会来了。沈阳某党校新建的办公楼基本竣工,开始内部装修。多年前的一个客户打电话给潘先生,让他去谈一谈。潘先生曾经干过大型装修工程的经历和良好的口碑为他赢得了这个价值100多万元的装修合同。这所学校现在已经成为潘先生的长期客户,一直干到现在,为潘先生提供了稳定的收入。有了这次大工程的经验,潘先生开始承揽较大的装修工程,目前主要是在沈阳的高校圈子里的装修实验室之类的工程项目。

潘先生虽然能够承揽一些较大的装修工程,但却依然是粗放式的管理,没有形成公司化管理,连固定的办公地点都没有,只是在工地办公。潘先生说:"养个执照难,费用高,二级资质执照也很难。"按照国家规定,二级资质的执照要求每年的营业额要至少达到500万元,并且还要交各种各样的税费,所以,潘先生没有自己的营业执照。如果需要发票的话,潘先生就用老乡开的公司的票据。

(四) 落户沈阳

潘先生结婚之后，妻子留守老家，侍奉父母和教养儿子。1998 年，潘先生的妻儿也一起来到沈阳，他在沈阳郊区租了一个小平房，每月 100 元的房租，条件还是很艰苦的，到了冬季，还需要自己烧煤取暖。妻子边带孩子边在工地上帮着做饭。2000 年，儿子到了上学的年龄，便回到家乡上小学，由潘先生的父母照顾。但 2001 年又不得不回到沈阳，因为爷爷奶奶疼爱孩子，不能严格地管教孩子。因为没有沈阳市户口，潘先生的儿子在沈阳上学需要交 400 元/年的借读费。

2008 年，潘先生在沈阳买了自己的房子。这个房子是潘先生曾经干过活的一个客户卖给他的。潘先生的房子是一个 120 平方米的跃层公寓房，售价 50 万元。潘先生首付了 20 万元，老客户借贷给他 30 万元。这 30 万元，潘先生每月还款 1 万元，3 年还清。我问潘先生："有没有还款的压力？"他说："还可以，现在看来还上这笔款子应该没有什么问题。"

潘先生的房子装修花了 10 万元，和大多数沈阳居民的装修没有什么太多的差别，实木地板、成套的厨房橱柜、布艺沙发、木质楼梯……外加全套的家用电器，从厨房的微波炉到冰箱、彩电，一应俱全。

按照沈阳的政策，只要购买住房便可落户沈阳。潘先生买完房子之后，就把户口由安徽老家迁到了沈阳。现在老家还有责任田，不过，弟弟也出来打工了，只剩下父母，由于父母年迈，地已经请别人种了。潘先生说，现在虽然还有地，但土地承包合同到期后，估计就不会再分给他们了。

我去采访潘先生的时候，正好他的父亲从老家过来，就在潘先生的家里。老父亲主要是来看病的。潘先生说已经找好了人，准备带父亲去沈阳最好的医院看看病。

潘先生的儿子今年 16 岁，俨然是一个英俊少年了，今年上高中。儿子中考成绩不很理想，与沈阳的一所市属重点高中的录取分数线差了几分。潘先生为了儿子能受到更好的教育，毫不犹豫地拿出了 3 万元的择校费，让儿子如愿地去了这所学校读书。其实让儿子读这所学校不仅花了这名正言顺的择校费，期间托人找关系，还是需要不少的人情费的。

见我谈到他的儿子，潘先生便招呼楼上的儿子下来。我问潘先生的儿子："沈阳好还是老家好？"他笑着说："当然是沈阳好。"虽然偶尔回到老家，也在老家农村的学校上过 2 年学，但潘先生的儿子主要还是在沈阳长大的。他很喜欢沈阳，觉得沈阳比老家农村好。城里繁华，生活方便，特别是玩的东西多。这个假期，潘先生的儿子还上了一个跆拳道训练班。

三、社会关系网络的现状和变迁

从潘先生的打工经历和事业开拓来看，潘先生的人缘很好，经常有人给他介绍活，一开始主要是老乡，后来则主要是他的老客户，就连房子也是老客户卖给他的，并且还借钱给他。

我的同事也算是潘先生交的沈阳朋友之一。他们相处得很好，经常有往来，每到假期,潘先生的儿子都会到我的同事家玩玩,有时还要住上几天。大概是潘先生一开始就和高校的老师打交道比较多的原因,他觉得他们有文化,待人和气、真诚,所以很愿意和他们交往,并努力地培养成朋友关系。潘先生的老乡已经不再是他的唯一的生活圈子了,其实这些老乡既是朋友又是同行,有着竞争关系,相处起来大概不如和当地人交往那么轻松。

四、对城市社会的参与情况

潘先生来到沈阳已经有19年了,但成为真正的沈阳人才只有1年的时间。目前还没有参与到这个城市的社会生活中来。但潘先生很关心国家大事,在访谈中,潘先生多次提到温家宝总理,说他为农民工做了许多实事,并且感觉到,自从温家宝当总理以来,有很多事情都在悄然地变化着。

五、社会保障情况

(一) 档案和户籍情况

潘先生买完房子之后,就很顺利地办理了落户手续,没有遇到任何问题。

(二) 医疗、工伤、养老以及其他保险情况

我问潘先生对今后的医疗、养老等情况有什么想法,他说,他要在不太忙的时候,到相关部门了解一下,希望能够享受城里人都有的待遇。

六、未来规划

潘先生现在的事业正在发展阶段,每天都奔忙在工地上,就连妻子也很忙,帮忙照顾工地,主要还是给工人做饭和打扫卫生。我离开潘先生家的时候都已经天黑了,但他的妻子还没有从工地上回来。

潘先生热爱自己的工作,对未来充满信心,希望在这个领域能够继续发展。不久前,潘先生还买了一台笔记本电脑。买了电脑之后,潘先生就到了我的同事家,要我的同事教他怎样使用电脑,那时的潘先生还对电脑一窍不通。我的朋友觉得,其实潘先生主要不是来学电脑的,主要是让我的同事和他分享这份喜悦。现在,潘先生通过自学,主要是通过网络学习网上的免费课程,学会了CAD,能够用计算机画图。潘先生用计算机做的设计和绘制的图纸受到了他的工人们的认可,看着潘先生的图纸,工人们就能做出东西来了。

最近,潘先生刚刚考到了驾驶执照,现在已经开着车奔忙于各个工地之间了。

潘先生希望他的儿子能够学习建筑或环境艺术设计之类的专业,当然,这也是潘先生儿子的理想,潘先生已经成为他儿子崇拜的偶像。

杭州个案调查汇编

案例编号：杭州—智力型—001

访谈对象： 韩先生，24周岁，本科学历，毕业于浙江大学计算机科学与技术专业，目前是IT工程师。籍贯浙江湖州，来杭工作两年了。居住在城西沁雅花园，与大学同学合租，共四人
访谈时间： 2009年2月26日晚7点至9点
访谈地点： 杭州东部软件园三楼办公室
调查员： 陈是也

一、对城市的总体印象

我来杭州已经6年了。刚来的时候在浙江大学紫金港校区，校区建设得很漂亮，但是在杭州郊区，有些偏僻荒凉。经过这几年的发展，城市建设很快，特别是紫金港附近的三墩，建设得很好。整体的居住环境让人觉得舒适。卫生环境方面，虽然环卫工人很多，也很辛苦地打扫，但是整体卫生一般，个人觉得是因为杭州市民的素质不高，随地吐痰等现象太多了。治安方面情况还好，虽然公交车上小偷什么的还是挺多的，也常常听说作案团伙，但是没遇到过抢劫，凌晨三四点出门也是安全的，这点比北方好多了。交通方面出行还算方便，出租车、公交车都很多，但是城市交通的规划还是有不足的地方，例如连接浙江大学的紫金港校区、西溪校区、玉泉校区的817路公交车停驶了。

整体来说，我还是挺喜欢这个城市的。因为在这个城市度过了四年美好的本科生活，所以对杭州充满了感情。同时在这四年间，也习惯了这个城市的生活方式、生活习惯。其实我老家在湖州，本来就离杭州不远，现在有直接回家的公交车，一个小时左右，如果自己开车从高速公路走只要20分钟。两地的生活方式和习惯很接近，语言和风俗习惯也很相似，还有亲戚在杭州，因此在这个城市生活基本没有什么障碍。

从城市气质上来说，杭州显得有点老，比较懒散，缺乏生机与活力。杭州人追求安稳的生活，而不愿意去追求、不愿意去拼搏。

二、社会网络与社交状况

我主要的交往对象是公司里的同事，因为大家大部分时间都待在公司，交往机会比较多，而且年龄相近，也有共同的话题和兴趣。还有就是大学里的同学朋友，很多都在杭州，周末会一起打球或者吃饭。回老家的时候会跟高中的朋友交往。

和杭州人的相处：大学时候的室友有一个是杭州人，觉得他有点小气，眼界不够开阔吧。有几个女生朋友是杭州人，杭州女生性格都很开朗，容易相处，我和她们很聊得来。主要的活动就是周末跟朋友打球吃饭，跟实验室的师兄交流学术上的问题，或者跟

朋友聊天交流感情。因为工作比较忙的缘故，所以休闲娱乐活动比较少。

而在社区，只跟保安有过很少的交往，因为他帮我签收快递。每天早出晚归，大部分时间在公司里，所以没有机会和其他人交往。邻居之间的话，只有在电梯里见到会点头微笑。一起同住的都是原来同专业的同学，关系比较好，一起打牌、打麻将、调酒喝。其他三个同专业的同学一个在阿里巴巴，一个在虹软，一个在读博。

跟杭州人的交往不是特别多，但以跟几个杭州朋友的相处来说，觉得跟杭州人没有隔阂。杭州人对外地人没有什么歧视。在上海对外地人的歧视比较严重。在杭州，在没有利益冲突的时候本地人跟外地人还是可以和平共处的。

三、城市生活中遭遇的问题

之前在生活中遇到的问题是没钱付房租。刚参加工作的时候是"月光族"，虽然收入不少，但是买衣服、鞋子，购置家具，还出去跟朋友吃饭，都花掉了。租的房子是2700元一个月，加上水电煤气还有物业费，每个人1000元一个月。房租是半年一付，一次差不多要付5000元，那个月没钱交房租，最后还是跟爸爸借钱付的。因为金额比较大，所以跟家里借了，金额小的话会跟朋友借的。

工作也有些问题。刚开始的时候觉得工作没有挑战性，比较枯燥。因为从学校走出来对社会并不太了解，对行业的整个运作也不清楚，而且当时放弃了读博的机会，在时间比较紧的情况下找了这份工作，可能对工作的期待比较高，所以当时有点不满意。现在能够更好地适应工作了，应该说是更加能够忍受了。在社会上做事未必能够做自己最喜欢的，但是现在的工作还是可以接受的。当时选择放弃读博是因为想了解这个行业的整个运作，觉得与其把青春浪费在学校里，还不如出来闯荡。出来工作之后还可以继续读研读博，了解了工作上需要的东西，学习也会更加有针对性，更加有动力。在学校的时候人总是混沌和迷茫的，工作之后更加忙碌和充实，知道自己缺少什么，于是会花很多时间去弥补自己的不足。

对目前的收入不太满意，虽然月收入在5000元以上，看起来不少，但还是买不起房子。杭州的房价让人难以接受。好的房子8000元一平方米。可能会选择跳槽来改变现状吧，在IT行业2年跳槽一次是很正常的。可以跳到别的公司做一段时间再跳回来，工作经验丰富也可以提高收入。在这行做四五年时间的话，可以拿到1.5万元左右的月薪，当然在上海会更高。其实做IT的哪个城市都可以，关键是看公司。在上海和北京大公司更多，所以发展的机会会更大。有机会的话也许会选择往更好的地方发展。

四、对城市社会的参与情况

现在居住的小区社区挺好的。整个社区感觉挺高档的，很卫生，安保措施完善，有游泳池、网球场、舞厅，文娱设施很齐全，并且利用率很高（游泳池里都是小孩子，舞厅里都是老年人）。物业公司应该承担基础服务，例如送报纸、送牛奶、维修电梯、负责小区绿化、维护社区环境卫生。

我认为不需要对本地人和外地人进行分类管理，甚至没必要有地域区别，户籍制度已经落后了，应该取消。居委会这样的机构的存在并没有多少意义，因为社会上有很多有针对性的专门的机构，有问题可以找到合适的机构去处理，不需要居委会来处理。而且目前社区民众对居委会的活动参与太少了，基本的选举权就没有落到实处。应该在选举前进行公开演讲，这样投票才有意义。

五、社会保障情况

娶杭州人或者嫁杭州人或者生个杭州人，容易成为杭州人。其实这只是一种心态问题，只要心里认为自己是杭州人了，就是杭州人。我跟杭州人的区别只是杭州人对杭州的了解更深刻透彻，在杭州拥有更大的人际圈子，杭州人会完全把自己的将来规划放在杭州，而不会考虑其他城市。我现在是杭州集体户口，没感觉到杭州市对外来人口的管理有何不同，也不觉得自己是外来人口。

六、公共政策

我比较关注交通方面的政策，希望整体交通环境更好一点。不但城区内部要四通八达，跟周边的城市也要都连接起来，这样外地人回家可以更加方便快捷。我回家如果上高速公路只要 20 分钟，而现在坐公交需要 1 个小时，还是有很大的改善空间，以后城际高速铁路通车，只需要 15 分钟，希望早点建成通车。

杭州公共体育设施方面需要更大的改善。现在想要运动休闲只能去学校，如浙大。但是去学校也不是很好，一方面路远，另一方面人多。应该开辟一些以运动为主题的公园，提供免费公共体育设施给民众使用。

杭州应该大力发展 IT 产业，虽然市政府的确在倡导，但是实际上做得并不好。在各个方面都竞争不过上海，对大公司没有足够的吸引力，大公司觉得杭州的配套设施不够完善，成本也高。像在东部软件园，房租就很高。政府可以在政策方面、投资流程、赋税、奖励政策方面有所改进，降低投资的成本，这样一些大公司就会进驻杭州了。

市政府应该大力支持浙江大学。浙江大学现在依托着教育部和省政府，而市政府却想扶植杭州大学，而没有给浙江大学足够的支持。现在浙江大学看起来很大，但其实是架子大，其内部很虚弱。应该把浙江大学做得更加充实一点，以此来更好地发展高等教育。

案例编号：杭州—智力型—002

访谈对象：吴先生，24 岁，浙江大学计算机应用专业研究生毕业。现为软件研发工程师，籍贯安徽滁州，来杭工作两年半。居住在杭州西湖区马塍路，四人合租
访谈时间：2009 年 2 月 27 日晚 7 点到 9 点

访谈地点：麦当劳
调查员：陈是也

一、对城市的总体印象

  我来杭州两年半了，对这个城市总体影响不错，觉得杭州非常干净，居住舒适，风景优美。城市的管理和发展也很不错。就 IT 行业来说，杭州就业环境也仅次于上海和北京。卫生方面是见过的城市中最干净的。本科期间在南京，选择来杭州的原因不光是因为在浙江大学读研究生，还因为杭州的 IT 公司比南京多，城市发展比南京快，风景也比南京好。治安环境一般，小偷不比南京少，虽然没被偷过，但经常听说同学的手机或者电脑被偷的事情。曾经听说西溪有一个寝室四台电脑全部被偷，还有玉泉有一个寝室的门被暴力冲开，东西被偷，还发生过整个楼层的寝室被偷的事情。居住环境很好，很适合居住，没有上海的拥挤，却有上海的繁华。交通环境不好，堵车非常严重，下午 4 点到 6 点出租车很少，也没有地铁。相比来说，南京城市大，道路很宽，公交很多，地铁也很方便，路上没有这么堵。虽然杭州马上就有地铁了，但也很难解决道路拥堵的问题，因为杭州城市小，但富人多，私家车太多，以后坐地铁的只是没有车的人，路上的拥堵还是没有办法解决。随着私家车越来越多，也许以后杭州也要模仿北京一样单双号限行才能解决交通的问题。市民素质还不错，对待外地人比较友好，少有歧视。

二、社会关系网络与社交状况

  我很少跟杭州人交往，因为没有机会。交往圈子中大部分是外地人。邻居基本不认识，因为每天早出晚归，大部分时间在公司。主要的交往对象是公司的同事和同学还有在杭州的老乡，同住的是同事和同学。目前有个同住者是杭州人。觉得杭州人对外地人态度比较友好，不像上海那样歧视严重，杭州人对待外地人跟对待本地人是一样的。我跟杭州人最大的不同也许是语言，虽然来了两年多，但是杭州话大部分都听不懂。对杭州的生活方式还是比较适应的。

三、社区生活

  社区没有组织活动让居民参加，所以我也很少跟社区打交道，唯一一次是去社区买老鼠药。没有感受到社区提供的服务或者管理，但是整个社区还是比较安全的。现在的社区是租住房所在社区，所以并没有太多期待，对自购房的社区管理，有比较多的期待。最基本的要求是安全和便利生活。除此之外还需要保持社区环境整洁，有比较好的绿化，有较多公共活动和娱乐活动，例如组织老年人的文娱体育活动，还要有公共体育设施，方便进行体育活动。社区应多组织邻里的联谊活动，期待能有和邻居互动的机会，拥有一个和谐的邻里关系。

四、城市生活遭遇的问题

生活问题,主要是杭州的房价太高了,在全国也算是相当高的,而且房价的趋势是越来越高。因为定居意向非常确定,而且目前工作和收入都很稳定,所以我刚刚买了房子为定居做准备。房子在三墩,浙江大学紫金港附近,期房,明年5月份交付。每平方米7800元,113平方米,目前月供3000元,需要还款25年,不过应该会提早还清。现在感觉自己做了房奴,工作好像就是在给银行打工。希望杭州的房价能够比较稳定。

工作方面很顺利,对收入也很满意。

五、户口情况

现在我还是公司集体户口,买房之后就是杭州个人户口了。我觉得富人能够比较容易地在杭州定居。因为杭州的生活成本很高,消费水平很高,但是机会却没有上海和北京多。要想在杭州过得好,不容易,必须要有一份非常稳定的工作,或者本来就很有钱。在杭州的人分为本地人、外地打工者、本地的富人、外来的富人、高校毕业生、创办公司的人。相对来说,有稳定工作且在生活习惯上跟杭州人相同或者类似的人最容易成为杭州人。每个城市都有其气质,上海是金钱至上的地方,北京是政治中心,杭州就是休闲城市。喜欢杭州的气质并且能够融入这种气质的就比较容易成为杭州人。

六、公共政策

杭州应该大力吸引高学历的高科技人才。杭州对这些人才还是有吸引力的,但是希望提供更多的优惠政策,将这些人才留在杭州,也为这些人才提供更好的发展机会。

杭州需要提高全民的教育水平。这点可以通过开放图书馆来改善。在钱江新城的杭州图书馆刚刚落成,非常先进和现代化。作为公共文化提供机构的图书馆应该采取更多的措施吸引市民去图书馆进行阅读,以此来提升整个城市的文化氛围。

杭州应该进一步改变城市的发展理念。在长三角地区,杭州的发展一直跟随着上海的脚步。浙江人做生意特别厉害,城市的发展跟做生意是一样的,城市管理者也拥有这样的意识,例如免费开放西湖景区就是一大创举。接下来杭州应该走向更加国际化的舞台,方便对外的连通,并且需要不断地对城市进行宣传和推广。

春节前夕杭州市针对几类人群发放了消费券,对刺激消费起到了一定的作用。接下来消费券应该更大规模地发放,提高全民的消费力,以帮助杭州更快地走出金融危机。

案例编号：杭州—智力型—003

访谈对象：陈先生，温州人，28岁，来杭8年，读完医学研究生，现工作于杭州某医院一年多，已购房
访谈时间：2009年2月28日下午2点
访谈地点：文三路餐饮店
调查员：何颖颖

一、对城市的总体印象

何：陈先生好！说起来我们是高中校友呢，我就称您学长好了（陈：嗯嗯，可以的）。学长是医学研究生，学医应该还是比较煎熬的一个过程吧？

陈：这要看你的动机是不是"纯良"了，呵呵，是自己的兴趣所在，自然也就谈不上什么煎熬。当然我也不是说自己有多清高，现下这个状况，医生这一行还是吃香的。我庆幸有个还算对口的专业，同时也能养活自己。

何：真让人羡慕，像我们文科生，因为学的东西技术性不强，其实还蛮为将来的出路忧心的，虽然从另一个角度说也算是适应性很广啦，呵呵。这种老生常谈就暂且放放……学长在杭州待了这么多年，对这座城市应该有些比较深入的看法吧，能不能谈谈呢？

陈：不敢当，要说想法也是有一些的。浅层面来讲，杭州对于我们来说，并不是作为一个省会受到推崇的，新白娘子传之类的故事大概是好几代人对杭州最美好的印象吧！苏堤、白堤、断桥等西湖十景……再有就是灵隐寺、上天竺啊这些……景色是非常美的，佛教啊、民俗啊也是有特色的。刚来杭州的时候，这点没让我失望……但是就像我说的，这是浅层面的，看风景看一刻跟看一辈子的差别，待久之后才会明白，待久了就觉得杭州带给你的是整个生活方式的改变。另外嘛，就整体的印象而言，我觉得"休闲城市"作为杭州的定位是恰当的，当然是以"文化"为前提的，所以我还是比较赞同杭州这几年所打出的建设口号，但是能有更实际的运作才好，不仅仅是在风景的修饰上，还应该有些更切合普通大众需要的基础设施的建设才行。

二、身份的定位与认知

何：我想学长想表达的是真正的休闲是"要给市民的生活注入一种休闲的味儿"吧，呵呵（陈：是的，是的）。真是"一方水土养一方人"，学长在这里待了那么多年，也大概觉得自己是半个杭州人了吧，或者就是了？

陈：这个不好说，毕竟我觉着咱们温州人对自己的身份的认定还是很强的。这样讲

吧，你也知道的，我现在在这里当医生，也有了车、买了房……虽然对这个城市已经算是相当有感情了，会去关注一些基本的建设等等，但是要在感情上承认自己是个杭州人，可能还是要再等几年，或者更久，也许要等有了家，事业更稳定了之后，才会觉得这里是个扎根的地方。

何：也就是说学长认为只有满足这样的条件，你才会对这城市有真正的归属感……那推而广之，学长认为外地人要转变成本地人也都是如此吗？或者说什么样的人更容易转变呢？

陈：是的，这是常识，呵呵。一般而言，学历高的、开朗、聪明点儿的人更容易转变喽，这样的人搞事业比较有前途，有了指望、有了实在的东西才有可能思考安定下来的事。

三、外地人的区别与管理

何：您觉得外地人跟本地人在生活方式方面区别大吗？另外，您觉得杭州对外来人口的管理如何呢？

陈：就像之前说的，生活方式是一种潜移默化的东西，就我自己来说，现在反而跟家乡的生活方式更格格不入；但是如果说是在自己老乡之类的氛围中生活，可能与杭州的生活方式差异就会大一些，而且较难缩小吧。这点当学生的时候待在象牙塔里可能容易体会，对外面的一切总是不太敏感，这是个类比啦，不过好像有些不太恰当，呵呵。至于杭州对外来人口的管理，我认为还是较公平的，当然是就我的经验而言，比如学生生活，还有之后买房之类的。我自己的专业嘛，在找工作方面也是没碰到很大的困难，其他我并不是很了解。

四、社交网络

何：嗯，我想这跟学长虽然在杭州很多年，但大半时间是学生的身份也有些关系吧（陈：有的……）。那学长应该在之前都是跟同学来往吧，工作一年多，交友情况有何改变吗？平时做些什么消遣呢？

陈：之前是都跟同学交往的，老乡之间的关系更紧密些，尤其是高中同班同学之类的，消遣的话也无非就是上上网啊，同学聚聚会、聊聊天之类的；最近资格老了，有组织校友会啊什么的，出去踏青的机会倒是多了；另外，跟同事嘛就有些应酬性质的，大致也就是这样了。

五、城市生活遭遇的困难

何：嗯，好的，听学长的介绍，貌似在杭州的学习和工作都还是一帆风顺的，期间有碰到过什么困难吗？

陈：应该说是没什么，就是芝麻绿豆一些的，唯一还算有点困难的，应该就是找工作吧。（何：然后怎么解决的呢？）——塞红包——开玩笑的，也就是有段挣扎迷茫的时间，过去了就好了。"为自己的专业投入了那么多了，踏踏实实地赚回报吧。"这么一想，对现实也就接受了。再有的大事儿就是买房，这些都是和家里商量的，大部分钱也是他们支持的，毕竟我还没有多大的经济来源。

何：明白，呵呵，说实在的，听到学长说已经买房，我还是很惊讶的，毕竟您的工作才刚刚开始。那学长的房是在哪里呢？现在在住了吗？

陈：就在你们紫金港那边，住倒是还没有，不过也快了，欢迎来参观。

何：那是一定要的，呵呵。那之前的住房是怎样的呢？住的地方社区管理方面有什么感想吗？比如说跟社区干部的接触啊、参加的社区活动啊之类的。

陈：最之前嘛，住宿舍喽，也就没什么好说的，认识的就是楼管；工作的时候租公寓，基本上就是当宾馆一样的，社区就没什么接触了；不过就是有个治安不错、环境还好的感觉在而已。

何：好的，多谢学长，基本上访谈的目的已经达到了，再次谢谢学长的帮忙，呵呵。

访谈感想：与之前的采访相比，由于是刚参加工作两年左右，购房亦不久，陈先生明显对于社区的状况不很了解，也不甚在意，他更多关注的是城市整体的发展；对于本地人、外地人的区分也体现出年轻一代特有的评断风格，就是对于改变生活、适应生活的自信；其本身的条件使他对于各种状况和需要都有较充分的掌控力。这在一部分智力型移民中是具有代表性的。

案例编号：杭州—智力型—004

访谈对象：朱先生，28岁，未婚，浙江大学电子信息工程硕士，现供职于杭州市文三路的一家软件公司，籍贯是山东。来杭州已经8年了，起初是在浙江大学读本科，4年大学生活结束后因不想离开学校、找工作难，便考了本学校本专业的研究生。两年时间很快过去，毕业后就找了一家软件公司就职，也就是现在工作的单位，因为待遇还可以，再加上上班时间灵活、工作轻松，目前还没有跳槽的想法。现在跟同学一起在九莲新村租了一套房子，两室一厅，条件凑合。两个人目前都是单身，分担租金，所以目前居住愉快
访谈时间：2008年2月27日14：20
访谈地点：文三路麦当劳餐厅
调查员：刘风霄

受访者自述

我在杭州已经有一阵子了，待了有8年了，对杭州这个城市很满意。虽然这边的物价要比家乡高一点，但这边工资也高，所以生活质量也算是持平吧。杭州是个著名的旅

游城市、西湖、雷峰塔等都很有名,风景美,西湖边我去过很多遍了,只要周末啊、节假日啊什么的,有空并且心情好的话我都会和朋友去西湖转转,百去不厌。重要的是免费啊,还有博物馆啊、美术馆啊什么的,都是免费的。我觉得这是个很好的决策,刺激了经济增长,同时也增强了市民的文化素质,一举两得。你不知道,光是旅游一项产业对杭州的经济就起到了很大的作用。而且,杭州绿化得很好,虽然我的家乡也在不断绿化,但是比杭州还是有点差距,毕竟绿化需要时间。在杭州,处处可见花草树木,这是我所喜欢的,也是为什么我喜欢在杭州工作的一个原因。在杭州工作,工作压力不会像在上海那样大,我的同学很多去了上海,他们说在上海每天都要很辛苦地赶工作,生存压力很大,每天都不敢放松,生怕被公司给开除了。而在这边,生活节奏相对慢一些,这边的人很懂得享受生活,经常见到老婆婆老公公啊、悠闲的年轻人在西湖边跳舞啊、唱歌啊、拉二胡什么的,特别是周末。这种轻松的生活环境是我喜欢的。所以,总的来说,我很喜欢这里。

谈到杭州的社区建设,具体我也不是很清楚。我在九莲新村住,谈谈自己的感觉罢了。我平时基本上不会和社区干部打交道,因为没什么事麻烦到他们,也就不太接触。他们对我们也不太关心,其实是根本不关心。如果可能的话,我不介意参加居委会的选举,参加一些这样的活动也挺好的,算作一种锻炼吧。平时都忙于工作,偶尔改变一下,生活也会变得有乐趣吧,所以我不会拒绝这样的机会。

对于我们社区,治安环境、卫生环境、居住环境等还算令人满意,交通也挺好的,距离工作地点近,离学校也近,当时就是冲着这些好的条件我才跟朋友租了这个小区的房子。社区建设方面,我觉得应该在社区保障、社区基层政权建设、社区治安等方面进一步加强,使我们真真切切地感觉到生活在社区里,大家就是一个大家庭。现在,大家都忙于工作,对社区没什么感觉,社区只是一座座房子的聚集,是居住的地方,很多人连邻居都不认识,大家就像路人,没什么交叉的生活。所以,最好是对社区服务进一步地细化,让大家都感觉到它的存在,也才有社区归属感啊。我觉得也没有必要对本地人与外地人进行分类管理,现在住在小区里的很多是外来人口,本地人不多的。再说,本地人就高人一等吗?凭什么分开来管理啊,分开管理的话,潜台词就是说我们外地人不好,现在杭州外地人占了3/4,他们也不看看我们对杭州的贡献有多大。所以,我觉得还是不要分开的好。

平时就在公司忙,认识的大都是公司里的人,他们也有一部分是外地的,很多是浙大毕业的。因为平时工作不是很多,大家就经常挂在网上浏览一些校内的信息。可能是校友的缘故,大家相处起来比较容易,没什么困难。外地人在杭州占了很大一部分,所以我们公司里真正的杭州人不多,因为我们工作的性质是搞软件的,大家学历都比较高,也就比较通情达理,相处得比较融洽。再说,男子汉嘛,没什么可窝心的事,在一起说说也就过去了。就算是与杭州本地人交往,也没什么难的,感觉都差不多。有空了大家一起喝喝酒、吃吃饭、唱唱歌之类的也还好。当然,像我们单身的人比较容易凑在一起聚会,有家室的就先顾家了,没空跟我们一起凑热闹。总的而言,大家相处得还算愉快。

对于你说的"排除制度性因素,什么样的人容易转变成城里人",我觉得首先要在城里有房子,不过现在杭州房价这么高,我不知道什么时候才会买上一套房子呢,辛辛苦苦工作一辈子也就够买个房子的吧。既然买不起，现在就只好将就着租房子住了。就因为没有房子，我总感觉自己在这个城市不会待很久，说不准哪天我就会离开了呢，也不敢谈婚论嫁。现在这个社会，你要是没有房子有哪个姑娘会嫁你啊？她们都很现实的。所以，房子是大事，只有在这里买了房，我才会有一种安全感，才会想在这里定居下来，才有可能成为名副其实的杭州人。

案例编号：杭州—智力型—005

访谈对象：刘先生，47岁，来杭五年有余，单位中层管理人员，硕士学历，有房，浙江丽水人
访谈时间：2009年2月7日18：40—19：30
访谈地点：杭州市西湖区文新街道竞舟社区
调查员：刘潇潇（注：标题为调查员的问话）

一、在杭州的社交情况

答：与杭州各界的人士、各地的人士都有交往。本地人和外省人都是有的。像我们单位里，杭州的人士占70%左右，外地人占30%左右。外地人中，东北的、西北的、西南的、东南的都有。

二、在工作和生活中遇到的问题

答：在工作中遇到的问题主要是学术理论方面的问题，像单位的业务、发展的问题，还有就是怎样融入单位之中的问题。生活中我属于比较喜欢安逸的，下班就回家，也没遇到过什么困难。
问：那比如说你在和杭州人的接触中有没有遇到什么问题呢？
答：没问题的，没有障碍。
问：那刚来的时候呢？
答：刚来的时候啊，那就是因为自己是小地方来的，到大地方的时候就是感觉有一些不能融入，其实就是缺乏沟通。实际上呢，不管任何一个地方的人，只要你沟通了，是和自己家乡的人一样的。

三、与所在社区的居民的交往情况

答：我在现在这个地方已经住了四年多了。与社区的居民基本上没有来往，因为像我们都是上班、下班，上班的时候都是在单位里头，下班了之后就累了，需要休息休

息了。

问：就是待在家里了？

答：恩，很少出去，和社区、和这个小区里的人都没有交往。但是不交往不等于有隔阂，这是两个概念。

问：那你会不会说杭州话？

答：不会说。

问：听得懂吗？

答：听得懂。

问：那你觉得你不和杭州人说杭州话，他们会不会觉得你是外地人呢？

答：不会啊。其实一个人是杭州人还是外地人并不重要，在杭州市区里头最关键的一个评判标准就是你有没有作为。你有作为就能够融入这个城市。你没有作为，那你就会永远游离于这个城市之外。你有作为，当地人就会认同你，根本就不存在你会不会说杭州话这个问题。你有作为，不论你说不说杭州话，当地人都会认同你是个杭州人。但是你没有作为，又不说杭州话，别人就会觉得你是外地的。

四、什么样的外地人比较容易成为杭州人

答：比较容易融入这个社会的人我觉得首先他要有作为。因为你在一个城市里生活的话，你要为这个城市做出贡献。就是说周围的人要认同你，你在这个群体里头能够做出一些事情，不管是为事业也好、为其他也好，能够做出一些贡献，大家就认同了，你就可以融入这个社会了。而且我觉得如果你是一个佼佼者的话，杭州应该相对来说是一个比较包容的城市，如果是属于人才的，那肯定它就包容你了，因为杭州也要吸引人才。那你如果说无所作为，那就是比较难融入这个社会了。

问：那就是工作上有成就是最重要的了？

答：对，就是你必须要有作为，你没有作为的话肯定不行。

五、对杭州外来人口管理措施的看法

答：杭州外来人口的管理措施，这个我不是很清楚。因为像我是属于人才引进的，而不是外来打工的，一到杭州来就入了单位的集体户口。所以也没有接触这方面的事情，不知道也就不好做出评判。

六、对社区管理的看法

答：像中国这样的社会，人事管理的方式都是单位管理。一般的话如果一个人有一个单位的话，他基本上不需要进入社区。人事关系也好、党组织关系也好，像我们的话都是在一个单位里头进行管理的。基本上有这个社区还是没有这个社区，对我个人来说是没有多大意义的。我也就不太清楚社区管理的具体措施到底怎么样的。

问：那你觉得社区有没有必要融入居民的日常生活中呢？

答：这个是肯定的，社区社区，从它的字面意义上来看就是一个小社团区域里头的管理委员会。那它当然应该对这个社会中的区域、对这个群体里头的居民要有所了解，它应该融入进去。不融入进去，游离于居民之外，那它也不能管理好这个群体的成员。它应该要扮演什么样的角色呢？它首先应该融入到居民里面，了解这个群体中存在什么样的问题，了解这个社区中的居民。通过调查研究，集中这个社区的民意，然后出台一些相关的管理措施。它所扮演的角色应该是服务者而不是管理者。如果它角色错位，扮演了管理者的角色，那它永远也不可能管理好。只有扮演一个服务者的角色，也就是说社区中有什么困难，它相应提供一些服务，根据社区居民的需求，尽可能予以满足，就是在法律法规许可的范围内，尽可能满足社区居民的需求，那它才能真正发挥好自己的作用。

问：能不能举个具体的例子，社区应该如何来管理？

答：假设我是社区里的一个居民，而且我没有单位的管理，那我会碰到许多问题，比如说子女入学、孙辈的入学问题，养老啊、就医啊，一系列的问题。这些问题的话，一个人的力量去解决它是很困难的。这样的话就需要社区，对医疗啊、社保啊、养老啊等问题予以解决。可以先通过调研集中一下，看看社区中哪一些问题是需要第一位解决的，哪些是可以放在第二位解决的，然后分轻重缓急去解决这些问题，去做好服务，这样就能赢得这个社区居民的认可。

问：你刚才说到像你的许多事情都是单位管的，那社区的管理有没有必要？是单位管理好还是社区管理好？

答：从发展的趋势看呢，从单位人到社会人是改革的一个大方向。单位呢只是为事业发展做一些事情，人呢，根据自己的居住地，退休以后应该融入社区，他所有的医疗、养老以及其他后续问题，应该根据他的居住地，由所在社区去管理，这是很有必要的。

问：你觉得社区有没有必要把杭州本地人和外地人分开来管理呢？

答：这没有必要，因为人分流动人口和常住人口。流动人口只要在你这个社区，不管是三年也好五年也好，都是社区群体的一个部分。他离开了，就是进入了另外一个社区，成为另外一个社区的一部分。根本没有必要分开，因为人从出生开始，在法律概念上都是平等的。区分本地人和外地人不仅是不人道的，而且是违法的。

案例编号：杭州—智力型—006

访谈对象：余先生，26 岁，软件工程师
访谈时间：2009 年 2 月 28 日
访谈地点：浙江大学玉泉校区
调查员：相丽均

问题一：您来杭州多长时间了？感觉这个城市怎么样？
答：我来杭州 7 年了，大学 4 年，工作 3 年。

杭州整体比较包容，总体来讲环境比较好，比较适合居住。作为一个城市来讲，自然生态环境一流，有西湖在就可以说明这一点了。人文环境也好，曾经也作为国家首都，是个古老的文化城市，有积淀。在杭人员素质也较高，毕竟每年留杭和来杭的大学生多。杭州政府比较负责，也比较肯花心思去搞民生工程，像杭州的公共设施建设和保养都很好，特别是保养，比较到位，因为很多地方都是建了但不管，像很多道路都可以用精雕细琢来形容。还有虽然杭州的交通比较拥挤，但在早高峰的时候，你会发现几乎每个路口都有好几个交警和协警在维持秩序，说明杭州市政府还是很注重交通的。以前的快速公交和现在的免费自行车，都说明政府在想办法。

至于缺点，一是杭州的老头老太太比较强悍，特别是在公交车上，表现出来的素质偏低，我经常会碰到一大群人叽叽喳喳说个不停，主要是杭州本地的一些老头老太太。二是杭州的交通早晚高峰道路拥挤。比如我上班快的时候车子只要开半个小时，早高峰有时就要一个小时，甚至一个半小时，可想而知路有多堵。杭州最大的问题就是房价太高，普通人靠自己的能力根本买不起。衣食住行里第三位的"住"没法实现，也就是安居乐业中的"安居"不能实现，这问题就很大了。还有一个问题可能也是全国普遍存在的问题，就是电动自行车的问题。电动自行车最高限速是 20 km/h，但实际上 99%的人远远高于这个速度，路好点的地方都在 30 km/h 以上。

问题二：您经常与哪些人交往？与杭州本地人或者外地人的交往情况怎样？

答：和同事、同学（主要是大学毕业后留杭的同学）、其他朋友交往都比较多吧，和杭州本地的、外地的交往都还可以，本人性格比较随和，跟人相处基本过得去。工作后你会发现，其实你的交际圈子很小，杭州本地的一般会有自己的一个小圈子，外地的呢有外地的一个小圈子，作为一般的个体来讲，这些小圈子的交集会很小。像我的大学同学就有一个是杭州的，以前关系也一般，毕业后基本就没联系过。

问题三：您在工作或生活中遇到的问题是什么？怎么解决的？举一个例子。

答：我任职的公司发展较好，给自己的机会也很多，主要是自己能力欠缺，解决方法主要是学习，向老员工学、向书本学、在网上学。

问题四：您在现在住的地方住了多久了？与所在社区的居民来往吗？是否觉得与杭州本地人之间有隔阂？

答：住了一年半了；和社区里的居民没什么来往，就算是同一栋楼里的人也不打招呼；隔阂倒没有，但想跟他们交朋友也是很难的。

问题五：排除制度性因素，您认为什么样的外地人比较容易转变为杭州人？

答：很简单，在杭州买了房子就可以了。

问题六：您觉得杭州对外来人口的管理措施怎样？哪些不太合理？哪些做得很好？

答：相对北京、上海等城市来说，杭州对外来人口的管理较松，落户之类的也比较方便，拿我自己来说，毕业后对户口几乎没关注过。其实户口这个制度以后会越来越淡化，以后社保啥的都会普及起来。现在与户口关系最大的就是教育问题了，也就是小孩子的入学问题，这个问题是个棘手的问题，比交通问题还麻烦。像杭州的道路相对来讲比较窄，立交桥和涵洞少，政府想治理也很难，虽然杭州的交警很卖力，但还是没办法。杭州的交通毕竟只是杭州的问题，可以通过建设地铁、发展卫星城，或者扩大城区这些方法解决，但入学问题涉及全国教育发展不平衡这个事情，而且是非常不平衡。比如我们可以简单地给农民工一个杭州户口。你给了他杭州户口，他未必会在杭州常住，毕竟杭州买房啥的很难，一个农民工他买不起，他可能干几年也就回老家了。但教育就不一样了，杭州的教育环境比他老家的可能好很多，他们就可能会把孩子接过来，如何安置这么多学生呢？这是个很大的问题。

问题七：您认为您现在住处的社区管理措施怎样？您跟居委会的人来往吗？您认为居委会在社区管理中应该扮演怎样的角色？有必要把外地人和本地人分类管理吗？你们有自己的问题处理机制吗？

答：我现在居住的地方配套设施较完善，小区内有游泳馆、网球场、幼儿园、便利店等，管理方面也比较好。卫生方面，小区内的居民素质还可以，保洁人员工作也负责，所以卫生环境还是挺好的。安保方面，有电子监控加保安站岗和巡逻。我没跟居委会打过交道，也不知道他们在哪，小区内有问题都会找物业和保安。外地人和本地人是没必要从体制上分类管理的，但物以类聚、人以群分，在很多事情上人自然会被分类管理的。

问题八：您认为城市社区建设需要从哪些方面完善？

答：总的来讲，杭州的新社区外部环境最好，其次是老社区，最差的就是农民房，三者我都住过，也有很多体会。杭州的新社区已经比较完善了，在一定时期内也很难有什么改变了，比如像我住的社区，基本的配套设施已经有了，自来水和直引水都有了，管道煤气也都有了，安保和清洁工作也到位了。但有些比如停车问题，就不太好解决，因为私家车多了，但车库和停车位有限，这个矛盾以后还会加剧，那些老社区更不用说了。

案例编号：杭州—智力型—007

访谈对象： 陈先生，26岁，硕士研究生，湖南邵阳人，现为某公司技术开发人员，来杭州工作两年了，自己一人在公司附近的某小区租房居住
访谈时间： 2008年12月13日下午2点
访谈地点： 杭州市滨江区某小区内
调查员： 薛华

受访者自述

两年前，基于对杭州的良好印象，研究生毕业后，我来到了杭州，开始了我的工作旅程。刚来的时候，感觉眼前的杭州跟我之前道听途说的杭州差不多，环境、基础设施建设各方面在国内来说都算挺不错的，可以用一句话来概括吧：山多水多人多，环境好风景美，人文气息也不错。这样的环境也正是我之前所向往的。

因为工作的环境比较固定，所以平常工作日交往的对象基本上就是公司同事。公

同事有本地的也有外地的，本地的稍微多一点。但是因为我性格稍微偏内向一点，总感觉跟本地人交往还是多少有些隔阂，所以平时我可能更偏向与外地的，尤其是来自湖南的同事、朋友、老乡交流。因为工作压力也比较大，所以平时交流的方式也仅仅只是打打电话、上网聊天，偶尔也会约出来一起吃饭、健身。周末的时候，跟房东交流比较多，房东是一个土生土长的杭州老太太，人很好，待人很真诚和善，也没什么我们想象中的杭州本地人的优越感，这一点让我感觉待在这个城市不是很孤独，所以这两年一直都在租她的房子。虽然说现在城里人的生活是"各人自扫门前雪，哪管他人瓦上霜"，但是同住一个小区里面还是会低头不见抬头见的，所以跟邻居们见了面还是会点点头打打招呼，当然偶尔也会闲聊一下。但是由于我语言天赋比较差，来杭州都两年了，对于杭州话还是既听不懂也不会说，所以跟小区里面的居民交往得就不是太多。虽然交往的频率不是非常多，但是仅有的那么几次交往让我感觉杭州人还是挺好的。除了语言障碍，其他方面感觉都没有太多隔阂，生活方式、消费观念好像都差不多。

　　来这边这么久，没遇到什么大的问题，不过小问题倒是遇到过一些，有件事情印象比较深刻，说来给你听听。大家都知道杭州是全国闻名的优秀旅游城市，各种基础设施都建设得比较完善，尤其是在很多地方都提供了公共自行车，这一点不仅让外地游客觉得很方便，也给我们在杭州工作生活的人提供了很多便利。我就是一个大大的受益者，因为我周末的时候喜欢骑着自行车到处逛逛。有一次我跟朋友一起去逛西湖，在西湖景区附近租了一辆公共自行车，用完了之后就还回去了。因为这种公共自行车是刷卡记录的，所以我还回去的时候上面会记录已归还，但是我第二次再去借车的时候，发现借不了了，然后我就觉得很奇怪，于是我就去公交办理窗口去查询。窗口工作人员听我讲完详细情况以后，热心地帮忙在电脑上查询，发现原来我上次借车的那个时间他们的电脑系统正在维护，所以记录就没来得及清除。这件小事使我对杭州的印象更加好了，完善的设施再加上热忱的后勤服务，更加美化了杭州的城市形象。

　　如果撇开户籍制度、就业政策等这些制度性因素，我个人认为，那些学历比较高、工作比较稳定、家庭比较有背景，而且在城里有比较广的社会关系的人更容易转变成为城里人，当然性格方面最好是开朗大方，而且要喜欢热闹、喜欢休闲、对高品质生活有追求。只有这样他才可能获得高收入，才有进一步在城里待下去的基础。因为城里能满足他们的要求，也会给他们提供更多的机会。所以，我认为在杭州这边工作的外地人，一般都具有这些特点里面的一部分。

　　近几年来，越来越多的外来人口来到杭州工作，杭州市也针对出现的新情况，对外来人口实行了市民化管理。这个总的方向让我们外来人口心理上感觉很舒服，至少在政策上没有区别对待。这样也方便了我们在各自的社区获得更多的服务，并参与到管理中去。当然，对于我们上班族来说，肯定没有什么时间参与到社区管理中去，但是我们享受到了社区管理的一系列服务。譬如说，我所知道的只要是我们小区的居民，在居委会开出暂住证就可以凭暂住证办理市区公园年票，我想这也是杭州市外来人口市民化管理的真实体现吧。当然，也并不是说就已经尽善尽美了，还是有一些不是很合理有待改进的地方。譬如说买房子，外地人跟本地人就有差别。具体我也不是很清楚，反正之前听到有朋友提到这个问题。

　　我平时工作比较忙，跟居委会的干部来往得不是很多，就办证的时候去过几次。办证都是按照该走的程序走,他们没有故意为难我们。我个人认为,居委会应该在社区管理中扮演"桥梁"的角色,成为沟通政府与基层社会的纽带。在外地人和本地人的管理上,应该本着外地人市民化的大方针,但是不能绝对完全等同,因为外地人流动性比较大,所以针对这个问题应该有更有效更清晰的管理措施。关于城市社区建设,我觉得有两点很重要,一点就是培养社区居民的认同感,这样才可以发动群众的积极性、集合群众的力量共同建设社区,再就是多开展各种形式的文体活动,加强社区成员之间的内部沟通。

案例编号:杭州—智力型—008

访谈对象: 张女士,26岁,专科毕业,现为外贸公司销售副经理。籍贯贵州遵义,来杭工作四年,仍租房居住
访谈时间: 2009年2月9号(己丑年元宵节)
访谈地点: 杭州市拱墅区
调查员: 晏兴成

受访者自述

杭州是个不错的城市,生活条件比如交通啊,以及其他方面的设施,和老家贵州相比的话,都要好很多。杭州是一个比较休闲的城市,如果经济条件允许的话,在杭州生活是比较不错的,可以说是人间天堂了。

在我们公司,杭州人还是比较好相处的,毕竟大家是同事,而平时在公司外遇到的杭州人中,有好相处的也有不好相处的。比如我们的房东就是很好相处的杭州人。不过说到底是不是好相处,可能和人的性格有关,和地方没多大关系吧。总体来说,杭州人还是好相处的。

人在外面肯定会遇到一些问题,大问题没有,但是小事情是常有的,像一些小事情自己不能解决的话,就会找同学和朋友帮忙。比如常遇到的一个问题就是经济周转,像我刚来杭州的时候,工资不怎么高,那时候做销售,又不怎么熟悉业务,经常会遇到经济困难,实在没办法了就只能向同学和朋友借点钱来维持生活,这是常有的事情了。一般来说,找到他们是没问题的,尽管他们经济也紧张,但是只要向他们开口,他们只有300块也会借100块或者150块的。

我们房东比较好,所以我一直都在他家租房住,而且我们的邻居也都是一直在这里住的,有好几家比我好早就在这里住了,有5年多的时间了。我和邻居交往比较多,见面打招呼、串门都有,有时候大家就在走廊上站着聊天,一聊就是一两个小时,聊一些工作上的事情等等。像在老家和邻居来往一样,想在这个地方长期待下去的话,邻居还是需要相互帮忙的。

要转化成杭州人的话,难度还是比较大的,但是和学历有很大的关系。现在要把外地户口转入杭州的话,好像学历要是本科以上,而且还要看专业的情况,学历高些比较容易转些。

在杭州的话,暂住证会查的,来租房的时候房东就让我们去办了暂住证,暂住证每月按3块钱算,一年办一次,当暂住证到期了,居委会就会来催办;或者有时候有一些犯罪分子在逃,居委会就会来每家走访,可能一来是提醒大家注意安全,另一方面也是搜查犯罪分子是不是潜藏在居民家中。其实对重大案情的通知是很好的,可以让我们知道啊,我们在那些天就会格外小心。对我们的安全有好处,我们都在上班,也不清楚邻居或者附近的人到底是干什么的,如果居委会提醒的话,我们就会在心里有所防范了。

我现在作为在杭州的外地人,享受不到杭州当地人的一些福利或者政策,但是对于老家来说,我又是一个在外面的人,同时也享受不到老家的一些政策和福利,就连有些专门为我们制定的政策,比如当年毕业时有一个大学毕业生可以贷款创业的政策,我都是好久之后才知道的,别人都做了好久了我才知道。我的户口因当时上大学而转成非农户口,现在在老家是非农户口,但是我在这里又不是杭州市民,所以现在我就处在一种很尴尬的境地,只能靠自己的工资来维持生活,政府的一些扶持我是完全没有机会享受的。

到目前为止,我还没有遇到过什么需要居委会出面解决的事情,在这短短四年当中我遇到的问题都是靠朋友、同学或者单位就能解决的,也许以后会有需要居委会的时候,但是现在还没有要去找居委会的需要。不过说实话,我现在还不知道居委会能够帮我们这样的人解决什么样的问题。

其实从总体来讲,社区的一些服务还是比较不错的,比如卫生每天有人打扫,卫生条件比较好,清洁干净,当然希望他们能做得更好,不过已经很不错了。至于其他的一些社区建设的话,比如我们平时就喜欢休息的时候去打球什么的,但是现在不行了,以前的篮球场被拆掉修房子了,所以现在我们都是去浙大紫金港打球,从这里过去骑自行车要20多分钟,浙大以前打球是免费的,但是现在都收费了。要是在社区里能有球场等一些体育设施的话,那就再好不过了。

案例编号:杭州—智力型—009

访谈对象:徐女士,25岁,本科学历,现从事房地产营销。籍贯浙江湖州,来杭工作3年。住自有房
访谈时间:2009年12月14日
访谈地点:杭州大剧院旁必胜客餐厅
调查员:余华

一、对杭州的城市印象

问：您来杭州多长时间了？

答：我是2001年考上大学的，开始在杭州读大学，工作是2005年开始的，到现在在杭州工作有3年了。

问：对杭州感觉怎么样？

答：对杭州真正的好感是我爸妈来到杭州之后，他们在杭州生活得很开心。因为对我来说，家里人开心才是比较重要的。我爸妈来杭州后我才去杭州到处玩的，去公园走走，去图书馆看看书。然后有一些地方可以办公园卡和寺庙卡，这样的话到各处游玩才是可以免费的，我觉得政府这一点做得很好，让我爸妈很开心，所以我对杭州的好感是从那个时候开始的。

二、本地人与外地人的区别

问：公园卡和寺庙卡对本地人和外地人有区别么？

答：好像没有什么区别，都可以办，我爸妈的户口现在还没有转过来。因为我亲戚在这里，所以我的户口是挂靠在他们家。

问：你有杭州市户口，你爸妈没有，你觉得你们的待遇有区别么？

答：我觉得最大的区别就在医疗保险这一块，我爸的医疗保险还在原单位里面，他现在还没有正式退休，所以我爸就必须一个月回去一趟（配点药），他的医保卡里是有蛮多钱的，但是不能拿到杭州来用，只能在当地用。他回去的次数不多，顶多一年回去做一次体检，一个月回去配点药过来，基本上都是常规的药，比如感冒药，家里都会放一点。我觉得最大的区别就在这里吧。我就可以用我的市民卡到杭州各医院看病。其他方面我还没体会到，不太关注。

三、社交网络

问：您经常与哪些人交往？与杭州本地人或者外地人的交往情况怎样？

答：我老公就是杭州本地人，他的朋友基本上都是杭州本地人，但他的领导、同事啊，可能外地人多一点，我的朋友基本上都是外地人。我的杭州本地人朋友不多，可能就几个，或者说他原先是外地人，后来才变成杭州本地人的，本质上他还是外地人。其实从我内心里面，我觉得朋友是不可靠的。我喜欢家人，我喜欢亲戚，然后才是和我相处多年的朋友。我现在的朋友基本上都是和我相处多年的朋友，从同事发展到朋友的很少，基本上只有一两个。我的朋友里面本地人、外地人都有，因为我老公是杭州本地人，所以我家人亲戚里面有很多是杭州本地人，我朋友里面有很多都是外地人，基本上能成为我朋友的都是和我相处得很好的。

四、城市生活中遭遇的问题

问：您在生活或工作中遇到的问题是什么？怎么解决的？举一个例子。

答：生活中、工作中会遇到很多问题啦。比如，最近我手机丢了，因为年关了嘛，基本上很多人都想抢一票，然后回家，呵呵，这个我是可以理解的，现在很多人失业嘛，正当来钱的方式在减少，所以有的人就会用其他方式来生存。很悲惨，我就是其中一个"资助"他们生活的人。我的手机丢了，我很气愤呢。因为我觉得哦，我平时对人都很好，无论是保安还是打扫卫生的，还是出租车司机，因为我本身信佛嘛，我对人都比较真诚，我把手机落在了出租车上面，然后我觉得出租车司机会把手机开着，然后我打过去，他要多少钱我给他。我觉得他应该用这种方式来处理，因为这个手机拿去卖也卖不了多少钱，但是问题是他就是不开机，这个事情让我很气愤。我每年花很多钱在出租车上面，我这个人比较喜欢舒适的状态，让我挤公交车啊什么的我不愿意，我以前的单位坐出租车是可以报销的，所以养成了我坐出租车的习惯。但是自从我的手机丢了之后，我再也没坐过出租车，因为我对出租车不信任了。我以前觉得出租车司机很好的，无论是谁带我，我们一路上都会有说有笑，大家都会聊得比较高兴。因为我觉得大家相遇就是一种缘分吧，所以那个司机的处理方式让我很气愤。第二个让我气愤的是政府相关的部门，办事人员只问你丢了的手机有没有拿发票。我说没有拿，但是我很清楚地告诉他我在什么地方上车在什么地方下车，而且我下车才几分钟就报了案，他完全可以查得出这个人是谁，他居然跟我说不可能查得到的，而且我很清楚这个车大概是什么样子的，它要经过哪个路段，那个路段肯定会有监控的，他就是不肯帮我去查，对他们来说可能丢手机是很正常的一件事情，很多人手机都被偷，他一天到晚要处理很多的事情，所以才会不重视我这件事。我这个手机不是说它有多贵，而是里面有很多很珍贵的东西，相关部门不重视让我很气愤。我想办法先让我的心情平静下来，然后我马上给我家人打电话，给我老公打电话，告诉他们我手机丢了，告诉他们如果有人打电话给他们的话，不要相信。然后我老公很担心我，问我要不要再买一个一模一样的，因为这个手机就是我老公送给我的，我觉得很宝贵的。我当时在出租车上正和一个朋友发短消息，我又打电话给那个朋友说手机丢了，没有办法给她回短消息了。那个朋友还打电话来安慰我。出现问题后，没人能帮你解决，只有靠你自己，要传递一种乐观的精神给你的朋友，不要让你的朋友担心，所以过两天我就去买了一个新的手机。

五、社区交往与融合

问：您在现在住的地方住了多久了？与所在社区的居民来往多吗？是否觉得与杭州本地人之间有隔阂？

答：我的情况比较特殊，我经常在老公家和爸爸妈妈家两边跑。和社区的居民没什么来往。但我身边有很多杭州本地的朋友，我个人觉得杭州老一辈人，心里面对外地人还是不怎么好。我公公婆婆还是很好的，其实我老公的爸爸妈妈还是希望他找个杭州本地人的，我觉得老一辈的杭州人还是有一种优越感，但是新一辈的杭州人这种优越感已经很少了，毕竟这个好像是个趋势，现在杭州本地人的比例越来越少，这个是很自然的。隔阂可能还是在与老一辈人之间，外地人越来越多，他们心里就缺乏一种安全感了。

问：那如果排除制度性的因素，您认为什么样的人容易转变为真正的杭州人？

答：其实我个人觉得，有些人毕了业就应该回家乡建设自己的家乡，之所以杭州房价这么贵，就是因为有那么多外地人留在这里，凭什么说大城市一定比自己的家乡好？他们就应该回去建设他们的家乡，如果他们不回去，家乡怎么能变得更好？家乡没有人，哪来的产业呢？从无到有总有一个过程的，人才总还是要有的。如果要留在杭州，那首先得有过硬的技术、过硬的专业知识。然后他要有一个朋友圈，其实现在很多人都很孤独的，只有在一个地方有一个朋友圈了，他才能真正融入这个社会，我觉得基本上要具有这两个条件才有可能变成杭州人。

六、管理制度

问：您觉得杭州对外来人口的管理措施怎样？哪些是不合理的？哪些做得很好？请举出例子来说明一下。

答：我不清楚杭州对外来人口有什么管理，我觉得一个社区里面有多少外来人口，这个社区的管理者一定要知道，否则怎么能管理得很好呢？我觉得杭州制定的政策都不是为了管理，都是为了旅游，比如说景点免费开放，这都不是为了管理啊，好像从来没有管理过外来人口。我对暂住证还有点印象，比如我同事考驾照，他不是杭州本地人，去考的时候就需要暂住证。我爸妈以前是没有暂住证的，他们在杭州住了很长时间，他们现在都有暂住证了，是社区上门跟他们说要办理暂住证的。还有哦，六十岁以上的杭州本地人可以免费坐公交，我爸妈为什么不可以？他们的女儿也在为杭州做贡献啊。因为尊老就要尊所有的老，凭什么只尊杭州本地的老？这是不合理的。

问：您认为您现在住处的社区管理措施怎么样？您跟居委会的人有来往吗？您认为居委会在社区管理中应该扮演怎样的角色？有必要把外地人和本地人分类管理吗？你们有自己的问题处理机制吗？

答：（1）其实我们那个小区呢，可能比较难管理，以前那里是三里亭农贸市场，外来人口很多，三里亭有摊位的啊，摆摊的人很多。我搬家进去的时候，他们保安要查，我搬出来他们反而不查，万一是小偷搬东西出来呢？小区根本就不来管你。我们当时交了物业管理费，就打了交道，之后就没来往了。我觉得小区里应该配有水电维修的人，让大家都知道需要帮助了可以找谁，要有个可靠的人。可以要求付钱，但必须要有这样一个可靠的人。不然随便叫个人在家挖挖弄弄啊，万一来个人抢劫怎么办？现在很多家庭都是老人家自己在家，子女都很忙的，压力都很大，白天都在工作的，老人家又没多少力气的。

（2）我觉得国家给了很多权力给居委会，但它没有用好这种权力。其实现在很多人都希望做志愿者的工作，但就找不到相关的部门来做一些事情，居委会可以了解好这个社区哪些住户是需要帮助的，组织志愿者定期去帮助那些需要帮助的人啊，居委会作为国家一个很基层的部门都没有发挥出它应有的作用。那些在居委会工作的人也不安心做事,只是把这个位置作为一个跳板想往上跳,这是社会的问题,不是人的问题。这个社会要求人不断地往上爬,不然房子就买不起,也没地方住,基本的生活需求都满足不了。中国官员就是不明白自己的工资是从哪里来的,只知道写报告,不知道为社会做些实事。

(3)我觉得这个社会流动性这么强,也没有必要对本地人和外地人分类管理了,人就应该按照每个人为这个社会做出贡献的多少来分,而不是按本地人、外地人来分。要区分老年人、小孩子、年轻人,看看社会能为这些人群分别做些什么事情。

(4)我觉得遇到问题,首先要有一个情绪平复机制,先让自己的情绪平复下来,另外就需要社会各方面的力量来帮助了。

问:您认为城市社区建设需要从哪些方面完善?

答:前面也提到过这个问题啊,比如提供社区内的一些必要的服务啊,配备水管工啊、修理工啊、志愿者服务团队啊,社区管理者对本社区住户的情况要了解啊。

案例编号:杭州—智力型—010

访谈对象:贺女士,30岁,大专学历。房产公司行政部经理,籍贯舟山。2004年来杭工作,租房居住

访谈时间:2009年2月15日

访谈地点:清泉坊饭馆

调查员:朱独逍

受访者自述

我是2004年来到杭州这个城市的,现在算起来差不多有5年的时间了。我对杭州的总体感觉还是不错的。我在来杭州之前对这个城市的印象就很好,可能和各种宣传也有关系,西湖更是闻名遐迩了。杭州的实际面貌没有让我失望,环境真的很优美,特别是西湖的各个景点,可能杭州人自己已经习以为常了,不觉得有多么好,但我初到杭州时西湖的惊艳还是令我难忘的。杭州的治安在我看来也是不错的,晚上出门什么的还是比较放心的。总的来说杭州给人的感觉是一个很适合人居住的地方。

平时我和杭州人或者外地人都有交往。公司里面也不全都是杭州人啊,再加上我工作性质的需要,平时接触的人的类型还是比较多的。至于交往情况什么的,其实都差不多啦,没感到本地人和非本地人有什么交往上的不一样,可能杭州人在提供一些信息方面会比外地人更可靠一些。

我在工作生活中也没有遇到过什么太大的问题,如果说有的话就是暂住证的问题。我在现在住的这个小区里面已经有很长一段时间了,但是每隔一段时间还是会有人来查看一下暂住证。虽然他们也是会事先通知,态度也很好,但是我觉得我在这里住了那么

长时间了，很多人都很熟了，一年查一次应该也可以了吧。除此之外我工作生活还算是比较顺利的吧。

我在现在的小区已经住了三年半了。平常和对门的邻居走动会比较多一点，我住在顶楼，和楼下一些住户的走动也有，但仅限于见面打个招呼，别的没什么了。和对门的来往基本就是一些日常的事情，比如晒衣服的时候帮个忙之类的，互相串门那是从来不会的。我没有明显感觉到与杭州人之间有什么隔阂，不过这也跟我与本地人交往都不深有关系，因为交往不深所以不会觉得有什么隔阂的地方。

我觉得那些原本有朋友住在杭州的人，自身工作上有变动的话会比较容易想到来杭州，并且如果自己觉得这是个适合自己居住的城市，那应该会比较容易接受在这里定居。另外就是那些大学在杭州读书的人，本身在这个城市生活了几年，对这个城市有了一定的了解，再加上刚才说的如果他们觉得这个城市适合自己的话，那会比较容易选择留下来。

对于杭州对外来人口的管理措施我不太了解，可能平时不太遇到相关问题所以也没有特意去了解过这方面的情况。也就是查暂住证的事情我一直都要面对，也不能说它不合理吧，就觉得时间久了还是比较麻烦。其他我都不是很了解。

我感觉社区里面的治安不错，卫生水平比较高，过年过节的时候社区里面也会有些小装饰什么的，这些都不错。居委会的话，平时除了保安，其他人都没打过什么交道，物业管理的人除了收取物业管理费的时候出现以外，平时都是一点接触都没有的。我觉得居委会在社区管理中首先应该扮演的是一个服务者的角色，当社区里的住户有困难的时候可以提供帮助。居委会对于住户应该像家长对孩子一样，在平时的生活中应该尽到自己的义务，照顾好自己的住户。另外我觉得居委会还应担当一个引导者的角色，现在的邻里关系普遍比较冷淡，这就需要社区管理者通过引导的方式重新构建一个邻里互助的氛围，我认为这点还是很重要的。我觉得本地人和外地人不能分开管理，因为我听到分开管理的第一反应就是不舒服，可能政府的出发点是为外地人考虑，那要看具体实施的方式能不能够让人接受。我们似乎也不存在所谓的问题处理机制，都是自己的问题自己解决。

我最大的感受就是社区里面的人情味太淡了，这和我老家社区的感觉很不一样。我在老家的时候，社区里的人互相都很熟，邻里间都会互相帮助，社区管理人员对每家住户的情况都是了解的。现在住的社区里面，我发现物管对于小区里面住户的情况了解得很少。我认为对于社区里面的租户变更，当地派出所里最好有相关的记录，这样对于治安调查会方便一些。社区建设方面最好关注一下现在的居住氛围，增加一些人情味进去。同时管理者对于住户熟悉了以后，双方平时做事的时候也会比较方便，我觉得这是一个适合中国国情的管理方式。

案例编号：杭州—劳力型—001

访谈对象：姚先生，23 岁，冰激凌店店员，大专学历，来杭工作三年多了，目前租住城区商品房
访谈时间：2009 年 3 月 12 日星期四
访谈地点：翠苑四区
调查员：陈锏

受访者自述

我来杭州已经三年半时间了，这个城市首先给我的印象就是干净，杭州的环境在我的印象中是首屈一指的，城市化建设在国内也居于最前列。

在杭州这几年的生活中，我接触最多的就是工作中的同事以及社交过程中所认识的一些圈内的朋友。在日常生活中，交往比较频繁的以外地人居多，与杭州本地居民的来往相对就少许多。可能因为自己也是外来人的关系，觉得跟外地人交往比较轻松，会很容易成为朋友，可以更容易探讨内心的一些想法和工作中所遇到的事情。而对于本地人，基于南北差异和性格的落差，觉得跟他们交往比较费心神，所以会在无意中避免跟本地人的过多接触。

在杭州的几年中，生活和工作还是比较顺利的。杭州市政府在对居民工作和生活的帮助上以及对居民反映问题的处理制度上做得很完善。

2008 年从一家公司辞职后，由于工资拖欠的问题，我拨打了杭州市劳动部门的求助电话，本来自己没有抱多大希望的，因为拖欠工资这种事情在全国各大城市发生得太普遍了，但是杭州劳动部门的有关负责人在通过与公司的沟通和洽谈后，在短短一下午的时间内就帮我要回了一个半月的工资。通过这件事我觉得杭州的执法部门的办事效率和对于处理问题的态度都是值得其他城市多多学习的。在这样的城市中工作生活我也觉得很安全。

我来杭州三年多了，在这个小区也已经生活了快三年了，就搬过一次家，杭州的社区不管是环境、治安，还是社区生活各个方面都做得到位，我很喜欢现在的这个家，如果不离开这座城市的话，我是不会再搬家了。至于和居民之间的来往就相对比较少，我觉得自己与本地人之间还是有隔阂的，语言和生活习惯的不同以及上班时间等方面的影响，使相互之间的交际非常有限，偶尔在电梯或者小区遇到也只是出于礼貌打声招呼而已。个人认为本地人比较有优越感，会有意无意地传达出来排斥外地人的色彩，觉得我们会影响到他们的生活。我就遇到过这样一件事情，由于自己是租房住的，房东都在丽水做生意，楼下的居民曾经多次去投诉要把我赶走，说我吵，影响到他们的正常休息。在这里我已经住了好几年了，虽然跟邻居之间没有太多的交往，但是大家对我的印象还

是不错的，我也是正常工作者，怎么会影响他的生活呢？后来小区物业和居委会过来调解，这件事情才算是结束。在谈话过程中我也多次问他们我在什么时间段在哪里吵到他们了，是我们关门声音大还是我们下班晚，等等。结果楼下的住户说他们也不知道哪里吵，反正就是影响他们了。言下之意其实也就很清楚了，就是我是外地人，房子不是自己的，才会有这样的事情发生。所以通过这件事不难看出，作为外地人想在这个城市生活、工作，其实都是有很大压力的。

杭州这座城市属于高消费城市，我来杭州工作几年了也没有多少积蓄，每个月都基本"月光"，我觉得在杭州发展生活或者定居都离自己比较遥远。个人观点觉得，自主创业者和高端技术人员比较容易转变成为城里人，还有就是高学历人才。因为他们接受新环境的能力和选择工作的能力都比普通打工者要高，在工作或者创业中能洞察机会、把握机会，比较容易成功。所以我觉得高学历、高技术人员、自主创业人员比较容易能在这个城市生存、扎根。

在工作、生活、学习中，杭州这个城市对于外来人口的要求还是比较人性化的，在管理方面也挺完善。比如办理健康证、暂住证等等都是必需的，统一管理，方便了生活在杭州的所有居民，也包括我们自己；保证每个居民的安全、健康才是一个城市的首要任务。在这些方面我觉得杭州这个城市做得很好，确保落实到基层就会更好。

前面我也说过，我很喜欢自己生活的这个社区，环境、治安各个方面都不错，跟居委会的管理人员接触不是很多，除了要解决问题以外，几乎没有接触的机会。居委会永远都扮演着父母官的角色，不能有私心。把外地人和本地人分开管理首先会对外地人的心理造成地位落差，我觉得分开管理不是明智的选择。

在杭州生活的几年中，感受到的最大问题就是交通情况，虽然每天都在强调城市交通建设，可是感觉越建设还越不通畅了，路是越来越宽，但也是越来越挤。上班的交通成了大问题，本来40分钟就能到却要提前将近2个小时起床，为什么？因为会堵车啊，因为要等车啊。交通问题是杭州城的一个很大问题，希望在城市交通建设这个问题上，政府部门能提出有效的方案。当然，我生活在杭州还是希望杭州越来越好，自己也越来越喜欢杭州这座城市。

案例编号：杭州—劳力型—002

访谈对象：周先生，31岁，高中学历。浙江某拍卖公司司机，籍贯衢州。2006年来杭工作，居住在集体宿舍
访谈时间：2009年2月26日
访谈地点：农家乐饭馆
调查员：朱独逍

受访者自述

　　我来到杭州有3年多的时间了,对这个城市的感觉是好的。具体来说是环境好,治安好,适合人居住。至于这个交通状况呢,平时还可以,就是早晚高峰期的时候实在让人无法接受,因为我是做司机的,所以这点我还是很有发言权的。还有就是我觉得杭州的房子太贵,想要在这里买房子真是不容易,还好我们公司有提供集体宿舍,不然自己去租房什么的租金也不便宜,更不用说去买房子了。除了高峰时候的交通状况和房价以外,我觉得杭州真的还是一个不错的城市,各方面都蛮好的。

　　平常跟人打交道么,主要还是和老乡交往多一些,和杭州人交流的次数比较少一点。像我周围这些老乡都是这样的,同一个地方的人打交道总熟悉一点的,平常基本上就是我们几个老乡在一起活动的。如果我们当中有人有困难的话,都是我们之间能帮就帮一下的。杭州人的话,公司里面也有杭州人,也就工作方面打下交道,其余时间也没有什么共同语言,所以交流的时候不多。

　　工作生活当中我好像也没有遇到过什么问题。不过我感觉杭州的消费水平比较高,以我自己的工资情况来看,在经济方面我感到不够宽裕。缺钱也是一个很麻烦的问题,比如有时候朋友过来我这里,要请他吃顿饭都没钱。都是一个圈子里面的人吧,老要让别人请客我心里也很不舒服的,我也不好意思老让别人请我的,但是自己手头往往又比较紧张,有时候会感到无奈吧。

　　我一来就是住我们公司的集体宿舍的,到现在3年多时间了。跟我们社区的居民可以说是几乎没什么交往的。和杭州人之间的隔阂么,肯定是有的,平时也不怎么接触,感觉在交流的时候话不投机,有时候杭州人之间会讲杭州话,虽然我来杭州也这么长时间了一般的杭州话我还是听得懂,但是一遇到他们讲杭州话的情况我就觉得跟他们交流很不方便。

　　什么样的人比较容易转变为城里人?那肯定首先就是有钱人,有钱才能立足啊。杭州的消费水平那么高,没有一定的经济实力要想留在杭州真的是很困难的,这也是很实际的原因嘛。而且一定要是有稳定收入的那种,比方说我现在手头有个几十万元,我也还是没法留在这里的,因为没有稳定收入来源的话今后的日子感觉就是很没有保障的。要变成城里人的话那至少要有自己的房子,至少要供得起房子,现在杭州的房价等于说也是给外来人入住设置的一个障碍。当然有钱了也要自己觉得杭州合适,觉得自己喜欢这里才会在这里落脚,我个人是觉得全国的城市让我自己选一个的话我还是会选择留在杭州的。

　　外来人口管理措施方面,我暂住证已经办好了,然后也没遇到过这方面的问题。我就听老乡说吧,他的小孩子的教育问题很麻烦的。如果像我们这样的外地人想让自己的小孩子读好点的学校的话是很困难的一件事情,因为好点的学校提供给外地学生的名额太少了,就是你有好的经济条件也不一定可以拿到那个名额。如果有条件的话谁不想让自己的小孩读好点的学校?那些民工学校的条件都不好,而且就算是这些学校也有很多门槛。

　　我觉得我们社区的管理措施很好,公司给我们安排的这个小区算是比较高档的了,配套设施很齐全的，监控是有的，治安很不错。居委会我去过几次，但是平时都没有什么交流，要是有什么事情的话公司会解决的。我认为作为居委会肯定是要扮演一个服务的角色，我们要是遇到问题可以找居委会解决，而不是让他们把事情推来推去的那种，还有就是居委会应该起到调节邻里之间矛盾的作用。我觉得没有必要把本地人和外地人分开管理，外地人也是小区的一分子，所以我觉得没有必要分开管理。我们有矛盾的话都是自己解决的，都可以自己解决。

社区建设方面我觉得治安还可以继续加强，硬件设施还可以再增加一些，比如监控这些，另外绿化还要做得更好一点。还有就是平时邻居之间如果有些交流就最好了，邻里之间可以互相照应一下。

案例编号：杭州—劳力型—003

访谈对象：何女士，30岁，已婚，小学学历，就职于九莲新村内一奶茶店，籍贯河南。来杭州三年了，现在住在打工的店里一间大约有15平方米的小房间里，前面是店面，后面就是住的地方，有点简陋但生活设施齐全
访谈时间：2009年2月18日18：37
访谈地点：九莲新村
调查员：刘风霄

受访者自述

我来杭州有三年了，之前在广州待过一段时间，感觉那边生活节奏很快，而且城市治安环境很差，正好丈夫要到杭州来寻找工作机会，就跟随丈夫一起来到杭州。来杭州也有一些时间了，感觉杭州是个很好的城市。首先，杭州的环境很好，不管是城市环境，还是社会治安，都感觉比广州好多了。我现在的工作地点距离西湖很近，步行也就是三十分钟的路程，所以如果有空、店里生意不忙的话我就会去西湖边走一走，感觉很好。反正去西湖边又不用花钱，锻炼一下也好。

平时我主要就是待在店里，做好准备工作后其实也就没什么事情了，就看看报纸啊，看看来来往往的人，因为小店的东西物美价廉，东西便宜，而且开在小区里，所以平时客人也不少，但都是零零星星地来，所以离不开身。平时不太跟周围的人交往，也就邻居啊、两旁的小店家什么的，有时老板会来看看，就跟他们聊聊，反正不是经常这样。其实老板是我的同乡，对我挺好的，让我们两口子在这边住着，白天我就在店里看门，老公出去打工，有时候他工作不忙就陪我一起看店。我们这附近的人大多是外地来的，地道的杭州人不多，平常接触的大都是浙江省的，什么金华啊、绍兴啊之类地方的，很多是在这边打工的，然后在这里买了房子。外省的人也不太接触到，也就几个山东的吧，我旁边的店就是山东人开的。他们山东人很好，很实在，也很热情，我经常跟

老板娘聊天。

在这个小店里工作,收入不多,也就1000多块钱,在杭州算少的,但这个工作比较稳定,老板对我们也很好,而且我做这份工作很开心,所以虽然很想再多挣点钱但也无所谓了。我觉得做工作主要是要做得开心,要不然没什么意思,与其辛辛苦苦做自己不喜欢的工作,我宁愿选择我喜欢的,也不要高工资但不喜欢的工作。

在杭州这么长时间了,也没遇到什么大的困难,生活比较平静,就有时会发生偷包啊、偷手机、偷钱之类的事情,前几天我还碰到了呢。我坐公交车跟朋友逛街,在延安路那边,因为是周末,人很多,挤来挤去的,过天桥的时候很多人,上来下去的,我没注意,边走边跟朋友聊天,等过了天桥那边到店里逛的时候,我才发现手机不见了,本来是放在口袋里的,一下就不翼而飞了,好奇怪,我一下子慌了,赶紧拉着朋友回去找,结果肯定是找不到了。算了,自认倒霉吧,现在偷东西的事情太多了,没办法,每个城市都很常见,只怪自己没好好拿好手机。唉,这就叫破财免灾,呵呵,钱没丢已经是万幸了,要不然就更糟糕了。

我们在这边住,平时也没跟居委会打过交道,还不知道居委会在哪里呢,更不用说跟他们聊天打交道了。没什么事也不想麻烦别人,我对社区的事情了解不多,也不太关心这些事情。

对社区建设,我不太了解,也没什么好说的。个人感觉应该加强社区服务,像居委会我们都不了解的,更别提他们能给我提供什么服务了,很多对我们外来人的优惠政策我们都不知道的,也没享受到什么。

我们外地人在杭州没什么不适应的,就是有时会受到一些限制,例如,我老公前一段时间想考驾照,就因为我们是外地人就受到了很多限制。其他的限制不太清楚,平时也没遇到问题,所以不知道还有没有其他的什么限制。

虽然我很喜欢这里,也还会在这里继续待下去,但是不知道以后我们会不会离开,这边物价比家里要高,一旦我们生个小孩子的话,说不定就不在这边了,小孩子要花很多钱的,我和老公的工资就那么一点,根本不够用的。再说,以后有了小孩子也不能总住在这种地方了啊,老板肯定不会同意的,只能等小孩子大一点我们再出来打工。所以,杭州虽然很好,但我们还是会回老家的,毕竟我们的亲戚啊、朋友啊都在老家那边嘛。

案例编号:杭州—劳力型—004

访谈对象:廖先生,23岁,高中文化,现在杭州某眼镜公司工作,担任眼镜店店长。籍贯江西,来杭工作4年了,租房住
访谈时间:2009年1月16日13:15~15:00
访谈地点:浙江大学紫金港校区草坪
调查员:王良、陈锏

受访者自述

我当初来杭州就是为了找工作。我高中毕业后参加高考，刚上二本线，但不想继续读了，就来到杭州闯荡。之所以选择杭州有以下几点原因：首先，杭州作为一个发达的省会城市，机会非常多，发展前途会更好；其次，杭州离我老家非常近，我们老家外出打工的人大部分都选择来杭州；最后，我对杭州的印象非常好，景色优美，生活便利，在城市管理、卫生、治安等方面做得非常好。

来杭州的4年中我曾有半年时间去苏州开过理发店，后来店面拆迁，我就回到杭州做眼镜行业。这一行半医半商，其实是个技术性非常强的行业。我曾参加过宝利眼镜公司的专业培训，基本上眼镜行业的所有技术性工作我都能胜任，比如验光、配镜、打磨镜片等等。而且经过几年的工作，我对眼镜行业已经十分熟悉了。现在公司任命我为眼镜店的店长，一方面是因为我对店内的工作都十分熟悉，另一方面我也有意识地在培养自己管理方面的能力。以便以后如果有机会的话，可以自己出去干。

自己出去干最大的困难是启动资金筹措困难。比如验光所需要的设备其实是台医疗器械，好一点的每台将近10万元。承租店面每年也要几万元，店面还要装修。开业的时候还要进一批货摆在柜台里。我在宝利眼镜公司的一位师傅，刚刚辞职自己开眼镜店，一间20平方米左右的店铺投入了40万元。我现在肯定没有这么多钱自己开店。另外，现在眼镜店越开越多，像我们店旁边相隔不过50米还有两家眼镜店，这个行业的内部竞争十分激烈，不像从前是个高利润行业。现在我们这家店只能维持不赔本，根本就不赚钱。

如果政策允许并且有这个能力的话，我想留在杭州。与家乡相比，在杭州挣钱肯定多，而且生活质量也要高。当然，如果家乡能够发展得好，回老家也是个很不错的选择。发展得好是指消费水平要有大幅提高，这样我在老家自己开店也能赚钱。

我觉得有钱的人更容易在杭州定居下来。要定居下来就必须有自己的房子，杭州房价这么高，只有有钱人才买得起。

我平时跟高中同学来往比较多，高中同学都是老乡，认识时间也长，来杭州之前就认识了，我跟他们关系最密切。来杭州之后也认识了不少朋友，其中既有本地人也有外地人，平时也跟他们来往。还有，由于我的工作的缘故，平时经常能接触到各种人。我和到杭州之后认识的朋友交往较少，因为交情并不深，偶尔出去玩也是走过场，一般有事的时候才会联络。

我感觉杭州本地人总体来说比较好交往。其中年轻人最容易交往，我们年龄相近，而且他们没有那么多传统的地域观念，不会看不起人。相比较而言，有许多当地的中老年人会歧视外地人，他们看不到外地人带来的贡献，反而看不起外地人。比如，我之前租房的那个房东，总是担心我交不起房租，对外地人没有起码的信任感，这样租房的人也会觉得不舒服。我们作为外地人来到这里，可能本身也会比较敏感吧。

我5个月之前与女朋友搬到北站附近租房，房租每月420元，不包括水电费。其实我在东站住的时间最长，当时是为了工作方便。后来因为工作变动，就搬到北站来住，也是为了上班方便。北站和东站附近房租便宜，是外来打工者租房的首选，是杭州有名的城中村。那里的房东基本都是本地人,他们专门把房子改造成适合出租的小隔间,出租给外来务工者。因此,我现在的邻居都是外地人。大家一般都很忙,邻里之间交往非常少。跟房东很少见面,一般到收房租的时候他才会来。住的地方附近有一家便利店,我经常去买东西,跟便利店老板非常熟悉,跟其他人几乎没有来往。

我们租房的人没跟居委会打过交道,可能居委会是直接跟房东打交道吧。派出所有时候会发一些"警惕小偷""警惕火灾"之类的传单。我刚来的时候曾经因为没办暂住证被罚款。办暂住证一次要42元,包括外来人员管理费、卫生费等等,外来人员除了暂住证外不再需要办理其他证件。但是这些费用收了之后,我们没有享受到任何好处,觉得是冤枉钱,白交了,但是不交又不行,又不知道为什么交。

在杭州生活感觉压力很大,生活成本高,消费水平也高。我现在每月收入2500多元,感觉不够花,根本不可能有余钱积攒起来。本来单位要为我办理养老保险,但是我没有办,这样每月可以多拿100多元钱。花钱主要在吃和住方面,平时零花钱也比较多。父母在老家,都有工作,并不需要我赡养,但是我每次回家都会给他们留点钱,这样父母就不会为我担心,就会相信我能自己养活自己。而且,我还有个弟弟,现在还在上学,他花钱比较多,父母挣的钱主要供他上学。

我觉得社区应该加强文化方面的管理。比如有些好的社区,都有老年活动室、社区图书馆,还有供青少年活动的篮球场、乒乓球场等。另外,我比较喜欢学习型社区,我在学习方面需求比较大。社区可以经常组织些英语角、培训讲座之类的活动,提高居民素质。

案例编号:杭州—劳力型—005

访谈对象: 何女士,29岁,中专学历,某公司人力资源经理。籍贯湖南,来杭工作了4年半。租房住(已买房)
访谈时间: 2009年1月1日
访谈地点: 访谈对象家中(杭州市西湖区莲花社区)
调查员: 王龙龙

受访者自述

当初来杭州主要是觉得这里发展机会大,待遇也不错,好多朋友都来杭州、上海这边发展了,而且也都发展得不错,我就辞掉了深圳那边的工作来到杭州。我来杭州有4年半了吧,刚开始的时候感觉这个城市很陌生,除了美丽的风景吸引我之外就没其他的了,杭州的消费很高,我刚来的时候工资不高,生活压力挺大的。不过随着收入的增加,慢慢地我也适应了这个城市的生活。

平时工作很忙,交际圈子也很小,基本上都是和公司的同事或者一些老乡,下班或者周末的时候一块玩，唱歌、逛街之类的。刚来的时候基本上都是先和一些熟人来往，工作时间长了慢慢地认识的人也就多了。我们公司的员工大多不是杭州人，但是基本上浙江省内的人员居多，外省人相对较少。慢慢地我也认识了一些杭州人，一些是通过同事介绍认识的，一些是我们小区里面的。我住在我们小区有3年多了，开始来杭州的时候住在别的地方，后来由于离上班的地方比较远就搬到现在这个地方了。平时与社区居民可以说称不上有什么关系，有联系的也就我们家对面的邻居，见面时打个招呼，有时候互相帮忙之类的，其他人没什么交往，可能城市里的人都这样吧，大家都自己忙自己的事情，不像农村那样可以经常去邻居家里串门。与杭州人也谈不上隔阂，但是至少有一点得承认：虽然在杭州生活这么久了，前段时间房子也买了，但是我还是感觉自己是个外地人。

生活中遇到的问题都是自己解决的，如果是比较大的事情就找别人帮忙。比如去年买房子的时候，手头比较紧，就找自己的亲戚朋友借了一些。别的也没什么事情了，小一点的事情都是自己想办法解决。

如果排除制度性因素，我感觉一个人朋友越多的话越容易适应城市生活，转变为城里人。当然一开始来基本上都没什么朋友，我自己刚来杭州的时候就没什么朋友，感觉挺孤单的，有时候想找个陪自己说说话的人都没有，感觉自己好像是这个城市的过客。我们公司的一个同事之前是在别的地方工作，后来她的一个亲戚，也就是我们公司的一位领导把她调到杭州来了，我看她适应杭州生活就很快，来时间不长就有了那么多朋友，有什么事情的话那么多朋友都可以给她提供帮助，再加上她本来就是浙江省内的，懂得杭州方言，如果说可以转变的话我觉得她已经转变成杭州人了。

我自己对杭州市的外来人口管理措施也不大懂，我觉得外地人得办理暂住证比较麻烦，不过听说暂住证制度要取消了。还有就是计划生育方面，不能在杭州办理生育证明，这点是比较麻烦的，另外，外来人员子女上学没保障，社保关系等都要受户口限制，外地户口不能享受经济适用房政策等。好的方面是初生婴儿疫苗接种与当地小孩一样享受免费，其实现在感觉对外地人的限制不像以前那么多了。

我感觉现在住的这个小区管理挺好的，首先是治安和环境卫生比较好，感觉比较安全，没什么麻烦的事情。跟居委会的人没来往过，我们房子是租的，有事的话他们可能直接找房东吧。我觉得没有必要把外地人和本地人分类管理，如果分类管理的话外地人跟本地人接触的机会就会更少了，这样不利于建立很好的关系，社区管理方面我觉得居委会应该给社区居民提供更多的帮助。

城市社区建设方面，我觉得应该更多地提供一些公共服务，比如说多建一些公共设施以丰富居民的业余生活，逢年过节的时候可以组织一些晚会娱乐节目，以加深社区居民之间的关系。

案例编号：杭州—劳力型—006

访谈对象： 高先生，34岁，高中学历。司机，籍贯甘肃，来杭工作3年半了，租房住（已买房）
访谈时间： 2009年2月13日
访谈地点： 访谈对象家中（杭州市滨江区某小区）
调查员： 王龙龙

受访者自述

我来杭州有3年多了，来杭州之前在深圳工作了两年多。我是一个退伍军人，当时部队介绍到深圳的一个公司当司机，后来公司在杭州办事处这边缺人，我就被派过来了。你刚才说的这个新移民挺有意思的，如果我当初在深圳的话那也算是个新移民，漂来飘去定不下来，不过现在我应该不会换地方了，会留在杭州生活，算是一个新移民吧。去年的时候我在滨江这边买房了，我估计搬进去住也差不多要到2010年了吧，所以我现在还在租房。感觉杭州这个城市总体上还是比较好的，比我们老家那边要好很多，最起码经济上比较好，但是感觉在这个城市生活压力蛮大的，现在我和我老婆每月的工资除去房供、房租和其他花销基本上所剩无几了，自从买了房子以后平时生活也挺紧张的。

我们这个行业平时交往的人不少，但是深交的不多，很难称得上是知心朋友。基本上交往比较频繁的都是些同事，有几个关系比较好，其中两个是我的战友，当时一块分到深圳那边，后来又一块过来了，这么多年都在一块，有什么事情也可以互相帮助，大家都能谈得来，感觉跟自己的亲人一样。除了这两个关系比较好以外，有几个老乡关系也不错，平时有空的时候都会互相串串门，聊聊家乡的事情，过年的时候也会一块开车回去。和杭州本地人也有来往，但是总觉得好像有距离，这可能也是由于我们觉得自己是外地人吧。我们一块工作的有几个是杭州本地人，周末空闲的时候大家偶尔也会去唱唱歌、吃吃饭、打打牌啊，不过他们的观念和我们不怎么一样，最主要的还是由于生活压力不像我们这么大吧。我现在住的这个地方杭州本地人居多，和年轻人都不怎么来往，有时候会和一些退休的老人打个招呼，也没有很深的交往。

平时在生活中遇到的都是一些小事情，自己解决就行了，大的事情还没遇到。有一件事情，就是去年小孩要上学比较麻烦，找熟人托关系，花了不少钱，费了很大周折才让小孩顺利上学的。

我的户口还在老家，所以以前老觉得自己不是杭州人，只是这个城市的过客。排除制度性因素的话，首先，我觉得在城市有房子就很容易觉得自己是这个城市的人，比如去年我买房以后，虽然生活压力大了，但是心里却觉得自己安定下来了，觉得我就是这个城市的一分子了,我的子女将来会在这个城市生活,相比之前有了很大的归属感。其次,我认为有一份稳定的工作和收入,是在这个城市生活的基础。我和我老婆的工作基本上还算稳定,收入也相对不是很低,所以日子也就可以这么过下去,等孩子长大了也就安定下来了。

其实我对杭州外来人口管理措施也不是很了解,听得比较多的就是暂住证制度,不过最近听人说要取消了,之前我也没有办过,可能是因为我们住的是小区里面的商品房吧。住在周边农民房的一些老乡则要办暂住证,挺麻烦的吧。现在其他事情了解得也不是很多,走在外面别人不可能看出来你不是杭州本地人,不会有人来管的。

我的工作比较特殊,司机嘛,经常载领导去出差的,长则一个星期多,短也要三四天,而且经常是晚上回来,所以几乎没见过居委会的人,如果他们有什么事情的话估计也就找我老婆了。住在这里感觉跟房东交往比较多,有什么事情的话都是房东直接找我们,说实话要我讲居委会具体是干什么的我可能都讲不清楚。我觉得没有必要把本地人和外来人分开来管理,其实本地人和外地人都是希望多一些互相交往的机会的,如果分开管理的话明显限制了交往机会。

城市社区建设方面,我觉得应该多提供一些公共服务。比如我们这块你想找个吃便饭的地方是很难的,可能也是由于房租比较高所以才没有吧。还有一个问题,我们这块交通不是很好,尤其是上下班的时候,我是一个司机,这点感受可能比别人深很多吧,停个车也很麻烦,小区停车管理也不是很规范,经常就没地方停了,有一次回来晚了小区里面没地方停,就停外面了,结果被罚款了。

案例编号:杭州—劳力型—007

访谈对象:小华,24 岁,浙江桐庐人,中专文化水平,现为杭州市黄姑山路颐高数码城的电脑修理员,来杭州工作已经三年了
访谈时间:2009 年 2 月 25 日 16:30—17:10
访谈地点:杭州颐高电脑城三楼诚成服务技术中心
调查员:王婷艳

寒暄了几句之后,我们正式进入访谈话题。一开始,小华显得有点紧张,于是我便照例问了一些基本问题,如来杭州几年了、对杭州这个城市的感觉怎么样,小华说:"我来杭州已经三年了,对杭州的感觉么,总体来说还是不错的。""好在哪里呢?""有很多方面吧,比如治安好,不乱。环境也好,我住的地方环境非常好。如果你要找房子,我真的要推荐给你,环境非常好,而且很便宜。"接下来,他便非常热情地给我描述了他住的那个小区有多少好,还有价格什么的。从他的言语中,我可以看出他对于自己现在的住房情况是非常满意的。

等他介绍完他的住房,我便将话题又重新拉回到访谈上:"那你平时经常与哪些人

交往呢?"他的回答是:"跟我们店里的同事交往比较多,都是电脑城的人。或者是我在杭州的同学。"我又问:"那你跟杭州本地人的交往情况怎么样呢?"他答道:"不太熟,都是修电脑认识的。""那和外省人的交往情况呢?""挺好的,比如湖南、河南的,大家都是同事,我们经常在一起玩的。"我又追问:"你觉得他们容易相处吗?"小华说:"挺容易相处的。但是杭州人不太容易相处,真的,和本地人相处比较困难。""为什么呢?"小华答道:"杭州人不太看得起外地人吧。"这时,他给我举了一个他朋友的例子,说他朋友找了个杭州本地女朋友,但女方家长不喜欢外地人,所以非要男方"倒插门"(即"入赘")才能答应这门婚事。结果他们的恋情只能以失败告终。

当被问及在生活或工作中是否有遇到什么问题时,小华开始大吐苦水:"问题当然有啊,去年不就是吗,开了一年多的店被迫关了。"原来,小华原本和一个朋友在电脑城合开了一家二手电脑店,去年冬天,朋友突然拿了店里所有的钱跑回老家了,无奈之下,小华只能卖了店,重新干回老本行——修电脑,也就是现在所在的这个电脑技术服务中心。当被问及通常遇到问题怎么解决时,小华的答案是:"主要是靠自己,其次找朋友,实在没办法了再找家里人帮忙。"

接着,我又问小华:"你在现在这个地方住了多久了呢?"他说:"大概两年多了吧,我是2006年开始住的,到现在算一算也有两年零四个月了。""那你和你们社区的居民平时有来往吗?来往多吗?""有时会帮他们修一下电脑,别的也没有什么来往。"接着我又问道:"那你在平时和邻居等的交往中有没有觉得和杭州人有隔阂?""有啊,我和杭州人基本上没有什么共同语言的。这里说的语言不是指我们平时说的话,因为我是桐庐人,所以语言上基本没有什么问题。问题是我们平时在生活当中完全没有什么交往。比如说房东,只能在缴房租的时候才能见到一面,平时生活上都没有来往的。"

当被问及是否想过变成杭州城里人时,小华说:"想啊,做梦都想,很想把户籍迁过来。但是现在没有办法。我有一个同事是户口挂在杭州亲戚家,然后买了一套房子,户口就迁过来成了杭州人。我不行,我没有朋友或亲戚可以让我这么暂时挂一下户口,所以买了房子也是没有用的。"我又乘势追问:"那你觉得不考虑制度政策之类的因素,什么样的人比较容易转变为杭州城里人?"小华的回答是:"至少是在这里先有房吧,这个是稳定的前提嘛。"

转而进入下一个问题。我问道:"你觉得杭州对外来人口的管理怎么样呢?有没有什么合理或不太合理的地方?"小华说:"要办暂住证。这个问题也有两方面。一方面,因为这个暂住证,所以老是有人来查,有时晚上9点、10点还来查,非常不方便。但另一方面,这样的管理是必要的,要不然城市就要乱套了。"

我又问:"那你觉得你所在的社区的管理措施怎么样?"小华笑着说:"很好啊,各方面设施都挺齐全的,监控啊什么的,晚上还有联防队巡逻,所以治安方面是没有问题的。"至于和居委会的来往情况,据小华介绍,他和居委会从来没有什么来往,唯一一次看到居委会的人是他们在汶川大地震的时候搞小区活动,号召居民捐款。接着我又问:"你觉得有必要把本地人和外地人分开管理吗?"小华说:"当然没有必要,一样都是人嘛。"

最后,我又问小华对于城市社区建设有没有什么意见和建议。他从自己的社区出发,提出了一些意见:"要是社区有社区医院就好了。我们现在看病非常不方便,要跑到很远的地方才能找到医院。我妈妈年纪也大了，这样很辛苦的。另外，社区要是有社区幼儿园就更好了，或者社区周围建个学校也好，我的一些同事的孩子上学非常不方便，都要跑很远的路。"

至此，对小华的采访结束了，总的来说，进行得非常顺利。

案例编号：杭州—劳力型—008

访谈对象： 李先生，31岁，安徽宣城人，已婚，小学未读完六年级辍学，在某检修站做保安已经五年。最初在大连、济南等城市打工，做过水泥工、焊接工等，后来经老乡介绍来杭州找到了现在这个更加稳定的工作。现在和妻子租住杭州余杭勾庄的农民自建房，虽然离单位很远，交通也不方便，但是房租很便宜

访谈时间： 2008年12月7日
访谈地点： 访谈对象工作单位
调查员： 杨悠悠

受访者自述

我来杭州之前也去过好多城市了，比杭州大的也有，拿的工资也比现在要高，但是家里人想我能找个安全点的事情做，以前干体力活很累。大部分的老板都很好，但也有几个老板发工资要好几个月才肯一起发。有一年我们承包个小项目，做完了老板人就不见了，后来还是几个一起干活的老乡靠关系找到了老板拿回了一部分钱。后来有个经常来往的老乡在杭州做生意做得好，通过他的关系我就到这里做了保安，开始三个月试用，工资每个月1000元，做下来以后现在比以前多了一些。来这里不是为了钱多，而是想找个稳定点的事情做，以前的工作危险点，出了事情没有保险的，现在有了，单位里帮我交一点，剩下的从自己工资里扣掉。

在这里没有娱乐活动，我不太出去，老婆没工作的时候就在家里做家务。我们住的地方离市区很远，不方便经常出门。每天都工作也没有什么空，一般回家就是看电视。要到国庆节、五一节不上班就和老乡出去打牌，平常没娱乐，酒吧、茶楼老乡说很贵，我从来不去的。

住的地方都是农民自己造的房子，有三层楼，房东住楼下，人很好的，我老婆跟房东老婆经常一起吃瓜子聊天。住在他们家的人都是外地人，我跟他们的工作时间不一样，不太碰得见，也不知道他们叫什么名字。住的地方还可以，偏僻了一点，但价格便宜，比城市里住得好，就是脏，晚上窗户要关好，这里小偷多，经常有丢东西的，白天有时候也丢，我晚上睡觉手机、钱包都放枕头下的。社区干部很少见到，我们有问题都找房东，就有人来问我查过一次暂住证，态度蛮好的，不过平常不大看见他们。

杭州的环境我不是很在乎，西湖也就刚来的那段时间去过，还有老家来人了我带他们去看看，一般不去的。对杭州的整体感觉倒没什么，就是东西价格比老家高，自己赚的钱又少，每个月省下的钱还要寄回老家的，两个小孩子现在有一个上学了，学费和生活费也是从我工资里省出来的，有时候还不够。不够怎么办，我不工作的时候也做做别的事情，我有辆摩托车，平时下班了就做摩的生意，一天下来，运气好一点能赚五六十块钱，运气不好就只有十多块，基本上都载外地人，住我们那里的外地人很多。也不能天天都做，万一被城管这种人捉到了要罚款扣车的，我认识一个摩的司机带了一个人就是便衣，到现在都没拿回车。我很小心的，本地人我都不太敢带。

杭州人的态度我觉得一般，杭州这种地方外地人很多的，本地人一般不会看不起外地人。不过外地来的跟这里的人肯定不一样，单位里的本地人对我都不错，有些关系好的人过年的时候还会送点水果给我带回老家，平时也有人会塞香烟给我抽。聊天也聊，不过说不多，单位里本地人很多都说杭州话，有时候也跟我说，但我又不会说，现在能听懂点杭州话了，刚来的时候听不懂，去买东西时店里的人跟我说杭州话，我说我听不懂，他就用普通话了。这个人脾气好，也有些人脾气不好，我就走掉不买了，后来慢慢听懂了，现在只要说话不快我都能听懂。

杭州比我以前待的地方安全，在广州出门很怕被抢手机、抢包，在杭州没有担心过。有被人骗过，不过不是杭州人骗的，是外地人骗的。去年11月我下班了以后找不到人坐车就在汽车北站附近转了一下，碰到一个外地小伙子要坐车，叫我带他去余杭，那个地方离我住的地方很近，想着两个人顺路，跑的路也远可以多赚点钱，就说好了价钱后就带他走了。到了他说的地方时天已经黑了，路上也没几个人了，他下车以后就拿出一张一百块的钱让我找零的给他，我收了他四十块吧，找了六十块钱给他，他走后我觉得不太对劲，找了个有路灯的地方看他给我的那张钱，结果发现是张假的。天黑了我也不敢上去追他，万一他有个同伙在旁边，我一个人没办法对付他们两个人，就回家了，算了算一天就亏了六十块，做保安两天也就挣那么点钱。没办法，一不当心就会有这种事情的。

杭州的政策我不是很清楚，报纸单位里订，家里没有的，有时候看新闻的时候看到过，跟我没什么关系。我现在也不想落户，因为不一定就会留下来啊，以后不知道会不会一直在这里工作，要是别的地方有更好的工作我会走的。这里东西很贵，房子很贵，做杭州人幸福不幸福我看不出，我在这里很辛苦的，小孩子以后要想带过来也要等我有好工作、有点钱的时候。现在这种过法也不知道能过多久，老婆最近又没有工作了，我一个人赚点钱很不容易，再喜欢这个地方住不下去也是没办法的，看看再说了。

案例编号：杭州—经营型—001

访谈对象：毛女士，23岁，服装店店主，大学本科毕业，来杭工作6年了。目前居住在城市学院宿舍

访谈时间：2009 年 3 月 11 日星期三
访谈地点：浙江大学城市学院附近商业街
调查员：陈锏

  毛女士来杭州 6 年了。因为读书来杭州的，在浙江大学城市学院传媒学院读本科国际新闻专业。她很喜欢杭州，感觉杭州的生活环境很好，比较舒适、休闲。她经常去上海进货，相对于杭州来说，上海人太多了，而且从居住条件上来讲，还是比较喜欢杭州。
  与家乡台州相比，杭州各方面都很好。但她觉得台州的天气比杭州好。虽然她人在杭州，但因为开着店，有事情做，所以并没有身在他乡的感觉，反而回到家乡会觉得太空。
  经常交往的人有大学里的同学，现在也保持着联系，他们有空会经常来店里坐。还有一些开店的朋友和客户之类的。其中杭州人和外地人大概各占一半吧。大学班里就有一半是杭州人，交往中并没有什么困难，也没有觉得杭州人难相处，相对于上海人来说，与上海人交流，她大都要用上海话，与杭州人交流则没碰到过这个情况。此外，她并没有觉得杭州人有多么看不起外地人，大都比较好相处。
  但是她感觉杭州的文化气息不够浓。像上海，有喜剧啊、演唱会啊、什么表演之类的十分丰富。杭州在这些方面则显得不够。
  她觉得要在杭州定居应该有稳定的事业，没有事业、生活不稳定，很难立足。要有房子，这也是成为杭州人的前提。此外在这里还要有朋友圈，才能更加适应这里的生活。具备这些条件才能成为一个"杭州人"。
  她的店是从大四的时候开始经营的。因为跟原来的老板关系比较好，而且比较喜欢服装，所以就盘了下来。开始的时候家里不同意，但自从盘了下来以后，生活费都完全自理了。现在每个月的纯收入有五六千元，并且最近在淘宝上也开了店，也有较好的发展前景。她大四也在电台实习过，但是不太喜欢那个工作，还是自己开店比较自由。她还教过英语。教英语这个工作她比较喜欢，但是收入较低，所以现在就专心开店。收入也比较稳定。
  她的恋人是城市学院的教师，他们住的是学校里的教工宿舍，所以感觉上并没有脱离大学的环境。暂住证之类的没有办过，也没人来问过。因为住的是教工宿舍，所以和居委会之类的社区管理人员没有过多少交流，就是刚开始的时候来找她填过家属信息之类的。平时与周围的邻居也保持着很好的关系。因为男朋友是外教，所以打算移民。但是她还是想在杭州买房子，而且她觉得现在的房价也比较便宜。
  她对社区管理没有太多感觉。平时倒是要交卫生管理费。房租则是一年一交，价格也还好。但是她觉得安全环境还应该加强。之前在店里上班的时候，被偷过电脑，也可以说是被抢过电脑。两个人，一个装作买衣服，和她攀谈，另一个则拿了电脑就跑，然后开着电瓶车走了。那些保安也不帮忙。她跟他们说，他们也不去追，就指着报警的地方让她报警，还有去调监控录像。
  另一个问题是户口的管理不太好，之前她想办港澳签证，但是杭州这里说不能办，户籍不在杭州，回台州又说户籍迁出了，这样来回折腾，很麻烦。

案例编号：杭州—经营型—002

访谈对象： 薛女士，温州人，46岁，初中文化，来杭5年，曾在温州白鹿鞋城做鞋批发生意，现已转为全职家庭主妇，住自有房
访谈时间： 2009年2月20日晚上7点
访谈地点： 昌化新村
调查员： 何颖颖

薛阿姨来杭州已经5年了，主要是因为在老家温州发生了些变故，正好杭州有亲戚朋友在这边做生意，所以就来这边了。后来，遇到了合适的人，再婚之后，就决定在这边生活了，虽然户口还是没有迁过来。这是因为最近家乡那边有老村改建的工程，户口是利益的保证。

薛阿姨觉得杭州本来就是个让人向往的城市，特别是近几年一直在评的城市幸福感排行，杭州也是年年名列前茅，虽然很多人对此表示怀疑，但是她还是比较相信的。住了几年之后，跟温州比起来，她反而是更习惯这边的生活。总的来说很舒适。城市的建设、环卫这方面非常好，很干净，不像温州。风景名胜也比老家多。另外，杭州比温州感觉在文化层次上高，消费观念健康许多，生活也更加稳定。

薛阿姨刚来这里忙着生意的时候，打交道的大多是老乡，而且平时也没什么消遣的时间，主要精力还是在店铺上。近来有时间了，跟杭州本地的一些医生、老师，都有比较多的接触，关系好的，平时还一起去喝喝茶、登登山。

薛阿姨觉得邻居们大多都是点头之交。其实这也是大城市的通病，不可能像小地方，有点什么事儿就从村头传到村尾，乡里乡亲一直这么热情，大城市邻里间就没那么多人情味。至于隔阂，难免有些，她甚至还在公交车上跟杭州人吵过，不过是因为她在公交车上举止有点不对。另外语言不通也是一大问题。但是杭州本地人对外地人的态度也在转变。

在杭州的生活工作中，大致没什么问题。虽然说生意刚开始的时候是出现过亏损、倒闭的情况，但是亲戚、朋友的帮忙，在资金上给她救了急，然后她就东山再起了，后来也就顺了，摸着门道了，现在在鞋城里，熟人就更多了，偶尔还去逛的。至于说生活上嘛，主要是孩子的教育问题，来这里读高中、大学，填报志愿的时候老乡也帮不上忙，又没有其他的渠道，最终也没有比较理想地解决这个问题。其他也就没什么大事儿了，毕竟她老公是正宗杭州人，方便许多。

就薛阿姨的经验，其实杭州的外来人口管理制度上没什么复杂的东西，基本就是办理暂住证就是了，总体上而言是人性化的。办了暂住证的话，社区有时候也会关心你。她觉得外地人和本地人的区别主要还是在"三金""五金"这类问题上，不过政策上也逐渐放宽起来了，像医疗保险从2009年开始自己做生意的人也能买了，也可以说是金

融危机的功劳。不过,其实来自不同地方的外地人,待遇也是不一样的,温州人可能不会在证件啊之类的问题上被人刁难,但湖南、安徽那边来的人,很可能就会遇上些遭人刁难的事儿。

薛阿姨觉得,在杭州经过三代才能算作真正的杭州人,她现在的身份是"新杭州人"。如果从个人方面说的话,性格开朗、大方、坚韧就比较容易转变为杭州人,还有房子或者说就是收入比较重要,好工作是最重要的啊。

薛阿姨觉得她住的小区是很不错的,位置也好,虽然是老了些,但是各方面都很便利。至于说社区管理,她并没有怎么接触,她觉得毕竟家里够不上什么救济户的资格嘛,所以人家也就不会常来找她。社区组织的活动,她也不太在意,她参加最多的就是每年的捐助灾区的活动。批发鞋的时候就捐鞋,还获得过奖状。像上次苍南台风的时候,她就捐过。

对于流动人口是否应该分类管理,薛阿姨觉得还是有必要的,否则流动性过强的人不加区分的话,对城市各方面的工作都会有影响。不过她觉得只要打算在这边定居的人,有没有房子都无所谓,待上个三到五年,就不应再做区分了。

对于社区工作,薛阿姨觉得要对外地人给予更多关心,安排些节假日的活动,同时加强宣传力度,活动再多点年龄层次的区分。不过这也需要外地人本身的努力和配合。

案例编号:杭州—经营型—003

访谈对象:黄女士,26岁,高中文化,店老板,籍贯陕西,来杭时间接近5年,租房住
访谈时间:2009年2月24日
访谈地点:曙光路服饰店
调查员:马晶

受访者自述

杭州市是个干净舒适的城市,灰尘少,四季分明,就是雨水多了点,比较潮湿。西湖附近的公园也免费,平时和家人逛逛,感觉很贴近自然。杭州人比较文明、好相处,我挺喜欢这里的生活方式和生活节奏的。

以前几次工作是在别人的服饰店打工,现在自己开店感觉压力变得很大,生活最大的问题就是营业额,因为店刚开2个多月,生意还不是很好,而一年房租要5万元,转让费4万元已经交了。我的店主要面向18~30岁的女生。为了提高每月的销售额,我会请教朋友、多看看同行们的货,对进货渠道进行多家比较,争取把成本减到最少。我的货主要来自杭州四季青服装批发城和广州,我丈夫的姐姐在广州经商,广州的货由她发。

我的交友圈主要是顾客群和邻居，老公是我在杭州唯一的家人。与杭州人的交往大多是出于工作需要，如客户和商业伙伴，其中我有2～3个好朋友。租的房子在杭州西站附近，月租600元，住了一年多，邻居都是外地人，与所在社区的居民来往不多，见面打打招呼而已。虽然自己和杭州人相处还可以，但觉得本地人和外地人之间还是存在隔阂，经常能听到本地人说"外地人怎么怎么"，好像不好的事情都是外地人在做。在大城市这问题不可避免，毕竟很多小偷都是外地来的，影响了外地人的形象。

排除制度性因素，我认为那些喜欢城市、在当地有稳定工作、在工作单位不受排挤的人比较容易转变为城里人，换句话说，个体能力和性格起了很大作用。对于学历因素，我倒觉得关系不是很大，因为现在大学生找工作也很难，而一些低学历、肯吃苦的人在城市照样生活得很好。

杭州对外来人口的管理措施，我认为还可以，接触比较多的就是暂住证。因为我们附近的邻居租房都比较固定，所以房东很放心，暂住证过期了也无人过问。不过，卫生管理费比本地人要多交。而且房东收的电费很高，按理是每度电0.59元，房东每度电收1元，本来租客们可以用空调，但会因为电费太高而作罢。这个问题电视台曾报道过，但是没什么用，毕竟那里租金便宜，房东们还是有恃无恐。

我不清楚社区有什么管理措施，居委会对我们漠不关心，很少来往，有事都跟房东交流。社区基本的一些服务也没有做好，陌生人出入社区无人过问，社区没有广场、健身器材等文化康乐设施，社区卫生环境差、小偷多。虽然偶尔能看到巡逻人员，但是效果不佳。我认为没必要把本地人和外地人分开管理，因为既然在同一个城市，那大家就都是平等的。我们有问题时一般都找同学或朋友帮忙，谈不上处理机制。

案例编号：杭州—经营型—004

访谈对象： 咖啡店老板某某，女，26岁，本科学历，籍贯浙江金华，来杭州的工作3年。租房住，本市户籍
访谈时间： 2009年2月11日13：00～14：00
访谈地点： 杭州西斗门路丰潭路口咖啡店
调查员： 王良

受访者自述

我2001年来杭州读大学，学新闻专业。毕业后到金华电视台做出镜记者。虽然做记者非常有趣，可以经常去不同的地方，可以经常接触不同的人，但是后来觉得这个工作太辛苦，经常要在车上到处奔波，压力也非常大，感觉自己不适合这个工作，所以半年后就辞职了。之后就回到了杭州。

回到杭州之后，我先是应聘到一家台商企业工作。这份工作比记者轻松一点，起码

不用到处跑，收入也不错，但还不是我理想中的状态。在公司里有很多台湾人，我从他们口中了解到，台湾的咖啡店生意相当好，是人们休闲交流的重要场所。但是他们到大陆来工作之后，发现很难找到这样的地方。我脑子里突然冒出一个想法，我要自己经营咖啡店。于是在这家公司工作了几个月之后，我就辞职开始经营咖啡店。

我本身对咖啡文化非常感兴趣，而且我发现自己开一家有品位、有档次的咖啡店是最适合我的工作。因为这是真正地为自己工作，不像在公司里说到底是为别人打工。我现在在店里，每天并不太忙，而且我可以自己决定早点上班或者早点关门，当没有客人的时候，我可以坐在自己的小店里看看自己喜欢的书，或者上上网听听音乐，感觉非常自由。虽然完全偏离了大学的专业，但是我仍为自己而快乐，因为我找到了自己最喜爱的工作。

我的家乡是金华，杭州比金华好太多。首先，杭州作为一个省会城市，无论是政治、经济还是文化方面的信息都可以迅速传达到每一个人，这一点是我非常看中的，因为我觉得这样可以使我保持一种积极向上的生活态度，我感觉每天的自己都是新的，每天都在不断进步。其次，我是一个爱美的女孩，杭州的美丽是其他地方无法比拟的，这里的自然景色和人文景观都是世界知名的，生活在这样的城市里让我觉得非常舒服。最后，杭州的生活节奏比较慢，可以生活得比较悠闲。我就喜欢这种悠闲的生活。

我是一个心态非常好的人。有人觉得杭州生活压力很大，比如杭州的物价水平确实很高，但是我觉得钱只要够花的就可以了。我并不追求成为什么大富豪，因为如果每天跟那些有钱人比的话，会活得很累，不值得。我现在的月收入跟之前在台商公司的收入差不多，但是我很知足。所以我不觉得生活压力大，反而很惬意。

这家咖啡店完全是我一个人的杰作。从一开始选店面、装修、跑工商税务、开张，一直到现在，都是我一个人在打点，因为这是我喜爱的事，所以也不觉得辛苦。我的店一周七天都营业，每天大概上午10点半开门，一直到晚上10点多才关门。我一般没时间出去玩，也没时间出去逛街，但是我觉得很充实，每天烘焙咖啡豆、磨咖啡是我最喜欢的事。

我当时来上大学时，户口随我迁到了大学里，毕业后一直放在人才市场，只要每月交点钱就可以一直放着。后来我回到杭州工作，户口就落在杭州了，所以名义上我并不是外地人，暂住证之类的问题在我身上都没有。我也不太关心外来人口管理这方面的事情，因为与我的生活关系不大。

我平时基本没有跟居委会打过交道。派出所倒是经常发一些警惕小偷、警惕火灾的传单。

我觉得像我一样拥有良好心态的人更容易在杭州安定下来。我租住的房子就在我的咖啡店的附近，上班、回家都十分方便，我的很多街坊邻居都成了我这儿的常客。另外还有很多比较有身份、有品位的人经常光顾我的咖啡店。他们大多是外地人，我们甚至成了朋友，我从他们的谈话中也能学习到、了解到许多东西。

我店里什么样的人都会有，但是比较而言，我觉得外地人比本地人容易交往。可能是因为我不是本地人的缘故吧，我与外地人有更多的共同语言。每个地方的人都会有自己的特点和习惯，杭州人也不例外。可能这方面我和本地人还有些隔阂，我还有些不习惯。

我觉得杭州的城市管理各方面都做得不错，尤其是环境卫生、绿化等方面做得非常好。唯一不满意的是城市交通。每到上下班高峰的时候就堵车，打车也打不到，公交车费又那么贵，虽然我完全可以接受，但是比其他同等城市要贵好多，不知道为什么。

案例编号：杭州—经营型—005

访谈对象：郑先生，55 岁，高中文化水平，江苏人，现为浙江大学西溪校区附近教工路上的"天津包子铺"老板
访谈时间：2009 年 2 月 23 日 14：30—15：30
访谈地点：杭州市西湖区教工路"天津包子铺"
调查员：王婷艳

郑先生来杭州开包子铺已经 5 年了，之前曾在全国多个城市工作过，主要从事的生意是服装买卖、包子店经营等。现在在杭州开包子店，自己当老板，妻子和两个女儿当帮工。一家四口人一起租住在 50 平方米的文三街道出租房里。由于我是包子店的常客，与老板熟络，因此访谈进行得十分顺利，一开始便以一种轻松的气氛很快进入了主题。

郑先生来杭州工作生活已经 5 年了，当问及他对这个城市的感觉如何时，他毫不犹豫地说："我对这个城市是满意的。"但当我向他提问平时经常与哪些人交往时，他的回答却让人有些意外。他说："我们做这个生意基本上是没有人交往的。"当被进一步追问时，他告诉我，由于做生意时都是独来独往，所以交往的人不多。平时清闲的时候会与邻居拉拉家常什么的，但最密切的交往对象还是以老乡为主。同时，他还提到：他在与杭州本地人交往过程中，感觉不太满意。导致这样的交往状态的最重要的原因是语言不通，沟通交流困难。这时，他给我举了个例子说某个电视频道"开心茶馆"这个节目，全部是用杭州话播放，使得他们这些外地人，想收看却看不了。在他看来，杭州的外来人口这么多，各方面都应该更具有包容性一些，电视台节目最好也能用普通话制作，让每个人都能听懂，以方便外来务工者更好地融入杭州的市民生活中。

当我问及他在工作、生活中是否遇到过无奈以及通常怎么解决时，郑先生感触颇深，他立即就打开了话匣子。他说："我在杭州遇到的最大问题，一个是住房问题，另一个便是办证难问题。像我们做生意的，需要办很多证件，如卫生许可证什么的，手续上太麻烦，太不方便了。"这时，他向我展示了店内挂着的各种证件。我插话道："就因为你们是外地人的缘故，所以办理证件特别困难吗？"他答道："对呀，就因为我们是外地人，所以常常给我们出难题。"我又问道："遇到这样的情况，你们怎么解决呢？"他答道："那就只能求人啊，或者花钱去买，用金钱去行贿。没办法，只能这样。"说到这里，他不禁无奈地摇了摇头。接着又说："我们每次回老家，老乡聚会谈的都是这个，真的，在办证方面我们外地人的难度实在是太大了。这种情况很普遍，不光是杭州，每个城市都是这样，都存在这个问题。"

接着我又问郑先生住房问题以及与社区居民的交往问题。据郑先生介绍,他们在现在租住的这个地方已经住了 5 年了,一直都没有搬过。原因是他们与房东的关系一直处得非常好,但是与其他杭州本地人则交往不多。

到此,我不禁问:"既然在杭州待了这么多年,店里的生意也不错,为什么不考虑自己买一套房子呢?"这时老板惊呼:"不可能!不可能!杭州的房子太贵了,我们还要养三个孩子呢。"我又追问:"那您觉得什么样的人比较容易转变为杭州城里人呢?"他答道:"我们的关键原因是孩子都没有多大的成就,如果孩子都有成就,都成家了,那我们才有可能考虑这个事情(在杭州买房定居)。我们的孩子都没有什么成就,这个事情就想都不敢想了。"

接下来,我又问郑先生关于杭州对外来人口管理问题的看法,有哪些合理与不合理的地方。他认为:"杭州对外来人口的管理总的来说是不错的,做得还可以。但也有一些不合理的地方,主要就是之前所说的外地人办证件手续麻烦问题,另外,城里有许多管理机制对外地人和本地人都是区别对待的,比如城管、交警,看我们是外地人,会特别注意我们,看得很紧。"

当被问及住处的社区管理如何时,郑先生的回答是:"安全、防盗、卫生这些方面做得都很好。但在其他管理方面,做得还很不够。比如居委会的工作做得就很不全面,他们没有专门针对外地人进行工作,比如个别关心,和我们谈谈心,看看我们有什么困难和需要什么的。在帮助我们解决困难方面,他们的工作没有做到位。我们和居委会从来没有什么来往。"在郑先生的心目中,居委会在社区管理中应该扮演的角色是关心居民生活的贴心人的角色。特别是对外地人,要多听听他们的心声,而不是只与房东打交道,从不与外地租户来往。而且,在他看来,对本地人和外地人进行分类管理也是没有必要的,而且是非常不合理的。同样是中国公民,为什么要区别对待呢?由于居委会平时的不关心,导致他们遇到问题都是依靠自己解决,或求助于老乡。

最后,我问郑先生关于城市社区建设的意见,请他说说有没有需要完善的地方。他的回答是:"我们不需要想这个,我们只是外来务工的人,对于这个问题,我们不需要给什么说法,不需要说什么建议。唯一是居委会方面,希望能与我们多些沟通,让我们对社区多些了解。杭州的大政策我们是清楚的,但社区的小政策我们却都不了解。居委会还是需要与我们多一些交流才是。"

至此,与郑先生的交流成功结束。整个过程历时大概 1 个小时。

案例编号:杭州—经营型—006

访谈对象:刘先生,22 岁,高中文化,浙江金华人,来杭州快 5 年了,5 年里换过多次工作,现在杭州市西湖区教工路上开了一间花店,跟家人一起在店子附近的小区租了间房子住

访谈时间:2008 年 12 月 6 日 12 时

访谈地点： 杭州市教工路某花店
调查员： 薛华

受访者自述

  因为杭州是浙江省的省会，所以我们浙江人都想到杭州来打拼，创造一份属于自己的事业，我当然也不例外。因为有亲戚在杭州，所以高中毕业后没多久我就来到了杭州。我文化程度不高，只是个高中生，大的事业短期内在杭州肯定干不出来。所以在来杭州的5年里，我换过很多次工作，有在小店当过服务员，有帮人跑过业务、搞过销售，也曾有过一两个月都找不到事做的时候，一个人在外打拼的各种滋味都尝到过。后来杭州的亲戚建议我自己开店当老板。在跟家里商量了这个想法以后，家里给我资助了一部分资金，然后我自己从朋友那借了一些，于是就有了我现在的这个小花店。我的店面比较小，一个人还能应付得过来，所以就没再雇人来帮忙，在我的努力经营下，一个月除去开支也能挣个3000来块钱，这让现在的我感到很开心。

  来杭州的头两年里，我都是一个人在各处流浪，开了这个花店以后，我就在这附近找了一个小区租了间房子。我母亲现在退休在家，然后我就把她接了过来，给我做做饭、洗洗衣服，我则尽量一门心思地投入到我的生意上去。因为房子是杭州这边的亲戚介绍的，房租我也是每月都按时交过去，所以房东对我们也挺客气的。

  作为一个在杭州混了将近5年的人，我觉得杭州是个比较开放的城市，在杭州工作的人大部分都是外地人，大家都差不多，也没有明显地感到本地人与外地人的区别，就算有差别，我想也就是户口问题吧，但是现在老百姓的户口意识都开始慢慢减弱了，我个人觉得户口不代表什么，只要个人有能力，当然还必须很勤奋，都可以成为城里人的。能够在杭州待下去的人我想个人素质应该都还不错，所以感觉人与人之间还是很好相处的。譬如说我每天的顾客当中，肯定有杭州市本地人也有外地人，但是我看不出来这些人有什么差别，一方面可能是这些在杭州工作的外地人比较厉害，适应城市的能力比较强，另外一方面就是本地人比较包容，没有表现出过多的优越感。有几个房东的邻居经常来我店里买花，因为他们觉得我很勤奋、很努力，所以特别愿意照顾我生意。他们虽然都是杭州市本地人，但是跟他们交流起来从来都没有觉得不自在，也从来没有觉得很自卑，就是很平常的人与人的交流和沟通。

  当然，在对本地人和外地人的管理上还是会有些差别，譬如说我住的小区隔那么长一段时间都会有居委会的人来查暂住证，当然这是针对我们外来的这些流动人口的，本地人就不会查了，也不用查。这样做我觉得其实还是有必要的，因为流动人口容易造成不稳定。但是总感觉政府只是在起着一个管制的作用，在提供服务的方面还做得不是很好。我觉得居委会可以建一个自己小区的网站，然后在上面开辟流动人口专栏，也要有专门的服务版块，给本地人也给我们这些外地人提供一个平台，这样的互动方式可能更有助于政府进行社会管理。现在政府不是一直在提建设"和谐社会"吗？我觉得每个社区也要朝着"和谐社区"的方向发展，首先要有一套完备的管理政策，然后遇到问题的时候就在大政策的前提下灵活处理。还有，社区里面最好多建一点公共基础设施，比较大众化一点的运动设施最好都有，譬如说什么乒乓球室、羽毛球场、基本的健身器材等等，也可以多开展一些文艺类的活动，一来给平常紧张的工作一族放松放松，二来也可以拉近居民之间的关系，可以发动居民献计献策，自发组织活动。

我现在还年轻，也还没有足够的能力在杭州买房安家，但是以后还是希望能在杭州稳定下来，也希望下一代能继续留在杭州发展，所以现在就希望到那时候政府能够给我们这些在杭州自主创业的人多提供些优惠政策，譬如看是不是能建立这样的政策，对于在杭州自主创业几年的分别有不同程度的创业贷款优惠政策和房贷优惠。现在好多地方都对大学生自主创业有优惠，我们虽然没有那么高的学历，但是也希望能享受一些优惠。

案例编号：杭州—经营型—007

访谈对象：小邓，男，28岁，毕业于杭州经济技术学院，籍贯贵州遵义。来杭州工作了两年半，租房住
访谈时间：2008年12月13号
访谈地点：杭州市下沙镇
调查员：晏兴成

受访者自述

我现在在杭州日常交往的人中，有一个杭州人，住在杭州的下沙，他和我有生意往来，也只是有生意往来而已，其他没什么来往的，杭州人很排外的，他们很瞧不起外地人，所以你和我打招呼突然说贵州话我觉得不太习惯，因为一直都说普通话的，以前我们一起做事的几个人中有一个贵州的，我们一起也说普通话，说贵州话杭州人是瞧不起的，一说别人就知道你不是杭州的了。在我现在的朋友中，安徽、江西的比较多些，不过大多数都是生意上的合作伙伴。

我做庆典嘛，麻烦肯定是会有的，尤其是刚开始做的时候，自己技术不怎么过关，有时候客户又比较刁难，要么就说你在做的过程中有什么毛病少结账给你，要么就赖账，谈生意的时候说得好，"小兄弟，只要你把事情做好，钱一分也不少你的"，结果可能不是那样，现在我学乖了，找我做事的，谈好后，先签个合同再说。有一次，一个计算机培训中心让我给他做横幅挂到下沙的学校里面去，我把横幅做好了，去给他汇报，说横幅做好了，喊对方去给学校打招呼，我们就去挂上了，他跟我说，让我自己去处理，他当时是要求挂出来的等等，就是让我去处理学校的关系。我刚出校门，在学校里哪来的关系？我说我当时只说给你把横幅做出来，然后帮你挂上去，但是学校的事情你们要去处理好了我们才能挂啊，他说当时就说好了，要是我负责挂上去的，双方僵持不下。最后我没办法，我说我把横幅卖你，你自己处理去，学校我没给你说我要去搞定，我也搞不定。我做的成本是4块一米，我报了5块，他只给2块，还很拽的样子。

我就把我们一起做的几个合伙人，一个贵州的，一个河北的，一个浙江的，叫过来，去他办公室一坐，然后我就说：老板，我的横幅是5元一米做的，你不相信你问问我的几个兄弟，他们是证人。以前和我交涉的那个人就说：这事现在不是我负责，你找×××。×××就说：你有发票没有啊？我说：发票没有，有收据的，你看看好了。他看了收据，然后按5元一米给我付了钱，我们才走了。

在社区中和个别人还是有来往，有个安徽的厨师，我经常去他家喝酒，他一般只喝酒，不吃米饭什么的，只用菜下酒。我常去他那里坐坐、聊聊。社区内的杭州人，我只有和房东有所来往，在他家住的时间长了，他知道我是做什么的，也比较守信用，刚来的时候他会在交房租时间到前几天来追房租，现在不了，有时候忘记了就欠着，想起来了去几个月的一起交。其他社区内的杭州人我都几乎没来往的。

杭州对外地人的管理的话，只要你没有犯法，用钱都能解决问题，这比较灵活。比如暂住证，我就没办过，时不时地也有人来查暂住证，我就说没有，那就交34块钱给他，说是补办费，完了什么事情也没有，我也没去拿过证。卫生费72块钱，也没有常收，偶尔收一次吧，钱给了就啥事都没有了。所以比其他我晓得的地方灵活些。不过我觉得他们管得越少越好，什么事情不管才是好事情，只要他们一管，除了收钱，就没什么好事情。

我们挂横幅要当地政府批准才能挂的，所以会去找当地的居委会或者乡政府，在达到标准的前提下他们会批准的。其他的事情我还没有找过他们，在生意上的大小事情都是自己解决，一般是双方坐下来协商，大家都妥协点，我感觉没人在生意上遇到麻烦愿意去找政府，反正我是不想那么做，都是双方协商解决。协商解决不了的话，那就看涉及钱的多少了，钱少就算了，下次不给对方做就是了，钱多的话就得像上面说的那样，来硬的了，这样就一般都会解决，对方也是为了在这里做生意赚钱，有麻烦对他也没好处。

就社区建设来说的话，社区交通还是好的，虽然社区里没有城区那么宽的路，但是还是不错的了，只是没有像街上那样经常洒水打扫，不怎么干净，要是像街上那样多打扫就好了。我所在的社区没有提供什么信息的，都是靠自己找，能够提供一些当然是最好的了。其他的我觉得没什么了，还是要靠自己去打拼的了，社区对我来说主要是住的地方，安全就行。

郑州个案调查汇编

案例编号：郑州—智力型—001

访谈对象： 钟先生，28岁，河南信阳人，大专学历，郑州某大型汽车销售公司驻某地市总负责人，并在此地市开了一家自己的汽车装饰公司
访谈时间： 2009年4月25日晚/2009年5月23日晚
访谈地点： 迪欧咖啡厅（第二次为电话访谈）
调查员： 董玥玥

一、访谈背景

之所以选择此人作为访谈对象，原因有两点：一是我和他是高中同学，非常熟悉而且关系很好，容易访谈；二是他来自农村，在郑州没有任何社会关系，自2002年大专毕业后独自一个人在郑州打拼，并闯下一片自己的天地，具有访谈价值。

他最大的特点就是对成功的渴望非常强烈，并抓住一切可以挣钱的机会去挣钱，他始终挂在嘴上的一句话是："谁也不能阻止我成功，如果谁阻止我成功，对我来说就是犯罪。"他这种比常人更加强烈的成功愿望有以下三个原因：一是他家里穷，做任何事情都必须靠自己，所以他一定要成功；二是他自尊心非常强，曾经有过口袋里只剩下五元钱的体验，并和自己认为关系还不错的同事借100元，但没想到被别人一口回绝，这对他的自尊心是极大的伤害，留下很深的印迹，他不允许自己再因为钱而受到伤害；三是因为他没钱，在一起四年的女朋友离他而去，这是一个重重的打击，直到现在提起此事，他仍不能释然。

二、迁移及立足过程

从2002年7月毕业至今，他在郑州先后工作于三家汽车销售公司，并最终在一个地市立足。毕业后之所以选择留在郑州发展，原因有以下几点：首先是深圳的一段打工经历把他原本美好的理想击得粉碎。他大专就读于河南省广播电视大学，学的是市场营销专业。"那个时候什么都不知道，就知道玩，在学校谈了个女朋友，很少上课，虽然有着美好的憧憬，但很少付出实际行动。"可他搞人际关系却游刃有余，和周围的人关系都很好。2002年6月大专毕业后，有一家深圳企业来学校招人，承诺了很多，说是招"储备干部"，三个月试用期结束后转正。怀着对未来的美好向往，他被骗到了深圳，干的是三班倒的糊纸盒的活，坚持了一个星期他再也坚持不下去了，工资没要到就回了郑州，跑出去一趟，身上的钱全花完了，还白给别人干了一个星期的活。其次，因为他家在农村，所以不愿意回家，且父亲对他抱有很高的期望。他父亲有些文化，在自家开了一个小的幼儿园，靠着种地还有这个幼儿园维持生计，父亲对他的教育特别重

视,虽然家庭条件不是很好,但在初中时就把他送进县城读书,希望他将来能有所成就。这在当地的农村是不多见的。最后,他的大学在郑州就读,这边有同学,也熟悉了这边的环境,所以选择回来。

(一) 第一次在郑州找工作

2002年7月从深圳回到郑州后,他就开始努力地找工作,第一个工作是在人才交流中心找到的,他觉得最遗憾的一件事情就是大学期间没有学会电脑,也不知道怎么上网,学会上网是2006年的事情了,所以那个时候找工作一是买大河报看,二是去人才交流中心,所获得的信息十分有限。因为他专科学的是市场营销,所以想找一份和销售有关的工作,销售员因待遇比较低,加上他又是男生,肯吃苦,所以还是比较容易找到工作,这个时候他是想找一份有发展前途的销售工作。一次偶然的机会他看见一家中型汽车销售公司(以下简称A公司)招很多销售人员,起点工资400元加提成,他觉得这个行业整体形势很好,就递交了简历并参加了面试,就这样找到了第一份工作。"人的第一次选择可能会影响他的一生",从此他就与销售汽车结下了缘分。他在郑州没有任何关系,也没有亲戚,所有的一切都必须靠他自己。刚进单位那会,他常被别人欺负,接待的客户也会被老销售员抢走,头三个月没卖掉一台车,他给了自己一个月的期限,如果这一个月再卖不掉一台车就辞职不干换别的工作,结果这个月他卖掉了两台,他领到了自己生平的第一笔工资,那个时候的待遇是基本工资400元加提成,虽然钱不是很多,但他已经坚定了要成功的决心。那个时候他工作挺苦的,虽然有展厅,但一般只有老员工才能享受在里面接待客户的待遇,像他这样的只有守着那些铁皮车在外面暴晒。A公司是个中型汽车销售公司,管理极其不规范,有着自己一套"流氓企业文化",老板对他们的培训就是,"你看那有两个美女,你们谁能去和她们攀谈,今天你就成功了"。在A公司里,你能很深切地感受到商场上那些人性的劣质,比如不讲诚信,学的都是勾心斗角、圆滑世故,当然这些东西在任何企业都会存在,只不过在这个公司表现得更加明显,公司里的大部分人不以此为耻,反以此为荣。当你用不同的标准来评价这套文化,就会得出不同的结论。如果以道德为标准,那这套文化就是失败的,A公司臭名昭著,从A公司走出去的员工很难再被第二家汽车销售公司聘用。但如果以社会现实为标准,那么这套文化能让你快速地适应社会,在商场里面摸透人心,生存下来。慢慢地一切都越变越好,他对汽车销售的模式、渠道已经完全掌握,也很快地适应了企业的文化。那个时候,他们公司没有一个人不倒车卖,所谓"倒车",指的把本公司的客户带给其他的经销商,然后从中拿回扣。当然了,倒车也要有度,其实倒出去的客户老板都知道,但他也睁只眼闭只眼,因为老板看的是你能给他创造多少利润,如果你给他创造了100万元的利润,但你倒车只挣了1万元,那他就可以接受,所以这也成了一个不成文的规定,大家只要把握好这个度,就能挣到钱。他很快适应了这一切,或者说对成功的渴望已经使他不知道什么是良心了,那个时候只要能挣钱就行,倒车或者给别人回扣,自己从中间吃差价等等一切卑劣的手段他都会用,只为了挣钱。就像在高中已经显现出来的才干一样,他知道该如何与人搞好关系,最为重要的是他知道该和什么人搞好关系,所以别人弄不到的汽车品种他都可以弄到手,渐渐地找他的客户越来越多,他的性格很适合这样一个企业,也能快速地融入社会。那时候,企业一般都不给员工交三金,他也没有,每个月平均下来有2000多元的收入,这对于刚刚毕业的他已经不算少了。

他在A公司整整待了两年的时间,在2004年8月份左右,总公司规定由两家经销商分别承担同一品牌汽车不同型号的销售,这两家经销商的恶性竞争已经严重影响到汽车总量的销售。这个规定下达以后,A公司只承担了部分汽车型号的销售,倒车失去了滋生的土壤环境,销售人员的收入即刻下降,他人又开始浮躁起来,考虑要重新找工作,但也不想离开汽车这个行业。由于A公司以及A公司员工的不讲诚信在业内很有"名气",所以想再换一家公司确实很难。

(二) 第二次找工作

可机会又这样不经意地来了。他在A公司时,总经理对他欣赏有加,当A公司走下坡路时,总经理也想着另择高就。总经理答应了另一家汽车销售公司的邀请(以下简称B公司),并从A公司带走了一大批自己的心腹,其中就有他。2004年10月份,他来到了B公司。B公司管理很正规,刚来到B公司时,他极其不习惯,但此时他没有别的路可以选择。刚开始半年时间他都老老实实,倒车的机会并不多,两三个月才会倒一辆车,因为公司管制很严格,他没有机会。于是,他开始想别的方法。总经理和他的这些心腹就像一个小团体,经常会开会商量如何挣钱,因为总经理卖车并没有提成,他只有年底的分红钱,所以他把他的客户都给了自己的心腹,由这些销售员拿到提成再把钱给他,等于是总经理既赚取提成钱又赚取年底的分红,这引起了B公司老板的不满,在此也埋下了以后矛盾冲突的导火索。倒车看来是不行了,每个月的收入只有1000多元,他心理上的落差很大,他就是不安分的人,于是想尽一切办法钻公司制度上的漏洞。这个时候,他看准了跑单位客户这样一条路,赚钱的方法是单位来买车时,他去找采购的总负责人,给他塞回扣,这个回扣钱是B公司批准而且知道的,但他钻的空子就是本来给的回扣是2000元,他报3000元,这样他就赚了1000元的差价。于是,在这期间,他经常跑单位客户,这是他收入的主要来源。

慢慢地,他嫌这样赚钱也太慢,又开始想别的办法,以总经理为头的这个不正规团体终于做出了一个大胆的决定,直接从北京那边倒车,赚一笔钱后自己出来单干。方法是:他们接待的客户不给公司上报,然后总经理从北京总公司那边直接订购出厂的车,直接销售给客户,等于是利用公司这个平台做自己的生意。这必须要操作好,从财务到下面销售人员必须要有一整条线。这个不正规的团体起作用了,这都是从A公司出来的一批人,他们的理念就是一切向钱看。然而事情并没有想象得顺利,倒腾第二辆车时他们就被公司发现了,但如果将他们集体辞退会影响太大,于是他成了替罪羊,因为不可能辞退总经理,而他又是这批人的核心,所以他就是替罪羊。出事的那几天,他心理压力很大,在2006年三月周一的某一天,公司全体例会上宣布他被开除,他不知道是怎么走出单位的,只觉得一片迷茫。

(三) 第三次换工作

这次事件对他的影响很大,他不知道未来的路该怎么走,总经理这个团体并没有放弃他,因为这个团体很清楚老板要把他们一个个地整走,于是他们又经常开会商量出路，这时他有点意识到问题的症结，就是整天和这帮人瞎折腾折腾不出个什么，如果想要发展还是要找个大公司。他想到了一个同学，这个同学在郑州一家大型汽车销售公司（以下简称C公司）担任销售经理，他想通过同学进入这家公司并从最底层的销售员开始干起。这个同学没有回绝他，但是要他等机会，说要等公司整体招人才可以让他进去，这一等就是两个月，对他来说是痛苦的两个月。

2006年5月份他进入了C公司，到这个公司，他同学帮了他很大忙，虽然来到公司以后，他们成了竞争对手，他同学也对他做了很多不光彩的事情，但他说："无论他对我做了什么，我都可以原谅，因为如果没有他，我就不会来到这个公司，就不会有今天。"他是个很知道感恩的人。C公司很正规，从上到下都有一套完整的体系，虽然仍有机会挣一些外快，但是机会有限，慢慢地他也开始改变以前在A公司留下的一些恶习，希望通过自己的努力有所发展。他是个比较聪明的人，得到了C公司一个股东的欣赏，他开始为自己的前途做打算。这个时候，他想去某地市新建一家分公司，但因为那时候他还和女朋友在一起，所以他舍不得离开，这四年，他对她是全身心地投入，无论他在外面怎么和别人勾心斗角，回到家总会把最真实的一面给她，他说："挣10块钱，9块9都愿意花在她的身上。"

（四）在某地市得到发展

真正让他下决心离开郑州去某地市发展分公司的是2007年10月份他女朋友的离开。"我恨她，整整四年的感情啊，她说走就走了，我这么拼命全是为了她，我再不想留在郑州了，这里全是对她的回忆。"她的离开对于他来说是好事，因为如果不是她的离开，他是不会下决心去那个地市的，而如果不去那个地市他就不会有今天的发展。他和公司说了自己的想法，详细写了一份企划书，并很快获得批准。他在2008年过完年后来到那个地市，他的才干很快显现出来，工商、税务等全部都是他跑下来的，"那个时候，就是想让自己累，只有累了才能忘记她，才能不让自己悲伤。其实那个时候我已经找到一个可以结婚的对象，人很贤惠，但我就是想她，难受啊，有的时候我抱着电话给朋友打，一打就打到半夜12点，困了就直接睡，但半夜还是会惊醒，枕芯都被我的眼泪浸黄了一大片，我开着车在她住的地方不停地转，就是想遇见她。今年寒假回老家的时候，我还开着车去她家附近希望能看见她，但始终没有碰见"。他说这些话的时候，很痛苦，那个女孩对他影响很大，促使他要成功，"我恨她，我一定要成功，她一定会后悔"。他目前是这个汽车销售公司在此地市的负责人，此分公司从建店开始就全部由他负责，而且整个财务也由他代理，他掌握了很大的权力。因为现在汽车销售有地域限制，此地市人如果想买这个品牌的汽车，是不可以跨地域购买的，跨地域销售汽车的员工以及单位都会受到严厉处罚，所以他不用担心郑州或者周边地区抢客源。另外，他的分公司是郑州总店直接设置的，所以比起此地市的其余经销商，他的分公司在价格、售后服务、汽车种类方面更有竞争的优势。他还提到，他因为抢客户曾被当地经销商威胁过。从2008年12月份左右至今，世界都在金融危机呢，他可没有，这半年多的时间他累积了20万元的财富，他说他现在过得很潇洒，有钱干什么都行，什么样的人都可以找到，和谁过日子都是过，慢慢都会有感情。

他说有一天当他的资产过亿时候，他才是成功的，那一天他会告诉我。他靠着渴望成功这种本能的驱使，凭借着自己比较聪明的头脑在此地市打下了一片天地，但这种成功能走多远呢？商海上的浮浮沉沉太过正常，如果某一天股东内部斗争，欣赏他的股东失败，他的地位还能保留多久？这样一个挣钱的平台还能为他保留多久？他挣的这些钱公司都有数，公司会让一个人长久地占据一个位置挣公司的钱吗？考虑到这些，他在此地市开了一家自己的汽车装饰店，非常挣钱，凭借自己分公司总经理的身份，经他卖出去的汽车大部分都会在他自己的装饰店装饰，装饰的利润是非常大的，几十块的成本就可以挣几百元的利润，这样的一个装饰店为他在此地市立足提供了根基。他自己开的汽车装饰店并不是用他本人名字登记的，用的是他哥的名字，他不想被太多人特别是单位的人知道，店面不是很大，就一间50平方米的房子，只做汽车装饰，不修理汽车，比如给汽车贴太阳膜啊、装坐垫之类的，成本很低，利润却比较大。

三、社会关系网络的现状和变迁

虽然他现在大部分时间都在那个地市，但差不多每隔两个星期他就要回趟郑州开会，所以他毕业后在郑州陈砦租的房子到现在也没有退。陈砦是一个都市乡村，紧邻北环，北环是汽车销售集中地，他单位总部也在这个地方，因为离工作地点近、交通便利而且价格便宜，月房租200元左右，所以他一直没有换地方，随着他经济水平的不断提高，虽然只是个租来的30平方米左右的标间，但他自己购买了空调、电视、洗衣机等一些常用家庭电器。另外，他在那个地市也是租房子居住，在一个家属院租了一套两室一厅的房子，房东配备了齐全的家电，一个月500元，在当地算是比较好的房子。

在没有去那个地市以前，他的朋友圈子就在陈砦这样一个范围，他大部分熟识的朋友都是卖汽车的，而且大部分基于和他一样的原因选择了在此租房。他非常善于搞好人际关系，比如他在A公司上班时，和办公室主任关系非常好，因为办公室主任负责车辆统一调配，如果没有他的签字，车辆是无法提出卖的。办公室主任也住在陈砦，他最大的休闲就是下班之后买菜去办公室主任家做饭，有的时候会喊上几个人AA制去夜市吃。总的来说，他在郑州没有任何亲戚，作为一个普通的销售员，他交往的圈子也都是和汽车行业有关的一些人，他急需用钱的时候也是和这一些人借钱，但所借的很有限，不会超过1000元。

如今，作为分公司的总经理，他交往的圈子不断扩大。因为分公司从建店开始都由他一手负责，所有的关系都是他用钱跑下来的，因此一些工商、税务等的官员经常成为他的桌上客。如今，单位给他配了一辆别克轿车，他出门办事都是自己开车，他现在主要的人脉都集中在那个地市，在郑州已经没有太多的人脉关系。刚刚提到的那个在郑州和他关系比较好的办公室主任同事现在一年也就见上五六回。

四、对城市社会的参与情况

当我问他有没有参加过工会、志愿者组织和共青团等一些组织活动时，他的回答很肯定："从来没有参加过。"而且对社区、社区干部、社区服务等概念也非常陌生。在郑州工作的六年时间以及在某地市工作的这一年，对于一些社区政策的规定都是通过房东来间接完成的。比如在陈砦社区治安管理这一块,社区需要登记每个租户的姓名、联系方式,同时需要身份证的复印件,但他并不是主动地去社区登记,而是被动地等着房东上门催促,并把资料全部给房东,由房东代为去社区登记。在城市社会活动参与这一方面,他觉得自己与社区建设和城市管理的关系不大,不会主动参与。

分析他不主动参与城市社会活动的原因有以下两点:一方面,主观上缺乏参与的意愿。他目前居住的地方是租住,他认为此地方只是一个落脚地,没有归属感,也无主动参与的意愿。同时,他觉得做这些事情对于他来说是浪费时间,参与城市社会活动无法满足其自我价值实现的需要,他的价值感需要在工作投入和回报上得到满足。另一方面,客观上缺乏参与的渠道。即便社区举行活动,也是通知本社区的正式居民参加,与这些租住者是毫无关系的。

五、社会保障情况

(一) 档案和户籍情况

他说他现在的档案还在自己的手里拿着,户籍的迁移过程是由农村迁到学校,后来又打回原籍。他2000年来郑州上学时,国家那时候的政策规定户口可以迁移到学校,这样他的身份就转变为非农身份。2002年毕业后,国家政策规定:学校可以为你的档案和户口保留两年,在此期间如果你找不到接收单位,可以将档案委托给人才市场代为管理,同时由人才市场开证明将户口迁移到附近辖区内派出所,但仍然是集体户口的身份。他毕业后两年内并没有到学校办理档案和户口迁移,直到2006年3月份他才想起这件事,但他工作的单位是不接收档案和户口的,而此时派遣证已经过期,郑州市人才市场和河南省人才市场都不接收他的档案,户口也自然无着落。他回到学校提出自己的档案后,就一直自己拿着,没有找到相关部门接收,同时,他的户口也被打回了原籍。后来他又打电话给信阳市人才市场,那边人给的回复是:档案先转到信阳市人才市场,他补齐从2004年6月开始的人事代理费用后,再由信阳市人才市场转到固始县人才市场。他嫌麻烦就一直拖着没办,直到现在档案还在他自己手里拿着。现如今,他在郑州买了房,付了10万元的首付,房产证要在交房一年以后才能办下来,房产证办下来以后才能迁移户口,他现在户口还没有迁移过来,因为房产证还没有办好,有房产证之后,到买房附近的辖区派出所可以咨询看看需要哪些相关的手续。他说有房产证之后,办理还是比较简单的。另外,住房面积不同可迁入进户口的人数也就不同。同时,郑州市的某些区也会对户口政策有特别规定,比如郑东新区2009年2月9日出台的《关于促进投资和繁荣的若干意见》规定,在郑东新区买房就能迁户口。该意见第九条规定:2009年6月30日前,外地公民在起步区购买商品住房,建筑面积90平方米以下的,准予迁入直系亲属3人;购买90至120平方米(含90平方米)的,准予迁入直系亲属4人;购买120平方米及以上的,准予迁入直系亲属5人;就近解决购房者子女入学问题。购房时间以《商品房销(预)售合同》备案时间为准。此项户籍政策就有区域限制。

档案无法由郑州这边的人才市场代理以及户籍打回老家还是因为国家政策上的限

制。因为他在两年的规定期限内没有进行相关手续的办理，两年期限一过，郑州市就不再接收他的人事关系以及户口了。另一方面，这也暴露了私人企业对档案和户籍的不重视以及管理的不规范，他所在的私企规模也算比较大的，但对档案不重视，不接收档案，来单位上班只需要提供相关的学历证明和身份证复印件就可以了。对于他来说，要实现郑州市民的身份只能通过买房来解决，无其他任何途径。

（二）医疗、工伤、养老以及其他保险情况

私人企业员工的流动性特别大，一些小的私企是不给员工提供保险的，大的私企情况也各不一样。比如他工作的前两个单位是从来没有保险这一说法的，他现在工作的 C 公司规定：工作年满一年以后，给员工提供住房保险、医疗保险和养老保险，但实际上到目前为止单位也没有给他办理这三类保险，而他对此事的态度也比较淡然，没有说对保险有很强烈的要求，这和我没访谈他之前的想法是冲突的，我本认为他对保险会像我一样看重。他无意识催促单位给他办理保险，他的想法很奇怪，他觉得保险费用单位只是负责交一小部分，大部分还要自己交，这些钱都是从工资里直接扣除的，根据他目前的收入，每个月要扣除 1500 元左右作为保险费用，而他现在在私人企业上班，没有安定感，如果以后不在此单位了，保险费要么停交要么就要全部自己交，他并不想这样。他没有为长远考虑的意识，只想把钱全部放在自己的手里。

六、未来规划

他在郑州买了房子，以后还是准备回郑州发展的，但先要在那个地市工作几年积累资本。他打算回郑州后能自己做生意，希望与几个朋友代理某个汽车品牌，自己做经销商。自己做老板是他对未来的规划，因为从毕业到现在他一直都是在卖车，所以他对汽车行业非常熟悉，没有打算再换别的行业。

案例编号：郑州—智力型—002

访谈对象：王女士，26 岁，河南南阳人，本科学历，自由职业者
访谈时间：2009 年 6 月 1 日中午
访谈地点：河南检察职业学院教师休息室
调查员：董玥玥

一、访谈背景

王女士是我在河南检察职业学院兼职代课时认识的，之所以选择她作为访谈对象，原因有三点：一是她性格开朗，比较健谈，在访谈之前她就经常和我聊她的经历，容易

深度访谈；二是她从 2006 年毕业至今都无固定工作，先后在中专院校、大专院校以及一些辅导机构代课，为了生计还摆过地摊，目前仍然想在郑州市找一份固定的工作，哪怕进企业也可以；三是她去年已经结婚，但她的父母并不认同她的婚姻，并且因为工作原因她和老公两地分居，她独自一人在郑州面临很多困难，具有代表性。她最大的特点就是毕业快三年了都没有找到固定的工作，农村的家里还有一个弟弟、一个妹妹，经济负担十分重，为了留在郑州这个城市，她牺牲了很多东西，付出了很大的努力。

二、迁移及立足过程

她本科就读于新乡医学院，学的是法医专业，这个专业使她在找工作时受到很大限制。第一，她是女生，而法医这个行业倾向要男生，她不具有竞争的优势。第二，医院也不接收这个专业毕业的学生，医院招聘最多的专业是临床医学。第三，招聘法医专业的部门一般都是国家行政单位，最普遍的是公、检、法部门，这就需要参加国家统一招录考试，竞争非常大。因为她不想放弃以前所学专业，所以到现在她也没能找到一份固定的工作，一直处于漂泊的状态。

（一）2006 年 7 月—2007 年 8 月：待业

她 2006 年 7 月本科毕业后，找了一年的工作都没有找到。那几年招警考试在河南省非常盛行，比其他公务员考试要容易，一是题相对来说简单，二是招录人数明显多于其他公务员的招录考试，因此参加招警考试是她的首要选择。2006 年河南省招警 5000 多人，郑州市区女警招 40 人，她一心想留在郑州，就报考了郑州市区女警职位，郑州市的竞争非常大，虽然她一直很刻苦地复习准备，但最终连面试都没能进入。虽然连年招警考试都没能通过，但她也没考虑考其他公务员，一心只准备招警考试。2009 年的招警考试办法到现在都没有出台，但每次下午上完课在教师休息室休息的时候，我都看见她在很认真地复习公安基础知识的考试科目，那本书已经被翻得很旧了。她仍然在等待着不知道什么时间要举行的招警考试。

在得知 2006 年招警考试没有通过的时候，她开始在各个私立医院寻找工作。2006 年临床专业的硕士毕业生要想留在郑州市的公立医院，没有关系是不可能的事情，何况她是一个法医专业的本科毕业生呢。医院本身不需要法医专业，她又是一个本科生，家里没有关系，郑州的亲戚也帮不上忙，所以在郑州市的公立医院工作是她想都不敢想的事情。但找私立医院也碰上了很多困难，私立医院比较看重经验，一般倾向要有执业资格证的医生，执业资格证是工作一段时间后才有资格考的，她刚刚毕业的学生自然不会有这个证，所以最终被私立医院也拒之门外。

在进医院无望的情况下，她开始了第三份目标工作的寻找：保险公司。她性格很开朗，善于交际，经常都是她主动和别人打招呼，她觉得自己的性格很适合干保险，她希望进入保险公司干理赔或者医疗核损这一块。但事情并不是她想得那么简单，理赔或医疗核损这一块属于内勤，但最先进入保险公司的一般都在外勤，要跑单跑出业绩，干一段时间在有关系的前提下才能转为内勤。无奈，她只能先在一个保险公司跑单，公司规定三个月为试用期，底薪 400 元，若三个月没有业绩，就要办理离职手续。她说像这种保险最开始都是卖给自己家的亲戚，熬过三个月，转正后慢慢就好了，她在郑州有亲戚，但关系一般，亲戚不会买，又因她本科在新乡就读，家又是外地的，在郑州没有人脉，所以任凭她口才再好，还是没能跑出一单。其实她就头一个星期还出去跑跑，后来就没有再跑了，因为根本就没有推销的任何路径，就等着三个月后去公司办理离职手续。

这一晃就是一年的时间，她非常感激家里没有给太多的压力，这一年的生活费主要还是家庭供给，在经历了接二连三的找工作失败之后她仍特别乐观，她说："我的家庭给不了我太多，我要靠自己的努力改变现状，人不能一味地抱怨，得适应现实，适应环境，而不能让环境适应你。"她是一个比较坚韧的人。

（二）2007年9月—2008年1月：郑州卫校代课老师，在北环庙里摆地摊

她的亲叔叔是郑州工业大学的老师，婶子是郑州大学医学院的老师，她说叔叔对她还不错，但婶子对她一般，排斥她是农村的，所以她也不愿意去叔叔家。他叔叔有个三室两厅的老房子，出租给别人了，里面住了六个学生，她毕业时来郑州没地方住，叔叔就让她也住进去了，然后少收这六个人100块钱的房租，不管条件如何，她总算有了安身之所，但房子只住了半年，婶子就以装修房子为由让她搬了出来。她在北环庙里租了房子，一个月房租190元，为了缓解经济压力，她和一个同学合租，房子很小，15平方米左右，而且庙里的治安非常不好，但因为房租便宜，一住就住到现在。去卫校代课是她叔叔托熟人给她介绍的，如果没有叔叔这个关系，也不好进。在卫校代课一个课时30元，一个星期安排8个课时，只用去两天，所以一个月挣的钱还不到1000元。不去学校代课的时候，她就和同学一起在庙里摆地摊，卖的都是发夹、皮筋、项链等一些廉价的装饰品，有时候生意好的话，一天也可以挣几十块钱。刚开始卖的时候，她就怕碰见熟人，碰见以前的同学，碰见自己的学生，她觉得一个本科生在北环摆地摊是一件很丢人的事情，但因为生活所迫，她慢慢地也习惯了这一切——代课、进货、摆地摊。卫校的兼职老师都是半学期更换一批，这就意味着在卫校代课半学期的生涯结束后，她下一阶段又没有了饭碗。

（三）2008年2月至今：河南检察职业学院代课老师

卫校结课后，她又找到叔叔，想让叔叔再给她介绍个学校，毕竟是自己的亲叔叔，她叔叔也很上心地给她打听学校，于是在2008年2月份的时候她来到了河南检察职业学院这个学校。到这个学校以后，她深刻地感受到了什么叫作"欺压"。这个学校的大部分老师都是兼职的，正式老师只占很少的一部分，大量地使用兼职老师，是为了节约成本。学校没有和兼职老师签订任何协议，兼职老师的工资都是半年才结算一次，而且还会拖着不发，比如她2008年2月份来到学校，工资在2008年10月份左右才发下来，等于这9个月她都处于无工资状态。从2008年9月份到2009年1月份的工资，在今年5月份兼职老师集体找到校长的情况下才给发了下来，兼职老师的权利没有任何法律性的保障，但现在很多大专院校都是这样，所以这也是一个不成文的规则了。这个学校比其他学校唯一好的地方是给兼职老师安排的课时比较多，比如她一星期给安排了16个课时，课时费再加上出题费、监考费、改卷费，半学期可以发到10000元左右，所以尽

管学校总是拖着工资，但毕竟是学校，钱最终还是会发下来，所以她干完半学期后，这半学期仍然在里面干着。

她说在这个学校代课，除了感受到欺压，也深切地体会到了"阶层"的含义。她说："学校里正式老师的排外心理很强，连开校车的司机都是狗眼看人低。"她自己深刻体会到了这其中的冷暖，比如停在郑州大学老校区的校车拉的大部分是郑大兼职代课的研究生，司机过了点就走，不会多等一秒，有一次一个学生迟到了，他打的在后面追着校车，结果校车跑得比的士都快，根本不停。如果是学校正式老师，给车上的师傅打个电话，他就会靠在路边在那等着，这就是区别。"还有一次，我肚子坏了，早上去完厕所后，赶紧跑回来，那车上的司机就眼看着我跑过来了，还开着车走，当时车上兼职老师全部站起来，群起而攻之，那个司机才把车给停下来，这人真是坏透了。"学校总共三辆校车，阶层地位很明显，一辆校车坐的是领导，一辆坐的是正式老师，一辆坐的是兼职老师，兼职老师和正式老师交往很少，基本上没事不说话，她说感觉那些正式老师看兼职老师的眼神都不一样，她能很明显地感受到自己是个外来人。

三、社会关系网络的现状和变迁

她大学在新乡就读，郑州这边的同学不是很多，所以她的孤独感很强。虽然在学校代课，但代课老师流动性很大，无法形成固定的关系，只是平常在学校时交往，离开学校后基本不联系。她的亲叔叔在郑州，但婶婶的母亲和他们一起住，婶婶的母亲对她也非常不好，因她家是农村的看不起她，她说："我刚来郑州的时候，在她家洗衣服，老太太说我不节约用水，所以，我平时有事找叔叔要不给他打电话，要不就去他工作的单位找他。"叔叔还是很愿意帮她的，但一方面叔叔的能力有限，另一方面她个人条件也不够，本科学历想进学校进不去，所以就一直在飘着。

她2008年8月8日和老公领了结婚证，她老公是华中科技大学同济医学院临床医学本科毕业，因就读的学校是重点大学，所以本科毕业后被新乡医学院招聘为老师，目前在新乡医学院一边当老师一边上在职研究生。她老公家也是农村的，家庭条件非常不好，她说："老公性格内向，对任何事情都非常悲观，而我的性格是非常乐观的人，我觉得我们性格应该互换。"她和老公关系相处得不是特别好，她的母亲因为男方的经济原因从一开始就反对他们的婚姻，虽然领了结婚证，但她母亲反复强调只是领了证，并没有举办婚礼，所以还不算结婚，她母亲到现在还不希望他们在一起。她或多或少地也会受母亲的影响，觉得老公的性格不像个男人，不争气，没有钱，她虽然在新乡买了房子，但不打算在新乡长期安家，她说她回新乡也找不到好工作，而且她家也不在新乡。现在她每周代三天的课，剩余的时间要不是她老公来郑州找她，要不是她回新乡。虽然她性格比较开朗，但因为社会地位不高，且无固定的生活圈子以及工作圈子，所以在郑州这边基本没什么朋友，也没有什么休闲活动，除了代课，大部分时间都是和她老公待在一起。

四、对城市社会的参与情况

她从来没有参与过社区建设和城市管理，虽然她在北环庙里租了两年多的房子，但从来没有和社区干部打过交道，也不认识社区干部。她的性格开朗，所以她有主观参与社区建设的意愿，但她缺乏客观参与的渠道，她说她所住的地方社区治安非常差，但她不知道通过什么渠道来申诉目前社区存在的问题，更别提改变现状了。"没有房子，永远属于异乡人，看到本地条件好的人，就觉得是两个阶层的人，没有底气。"

五、社会保障情况

（一）档案和户籍情况

她的户籍是令她感到非常头疼的一件事情，她毕业的时候把档案迁到了人才交流市场，但她的户口目前却在开封。她的大伯在开封，上中学的时候家里人想把她转为城市户口，就把她的户口迁到了她开封的大伯家里，那时候她家和大伯家关系还很好，但后来因为她奶奶的养老问题，两家反目成仇人了。现在她大伯全家都去了海南那边，开封的房子租给了别人，已经不回来了，所以她的户口到现在还在开封，一直没能转到郑州这边来。现在她的工作没着落，自己在郑州飘着，老公又在新乡，老家在南阳，户口在开封，户口既不在老家，也不在工作地和生活地，所以办任何事情都非常不方便。大伯现在不回来，户口在他家放着也拿不出来，她就想尽快地把户口给迁移出来，哪怕迁移回老家。

（二）医疗、工伤、养老以及其他保险情况

她连工作都没有固定，自然不会有这些保险。她个人比较看重医保，但现在没有任何条件去办理。户口在开封，老家在南阳，在新乡买的房子，目前人在郑州这边飘着打工，她不知道该找谁办理、如何办理。"现在的经济状况是生病都生不起，没有任何医疗保障。"

六、未来规划

近阶段她一直在准备招警考试，如果此路不通，她就把希望放在了考郑州大学的研究生上，她想通过自己的努力来改变目前的困境。她老公也不想在新乡呆，如果经济状况允许想考博士。他们现在新乡买了一套房子，去年结婚的时候家里给的钱加上礼钱付了首付，房子在顶层，80平方米左右，现在月供1000元，供10年。她说如果能考上郑大的研究生，老公也能考上博士，就把新乡的房子卖了，在郑州安家。她说目前她要想改变自己的困境只有两条路，一是考上警察，二是考上研究生，这也是她现在奋斗的目标，她希望自己能成为郑州人，她想自己的孩子今后能在这个城市受到好的教育，有个好的发展。

案例编号：郑州—智力型—003

访谈对象：张先生，29岁，河南驻马店人，本科学历，供职于郑州某大型房地产销售公司
访谈时间：2009年6月21日下午
访谈地点：某俱乐部
调查员：董玥玥

一、访谈背景

访谈对象和我朋友是同一单位、同一部门的财务主管，经朋友介绍认识，偶尔会在一起吃饭、聊天，慢慢便熟识了。之所以选择他作为访谈对象，原因有三点：一是他学的是会计专业，有一技之长，并考过了注册会计师，这个证不仅在国内的含金量相当大，而且也得到了国外的认可；二是在平常和他交往的过程中，他惯用的口头禅就是"靠自己"，给人感觉十分努力、上进；三是他2002年毕业于河南财经学院后先后辗转于郑州、深圳、漯河三个城市，并最终选择在郑州发展。综合以上三个原因，我特别想详细了解一个经历比较丰富、在郑州完全没有关系、靠自己努力考上注册会计师的人的生活、收入、人际关系等等各方面状况。

二、迁移及立足过程

他本科阶段是学生会的干部，"那个时候就知道搞社团，傻，不知道学习"，所以在上大学期间他没有报名参加注册会计师考试，2002年毕业的时候只是一个普通的会计专业毕业生。参加工作以后发现这个专业如果拿不到注册会计师证，后期发展不大，于是他在2003年5月报考了注会，10月份考过了第一门，2004年考过了第二门，2005年又通过了两门，2006年因工作忙没有通过，2007年考过了最后一门。注会规定必须五年之内全部考过，否则以前成绩作废，他正好用五年的时间考到了这个注册会计师证。从2002年毕业到2005年这三年的时间，他始终未能找到自己定位，在不同的城市漂泊共换了5份工作。2005年10月凭借着中级会计师的身份和三年的工作经验进入到一个大型房地产公司，并一直工作到现在。

（一）2002年4月—2002年10月：第一阶段工作经历

2002年放完寒假来学校时他就开始通过网络、招聘会这两种方式在郑州找工作。他家虽然在驻马店市区，但经济状况一般，而且在郑州没有社会关系，一切必须"靠自己"。"那时候年纪小，年少无知，没有什么想法，对未来虽然有期望但没有规划，

没有想非得去哪个城市发展,就暂且留在郑州找工作。"2002年的时候就业形势没有现在这么紧张,找工作没有现在困难,会计专业又是财院的招牌专业,班里的人陆陆续续找到了工作,在银行工作的占多数。2002年4月份,他的第一份工作通过招聘会的方式找到,这个单位是中等规模的啤酒企业,一个月工资600元,没有任何社会福利和保障,所以他只是把第一份工作当成实习的单位和以后换工作的跳板,没有长期做的打算。

在这个单位工作期间,利用五一的七天假期他还去上海找过工作,孩童时期他家人就带他去过上海,他感觉上海是真正意义上的现代都市,因此一直对上海报有美好的幻想。七天的时间十分短暂,他在上海试投了几分简历,只有一家做餐饮业的同意接收他,一个月工资1500元。在上海这样高消费的地方,1500元连温饱问题都无法解决。他不敢冒险,也没有冒险的资本,所以七天假期结束后就赶紧回啤酒厂上班了。但是这种想出去闯闯的念头并没有消失,他一直在等待着机会。

他觉得在啤酒行业的发展空间非常小,抱着"骑驴找马"的想法,他在这个企业工作的时候一直在联系其他单位。2002年9月份,他又找到了一家小型汽车销售公司,虽然这家汽车销售公司规模不大,但他觉得汽车行业的发展前途非常好,就从啤酒企业辞职了。但事实上他在这家汽车销售公司只待了一个星期就离职了,因为8、9月份的时候他面试了很多家单位,在他刚在汽车公司上班一个星期后就被一家国有银行的郑州分行通知录取了,权衡利弊,他最终选择了银行。

(二)2002年10月—2003年9月:国有银行郑州分行

银行单位是通过招聘会的方式找到的,财院毕业的会计专业以及金融专业的学生首选单位就是银行,所以能被银行而且是国有银行招录还是比较满意的。他现在还很清晰地记得面试时一个问题,面试官问:"你对人事代理认可不认可?"他快速地答道:"认可。"事后他说压根就不知道什么是人事代理,为了能进银行,就说认可。学校从来没有对毕业生进行相关的就业培训,大家对一些概念很模糊,大部分学生对国家针对毕业生制定的政策不清楚,比如很多学生在毕业两年以后没有及时将档案和户口转到人才市场安置,最后使自己的利益受到损害。进入银行以后,他才知道接受人事代理的员工和正式员工在收入差距上是非常大的,他在银行的收入一个月是1000元,没有社会保障和福利待遇,正式员工一个月最少收入3000元,有社会保障以及各种福利待遇,这是导致他最终选择离开银行的一个最重要原因。其次,在国有银行没有关系,就没有发展的可能,而且永无出路。正式员工的指标都是从总行下达的,对于没有关系的合同工来说,银行业就等于是吃青春饭,永远就在柜台里坐着,合同是一年续签一次,到一定年龄就不会再续签。最后,在银行工作非常劳累,经常加班,自己的付出和收入不成比例;另外,心理压力大,一定期限内必须要完成定额的业务量,否则就扣工资。银行业没有他当初想象得那么好,收入低且没发展前途,他不能用自己的青春去做一件没有前途的事情,第一年签订的合同到期后他就没有再续签了。银行的人际圈子很固定,经常会聚会,但都是非正式员工在一起,和正式员工接触很少,他现在还和这些朋友保持着联系,他们大部分都离开了国有银行,有改换其他行业的,也有一部分人进入了私有银行,比如招商、浦发等等。

(三) 2003年10月—2005年2月：郑州一个做加油机的中型企业驻深圳分公司

从银行辞职后，他又开始了新一轮的找工作大战，想出去闯闯的念头再一次萌生。当时他在招聘会看到有个做加油机的企业需要招聘会计派往深圳分公司，一个月2000元，有员工宿舍，有单位食堂，吃住问题免费解决。另外，他那个时候年轻，对大城市特向往，而且也需要积累经验和资本，所以没有一点犹豫就去了深圳。这家企业的老板是商丘人，企业的员工大部分都是商丘的，深圳分公司的劳力全部都是从河南输送过去的，不招当地人，因为当地的劳力贵而且不好控制。因为单位里都是河南人，所以吃、住方面也都适应，而且也没有难相处或者歧视的事情发生。单位在他工作一年后，就给他办理了养老和医疗保险。但因为企业建在郊区，业余生活相当单调，基本就是办公室、食堂、宿舍三点一线，这样安逸的工作环境适合养老，不适合奋斗，长久待下去没有发展前途。"人有的时候就是这样，门外的拼命想往门里进，门里的拼命想往门外出。"工作累的时候想找一个舒服的、安逸的工作干，真的闲了反而不适应了。在这样的单位，他找不到自己人生价值的定位，他觉得不能把自己最好的时光就这样消磨了，他开始打算在深圳找家当地的企业。

(四) 2005年4月—2005年9月：深圳本地某集团，上市企业

从深圳分公司辞职后，他开始在本地找工作。他在2004年5月通过中级会计师考试，并凭借两年多的工作经验在深圳当地顺利找到一家上市集团。"造化弄人，命运真的由不得自己掌控。"2005年5月份，公司要把他派往河南漯河的分公司，因为觉得他是河南人，对那边地域熟悉，生活方式也习惯，工资开到每个月3700元，但没有社会保障。本来是想在深圳发展，结果绕了一圈又绕回原点，他已经与单位签订了合同，而且3700元的工资对他是个诱惑，于是在5月份来到了漯河。来到漯河，接触到公司的财务后他才发现这个上市集团连续亏损，公司运作不规范，整体素质差、效益差，已经濒临破产。"我是被从深圳骗到漯河的，后悔药没地方买，这个公司自然不会长呆。"浑浑噩噩了三年时间，这一刻他猛然清醒，不能再这样瞎干了，他开始对自己的人生进行了细致的思考和规划。截止到2005年，他注会已经考过了四门，还剩下最后一门，首要的是必须通过注册会计师考试，这样才有竞争的实力。他的同学圈子和朋友圈子大部分都在郑州，他准备回郑州发展。

(五) 2005年10月至今：郑州某大型房地产销售公司

2005年正是房地产炒得火热时候，外界盛传房地产的销售人员领钱领到手软，前几年房地产的好势头确实成就了一批人，我的一个好朋友大专毕业，在房地产干了三年，目前已经有两套小户型房。他来到郑州后，开始有选择地向一些房产公司投简历，并最终成功被一家大型房地产公司录取。试用期为三个月，试用期工资2200元，因他表现良好，两个月后就转正了，工资为3600元+浮动工资，浮动工资是指根据每个月的销售额，财务人员也可从中提取奖金，这样他每个月的工资平均有4000元左右。这家企业非常正规，每个正式员工都交有五险（养老、医疗、失业、生育、商业）一金

（住房公积金），这在郑州的企业是不多见的，扣除每个月自己要缴纳的社会保障费，发到工资卡上的有3500元左右，这在郑州这个城市算中等阶层的收入了。2007年是房地产最热的一年，房价基本上是一月一涨，一个楼盘一个价，这一年房地产均价上涨了1000元，随之就是他工资的上涨，而且他在2007年注会考试全部通过，得到了公司重用，去掉各种社会保障费，打到工资卡的工资已经上涨为4000多元，而且年底还有年终奖等等各项福利，2007年这一年他收入了将近6万元。任何事物都是盛极必衰，谁都无法逃脱这个经济规律，美国的一场金融危机最先危及了他所在的公司，因为这家房产公司在2007年底的时候在美国上市，公司的策略是保中、高层员工，裁减低层人员，所以从2008年到目前为止，公司裁减了近三分之二的人员，他目前的月工资是6000元，扣除各种保障，发到工资卡的有近5000元，但年终奖和各项福利取消，所以他现在的年收入和2007年是持平的，没有增长，也没有缩减。

现在他经常加班，没有下午7点以前下班过，因公司不断裁人，他现在一个人干的是三个人的活，特别累，加班到晚上10点是常事。他目前是单位的财务主管，下一步的目标是财务经理，但在本单位的提升空间不大，一方面，他太年轻了，资历不够深，没有财务经理的经验；另一方面，因为这是一家大型的在美国上市的公司，虽然说目前整体的经济形势不好，但瘦死的骆驼比马大，公司比较看重高层管理人员的文化背景，目前高层人员除了股东直接派任下来以外，大部分都为海龟或者拥有MBA学历的背景，他一个本科生即便考过了注会也只是被看成精干的业务人员，无法上升为高层管理人员。"从技术型人才到管理型人才的跨越非常难，如果这一步跨越了，以后的路会非常好走。"所以，从2009年过完年后，他开始在网上投简历，现在是他人生的一个关键期，一些中型企业的财务经理收入还没有他目前高，所以他在思考："是做大海里的小鱼，还是小河里的大鱼呢？"目前，他打算为了以后的发展先考个MBA，而且已经做好了换个新环境的准备。

三、社会关系网络的现状和变迁

因为他从事着财务这个具有技术性且相对稳定的职业，所以他的社会网络关系固定，交际圈子广泛，有同学、同事，以及一些业务上往来的朋友。他的生活十分小资，在时尚party租的房子，月租800元，是个30平方米的标准间，但里面的电器设备一应俱全，周末时常邀请几个好友去KTV、游泳、攀岩、打保龄球。他坦言自己是非常爱玩的人，一年必定要利用公休假和驴友一起出门游玩一次。他的人脉关系比较广，这次打算跳槽时，朋友们给他提供了很多及时、有效的信息，比如应聘单位的规模、发展的空间、老板的背景等等，这样有利于他挑选适合自己的企业。在郑州他没有外地人的感觉，我想这和他的收入和社会地位有关，虽然在企业的压力很大，但他凭借着多年的工作经验和注册会计师的身份跳槽到任何企业都是高收入的阶层。

四、对城市社会的参与情况

"年轻人谁会闲着没事干参加社区活动啊，一是没精力干，二是无聊。"他觉得自己的事情还顾不过来呢,社区活动都是退休的老头、老太太聚在一起打发时光的,很少会有年轻人参与。

五、社会保障情况

(一) 户籍情况

他1998年来郑州上学的时候,国家规定可以迁移户口,所以他的户口就迁到学校里了。2002年毕业的时候,他把户口和档案全部都放在了河南省人才市场,目前他的户口和档案还在人才市场,户口虽然是集体户口的身份,但并不影响办事情,身份证上显示的是郑州市人,户口等到在郑州的房产证办下来就可以迁移出来,档案估计要在人才市场一直放着了。

(二) 医疗、工伤、养老以及其他保险情况

他目前所在的单位给他交了五险一金,这在郑州的企业是不多见的。其具体的缴纳情况是单位负责一部分,他负责一部分,当我问他具体的比例时,他说自己从来没有关注这个比例,但单位是负责大部分的,然后每个月固定从自己的工资里扣除一部分钱缴纳各种保险。比如他目前的税后工资为6000元,但每个月发到卡里的只有近5000元,那每个月自己要缴纳的社会保障费应该有1000多元。他自己比较看重这些保险,特别是住房公积金,住房公积金在他买房的时候提供了很大的实惠。

六、未来规划

他已经在郑州东区买了房子,他自己就是房产公司的,托关系找熟人在2007年以每平方米3700元左右的价格就买下了,现在他的房子转手卖可以卖到每平方米4500元左右。他的房子有85平方米,首付了11万元,月供1200元,供20年,他想等过两年有钱了就直接还清,不愿意拖这么长时间。他的房子今年年底就可以交,交房后就会抓紧装修,争取明年可以搬进去,结束租房的日子。他现在主要的人脉关系都在郑州,而且目前正是他事业上升的阶段,所以他打算就在郑州发展,先积累资本。等到有一定经验和资本后,他打算和朋友一起做生意,不会总给别人打工。

案例编号:郑州—智力型—004

访谈对象:卢先生,33岁,河南许昌人,本科学历(成人教育),边在学校兼职代课边自己开店做生意

访谈时间:2009年7月2日下午

访谈地点：他的体育用品店
调查员：董玥玥

一、访谈背景

卢先生是我在学校代课时认识的一位兼职英语老师，性格比较内向，但为人实在，和他提出访谈的要求，他很爽快地答应了。选择他为访谈对象，原因有三点：首先，与我之前访谈的几位智力型个案比较，他年龄偏大，经历的事情以及面临的问题会更多些，比如，他现在有两个儿子，大的三岁多了，小的刚刚出生五个月，"本来是想再要个女儿的"，这在智力型群体中不常见；其次，他是个虔诚的基督教徒，每个周末无论多忙，一定要和家人一起去教堂做礼拜，对此我比较好奇，现在的智力型群体都在忙着挣钱，而他在挣钱的同时不忘记感恩；最后，他现在的生活模式是一边做着兼职老师，一边开着体育用品店做生意，这是很多智力型群体向往的一种生活模式，有固定的工作且有着自己的生意，因此，他的生活模式具有代表性。

二、迁移及立足过程

他1996年以一个很高的分数考入了郑州外贸学校，学的专业是国际贸易，这是一个中专院校，"家在农村，经济条件不好，想早点出来参加工作，就没选择考高中"。1998年毕业后国家已经不再分配工作，他留在了郑州。同年，他参加了河南教育学院的成人大专考试并被录取，但因为家庭条件不好，他选择了非脱产性质的教育模式，在郑州一家亲戚开的体育用品店打工。后因种种原因从亲戚的店里辞职，1999年6月份他来到一家制衣厂打工，主要工作是跑业务，给厂里拉订单。因收入太低，2000年初他又换到了一家灯具厂，还是跑业务。2000年6月份他从灯具厂辞职，因为他觉得自己的性格不太适合跑业务，而且文化水平太低，就继续参加了成人本科考试，选择了脱产性质的教育模式，开始安心在学校学习，不再出来工作。2002年毕业后，经朋友介绍先后去过四所学校兼职代课，有的时候为了挣钱一周五天时间都要奔波于各个学校，这样漂泊的生活整整持续了五年，期间有了第一个孩子，经济负担十分重。2008年初，他和老婆从亲戚的手里转接了这个体育用品店，有课的时候就去学校代课，雇有两个店员看店，他老婆也辞掉工作，除了照顾孩子，把剩余的精力都放在了生意上。

（一）1998年7月—2000年6月：先后换了三份工作

他1998年7月份中专毕业后没有去人才市场找工作，一方面是因为他性格比较内向，学历又低，在外面找工作很困难；另一方面他有个亲戚开了一家体育用品店，需要人帮忙打理。因此，他毕业后直接来到亲戚家的体育用品店帮忙打理店铺，一个月固定工资500元，没有提成。这个店铺有80平方米左右，里面摆满了各种体育用品，亲戚另外还雇了一个店员，平时就他和店员两个人，亲戚很少来店铺，因为亲戚的生意很多，没有时间顾及这个店铺。起先他干得还挺起劲，进货、上货、卖货，店内的经营被打理得井井有条，生意也不错。但随着时间的推移，对于这样周而复始的生活他慢慢开始厌倦，看不清方向。"一个年轻人整天窝在店里，和朋友很少来往，基本上没有社会生活，总不能一辈子就当个店员吧？"生意不是他自己的，工资也低，而且没有任何发展空间和机会，他感觉生活不能这样下去，于是在1999年6月份他离开了亲戚的店铺，又重新找了份工作。

1999年6月，经同学介绍，他来到了一家专门加工制服的服装厂，做的是业务员，给厂里拉业务，每个月基本工资200元加上10%的提成。他的性格实际上是不适合跑业务的，但当时找工作比较困难，再加上他的同学已经在这个服装厂跑业务了，彼此会有些照应。他记得自己最多一次领了1100元的工资，给家里买了台彩电，其余每个月平均也就是300元左右。跑业务十分困难，他没有任何关系，只能自己上门推销，推销的对象主要是各大公司以及各大酒店。他很形象地把在各大公司推销的方法称之为"扫楼"，即来到一幢写字楼，坐电梯到顶层，然后开始逐层向每一家公司进行推销，这幢大楼"扫"完，开始"扫"下一幢楼。但一些高级写字楼是很难混进去的，每一层都有保安来回巡逻，被发现立即就会被清除出楼，因此在高级写字楼里做业务十分困难。当谈到在各大酒店推销业务时，他又很形象地把这种推销的方法称之为"扫街"，即选择一条主干街道，然后沿着整条街找各大酒店，这条街"扫"完后，立即转移到下一条街。对于一个业务员来说，辛苦是肯定的，有一次他在西郊跑业务，7月份正是热的时候，中午12点他骑了个破自行车还在"扫街"，就感觉两眼一黑，虽然还有些意识但手脚已经不听使唤了，从来都没有晕过的他终于知道晕过去是什么感觉了，这种感觉至今他都还记得。做一个业务员，辛苦倒是其次的，最主要的是觉得没有自尊，必须得学会厚着脸皮忍受别人的冷淡和指责，去公司推销时，有的人还客气些，有的人在听完你自我介绍后话不多说一句就直接把门关上，这种滋味很不好受。在这个单位他就干了半年时间，1999年底就不干了。因为这家单位效益很不好，如果这一个月拉不到业务，连底薪都不会发，他最后两个月的工资都没能发下来，因此，1999年底的时候他就辞职了。

2000年初，他经过一个中专同学介绍来到一家灯具厂，还是负责跑业务，基本工资是500元加上提成。灯具厂很大，老板有着一套严格的管理模式，做业务没有以前自由和轻松，每天早上和晚上必须到公司签到，今天一天跑的地方也要和公司汇报，十分辛苦。老板的脾气很暴躁，没有业绩的时候，他就会挨骂。这段时间是他心理严重失衡的阶段，上初中的时候，他的成绩是班里非常好的，但因为家庭条件不好，就选择上了中专，而家里上了高中的同学有些已经考上了大学。他觉得随着社会的发展，自己这样的学历肯定会逐渐被淘汰。因此，在2000年6月份的时候，他做出一个决定：重新返回学校读书。他辞掉了工作，开始全心准备河南教育学院的成人本科考试，从2000年9月份到2002年6月份，他在学校安心学习，希望通过知识改变自己的命运。在2002年1月份的时候，他还尝试性地参加了研究生考试，但因为准备不足，没有通过。

（二）2002年9月至今：在各个学校兼职代课

2002年毕业之后，通过旅游学校的一个老师介绍，他来到了旅游学校代课。当时旅游学校是中学和中专合并在一起的，他的熟人主要负责中学这一块，但因为是一个系统，所以还是很轻松地把他安排到中专部代课，并承诺如有机会就给他找关系转成有编制的。2002年工作的竞争压力已经非常大了，他又是成人教育出身的本科，所以不具有竞争的优势。他不是正式员工，只有代课费，中专的课时费非常低，一个月平均1000元左右，但他感觉这比待在企业里要好多了。如果能这样一直代着课，等有机会转成正式的，他也很满足。但世事难料，2003年5月份左右，中学部和中专部拆开了，不再隶属于一个系统，熟人在中专部说不上话了。因此，2003年6月份代完最后一堂课，领完当月的工资，他就彻底地和旅游学校告别了。

他感觉自己的性格很适合做老师，而且在教育学院学的也是教育学，他不想放弃老师这个行业。但进一些大中专院校是有难度的，他就把目光对准了一些中学，能在郑州进个中学当老师也是不错的。从2003年9月份到2004年初，他应聘了很多院校，都没有成功，一方面是因为他没有关系，另一方面虽然他学的是教育学专业，但他应聘的是英语老师，可能学校看他不是科班出身，就没录取他。他记忆犹新的一件事是他应聘一个中学时，笔试、面试都成功了，而且学校已经通知他几月几号来学校上班了，但就在上班的前几天，他又被告知没有被录取，原因是本来一个老师说要走的，但现在这个老师又不走了，目前不缺老师。他不知道这个原因是真实的原因，还是自己的名额被有关系的人抵掉了。一晃大半年的时间已经过去，想进学校当个正式老师的想法始终没有实现，他只能再重新回到兼职代课的老路上去，并且在这条路上一直走到了现在。

他老婆是一所大专院校毕业的，认识这个学校的老师，在2004年2月份时，他通过老婆的关系来到这所大专院校教英语。这个学校的课时给的不是很多，一年只能挣1万块钱左右，没有课的时间就无所事事。因此，2004年9月份，他又找了一家大专院校代课，这样一周有四天半的时间都在两个学校之间来回奔波，一年总共的收入有2.5万元左右。虽然收入比起学校的正式员工要少一半，但这比他在企业好得太多了，一是时间比较自由，二是有假期，他再也不打算进企业找工作了。另外，因为他没有关系，学历也比较低，进一所学校成为正式员工已无可能，所以他这样的工作模式一直持续到了现在，暑假时他还会偶尔去一些补习班讲课。但这样的生活是没有保障的，如果某一天学校不再要兼职老师代课，他就会即刻失业，因此，他还是想找一些别的出路。

（三）2008年初至今：经营一家体育用品店

2008年初，他从亲戚的手里转接了一家体育用品店，转让费35000元还没有给亲戚，房租每个月4500元，店面80平方米，体育用品琳琅满目，现在正值夏季，有一小半的空间卖的是泳衣，店面货有10万元左右。我下午4点左右去到他店里，当时还比较清闲，但从5点半开始陆陆续续来人了，6点之后人来得非常多，店客流量很大，主要卖的是泳衣。当时店里加上他总共有四个店员，但仍然比较忙，顾不过来，我在柜台旁从6点观察到6点半，他卖了有500元左右的货，除了一个篮球，大部分都是泳衣、泳帽、泳镜之类的。他说夏天是旺季，等到冬天生意就一般了，这个店除掉每月的房租以及工商税费，去年盈利了50000元。店面旁边就是学校，有农大、工学院、财专等，光临的学生非常多，这个店面地理位置比较好，给他提供了一个稳定的收入来源。暑假他就在店里打理生意，他老婆比较能干，刚生完孩子两个月就来到店里，他很满足现在的这种生活模式，有课的时候出去代课，没课的时候打理店铺，生活倒是很惬意。但现在他的两个孩子给他带来了很大的经济负担，大的已经三岁多，快要上幼儿园了，这是一笔很大的开支，小的现在只有五个月，每个月的奶粉钱就要1000多元，"现在的孩子并不只是养活他们，而且要让他们受到很好的教育"。又因为是两个男孩，以后的经济负担会更加重。

三、社会关系网络的现状和变迁

他的性格比较内向，朋友不是很多，交往的圈子也比较窄，来往的大部分都是以前的同学和亲戚，也没有休闲活动，我想这一方面和他的性格有关，另一方面也和他的工作模式有关。他没有固定的工作单位，在各个学校兼职代课，平常接触的也是兼职老师，和正式老师没有接触，但兼职老师的工作也是不固定的，因此，他和兼职老师无法建立长久、稳固的关系，也无正式的社会网络。虽然他已经成家，在郑州买了房子且已经有了两个孩子，但他仍然很强烈地感觉到自己是个外地人，与本地人没有交往的机会。在有难处和紧急情况时他都和亲戚寻求帮助，比如买房子的钱是向亲戚借才凑齐了首付，现在开店的转让费还没有给亲戚，等有钱了要再还给亲戚，亲戚在这个城市给了他很大的帮助。

四、对城市社会的参与情况

他在2006年买了房子，虽然有了自己的房子，但他仍然没有和所住社区的干部打过交道，他参与较多的是宗教组织的活动。他的母亲信耶稣，受他母亲影响，他很小的时候也信了耶稣，现在他的老婆也跟随他信了耶稣，每个周末，他会和家人一起去做礼拜，教堂的教友也是他平常交往的对象，但一般都是在一起传教，除此之外，也无任何特别的交往。

五、社会保障情况

（一）户籍情况

他1998年中专毕业后，就把档案和户口迁往了人才市场，之后一直都在人才市场放着，到2006年买了房子，把房产证办下来后他就把户口迁到了房子辖区内派出所，两个孩子的户口现在也都入上了。他说他给第二个孩子入户口的时候，直接去派出所很容易就入上了，没有因为是二胎不给入。（对此，我存在疑问，我认识的一个人她在郑州已经买了房子，且已经是郑州市户口，但她想再生第二个孩子，就把第一个孩子的户口入到了周口老家，没有入到郑州，据她说：在郑州入二胎孩子的户口非常困难，所以不知道他给二胎孩子入户口的真实情况是什么样的。他对有两个孩子的问题比较敏感，涉及这些问题，他都笑笑含糊其辞地答过去，可能他不愿意过多地谈及这个话题。）

（二）医疗、工伤、养老以及其他保险情况

他从毕业到现在一直都处于漂泊状态，没有固定的工作单位，在各个地方兼职，因此，医疗、工伤、养老等等各种福利待遇他都没有，而且他现在的经济压力特别大，也没有钱自己购买这些保险。他的老婆也没有这些保险。他想等经济宽裕的时候，购买医疗和养老保险，以便在未来有个保障。

六、未来规划

他2006年在郑州买了一套113平方米的二手房子，首付16万，月供1100元，需要供10年，首付的钱大部分都是和亲戚借的。他和老婆以及孩子的户口都在郑州，他准备在郑州做生意发展，孩子以后都是要在郑州这边上学的。

案例编号：郑州—智力型—005

访谈对象：李先生，23岁，河南信阳人，中专学历，在保险公司上班，并与朋友合伙开公司做红酒生意
访谈时间：2009年7月5日中午
访谈地点：好朋友的家里
调查员：董玥玥

一、访谈背景

李先生是我一个好朋友的弟弟，很早以前就认识，周末约他一起来到好朋友家吃饭并进行了访谈。选择他为访谈对象，原因有三点：首先，与我之前访谈的几位智力型个案比较，他年纪偏小且只有中专学历，18岁就踏入社会，小小年纪就开始在社会打拼是他一个最显著的特征。其次，他的经历比较丰富，先后在郑州、上海各个酒吧做过调酒师，之后回到郑州先后在三个保险公司工作，目前还和朋友合伙开了一家公司做红酒生意。最后，他的家虽然在信阳农村，但他的舅舅家在郑州，舅母这边的亲戚全是郑州人，他们给了他很大帮助，因此，他在郑州具有一定的社会关系。

二、迁移及立足过程

他2004年6月份毕业于郑州旅游学校，学的专业是旅游与酒店管理。2004年4月份被学校分到了广州的一家宾馆实习，但他个人不太想从事酒店这个行业，觉得酒店行业吃的是青春饭，而且凭他的学历很难有发展。2004年9月份他回到了郑州，花了3000元学费和半年时间学习调酒，又在家锻炼了几个月。2005年6月份，他开始在郑州各个酒吧工作，几乎是一个月换一家酒吧。2005年9月份为了更好的发展，他来到了上海，工作了有一年时间，先后换了两家酒吧。2006年9月份，他因为不愿意继续

在酒吧这样的环境工作，回到了郑州，开始从事保险这个行业，先后换了三家保险公司，最后经熟人介绍在一家保险公司做内勤，工作比较稳定。2009年年初，他和朋友合伙开了一家公司做红酒生意，目前他一边在保险公司上班，一边自己做生意。

（一）2005年6月—2006年9月：在酒吧从事调酒的工作

他中专毕业一年后才在郑州一家酒吧就业，但没有从事与自己所学专业相关的工作。他的专业是旅游与酒店管理，2004年4月份被学校分到了广州的一家宾馆实习，做的是侍应生工作，中专学历在大酒店很难有发展，而且他个人从一开始就不太想从事旅游或者酒店行业，觉得这些行业吃的是青春饭，他希望能学到一技之长帮助自己将来发展。因此，2004年9月份他回到了郑州，用了半年时间学习调酒，之后又在家练习几个月。他之所以选择调酒师这个职业，是因为一方面他觉得调酒师比较赚钱，另一方面他那时年轻，喜欢酒吧的环境，于是在2005年6月份到2005年9月份先后在郑州各个酒吧工作。起初来到酒吧，不可能做调酒师，调酒师必须要有半年的工作经历和非常熟练的操作技巧，会给顾客表演很多花样，他还达不到这样的水平，因此，他只做了柜台的吧员，做打杂的工作，比如做果盘、洗杯子、给调酒师当助手等等。他之所以频繁地换酒吧，是因为他没有在郑州长待的打算，这一阶段就是为了锻炼自己，了解不同酒吧的环境，为以后的发展做准备。

2005年9月份他来到上海，之所以选择来上海，是因为他觉得上海夜生活丰富，机会多，酒吧业很发达。当时他是和三个朋友一起来到上海的，身上就带了500元，四个人租了10平方米大小的鸽子楼，房租每个月400元，地方太小，他们就把床给撤了，四个人打地铺，交叉睡觉，一扭头看到的就是对方的脚，没有办法直起身子，一抬头就能碰到天花板，这个10平方米的鸽子楼只是四个人晚上睡觉的地方。因为没有钱，他在上海吃得最多的就是兰州拉面，一是量多，二是便宜。他在上海有朋友，在他来之前，朋友已经把酒吧找好了，做的仍然是柜台吧员的工作，每个月1200元。三个月后，他存了些钱，就从鸽子楼里搬了出来，和另外几个朋友在一个小区里合租了一套三室两厅的房子，房租每人每月平摊600元，这样他每个月一半的工资就交了房租，生活上就必须比较节俭。五个月后，他升到调酒师助理，工资每月1500元，一切越变越好，他在上海看到了发展的希望。七个月后，他遇到了一个机会，外场经理跳槽到一家新的酒吧，直接把他带过去了，去后直接是调酒师的职位，基本工资是每月2600元，加上5%的提成。因为整个吧台就是调酒师负责，所以他有很多灰色收入，比如服务员拿酒，不给写单子，之后再把酒给补上，那么中间的差价就装入了自己的腰包。另外，一瓶鸡尾酒本来可以出25杯，往上只报23杯，那2杯的钱也可以自己给装起来，每个月基本工资加上提成再加上灰色收入，可以挣到7000元左右。但是好景不长，在这家酒吧只干了半年，酒吧因为经营不善，严重亏损，关门歇业，他也就失业了，这半年的时间攒了两万块钱左右。他尝试着换到另外一家酒吧，但拿不到这么多钱，他心里感觉非常不平衡，而且不能适应，比较迷茫，这个时候他已经看到了这个行业的不稳定性。从开始接触这个行业到现在已经有一年多时间，一切并不像他当初想象得那么美好，以前年轻，他觉得自己喜欢这样的环境，但现在最大的感觉是不能过常人的生活，"见不到早上的太阳，只能见到晚上的月亮，从来没有吃过早饭、午饭，都是睡觉到下午起来吃饭，陪客人喝酒、吸烟，对身体非常不好"。到现在他还是非常的瘦，估计是早年不好的生活习惯导致的。上海本地人对外地人非常歧视，他在上海无法立足，觉得这样的生活非常痛苦，而且做调酒师这一行业看不到希望，没有发展前途。因为调酒师的出路要不然是做酒吧经理人，要不然是自己开酒吧，这两个出路他都不具备条件，第一条出路要有关系，但他在上海无亲无故没有任何社会关系，第二条出路要有钱，而且在黑、白两道也必须要有强硬的关系。选择调酒师这个行业是他年轻冲动时错误的选择，他不愿意在这个行业继续发展下去，也不愿意在上海这个陌生的城市停留，开始考虑回到自己熟悉的城市从事一份新的工作。

（二）2006年9月至今：从事保险行业并开公司做红酒生意

2006年9月他回到了郑州，之所以回郑州，是因为他的朋友都在郑州，而且郑州有亲戚，所以想回来找一份正经的工作做。但是因为以前从事工作的性质，人变得非常散漫，不能适应朝九晚五的工作，也无法接受企业的束缚。就这样在郑州晃了一个月后，一个偶然机会在郑州人才市场看到一家人寿保险公司招人，只是早上开个晨会，剩余的时间全部由自己支配，时间比较自由，工资是1000元加上35%的提成，这种工作模式比较适合他。干保险之初，家人非常反对，认为做保险就是骗人的，不是正经的工作，父亲断言他工作不会超过三个月。为了赌一口气，他就很卖力地工作，于是第一个月在大石桥旁的市幼保健院和一个孕妇签下了第一个单子，这个月发了2000元的工资，通过这件事情，他坚定了干保险的信心。接下来第二、第三个月他都非常努力地跑单，采用陌生拜访"扫街""扫楼"的方式，但这两个月他的业务挂零。保险公司的氛围非常好，经常会有各种讲座，激励人奋发向上，努力就一定会成功，他没有放弃，到第四个月的时候，因为前三个月积累了很多客户，所以这一个月签了7张单子，发了6000元左右的工资，得到了领导的肯定。第五个月转正后，他慢慢也掌握了干保险的一些技巧，保证每个月都能出一单，工资维持在2000元左右。到2007年4月份的时候，为了能在保险业有所发展，他考虑带团队，采取"增员"的方式发展直辖团队，所谓"增员"，就是他招聘新人跑保险，新人又可以发展新人，他发展的人如能跑到业务，他也会有一定的提成，这样每个月的收入就会更加固定。2007年6月他发展了6人的团队，顺利晋升为主管。2007年9月，通过新人再发展新人的模式，他的团队已经有30人了，他顺利晋升为经理，这时候每个月发给他的还有管理津贴，每个月3000元左右。为了继续往上提高，他开始兼职部门培训，内外兼修，经营主持晨会，锻炼自己的能力，2007年底他晋升为外勤资深经理，内勤为星级讲师，讲课有课时费，负责新人培训、衔接训练、代理人资格证培训等。这个时候他已经到了一个很高的点，曾宣称有望成为保险行业最年轻的总监。但由于所组建的团队基础不扎实，这些团队成员做完亲戚的单就很难再出单了，人员流失很大，外勤收入越来越少，因此成为总监越来越困难。内勤方面由于他学历不高，而且往上发展必须要有关系，所以这时他已经到了一个发展"瓶颈"。

2008年初为了寻找突破，他跳槽到一家新组建的寿险公司，当时老总让他筹备一个部门，若筹备好，他就可以当上这个部门的经理。但因为他年轻，没有那么多的人脉关系，且经验不足，两三个月后部门仍没有筹备成功，从原来那家保险公司带来的团队人员也慢慢流失了。这个时候，他比较伤心地脱离了寿险行业，人生起伏不定。因为曾经经历过辉煌，他不愿意再从业务员干起，而管理层又进不去，高不成低不就，辗转了两个月，仍然没有找到工作，曾经还想去做直销，但考察了一下还是不能做，他甚至想去肯德基做钟点工，有些自暴自弃的感觉。

2008年5月份，他舅母家的一个亲戚看到他这样的境况，把他介绍到一家财险公司做理赔，这属于内勤工作，这种部门比较难进，1200元的基本工资加上提成。之前做寿险有些浮躁和张扬，现在他懂得了沉静，也许年轻人都必须得经历那样一个阶段，现在收入每个月平均有2000元左右，工作比较固定，不像以前必须要出去跑客户。2009年初他遇到一个朋友，那个朋友已经做了10年的酒的生意，他做过调酒师，对酒也有一定的了解，两个人一拍即合，注册了50万元的公司，他向亲戚借钱投资了8万元左右，代销法国的一种红酒。这种红酒主要是放在西餐厅销售，比如"上岛咖啡""两岸咖啡"等等，目前刚刚上架两个月，年底才会盘算盈亏，但头一年主要是打开市场阶段，只要不亏损就可以了，他们没有想着会盈利。

三、社会关系网络的现状和变迁

他从事保险业，这种行业决定了他必须要有非常广泛的社会关系。因为他目前从事的是车险理赔这一块，所以他目前打交道最多的是销售汽车的单位以及车管所等等。另外，他中专是在郑州这边读书的，很多同学都留在了郑州发展，业余时间经常和同学一起玩。他的舅舅家是郑州的，这给他的发展带来了很大的帮助，他现在在保险公司内勤的工作就是舅母家的亲戚给介绍的。他的女朋友家是郑州的，做生意的钱是和女朋友的父母借的，女朋友的家庭对他也有很大的帮助。

四、对城市社会的参与情况

他现在在郑州市租房居住，在一个小区中，环境不是很好，一个月租金350元，老式的房子，一室一厅，房子很破，和社区没有打过交道也没有什么可以打交道的。但他在郑州并没有感觉自己是外地人，也没有觉得受到歧视，我觉得应该是因为他在郑州有亲戚，所以有着强烈的归属感。

五、社会保障情况

（一）户籍情况

他的户口还在农村老家，当初来郑州上学的时候没有转过来，所以一直就在老家放着。因为他年纪还比较小，而且不爱学习，没有想过要考公务员或者到事业单位工作，所以他没有因为户籍的行政性抑制而遇到过麻烦。

（二）医疗、工伤、养老以及其他保险情况

他没有医疗、养老等等这些政府的保险，他在保险公司给自己买的定期寿险附加有住院医疗保险,每年他交 1000 元,如遇到重大事故死亡,可以给家人赔付 100 万,如果没有重大事故发生,20 年交满后返还,相当于一个无息存款。

六、未来规划

他希望自己在保险公司的工作能够稳定下来,通过踏踏实实的工作,一步一个脚印,能做到管理层。另外,他希望开的公司能够盈利,3 年以后在郑州首付买房子,以后打算在郑州发展,不愿意再过漂泊的生活。

案例编号:郑州—智力型—006

访谈对象: 张先生,31 岁,河南三门峡义马人,本科学历,北京某通信机械公司驻河南分公司
访谈时间: 2009 年 6 月 24 日下午
访谈地点: 郑州市航海路美凯龙家具广场大厅休息处
调查员: 段一珂

一、访谈背景

选择张先生做访谈对象,有几点原因:第一,我和他是关系很熟的朋友,大概知道他的情况,平时也经常交流,很好做深入访谈。第二,他是个忠厚老实的人,不会投机取巧,家里是农村的,父母在老家种地,年事已高,对他没有任何支持,他完全靠自己在郑州打拼。第三,他因为出身农村,对事物的认识和看法很敏感,能够给出很多看法、想法。第四,他经历曲折,已经买房、结婚,但没敢要小孩,具有智力型移民的特点,有一定的访谈价值。

张先生最大的特点就是忠厚老实,没有自信,很敏感,不会投机取巧,很认命,因此也被人骗过,但也因此得到过很多朋友的帮助。他很敏感,一是因为自己上的是军校,学费很高,同学中大部分都是家境富裕的,同宿舍的男生,有时打架、犯错误,也不怕处分,因为家里有关系,但他只能受些欺负,给同学洗衣服、帮忙写作业,二是因为他大学四年一直喜欢一个女生,也是班里没人追的女生,因为相貌平平。但他征询弟兄们怎么表白的意见时,同学告诉他,那个女生的父亲是矿主,矿是比黄金还值钱的一种稀有金属矿,在 1991 年时家里都开奔驰了。同学让他别做白日梦了,他还是决定试试,结果被明确拒绝了。这对他打击很大,他决定不再追求有钱人家的千金。

二、迁移及立足过程

从2003年毕业至今，他先后换过三家公司，刚毕业一年时被同学骗去北海做传销，逃出后，回到郑州，直到现在买房子、结婚。

他决定在郑州发展的原因：第一，因为他本科上学是在郑州的信息工程大学，作为地方生，学费很贵，所学专业局限性很强，不好找工作，毕业时有同学介绍他去一个本专业中很大的公司，他很是知足。第二，性格原因，他没有自信，也没有很大的胆量去外地闯。第三，他学的是信息通讯，几大通信公司没人脉根本进不去，回老家也找不到熟人进通讯公司，父母也年龄大了，他想在离家近些的城市待着。

（一）毕业后第一份工作

他毕业那年找工作的时间，正值非典封校，封在校内的同学很焦急。正好同宿舍一个同学被封校外，不让进学校，就预先找到一家公司——中国邮电设计院下属的华夏公司，在西郊市委后边，所在大楼是西郊除裕达国贸之后第二个最高的楼。封校一解除，那个同学就把他们3个同宿舍的人介绍去了那家公司，因此张先生也没去人才市场，感觉自己很幸运，办公地点在16楼，条件很好，感觉自己很白领。同学几个因为在同一家公司上班，因此在耿河一个交通局家属院内一起租了房子。两室一厅，50平方米，带暖气、热水器、燃气灶，还有木地板，房东说他们大学生素质高，很高兴租给他们，房租就给得便宜，280元每月。但是屋里只有一张床，他们只好用学校发的褥子、被子，在地板上打地铺。这时还有很多同学没有找到工作，因此他很高兴自己一毕业工作就有着落了。这期间他们租的房子成了没找到工作的同学的中转站，每天晚上都有10人左右打地铺住。每天晚上他们都凑钱买菜做饭，喝酒、划拳，唱歌到半夜，因此把楼下一户有高中生的房东惹恼了，经常敲门骂他们。这时他感觉很对不起人家，但是他无力制止同学的喧闹，因为他总是感觉自己家境不好没有底气，并且这些同学有些家庭背景的以后也可能帮到自己，也是不能闹翻脸的。

2个月后有消息说公安厅招公务员，他报名参加了考试，白天在单位做题，最后以笔试第1的成绩进入面试，同学此时说赶快找人送礼，他只能找同学帮忙，结果仿佛是情理之中的：未被录取。这个事情对他打击很大，感觉平时关系很铁的同学，明明家庭背景关系很强，关键时给钱都不给帮忙办事，还有就是感觉社会太不公平、太不公平，自己一个小老百姓只能从最底层做起了。

这时他还寄希望于这个公司。但是好梦不长远，第四个月过去时，公司领导还是没有提转正、加薪的事情，感觉很糊弄人。而且每月的工资都是拖将近一个月才发，加上每晚都有同学在那边寄宿喝酒，即使最便宜的3元一瓶的"老村长"酒也买不起了。几人最后口袋只剩下1元钱，买了一兜馒头，回家泡开水吃。其中一个同学家庭条件很好，家里来郑州看望他，给了笔钱，几个人才算渡过难关。但是他心里一直不好受，因为不想花别人的钱。

华夏公司这时派他们几个人出差了，但不在同一个城市，每人配了一个笔记本，他们非常高兴。但是临出发才知道，公司每天补助50元，吃、住、行都不管的，还得等下个月才给出差费用。同路的有一位正规编制的同事，那个同事一天补助 300 元。张先生每月工资 700 元，一直处于实习期，仿佛转正必须得有关系才行，那个同事每月 2600 元，进公司一年了，过节发的福利非常多。最重要的是，设计基站时，那个正规编制的是提成 10%，自己没有一分钱提成。通信基站投资都是很大的，一个七八十万元很正常，达到上百万元的也很普遍，他估计了下同事的提成，这一路心里很是沮丧。因为同事要的是标间，两张床，他就凑着住，吃的时候也是凑着同事的吃，可以报销。他这时感觉非常悲哀。之后几个月情况也没有好转，因为看不到转正的希望，公司的领导说话也带些爱理不理的语气。几个同学都很气愤，都开始考虑跳槽的事情。

在这期间他在一次聚会上，认识了现在的妻子。当时是女生给另外一个弟兄介绍对象的，结果张先生和这个女生先喝多了，酒醉之下就在一起发生关系了，张先生是个很负责任的男士，因此许诺娶她。但是没发展几天，他就发现这个女生是个说话不用大脑思考的人，总是有意无意地嘲弄他，说他皮肤黑、怎么现在还有人在家里种地呢之类的话。分分合合好几次，让张先生很是郁闷，不知道到底是应该继续还是应该彻底分开。想继续是因为这个女生虽然说话有时伤人，但毕竟不是故意的，大多数时候还是很可爱的。他想可能是自己心里太介意自己是农村的了、太敏感所致。

（二）被骗去北海做传销

2003 年 11 月份，几个同学正在考虑跳槽的事情时，一个女同学联系他，邀请他去南宁移动公司，月薪 2000 元，一个月试用期后月薪 3000 元。几番热情的电话后，老实本分的他没有多想就决定辞职南下。选择这个时候辞职，至少两个月的工资拿不到了，还有出差半个月的补助也没有了。但是想到去广西后，一个月的工资就都把那些损失给挣回来，也就没在意这些欠款。对于感情上，他想和女朋友暂时分开也许对两人的感情会好些。但这时他身上没有多少钱，买了去广州的车票后就只剩十几元钱了。走之前的晚上送行，我提醒他如果感觉情况不对劲，赶快回来，万一是传销，就想办法脱身，他说不会有事的，我趁别人不注意，私下给了他 200 元，他刚开始不接，但最后还是接了。访谈时，他坦诚说之前没想过是传销，但是我提醒后，他心里还是紧张了下，有点意识到事情不是那么简单，但是已经到这一步了，大家都给他送行了，他不去下不来台。12 月中旬，他到达广州车站，见到了那位女同学，已买好车票要去南宁。他心里开始感觉事情不大妙，于是一直询问女同学，但是那位女同学表现得很自然，回答很自如，因为她的谎言是事先编好的。到了南宁，又转车去北海，说是去北海分公司，因为南宁公司不好进。到了北海，女同学向其索要毕业证及身份证，他说走得急忘记带了，让同学再寄过来。因为是下午了，他也无法回南宁了。女同学让他先住一个朋友那里，说省点钱。住的地方是民房，很多人在地上打地铺，他感觉自己是受骗了，晚上向同住的人打听，觉得他们很是兴奋，讲好多大道理，人生啊什么的，说话时信心十足，仿佛成功马上就是自己的了。第二天，女同学领他去附近一栋楼房一个房间时，他确定自己被骗了。有一个人激情万分，先领他们唱小草歌，然后是拍手，给自己加油，开始讲课时，张先生不停地给同学使眼色，在手掌上写字暗示她这是传销，但是女同学非常坚定的表情，让他很是无奈，因为女同学学位证在那里抵押，所以他无法将其带出，最终张先生在多方劝阻下一个人毅然返郑了。

回到郑州，他觉得很无助，又很丢人，马上要过年了，无法找工作，就直接从郑州回义马老家了。他没有告诉父母亲友这件事，只是说过完年想换个公司。父母和大姐、二姐都帮不上什么忙，因此也没有多问。

（三）第三次找工作

过完年，他正月初六来到郑州，先是在同学家住下，初六去了省人才市场。因为离人才市场远，早晨6点半出门坐公交车，7点40到了人才市场，虽然气温非常低，但是门口已经排了很长的队了。他挤到售票口，花10元钱买了门票。8点准备开门时，门卫仿佛已经维持不了秩序似的，大声吼叫：退后！排队进入！因为去得稍显晚，再加上排队的人都很焦急地拥挤着进去，为了抢占先机，张先生也不得不加入拥挤的行列。终于进入场内，因为是冬天，穿的都稍显厚，招聘会现场很是挤阔。张先生顺着人流，终于看到一个和自己专业相关的公司，费了很大劲，挤到跟前，要张表填了，和那个招聘的人简单沟通了几句，并说待遇没有特殊要求，只要按照公司标准就可以了。然后又在会场转了两圈，没有看到和专业相关的公司就回住处了。接下来等待的过程很是煎熬。3天后，终于接到电话，叫他去公司面试。他向同学借了身衣服，拿着自己的简历过去了。面试很顺利，待遇感觉不错，一个月800元，有补助，公司有关于涨工资的章程，感觉很正规。但是这是一个行业内做得很有规模的公司，总部在北京，因此还要去北京面试才能定。又是一个星期的等待。他买了去北京的火车票，在北京总部面试也很顺利，并正式签下合同，合同是两年一签的。回到郑州，隔了一天就去上班了。这段时间内花的都是从家里出来时带的钱，数目也不多，剩下的仅够维持一个月的生活费。这个工作是做移动公司的通信基站的安装调测，劳动强度非常大，工作时间没有规律，几乎都是晚上12点之后去市区、郊县甚至山上进行工作。这个工作不能有任何闪失，一个城市或者地区的手机通话信号靠的都是这个工作质量。这些信号塔高度几乎都在50米以上，没有任何安全措施，全靠自己徒手爬上铁架子，还要背上钳子等很重的工具。黄河边的城市，风沙都很大，人在铁塔高处1平方米大的工作台上作业时，会跟着铁塔随风摇晃。对于保险，公司只是说会交，但是一直没有行动，私下里主管说这是不可能的。

在上班2个月快结束时，第一个月的工资还是没有发下来，这时他和主管领导都很熟了。主管一直向他道歉，觉得很不好意思，因为他整天卖力干活，都没有休息过一天。张先生几次催促公司财务，但是财务说工资是北京直接打到工资卡上的，郑州这边不负责，最终财务还是碍于同事面子，向北京询问了原因，但是没有结果。主管只是说一定哪里出错了，安慰他先工作，他们再想办法联系北京公司。张先生感觉是不是又受骗了，可是同事的表现又觉得不像，但是毕竟没有工资，很是无助。第三个月过去了，张先生已经借同学很多钱了，并且房租也是同学交的，同学都知道他情况，没有难为他。虽是这样，但他心里也很不是滋味。同住的同学，一毕业都进河南省移动公司了，现在都已经提成主管了，工资每个月几千块，福利超级好。他极度抑郁，天天几乎不说话，回去都累得不会动了，更不用说收拾打扫房间了，因此同学关系也日渐紧张起来。在第四个月初，北京那边终于回信息，说是当初张先生进公司时，北京那边的财务忘记做张先生的工资申报了，公司的财务系统就没有他的工资预算及支出。终于补发了几个月的工资，但是涨工资仿佛是遥不可及的事情，因为他还没有转正。他所在的部门主管年薪拿到 8 万元，出差补助很高，主管鼓励他再做两年就极有可能接他的班，因为他老家是云南的，他未婚妻催促回去生活。张先生仿佛看见了希望，其女友也很高兴，说他终于快熬到头了。

在非常艰苦的环境下工作直到将近 2006 年底，又发生了影响张先生事业发展的事件。在这个公司工作那两年，公司不停地招聘中专生，因为这工作虽然是技术性很强的活，但为了生存，中专生只要强记硬背，重复操作就可以单独出去工作了，公司认为招聘大学生不如中专生更节省成本。摆明想要让他们这些资格老的员工自动走人。张先生形容这个行业就是教会徒弟，饿死师傅。而公司管理的无序、管理层的无情又令他们更是愤怒。他们出差的补助都是半年发一次，还只发 70%。问及剩下 30% 是多少钱，什么时候发，相关领导和财务人员，回答都是不知道、不要问我、请查公司相关章程、发邮件问北京总部。可是公司章程没有此项内容，问北京总部也是石沉大海。一些员工再也按捺不住心中怒火，策划了罢工，要挟公司涨工资。在一个周末的早晨，新乡、开封等几个地方出差的员工回郑州集合，找公司领导讨要说法。当时正值移动公司的 3G 基站的建设期间，牵扯基站的交付验收期，公司领导非常恼火。张先生虽然内向，不爱招惹是非，但是在生活非常困顿、公司不把员工当人看的情况下，也是按捺不住怒火，和讲话蛮横的领导争执起来，也因此被公司认定为几个罢工事件的领头人之一，被勒令回家等候处分结果。这时女友十分生气他的莽撞，大骂他没脑子，要和他分手。张先生开始寻思换工作，又有同学介绍他去一家公司，这个公司他事先也是知道的，因为一个行业的竞争对手，就这么两三家公司。这个公司的主管领导说，他的技术很好，能吃苦耐劳，如果去，没有试用期，每月 3000 元，另加补助。他非常动心，谈了几次，怕再受骗，多方找人打听实际情况。正在犹豫不决的时候，公司打电话让他回去继续上班，上次事件不再追究他的责任。于是他就返回工作的那家北京的公司。直到现在，张先生还是在那个公司，但是终于下了决心找领导换了岗位，全新的业务，需要从头学起。但是他觉得比大半夜在荒郊野外爬山做基站好些，至少不必担心生命危险了。

在 2005 年，由于准备结婚，他开始筹划买房，经大姐夫帮忙，在给了中间人 1 万元好处费后，他买了个转手的经济适用房，140 平方米，每平方米 1300 元，他很是高兴，因为当时房价在一直涨。但接下来筹房款很是困难。家里老人和姐姐凑了 3 万块，再也拿不出了。他试图说服女友，让她家拿些房款。但是女友家里本来就因为他是农村的，很反对他俩的事，更何况拿房款，可以说是没门。为此两人大闹过几场。中间兄弟们也劝过他分手再找，原因是女友不懂事，总是爱买衣服、化妆品，虽然她自己工资不低，2700 元每月，但是很多衣服、化妆品是大品牌的东西，非常贵，他不想怀疑女友和别的男人有关系，但是还是偶然听到半夜有陌生男子电话，为此他很愤怒，也打了女友一次。但是最终因为女友觉得他人老实可靠，决定和他结婚。两人因为只有领了结婚证才能拿到购买经济适用房的资格，因此迅速领了结婚证，为此，丈母娘十分生气，但生米煮成熟饭也没有办法，就拿出 5 万元房款给他们了。剩下的房款他俩办理了银行贷款。但是这个房子买的过程一波三折，第一笔房款 5 万元刚交几个月，正遇上国家政策变化，超 90 平方米的经适房不允许建了。房地产商改了图纸，后国家又出台政策，可以建但是多余面积得按当时市场价补齐。直到 2009 年 4 月 1 号他才接到电话通知去领钥匙,张先生苦笑说当时还以为是愚人节玩笑呢。

三、社会关系网络的现状和变迁

张先生父母已经 70 多岁了,在家种点菜,有两个姐姐。大姐嫁到新密,在做烟酒生意,因为年龄差距大不怎么来往,每年见一次面。二姐在老家,种地、批发菜卖。两个姐姐家里都有小孩上学,经济条件也都一般,对于他在郑州的生活帮不上多少忙。父母对他的交代只限于:出门多看两边车,注意安全,能吃就多吃点,别饿着。在郑州他也没有其他亲戚,交往的社会圈子也仅限于几个同学,因为工作都是白天睡觉、夜里出门干活。他和公司同事的关系还挺不错,经常聚一起交流,但是没什么大的消费。2007年、2008 年他三次因为妻子消费的问题而与妻子闹离婚,最终还是抑制住冲动没有办离婚手续。现在他和妻子一起忙着装修,两人 2008 年摆了筵,收的礼金可能要全部用在装修上了。

四、对城市社会的参与情况

因为很长时间以来张先生的工作性质都是黑白颠倒,对于社会上的一些活动自然也就不关心,他说有点时间就想睡觉,志愿团体什么的,他都没有了解过,也没那个心思。问他以后工作换岗了,是否会考虑参加一些社团组织,他说他一直觉得近几年体质不太好,想参加个学习太极拳之类的组织,有时可以去绿城广场之类的地方表演,他觉得挺有意思的。在租房期间,他的电动车存在小区车棚内,但因他非本小区老户居民,所以每月收 40 元的存车费,他感觉自己总是被排斥在城市之外。

五、社会保障情况

(一) 档案和户籍情况

他毕业后户籍都在河南省人才市场放着,他不想回老家,回去了也没有能进的公司,那样他的专业就荒废了。和妻子领取结婚证时,他感觉户口真是个麻烦事:买经济适用房需要资格认证,具体包括收入证明、房屋租赁合同、户口所在地办事处的证明,他去丰产路省人才市场盖章,但是回复说他不在那里住,不给开。租房子的地方说是在这里住,但是户口不在这里,也不给开。当时他打听到,只能把户口从省人才市场转到市人才市场,因为郑州市人才市场管理不太严格,好盖章。但是省人才市场又回复说达到一定年限才给转,并且要市人才市场给个接收函,省人才市场再盖章才能转,当然就没有转成。后又托同学的同学,买了两条烟,找一个社区居委会才给盖了章。他说现在房产证拿到了,下一步准备把户口迁到房子所在地的派出所,以后就会省很多心了。

(二) 医疗、工伤、养老以及其他保险情况

张先生的工作一直是高劳动强度、高风险的,但是他曾经工作过的公司和现在工作

的公司都没有主动给他办理过保险。他曾有次在爬 70 多米的高铁塔时，要从顶部一平方米的作业平台中间，顺着下边的云梯从一个一人大小的洞钻到平台上面，结果一脚踏空，差点掉下去，幸好胳膊挡住板子才没有掉下去，但是胳膊受伤了。这件事后他非常害怕，和妻子商量买了商业保险，也是为了支持同学的业务。去年新的劳动法出台后，公司才被迫给他们买了保险。但是工资发放标准是按郑州的水平，各种保险扣除是按北京标准扣除的，每月 1400 元的工资，扣 500 多元的保险，每月就剩 900 多元了，供房子都很紧张。虽然公司给买了保险，但是他还是感觉没有保障，没有安全感，原因是他一个同事 2009 年 5 月份时，半夜在一民房 2 层楼上修基站，不小心踏空掉下来，腰椎没断，但是不能动了，在医院病床上躺到现在，公司一直没有给报销，或者给个说法。对于失业保险，他觉得那是在忽悠人。公司有个老员工级别很高，一个月 5000 元工资，公司让他走人了，因为工资太高，养活不了，也不需要，公司只招刚毕业的实习生。年初 3G 基站急需人干活，招了 50 名大学生，干了两个月，100 个基站做完，立马全部辞退，这件事到现在很多人都还很气愤，可是没有办法，这就是现实。能留下就不错了，根本就没什么保障可言。

六、未来规划

对于未来，张先生充满惆怅，虽然妻子花 5 万元盘下了一个小店，但是现在生意真是不好做，他也帮不上忙。他说没办法跳槽，没地方跳，这个行业很难凭自己实力进入单干。他现在考虑去学个厨师，真不行就整个夜市摊位，慢慢做大。他说北大的卖猪肉都卖到全国前几，年收入百万元，他也可以做得很好。他现在对于在办公室接触电脑的工作没有一点兴趣，看着整天提个笔记本，实际上一点自尊都没有。还不如有个手艺，可以自己当老板的那种，和妻子开个夫妻店，忙活两年也许还能攒点钱。他说那样估计会比在公司熬着有出路，但是到目前为止，这还只限于想法，还没有具体实施的勇气和计划。

案例编号：郑州—智力型—007

访谈对象： 曲女士，27 岁，河南阳新野人，中专学历，郑州某期货交易市场工作人员
访谈时间： 2009 年 7 月 5 日晚/2009 年 7 月 12 日上午
访谈地点： 访谈对象的住处
调查员： 段一珂

一、访谈背景

选择曲女士作为本次访谈对象是因为：第一，她是我的中专同学，还是老乡，上学

时又是前后座位，经常聊天，对她比较了解。第二，她家是农村的，家里没有什么背景，有个亲戚在郑州，对她人生影响很深。第三，她本身学历不高，且因为是女生，在郑州 11 年很不容易，经历复杂，具有代表性。

这位同学最大的特点就是很有自己的一套价值观和想法，想摆脱村姑成为城市人的愿望非常强烈。她的性格具有两面性，看起来很文弱的小姑娘，说话很腼腆，但是做出来的事情总是很令人惊讶。对她的这种情况，我从身边朋友的角度分析因为：第一，她家是农村的，虽然父母是地道的农民，但她自身的外形条件比较好，长得很有些像宋祖英，只是个子比较矮，又是独生女，父母很宠，不让她干活，教育上有些放任。对于自身形象这点她既暗自高兴又心怀不满，不满的是同样外形条件好但是出身不一样，生活就过得两重天。第二，她村里有和她玩得要好的女孩出去打工，挣了很多钱回去，她虽然知道钱来得不干净，但是村里人还是很羡慕，这对她的人生观、价值观有一定的影响。第三，她姑父是师范毕业，在乡里小学教数学，后来靠自己的奋斗读了研究生、博士，在郑州年薪很高，姑姑只是种地的，后跟随姑父去了郑州，生活非常殷实，她很羡慕，甚至妒忌，心里认定自己也要达到这个标准。第四，幸福感是跟身边的人横向比较和跟自己的情况纵向比较得来的，她接触的人的生活轨迹让她形成很大的心理落差，这也造就她的性格特点。

二、迁移及立足过程

她的初中成绩不好，小姑娘觉得学习是很辛苦的差事，总是喜欢听些爱情歌曲，看琼瑶等的言情小说，中考成绩很差，家人也觉得女孩子最重要的还是要找个好婆家，上不上大学没啥关系。于是家人托她姑姑给姑父说找个学校的事，在他们的思想认识里，姑父是最有本事的人，在郑州啥事都能办成。最后她由郑州的姑父帮忙找人托关系进了郑州一所中专学校。

（一）初来郑州走进他人的婚姻

读中专期间，学校管理松散，学生纪律性也很差，学习环境几乎没有。那个时候，中专教育已经开始走下坡路了，毕业生在郑州已经很难生存了，班里的男生根本不在她交往考虑的范围内，即使是交女生朋友，她也是有选择的，家是农村的以后没有前途的就不交往。中专学校离姑姑家很近，她周末经常去姑姑家，因为她姑姑当时刚生下小宝宝，要她过去帮忙洗洗刷刷，带看宝宝。她对这个事情的认识是，自己是农村亲戚，帮忙其实也就是当免费保姆。因为姑姑刚有宝宝，以前一些带些牌子的衣服，就给她穿了，对于这些她心里还是很介意的，她认为这是对自己的轻视。1998 年时，她姑父每月都能有 10 万元的收入了，买的房子是郑州最早开发的高档商业高层住宅楼盘。姑父单位福利非常好，毛巾、洗浴用品、护肤品、家用小电器都是发的名牌，并且发得很多，这些平时都会给她拿回学校用。在姑姑家带看宝宝，姑姑经常告诫这告诫那，她因此逐渐养成了很城市化的生活习惯，在学校宿舍，她看不惯同宿舍来自农村同学的生活习惯，即使冬天她每天都要擦身洗澡，这使得她和同学之间关系不太好，处于比较孤立的状态。

慢慢地她的心理孤独感逐渐加强，对未来美好生活的渴望与现实的差距，使她感到很无望。不到一年，她便和顶着博士光环的姑父好上了，为了俩人更方便偷情，姑父给姑姑找了个工作。这个事情在 1999 年初，因为她意外怀孕而出现了转折。当时她还小，非常害怕，但是肯定不能生下的，姑父坚决不要这个孩子，并且拒绝陪她一起去医院做人流，给了她 5000 元钱，让她自己去，她内心很痛苦又很无助。在周日晚上去学校的时候，因为作为班长的我点名她不在，要对她罚款，她就在宿舍大哭。她在平时不对我说很多，那会可能无助，心里也很焦急，就对我讲了，还准备自杀，并且在半夜真的就割腕了，被我们几个同学送进医务室，打了点滴。第二天在我的劝说下，她去了河南省妇幼保健院做了人流。这件事情之后，她还要在班里装作没发生什么事的样子，这对于不满 20 岁的小姑娘是很难的，但是她还是做到了。她当时非常恨姑父，认为他不负责任，但是她又很想他，处于非常矛盾的状态。在学校煎熬般地度过两周后，姑姑打电话问她怎么不过去，她停顿了两秒，说这两周功课紧，下周过去。在这期间她姑父没有给她打过几个电话。在又去姑姑家时，她必定装不出来很轻松的样子，在姑姑和姑父同在客厅的情况下，她伤心地大哭。姑姑问原因，姑父当时还是装作没发生什么，她最终说是因为害怕毕业，对未来工作很担忧。姑姑当时就说这个事情包在你姑父身上。就这样，事态平息了。姑姑始终也不知道真实情况。

她那时对我讲，她太喜欢她姑父了，即使做一辈子情人她也愿意。

（二）毕业即去银行工作

在毕业即将来临的时候，一个郑州很大的银行来招前台柜员。这对于中专生来讲简直是天大的喜讯。同学中间既有兴奋的，又有埋怨的。郑州市的学生几乎已经把名额挤占满了，其他城市来的学生也让家里积极找人托关系，农村来的学生大多只剩叹气的份儿了。因为这不是四大国有银行，待遇上会高些，她也非常想去，这时姑父无疑是她最大的希望。当然，这对于经济学博士毕业的姑父来讲，确实只是请吃顿饭的事情。她本身很有姿色，外加关系硬，因此顺理成章地进入该银行，并且是在未来大厦、效益最好的分行之一上班，位置还在姑父家的路对面，工资当时也是同学中去此银行最高的。

后来得知：第一，有些其他地市的学生因为找不到担保人而未能如愿。第二，最终进入此银行工作的同学后来反映，进这个银行也只是和中介劳务公司签合同，不是和银行签合同，而且是一年一签，根本没有保障。这种工作干两年就累得不行，工资和在编的员工相差甚多，福利根本没有，是因为在编的员工不愿意干这种活，才招的中专生，第二年后竟然连中专生都嫌低了，招的都是大专生。第三，当时进去的学生两年后都自动辞职离开了，并且进去的大部分都是郑州市的学生，农村的只有她一人。

在银行工作的几年，她的工资和其他员工工资待遇比相差一些，但是在同学中间也是非常高的了，并且福利都有。这是因为她姑父和那个分行的行长关系非常好，行长在存款业务上也有求于她姑父。

刚上班她的工资拿到每月 1200 元，虽然当时在同学中间是非常高的，但对于她，还是不能满足的。她的消费很高，我们见面，她都是提议去吃西餐，并且多数是她请客。第一次请我吃牛排，我很紧张，她表现得倒是非常优雅娴熟，好像我这个小城市来的也不过如此，令我很是不适应，因为我连刀叉用哪个手拿都不知道。她从心里想完全摆脱农村的印迹,这点她自己也不否认。一次在金博大一个女装柜遇见另一个和她一宿舍的女生,她说经常见她在这里逛,买东西,她即使买床单都是在丹尼斯5楼,从不买小店里的商品。即使一个感冒也要去省人民医院看,一次都要花300多块,刷的是她姑父的医保卡。另一次,我和她逛丹尼斯,她在一个定价比较高的女装专柜试衣服,那里的两个服务员都认识她了,姐、姐的喊得很热情,给她不停地推荐新到的款式,最后她试了2个小时,买了件3300元左右的衣服。接着又去做头发,用了5个小时,她在那里有会员卡,花了500多元。晚上请我吃披萨,用贵宾卡花了150元。可见在当时她的消费其实已经超出她的工资所能负担的数额了。她也给我透露她和她姑父的关系还是非常亲密,并且姑姑一直不知道,也没有察觉。她姑父在她工作将近半年后给她租了一室一厅的房子,买了电视、冰箱、做饭的灶具、空调等等,姑父经常不回家而去她的租住屋。她说这个事情是自己情愿的,不想让姑姑知道,否则姑姑肯定接受不了,而且如果被姑姑知道,她也没脸回家,目前所拥有的一切都将没有了,只有去死了。

(三)行内突击检查令她陷入更深的自我封闭

这样逍遥的日子没多久就被打破了,在2002年过完年后,正月初九,该行突击查库,上午还在柜台工作的她,下午突然失踪了。也就是在下午,行里爆出惊天消息,她私挪库款3万多元。这成了爆炸性的新闻。银行报了案,她成了被追缉的嫌疑犯。更要命的是她手机关机,住的地方一直没有人,警察找到他姑父家,她不在,姑父家人也不知道此事,打电话到老家也找不到她。去毕业的学校,班主任等老师都不知道此事,没见过她。我们这些同学也有接到电话的,但都表示不知道此事,不知道她去哪里了。后来她姑父和行长协商,把钱款补上了。但是银行内的规定非常严格,她不能再做相关行业工作,就是说其他银行也不能去了,因为行内对她进行了通报批评,并在其他行也公告了此事。在银行工作的同学都知道了这个事情,唏嘘不已。她3天后回来说是一个朋友急用,她借给一个朋友了,但是那个人再也还不上了,她就不停地拆挪,最终还是暴露了。她姑姑去行里,把她东西收拾收拾拿回去了。

这个事情败露后,她消停了很长一段时间。在租住屋,姑父给她买个电脑上网,打发时间,并答应再给她找个工作。

(四)另一个经济支撑点帮她渡过难关

在这段时间,她很郁闷,开始独自去酒吧,抽烟。姑父安慰她也没用,她也不敢给姑父说她都在干啥,因为她的生活费用都是姑父给的。那时她在网上认识了一个50多岁的男人,平顶山的,可能是个小煤矿主——A先生,他经常来郑州。那个人对她非常好,不像姑父有时在经济上并不是那么大方。她在这个阶段,虽然放任自己,并接受这种事情发生,但还是有些限度的。她说她不能接受年纪相仿的男生的追求,因为这个年纪的男生不成熟,不会体贴人,不会照顾人,也不能满足她的消费。如果同时交往多个男人也不好,会有报应的。她说不准备找男朋友,男方家人也会要求自己的条件,个子要高啊,学历也要高啊,家庭也要相配啊。她觉得爱情都是小孩自欺欺人的,男女关系最后还是动物性质的。她在那时和A先生一起出去吃饭,经常见些所谓成功的老板或者领导,他们都会带个小秘。她觉得在家里表现得很好的男人,在外面一有机会就会出轨。她不相信爱情，不信任男人，还有一个事情对她影响很大：毕业后和她联系比较多的班里另外一个女同学，没结婚前，邀请同学去家里吃饭。吃完饭，那个女同学的未婚夫说天太晚了，提议开车送她回家。她看那个同学一眼，那个同学无所谓的样子，就同意了。那个男的在送她回家的路上，表达了对她的爱慕，说她非常有气质，和别人不一样，并故意动手试探。她对此很生气。之后再也没有联系那个女同学，觉得她男友太没层次了。她怕自己找的男友也会是这样，她接受不了。

在这个时期，她找过我，想报我所在学校的成教。她说在家老待着没事，别人也不可能天天都陪着她，在学校读书会比较充实。可以看出她还是很羡慕我在学校的日子的。在学校的湖岸边，她很感慨，表示也想过这种生活，但是没有我那样的毅力在教室坐着学习学一天。我说我想改变自己的社会地位，只有通过上学这条路。她立即回应：什么是社会地位？！有钱就有社会地位！我当时觉得她已经不可能改变了，没再往下多说什么。她在自己的路上走得偏了，也不是那种能吃得了苦的人，好逸恶劳的她一直沉迷于对物质的享受追求中，不去从内在提升自己。在几年后的聊天中她对我说，也是那次湖边的交谈，我的思想影响了她。

之后，她没有读成教，在姑父的指引下报了个社会上的学习班，考了初级会计证。拿到会计证的她，去了人才市场一次，没有找到合适的工作。原因是她对自己没信心，也不知道别人会不会接受自己。她让 A 先生给她介绍个工作，那个人说姑娘家不要去那么辛苦工作，挣不到几百块钱，在家上网看电视多好。她已经厌倦了那种无所事事的生活，在姑父和那个人之间，她开始觉得那样的生活没意思了。就是天天逛街消费，一个人也是很没意思的，因为同学都在努力工作，没人可以天天陪她逛街。还有件事：A 先生带她和其他人去唱歌，要了几个小姐陪唱，那个男的命令那群小姐在他们对面蹲在地上成一排，最后甩一叠百元钞在地上，那群小姐很高兴的样子跪在地上捡钱。这令她心里很不是滋味。

（五）第二个工作以及新生活的开始

在休整将近半年多的时间里，姑父给她安排了另一个不错的工作。在郑州某期货公司上班。这个公司和姑父是一个系统的，很方便他们来往。于是她和平顶山的那个男的联系也逐渐少了。那个人虽然在经济上很大方，但是没层次。这次同时进公司的另外 5 个人都是本科生，还有三个中级会计师证已经考过，她开始考虑，自己是否也要考中级。11 月她过 25 岁生日，她觉得银行事件是自己本命年倒霉。这个生日她准备冲冲，请同学和同事吃了顿饭。看得出她很高兴，毕竟那个工作是大家很羡慕的工作。上午 9 点上班，下午 3 点上班，有双周日，工资一个月 2000 多块，还发福利。

在银行发生的那个事情，银行虽然对她进行了全行通报批评，并且其他银行也公告了，但是她姑父最后找人做了工作，没有在档案袋内记录，因此来这个公司后，她又把档案袋拿过来。但是自那件事情发生后，她开始很小心、很努力地工作了。她非常珍惜这个工作，她明白如果再失去这个工作，就业形势会越来越严峻，她年龄也大了，在社会上没有竞争力了。她开始计划未来。

因为工作环境好，认识的同事也是有层次的人，几个同事给她介绍对象，她见了几个人后，觉得其中一个各方面条件都不错，就长期交往起来。2005 年他们结了婚。男方家里在市区很好的位置有套大房子，结婚后，她的户口跟着迁了过来。2007年添了宝宝。她工作时间特别好，可以边照顾家边工作，有自己的收入。做了母亲的她这几年消费开支明显削减。成家后，她老公也一直对她不错，虽然年轻人经常不干家务活，但是她是个很会做家务的姑娘。她在宝宝身上很舍得投资，她的宝宝从一岁时就去婴幼儿的培训机构，进行游泳、识图等能力培训，这个费用非常高。宝宝吃的都是进口的婴幼儿食品。

三、社会关系网络的现状和变迁

她来郑州已经11年了，除了过年回老家，平时不回去。添了宝宝后，她觉得还是自己父母在身边好，虽然婆婆对待她也是很好。婆婆家是郑州老户，有很多亲戚。婆婆的工作很好，职位不是很高，但收入不错，一些亲戚做的工作也很好，有个叔叔已经移居国外。她觉得她虽然嫁入他们家，但是还不能融入这个家庭，时常会感觉有些小约束，觉得自己是外来妹。特别是一大家子聚一起吃饭时，那些亲戚的孩子都是上海名校或者在国外的学校读书，她觉得自己没底气和他们交流。她生的是个闺女，婆婆和丈夫没说啥，她心里却时常打鼓，在她南阳老家，重男轻女是很严重的。丈夫是他们家最贪玩的，唯一一个没上好学的，丈夫结交的兄弟们也是家境比较好的，爱玩的多。老公经常会和朋友一起出去唱歌，她也不管不问，她说男的不能抓得太紧。

宝宝一出生，婆婆便搬过来一起住，公公在一个省级单位上班，几乎不在家吃饭，住也很少回去住。他们没有雇保姆，她平时尽量不让婆婆干活，也因此很想让自己的父母过来。她又犹豫自己父母是农村的老实人，用老家的办法带宝宝她觉得不能开发宝宝早期智力。这是目前她最烦恼的事。

自从结婚后，她和姑父就几乎不联系了，但有时还是去姑姑家。后来都是带老公一起去。在公司的时候，也尽量避免和姑父见面。她结婚和生宝宝时姑父都没单独给她钱，都是姑姑给的红包。

她中专的同学除了我，就没有和其他人联系了，即使是我们，平时也联系不多，她在前年找过我一次，是想考中级会计师，让我帮忙给报上名。其他几个同学她都没有联系了。现在平常来往的也就两个同事。她朋友少大概是因为她给人的印象是很难接触，很冷漠。

在银行出事后的几年，她即使回老家也不去亲戚家转了，和老家的同龄人也没有任何联系。每隔半年会给家里寄些钱，父母一直认为她在郑州很不错。父母只在结婚的时候来过郑州，觉得她结婚的大房子非常好，装修花20多万元，她父母都觉得不可想象。

总的来讲，她的交际圈一直很小，在一个有点自我封闭的世界里。

四、对城市社会的参与情况

问及一些志愿团体什么的，她很惊讶，她说真的有人参加吗？她倒是想过参加个驴友团体什么的，一起出去玩，认识点陌生的朋友，但都只限于想想。她租过的房子是在电子技术工程学院里的家属院，给房东一年交一次房租。那里没有什么活动通知过她。

她觉得自己毕竟还是外来人，收电动车的费用每月都比本地人高20元。她就没和邻居院里的人打过交道，也不关心选举这些事情。

性格的原因使得她不喜欢这些事务，只是喜欢看韩剧。也许是心里有些自卑、不自信的原因，她不主动和人打交道，总是给人很安静、不喜欢说话的样子，因此她也不怎么去看公告栏里的信息。另外小区内都是职工及家属，有事，单位就通知了，她就没接到过通知要去开会。

还有一点，我觉得小区门口看大门的大妈肯定知道她的一些行为，会背后说些什么的，住了5年多她们都不怎么说话打招呼。我第一次去问门口的大妈，她在哪个楼上住，我一形容她的相貌特征，那个大妈就立马知道我说的是谁了。也可以说她的感情问题也许限制、影响了她的社会交往。

五、社会保障情况

（一）档案和户籍情况

她的档案从她毕业后就拿到劳务中介公司了，因为当时是和劳务公司签的合同。后来她姑父凭着和行长的关系，把她的档案建在银行里了。出事后，她的档案就拿出来了，自己拿着，那时也不能放在人才市场了。当时觉得档案要不要都无所谓了，反正工作都那样了。后来重新找到工作后就把档案放在现在的期货公司了。

当初她要进银行时，需要郑州户口及担保人，她就把户口迁到姑姑的户口本上了。直到领结婚证，她才把户口迁到自己住址所在的派出所，和丈夫在一个本上。

档案和户口这些事情，因为她姑姑、姑父在郑州，她没怎么操心，也因为和姑父的特殊关系，她自己几乎没有过多考虑生存的有关问题。

（二）医疗、工伤、养老以及其他保险情况

起初，她生病都用姑父的医保卡，但毕竟后来觉得不是自己的老公，这样用姑姑即使不说，也不大方便。她自从中专流产后，特别注重饮食和保养，也经常去游泳。从2001年上班后到2004年之间都去游泳，也去健身房锻炼。但是她对于疾病还是很担忧，进医院躺过手术台，她明白生命的可贵，2002年就有买商业保险、寿险加疾病医疗意外事故等的险种。怀孕期间更是买了针对宝宝及专门针对孕妇的商业保险。

她在银行工作期间没有交"三金"，在期货公司时，她是在编的正式员工，因此也有三金。只是她觉得没有太大保障作用，自己又买了商业保险，并且她受姑父的一些影响，把这个也当作投资。

六、未来规划

她说在郑州的前些年她都是糊糊涂涂度过的，后来慢慢地想明白了感情上的事情。她说她受了那些言情小说的影响，因此现在为了自己也更为了宝宝要多看些书，把以前失去的、没有珍惜的补过来。她在公司的工作是很简单的，一起进去的同事都已经转岗

了，她没有什么资格证书或学历，也就一直待在那个岗位，没有机会获得提拔。提及以前报的中级会计师她说根本就没有去考，在中专就没操心过学习，都是混过来的，现在更是看不懂那些专业书了。她很好奇我当时是怎么学英语的，我告诉她我为上学习班脚跟都磨流血了，她很佩服，也对自己考证有了信心，仿佛重新看见了希望。我告诉她可以去上个会计学习班。但是直到最近访谈她还是没有报名，看来她还只是停留在想的阶段，没有实际行动的决心。

对于宝宝，她说别看这么大点个小人，很难带的。更不说以后上幼儿园了，她的房子是在河南省实验学校附近，因此以后上幼儿园的费用会非常高。她一个月的工资都要进学费里去了。丈夫的工作是开车，也不能挣多少钱的，因此丈夫最近在考虑做个什么生意。

她父母近期可能不会从南阳过来，毕竟现在她和婆婆在一起住，不好提这个事。但是她对于现在的生活还是很满意的，对于未来只是聊天时说说担忧，毕竟结婚时他们有一大笔存款，最近5年估计都不会陷入经济危机。

案例编号：郑州—智力型—008

访谈对象：李女士，28岁，兰州人，大专学历，郑州某设计工作室
访谈时间：2009年7月18日晚
访谈地点：国贸酒店公寓办公室
调查员：段一珂

一、访谈背景

选择李女士作为访谈对象的原因是：一是我和她是大专同学，关系不错，容易沟通。二是她老家在兰州，毕业后完全一个人在郑州打拼，具有代表性。

这位访谈对象最大的特点就是很坚强，也很乐观，非常有自己的个性。她的性格特点和她所学专业有着一定的联系，她是学广告设计的，老师对他们的教育就是做人要有自己的特点、自己的个性，因此从外在形象上看她都是很有自己特点的一个人。她家虽在兰州但是一直是租房子住，父亲做小生意，母亲没有工作，她来学校就明白了一定要学好专业以后才能有出路，因此她在学校表现非常优异，多次设计获奖。

二、迁移及立足过程

李女士的父亲很早就从新乡去青海当兵，后留在西宁，母亲是山东人在兰州打工。她出生在西宁，后随父母工作调动去兰州定居。因为老家新乡还有亲戚，所以当初高考就报的郑州的学校，其姐夫在新乡开有广告公司，家里给的指导意见就是学习广告设

计，希望她以后像姐夫那样有出息。因为父亲在兰州做生意一直赔本，她2001年来郑州读书时，学费都是家里凑出来的，生活费还没着落，靠姑姑家接济。大二的时候姐夫的公司搬到郑州做，没多久姑姑全家也都跟过来了，她也因此在大三的时候退宿，搬去姑姑家住。姑姑常年有病，在家不能干活，她因此经常照顾姑姑的饮食起居。临近毕业找工作时，姐夫一定要她去他的公司工作，这也成为她的第一份工作。但是这第一份工作和自己的专业毫不相关，她做了8个多月的复印、打字员，每个月500元。在这一期间她觉得天都是灰的，所有激情都没有了，天天重复没有技术含量的工作，就是一个廉价劳动力。

（一）自己开始独立生活

虽然她吃住都是在姑姑家，但她却没有家的感觉，她不知道为什么姐姐和姐夫都很不待见她。虽然天天下班回家都要收拾打扫卫生、买菜做饭，但是还是发生了很多不愉快。一天早上，姐夫让她倒杯蜂蜜水，她虽然是在姐夫公司上班，但是纪律还是得遵守，不能迟到，那会已经到了她必须走的时间，不可能再把水加热了，于是她倒了冷的纯净水，加上蜂蜜就去上班了。她没有想那么多，因为夏天很多女孩早晨喝蜂蜜水都是用冷水，刚烧热的水加蜂蜜反倒不好。但是姐夫过会到了公司，直接让经理把她叫到办公室，大吼她：你自己咋不大早上喝凉水？！这让她委屈得哭了。之后没多久，姐姐因为她早晨上班前梳辫子时，头发掉在地板上几根不收拾，对她大吼一顿，她彻底决定搬出去自己租房子住。

她租了一个房间，没有光线，没有卫生间，没有厨房，但是房租很便宜，160元一个月。她的工资一直没有涨，最后因为姐夫没有意思让她换岗到设计部门工作，她就辞职了。在新工作没找到前的一个夜里，她正睡着的时候，床板突然断了，她猛一惊醒，确定不是地震后就直接打地铺睡在地板上了。直到姑姑来看她，才带她去都市村庄买了个45块钱的床。这时已接近2004年底，她晚上睡觉不敢把廉价的电热毯开一夜，但是只要一关，就冻得睡不着。刚辞职的时候，她天天买大河报，看招聘栏，但是没什么合适的工作。她就上街头找广告公司，自我推荐。心里考虑如果找不到，就回老家，以后就不待在郑州了。

（二）2005年1月—2006年1月：自己另寻的两份工作

她在街上看到一家广告公司在招聘设计人员，但是工资非常低，一个月600元，老板坦言不需要她自己的创意，只需修改修改图纸、加点花边什么的。她急于找到工作，于是就干了。因为可以接触电脑，她开始网络交友。其中一个网友介绍她晚上去酒吧唱歌，她就答应了。酒吧唱歌是按点歌来算提成的，加上白天的工作，她每个月能拿到3000块钱。因为白天晚上都要工作，所以非常累，她每天都很困，坐在公交车上都能睡着。她平时生活很简单，没有什么花销，于是她开始攒钱了。年底很快到了，她和父母商量过年时在郑州工作挣钱，因为回家也没事，提她一个人在郑州的租住房里过了年。当然过年到处都放假了，广告公司也放假了，酒吧也放假了。这个年她过得是极度痛苦不堪，除了睡觉，无事可做，她听着MP3在大街上溜，她对自己说已经比刚来郑州的时候好多了，新的一年来到了，往后会更好的。

过完年，她的客户要去参加网友聚会，叫上她一起去了，在那里她认识了一个大姐。她说那个大姐，很会照顾人，她们成了好朋友。她在广告公司做到2005年3月的时候，因为生病发烧，就把酒吧兼职辞掉了。在4月的时候，又因公司两个经理之间闹矛盾波及，她只好无奈辞职。事情原因是这样的：设计男主管和业务女主管两人矛盾重重，甚至发展到对骂的地步。她因身体不舒服，跟业务女主管说了声就出去买药了，没有对设计男主管讲。等买药回来，设计男主管非常生气，说我是你领导，你怎么找她请假？想跟她干就别在我这儿呆了。因为公司业务一直也进展得不顺利，而做的小单子事情非常多，也不能发挥自己的特长，她觉得没有发展空间，索性就辞职了。

一周后，她在红砖路上发现一个快印公司门口贴着招人，于是又去快印公司做设计，一个月1500元。但是实际上经常发不到这个数，一般都是1100元，这和迟到等没有关系，只要当月生意不好，老板说发多少就多少，没有规章制度，没有理由。在问及有没有想过去找老板要个说法、维护自己的权益时，她说，三个设计人员，一个是老板侄女，一个是老板很要好的关系介绍来的，不可能联合起来去要求涨工资的。

（三）2005年11月：母亲过来看望她，她决定留在郑州发展

2005年10月份她的房子租约到期后搬家到了姚寨。11月，她母亲从兰州过来看望她，看到她很辛苦，生活一塌糊涂，没人照顾，决定住段时间。也是在这时，她决定留在郑州发展：第一是因为她的很多社会关系、客户都在郑州，她对郑州的环境也已经很熟悉了。第二是因为母亲给她讲了兰州家里的情况。父亲几乎都不在家，母亲在家又没事可做，想过来和女儿一起住，并考虑这边有父亲的亲戚——她的姑姑。她于是暗下决心要再努力些工作，以后把父亲也接过来。母亲住了有将近一个月，她没有陪她母亲上过一次街。

她母亲自己在街上转悠的时候发现可以在小学门口卖小吃，于是在实验小学门口卖油炸土豆片，第一天只卖了19元，后来每天也只是卖20多元，没有超过30元。她鼓励母亲，以后会好的。但是卖土豆片期间遇到过四次城管执法，前两次是跑掉了，但是炸土豆片的油溅在了身上，幸好不严重。第三次，元旦刚过，城管执法，她母亲在躲避没收工具车时，在路边道沿上磕倒，小腿受伤，脚踝扭伤了。当时她母亲跪在地上求执法人员不要没收工具车，她在讲到这些时很激动，忍不住都想流泪了。好在她认识工商局的人，把工具车要回来了，但是母亲也因此只能在家休息，因为学生也快放假了，即使出摊也没生意的。

（四）2006年：去了3家公司，总结那一年是颠沛流离、极其不顺

因为在那家快印公司，工资没有保障，设计方面也不能让她施展自己的手脚，于是她再度辞职。而这时一个同学开的公司需要设计人员，邀请她过去。工资没有期待的高，一个月2000元。去这个公司的另一个考虑是因为它与另一家广告公司在一个写字楼的A、B两座，距离很近，她在后面那家公司做兼职。兼职的这家公司是她的两个同学合伙开的，生意虽然一般但是属于他们自己的公司，各方面都相对灵活些，这对她产生了很大的震撼。同是一个班的同学，别人都买写字楼当老板了，而自己还一直颠沛流离，她也因此看到了自己的目标——做老板。

2006年4月份她认为自己来这个公司的时候考虑得不周全，也在这个时候她的一家客户开了一个广告公司，并暗地里联系她，让她跳槽。2周后，她到了财富广场这家新开的广告公司，她说这是她见过的最扯的公司了。公司自开始筹备到倒闭，不到两个月的时间。在去这个公司的一个半月时间里没有拿到一分钱的工资，经理给仅有的7名员工每人打张条，每人抬了个电脑回家了。

在她频繁换工作的时间，她的母亲开始在电大门口卖烙馍卷菜，因为她母亲做饭好吃，做的菜很有味道，生意还不错，一个月能收入2000多元。

（五）2006年6月—2008年6月：几乎成了宅女

因为搬了台电脑回家，她开始不在外面找工作了。她觉得很多公司都大差不差，一般都是老板赚钱，设计人员很受限制，不如在家做自由职业者。之前的工作令她有一些固定的客户，也有些朋友介绍业务，但是接的单子不稳定，有时一个月赚6000多块，有时一个月什么单子都没有。因为平时都在网上泡着，她经常去聊天室，从网友的交流中知道，投资基金很不错。她和母亲的生活费每月600元以内，她觉得做些投资，不能光靠工资，于是投了5000元买基金。

2007年初因为姚寨要拆迁，她搬去了东韩寨，一室一厅，但是不向阳，非常压抑，房子之间的间距不到两尺。因为这个时期她都是在家工作，这令她陷入了比较严重的自闭症。她说在那时她几乎不敢出门，出门总怕撞车，也总感觉有人盯着自己看，反正出门会让她感觉浑身不自在。她在家经常连脸都不想洗，恨不得一周不洗脸，就是睡觉，起床上网。偶尔帮母亲洗洗菜，但是从不跟着母亲去学校门口。在9月份的时候，她和网友大姐商量想开一家婚庆公司，但是出去考察了一下其他的公司运作情况，觉得自己准备不充分，不敢贸然投资。最终没有付诸实际行动。

在东韩寨租的房子的房东，也很令她们母女郁闷。如果20号要交房租，房东19号就去敲门催要，很多小事上，房东都做得很令她们母女生气。她说都市村庄的治安非常差，有次同一层楼的租户，可能是两个小姐，趁那层楼的人都不在家的时候把他们屋内的钱都偷去了，有个人正好上楼发现她们作案，于是报警了，但是警察只是把她们带走，后来又放回来了。房东也没说让她们搬走，她看见她们就心里很不痛快。她们租住的房间在3楼，虽然不临街，但是离街边也很近，夏天晚上的夜市吵闹得让人无法入睡。她们母女也没安装空调，室内通风很不好，因为和相邻的那个楼距离太近，有时感觉那边住的人都能伸手够到她们的窗帘。

（六）2008年7月—2008年11月：在管理咨询公司

正在考虑自己出路的她在2008年7月接到一个同学的电话，介绍她去一个管理咨询公司。那个公司老板想要找个既会在电脑上设计文案，还有思想、有创意、会策划的女性员工。工资每月3000元，因为觉得在家待得精神都快出问题了，她觉得不能脱离社会，还是得有个工作于是就去了。刚去没半个月，就因为该公司老板和另一家酒店老板要筹备豫商大会，而被派往南阳出差。在此期间她经常跟老板陪领导吃饭，免不了每天都要喝很多酒，她说她一斤的酒量就是那个时候练出来的。因为要邀请很多省里的领导，老板要求她一定要做好。从设计开幕式到最后车队的调度，她每个环节都要考虑协调。特别是要一周内出本特刊。她连着熬夜 3 天没有合眼，老板催得很急，不让下班。她校对软文的时候，几乎都不知道自己在看什么，最后一夜熬得头都炸了，因为页码排版的问题，她说最后干脆把页码全部去掉，反正看这本书的领导也不仔细看内容。她说从没有那么累过，每天都赶得非常非常紧，老板把她 1 个人当作 3 个人用。

她在 11 月份辞职了，有 3 个原因：第一，她说她怀疑那个老板那时候招人就是为了那个活动而招的，活动全部结束后，她就没事可做了。那个公司的业务全部都是由男性员工做，并且外派到各个地市，她是个女的，很不方便，这也成为她辞职的一个重要原因。第二，是她和老板的客户加朋友吵了一架：在给酒店的产品做推广时，她设计好的样本，酒店老板头天晚上很赞赏，第二天就立马翻脸不认账了，反复了几次，这让她很是恼火，在无法说服的情况下，她只有忍气吞声。在最后清算结账的时候，那个酒店老板让经理把她的价钱压得很低，她恼怒之余和酒店老板大吵了一架，因为她收的费用本来就已经很低了。第三个原因是她在做特刊时认识了一个南阳的编辑，他在郑州国贸酒店公寓买了个 30 平方米的房子，也有意找人合伙开家公司，正好和她合作期间觉得她挺合适，于是两人决定合伙做个工作室。

（七）2009 年 3 月：开始工作室的运转

因为之前那个 30 平方米的房子一直没有交房，直到 2008 年底房子合伙人才领到钥匙。她全面负责工作室的装修，为了最大限度地省钱，她没有请装修公司。从设计到买材料，到装修，到最后买办公家具，都是她一个人跑的，连办公室的所有电线都是她走的，历时 1 个多月。3 月份，工作室开始运作，因为在酒店公寓内，也没有工商税务去查，因此他们没有去工商税务部门注册登记。到目前为止，只有俩人的工作室，业务开展得还可以，合作也很顺利。因为合伙人之前在中新社工作，所以认识很多关系客户，而她也有一些老客户很支持她。

三、社会关系网络的现状和变迁

她大专在郑州读的，但是平时去姑姑家比较多，因此和同学联系交往得很少。她参加过三个同学的婚礼，虽然觉得她们很幸福，但是她并不羡慕这种婚姻生活。特别是她的女同学结过婚后就没联系了，她觉得没有朋友、没有自己的生活空间是很可怕的事。她平时交往最多的就是同行，这方面的朋友她大部分是通过平时业务联系、请客吃饭认识的或者是通过网络。她交往的还有运动方面的朋友，几乎都是通过网络相互介绍认识的，经常一起出游或者去打球。

她的姑姑因为今年初病重住院，姑姑家的两个姐姐找到她母亲卖小吃的摊位那里，大闹一通，说她们没良心不去看姑姑。两家也因此直到现在一直没有再联系过，并且她也不准备再联系了。2008 年 5 月 12 日的地震，让她头次感觉到亲人在身边的重要性，她劝父亲不要再跑生意了。5 月 20 日她去兰州，把能托运的东西都托运到了郑州，因为他们虽家在兰州，但 20 多年一直没有自己的房子，是租的房子，因此房租一清就把租的房子退掉了。父亲欠的账都给还了，因为做的是小生意也没欠太多钱。现在她的父母都在郑州这边，平时一起去电大门口卖麻辣串，生意还不错。她有个亲姐姐是在重庆读书，2007 毕业后和男友在重庆工作了一段时间，但是因为各方面的原因 2008 年分手了，她劝姐姐来郑州工作，和家人一起。她姐姐在 2008 年 10 月份来到郑州，她姐姐是个能力非常强的人，在郑州的两个公司做，月薪 8000 多元。

2009 年元旦，她陪朋友看房子时，看到一套首付 1 万元的房子，80 多平方米，考虑到全家人都在郑州，她决定买房。回去和姐姐商量后，她们第二天就去交了定金，但是房产证写的姐姐的名字。她说她们家的钱全部在一起存着，没有分开过，她无所谓写谁的名字。

四、对城市社会的参与情况

她说社会活动她几乎没有参加过，如果说有，那就是和网友去邙山边上种过树。如果说民间组织的活动，第一就是豫商大会时，她是南阳老乡会的秘书长助理，组织、策划、宣传，她全程都参与了。第二她是网球协会的会员，是通过网络加入的，每周有固定的时间一起打球，大家合伙租用场地打。但是对于一直租住过的都市村庄的什么活动她都不知道，她也根本不关心那些事，并且她说她就不是本村的居民，村委会有什么事情是不会通知她们的。她在主观愿望上是希望多参与社会活动的，在家做"宅女"的那一年多令她感到参与社会生活非常重要，但是由于客观条件的限制，她也很难有时间参加。

五、社会保障情况

（一）档案和户籍情况

她的档案从学校提出来了，去过的公司不接收档案，现在档案还在她手里拿着，她觉得没有地方接受档案就好像自己被社会抛弃了似的。她的户口目前在河南省人才市场放着，等 10 月份拿到房子就把户口迁过去。

（二）医疗、工伤、养老以及其他保险情况

对于健康问题她觉得很重要，但是工作过的公司连合同都没有签过，更不可能有医保了。她说再过两年工作室发展得好了，就给自己买商业保险。她对保险如此看重是因为：自己从姑姑家搬出来后，到母亲来郑州前这期间，她工作相当累，吃饭也不及时，缺乏营养，就累倒了，发烧到 40 摄氏度。身边也没有人，大医院太贵也不敢去，半夜 12 点多自己到都市村庄的卫生所输液，不知道是过敏还是输液输得太快，她当时几乎休克，差点死掉。对此她说大难不死，必有后福，这件事让她知道了如果不努力工作，看病时就连正规医院都进不了。还有她患有慢性气管炎，并伴有哮喘，这种慢性病很费神，商业保险不保的，只能自己在家熬中药喝。她说生活在社会的底层，不生病就是省钱，不敢奢望工伤、养老保险。她说城管驱逐她母亲是暴力执法，腿受伤应该有赔偿的，但是这又是不可能的，因为她们这些弱势群体，本来就没地方申诉，更何况对方是很强势的执法人员。她觉得自己有能力的时候一定会给父母买商业保险。

六、未来规划

工作发展方面：她从来没有想过要考公务员什么的，她说自己的学历和专业都有限制，不可能走那条路的。她也喜欢自己做工作室，可以自己来掌控。所以她未来的打算就是把工作室做好，要做得有特色。不仅如此，她在网络上还认识了一个郑州某杂志的设计总监，并见过面，近期在商议做一个设计师的速成培训学校，目前正在筹备，联系自己大专时的广告设计老师。另外她觉得大学生是个非常巨大的潜在市场，她准备再找合伙人出一种针对大学生的 DM。她很羡慕合伙开公司的那几个同学，她羡慕那种状态，很忙碌，却很充实，有自己的生活目标。她觉得要发展得有一个平台，比如必须得有个工作室，有支撑的门面要不根本无从发展。因此工作室是她的主要支撑，其他的如果真做不起来，就放弃。

生活方面：她认为最近几年是工作室发展的关键阶段，不可能挣的钱再拿去买房，她想再等几年再买套自己的房子，她说她不想考虑个人问题，她喜欢一个人自由自在。她说不管挣钱多少，这几年每年都要出去旅游一次，可以和驴友一起凑份子，玩得高兴还不受旅行社的约束。

案例编号：郑州—智力型—009

访谈对象：袁先生，28 岁，河南南阳红泥湾镇人，本科学历，麦德龙员工
访谈时间：2009 年 7 月 26 日下午
访谈地点：沁心园茶座
调查员：段一珂

一、访谈背景

约谈袁先生有以下几点原因：第一，他是我初中同桌，在郑州大学读本科，在郑州的这几年联系比较多，对他的流动轨迹比较熟悉。第二，袁先生中学期间就以文采好而闻名全校，本科期间担任校报编辑，勤于思考，善于表达，便于深度访谈。第三，他出身农村，父母没任何社会关系，虽有两个亲戚在政府部门工作但几乎没来往。袁先生完全是靠自己在郑州打拼立足的。

他最大的特点就是喜欢读书，至今在家没事就看看英语报纸，还喜欢看社科类的书籍。他虽踏实勤奋但控制自身情绪能力弱，有些桀骜不驯。

二、迁移及其立足过程

他本科就读于郑州大学,专业是材料科学与工程。高考填报志愿时,袁先生因家中无人指导,他仅靠翻阅《高考攻略》一书填报志愿。袁先生在谈专业的时候很感慨。他报考志愿只是喜欢挑战,觉得这个专业很冷门,招的人也多,就报了。大一开学时就知道自己报错了,自己根本就不喜欢这个专业,同宿舍有一个人大谈理想后,退学回去复读,袁先生考虑家境各方面原因没有勇气退学。往后几年内他说最不擅长的两门精细化学和分析化学自己根本学不会,郁闷了好几年。考虑就业需要,他在学校期间考了六级英语证、计算机等级证及驾照。袁先生说从刚开始的选择错误,到后来毕业时自己的迷茫,他一直都缺乏系统的考虑和计划。袁先生大四在工厂以自己专业实习过,环境非常恶劣,他觉得自己不可能从事那个专业的。他说那个专业就是现在新闻上炒作得很红的张海超的工作环境,如果他去,他也是搞那个耐火材料的。因此一毕业他就想转行,但是没人脉很难转行找工作。(他是指比较好的工作,刚毕业他不想做业务员。)

(一) 2004 年 1 月: 签约安彩集团做了异常辛苦劳累的工人

2004 年是他毕业的那年,1 月份他去工大校园的招聘会想碰碰运气。他没想到会有那么多人,他说当时进去就发现自己的专业很尴尬,找不到相应合适的工作。他说那时刚毕业思维缺乏弹性,对前途缺乏规划,情绪化比较严重,自己几乎是很自卑又很不屑地随便见哪儿就放份简历。他去得比较晚,去了就随便把简历到处放,因为安彩集团的摊位还没放,这时已近中午收摊的时刻了,安彩的桌子上放了两摞厚厚的简历,所以他就过去在最高处放了一份走了。

过完春节在回郑州的火车上,他没想到安彩竟然给他打电话让他去复试,而且是去安阳复试。他说当时想不到别的出路,有工作干就不错了,而且那是上市公司,年销售100 亿元,于是他决定去安阳复试。到了安阳,他说那个城市很破,没有任何吸引他的地方,只是工厂还挺漂亮,而且工人有的还开车上班,一个月拿 7000 多元,职工福利待遇好,住房公积金很高,他就签了合同。

很快他就去上班了,他分到 3 厂,是平整型的工作,是厂里最苦的活。车间温度达到 60 度,烧红的玻璃能达到 2700 度,尽管有冷风头冷却,但十几个工位温度还是很高。那个车间温度很重要,因为玻璃制品有特殊工艺要求,不能冷,只能忍受热气蒸人。他干的是给零部件抹油的活儿,两秒必须做完,手腕要抬得适中,否则会被高温烫伤。车间的噪音达到 90 分贝以上,必须戴耳塞。刚去他不适应,鼻血都烤出来几次。工作是三班倒,有时上夜班,他很痛苦,想哭。干了半年没有空缺职位可以调,他同时进去的同学纷纷不干了,他也在犹豫。但是他觉得这个企业平台大,总会有机会的,就忍了。

刚进工厂时他一个月 2400~2600 元,半年后满心期望能拿到 3000 元,可是集团的窑炉坏了,无产值,就没有了绩效,工资反而下降了。一次晚上 12 点下班,他看着镜子中自己红彤彤的脸渗着汗珠,看着自己穿的一身行头,他流泪了,上大学到底是为了啥,当时非常痛苦,现实和理想的差距太遥远了,想走出去可是又不知道自己能干啥，只能过一天算一天。在工厂期间，他考过一次公务员，但是很匆忙，没有怎么复习，过了国家线，没有过单位复试线。想过考研，但是不知道能考啥专业，看过法硕的书，太多了，半个月就放弃了。他说下班后累得要死，根本就无法看进去书。他说那时是他的最低谷，非常辛苦，但是市场不好，注定产品卖不出去，他判断这个厂不行了。虽然这样想但是自己还是不敢歇，他说习惯一个环境，想去改变是很难的，他需要前方一个影子或者什么航向灯，但是一点希望都看不到，很痛苦。但他觉得自己不能坐以待毙。

（二）2006 年 2 月：犹豫不决离开安阳，回到郑州

坚持到 2005 年 4 月的一天，他到郑州买书，遇见一个同学，对他产生了很大影响。那个同学毕业后亲戚帮忙找了个在高速路桥公司的工作，还是正式工，整天要去很远的地方修路，离他们最近的一个村庄和他们相距十几千米。那个同学干了半年就毅然决然地辞职了，自己又找了个进出口公司，工作环境很像白领，整天面对电脑工作，或者就是和老外谈生意。袁先生听了很兴奋，他觉得那个同学能干，自己也能干。

回到安阳，袁先生在网上投了几份简历，都没任何回音。年底一个贸易公司终于回复他让他去面试。2006 年 2 月，他请了半月的事假，来到郑州。公司在商住两用楼上，老板已经移民澳洲，去国外无须签证，公司也就 10 几个人，但是袁先生感觉自己像是进入了白领的阶层。他被录取后刚来郑州时住同学家，有很多东西需要搬运，也要自己来回跑另找房子，办很多杂事。袁先生说那时没时间学习业务知识，又是小公司，没有人帮带，自己也没意识要看看书学学，因此一个月就被炒掉了。主管说可以调他去农产品部门，他觉得卖花生、大蒜不是大学生干的活，他想褪掉农村人的影子，于是谢绝了，走的时候老板给了他两本书让他回家自己看。

袁先生觉得很没脸回安阳，虽然主任说欢迎他回集团，并且给他调岗不做车间工人，但他想既然已经走出第一步了就要继续走下去，所以一咬牙就没回安阳。他找了个房子，认为既然想在这边混，就得了解些专业知识，有所准备才能成功转行，于是在家老老实实看了一个月的书。

（三）2006 年 5 月—2009 年 5 月：在卓越机械工作，能力得到很大提升

袁先生又在网上找工作，投了几份简历，他说人力市场很现实，也很残酷。幸运的是，他在去卓越机械面试时，面试他的是郑大的师姐。袁先生在校期间经常参加一些文娱活动，这个师姐对他有印象。听他说自己被炒了很是惊诧，说怎么能讲话这样老实！师姐告知他要多学习多努力。最后一关是老板谈话，老板问他一个关于国际贸易的问题，正好他看的那本书上有，他就按书上讲的大概解释了一遍，老板觉得他的口才可以，于是聘用他了。

他刚去没多久，就有一个人辞职了，他接替了那个人的职位。贸易公司经常要和老外打交道，袁先生英语可以，因此很快就上手了。不到一年时间，袁先生就和老板的弟弟出国去德国参加了一个工博会，这是世界范围内的很出名的一个博览会。袁先生和老总去了德国又去荷兰玩了一圈，这次出国的所见所闻对他的生活态度影响非常大。他说

要放慢生活的脚步，不能让自己太累，要学会享受生活，不要让自己太累了。平时袁先生干得最多的就是请客户吃吃饭，维护维护客户关系，最常打交道的是外国客户。外国客户来了，老板必定叫上袁先生，他形象好，口才也好，深得老板赏识。

但是3年后袁先生辞职了，他说辞职的原因有几个：第一，工资下降了。公司去年应收账款几百万元没收回来，对现金流造成了巨大影响，他看不到希望。第二，老板错误判断市场，花几百万元买的设备没有用，对公司造成了很大的影响。第三，也是最主要的，这个公司的变故很大，这缘于公司的老板和亲弟弟老总之间的争夺，这个公司是兄弟俩开的，老板想把弟弟"干掉"，弟弟想篡夺哥哥的位置。最终弟弟把哥哥"干掉"了，带走了4个重要客户，公司元气大伤。最要命的是老板竟然和那几个客户大吵了一架。第四，袁先生对公司的发展不抱任何希望了。他平时在公司自己做单子，2007年拿到5万多元，2008年拿到了6万元，2009年只剩下2万多元了。

（四）2009年6月：短暂一段工作后进入麦德龙

2009年6月8号他进入路业公司，6月30号又被炒鱿鱼了，袁先生说起这个事情自嘲地笑笑，他说他已经两次被炒了。袁先生以前在学校一直是很优秀的学生，很受老师的喜爱，现在的经历让他感觉生活真是太残酷了。袁先生说应聘这个公司时人事专员告知每月薪资2500元，但是去公司上班后说给不了那么多，顶多给1500元，袁先生觉得自己受骗了。于是他每天上班都是处于消极怠工的状态，他这样态度对待公司也是有原因的：他说这个公司网站做得非常漂亮，可是去了一看根本不是那么回事，很多产品根本就没有研发出来，就PS个图片贴网上，就敢销售，并且交货期一拖就是半年，这都是经常发生的事情。他觉得做事业不能这样做，这个公司的老板不行，思路、理念都和他所理解的格格不入，而且这个公司也没个培训计划，他去了就被带着去郊区马路上遛遛，就算是熟悉工作内容了。

袁先生说那个时候他的心态已经非常不好了，整个人的状态就是乱糟糟的。之所以情绪波动这么大也有另外的一个原因：他和女友面临分手的境地。他和女友是前年相识的，那时那个女孩得了传染病，在医院住院，他天天去照顾她，那个女孩在最低谷的时候接受了他的感情，但是出院后，因为家庭帮助的原因，她的事业做得顺风顺水，现在工资已月薪1万多元了。那个女孩对袁先生说她需要安全感，这是袁先生现在所没有的。并且在交了房子的首付之后袁先生的月供出现了严重问题，女友却没有相助，他觉得她太现实了。他说他感觉自己真的只是一个农村来的可怜虫，当初如果回南阳，就不会像现在这么辛苦，但是想到以后的发展，他还是决意留在郑州，即使他们分手了。袁先生说女友当初虽然住院，但是找人查了袁先生的工资收入，那个时候觉得他是白领，现在袁先生收入直线下降，他感觉到她骨子里还是有些瞧不起他的，这个事情对袁先生的人生观有很大冲击。他说他真的不知道该怎么办。

7月份袁先生应聘进入麦德龙，他说这个公司管理确实高度模式化，货架上的每一颗青菜都可以查出来是哪块地哪颗苗长出来的。但是袁先生对于薪资报酬很不满意，他说这是个跳板，他不能停，他是房奴得供房，只能骑驴找马，家里虽然拿出存款来帮助他，但都已经用做首付了。他不想再拿家里的钱了，他说母亲身体不好，需要钱。袁先生说这个公司最大的不好就是对人太局限，没有个人的一些发展空间。他是做销售专员的，每天要拜访 8 家客户，他说你想想看，一天都是不停地在市区来回奔波，还是坐公交车，以前在卓越，见客户都是他问公司借车，可以自己开车去见客户。他说他现在明白了，最重要的是人对行、跟对人，在这点上他已经失败了。

三、社会关系网络的现状和变迁

袁先生的社会网络比较简单，他愿意很好地与同事交往，但由于工作中的利益关系，同事之间的交往都带有一定的功利色彩，有些人不愿和他过多交往。在和以前的同学的交往中也存在这种情况。他本科是在郑州读的，因此有些同学联系，但是见面时间不多，可能半年聚一次。他每年回南阳，初四晚上都要和在郑州混的南阳老乡聚会一次，这个是他筹办负责的。他说很好笑，在郑州大家都没聚，反倒回南阳聚了，也许那样更有感觉吧。袁先生觉得人脉很重要，有人脉办起事来会很方便。但社会网络的维系需要一定的时间和金钱，自己在这方面没有什么优势，使得目前的情况很尴尬。

前几年，他在卓越接待客户，很自由，但是交往的都是一些杭州的、上海的客户，虽成了朋友，但是那些朋友他觉得离得太远，估计再过一年就不会有什么联系了，毕竟脱离了那个行业。但是那个时候交的一些外国朋友，在郑州的，有时举办什么 Party，还是会邀他去的，他说也就偶尔和他们一起 Happy 一下。袁先生说以前和外国佬一起去酒吧什么的，很多人羡慕他，说他人帅，口语也好，还是白领，但是现在觉得好虚。真有事了那些外国人又不能帮他什么。他现在越来越实际，对待生活环境、工作环境和朋友圈子都很实际。

袁先生在郑州有个小姨，在科技局，但是没有联系，他说他们家都是村里的，和那些亲戚交往不来，他不愿去找小姨。他在郑州也没有特别交心的朋友，自己曾经和女朋友吵架，心里很苦恼，却没有地方诉说，只好告诉自己的母亲，但母亲也没能够给予好的建议，反而由于母亲的关系，事情变得更加糟糕。而且就在访谈的两个小时他母亲打了五个电话来问这个事情。

四、对城市社会的参与情况

袁先生说，他很喜欢参与一些公益活动，在学校他就曾组织过一次演出，为一个白血病同学募集医疗费用。但是现在工作了，这些离他很遥远，他问我献血算不算，我说当然算了，虽然我不确定，但是我是觉得他这个行为本身是有意义的。袁先生说自己很愿意参加一些社会活动，但没有渠道，也没有太多的时间和精力。他很想报名参与电视台搞的那种义务宣传保护环境的活动，也就是骑自己的自行车，穿着志愿者的 T 恤，一起环郑州三环骑个圈，他觉得那样既锻炼身体，又可以结交一些志趣相投的朋友。但是这些信息不是他能接收的到的，他工作时没有太多时间上网，下班也不怎么看电视，没有这种信息接收渠道。

五、社会保障情况

（一）档案和户籍情况

袁先生毕业就去了安阳安彩集团，档案和户籍当时都转过去了。来郑州后一直没有办正式离职手续，买房子时才办了正式离职手续，把档案、户口都转到了郑州，在郑州市人才市场放着，当时知道这里可以放，所以就放进去了。现在房子已经交房3个月了，他在筹划把户口迁入的事情。

（二）医疗、工伤、养老以及其他保险情况

袁先生说重要的是能挣钱，而不是买多少保险。在安阳安彩集团时有住房公积金，但是来郑州后第一年由于没有办离职手续，现在如果想把住房公积金转到郑州需要补交一年的公积金，大概需要7000多块钱。目前，袁先生不愿补交这些钱，他觉得住房公积金贷款与一般贷款一个月就相差几十块钱，没有太大必要折腾，所以就放弃了住房公积金。袁先生现在在麦德龙还没有正式编制，麦德龙规定正式编制员工享受五险一金，虽然没有正式编制但目前享有三金待遇，这也是他现在选择麦德龙的最主要原因。袁先生认为最重要的是能赚很多钱而不在于有没有保险。

在工伤医疗方面，最初在安彩时在车间工作环境比较恶劣，但由于企业比较正规，工伤保险还是比较完善的。在工作期间，手被烫伤过两次，企业都能给予很好的治疗。特别目前的张海超事件使他非常庆幸没有从事自己的本科专业的工作。他希望自己从事的工作远离高危作业环境，如果不能达到这种目标，那和在家种地没什么区别。

六、未来规划

对于考公务员改变自己的命运，他不感兴趣，但是袁先生现在晚上下班，或者周末还是坚持看书的，以英语书为多。他说准备考个本市的MBA，说不定哪个大公司需要呢，机遇都是给有准备的人的。下半年他准备把房子装修装修，预计需要2万块，他说即使是毛坯房他都想赶紧住进去，那是自己的产权啊。对于更远的规划，袁先生说他很看好风力这个行业，他一直在网上看这方面的公司招聘信息，他已经投了4家，但是还没有回音，他说要先选择一个有发展潜力的行业，才有发展的可能。他说工作的黄金年龄是25～35岁，前5年要入对行，把自己的优势建立起来，让自己有可持续发展性，就是说在一个城市里可以跳来跳去，否则让老板看死了，啥机会都没有。袁先生说他不想自己做生意，他不知道做什么好，也没有那种头脑，他说他是个将才，不是个帅才。他说有同学一直做耐火材料，现在确实也做得很好，但是他不想回自己的专业领域发展，他对那些东西不感兴趣。他也不想做生意，他觉得得有个体面的公司，才是像样的职业。他自己也知道这个想法有点古板，但是他目前就是这么认为的。他希望5年后能再买一套房子，月收入稳定，能把父母接过来住，相互有个照应。

案例编号：郑州—劳力型—001

访谈对象：周先生，56 岁，河南周口人，小学学历
访谈时间：2009 年 7 月 11 日下午
访谈地点：建筑工地
调查员：董玥玥

一、访谈背景

上周末我托朋友在建筑工地上给我找了两位建筑农民工并分别进行了访谈。因为建筑农民工的社会迁移十分频繁，流动性是其最明显的特征，一个工地上的活结束了就会立即到下一个工地，所以其迁移过程无法用具体的时间段来标明，访谈的重点放在了他们社会迁移过程中最难忘的事情上。针对建筑农民工这个特殊的群体，我着重访谈了他们被拖欠工资的情况以及社会保障情况。大部分建筑农民工都没有参与城市社会的经历，因此，这部分不再单独列出来，如访谈到的建筑农民工有这方面经历，会着重提出来。

周先生目前已经是工地上的工程师了，他 1972 年来到郑州在建筑工地上打工，从建筑农民工人的身份一步步走到现在。他最大的特征就是对建筑农民工非常了解，因为一方面他自己曾经是建筑农民工，另一方面他整天和建筑农民工打交道，在访谈的过程中，他习惯于用百分之几的比例来概括一些现象，因此，此次访谈的重点不是他自身的情况，更多涉及的是建筑农民工整体的一个状况，从而在整体上把握建筑农民工的群体特征。

二、迁移及立足过程

周先生 18 岁来到了郑州，在工程机械厂一个国有企业当学徒。1983 年以前，国家政策对工程管制非常严格，当时只有正规建筑队，也就是国有性质的建筑队，国家不允许个人承包工程。农民工在城市找工作十分困难，因为如果没有乡里大队的证明或派出所的证明，工作上不会有单位接收，那时候吃饭要有粮票，计划经济管制很严格。他一个亲戚是河南省建设局的副局长，因此把他安置在了河南工程机械厂，一个国有企业，跟着工程队干活，他算是有了安身之地。1983 年，国家政策慢慢放开，出现了大队、乡镇与县城联营性质的公司，这是一个过渡阶段，三四年以后出现了股份制企业，个人可以承包工程。1985 年后凭借身份证就可以在全国各地找工作，国家政策彻底放开，因此，这一年，他离开了国有企业，以技术顾问的头衔在各个建筑公司工作。目前，他主要承接一些大建筑公司的技术工作，被称为"工程师"，他很自豪地说他承接的工程

到现在已有上百个了，带出了很多有名气的徒弟，一级资质的有二十个，三级资质的有五十个左右。

他1972年来到郑州，"在建筑工地上摸打滚爬到现在，风风雨雨经历了很多"，起初他只是工地上的一个小学徒，跟着年长的人学习，吃饭就在工地上，那时候出来打工的农民不是很多，他是因为叔叔的关系进了个国有企业。1985年他离开了国有企业，因为有了十几年的工作经验，掌握了一定的技术，他开始在一些私人的建筑公司打工，这样可以多挣些钱，从此他开始在全国各个建筑工地上奔波。期间，也有过承包工程的经历，但是承包工程很操心，现在也上了年纪，所以主要还是在工程队里做技术工作，不再自己承包工程做。承包工程最大的困难就是完工后，如果和开发商要不到钱，就无力支付农民工的工资。因为他在20世纪80年代就已经脱离了底层农民工的身份，以技术人员的身份进入工地，所以他个人的迁移过程不是重点，但又因为他天天打交道的都是农民工，对农民工的辛苦和危险生活有着直接的体会，所以访谈侧重从整体上把握建筑农民工的特点。

三、社会关系网络的现状和变迁

建筑农民工从农村出来打工主要是经过朋友或者亲戚的介绍，他自己能从农村走出来也是因为亲戚的帮助，他们大都是和自己的同乡人一起租房子住，一方面可以节省租金，另一方面可以互相帮助，同乡是在他们在遇见困难时主要的求助对象。另外，他们在工作时也会熟识一些同行业的人，他们之间会互相介绍工作，比如周先生在做工程技术时，会把自己熟识的人也给介绍过来，我随后访谈的做后期墙体维修的建筑农民工就是周先生介绍过来的。他们和本地的城市人几乎没有接触，也缺乏接触的渠道，因此，他们的社会网络主要有老乡、亲戚和同行业的朋友，发了工资和朋友一起喝啤酒是他们最大的乐趣。

四、建筑农民工收入和工资拖欠的情况

民工的工资一般分三次结算，收麦前、收秋前和过春节前。现在工人的工资实行的是计件制，力气大身体好的可以多挣钱，凭力气吃饭，比如包工头承包墙体粉刷，每平方米7元钱，包给工人每平方米4元，你活好干得多，就可以多挣钱。建筑农民工在不被拖欠工资的情况下，一年一人平均收入在15000元左右，一些干体力活的农民工每天收入50元左右，做技术活的农民工每天收入100元左右，一个工地活干完立即转移到下一个工地。周先生是做技术活的，主要是看图纸、施工放线等，一年的收入在25000元左右。

在国有企业性质的建筑单位以及大的建筑公司干活，农民工的工资会更有保障，碰到一些挂靠建筑单位的公司，农民工的工资就缺少保障。"建筑农民工工资拖欠是司空见惯的事情，几乎每一个从事这种行业的工人都会有过工资被拖欠的经历。"所谓拖欠，有全部拖欠的，有部分拖欠的。一个工程分为好几个工作，包括框架、砌体、装修等，中途退场的农民工拿到100%工资的几率比较大，但跟着把活干完的农民工能拿到

90%的工资已经是非常好了，拿到100%工资的很少。建筑行业非常复杂，关系千丝万缕，一个大的项目，分包商就会有几十个，一般小分包商之间没有正规的合同，如若出现利益纠纷，包括承包商和开发商的纠纷、承包商和分包商的纠纷、分包商之间的纠纷等等，那么直接受损害的就是民工的利益。拖欠建筑农民工的工资，大部分都是因为开发商不支付承包商的钱，因此，现在民工讨要工资的主要方式是直接找开发商。民工讨要工资的渠道分为两种，一种是正规渠道，一种是非正规渠道。正规渠道的有两种：第一种是打电话给110，第二种是找劳动监察局，基本上没有求助法院的，因为这些民工一般都没有签订正规的合同，举证很困难。周先生说，根据这些民工的经验，通过正规渠道的作用没有通过非正规渠道的作用大，因此，大部分农民工都会选择非正规的渠道来讨要工资。他提到了四种非正规的渠道：第一种渠道就是农民工结合在一起堵开发商的门，这种情况很常见，因为人多力量大，问题更好解决。第二种渠道是"软禁"开发商，这种情况可以占到30%，方法是几个民工跟着开发商，老板去哪他们去哪，老板吃饭他们也端碗吃饭，一直到把开发商磨急，付款的方式定下来为止。第三种渠道是以自己的生命为代价要求开发商付钱，周先生提到去年先后有三个工人站在楼顶层，不给钱就跳楼，目的就是把事情给闹大，逼着开发商支付工资。第四种渠道是打大标语去市政府，农民工一起分摊买条幅、买笔、买墨的钱，以造成大的影响，尽快拿到工资。这四种非正规的渠道可以更快地帮助农民工拿到工资。

五、社会保障情况

（一）户籍情况

建筑农民工的户籍一般都在老家，他们的流动性很大，不会在一个地方甚至不会在一个城市呆太长的时间，他们就知道闷着头干活挣钱，也不需要办什么事情，户籍对他们没有什么影响。周先生70年代就来到了郑州，在郑州安家落户，他的户口现在就在郑州，有三个孩子，都已经在郑州参加工作。

（二）医疗、工伤、养老以及其他保险情况

"农民工没有这个意识，不在乎这些保障。"像现在夏天，白天时间长，他们一天最多能干12个小时，夏天平均每天干活的时间在10个小时左右，即便是冬天每天也要干8个小时，这么强的劳动量，没有心思再思考别的。承包方只会给管理层和正式员工买工伤保险，非正式员工不会给买，国家对这一块监管不严格，出了事故后，国家会来查，不出事故，工地上没人管。根据他的从业经验，在工地上，非安全隐患占40%，比如民工生病，安全隐患占到60%，一般出安全事故的占到5%左右。建筑农民工出了事故，私了的比较多一些，公了的不到20%，若出现死亡的事故，最多赔的钱有30万元，最少赔的只有3万元，一般平均赔的钱在15万元左右。民工出了事故很少曝光，曝光出来的能占10%就不错了。一些国有企业或者大单位承包的工程，民工的安全会更有保障，一些挂靠单位，民工出事故的几率会大些，因为设备跟不上，且不保养、不检修，所以民工的安全没有保障。

六、未来规划

周先生说,大部分农民工都没有在郑州安家的打算,希望在郑州安家的只有3%左右,因为他们没有在郑州安家的能力,他们这么努力地拼命干活都是为了家里上学的孩子。建筑农民工的年纪主要分布在17~55岁,年轻一些的农民工来做建筑工人的并不多,只要家庭条件稍微好些,他们就不会选择来工地,因为工地危险且工资也没有保障,35~45岁的最多,这部分人是主要劳动力,他们的孩子目前都在上中学,他们在城市打工是为孩子将来读大学攒学费,只要孩子愿意,他们会一直供孩子上学,孩子能考上好的大学是他们最大的心愿。

案例编号:郑州—劳力型—002

访谈对象: 刘先生,46岁,河南周口人,小学学历
访谈时间: 2009年7月11日晚上
访谈地点: 建筑工地
调查员: 董玥玥

一、访谈背景

刘先生是我托朋友在工地上给我找的一位农民工,之所以选择他为访谈对象,原因有两点:一方面,他年纪偏大且比较健谈,有许多亲身的经历,可以访谈出细节内容;另一方面,他有过工资被拖欠的经历,且他唯一一次承包工程做包工头就被骗了很多钱,这件事对他产生了很大的影响,从此他再也不承包工程做了,老老实实地做农民工。"没法说"是他的口头禅,是指碰见权益被侵害的时候,没有能力为自己维权,因此访谈提到他伤心事的时候,他都会重重地叹一口气,然后就是"没法说"。

二、迁移及立足过程

他1990年从农村走出来,在工地上当学徒,属于泥工性质,主要是做砌墙、粉刷的工作,干了一年半左右,就可以砌墙体了,三年之后,独立掌握了技术,有的时候会领着几个人一起干活,但更多的时候是一个人做散工。他的迁移过程十分频繁,哪有活就去哪干,小活几天就干完了,然后再换一个地方,如果朋友介绍别的城市有活,也会很快迁移到下一个城市,去了很多地方。他觉得做农民工得不到尊重,"碰上没有素质的业主,说话很噎人,就当没有听到,实在是被逼急了,就去外面找个角落抽上一根烟"。"有一次,在一个业主家干活,儿子去倒水给我喝,他爹赶紧摆手不让倒水,我

也当作没有看见。""还有一次给一个业主干活,那个业主是个大学老师,专门去给买的烟和矿泉水,其实倒不是稀罕东西,主要感觉受到了尊重。"提起迁移过程中最刻骨铭心的事情,那就是被骗、被拖欠工资的事情了,他说遇到这些事情的时候,"哭都没有泪了",这一部分的内容放在第四部分写。

三、社会关系网络的现状和变迁

他和一个朋友在都市村庄租的房子,房租每月180元,20平方米左右,有个厨房和洗手间,平常没有活的时候就是个安身之所。他的交往网络主要是自己的老乡,这个合租房子的人也是他的老乡,"累了一天,回来倒头就睡,什么也不想,没有广泛的交往网络",干活的时候会认识一些工友,工友之间会互相帮忙介绍活干,和工头处好关系对找活非常有帮助,这次的活就是工头介绍他过来的,因此,他的社会网络主要有三种人:一是一起出来干活的老乡,二是干活认识的工友,三是干活结识的工头。

四、建筑农民工收入和工资拖欠的情况

他现在每年除去花费,平均可以攒下13000元左右。2008年是收入最少的一年,挣了不到10000元,"也不知道什么原因,二马路上找不到活的人忽然多起来了,40%到50%的人都找不到活干,闲下来的工人特别多,都走不动"。他去年找活也不是特别容易,因此,去年的收入很少。他一般早上起床不吃饭,直接干活;中午的饭一般是买盒饭吃,要花费5元钱,3元钱买菜,2元钱买两盒米;晚上收工买些包子吃,馋的时候买点肉,喝点菠萝啤,买肉喝菠萝啤只是偶尔,再加上每个月要承担的90元房租,他一个月平均的生活费在500元左右。因为收入有限,生病的时候不敢去看医生,"生病的时候没有闲钱去看医生,拉肚子包个药就得5元钱,够一顿饭钱了,拉肚子、感冒、头疼和发烧这些小病咬咬牙就撑过去了"。家里有两亩地,由家里人种着,一年收入2000元左右。他在外面做建筑工人和种地的收入是他全家一年的收入。

"活很多,但合适的活不多,不是价钱不合适,就是活不合适,怕拿不到工资,不知根底的活不敢干,一般都跟正规的承包公司干,有的时候也会给私人房子的业主干活,这种小活都是按天结钱,一般不会拖欠工资,但也会碰上不讲理的业主。"有一次,给一家业主做活,讲好了一天工钱50元,但最后结钱的时候,业主挑这干得不好、那干得不好,一天只给30元,活已经干完了,总不能再给砸了,30元就30元吧,总比不给钱的好。碰上好的业主,干活就会感觉很轻松,心情也会很好。"农民工对国家政策不了解,谁会舍得掏五角钱买报纸看,早上6点就开始干活,现在天长,一般干到晚上7点半,一天最低工作10个小时,有的时候还要加班,这么强的工作量,回去倒头就睡,根本就没有心思也没有意识去了解国家的政策。"农民工对国家政策不了解,懂的法规很少,在自己的工资遭到拖欠的时候,一般都采用一些非正规的手段来讨要工资。2006年年底他准备回家过年了,但工资还没有发下来,20个工人一起找开发商项目部,全部的人就在办公室坐着,项目部什么时间上班,农民工就什么时间过来,就这样僵持了好几天,最终只要到工资的80%,那20%到现在也没给。"干完活,能100%

全部拿到工资的很少,碰见好的主就多拿些,不好的就少拿些,拿不到钱就采取堵门的方式,有的时候看见老板来了,就堵着老板的车不让走",他没有利用正规渠道讨要工资的经历,一般都是采用非正规的渠道,他觉得正规渠道拖的时间长,又没有作用,农民工是急挣钱吃饭的,没有精力拖这么长时间。

他人生最难忘的一次经历是 2005 年做包工头承包工程,这一次他被拖欠了 18 万元,直到现在他的钱都没能要回来,而且永远不可能要回来了,因为他没有签订合同,百口莫辩。这 18 万把他早年挣的钱全部给赔进去了,而且还欠了信用联社 9 万元钱,他说痛得哭都没有泪水了,从此之后他再也不敢承包工程做了。当时经朋友介绍承包了一个 5000 多平方米盖四层楼的活,业主是全国人大代表,他没有和业主签订合同,朋友说没有关系先干着,他也想业主是人大代表,不会出现什么问题,就召集了 80 个工人开始干活。业主口头答应预算出来后,就把首笔钱支付给他,他做的预算五天就出来了,业主看看说没有问题,于是他就开始干活,这期间他和业主不停地要钱,但业主不是有事出差,就是业主这边最后的预算还没有出来,就这样一直拖了四个月,第三层楼已经盖起来了,到第三层盖起来时,他就觉得不对劲,开始停工,不给钱,不动工。"干活多么辛苦啊,打顶的时候不能停工,三天四夜没有合眼把顶打好,业主就能昧着良心不给钱,我手下还带着 80 多个工人,工钱一分没付,工人也得吃饭啊。"最后和业主协商,业主说按"天工"的性质给钱,他不同意,因为如果按"天工"的性质结算钱,他不但一分钱挣不到,还要往里面赔 18 万,因为首期很多材料费都是他往里面垫钱的。他让家属去要钱,也没能要到,说到这,他垂着头,嘴里说着"没法说","这个人是全国人大代表,惹不起,最重要的是没有和他签订任何书面合同,都是口头协议,打官司也打不赢,而且自己也没有钱、没有精力去打官司"。他是农民工出身,比较老实,让家属去要钱没要到,也没有采用任何正规或者非正规渠道维护自己的权益,他说自己的实力和对方不相当,不敢得罪。他本来想做包工头挣点钱,但通过这件事情,他再也不承包工程做了,他觉得还是自己做散工要钱稳当一些,现在主要是做砌墙、粉墙的工作。

五、社会保障情况

(一) 户籍情况

他的户口在老家,在这就是闷着头干活,没有什么要办的事情,老婆孩子都在家里面,没有碰见因为户口而带来的行政性抑制。

(二) 医疗、养老、工伤以及其他保险情况

他什么保险都没有,"干一天活能拿一天钱就不错了,现实的工资都无法保障,还能给买什么保险呢?政府没有执行力度,50 个人,最多给 10 个人买保险,只是走个形式,虚的,往上报的都是假的,工伤险买下来得多少钱呀,工头根本就不会给买"。"农民工嘴上抹石灰,没有话语权,没有表达的渠道,没有意识主动要求买保险。"工地上出现了伤亡事件,私了的比较多,事故分为一般事故、重大事故和特大事故,大部

分都私了，直接把钱给伤亡的人。有一次在工地上，塔吊歪了，掉下来的瓦片把他砸晕了，他和包工头私了这件事情，包工头付医疗费用，他休息了五天，这五天每天还付给他工钱，这是碰见好工头了，如果碰见不好的工头，一分钱都拿不到。1995年他在安徽阜阳打工时，见到两个人在工地上当场被砸死，一个人只赔了30000元，"农民工的命很不值钱"。

六、未来规划

他有两个孩子，一个男孩，一个女孩，都在上高中，一个上高三，一个上高一，家庭负担十分沉重，他现在这么辛苦地干，都是为了孩子。"如果孩子考不上好大学，不如学个技术，考个三本也没什么用，还不如学个技术可以生存，那些城市小孩见多识广，农村的小孩在城市没有关系，跟瞎子一样。"但如果孩子愿意上学，他说他就会一直供他们上下去。他现在一年挣到的钱只够维持家用，等把孩子供出来，负担就会减轻些，以后他还会在工地上一直干下去，没有具体的规划，干一天算一天，能挣到钱就可以。

案例编号：郑州—劳力型—003

访谈对象：李先生，33岁，河南周口人，小学学历
访谈时间：2009年7月31日晚上
访谈地点：建筑工地
调查员：董玥玥

一、访谈背景

李先生个子十分矮小且非常干瘦，晚上他做完工后我约他在工地上的项目部访谈，我让他坐，他说："身上脏，不坐了，别把板凳弄脏了，站着说话就可以。"经过我再三要求，他才坐下来。他因为身上脏经常被别人瞧不起，坐公交车的时候别人都躲得远远的，他内心有些自卑。访谈时，他会经常说"这个社会真黑暗"，对于在他自己身上发生过或者他看见别人身上发生过的让他觉得社会黑暗的事实，作为底层社会的农民工，他只有选择默默地承受这一切。

二、迁移及立足过程

他1992年16岁的时候就从农村走到城市打工，中间去过很多地方，如山东、北京、东北、西藏等；干过许多行业，做过屋顶防水的活、收过破烂、开过饭店，最终又

回到了做屋顶防水的老本行。他家乡的人做防水活非常出名，几乎家家都会这个手艺，他很小的时候父亲就传授了这门手艺给他，他来到城市打工也是带着手艺出来的。

他第一次来到城市是同村的人给带出来的。1992年他跟随着已经是包工头身份的同乡来到了山东潍坊，做屋顶防水，管吃、管喝、管住，刚开始一个月工资只有90元。他在山东一干就是五年，这五年的时间他一直都是跟着老板干活，没有做过散工。他觉得跟着老板干活生活还有些保障，因为老板是同乡，都认识，不会不给钱，而做散工，钱不是很好要。

1998年他从山东迁移到了北京，他感觉在山东跟着那个包工头的同乡干，生活条件很不好，70多个工人整天就是吃大锅的萝卜、粉条，要不然就是清烩一锅青菜，没有一点油水，伙食太不好了，正好北京那边有个同乡拉他过去干活，管吃、管住、管路费，一个月工资600元，于是他就来到了北京。但在北京也只待了两年的时间，他又觉得一个月600元的工资太少了，北京消费很高，一年也存不住多少钱。

2000年的时候他来到了东北，在东北他没有再做屋顶防水的活，他开始收破烂。这个收破烂的活也是他同乡介绍的，之所以换了新的行业，是因为他感觉以前跟着老板干，受约束也受气，收破烂自由，不用受什么约束，而且最重要的一点是收破烂给的是现钱，不存在拖欠工资这一说。他在东北收了两年的破烂，每个月都能挣2000元左右，但收破烂收了两年他又不想干了。他说收破烂很脏，刚开始收破烂，实在忍受不了那种气味，后来慢慢地就习惯了，但整天身上都臭烘烘的，"人见人躲，狗见狗咬，受别人歧视，瞧不起干我们这行当的"，而且靠收破烂挣钱发财必须得有一定的资金形成规模，他没有资本，也没能一直坚持下来。他现在很后悔，说当初如果能够坚持，积累了原始资本，收破烂会比现在做屋顶防水的活挣钱多，介绍他过去的同乡收破烂就发财了，早期在北京、东北那边收破烂的农民工好多都发财了。由于他那时比较年轻，人很浮躁，一心想着挣大钱，所以虽然在东北收破烂一个月挣2000元已经不低了，但他觉得自己还能挣更多的钱，因此，在2002的时候他离开了东北来到了西藏。

2002年，他听一个亲戚说西藏经济不发达，整个西藏都没有几个做防水的，如果他能过去干，一定比收破烂挣钱，带着这种美好的期望，他来到了西藏。西藏的气候十分恶劣，刚下车，他就晕倒了。他打工的地方是西藏的一个小县城，这个县城十分贫穷，一个县城连个村庄都没有，但由于气候恶劣，所以菜十分贵，因此一个月只能攒下1000多元的工资，当初亲戚说西藏如何如何好挣钱，但事实并非如此，可因为他已经来了，只能继续干下去。干了半年多，他就不再干了，想换个别的行业。这个县城的饭店不是很多，藏民也比较喜欢吃面食，他就在当地开了一家饺子馆，当时特别辛苦，晚上2点钟就起床开始和面，但半年干下来，去掉各种费用虽然没有赔钱但也没有挣到钱。这个时候，他心里十分不平衡，也很难过，离家这么远，长年见不到老婆孩子，本来想挣些钱回去的，但从家里出来已经十年了，没能存下什么钱。而且随着岁数的增加，人也慢慢成熟了，不再像以前那样喜欢不切实际的幻想，只想早些回家。因此，2003年他离开了西藏回到了河南。

2003年他回到河南后，开始在省内的各个城市打工，他觉得"离家近，有一种心理上的安慰，也不想再跑了，没有啥意思"，他现在主要还是干自己的老本行，准备踏踏实实地干活，也不再那么浮躁了，"农民工得安守本分，不属于自己的不能想太多"，以前是太浮躁了，他现在就想好好地干活，为孩子将来上学存些钱。

三、社会关系网络的现状和变迁

他目前在三环外面中州大道与东风路交叉口的一个村庄里租了一个单间，没有厨房，没有卫生间，一个月房租85元，没有活干的时候作为落脚地，做饭也在这个房间里。平时在工地上做活的时候，就随地铺一个席子睡。他平时找工作主要是通过老乡和朋友介绍。有的时候跟着一个工头干的时间长了，和这个工头熟识后，工头有活就会给他打电话。他基本上没有任何娱乐活动，也不喜欢打牌，做工的时候累了一天，倒在地上就睡着了，也感觉不到蚊子叮咬；一个工做完了，就赶紧找工作，做下一个工，没有时间也没有金钱去从事娱乐活动。他没有假期，也不希望有什么假期，干一天活挣一天钱，他希望每天都能有活干，工资也能顺利拿到手。

四、建筑农民工收入和工资拖欠的情况

他回到郑州后主要是做散工，一年可以攒下10000多元，这还是要省吃俭用才能攒下来的。

他这种干活的性质是按照天工给钱，一天100元，因为给私人干活，钱比较难要，所以现在从楼顶下来就要钱，不给现钱就不走。他一个月吃饭加上房租和电话费要消费600元。为了省钱，他正月初七来郑州后，一趟家都没有回过，就是为了节省来回的路费。

"工资真难要，活很多，但很多活不敢接，怕拿不到钱。""私活一般是按天结钱，所以钱稍微好要些，跟着正规的工程队干，钱也不会拖欠太久，但如果跟着一些不正规的工程队，钱就不是很好要。""被拖欠工资的时候，从来没有想尝试走正规渠道去劳动局要钱，老百姓不走正规渠道，是因为觉得官官相卫，老百姓没有钱，去说理，谁会理你呢？""这个社会真黑暗，干什么都要钱，离了钱确实是办不成事情。"他印象之中深刻的记忆就是社会黑暗，老百姓没有钱，没有话语权，走正规渠道告不赢那些人，只能以自己的生命为代价去要钱。他在西藏做活的时候，跟随包工头的亲戚做一个饮水工程，本来以为工程做下来可以存下一笔钱，但最后因为被政府单位坑了，没有挣到什么钱。"开发商势力大，下面的人不敢和他玩，也玩不起，建筑队多少年的关系都要不到钱就是怕撕破脸皮，关系破裂。"因此，他们一般不希望闹到法院。有一次，他跟随工程队做一个活，在楼顶干活，高温40度，从楼顶上下来，热的全身淌水一点都不夸张，但最后开发商却拖着不给钱，包工头怕把关系撕破更要不到钱，就没有走正规渠道，而是背后组织了十几个工人，天天跟着老板后面要钱，最后要到了工程款的70%，这已经算是很好了，这样工人的工资就可以发下来了。他走了很多城市，觉得郑州的工资是最难要的，"从上到下，谁都是能捞一把就捞一把，扣扣这，扣扣那"，"东北人很仗义，工资最好要"，"这两年农民工工资比前几年好要一些，跟同乡的包工头也比较好要钱，因为同乡是不敢不给钱的"。

五、社会保障情况

（一）户籍情况

他的户口在老家，老婆孩子都在家里面，没有跟着他，他也不打算带他们到城市，所以没有碰见因为户口而带来的行政性抑制。

（二）医疗、养老、工伤以及其他保险情况

他没有养老保险，但是买了医疗保险，村里开会宣传，一年就交10元，医疗费报销30%，但必须在当地乡里医院看病才能报销。工伤险从来都没有买过，"谁会搭你腔给你买保险，上面知道了就报一个人头，不知道一个都不报"，"哪个工地上不死人，如果出现了这种情况，一般都是私了，公了的很少，打官司，咱老百姓也打不赢"，"老百姓为啥不愿意打官司呢？没钱、没人、没精力"，"有理也没有钱打官司"。他在西藏打工的时候，有一个四川人50多岁，因为工伤死亡了，当时老板连火葬都没有让火葬，当地钉了板子就埋了，在西藏那天高皇帝远的地方，根本就没有人监管，当时埋人的时候还是他去埋的。"在工地上，如果人因为工伤死亡了，有人过来闹，赔钱就多些，没人闹，赔钱就少些，郑州这边赔偿也就七八万元。"

六、未来规划

他有两个孩子，大的是女孩，1996年出生的，小的是男孩，1999年出生的，年纪都比较小，家庭负担十分沉重，他一个人在外面打工，收入只够一家人消费的。现在他这么辛苦地干，都是为了孩子上学，"作为老的，只要他们愿意上学，就让他们上，现在乡村的教育提不上来，老师素质很差，从农村能走出来的很少，大学生都找不到工作"。他有读书无用论的想法，觉得如果考不上一个好大学，还不如让孩子学习手艺出来打工，还能有碗饭吃。他从来没有在城市安家的想法，也没有打算把孩子带到城市上学，因为根本就没有这个经济能力，"能在城市安家的农民工少之又少"，他想都没敢想过能在城市安家。目前就打算这样一直干下去，都是为了孩子，等把孩子供出来，孩子有工作了，可以自己挣钱了，他年纪大了干不动了才回家，回家后种种地够吃喝就可以了。

案例编号：郑州—劳力型—004

访谈对象：吕先生，44岁，河南商丘人，初中学历
访谈时间：2009年8月3日晚上
访谈地点：建筑工地

调查员： 董玥玥

一、访谈背景

  吕先生看起来十分瘦弱，可能是日积月累的繁重体力劳动的结果。晚上8点左右，他吃完饭后，我约他在工地上的项目部访谈。之所以选择他为访谈对象，原因有两点：一方面，他比较健谈，这个农民工是我接触到的比较能说的一个；另一方面，他在干活之前一定要和老板签订合同，这在民工群体中很少见，他懂法，懂得用法律来维护自己的利益，"哪怕少挣点钱，没有签合同的活是绝对不干的"。大部分的农民工都不会有主动和老板或者雇主签订合同的意识，在他们的权益受到侵害的时候，没有证据来维护自己的权益，访谈的这位农民工会主动提出签合同，如果给私人干，"不签合同，也一定要写个条，写清楚应付多少钱的工资，不然不干活"。另外，他从他的角度分析了农民工在明知道采用非正规渠道讨要工资是违法的，为什么还会更多采用这种方式的原因。他自己讨要工资采用的是正规渠道和非正规渠道结合的一种方式，"这样的方式十分有效"。

二、迁移及立足过程

  他1989年23岁的时候从农村走到城市打工。他读过初中，因此比一般农民工的文化水平要高，这从他的说话、做事都可以看出来。他1989年出来干活，除了新疆没有去过，全国大部分的地方都去过了，在中国几乎跑了一圈，但主要的时间都在北京那边待着，来郑州这边只有四年的时间。他干过许多行业：提灰桶、装卸货物、收破烂……"单纯依靠体力能挣钱的活差不多都干过，现在主要是在工地上打工，做粉墙、砌墙体的工作。"

  他18岁就结了婚，23岁的时候已经有了两个孩子，那时只有靠种地得到一些微薄的收入。农村很流行盖房子，"看到家家户户都盖了新房，我们一家四口人还在土房子里住着"，心里很不是味，于是就想出来打工。他那个村里的人大部分都去北京干活，通过同乡的介绍他第一次走出农村，来到了北京，没有带老婆和孩子。他也是第一次出来打工，人生地不熟，孩子还小，经济上也不允许。因为刚刚出来，没有技术，他只能从工地上最简单的事情开始干，"提灰桶"是个比较简单的力气活，就是用铁锹将水泥、沙和在一起和均匀，再往灰桶里装，从早到晚都是机械地、不停地重复这些动作，除了中午吃饭休息了一会，从早上7点干到晚上8点，头天晚上睡觉的时候除了累也没有哪疼的感觉，但第二天早上起来，两只胳膊疼得、酸得是怎么也抬不起来。在工地上干活都是一步步来的，"提灰桶"的阶段过后，就开始学习砌墙体，那个时候他主要跟着一个同乡学习，同乡在工地上已经干了十多年了，同乡教他怎么打锤线、如何保持墙面水平垂直。在工地上干活特别累，刚去北京的时候，他一个月就挣几十元钱，头期因为技术不娴熟，不好找工作，工地上找不到工作的时候还干装卸货物的活。在后背披上个脏衣服，头朝下，100多斤重的货物在背上抗着，脸上的汗水都抽不出手去擦，装卸一车的货物，几个人一分，也就十多元，日子十分拮据，但想想家里的孩子咬咬牙也就挺过来了。

在北京他还收过破烂，当时花了150元从别人手里买了个破三轮车，开始走街串巷收破烂。那时候健力宝瓶子的收购价是每个1角，自己只赚1分钱，啤酒瓶子的收购价是每个2角5分钱，可以赚5分。因为车又小又破且没有资金，所以一般只收家庭的破烂，大批量的破烂收不了。碰到有垃圾的地方，还要把车停下来，扒扒垃圾，看看里面有没有空的饮料瓶或者可以卖的破烂，一天也就十多元钱。早期在北京，小活、脏活、累活，只要给钱就干，他曾经扛着沉重的空调机一次上到六楼，大夏天在工地上干活汗流浃背，全凭力气吃饭，"累不怕，脏不怕，怕的是挣不到钱"。

在北京干了一段时间后，他又去了山东、天津、深圳等地方，"从来没有想过要在哪个城市安家，都是哪有活就去哪干，一般都是同乡或者工友介绍哪个地方现在有什么活可以去干，把行李打个包背上就走"，活干完了，又回到北京，因为他同乡的大部分人都在北京干活，在北京活相对好找一些，同乡多，也不会太寂寞。因此，北京是他这20年的打工生涯中待的时间最长的城市，主要做的还是和建筑有关的行业。2005年他在老家过完年后就没有再去北京打工，因为年纪逐渐大了，在北京那边常年回不了家，有的时候过年都无法回家，所以想找个离家近的城市打工，农忙季节回家看看，至少过年能很方便地回家。因此，过完年后他来到郑州这边的工地上打工。提及他迁移过程中印象最深刻的事情，他说就是被拖欠工资的时候，他说自己最关心、未来最想实现的事情就是不再被拖欠工资。因此，社会迁移过程中被拖欠工资的事情重点分离出来放在第四部分写。

三、社会关系网络的现状和变迁

他在郑州打了四年工都没有租房子，没有什么行李，只有两套换洗衣服，春、夏、秋、冬都在工地上睡觉。在农民工这个群体当中，会有一些精神领袖，他就是领袖中的一员，他会组织农民工集体讨要拖欠的工资，还会帮助同乡讨要拖欠工资，农民工遇到困难的时候，会主动打电话给他向他请求帮助，因此，他的人缘非常好，认识的人也多，各行各业的农民工群体都有他认识的人。空闲的时候，他经常会被别人请吃饭，晚上能和同乡、朋友聚在一起点几个凉菜、喝几瓶啤酒，大家在一起聊天，是他最幸福的事情，帮助别人的时候他自己也得到了最大的满足。因为他的朋友多，找工作的渠道就多，活也多，基本上是一个活接着一个活干，所以他一年的收入要明显高于其他的农民工。他是个很有头脑的农民工，比如在干装卸货物这一行时，他知道在哪可以找到活干，也知道和什么样的人打交道可以找到活干，有些经常雇用他的雇主，货物来后会主动打电话给他。目前他主要在工地上干活，从事粉墙、砌墙体的工作，他干活利索、质量又好，很多工头都爱用他，这次的访谈也是通过一个大的包工头介绍的，包工头赞扬说他是个非常有脑筋的人，干活好，没有麻烦事。他不但得到了工友们的信任，也得到了包工头的信任，在农民工这个群体当中，他活得很有自尊，在谈到他如何组织农民工讨要工资、如何帮助他们维护自己的权利、如何叮嘱他们干活一定要签订合同时，他的言谈、眼神当中都透露出自豪。

四、建筑农民工收入和工资拖欠的情况

他在北京虽然也干一些装卸工、捡破烂的活,但主要还是在建筑工地上从事粉墙、砌墙体的工作。在北京,他有活的时候,一天可以挣120元,除了吃喝,一年能挣30000元。回来郑州后,主要就是在工地上干活,一天干活不会低于10个小时,一天可以挣70元,除掉吃喝,一年能挣20000元。家里只有二亩地,一年收成1000多元。他有两个孩子,都20多岁了,女孩已经出嫁;男孩也在外地打工,在外面做水电工,一年可以挣10000多元。虽然两个孩子都已经可以自力更生,但他的经济负担仍然很重,他家里面还有父母,爷爷、奶奶也都在世,父母要花钱,爷爷、奶奶要花钱,一年挣的钱只够花,基本上没有任何积蓄。为了节省来回的路费,他常年在外面打工,很少回家,在外面打工连房子都没有租过,有活的时候就在工地上睡觉,没有活的时候随便找个地方就凑合一晚。

他时常提醒身旁的农民工干活一定要签订合同,但农民工在这方面的意识仍然很薄弱。他自己曾经有过被拖欠工资的经历,从那之后,他干活一定要签合同。有一次在苏州一个工地上干活,老板先付了他一部分钱,让他先干着,但等活全部干完后找老板要钱,却被一拖再拖,手里没有任何证据证明老板拖了这部分钱,打官司也打不赢,在苏州滞留了半个月也没有拿到钱,"农民工根本就拖不起,拖一天就得一天的饭钱",最后连老板的影子都见不到,只能回到北京。"从此之后,我都会主动签合同,不签合同,也一定要写个条,写清楚应付多少钱的工资,不然根本要不到钱","一般签过合同,有了证据,钱就会好要很多"。他在农民工群体当中很有号召力,也经常帮助其他农民工讨要工资。有一次,他的一个同乡朋友被拖欠工资,要不到钱,就给他打电话,同乡抱着电话一直不停地哭,同乡承包了一个小工程,被拖欠了6万多元,要不到钱,也没有钱给手下干活的人,被逼得一直哭,就找他帮助。他首先就问同乡有没有签合同,同乡说有合同,这样他心里就有底了,"有合同就有道理,走遍天下都不怕"。他讨要工资非常有经验,凭借着合同采用正规渠道和非正规渠道相结合的一种方式,也就是以理抗争和以身抗争相结合。他一般不去找政府下设的帮助农民工讨要工资的部门,比如劳动监察大队,这样拖的时间会很长,不会立即解决,而是直接找省政府。他让朋友带上合同,和朋友一起来到省政府,政府看门的人开始不让进,他就在门口嚷嚷:"你想把我们逼到绝路上吗?民工等着回家收麦也要不到钱,省政府不该管这事情吗?"他说只要在门口不走,省政府肯定会有人出面协调,不会让把事情闹大的。最后,省政府的人直接打电话给劳动监察大队,劳动监察大队又打电话给公司,不一会,公司就派人过来了,他手里有合同,有证据,嚷着要打官司,其实内心并不是真的想打这场官司,公司的人只想赶紧把他们给拉回去,一个劲地说这官司不能打。他上午11点左右去的省政府,下午1点半就回来了,公司承诺说下午6点给钱,他来到公司,就跟在老板后面,但一直到晚上10点也没有给。他火了,就开始以自己的命相要挟,"你说你今天给钱不给钱吧,不给钱今天就死在这,反正你不给钱也是饿死,把我逼死也是死","我这手里有合同,你说给我钱,有理走遍天下",就这样在公司纠缠到晚上11点多,只要回了4万块钱,还有2万多没有要回,但这样总比一分钱要不到好,"以前

出来,咱农民没有这个意识,不知道要签合同,现在我时常就叮嘱他们,一定要签合同,一定要签合同,有了法律依据,咱就不怕,咱就一定可以要到钱"。

他除了自己帮助农民工个体讨要工资,还组织过民工群体一起讨工资。有一次,他们同乡的几个人给老板干活,但开发商一直欠着钱不给,他就组织了民工群体。他在民工之中非常具有号召力,而且他也有些许的法律常识,他说:"我会和他们说,我们只是在那静坐,我们只能动嘴说,绝对不能动手打架,欠我们工资本来就是违法的,如果我们去打斗,我们就成违法的了,我会一再强调绝对不可以破坏开发商的东西、绝对不可以破坏公共建筑、绝对不可以动手打架,我们只要做到了这三个绝对不,就一定可以要到钱。我们一般都是打个条幅在那静坐,其实打条幅的事也是法律上不允许的,但我们已经想好了,你说我们是违法的,但是你们拖欠我们工资违法在先,况且我们农民工不懂法。"农民工采用一些非制度化手段讨要工资,就是抱着这样的心理。"有脑筋的农民工都会主动签合同","以生命为威胁要钱,也是因为出来一年了,钱要不到手,实在是被逼的没法了"。他是农民工当中比较有脑筋的人,他干活一般都会主动签合同,没有签合同的活一般不会干,他利用法律和生命来保护自己的利益,保护民工的利益。

五、社会保障情况

(一) 户籍情况

他的户口在老家,老婆在家里面,种着家里的二亩地。他的两个孩子都已经可以自力更生了,也不在他的身边。他在城市就是干活,"农民工在外面能办什么事情,我们干一天活拿到一天的工资就心满意足了"。他没有打算在城市安家,在城市也不需要办什么事情,所以没有遭遇因为户口而带来的麻烦。

(二) 医疗、养老、工伤以及其他保险情况

他没有养老保险,但是买了医疗保险,在家里他老婆给买的,好像是一年交80元,医疗费用报销60%,他记得不是特别清楚。工伤险从来都没有买过,也没有要求过,工地上太复杂了,一个大的工程有几十个分包商,分包商下面又有小分包商,关系千丝万缕,"承包商分包出去的不仅仅是工程,更是人的生命,因为承包商和分包商签订合同的时候,都会在合同上事先把工伤事故的责任归于这些小的包工头,让这些小包工头承担责任","这是一个不公平的协议,因为没有给农民工买工伤保险,小的包工头一般没有能力给农民工赔付,因此,在出事故的时候,农民工就得不到应有的赔偿","农民工的命是最不值钱的,前段时间一个大学生被车撞了,赔了100多万元,你什么时间听过一个民工的命会被赔这么多钱","总承包商对于农民工的工伤应该负有完全责任"。他觉得没有给民工买工伤险,出了事故又得不到赔偿,从根本上来说是体制的问题,他就是想不明白,国家为什么就是治理不好这一块,民工的赔偿为什么就这么难。

六、未来规划

"我没有什么雄伟的大志愿,我就是想安安生生地过每一天,不生病。"农民工还是比较单纯的群体,他们的愿望很简单,就是希望一年挣的钱能够花,"我每天想着的就是今个干一天挣的 70 元钱,我自己花出去多少,还能剩多少钱,家里面的人还能不能兼顾到","我没有在城市生活的打算,等到哪一天干不动了就回老家了"。当我问他未来最关心的事情,或者最想实现的愿望是什么时,他说:"农民工啥时间能实现干完活顺顺利利把钱拿到手,农民工的悲剧啥时间可以解除,农民工的工资不被拖欠,干一天活给一天钱,就算是政府做了好事。我作为一个农民工,我今天干一天的活,能把钱给我,就算是共产党做了一件好事。他的愿望很简单,很纯朴,但却又是那么难以实现。

案例编号:郑州—劳力型—005

访谈对象:刘先生,56 岁,河南周口人,小学学历
访谈时间:2009 年 8 月 3 日晚上
访谈地点:建筑工地
调查员:董玥玥

一、访谈背景

刘先生和前一个我访谈的农民工都是同一个工头介绍的,我在同一个地点对他们先后进行了访谈。这位农民工和前一个我访谈的对象在性格上有明显的差别,前一个访谈对象心思细腻,是民工群体之中具有号召力的人物,懂得些许的法律,也懂得如何维护自己的权益以及民工群体的利益,但像他那样的民工只是农民工群体之中很少的一部分,大部分的民工都不知道该如何保护自己的利益。这位访谈对象性格大大咧咧,前一位访谈的农民工和他是朋友,说他做事情没有脑筋,但这个被称为"没有脑筋的人"却代表了农民工群体之中的大部分人,在权益受到侵害的时候不知道该如何保护自己的权益,也无法证明自己的利益受到侵害,在这样的情况下通常会采用一些极端的手段来解决问题,也就是通过一些非正规化、非制度化的渠道来解决问题。

二、迁移及立足过程

他 1983 年 30 岁的时候从农村走到城市打工,在没有进入城市以前,他除了在家里务农,还一直都在家乡的农村与县城之间贩鸡苗,他说他被称为"鸡贩子",因为做着

这种小生意，家里的条件还不错，在农村较早盖起了楼房。他在家乡贩鸡苗贩出了路子，也认识了一些做这种生意的人，1983 年他来到了北京，开始在北京做贩鸡苗的生意，后来因为孵化厂越来越多，生意做不下去了，1992 年回到家里，仍然继续贩鸡苗，家里没事空闲的时候，就到各个城市打工，从此开始了他流动的生涯，先后在广州、株洲、柳州等南方城市打工，干过许多行业：卖过菜、做过建筑工人、在工厂干过活……只要是能挣钱的行当，他都会去干。后来，他年纪大了，跑不动了，就回到了郑州这边，离家里近，家里有活忙的时候就回家，没有活的时候就来到郑州这边找个建筑工地干活，开始在郑州与家里之间来回奔波，他现在已经 56 岁了，他说他还可以再干 10 年。

他有两个孩子，一个男孩，一个女孩，都已经结婚，年轻的时候他靠贩鸡苗攒下了一笔钱，日子过得还不错。"鸡贩子"就是把孵化厂的鸡苗用低价格收购过来，然后再把这些小鸡贩给附近的养殖场或者农户，一只小鸡的利润就几分钱，但积少成多，因为量大，所以利润自然也就多了，80 年代他在农村就已经成了"万元户"，在家里盖起了楼房，得到很多人的羡慕。他说自己也是无意之中走进这一行的，以前在农村经常把成鸡拿到县城里面卖，偶尔也会把鸡苗拿到县城卖，有一次卖鸡苗，别人看他的品种好，就问他有多少这样的鸡苗全部收购，他家里就养了几十只鸡，规模小，无法满足顾客，他就开始在村子里低价收农户自家的鸡苗，再高价卖给顾客。经过这一次，他看到了市场上对鸡苗的需求，就开始积极主动地到各个养殖场联系客户，然后从孵化厂里贩鸡苗卖给这些养殖场以及一些农户。"那个年代钱特别好赚，竞争小，我属于粗枝大叶的人，没有文化，没有经商的头脑，只是因为偶然的机会踏入到这一行，不会好好地经营，只是很简单地赚取这中间的利润。"后来，一个孵化厂的老板看到这个行业利润丰厚，就来到北京建厂，1983 年他也跟着来到了北京。"80 年代北京的孵化厂特别少，养殖户又很多，鸡苗基本上是供不应求的状态，我很容易就能联系到客户，然后把客户要的鸡苗品种送过去。"按照现在的话说，他属于一级经销商，主要以量来获取利润。到了 90 年代，孵化厂慢慢地多起来，竞争越来越大，他没有文化，以前那种简单的贩卖鸡苗模式已经不适应当时的社会了，他可以赚的利润越来越少，一直到 1992 年，他在北京干这一行已经做不下去了。从 1983 年到 1992 年这九年的时间，他在北京挣了 20 万元，在当时的那个年代，这是一笔不小的数目，但他有个不好的爱好，喜欢玩牌，玩牌输了 8 万元，再加上这几年在北京的生活费用，1992 年回到家只剩下 7 万元，但这 7 万元在 90 年代初仍然是个很大的数目。会做生意的人也许会借着人生无意之中累积的第一笔财富从此富裕起来，但他就是个农民，没有文化，回到家乡又开始了种田、贩鸡苗的生活。在家乡依靠种田、贩鸡苗只能获得很少的收入，同乡很多人开始进城打工，他也融入了这个队伍。

1992 年以后，他先后到广州、株洲、柳州等南方城市打工，过着与以前完全不同的生活，卖过菜、做过建筑工人、在工厂干过活……"以前贩鸡苗挣钱特别容易，也不累，现在挣钱特别难，而且累。"他买了一辆破三轮车，早上 4 点起床，骑一个小时的三轮车去批发菜，又变成了一个"菜贩子"，然后再骑一个小时的车到市场上卖菜，这挣的都是辛苦钱，而且也挣不了多少钱，平均一天只能挣 50 元左右。他在建筑工地上主要做粉刷这类比较简单的工作，或者做后期物业上的维修工作，比如哪家的水管没有装好，哪家的门窗破了，哪家的地砖破了，他就做这后期的维修活。有一次给一家装空调，下来的时候没有看见旁边的切割机，切割机就顺着自己的腿滑过去，当时鲜血直流，缝了5针，现在腿上还有疤痕，他掀开他的裤管给我看看那道仍然很明显的疤痕。他还在南方的工厂里面干过活，主要是做胶水，胶水的毒性很大，他说经常会被熏得吃不下饭，同厂里有一个女孩怀孕了，但因为长期在这个工厂里干活，对胎儿产生了严重的影响，最后还是流产了，而且流产出来的婴儿都是黑色的，他在工厂里只干了短短的两个月，就没敢再做了。从1992年至今，他就一直过着这种漂泊的生活，在各个城市漂泊，在各个行业漂泊，目前，他主要在郑州这个城市的建筑工地上干活，他回家的次数明显比其他的农民工多许多，可能是因为年纪大的原因，他没有活做的时候就回家，想出来的时候再出来，不像其他的农民工常年在外不回家，他回家后仍然是拉着成鸡或者鸡苗去县城里面卖，这是他赚钱的一个主要方式。

三、社会关系网络的现状和变迁

他早期在北京卖鸡苗时交往的主要是同乡、孵化厂老板、养殖场老板和一些农户，在北京的那九年的社交网络很固定，业余生活最大的爱好就是打牌，和鸡厂老板打牌、到麻将馆打牌，反正没有生意的时候就是打牌。他承认这是个很不好的爱好，但他那会打牌上瘾，那九年打牌输掉了自己辛辛苦苦赚的8万块钱。1992年以后，他就开始在各个城市流动，工作不固定，因此也没有固定的社交网络。目前，主要在郑州这个城市打工，他在郑州这边打工没有租房子，随身只带了两套换洗的衣服和一床很薄的被褥，有活干的时候就睡在工地上，没有活干的时候，就随便找个地方睡觉或者回家卖鸡，生活得很自由。他这个人说话做事都是大大咧咧的，和工头、工友的关系一般，他说："我很粗，没有那么多心要和别人主动搞好关系。"他的交往对象主要就是同乡，比如把他介绍给我访谈的那位工头和他就是同乡，那个工头已经在郑州这边安家了，很照顾自己同乡的人，有活做的时候就会喊上他，那个工头这样评价他："他是个粗人，头脑很死板，说话也很冲，但干活特别下力气，现在像他这样卖力气干活的农民工已经不多了。"他说现在年纪大了，不怎么玩牌了，有的时候手痒了就玩玩，但和工友们在一起玩的时候下注的钱少，输也输不了多少。

四、建筑农民工收入和工资拖欠的情况

他80年代在家里和县城之间卖成鸡、贩鸡苗就成了"万元户"，是农民群体收入很高的一族了。1983年到1992年这九年的时间在北京做贩鸡苗的生意，赚了20万，但因为玩牌输了8万，生活费用了5万，1992年回家的时候带了7万块钱回家，收入也算是高了。但从1992年以后，他过上了农民工漂泊的生活，因为经常回家，所以他在外面一年挣的钱不是很多，最好的时候一年也就7000元，不好的时候一年只能挣5000元，但他回家的时候仍然在家乡贩鸡苗，再加上家里面两亩地的收入，一年总能挣个10000块左右，可以维持基本的生活。他的身体很好，基本上不生病，家里两个孩子都已经可以自力更生，上面也没有老人在了，所以经济负担不是特别重。

他在外面打工从来都没有签过合同，也从来没有主动要求过，他说自己根本就没有这方面的意识，问及他有没有被拖欠工资的经历，他说："哪个农民工没有过这方面的经历啊，都有过，只是拖欠多少的问题。"有一次，他和一个老乡一起去柳州打工，干了一个春天，就给了路费，剩下的钱不给，和他一起去的那个老乡和那个工头签了合同，他没有签，在外面人生地不熟，但老乡手里有证据，就委托一个律师帮忙打官司。当时，那个工头总共欠了他们 12000 元，和律师达成的协议是如果钱追回来了就付 4000 元的律师费，钱追不回来就不付律师费，当时律师说他手里没有合同，没有证据，只能帮忙讨回同乡合同里规定的那部分钱，最后老乡的官司打赢了，但又陷入到了漫长的讨债时间。整整持续了一年，才讨回了合同里的 6000 元，付了 2000 元的律师费，他的钱一分也没有要回来。虽然通过这件事情，他知道了签订合同的重要性，但他就是这么个粗人，而且农民工这个群体大部分人都不签，你不干这个活有的是人干。除了正规渠道，他还和我说了农民工讨要工资的其余几种非正规的渠道，这些非正规渠道大部分在访谈的前几位农民工中都有提到，只有一种没有提到。他说一个村子出来的人基本上都会汇聚在一个地点打工，有的群体有核心的领导人，有核心的凝聚力，当他们的整体利益受到侵害而又无法用正规的渠道解决问题时，就会采用一种非常极端的手段来表达自己的利益——雇佣黑社会，"你是大老板，我惹不起你，我拿钱找黑社会的跟你要钱，一般黑社会会抽取 20% 的佣金"。这种情况一般都出现在那些特别团结的群体讨要工钱时，这样的群体一般都是一个村或者一个乡的人形成的。农民工这种讨要的工资方法已经触犯了法律，但他们为了自己的血汗钱宁愿冒这个险。

五、社会保障情况

（一）户籍情况

他的户口在老家，在城市待的时间也不长，经常在城市和老家来回流动，在城市干的都是最底层的体力活，户口在哪对他没有什么影响。

（二）医疗、养老、工伤以及其他保险情况

他没有养老保险，但是买了医疗保险，是他老婆给买的，至于具体的费用以及报销情况，他也不是很清楚。他这种性格，工伤险更是没有，问他那次干活腿被切割机弄破，缝 5 针谁给交的钱，他说自己交的，"我干活很胆大，也不怎么小心，以后干活小心一点，有安全意识就可以了，怨不了别人"。

六、未来规划

"我的身体很好，力气也大，还可以再干十年，可以干到 66 岁。"说到这他呵呵地笑了，他真是个比较淳朴的人，外人眼里冬天住工地、大夏天在工地上暴晒、早上 4 点起床卖菜等等这些苦，在他眼里都不算是苦。他最大的感慨就是城里人看不起农民工，反感他们脏，在路上走的时候城里人都离得远远的。他没有想成为城市人，等到 66 岁干不动的时候就不再出来干活了,"在家里抱孙子"是他对未来最美好的规划。

案例编号:郑州—劳力型—006

访谈对象:岳先生,29岁,安徽合肥人,初中毕业,郑州某装饰工程公司老板(乙级资质)
访谈时间:2009年6月20日中午/2009年6月22日下午
访谈地点:装修工地某领导办公室/工地现场(第一次访谈时有电话急催他去处理事情没讲完)
调查员:段一珂

一、访谈背景

之所以选择岳先生作为访谈对象,原因有两点:第一,以前装修请过他,打过小交道,很好切入主题,访谈时容易获取所需内容。(事实上,见面刚开始我对他说聊聊他的经历,他就主动说要不说河南话吧。)第二,他来自安徽合肥农村,初中毕业,来郑州打拼14年了,完全靠自己的努力在郑州立足的,经历比较丰富。第三,他现在已经结婚了,有个小孩4岁,户口还没有迁移到郑州,小孩又要面临上学的种种问题,因此具有一定代表性。

岳先生有几个特点。第一就是脾气很好,很稳重,工作上再繁琐的事情他都能很平静地处理。家庭很和睦,不和媳妇吵架,很理解和包容对方。第二个特点就是对待事情很认真,非常能吃苦,也很有毅力。他在工地的时候就不停地转(督导工人),几乎不怎么休息,如果需要赶工期,晚上也很能熬夜加班,自称机器人。第三个特点感觉他为人处事很小心谨慎,有点与世无争,吃亏就吃亏了,赔钱如果不是很多的话,也不见唉声叹气,好像很认命。

二、迁移及立足过程

岳先生老家是合肥农村的,家里除了父母还有姐姐和弟弟,旁亲也很多。读初中时村里及亲戚很多人都在做小生意,初中毕业后很多同学都不读高中了,读中专、技校的比较多。他家里是种地的,没有什么收入,也不想让他当兵,这时他有个表舅在郑州做装修和家具,回老家时对他讲郑州做这个生意非常好,希望带他到郑州做,他很兴奋就同意前往,家里人虽然对他这个儿子期望很高,但是不读书出去有钱挣也是很有面子的,就同意他来郑州了。并且他们村有很多同龄人都在外打工,或者做个小生意,因此岳先生来郑州打拼也是顺理成章的事了。

（一）最初来郑州打工

1995年他最初来郑州时，情况并不像表舅讲得那样好。生活上非常艰难，住的是工地的一个临时工棚，岳先生当时觉得自己受骗了，但是既然出来了，不能就那样又空手回去，"脑子中就想着弄出个啥子再回去"，因此咬牙坚持留下来了。他说那些年郑州风沙非常大，晚上睡觉嘴巴上不抹点油，第二天嘴唇肯定干裂流血。岳先生最初做的是学徒，没有一分钱的工资，非常辛苦，现在想想觉得那都不是人过的日子。每天早上5点起床，弄点工地废弃的木材，放进砖头搭的锅台里生火做饭。上午10点半又要买菜生火做饭，下午5点半重复此工作。以前在家也没做过饭，但是岳先生当时很能忍耐，并没有抱怨太多，而是留心其他工人如何做家具，他有时搭手学着做。他讲当学徒时，没有人教你的，只有自己留心去学。他为人忠厚老实，和学徒之间的关系处得也可以，但是在做学徒的将近一年的时间里，他和表舅的小摩擦却不断升级，导致他气愤之下离工地出走了。原因是表舅的性格和他不一样，工地上很多材料表舅都是让他看管的，但是表舅又很独权，事儿也多，看不顺眼就吵，也不问事情的原因。有一次别人把材料损毁了，表舅不问青红皂白把他大骂了一通，他再也忍不住委屈就离开工地出走了。这也是他脱离表舅，自己出来单干的开始。

（二）1996年他开始自己单独打拼

离开工地，顺着中原路漫无目的地走，但是16岁的他身在异乡，无任何积蓄，因为是负气出走，连被子、褥子、锅碗什么的都没有，平时买菜剩下的钱，总共172元，面对如此困境，他止不住大哭。哭哭走走，最后也饿得没劲儿了，这时他幸运地遇见了他人生中第一个贵人：一个老太太。他们曾经给这个老太太家做过家具，现在老太太随单位又搬进了个新家属院。他给老太太讲述了经过，老太太就领着他去新家属院，给了他一床被子和褥子，虽然是旧的，但是他感激至深，并许诺给其免工费装修新家。

这也是他自己的第一单生意。事情确实很巧，他说自己真的很幸运。当时做装修，工具是很贵的，不像现在几百块都可以买个用。他抱着试试看的态度到铭工路一家做得很大的五金工具店，蹲在门口，一句话不说，从早上8点一直到11点多，店里购货的人不少，直到11点多没人时，老板看着他问他啥事，他说接了个活，但是身上只剩100多块钱了，还有一个（舅舅给他配的）传呼机，想押到这，用个工具，挣钱后再补齐其他的货款。那个老板是江苏人，不知道为什么，老板一分钱也没要，传呼机也没要，让他看着需要哪个工具，就拿哪个，回头挣钱了把钱补齐就行了，并且对他说，那点钱，买点菜买点面自己做饭吃吧。

岳先生讲，后来他很多次请那个老板吃饭喝酒，问到为什么那么放心让他用工具，那个老板都没有回答，他到现在都很奇怪，这是为什么。当然这也是岳先生遇见的第二个贵人。这次接的活还没有干完，老太太邻居觉得他干活仔细认真，就预约他做他们家的家具活。那时候装修不像现在竞争激烈，需要跑业务拉活，他在那个家属院一连接了8家活，干了半年多才结束。这半年多，他说也是非常辛苦的，都是住在装修的主人家里，也没有想过租房子，那时候不像现在流行租房子，那时候的钱也值钱吧，除了还工具的钱和其他杂项开支他净挣了2000多块钱。岳先生直到1997年才开始租房子，但是没有想过要办暂住证，因此时常被查，遇见大检查，都不敢回出租屋里住，那些执法者很是厉害，非常歧视外地人的。岳先生讲他为什么要讲河南话，因为你不讲河南话连卖菜的都要坑你几毛钱。不知是不是这种事情他习以为常了，说这些时很平淡，并没有气愤的意思。

（三）突遇困境赔得一塌糊涂

岳先生讲最困难的时候身上只有5毛钱，过了16天后接到活情况才开始有所好转。事情发生的时间岳先生竟然不记得了，只是知道张书海抢劫银行那一年，我提示是2000年。也就是在那一年岳先生接了一个官方的工程装修活儿，当时要求是一栋七层楼的办公室全部装修，工期非常紧，要求是50天，但是岳先生带领工人49天完成了任务，并且通过了验收。说起这个岳先生显得有些自豪，这49天他天天都在工地，晚上睡板凳，连夜赶工程，并且他干活要求质量很高，也因为这，他的活也是不断，从没担心过没活干。当时朋友都称他是野战部队，超负荷地运转，岳先生没有累倒，却被甲方拖垮了。

因为是政府单位，工期赶完，不巧遇到甲方单位内部人事调动，让他等等再结账，结果这一等一个月晃过去了，领导调整完了，才慢慢把事情解决，这期间，他自己把工人的工资一个个地结了。

结果甲方也不认账了，多次讨要、催要无果，把他拖得没一点脾气。对方不说不结账，只是让他找当时在任的领导，当时在任的领导签字又无效，现任领导不承认，还说资金困难，总之是笑着耍无赖。这时工人的工资也一个一个慢慢结了，自己最后只剩5毛钱了。好不容易打听出来领导家，想去送点礼把工程款要回来，但是领导连门都没有开，他在其门外守了5个多小时，眼泪都止不住掉下来了。问及为什么不拖着工人的工资，等要来钱时再给工人时，岳先生说，这不是他的做事态度，他说他就是这样的人，不欠别人的钱，要不心里总是不得劲。在这半个多月最窘迫没钱的日子里，他是靠一个南阳的拜把子弟兄度过的。岳先生谈到，当时认识几个也是出来打拼的哥们，就结拜兄弟，他最小排行老末。那个南阳的弟兄当时在一个单位里上班，是不在编的那种，但是食堂有饭，那个弟兄买饭时就多买俩馒头给他，就着老家带来的咸菜，他就那样蹭饭混了过来，岳先生说那时瘦了很多。现在岳先生看起来也是又黑又瘦，很难想象他那时更瘦时是什么样。问及心理感受时，他说是很痛苦，就算打包回老家，连路费都没有，更何况他觉得太没面子，他觉得男子汉就应该在外面混出个什么名堂，吃苦不怕，但是这样被人坑了，哭都没办法。万幸的是，那个南阳的弟兄给他介绍了个小活，虽然不能扭转局面，但是已经可以渡过难关了。

（四）事业发展期

度过2000年年底那段难捱的时间后，2001年，岳先生凭着自己工活的质量和信誉，工程也是一个接着一个，但是这些都是转包的活，大头还是一级承包商赚走了。因为承包大项目那都需要关系和圆滑的处世技巧，岳先生称自己没有怎么上过学，不会表达，跑大单业务跑不下来。再个拿那些大单子的大多是和领导有裙带关系的人，自己是外来的很难打入。家装没太大利润，不需要什么关系，现在他的很多活都是朋友介绍的，预订得很满，不愁没活干，虽然辛苦些、利润低，但是很平稳，没有太多心理压力，不像官方的大单子要账很是费神。

在问及为什么活做得好，还不想甩开大干，而是很小心谨慎地做家装时，岳先生表示：不是自己市场的活，何必费劲争呢？很多人不做家装市场，我就不那么想，我可以积少成多。他说起一件事表示自己在这个城市没有安全感。两个车在十字路口红灯时并排停下，其中一辆没有在行车道中间停车，而是压了白线，另一车的人提示他们不要压线，那样开车很危险，结果在线的车上的三个小青年下来就拿刀把好心提示他们的人给捅了，并且捅完，开车就走，旁边只是有人看，不知有人报警没有。他表现出明显的不喜欢招惹是非、很能忍耐的一面。他说现在社会上的小青年脾气很暴躁，不要轻易和他们发生争执。即使在家，他妻子埋怨他，他也不争吵，表示很理解，觉得是自己做得不够好。

在这些年的发展中，岳先生老家的四叔、小叔、表哥都过来一起干过活。但是他说事业的最初阶段，家族式是最好的，但是在发展成长期，这种模式就不行了，亲戚们认为自己是元老，不埋头工作，还总嫌给钱少，他们只看到你挣得多，不顾及你还有很多方面的开支和成本。其中二姨夫，岳先生给了他一笔钱直接让他回老家走人，岳先生说矛盾太多了，无法管理。

在2004年期间，岳先生通过在郑州认识的朋友介绍，回老家合肥接了一个工程，他老母亲也趁机劝解他回老家干，但是他在郑州这边的活也多，走不开，就没干多久，把活转给家里的小舅子接手做了，现在他带出来过的亲戚、四叔、小叔都在合肥做这一行。他说他的朋友圈子都在郑州，这边做得很稳定，不想回去了。还有，在他踏上郑州的土地时，他就在心里下决心要在这里做出个样子来。

刚来的那些年，他年龄也小，生存是基本的需求，没有时间考虑婚姻问题。在家里人的催促下，经弟兄们介绍，他结识了他的第一位女朋友，后来成了他的妻子。女方是信阳人，全家很早就迁过来郑州了，人很贤惠善良，没有嫌弃他，他强调这点。

岳先生在2005年自己注册了一个公司，是把别人的公司变更到他的名下，二级资质。公司规模不大，9个人，需要人手时就临时找人，干这行的工人，流动性非常强，经常用的也就那些人，一有活他就联系他们，比较固定的联系干活的有30多人。如果是招固定合同工，需要办理一些手续，很麻烦。这些流动的工人都是哪里有活就去哪里，同时可能联系好几家去干。

比如刷墙的工人，不可能一直在一个工地等着，要刷两遍，停两天，晾干，再刷第三遍，而这中间等的过程就可以去另一个工地干活。他们都是当天结算当天的工资，或者一个工地干完结算一个工地的工资。

公司的财务现在由家里亲戚做，平时管理很松散，没有严格要求几点上班几点下班。三个设计师，是商专和轻院毕业的学生，现在学生流动性也非常大，做两个月就跳槽走了，岳先生都不想招大学生设计师了。他觉得只要技校毕业、会用电脑就行了，现在很多工程活，都是自己设计或者和甲方商量着来的，并不需要大学生来做，也没有什么技术性很强的东西。让他们做，只会增加运营成本。两个业务经理，从注册公司时就过来了，平时也很卖力，毕竟有提成，他弟弟跟着其中一个业务经理跑业务，有时开车来回跑送材料，岳先生说他弟弟还不能独撑一面，还需要锻炼。

三、社会关系网络的现状和变迁

最初来郑州打拼的时候,表舅并没给过他什么帮助,他离开没多久,表舅就回合肥老家了,这边生意好像做砸了。在 2001 年之后,他的工活不断,几乎每个月都有六七单,在老家出来的人中也算是混得可以的,老家的亲戚也就不断地过来人跟着干,但最终他又说服他们回去自己做生意。2005 年添了小孩后,他把老母亲接了过来,帮忙照顾小孩,家里农活不多时,老父亲也会过来住段时间。他说家里有老人,放心小孩,要不看不好就有可能丢。自己还有个弟弟,2005 年也过来跟着干装修了。岳先生交往的朋友圈很杂,朋友也很多,但是他很少和老乡交往,他说老乡很难一起处事。反倒是那些当年和他同时起步,现在都干得很好的几个朋友,和他关系很好,如果需要钱,他们二话不说就给打过来了。他交往的朋友多、复杂,但是很少是自己行业圈内的,都是不同行业的。和税务部门或者一些相关权力部门的人虽然交往,但是不交心,他们总是瞧不起岳先生这些做小生意的,特别是城管,执法很是暴力。

四、对城市社会的参与情况

因为他租住的地方处于都市村庄边沿,所以他没有和村委会打过交道,没有必要和他们打交道。对于老乡会等民间组织,他也不去参加,不过他挺佩服南阳的一个唐河老乡会,他认识这个老乡会的会长,经常来往。岳先生说自己不善于交际,不会表达,不喜欢参与什么,仿佛也没有什么可以让他参与的。有个马拉松长跑,他想试试,但是最终没有去问,放弃了。汶川地震时,他很伤感,就和公司的人一起捐了钱。郑州市政每年规划植树,各个公司都要出人去种树,但是工地活多也累,都没有劲再去参与了,就按人头交钱完事,虽然他对郑州的天气干燥、风沙大很反感,但是也无能为力。

五、社会保障情况

(一) 档案和户籍情况

因为一直是租房子住,所以他一直没有将户口迁来郑州,小孩随了他妻子的户口了。孩子今年该上幼儿园大班了,他正在考虑在哪里买房子,他说现在即使买地段位置好的房子,但是根据划片分学校的原则,也不一定小孩能划到哪个学校,最终可能还是要掏钱上好学校的,有时候一个院儿的小孩,可是划的学校都不一样。他对这点很是有意见,他说政府应该把这个问题解决了。现在孩子上幼儿园学费都很高的,什么空调费、取暖费,很多的费用,更不说以后上小学、上中学了。但是自己的户口他并没有打算迁过来,他说放在老家,到时候孩子如果有需要的话,可以把户口迁回他那里去参加高考。

(二) 医疗、工伤、养老以及其他保险情况

他以前没有注意过这些事情,但是自从别人的工地发生意外事故后,他很害怕,也给

自己买了保险。社区的城镇居民医疗保险他没有参保,他也不和居委会的人打交道。小孩2岁时,总是生病,那时他总是在工地和儿童医院之间来回跑。小孩总是咳嗽,医生一拍片,是肺炎,还要住院,一年花在看病上的钱都有两三万,后来他就给小孩买了保险。

六、未来规划

在谈到未来的规划时,他说正在考虑在哪个地段买房子,前段时间房价一直不稳定,但是最近看,房价好像要涨,或者就是房地产商捂着楼盘等楼市回暖再卖。因此他觉得不能久等了,要不以后小孩上学、户口等办不进去了。他准备将家里老人都接过来一起住,因此要买个大点的房子,还要环境好点的,方便老人散步,又要有利于小孩上学,这是个大的事情。他认为孩子一定要上好学校,接受好的教育,不能像自己一样挣辛苦钱。业务方面,他还是稳着发展,不准备托关系做大活,可能是之前那次要不来款项给他了很大打击,他对于那些买来的关系不信任。照目前发展情况,他不会暴富,但是也不会太愁花销。他自己买了个小面包车,可以拉货。真是需要用好车时,朋友都有,肯定都会借给他,因此他也没考虑换个好车。

案例编号:郑州—劳力型—007

访谈对象: 冯先生,29岁,河南开封尉氏人,初中学历,在郑州某钢材公司工作
访谈时间: 2009年7月19日下午
访谈地点: 绿茵阁西餐厅
调查员: 段一珂

一、访谈背景

选择冯先生作为访谈对象的原因是:第一,他是我同学的老乡,人很开朗,很好沟通。第二,他老家是县城边上的,家里没有关系在郑州,完全是一个人在这里打拼,目前已婚,刚有了小孩,准备定居郑州,具有代表性。

冯先生有很大的一个特点就是憨厚,他这个特点可能是因为他下过煤窑,在钢材市场大部分时间做体力活而形成的。他还有一个很大的特点,就是对目前的生活状态很不满意,总是叹气,无论是生活上还是工作上,他都有不满意的地方,但是又无力改变,不知道怎么做。

二、迁移及立足过程

冯先生家在尉氏县十八里乡,离县城很近,初中二年级没有读完就不想读了,邻居

几个玩得好的哥们都去当兵了，冯先生也就选择了当兵。他觉得当兵回来在县城当个警察还挺有派头的，他说那时候不知道读书出来会这么好（可以考公务员等等，选择面会很宽）。冯先生父母都是在县城做小摊小贩的生意，没有很高的经济收入。冯先生1998年去湖南涟源当兵，2000年底退伍回县城，一个远方亲戚帮忙把他安排到县里的一个派出所。在派出所上班工资非常低，平时吃吃喝喝根本就不够花，但是也没有其他收入来源。冯先生选择辞职离开家乡有两个直接原因，第一是谈了5年的女友嫁给别人了，原因就是他太穷，也没有好工作，女友嫁的那家当时定亲后就给她买了辆车，这件事对冯先生的刺激非常大。第二件事，他们分手后几天，他去女友家里想挽回，但是其父开门只说了句她不在家，啪一下就重重地把铁大门关上了，这让他感觉是一种羞辱，非常没有面子。他又气又恼，办理了辞职，准备离开老家。

（一）2002年9月—2003年10月：在平顶山一个煤矿下矿井

父亲的堂哥在平顶山一个煤矿是个小领导，冯先生于是去了平顶山，并主动要求干最累的活，他说要让自己麻木，不去想感情上的伤害。下矿井底挖煤是最脏最累的活，别人都是找关系不下矿井，他是非得要求下矿井，每天上来后觉得嘴巴里都是煤渣味儿。下矿井干活时很危险的，有时会遇见煤窑塌方。一次他快上到矿井口了，后边突然出现塌方，大块大块的煤块从顶上掉下来，有个工友在里边没出来。矿井只剩半米多宽的口，只能爬过去看情况，那个工友也不敢从那个洞口爬出来，也没人敢过去看情况，救他出来。这时冯先生说他过去看看，他说他那时候胆子很大，他觉得自己肯定不会死，就带着灯过去了，用木头顶着上边，不再往下掉煤渣了，就把那个工友救了出来。类似这种事情，冯先生说发生好几次了，如果不是访谈他根本想不起来。但是如果现在再发生这种事情，他肯定不敢再去救人了。

干了将近半年多，冯先生差不多把感情上的事淡忘了，要求亲戚把他调到办公室，不下井了。这期间他一直在矿上的职工宿舍住，那有条很长的街，晚上工友都出来喝酒、纳凉、打台球、闲逛。冯先生说有次他卖宿舍的啤酒瓶都有2700多个。他说那段时间比较堕落，感觉生活没意思，啥也不想干，家人顶多说他几句，也没用。他说经常上网乱交女友，心理不平衡，有种报复的想法。街上都是矿上的职工，经常打架，你不招惹别人，别人也会找事打你。他说有一次喝酒喝多了，胃出血，在床上躺了一天一夜，想通了，不在那里待了，想换一种生活，他要换个环境。

（二）2003年10月：初来郑州想进入餐饮行业

冯先生选择来郑州，原因是郑州是离家最近的一个大城市了。他带了500元钱，住在老乡那里，老乡说有个公司招人呢，让他先去干着。他去一看，是往超市送金丝猴奶糖的，干了1周多，工资啥都没要，就走了，觉得实在没前途。

他觉得男怕入错行，他在矿上的时候觉得饭店的生意特别好，每天晚上都有人去吃饭。于是他在街上找了个饭店，门口贴着招人，便应聘上了，准备一边干一边学厨师。那个酒店有两层楼，规模也不算小。老板觉得他是当兵的，人也看着憨厚老实，就让他干前台。一个月后把他提为前台经理，但是一直没有机会进入后厨学做菜。事情很不凑巧，饭店老板还有其他投资，不准备再做饭店这一块了，想转让，那时冯先生也没攒到钱，家里也拿不出钱来，很遗憾没有把饭店接下来。

没有转让出去之前，饭店老板觉得冯先生人不错，他也一直很想去后厨，就让他去切菜。切了一段时间，冯先生觉得学不到东西，打算离开。这时饭店老板说你也看到了，其实饭店并不好赚钱，你不如去别的行业干干试试，并介绍冯先生去朋友的一个钢材公司。

(三) 2004年3月至今

冯先生最初去钢材市场的时候，都是从基层最脏最累的活做起，那个公司也没打算招人，只是多个干活的也不算多。最初冯先生是干点杂活，后来开始开吊车、行车，干装卸的活。2004年底因为公司办公室走了个配货的员工，老板就让冯先生去办公室接替那个人。冯先生说他干活从来没觉得苦，可能这和他是当兵出来的有关。

在办公室他接触的主要是厂家，每天都要联系各个厂家发货配货。当然也接触到公司其他的一些人，比如那些业务员。他觉得业务员一个月2000多块的工资很诱人，于是主动要求要做业务员，但是老板没有同意。在此期间，冯先生对这个行业已经很熟悉了，看见一根钢筋就知道是哪个厂家生产的，批发价和零售价是多少。做发货配货的一般都是老板非常信任的人，这说明老板是信任冯先生的。

2005年有段时间，老板的父亲腿被砸断了，家里的砖厂有很多事情需要回去处理，老板就几乎把公司交给冯先生打理了，这一管理就是4个月时间。冯先生说他到现在都不明白老板为什么对他那么信任。冯先生说他老板其实还没有他年龄大，是1981年出生的人，但是资产已经超过3000万元了。这对他影响很大，老板的为人处世也令他很佩服。这个公司从没有用过"空降兵"，经理都是从公司内部提拔上来的，老板也不用自己的亲戚，他有很多老家的亲戚要求过来也没有用，只有一个表姐做会计。这给冯先生提供了一个良好的平台。

2006年老板又注册了一个公司，代理一个厂家的几种型号的钢筋。老板直接让冯先生去做这个公司的总经理，并安排另一个年龄50多岁的业务经理和他共同经营。冯先生说之前他脾气很躁，有时会和同事争执，也和老板争执，闹过一些不愉快，不过都是爷们，事后，吃个饭喝个酒就算赔不是了。现在和一个年长的同事搭班，他收敛了很多，他觉得要多学习那个人的做事方法，毕竟业务不是那么好做的，什么事都是有方法的、有窍门的。

公司也就他俩，从2006年注册资金50万，直到现在公司的资本已经达到1000多万元。每个月4000多块的基本工资，年底一般有3万～5万元的奖金，但是一直都没有发过，老板说谁需要钱了，立即拿给你用，但是平时没事先放公司，继续投资使用。冯先生也没要过，他知道老板不会拖欠赖账不给的。老板也提过这个公司给他俩一些股份，但是多少股份，怎么分红，他们都没有问过老板。去年生意不好，但是为了公司发展需要，老板还是给他俩配了辆不到10万元的车，因为那个业务经理家就在钢材市场附近住，所以车一般都是冯先生开得多。从去年开始冯先生也开始负责催款，因为欠款太多，这更需要用车了。冯先生说这个活很难做，许昌市政府欠他们17万元，都好几年了，路费都给搭里面了，最后这个欠款干脆不要了。还有公司欠200多万元，2年了，甲方没给，建筑商说没钱，打官司胜诉也得花几万，钢材赖账很普遍。

冯先生在来郑州后又谈了个女友，一年后准备订婚的时候，发现对方还有一个男友,这令冯先生非常生气。之后一个月他有时间就上网,于是又交往了一个网友,2年后在见面当年也就是 2007 年结的婚。也是在 2007 年,冯先生买了房子,面积很小,60多平方米,在今年有宝宝后,父母也跟着过来住了。

三、社会关系网络的现状和变迁

冯先生的社会关系网络很广,但是觉得交往得有感情的还是以前的一些老乡战友,虽然不是一个连队的,但是都是在湖南当兵的,每年 8 月 1 日固定的聚会,都是会去的。还有几个在郑州,因此也经常见面。以前老家的兄弟们现在联系得很少很少了,每年只有过年的时候回家见面喝个酒。因为老家离郑州近,那些弟兄们来郑州都是找他。家庭方面,父母都过来郑州一起住了。冯先生说他和妻子结婚之前了解得不多,婚后经常吵架,现在父母在这里住,婆媳相处得很不好,经常闹不愉快。没有宝宝之前,一次为小事吵架,媳妇拿刀要劈他,还把玻璃茶几砸烂了。之后等媳妇稍微平静下来时,他把碎玻璃扫进簸箕,但是还没明白怎么回事,媳妇就过来端起簸箕把玻璃碴全倒在他身上(当时是夏天,冯先生没有穿上衣)。冯先生说媳妇很神经质,多次说过要离婚,但是终究没有离,他觉得得负责。就在访谈前几天,媳妇和婆婆吵架骂婆婆是泼妇,冯先生忍无可忍,觉得实在不行就等小孩 1 岁后离婚。他说这也是家庭暴力,但是没处诉说,也不可能报警,已经严重影响他的工作了。他在公司打一天牌都不想回家,就连老板都劝他不行就离婚吧,以后事儿还多呢。讲到这些时,冯先生几度说不出话了,直叹气,觉得自己真是有些失败。

四、对城市社会的参与情况

冯先生说自己的事都够多了,哪有闲心参与社会活动。他说不知道大河报搞的相亲聚会算不算,如果算,他还参加过两次呢。冯先生在饭店工作的时候住的是饭店宿舍,在钢材市场住的也是公司的宿舍,都是老板买的房子,几个上下铺,那个小区有什么事,他们也不管不问。冯先生说在部队的时候会强制性参加一些事情,比如 1998 年抗洪救灾的时候,如果再有半天九江的堤防就撑不住了,他们就去了。当时他们已经一级战备 4 天了,都没有打开被子睡过觉,啥也不干,就是专门等着,紧张得令人崩溃。复员后,汶川大地震时,他很想去做志愿者,当时天天看新闻关注,都哭了,但是妻子刚怀孕,他不能去。冯先生可能是当过兵,有这样的意识,但是生活环境各方面的限制,使他又没有办法实际地参与行动。他说,他很愿意做志愿者,不想要回报,为社会做些事,尽个人的一些能力,他觉得会有种成就感和自豪感。

五、社会保障情况

(一)档案和户籍情况

问及他的档案,他说他不知道自己的档案在哪里,他说他当兵第一年就入了党,还做了班长,但是复员后就没交过党费,不知道组织在哪里。户口现在还在老家,他不想转过来,他说到时候看看如果在郑州上学和在家里一样,不要借读费之类的费用就不转过来了,前段时间听说高考的时候很麻烦,如果有必要就把户口迁过来。冯先生说现在农村医疗保险可好了,看病费用可以报销80%,国家给予了农村很多优惠政策,现在都不想当城里人了,所以冯先生目前不急于转户口。

(二) 医疗、工伤、养老以及其他保险情况

冯先生体质好,他说这几年都没生过病,即使有点小问题去药店买点药吃就好了。但是他对孩子很不放心,买了医保。他说听说有孩子在医院输液输死了,医院说不是他们的过失,无论如何,他都不想这事发生自己孩子身上,于是买了平安的保险。工伤方面,他没有和公司签合同,更不用谈交什么医疗保险了。他们整天和重型机械、钢筋等打交道,免不了磕磕碰碰,都是老板直接带了去医院,该花多少钱就花多少钱。

六、未来规划

提到未来,冯先生还是充满了憧憬。他说以后真要离婚了,他就一人带孩子过。最好能在未来5年内换套大房子,最好能买个别墅,让父母都住进去,弟兄们过来也有地方住,再买个好车。他说得多挣钱,但是钢材生意,没有1000来万块没法自己单干,一个工地赊账200万,另一个工地赊账500万,自己就玩不转了。他觉得钢材行业他熟悉,做起来顺手,转行不一定好转,如果把老本都赔进去了,他说他可输不起。他所有的奋斗还是为了孩子,他不想让孩子像自己一样辛苦受罪。他粗略算了算,从孩子长大到结婚最少得150万元。他老板的孩子在实验小学读书,一年学费2万多块,他也想让孩子去那样的好学校读书。

案例编号:郑州—劳力型—008

访谈对象:郭先生,36岁,河南开封杞县人,初中学历,在郑州某电料生产企业工作
访谈时间:2009年8月11日傍晚
访谈地点:加州第一城附近的某电料生产企业院内
调查员:段一珂

一、访谈背景

郭先生是我表弟的师傅,在一家刚组建成立还未投入生产运营的企业内打工,我问表弟厂里工人的情况,有无合适的访谈对象,表弟说多了,都是外地过来的,先访谈俺师傅吧,因为表弟刚去半个月,很多工友不熟悉,就先选择了他的师傅作为访谈对象。

郭先生是工程师，但是没有资格证，他说那些东西有没有他一样有饭吃，他全凭自己的过硬技术取得老板的信任。

那个工厂说起来是在郑州经济技术开发区，后来去的时候发现柏油路通不到那里，在一个公交车站的最后一站，马路的尽头处，还要再沿一条乡间小路走很远。8月的郑州很燥热，一路上尘土飞扬，到了厂里更是令我感叹：郑州还有这般破落的地方。一个旧的奶牛场租给了这家电料生产企业，院内杂草丛生，表弟和郭先生住的民工房还可以，只是蚊帐、纱窗都没有，院内不时能闻到被风吹过来的不知是哪里的臭气，访谈还未进行我就被蚊子叮了几下，郭先生开玩笑说你这是过来"扶贫"的啊。一句玩笑让我们很顺利地进入了访谈。

二、迁移及立足过程

郭先生老家是开封杞县的，他怕我不知道那个地方，着重地解释了一下：前段时间报道的那个化工厂原料泄漏，很多居民举家搬迁，把国道堵住了的那个地方。郭先生是1974年出生的，1987年初中读完不想读了就外出打工。他的一个远亲在周口水利局当局长，给他和另一个亲戚家的小孩办了劳务协议，当时中国建筑第六工程局在天津，和河南有劳务协议，他办的就是这个劳务协议，这个协议一签就是10年。刚去的时候，干了半年工地上的活，因为勤快干活不偷懒，主管领导把他派往天津总部学习了半年电工，他后来就从事了电工这个工种。合同10年没有到期的时候，他就发现这个企业不行，国有企业很腐败，没有发展的潜力，面临倒闭，他最后两年经常琢磨以后的路该怎么走。

其中1993年时，那一年外出的活不多，他就带了一个民工队，给建筑公司干活，但是干完活要给工人结账时，他这边却要不回来工程款，最后款没结完，赔了一些钱进去。他说那几年三角债很严重，后来就不再干这些了。

1997年，10年合同到期了，单位也不给续签了，因为是合同工人没有任何保障，没有任何福利，他就自己去天津人才市场找工作。应聘进入一家房地产公司做电器安装。做了两年，他和老板关系不错，但是他说天津人很排外，他有着很明显的感觉，老板不会重用他，他在公司的职位不会提升的，所以他在老板的挽留下还是离开了。

他又在人才市场找了家内地与香港合资的家具厂，他在里面负责管理设备。但是不到一年，这个厂就搬去北京了，他也就顺理成章地被筛下来了。

2000年底他又在人才市场找了家韩国炊具公司，是做不粘锅的，他负责机电方面的活。但是这个公司的工作环境严重污染，粉尘特别大，当地对它进行了控制，半年后郭先生没等它关门就辞职了。

后来是经原来工作过的建筑工程局的同事介绍去了一家远洋公司。这是一家做海洋工程的公司，主要做海底电缆的，很适合郭先生的技能发展。公司的老总是第六工程局出来的曾经的同事，因此郭先生和老板的关系相处得很好。但是在这个公司郭先生也只是干了一年半，在2002年过年的时候他辞职回老家了。之所以不在这个公司干，是因为他得随船出海，一去就是半年，海上飘着的生活他很不习惯，晕船是最难以忍受的，他去了半年都还没有适应过来，最后只好放弃那个公司的高薪了。那时他一个月5000

元，是他工作过的工资最高的一个公司。

过完年，一个朋友介绍他去天津承包了一个毛衣车间，是做出口毛衣的，他那个车间只是做加工，做成后，给加工费。但是因为厂里的毛衣出口不出去，就是说没有销路，所以工资也很低，一件毛衣加工费才8块钱。半年后他就不干了。

接着他又通过朋友的介绍，代理了一个品牌的暖气管道，回河南做市场。他说郑州这边的人太抠，不舍得烧炉子，热水循环不好，最终赔了8千块钱。他于是放弃了自己做生意，决定从事自己的老本行，他说给人打工没什么风险。

2003年初，郭先生又在河南人才市场找了家物业公司，这家物业公司事实上是一家房地产公司另外注册的一个名字，因此房地产公司的电工活和物业公司的电工活都是郭先生和他一个徒弟干的，但是工资每月只有1500元，在干了3年后，每月工资只是涨到2500元。2006年的时候房地产公司发展非常快，但是郭先生感觉到那家房地产公司可能要出现资金问题了，因为它借贷民间资本的比例比较大，所以工资可能不会再往上提高了。他说公司的人大部分都知道老板的脾性，那个老板不会给超过5000元月工资的，即使是行政老总每月工资都只是4000元。老板不重视人才，认为现在很多人找不到工作，给个工作一般都能完成，何必用那么高工资的员工呢？更何况他没有让公司大步迈进的打算。因此郭先生觉得在这里没有发展空间，又不受尊重和重视，没有意思，就又辞职了。

2007年初，郭先生又在人才市场找到了福建建工集团，这是家很出名的大公司，做的是曼哈顿集团的工程，但是工程全部完工后，就让他们走人了。他说在外打工就是这样，充满变数，你不能预知下一步怎么做、去哪个公司。

三、社会关系网络的现状和变迁

郭先生的社会关系网络不是很广，他自己这样认为。之所以这样说，是因为他把自己和那些做房地产公司的老板或者远洋公司的老板做了比较。他说他在第六工程局的时候和工友的关系很好，经常跟着工头喝酒吃饭，但是离开那个公司后互相就不怎么联系了，毕竟大家都有自己的事情要忙。但是郭先生为人非常好，很有河南人的豪情义气，他和远洋公司的老板相处得非常好，现在还有联系，即使离开之后，那个老总还邀请他和妻子、孩子一起去青海玩了一圈。其他的交往对象就是这些年在房地产公司认识的同事了，不过因为各方面原因，见面机会也不多，毕竟都有自己的活得干，郑州还这么大，但是差不多每年都要和几个公司的同伴见个面喝个小酒。他说他的朋友有高层次的也有低层次的，只要是和他结交的人，都很认他。

郭先生在1991年经老家人介绍认识了现在的妻子，并于3个月后结了婚，妻子随他去天津住了两年，并育有一个孩子。1993年妻子带孩子回了老家，家里老人年龄也大了，地得有人种，妻子回老家主要是看孩子，照顾老人，做农活种地。

郭先生的父亲于2001年去世了，在去世前一周家里给他电话让他回来，但他没能赶回来见老父亲最后一面。这件事对他影响特别大，也是促使他回河南打工的最主要原因。郭先生说长年在外漂泊，不能照顾父母、妻子、孩子，他非常愧疚。

郭先生家里没有很多亲戚，但是都有来往，都有电话联系。他回河南后，每年要回杞县老家四五次。他每次回去都要去每个亲戚家转一圈，聊聊。但是他老家除了他在外闯荡外，其余的都在老家种地或者在县城经营小生意。

四、对城市社会的参与情况及迁移城市融入状况

郭先生说他一直在外漂泊，什么社会活动他都不关心，也无心参加。在问及在外漂泊流动有什么感想，是否觉得适应当地的生活时，郭先生说很不适应，没有家的感觉，从未感觉自己融入了哪个城市。他说特别是天津，那边的人很排外，小市民味特浓，他经常感觉自己很委屈，那时候年龄也小。当我让他回忆下，举个例子说明这种情况时，他说这太多了，没法说。在天津那个房地产公司，老板对他其实很好，生活上是很照顾，但是就是不给涨工资，公司很多人都是天津本地的，同样的活，他做得好，但是就是不让他当主管经理，在职位上很排斥外地人。郭先生说主要是特别排斥河南人，他说河南人在外地名声非常不好，他的很多工友都这样认为，这让他在外地更感到很难融入当地。郭先生说现在来郑州了，还是有人说河南人不好。郭先生说天津排外不仅体现在升职上不给机会，更是体现在工资待遇上，但是郑州却是相反，外地人的工资反倒比本地人的高。郭先生几乎都是去人才市场找工作。他说河南的人才市场做得最好，不收费，这让他感觉在郑州工作很踏实，有种回家的感觉，至少是受到尊重了，不是排斥、受欺负的感觉。郭先生说他想得很开，虽然在外飘着打工，会有自卑的感觉，但是看透了，也没什么。他说有很多东西不是说个人努力就能得来的，这也和个人性格有关系。

五、社会保障情况

（一）档案和户籍情况

郭先生在中国建筑第六工程局的时候，是合同工，因此在天津是集体户口，之后就转回来了，户口一直在老家。他说明年小孩高考完，如果考到郑州的学校，小孩的户口就可以迁到郑州了。他在第六工程局的档案拿出来后，就放在老家了，至今也没地方放，他几乎都不明白要那东西有啥用。

（二）医疗、工伤、养老以及其他保险情况

郭先生说在第六工程局是劳动合同工，没有保险福利，他个人也没考虑要买那些东西，他说主要是没多少闲钱去买那东西。我说以他的工作性质，和电老虎打交道这么有危险性的工作，怎么能不买个意外险呢？或者单位就没给工人上过保险之类的吗？他说有个单位给工人交了保险，但是他觉得最终还是扣自己的工资，因此他就没有上。在外漂泊的这些年，他受了不少工伤，但是没有什么大碍，有些公司直接给钱去医院治疗了。他说这个活是越干越胆小，他的徒弟被电死的都有，他自己胳膊上也有伤疤，是拴什么东西的时候被电的，至今胳膊还会时不时地抽筋。但是这种情况他都觉得不怎么碍事，也没想过要公司赔付一定的工伤费用。

六、未来规划

郭先生说以后希望多挣些钱,把媳妇接过来一起生活,他说结婚后就没怎么照顾过媳妇和孩子,他们都在老家,这让他在外很是郁闷。他说买房子太贵了,最近几年也没有打算,厂里有提供住的地方。以后孩子考到郑州上学,估计能考上个大专,他已经很自豪孩子的成绩了,他说孩子在县城第一高中读书,是自己考去的。他想自己的户口迁过来可能不太好办,因为工作性质不稳定,厂里也不会办。孩子上学后,户口就可以迁过来了,在外漂还不是为了孩子能走出来。挣钱攒钱不容易,想给孩子买房子以后结婚用,或者毕业后可以不像他那样辛苦,所以现在能省就省。以后工作发展都是需要走一步说一步的,他目前几年没有想过自己做生意,他说赔不起,孩子正是用钱的时候。

他说现在农村条件好多了,犁地的时候都可以租用机械,收割的时候也可以租收割机。回郑州后一到麦收季节他都要回老家干活。老母亲不想出来,不适应城里的生活,他说现在农村的生活条件也不错,60岁以上的都有最低生活保障。但是他不相信政府,他说那些政策都是做样子的,虽然农村现在实行医疗卫生补助,但事实上农民得不到实惠。他觉得老母亲在家能生活好就行,以后的事,他只能尽力而为。

案例编号:郑州—劳力型—009

访谈对象:苏先生,32岁,河南周口沈丘人,初中未毕业,在郑州某加油电路板生产企业工作
访谈时间:2009年8月17日中午
访谈地点:经济开发区第五大街烩面馆内
调查员:段一珂

一、访谈背景

苏先生是我表弟托人找的,他所在的企业是亚洲生产加油站仪器最大的企业。因为他的工作很忙,周末虽然休息但是人不能离开厂区,厂里有事就要随时去处理,因此只能中午吃饭的时间访谈。我提前说好请他吃饭,边吃边聊,他一直推脱不吃饭,很不好意思,说有什么只管问,不用请吃饭,即使我过去再三解释,说没有地方可以边谈边记录,找个饭馆方便些,他还是不好意思吃饭,可见他真是个很老实本分的人。

事前我了解过他是农村的,家里没有关系,家里经济负担比较重,自己出来在这边打拼,很辛苦很不容易。访谈过程中,他一直说不好找活干,待遇太低,老板能压多低就压多低,可以明显看出他有些自卑。

二、迁移及立足过程

苏先生老家在沈丘，家里地不多。父亲过世得很早，母亲带他兄弟4个很不容易，他是家里最小的，家里经济条件很不好，因此他初中没有毕业就决定辍学了。村里当时有个地毯厂，母亲有时在那里做零工。邻村有个鸭蛋厂，做咸鸭蛋的，他最早下学在那里拾鸭蛋，还得抬上3层楼，每天来回很累，他比较瘦弱，干了俩月就不干了。这时有个远亲在新疆开车，让他过去说可以给找个活干，起初母亲因为太远不大同意，但是也没有别的路子，于是他就去了新疆乌鲁木齐。

1991年，初到乌鲁木齐，苏先生先是在工地做散工，搬运沙石。那个亲戚是开装沙子的卡车，他胆子小不想学开车，因此干了一段时间搬运工，开始考虑干别的活。他说自己太瘦弱，大概1米6的个头，砌墙也不行，他看工地上的电工不错，整天坐屋里不怎么累，于是想办法找机会就往电工旁边凑，为了多学点本事，他很认真，那个电工人也好，经常给他讲什么情况怎么处理，慢慢地他也就知道了很多。在这个建筑工地一待就是7年，他从来没有换过公司或者工地，也没想过要换过，但是7年后这个公司没有工程可做了，因为三角债，也因为老板不想做了，要转行了，因此全部解散，他就回老家了。

1999年5月份他回到周口，家里给介绍了邻村的姑娘结了婚，但是他也没有再盖新房子，只是修缮了一下原有的老房子，这已经让家里感觉他很能干了。在家没有超过两个月，他就在考虑下一步的出路，他不想再去新疆，他说太远，来回很不方便。当时正是很多人南下去广州、深圳打工的时候，他也没怎么考虑就去了广州。

到了广州先是住在老乡那里，没敢停顿，他就去了人才市场。找到的第一份工作是在一个电子厂上班，那个工厂的待遇很低，当时只是想赶快先安稳住再说，于是就在那里干了。一个月700块，管吃管住，但是周末不允许出厂区，说是为了保证职工安全。工厂是在番禺的一个镇上，周围都是企业，小工厂很多。但是打工者相互之间很难有联系，因为都不怎么出门，不自由，所以老乡之间也很少联系来往。公司一直处于半倒闭状态，他感觉人生地不熟，很难适应，也没个什么人交流，特别是饮食方面让他很痛苦。不到一年这个厂终于倒闭了，他只得又去人才市场。

2000年8月份，天气闷热闷热的，他到人才市场找了个台资企业，这时工资每个月850元，他做了5个月，年底的时候辞职回了沈丘。这个工厂管理很是苛刻，他觉得不适应，没有新疆那边的建筑公司管理松散、自由。

2001年过完年，他觉得不能再去广州了，去之前听人说那边重视人才，重视技术，但事实上根本就不是，他说到哪里都一样。如果你认识人那么你可以进去2个月就把工资提上来，但是他认认真真干了半年，没有出过一次差错，没有请过一次假，工资就是涨不上去。这是让他最痛心最难过的事。去那么远也没有挣多少钱，他决定以后不再往远处跑了，还不如在郑州干呢，离家近，可以多照顾些家里。

他在郑州的第一份工作是在马寨工业园区的一个叫东方明珠的农药生产企业上班，这是他自己在人才市场找的。在这个小工厂里干了20多天，他就辞职走人了。原因是农药味太刺鼻，根本就无法工作，厂里的安全措施也不到位，老板是个大老粗，所有的员工连个口罩都舍不得配，那些农药直接用手抓了塞进袋子里称量。他说一个月1000元，不管吃住，连个周日都没有，他是管电路的，但是平时忙的时候他也得装农药，都是用手抓，一天工作10个小时，忙的时候加班，都没有加班费。那里的工人流动性非常大，因为那种行业没办法干得时间长，要不肯定慢性中毒，没有工作超过2年的工人。

第二个工作是到经济开发区的一个生产微波设备的企业上班，也是只做了20多天，因为工资低。他说感觉干得都快麻木了，觉得这样下去不行，因为不是干电路维修养护，是做烘干机生产线上的工人，他不想重复这种无聊的工作，就辞职了。这样的状况很令他郁闷，因为搬家都是个很麻烦的事，从大西郊搬到大东郊，全是他一个人借三轮车蹬着车子搬过来的。他说虽然社会很黑暗到处都凭关系，或者说潜规则太多，但他本身的性格确实也影响了他对新环境的适应。他觉得这样不行，但是在郑州和在广州又不一样，广州那边失业后，马上可以找到一个岗位，郑州这样的机会不多，这边毕竟工厂企业少，机会少很多。他说他考虑了一下，觉得还是应该找老乡了解点情况，因为自己的力量毕竟有限，该落下面子的时候就得落下面子。他有个老乡在郑州混得不错，在经济开发区是做烩面馆的，于是在老乡的介绍帮助下，他进了一个做轴承的厂子，一个月1200元，管住不管吃。在这里干了2年，他很满意，因为和主管老张相处得不错。厂里效益不算好，但是不拖欠工资，平时没有福利，不过自己可以在门口的小菜地里种些菜。

2004过完年，主管没有任何先兆地离开了这个厂子，苏先生心里暗自高兴，他觉得可能自己的机会来了，干活更加卖力了。平时没事，就挨个查电灯电路老化情况并予以维护。但是没几天就来了个50多岁的电工，说是以前哪个国营大厂里退休的，直接做了主管，这下让他彻底没有希望了。他说这件事对他打击很大，改变很多他的想法和看法。因为平时那个人根本不怎么干活，都是指使他去做什么什么，那个人就是喜欢端个茶杯喝茶叶水。由于不满空降来的主管，他便和以前的老张联系，感叹现在的情况，正好老张那边活多，需要再招人，于是把他招过去了。说起这个，他很感慨；真是没有关系不行啊。他去的这个企业是生产加油站的设备的企业，他说他过去也是需要面试的，因为公司大，很正规，需要按照程序来。其实当时去面试，还有个竞争对手，是个刚毕业的学生，经理已经同意留那个学生了，但是让老张测试一下，老张就直接说那个学生不行，不如苏先生。于是苏先生就顺利进了这个厂子。这让他很感激老张，还请老张吃了饭、喝了酒。他说出来这么多年，这时他第一次主动请人吃饭喝酒，算是感谢，之前他为了存钱，很少参加这种活动，即使参加也是别人请客，他跟着蹭饭的。他能很坦诚地讲这些，让我很是佩服。他还对我说，因为我要写文章，所以他还有很多保留的事情没有给我讲，人到社会上，有时太不顺心时，会有反社会的倾向，他说他干过一些劣迹的事情，就不对我讲了。

苏先生在这个厂子一直做到现在，年底回老家，把媳妇接过来过年，因为需要值班，他为了过年多拿几天双倍工资就没有回家。他的几个哥哥都在沈丘没有走出那个地方，他说他虽然出来了，但是还是很失败的。我问他怎么这样讲，他说他们村的某某做得很成功，先是卖面粉，后来不知道怎么倒腾发了，现在全家都搬到郑州了，还买了房子。我问他怎么没有想过自己做生意，从新疆回来，可以把那边的特产运回来卖，他说根本就没有起步的资金，贷款又不敢，害怕做赔了。家里人都等着吃饭呢，哪有闲钱做生意。再说他自己也不是外向的人，不会跟人打交道，就会自己干个活。现在这个厂让他觉得很满意的一点是，农忙的时候可以请假回老家帮家里一把。

三、社会关系网络的现状和变迁

他的社会关系网络很小，很简单，就是厂里的同事，也有几个附近厂子里的电工，他们有时会在一起打羽毛球、乒乓球。他的妻子一直在老家，干地里的活，他们有个儿子，读小学2年级。今年他把媳妇也接过来住了，对外的交往更是少了，媳妇在老乡的烩面馆端盘子，有时晚上回去，会把一些剩的凉菜带回去，他说他的工作不是很累，就是拴人，就是没事也不能走开，因此他现在都在屋里做饭，收拾家务。他知道社会关系很重要，但是他总是迈不出家门，不会和人交流，不知道说啥好，特别是见到陌生人更是很拘谨，这点从访谈的过程中就可以看出来。他总是反复说自己在社会上没有人脉关系，家里也没人在外面混得好的。他很想把孩子弄到郑州上学，但是没有这个能力，看着别人的娃都学英语了，他觉得这个很重要，但是农村不行。我说现在郑州也有专门给外来务工人员子女设立的学校，可以送孩子去那里读书。他说不知道，没有打听过，即使有肯定也很远，离他干活的地方远，每天上下学都是问题。

四、对城市社会的参与情况及迁移城市融入状况

苏先生说他连厂子都很难出去，什么社会参与，那都是城里人的事。在问到他在郑州生活的感受时，他说他从来没有想过他是郑州人，虽然现在取消户口限制了，可以到处流动，但是这不是他的家。他说一次乘公交车的时候，他不知道一定要从后门下，他在火车站上的车，在前门口，挤得不得了，根本无法移动到后门下车，而且他上错车了，这是个区间车，他不懂是啥意思，司机非得让他从后门下，他当时急得快哭了。因为本身就上错车了，车已经启动，只能从下一站下，他又急又怕，不知道下一站下车后能不能找到要坐的公交车。当时车上人太多，他说他本来身上就有些脏，穿的也不好，再挤到后门下车，身上的衣服扣子也掉了一颗，他清楚地听到有女人抱怨的声音，苏先生说他心里很是难受。

五、社会保障情况

（一）档案和户籍情况

苏先生在外打工，没有档案，都不知道档案里面都有点啥。在外打工，他最讨厌查暂住证，在新疆打工的时候，他们在村庄里租的房子。正睡着觉的时候，一群人把那一块聚居区围了起来，让所有人拿暂住证下楼，没有暂住证的立马被拉进一个面包车内，送往拘留所。要么给钱，要么老板给钱保出来。他说他最痛恨暂住证这个东西，这是最不公正的东西了，所以后来他不管去哪儿，只要得办证的，他就掏钱办，以免进拘留所。

（二）医疗、工伤、养老以及其他保险情况

因为苏先生是搞电路维修养护的，所以平时工作都很小心，也从来没有买过意外伤害保险之类的东西，公司本来待遇就低得很，哪儿会再给你买保险，他说他从来想都没想过。即使现在这个公司比较大、比较正规，也没有买。现在政府查得很严，职工都要有三金，但是他不属于正式员工，而是那种跟着师傅干的非正式员工，他觉得有住的地方就很不错了，还要求公司那么多干啥，再说即使交了也是扣自己的钱，还不如自己多拿着点现钱。

他说现在都有断电保护装置，一般也不会出现什么伤人事件，顶多就是手上被电一下，但是赶快把手按在地上就没事了，这也犯不着让老板给赔偿。

六、未来规划

苏先生考虑过做生意，但是最近5年内他说都没可能干的，再过几年也不好说，可能会攒点钱做个什么小生意，因为是企业总有效益不好的时候，万一倒闭了，就什么也没有了，这边是经济技术开发区，慢慢就发展起来了，肯定需要配套的措施，开个五金小商店还是可以赚到钱的。他说户口可能最近几年都不会迁过来，再说他也没有能力迁过来。"没人儿。"他反复强调这个原因。他说老家也不错，耕地放到那儿都有补贴，但是户口迁过来啥都没有了。他还是觉得以后得把户口迁过来，不过这只是个想法，好像是没有希望的事情。还有就是他希望孩子能考上个好大学，改变他们家里的情况，不过他又觉得现在大学生太多了，大学生毕业后和他在企业里一样，都是干车间里的活，感觉书都白读了，不过孩子终究还是上学的好，毕竟出来路宽。他说老母亲在老家一直身体很好，就是没享着啥福，他希望以后挣钱多了的话，带老母亲出去玩玩，接到城里住住。

案例编号：郑州—劳力型—010

访谈对象：小张，男，25岁，河南许昌鄢陵县，专业技校毕业，郑州某酒店按摩推拿室服务人员
访谈时间：2009年8月18日下午
访谈地点：该酒店按摩推拿室
调查员：段一珂

一、访谈背景

近期腰痛难忍，朋友给了一张该酒店的免费体验券，据她介绍说这是从新加坡请回来的师傅，手艺很好，去了发现没什么客人，小张先给倒了茶水，于是和他闲聊了两

句，得知他的经历符合访谈对象的要求时，就和他讲了这个访谈的事情，他很爽快地同意了。

二、迁移及立足过程

小张家是农村的，父母传统观念很重，家里经济条件不好，小张有个哥哥学习成绩很好，比他大两岁读了高中。家里除了种地，在门口开了个糖烟酒小商店就没有其他收入来源了，家里也没有人在政府事业类正规单位上班的，身边的人有出去打工的。小张初中毕业不想读高中了，因为成绩也不好，就考了洛阳的一所职业技校，学习中医的针灸。在那里两年小张就毕业了。

1999年年初，面临毕业的小张很迷茫，他不知道自己能去哪里，去大城市，没有途径，自己也不敢去。正好快毕业时，学校联系去酒店实习，干得好了，会留下继续任用。小张没有多想就报了名，那是在洛阳当地的一个星级酒店，干了4个月，工资每个月400元，没有继续签合同的迹象，小张就开始考虑下一步的打算。有同学去了郑州红珊瑚酒店，拉小张一起去郑州，他听了很兴奋，至少是去大城市了，以后肯定能混出来个样子。至于是什么工作内容，小张没有多问，也没考虑在自己专业方面找工作。

郑州红珊瑚酒店，在火车站旁边，是当时少数几个四星级酒店之一，非常气派，但是工资非常的低，管吃住，一个月还是400元。不过在这里小张干得很开心，他说酒店用不完的水果，很多都是进口水果，他们几个餐厅服务员会偷偷吃掉，因为和餐厅经理关系很好，餐厅经理管是管，但是只是口头说他们几句，他们每次吃的时候不被发现就好了。还让小张高兴的是，每次来一些有钱的客人，会给小费，不多都是10元面值的。有时会有外国客人，帮其提行李的时候，他们很大方地给小费。有时外国客人会把小费压在枕头底下，他很羡慕那些客房服务人员，因为那些小费有时会是50元面值的。小张个头、身材和长相比较好，几个月后被调去做门童，这就失去了一些拿小费的机会，他说他很是羡慕那些服务员。小张只能站在门口，但是工资涨了些，每月拿到500元，他很高兴，有些成就感。

一个客人让他想了很多。小张初当门童没多久，一次来了一个客人，他见那人下了出租车，脚上拖拉着拖鞋，穿的衬衣也很皱，但是小张还是很尽职尽责地出门欢迎这位客人。那时他没想那么多，也不认识这个人，但是大厅经理认识这个人，看到他进来后，赶快过来喊他贺总您好，欢迎您来，并顺手要帮他提箱子。那个贺总说你忙吧，让这个小孩帮我提楼上就可以了。小张很纳闷，也很疑惑，到了客房，那个人给了他100元的小费，这种情况酒店有规定不能收取客人的小费的，小张婉拒了。后来，经理告诉小张，那个广东客人平时穿着很普通，但是资产上亿，这让小张想了很多，他觉得做人不能太张扬，他同时也想到自己和那人不都一样吗？为什么他那么相貌普通却能做得到资产上亿，自己为什么一定要在这里看门？为了几个施舍的小钱就那么兴奋，他觉得自己真是太没出息了。

他和一个技校同宿舍的同学联系，想看看他们的工作都怎样。一个在南阳的同学小刘，给他讲在南阳的一个按摩店生意很好，按提成，一个月挣1000元没问题，并极力邀请他到南阳干，小张听到那么多工资，心动了，而且这个工作和自己当初学习的专业相关。他想自己应该把这门手艺学精,以后可以靠这吃饭。

快到2001年底了,小张没想那么多,打包行李就去了南阳。同学所在的按摩店在南阳是比较大的,生意非常好。同学已经和那个老板说了小张过来找工作的事,老板也正在招人,就同意让他在那里试试。但是针这个东西是不敢随便扎的,同宿舍的同学学的是推拿按摩,小张对穴位也有所知,因此平时跟着同学学习点手法,很快就有了自己的回头客。不过工资并没有同学说的那么多,即使是同学一个月拿800多元就很好了。小张每天按摩四五个客人,他觉得体力上有点不行,按摩是个力气活,他说有时候给男同志按摩时,因为那些男的肌肉很发达,所以他必须手上、腕上用很大力,每天下来都是累得直不起来腰,甚至吃饭都端不动碗。但是他咬牙坚持住了,因为他看到技师们都是这样干下来的。

一直做到2003年,小张已经很熟悉这门技术了,并且也有回头客了。小张说他不和客人说话,除非客人问他,他才说两句,他就是低头干活,因为他发现店里做得好的技师都是这样,并且老板和经理都不喜欢话多的员工。在9月份的时候,店里出了个大的事情,老板的小情人来大闹了一场,老板娘在前台气愤不过,拿水果刀要扎那个小情妇,老板没办法叫人把小情人架起来抬走了,但是老板娘很是恼火,要把店面关了,不做了,当然她不会放过那个小情妇。这些事他们员工不知道多少,都是传来传去的,夹杂了很多猜测。但是事实情况确实是这个店不再做了,小张和同学待在租住屋里,闲了几天,准备再找活干的时候,一个同事找到他们,说老板准备去马来西亚干,在那里有弟兄照应,问他们愿意跟着去不,同学和小张一听要出国,很兴奋,就没多想,觉得能去就去,把他们卖了的可能性很小。

但是小张说出国办理签证都是通过中介机构,他也不知道怎么办的,当时就是把身份证一些东西交给老板办理的。到了马来西亚,那边老板有个朋友开洗浴店的,需要加点按摩服务,那里生意很好,就是老板看管得很严,不允许他们四个一起从国内过来的员工出去。那边说的话他们也都听不懂,刚开始几个小伙子很兴奋,很新鲜,但是不到两个星期,他们就很焦急,想出去,也想回国,想回家。他们害怕在这里出什么事,总觉得老板有什么隐瞒着他们没有讲。几个人在那里混了两个月,买了地图,大概知道机场怎么走了,后来就趁老板不注意,偷偷拿着钱去了机场,因为不能从马来西亚直接回国内,只能先去了新加坡,到了那里,很多华人,也有很多人会讲普通话,他们立时感觉很轻松,就顺利回国了。小张觉得那段时间好像被骗了,被卖了一样。

几个人回到郑州,找到了以前店里的师傅,那个人在郑州航海路自己开了一家按摩室,他们暂时先在店里住着。另外三个男孩决定还是回南阳,但是小张不是南阳人,又不想回许昌老家,就决定待在郑州干。技师觉得小张一直做事很认真,就留他先在店里干。这里生意不好,冷冷清清,客人只有几个附近的居民,颈椎腰椎疼的,没有那种大客户,因此收费都不高,办卡下来合每人每次7元钱。但是小张也没有别的去处,他和家里联系得知,哥哥复读一年后考上了河南教育学院学化学专业,很是替哥哥高兴。小张说他哥在学校学习总是前几名,都没问家里要过学费,每年的奖学金都几千块,还有平时勤工俭学,生活费也都够了,说到他哥,他好像是自己也读了大学一样。

2005年冬天,师傅认识的一个朋友介绍师傅去一个大型的豪华洗浴中心,门店暂时交由小张打理。那个洗浴中心非常豪华,客人也非常多,生意非常好,没几个月师傅就介绍小张也过去做。家里的门店暂时歇业，因为师傅的媳妇不会推拿按摩，在家里做别的小生意。小张到那里后，很勤奋，每个月能拿到 2000 元。但是高工资，也意味着他的劳动付出要很多，每天工作结束，他都不会动了，手腕已经落下创伤。老板给他们员工集体租了房子，小张和同事下班后，都要相互按摩推拿一下，缓解一下疲劳。特别是这个洗浴中心一般都是晚上客人多，晚上 8 点半之后，客人非常多，都集中在这个时段了，一般到夜里两三点才能休息。有时全套下来得 2 个小时才做完一个人。小张说这个地方很正规，去的人层次都很高，是有素质的人，一般不会投诉。因为一个月内被投诉 3 次以上就要罚钱了。

2006 年这个洗浴中心又开了 3 家分店，这个郑州总店需要装修，小张被分派到驻马店的分店，做了半年，又被派到焦作分店，在外面转了一圈，2007 年调回郑州。这时一个以前小张的客人，张总，认为小张的手法不错，他自己经常长时间开车，有腰肌劳损，他觉得小张给他按得很不错。他一周时间能来找小张按 3 次。一次那个张总和他聊起来，问他做这个情况如何，小张说都很好，就是工资低，因为这行职业病很厉害，他的手腕和肩膀都承受不住疼痛了。张总于是建议小张去他自己开的酒店单独开个推拿室。张总在郑州做其他的生意，当时刚转行，投资酒店生意，准备里边上一些配套的服务项目，于是过来挖小张去他酒店做。当然工资开得比较高，一个月底薪 1500 元，加提成，管吃住。小张觉得待遇不错，就考虑走人，当时那个洗浴中心也是因为员工多，管理很严格，没有多少自由，每天都累得半死。

到了张总的酒店后，张总很是器重小张，给他很大自主空间，买按摩床和其他设施都是让他去买，并支持他开展其他服务，如拔罐、刮痧等，都是小张一人忙活。后来张总又从洗浴中心挖过来一个人，小张也认识，相处得很好。2008 年，张总的酒店生意好，于是又陆续开了 3 家，小张的工资也涨了，年底还会给个红包。张总待人很好，因此小张目前觉得在这里干很不错。他的推拿室里配的是 600 多元一斤的茶叶和 2000 多元的茶具，这边客人相对少，都是住店客人来，因此小张做起来很轻松，不觉得累，白天没人的时候都是看电视、看看书，室内有个员工休息加油站，有专门给员工准备的图书。小张专门买了几本自己专业的推拿方面的书籍，张总都给报销了，小张说这点很好，他可以提高自己的技法。小张现在每月可以拿 3000 元，或者更多，因为拔罐、刮痧、香熏之类的服务不费力气，不像单纯的推拿很费劲。

三、社会关系网络的现状和变迁

小张说自己几乎没有什么社会网络，认识的主要是来的客人，但是都不会交往。以前的几个同事都有联系，隔两月会见个面，吃个饭，高兴高兴。他也不怎么去上网，酒店内就可以上网，但是他说平时做完一个人就很累，不想再坐在那里上网，本来就肩膀疼。

小张在郑州就是和哥哥联系多些，哥哥现在考进本市一所大学读研究生，他说即使读研究生出来，还是可能找不到好工作，因此他觉得上学没啥用。

小张在南阳的几个哥们几乎失去了联系，因为中间手机丢了，电话全部丢失，很多人就联系不到了。现在经常一起玩的都是洗浴中心的同事。

带小张去洗浴中心的师傅，现在不干推拿了，因为年龄也大了，力气各方面都不能再干下去了，那个师傅现在在航海路开了个烟酒店。小张有时会过去和师傅师母吃顿饭。

平时小张只有过年才回老家，老家一直没有什么变化，他说自己回去也没什么炫耀的，工资也不算高。同龄人有的做生意都在许昌市区买房子了，自己离买房子还远着呢。

四、对城市社会的参与情况及迁移城市融入状况

小张没有参与过社会活动，他的工作非常累，下班就是倒床上看天花板，电视都不喜欢多看，新闻也不怎么关注，也不关注什么领导，他平时的客人很多都是领导，又能怎样，和他不相关。

对城市的融入情况，小张更是很感慨，他说总觉得自己在漂，没有根儿，觉得自己脚都没有着过地，都在半空悬浮似的。他说有次老板兴致来了，在推拿室推拿完，要带他们去看电影，于是老板带着他和另一个推拿技师，半夜11点多，开车去看了电影。在二七广场的横店电影院看的。到了那个地方，小张发现半夜还有这么多年轻人看电影，还有个KTV，门口也站了很多人，大部分都是青少年。小张觉得自己和这个城市离得那么远，他们怎么那样去消费，什么工作都不用做，肯定是因为家里都很有钱，他觉得自己非常渺小，非常可怜。第一次看这么贵的电影，他说他几乎没有记住看的什么内容，故事情节都几乎没有看，心里一直对这种社会地位和生活状况的巨大差距感到不平衡。

五、社会保障情况

（一）档案和户籍情况

小张的户口在老家放着，他说以后买了房子会把户口迁过来的。档案一直就没有，因为读的技校是不太正规的小学校，就没有听说有学生档案。

（二）医疗、工伤、养老以及其他保险情况

小张的工作性质应该是有职业病的，但是没有一个地方给交保险养老金这些的。现在工作的酒店因为去年劳动法出台，必须交三金，老板才给签了合同，交了保险。但是他说这东西有啥用，扣的还不是自己的钱，再说真有个工伤，老板会给赔吗？保险能保住啥？不如直接给现钱的好。

六、未来规划

小张希望以后攒点钱，买个房子，先交首付，以后月供就可以。他说现在房价起起落落，让他这种人都没活头了。小张说自己现在有职业病，但是还可以忍受，以后再干几年肯定不行了，还是得转行，做其他的。现在这个酒店的老板人很好，他准备在这里

多学点其他的东西，比如管理，以前也在酒店呆过，这个老板也说了，干好了，以后把他转到其他部门也可以。所以小张觉得最近5年都不会跳槽了，跳槽风险也很大的。小张希望自己10年或者20年以后，能买套大房子，买辆自己的车开，最好能开个推拿连锁店，自己当老板，不用再像现在这样干活。

案例编号：郑州—经营型—001

访谈对象：张女士，27岁，河南南阳卧龙乡岗坡人，大专学历，特百惠连锁加盟店店主
访谈时间：2009年8月4日下午
访谈地点：易初莲花超市内
调查员：段一珂

一、访谈背景

我和张女士是初中同学，又是大专同学，毕业后有1年在一起租房，因此对她的情况十分熟悉：第一，她老家是农村的，后跟随亲戚在南阳市区做小生意，没有什么社会背景，后来都是她一个人在郑州打拼。第二，她父母在工作上和婚姻上给过她一些指导和干预，但是都没有效果，最后她还是选择了适合自己的工作。第三，她在几个公司做过，都没呆很长时间，不是这问题就是那问题，没有踏踏实实的工作态度，也没有想过怎么适应社会，因此最后自己开店做老板了。

她的性格很有代表性：不踏实，浮躁，又比较善良，喜欢猫猫狗狗。她还有着一些女生的普遍特点：比较虚荣，经常和同性朋友或同事暗中较劲比服装样式或者品牌。不化妆不出门，即使别人觉得很俗，她也自我感觉很好。她还有一大特点就是不喜欢动脑子思考，经常别人说什么她都回答：就是，就是。对事物的认识反复无常，经常发小姐脾气，无论是对商场营业员，还是同事或者老公。在如今的大专院校里有一部分她这样的女生：喜欢看韩剧，喜欢化妆，喜欢品牌服装，喜欢K歌，就是不喜欢读书，不喜欢去思考、规划人生，想做白领却下不了决心坐冷板凳，不去考那些可以提高自己筹码的资格证。

二、迁移及立足过程

她初中毕业考了职业技校，后来考入河南商专。她有个二舅在南阳市，2001年到上海打工挣钱，二舅妈一个人住都市村庄里，自己盖的房子，三层楼，有时和邻居有矛盾，于是她父母在她读技校的时候就搬到南阳和二舅妈住一个院子，互相照应。她父母在街上开了个小洗化用品店，经营有化妆品，她和母亲平时喜欢讨论保养皮肤，怎么美

容。也因为家里对她很娇惯，她在商专上学时，同宿舍的都是农村的学生，她不怎么顾及别人的感受。别人用大宝的时候，她就用玉兰油了，她有着强烈的优越感。毕业时又谈了个老实本分的男友，更是宠着她，她因此一直没有改掉自己的坏脾气和某些不合时宜的习惯。

（一）2004年3月：老师介绍了一份工作，去了北京

2004年毕业时，大专学生的就业形势已经很严峻了，几乎没有去正规单位的。那时正好她二舅妈的邻居认识我们学校的系主任，跟系主任打过招呼，平时多照顾她些。当年4月份学校有个招聘会，最好的公司就是可口可乐，但是要求英语6级，在那个学校几乎没几个考过6级的，就是考过，专业也不适合去这个公司。因此很多同学羡慕她，直接去了北京一个大公司，但是至于这个公司是做什么的，连老师都不清楚。原因是，一个计算机系的老师在从香港坐飞机回郑州的途中，邻座是北京的一个大老板，当时说要学会计专业的人才，于是计算机系的老师给会计系的系主任讲了这个事情，在3月份毕业生推介会时，系主任联系到那个大老板，对方回话说包吃包住，要两个女生。于是系主任交代辅导员找两个优秀的女生，她和另一个家长打过招呼的同学理所当然地去了北京。

这次去北京简直让同学羡慕坏了。她当时不时打电话回来告知我们她的情况：她老板是个女的，非常有背景，父亲是某省新中国成立后第一任省委书记，老板经常说自己从小是坐在周总理和邓小平腿上长大的。老板家住北京郊区自己的别墅内，喂有两条藏獒和其他四条纯种犬及一些家禽，吃的都是进口水果。家里有两个农村来的人专门负责种植各种蔬菜，因为超市的蔬菜都是有农药的，老板家经常有客人光临，都是省部级领导，以前只是在电视上见过的那些。老板有两个企业，正在筹备第3个企业，因此雇佣她俩新建一套假账，每月1500元，三个月后转正再加薪。因为是建假账，她们在老板家的别墅里住，也因为刚开始不会建账，经常给我们打电话，询问具体账目如何操作。她说刚开始以为遇见贵人了，母亲还说好好干，别提薪水的事，这种老板会让她今后飞黄腾达的。后来一件小事让另一个同学觉得她们不可能在那里长久干下去的：桌子上很多进口水果、进口牛奶，但是老板都没让她们吃过，有时坏掉就给狗吃了，她们买了蒙牛盒装牛奶，老板说卫生部长给她说国内的牛奶为了味道好喝，都掺有牛尿，但是老板就是没有把桌子上的进口牛奶和水果让她俩喝过吃过。

事情终于有了结果：两个月后，账做完了，还没有在北京转一圈看看故宫呢，老板就派人把她俩送到地铁口，给了她俩两张去郑州的火车票让她们走人了。

（二）2004年6月：短暂的休整后，应聘进入美容产品公司

回来后，她到老师办公室抱怨此事，老师也没能说什么。她就告诉父母再想办法给她找工作。她回学校时，很多同学都很郁闷，因为她找不到好工作，却一点也不着急，整天还是嘻嘻哈哈的，约人去逛街。她说找工作不用急，家里肯定有办法，她觉得她二舅还是有能力有关系给她找工作的。那时也有同学考专升本，她父母回话，二舅无法给她找到工作，不如去考专升本，但是她已经报不上名字了，她父亲非常恼火，骂她没脑子，她一怒之下，也不回南阳了，也不和父母联系了。

同学忙碌着找工作，她却是忙碌着逛街，和南阳的老乡去夜市吃东西、唱歌、上网通宵看电影。玩了一个月，学校宿舍要清人了，她和同班一女生在都市村庄合租了一间房子。那个女生说看看当天的大河报有招聘的。她第二天自己买了份大河报，选择了一个美容产品公司的财务，被录用了。她喜欢这个行业，很愿意每天乘一个多小时的公交车去那家公司工作。公司是刚成立没多久的，因此她需要做的事情很多，包括建账以及其他一些杂七杂八的事情。有时要乘公交车去很远的银行办理业务，她从不穿运动鞋，都是穿着最少 5 厘米高的细高跟鞋来回跑。一个月工资 800 元，一个月有两个自选休息日，但不能选择在周末。

但是她还是做得很开心。她有着纤瘦的身材，姣好的面容，又喜欢化妆，说话比较嗲，很符合美容产品公司的要求，也深得老板喜欢。老板几乎不到三四天就会带她去酒店吃饭，或者去西餐厅吃饭，她对此也不想那么多。男友对此比较介意，她总说他想得太多了。终于有一天老板在一家西餐厅对她有出格举动，她才意识到自己想得太简单了，老板并不是奖赏她的工作出色。在工作 3 个月后，她无意间看到老板娘的进货单，原来进价 2.5 折的产品卖给客户都是 7 折，她看到了高额的利润空间，并不断和男友商量是否自己代理个这样的产品，自己做。她觉得她已经非常清楚这个公司的运作模式了。男友没有任何积蓄，无法支持她这个想法，并告诉她再做一段时间，摸清楚里面的门道再做不晚。

在第 4 个月的时候，老板承诺的加薪还没有动静，她禁不住问老板。老板唯唯诺诺的，没有给个明确的答复。这时她也不再和老板一起出去吃饭了。因为她经常和男友及男友的弟兄们出去喝酒、唱歌至深夜，因此她睡眠严重不足，而做财务又要求很严格，一点错误都不能出，她的状态不好经常出错，因此她经常被老板骂，有时甚至是侮辱性的。但是她都是当时很恼火，甚至会回顶老板两句，过不了一个小时她就忘得一干二净了。同事有时也很不好相处，因此，她就写了辞职报告。但是辞职需要交接工作，财务的工作交接很麻烦，需要两周时间。这期间竟然有将近 20 多个毕业生来应聘，她又不想辞职了。于是这个工作她打算坚持做到年底，这样还可以拿点奖金再走。

这个公司在郑州很出名的一个楼盘旁边，那是富人聚居区，她说她每天中午下楼吃饭都很无奈，因为那附近的饭菜都很贵，盒饭都要 10 元一个，她的工资都不够花，不过父母很疼她这个女儿，每月都给她打钱过来。那时每次见她，她所说的都是见到一个什么很牛的车，见到一个很有钱的女的，都穿的什么牌子的衣服。她每月休息的那两天都是疯狂购物的时间。仿佛这样才能弥补她心里的不平衡。直到下一份工作，她才不用家里给予经济上的接济了。

（三）2005 年 2 月—2007 年年底：做美发产品公司的采购

年底时老板并没有给她发奖金，她原本觉得公司的营业收入那么高，还那么暴利，应该会有一笔奖金的，结果最后一个月工资也没有多发，老板说推迟到下个月再发。急于离开的她没有多想就辞职走人了。

回家过年时，家里想让她在南阳工作，二舅妈可以给她介绍个收入还不错的工作，只是不是正规单位的工作，她说什么也不想在南阳呆。她说南阳又脏又乱，连个像样的百货商场都没有，买不到打折的正版的品牌服装。回郑后，她先是玩了半个月，才又买了份报纸找工作。

很幸运，她又找了个美容美发产品的公司，因为之前有工作经验，她顺利应聘上了。这个老板很让她佩服，老板是清华管理学院总裁班的，认识的都是很牛气的人。她说老板超级有钱，儿子就读于省实验幼儿园，去那个幼儿园入门费10万元，还不包括平时的学费、生活费、杂费。老板代理的产品是国际一线美发产品，还有其他的很多相关产品。一把梳子都上千元，一个洗发用的皮椅子要5万多元。她对此很是感慨，她说军区一个人来，看两眼就把5万元的椅子买走了，她很是羡慕。

在这个公司的员工很多都是中专毕业的，因为不需要高深的知识，这些女孩子之间勾心斗角非常厉害，互相攀比，甚至用撒谎来弥补自己的不足。她非常反感这些女生，但是自己又深陷其中，她不得不花更多的钱来包装自己，以维护自己的谎言。她和老板一个办公室，做的是采购，也就是打打电话、记录下票据什么的。旁边还有个女孩，是老板秘书，和她是老乡，南阳本市的，她说那个女孩虽然是南阳本市的，但是家里很穷，还不如她家一半好呢。她说那个女孩有个平顶山的煤老板包养着，有时她俩中午一起出去吃饭，那个女孩都是去存钱，一次存5000元的现金，她说这些钱肯定是那个老头给的。一次我去他们办公室找她玩（老板出差了），那个女孩开玩笑地对我说你得管管她，她花钱都不眨眼，非得把男友气跑不可。她很生气，炮轰了那个女孩几句。可见她平时和同事相处时不太讲究方式，这种吵架的事情都发生几次了。最后那个女孩自己辞职开了个广告公司。她在那个办公室又做老板秘书，又做采购。做老板秘书，其实就是帮老板把桌子收拾收拾，老板要谁的电话，她就把名片盒里那人的电话找出来。但是她觉得自己很吃亏，一个人干两人的活还不涨工资。老板是清华的EMBA总裁班的，对员工很关怀，2006年改革了公司的制度，财务员工工资也和公司收入挂钩。因此她那时一个月拿2700～3000元。但是这些远远不够她花销。

那个公司在2006下半年代理了国际知名品牌欧莱雅的烫染产品，这个品牌管理非常严格，对终端产品的价格有非常严格的管理，有自己的一套产品管理系统。财务人员中就她的学历高，因此就派她去上海学习了3天。这几天让她长了很多见识，也让她更浮躁了。她说那边的办公室人员用的圆珠笔一支都100多块，都是穿的国际一线名牌。她也是满载而归，买了香水、化妆品和服装，共计5000多元，这让男友异常生气。她倒只是笑，遇见这种情况，她从来就是嘻嘻笑，男友也无奈了事。

到了2007年底，她觉得这里工资太低，和同事关系相处很费劲，实在不想干了，于是辞职了。她从没感觉得工作难找，她说玩半年再找工作。她男友的工资比较高，工资卡在她手里，并且她办了2张信用卡，她说可方便了，用信用卡感觉就像没花钱。我曾经问她，用信用卡花的还不是你的钱吗？迟早还是要还上的。她嘻嘻笑着说：管它呢，让老公还。2007年底她和男朋友为了买经济适用房，未和家人讲就领了结婚证，被她母亲大骂一顿没脑子。因为南阳的规矩是领结婚证不能结空婚，男方要给一些礼钱和三金首饰的。不过她自己已经买了一些金项链和耳环之类的，都是当初用男友的工资卡买的。2008年4月份，她和同学结伴去上海、杭州、苏州游玩了一圈，目的还是购物，她同学是买结婚用的，她也顺带买了结婚用的衣服和化妆品之类的奢侈品。

（四）2008年7、8月：平安保险短暂工作

因为在家很无聊，这时平时联系较多的一个在平安做保险的朋友小慧邀请她也去平

安做。之前这个小慧给她推销过保险,她买了4份。在小慧的花言巧语之下,不喜欢多想的她就去了平安,先是培训后要考试才能进入公司,她很反感看书学习,她觉得她怎么都学不会,弄不太明白那里面的条条框框和计算方式,她于是没有通过考试。这个考试令她很反感也很受打击。小慧鼓励她,说她下次考试一定可以考过,并让她老公一起陪她学,还说家人一定要理解和支持,这很重要。但是没有耐心的她2个月后发现了保险公司里的一些秘密因此决定走人。她说那里面都是老头老太太没事了才去做保险的,而且非常难做,小慧之前对她说一个月有5000多元,有时能拿7000多元,都是假的,自己的亲戚发展完,就很难再发展客户了。

(五) 2008年10月:她接下一家特百惠的连锁加盟店

她很喜欢买品牌的东西,因此,对特百惠很熟悉,也很喜欢,正好逛街看到一家特百惠转让,于是谈了两次,她把结婚攒的钱全部拿出,把那个店盘了下来,开始经营那个小店。生意还不错,据她讲,现在的人越来越讲究生活质量了,还是有钱人多,有些人根本就不问价钱,一个锅4000多块,看着好就直接买走了。也许讲究的她真的把握住了有钱人的讲究心理。从接手这个店开始,她开始很开心地经营这个属于她自己说了算的小店了。她每天用自己的产品做饭,给路过的顾客品尝,也去客户家做售后服务,整理冰箱,清理锅盆。有时会自己做些糖,给我们品尝,也许她真是天生乐观的头脑思考方式,也许她很幸运,反正现在她很满意自己的生活状态和收入。

三、社会关系网络的现状和变迁

她因为不喜欢多想,所以社会网络非常简单。下班就和老公待一起,老公出差她就一个人逛街,对于逛街她总是不感觉累,也不需要人陪着逛。我想也许因此她才发现了一些商机吧。有同学聚会她也去,主要是宿舍的几个女生,那几个女生都很羡慕她,因为她很幸运,无论工作上还是感情上。

四、对城市社会的参与情况

她根本就不关心社会上发生了什么事,她只关心今天哪个品牌打折了,最近又有什么韩剧开始热播了,因此对于城市社会的参与可以说主观上和客观上都没有。问她这个问题的时候,她用很韩剧的腔调回答:为什么要参与啊,我才不管那些破烂事儿呢。

五、社会保障情况

(一) 档案和户籍情况

她毕业后,户口和档案都在学校放着,后来有同学告诉她,不能长时间放,因此毕业一年后和同学一起把档案和户口都放在河南省人才交流中心了。领结婚证的时候她把户口取出来用过。她说她无所谓户口在哪里,父母的户口还在农村老家,都没有迁到南阳市，不照样后来在市区做生意。

(二) 医疗、工伤、养老以及其他保险情况

因为她以前找的工作都是私人性质的公司，根本不可能交三金的，而且她也不知道这些东西有啥用，后来小慧对她讲了保险有多重要，她才在小慧那里买了保险。

六、未来规划

她根本不喜欢看书，只喜欢买新出版的《都市丽人》等奢侈品类时尚杂志，内容只有图片的那种。因此她不会选择那些通过竞争考试上岗的工作，特别是考公务员，她觉得那都没有用，同学都没有一个考上的，她说自己更不用提了。即使二舅让她踏踏实实看看书，考个事业单位，如果笔试过了，二舅给她找找关系也可以，但是她就是不考。她说她很羡慕那些月薪上万的做美容产品的经理，也不用考什么，她就是熬不了那个年数，要不她也是高层大厦里的白领了。她说现在说什么都晚了，还是自己做生意吧，以后小孩上好学就行了。再说老公现在也能挣钱，以后生意真不好做了，就在家待着看孩子。说到以后，她说她要锻炼身体，她有两个朋友因体质欠佳怀孕都未成，她现在特别注意保健，她说近期准备报个肚皮舞班锻炼锻炼或者练个瑜伽什么的。以后的事谁能说的了，反正她就是喜欢自己做老板，过两年买个车，因为买的房子和店铺位置相差太远。也许是做了老板的缘故吧，她现在会考虑很多事情怎么处理会更合适，她说她以后会做大的，最好发展几个连锁加盟商，她可以从中赚取很多。

案例编号：郑州—经营型—002

访谈对象： 刘先生，37 岁，河南信阳罗山人，初中学历
访谈时间： 2009 年 6 月 20 日晚
访谈地点： 任砦北街某门店
调查员： 董玥玥

一、访谈背景

一个朋友刚刚在任砦北街租了一家门店准备卖外贸鞋，他从毕业到现在折腾了快三年的时间，经历很曲折。本来说好是访谈他的，结果去了之后发现他忙得不亦乐乎，而且订了周日早上的机票去广东进货，访谈他是无望了。于是我瞅准了店里的装修师傅，装修工程已经处于收尾阶段，师傅正在给鞋架上最后一遍清漆，没有装修噪音，适合访谈。

师傅和我都是信阳人，老乡见面自然是用纯正的信阳话交谈，无形之中拉近了我和他的距离。他是天生的乐观派，和他聊了两个多小时后，我对他有了新的认识：虽然他

现在干活衣着破烂,但他也是曾经做过生意见过世面的人,他认为"十万不算富,百万才起步"。这个个案非常典型,所以我暂且想给他定义成"经营型农民工"。他起初是来郑州做生意的,经历过一系列生意的失败后,重新开始以农民工的身份干体力活。但是,在他的身上我看不到农民工的底层生活,首先,他的亲哥哥从农村走出来后在郑州已经站稳脚,目前在郑州正弘国际名店卖皮具,他来到郑州后得到了他哥哥很大的扶持,有亲戚这条重要的人脉关系;其次,他在他所住村的镇上开了一家欧派门专卖店,有稳定的收入;再次,他有木匠的手艺,可以解决自己的温饱问题;最后,他农村的家里有三亩地,一年有3000元左右的收益。因此,我本已经打算一开始就记录下来他的穷苦生活、如何被社会歧视等等,结果访谈完之后才发现:其实我们这些在郑州没有社会关系,没有一技之长,肩不能扛、担不能挑的所谓的"天之骄子"才是最底层的。

二、迁移及立足过程

他的亲哥哥在郑州卖皮具立稳脚后鼓励他来郑州发展,于是他在1996年底来到了郑州,先后做过三种生意——卖衣服、经营照相馆、承包学校食堂,但因没有文化且缺乏经验,他哥哥先后借给他的10多万块钱最终血本无归。在郑州混了七年后,没有任何成就,于2003年底回到了老家,在老家所在的镇子上开了一家80多平方米的欧派门专卖店,并在夏天生意清淡时来郑州这边找体力活干。

(一)在郑州银基租门店批发衣服,约两年时间(1996年年底—1998年年底)

来郑州之前,他在深圳打工,他哥哥在银基那一片租店经营皮具生意,走上正轨后,看上了服装生意这个门路,就鼓励他来郑州做服装批发生意,并主动借钱给他。1996年底银基那一片都是低矮的房子,还没有现在的规模,房租也不是特别贵。哥哥的皮具生意主要是批发,那个时候生意非常好做,竞争没有现在激烈,所以哥哥很轻松地积累了第一桶金。他来郑州之后,哥哥借了10万元给他,并帮他在银基那一片租了个30平方米左右的门店,10万块钱在那个时候可不是小数目,但他说这10万块对哥哥来说不算什么。利用10万块起步资金,他拿到了上海开开衬衣在郑州的代理权。他这个店雇了两个店员,主要是往各个销售点搞批发,零卖的很少,头一年多也挣了些钱,但他说"自己文化水平太浅,就觉得好玩,不会经营,也没有哥哥精明的头脑,结果最后连老本都给骗光了"。做批发一般都是商家卖掉衣服之后,下一次进衣服时再结算上一次进衣服的钱,所以资金回收特别慢,等于是自己掏本给别人做生意,而且有的不讲诚信的客户会一直拖着不给钱,本来也不是特别大的生意,经不起这样折腾,他慢慢发现连进货的钱都挤不出来了,而另一方面赊出去的债却要不回来,生意开始逐渐走下坡路。导致其关门歇业的直接原因是其中一个熟识的客户从他这进了几万块钱的货后就销声匿迹了,这对他来说是毁灭性的打击。"大城市人不地道,被骗了,那时候对这个客户完全没有在意,忽略了,太傻,想着满世界都是好人","第一次创业差点裤子都没穿的了","老本差不多都给骗光了,哥哥很生气,觉得我不是那块料,就让我关门歇业","被骗不怨别人,怨我自己,怨我自己没文化,没经验"。第一次创业的失败使他明白了文化与经验的重要性,他需要一些时间去学习文化,积累经验。

(二) 经营小照相馆,约三年时间(1999—2001年)

既然大生意做不成,他就想能不能先做点小本生意积累经验。他村里有个人早些来郑州开照相馆生意做得还不错,而且有冲洗胶卷的设备。那个时候还没有流行数码相机,照片用胶卷拍完后需要用一定的设备冲洗出来。利用这个优势,他在大学路上和京广路交叉口附近租了8平方米的小店,做证件快照。当时手里没有多少钱了,也不好意思再向哥哥借钱,他的门面装修都是朋友给弄的,房租每个月也就几百块钱,照相机也是村里那个人的,所以先期没有投资多少钱。小门店生意赚的钱只够生活费,而且非常捆人,必须一天到晚都要在店里,但因为第一次做生意赔本了,不敢也没有资金做其他尝试。他同村的好几个人分布在郑州各个不同的地方开了几家证件快照照相馆,"那时候年轻,觉得事情好玩就行,没有什么大的志向",他闲暇的时间就和同村的人在一起玩。说到这的时候,外面过去一辆奥迪车,他和我打趣到:"像你们研究生应该都在研究怎么开上这四个圈吧?"我答道:"我们连自己的温饱问题都还没有研究出来如何解决。"他忽然很正式地和我说了一句话:"做人和做事都要坚持。"他同村出来的这几个开照相馆的人就一个人坚持开到了现在,在铁六局附近,目前里面有七八个大学生给他打工,"就他一个人熬出来了,因为有耐心,因为懂得坚持","我没耐心,不挣钱就不干了"。他的照相馆开了约三年的时间也关门了,三年时间干一件事情已经很长了,如果再能坚持一下说不定可以熬出来。他现在干着少年时父亲就教给他的木匠活,不再好高骛远,而是踏踏实实。他开玩笑说道:"再坚持一下,乌鸦能飞上枝头变凤凰,木匠也能当上设计师。"

(三) 承包学校食堂,约一年多时间(2002—2003年)

因为经营照相馆攒不到钱,恰巧这时他有个亲戚在黄河科技大学后勤负责食堂,就提议他承包食堂的一个窗口。他把京广站附近的照相馆转让后,又拉来老家的一个亲戚共同承包下这个窗口。他自己没有厨艺,而且对餐饮业更是外行,只能从外面请做饭的师傅。"吃饭的学生挺多的,我天天干得也很起劲,但年底结账的时候发现还赔了1万块钱","我是个大老粗,又是外行,看不到这里面的门道,做饭的师傅坑了我","开饭店需要心细的人,粗枝大叶的干不了,这一点浪费了,那一点浪费了,成本太高就挣不到钱"。他对这一行一窍不通,做饭的师傅做出来的菜多了还是少了根本看不出来,不知道节约成本,又被师傅骗,承包学校食堂没挣到钱反而赔钱,文化水平低也缺乏学习的能力,承包学校食堂窗口一年多以后,就不再承包了。"自己是老实本分的人,根本不是做生意的料。"在郑州待了七年时间,把哥哥给的做生意钱全给败光了,老家里面还有老婆和两个孩子,他不愿意再在郑州待下去了,回家看看有没有发展的机会,"庄稼人老实,没有城市人的花花肠子,家里有市场,利润反而高,家乡人的钱更好赚"。

(四) 在镇子上开了一家欧派门专卖店,并在清闲时来郑州干木匠活(2004年至今)

他的父亲主要给自己村上还有镇上的人做木匠活,所以他一早就和父亲学了木匠的手艺，在深圳的那段时间也主要是做木匠活。原先家家户户用的都是手工做的木门，但现在用木门的很少了，村上还有镇上买铁门、防盗门必须要去县里买，他看到了这个商机，就想自己在镇子上边做木匠活比如家具、床等等，再开一个卖门的店铺。卖门开店铺需要资金，但手里没有钱，他粗略算了一下起步资金需要两万块，就硬着头皮和哥哥开口借钱。哥哥看他是真心想踏踏实实地干，还是把钱借给了他。他找的门店有80平方米左右，镇上房子便宜，房租也就每月300元。毕竟镇上人的消费水平有限，虽然欧派门是一种中档门，但里面卖的最贵的门也就2000元左右。他开始给我说起他的生意经，"忙人挣不到钱，即便挣钱也是小钱，闲人才能挣到钱"，我听得一头雾水，最后才弄明白他意思是：做零售的都是忙人，零售的只能挣个生活费，做批发的比较闲，坐在家里不用出门，钱就赚回来了。听他的口气，还是对大生意比较向往，希望自己的欧派门有一天能发展到批发的规模，但在小镇上肯定是没希望了。现在店主要是老婆开着，闲的时候他就来郑州这边找木匠活干。

这时我同学给他递烟，师傅说不会抽烟也不敢学抽烟，"温饱问题都解决不了，还抽烟呢？"我同学的店是转手别人的，所以地板、灯等大件都不用再装修了，只有一些细节需要改变。为了节约成本，都是自己去建材市场买的材料，然后找刘师傅全部给装下来，没有再雇佣别人，我同学的店有40平方米左右，刘师傅用了四天时间差不多都给装修完了，雇佣金是1500元。我打趣到："四天挣1500元，算金领阶层。"他笑了："还金领呢，手艺人只能解决温饱，连小康都奔不了，没有固定工作，老板高兴了就多给两个，不高兴就少给两个，吃了上顿就接不上下顿了。"他现在找活的途径主要有三种，第一种是在建材市场门口的马路边蹲着等人找上门来，我同学就是这样找到他的。我问他建材市场门口蹲了这么多找活的人，你凭什么可以被别人选中呢？原来大部分人中午都去吃饭了，他大热的天还坚守岗位，我同学那天买完材料12点多了，建材市场门口就蹲了两人，上去一攀谈他是老乡，要的钱也不多，就让他干了。第二种主要是给别人装欧派门，郑州几家卖欧派门的他都认识，谁家卖门需要给顾客装门，打电话给他，他就过去，给顾客装门是他找活的第二种方式。第三种是熟人介绍，他主要是做木匠活，做装修其余种类的工人就会介绍他一起承包活干。夏天是装修业的淡季，家里没有什么活干，就来郑州碰碰运气。家里要是有活干了，他就会回家，现在是在罗山和郑州两地间来回跑，哪有活去哪。他农村的家里还有三亩地，农忙的时间雇佣别人做，一年只有一季收成，大概3000元左右。我很想知道他现在一年大概收入能有多少，但他一直不说，只是开玩笑："能有多少啊，解决个温饱，挣着、吃着、花着，挣个生活费而已。"

三、社会关系网络的现状和变迁

他的亲哥哥在郑州有好几套房子，来郑州做活的时候就住在哥哥家。一方面郑州有亲戚，另一方面他不是固定在郑州，所以没有孤独感。来郑州没活干的时候就在建材市场门口和那些与他同样找工作的人闲聊。刘师傅有个特殊的爱好，喜欢打麻将，白天找活干，晚上就去麻将馆，"打牌就像吸烟、喝酒一样会上瘾，我现在有了麻将瘾"。虽然在麻将馆玩的钱不大，但输的也是自己辛苦赚的钱，他知道这个习惯很不好，但已经改不掉这个毛病了。因此他在郑州的社会网络主要有三种人：一是亲戚，二是和他一样的装修工人，三是牌友。平常唯一的休闲活动就是打麻将。

四、对城市社会的参与情况

提到城市社会参与，他是一头雾水，来郑州这么些年，从来就没有意识到要融入郑州这个城市。"哪挣钱就去哪，跑过的城市很多，对郑州没有向往"，"你以为城市人都有钱啊，我装修的时候看有的人家还不如我们镇上的呢"。他的流动性很大，与社区没有直接关系，和我前面访谈的对象一样，一方面主观上无意识参与，另一方面客观上也无渠道参与。

五、社会保障情况

（一）户籍情况

他的户籍在老家，我问他，有没有因为户籍在老家感觉不方便，他答道："我在郑州能办什么事情？没什么影响，老婆、孩子都在老家，我用户口在这干嘛。"他这种郑州和罗山两地跑的人并没有觉得户口给他带来了什么阻碍或者不方便，在他的经历中，没有因为户籍的限制而带来什么麻烦。

（二）医疗、工伤、养老以及其他保险情况

我问刘师傅有没有办什么医疗、养老保险之类的，他说他从老家来的时候，刚交了一种什么险，一年交250多块，交15年，60岁之后按当时的物价标准每个月就可以固定领钱了。现在他村子上有人就已经开始每月领钱，一个月110多块钱，等他60岁以后，物价标准肯定比现在高，领的钱也会比现在多。他也不知道这是什么险，镇上领导去家里宣传，大家都说这种险可以得到实惠，他全家人除了孩子都交了，孩子必须要到20岁以后才能交。我觉得他说的应该是养老保险，师傅说交这个险挺高兴的，老了干不动活了有保障，全家都乐意交。

我问他有没有参加"新农村合作医疗"，并向他解释买这个保险后，生病了去医院看病可以报销一部分钱。他说他交这个钱已经交四年了，每年是25元，头一年病了不给报销，以后的每年如果生病住院就可以报销一部分钱。

他现在交的养老保险和医保都是村里有人上门宣传的，而且已经有人从交的这些险中得到了实惠，农民就是朴实，大家说好，虽然不知道交的这钱是干什么的，但知道老了能领钱、病了能报销就把钱交了。他说他所在的那个村子买这两种险的人挺多的，他全家都买了。

六、未来规划

"没有什么规划，过一天算一天，家里有活就回家，没有活就来郑州，穷人有穷过

法，富人有富过法，有机会该干啥就干啥。"他不觉得郑州有什么好，没有家里人实在，也没有想来郑州发展。农民比较朴实，这种朴实一方面和文化素质不高有关，另一方面和他周围的环境有关。他说现在年轻有手艺挣点钱，以后老了就在家里，不愿意来郑州安家，也不会把孩子带到郑州来上学，以后就在家里上学。

案例编号：郑州—经营型—003

访谈对象： 毛先生，28岁，河南开封人，本科学历，前期成立了装修公司，后来除了继续做装修行业，还兼做其他工程
访谈时间： 2009年6月28日中午
访谈地点： 他的装修公司
调查员： 董玥玥

一、访谈背景

毛先生是我托朋友介绍认识的，访谈当天是第一次见面，他穿了一件黑色的大T恤，拖拉着一双拖鞋，皮肤晒得黝黑，大大咧咧，不修边幅，完全没有老板的感觉。他既有生意人精明的一面，也有农村人纯朴的一面，在聊天的过程中，他侃侃而谈地给我列举了很多鲜活的例子，我们从上午11点聊到了下午1点半，他还有些意犹未尽的感觉。我觉得他最大的特点就是能吃苦，不论给别人打工，还是自己现在当老板，也许他工作的性质注定了他要时常在工地上风吹日晒，或者连续几天几夜不睡觉伏案做项目预算。另外，因为他经常和农民工打交道，所以我会有意识地涉及一些农民工话题，想了解他作为施工单位一方是如何来看待拖欠农民工工资以及农民工工伤等问题的。

二、迁移及立足过程

他2003年毕业于洛阳工学院土木工程专业，主攻结构设计，毕业后主要做施工和预算，最忙的时候他一个人干四个职位的活，预算、技术、资料和取样，可以称为全能人才。2003年7月份毕业后进入武汉一家做地质勘探的国有企业，过了两个月非人的日子；2003年9月份来到上海进入一家大型建筑单位，从此开始在全国各大城市来回奔波，没有住所，吃喝全部在工地上，所有的家当就是两只行李箱，过了两年半四处漂泊的生活；2006年初回到郑州后，先后任职于两家房地产公司，做项目预算工作和标书编制工作；2007年开始进入了创业阶段，前期成立了一家装修公司，家装和公装都做；后来除了做装修，还与朋友合伙承包工程。

(一) 2003 年 7 月—2006 年年底：给别人打工阶段

　　他 2003 年 7 月份毕业后去人才市场只投出去两份简历就被武汉一家做地质勘探的企业录取，只要不怕吃苦，他所学专业可以使他非常容易地找到工作。地质勘探工作和他所学专业有些风马牛不相及，但他说土木结构的很多原理是相通的，来到武汉后一切工作都是现学。地质勘探的工作一般都在荒郊野外，武汉是火炉城市，2003 年又赶上武汉 50 年不遇的大热天，平均气温都在 40 度以上，光着膀子被太阳直射，晚上睡觉不敢躺着，都是趴着睡，因为背上胳膊上全都晒得脱皮，火辣辣的疼。他属于技术人员，晚上还有间招待所安身，现在他还清晰地记得一个月的工资是 824 元。那些工人就惨了，一个月工资只有 500 元，就在现场铺一张行军床，毫不夸张地说蚊帐都能被蚊子咬烂。记忆深刻的一件事是有一次去丘陵地带做地质勘探工作，地上长满了柏树，车开不进去，全部靠走路步行了 50 千米，这种树叶子上带刺，胳膊碰上就是血道道，大热的天全副武装，地上随时都有水坑，他体型胖，很多水坑跳不过去，如果绕路又得绕很远，实在是筋疲力尽，就眼睁睁地跳进水坑再爬过去。身上的衣服是湿了干，干了湿，天上出着太阳还下着雨，那种雨点打到身上烧皮，热到已经不知道热了。他家虽然在农村，但是家庭独子，还有两个姐姐，在家里连地都没有扫过，最后实在是累得受不了了，也不敢回家。那两个月晒得浑身脱皮，怕回家后母亲看见受不了，就辞掉工作来到了上海。

　　他来到上海后进入到一家大型建筑单位，从此开始了两年半的漂泊生活。哪个城市有工程，他就会被派往哪个城市，这一阶段的工程结束后，没有休息的时间，又要马不停蹄地赶往下一个城市，这两年半的时间，中国所有的城市他几乎都跑遍了。有一次他去石家庄工作，见到一个朋友，他对朋友说："你看你兄弟惨不惨，所有的日子都在火车上度过，所有的家当就只有两个行李箱。" 2003 年他的工资每月 1200 元，2004 年每月 1800 元，2005 年每月 3000 元，吃喝都在工地上，活不累也很自由，就是跑得太狠了。睡觉的地方是工地的板房，这种板房都可以再拆卸、再组装，经过多次拆卸后质量已经非常不好了。有一次去天津干活，这个城市很冷，他们用那种宽的透明胶布把板房的缝都给贴起来，几个大男人睡在一间房子里这样可以暖和一些。那两年半的时间除了过年回家，其余的日子没有过过节，不知道五一、十一、八月十五，每次过节的时候都是最难受的时候。他去了这么多城市，却几乎没怎么去景点游玩。有一次施工地就在天津的水上公园隔壁，但那些日子做预算每天晚上都要干到 11 点，这么漂亮的地方硬是没进去过。他说自己虽然本科出身，但仍然觉得自己是个"土八路"，一是因为没有任何证书，比如造价工程师证、建造师证等等；二是流动工作，从不会在一个地方待太长时间。造价工程师没考过也是工作性质惹的祸，有一次 15 号考试，考试前两个星期公司非得让他去济南出差，考前 14 号晚才回来，结果几门考试都只差了几分，他觉得如果能最后好好复习两个星期，肯定能考过。因为没有这些证书，所以他的发展受到了很大限制。2005 年年底，他手上已经存了 5 万块钱，"总有一天要安定下来，不想再过这种流浪的日子，没有家的感觉，感觉自己就像一个过客"。他毕业的时候，家人里就规定他找工作不许离开河南，最好在郑州，但当时年轻还想出去闯一闯，现在感觉是时候回家了。

2006年初回到郑州后，他应聘于一家大型的房地产公司，做项目预算和标书编制工作，"再也不会去施工单位这类公司了，不稀罕跑了，不想再过每天哐当哐当的日子"。这家房地产公司比较正规，但是公司是按照职称给钱，也就是根据你的资历和获得的证书发工资。按照他工作经验和这方面的技能绝对不止每个月只领3000多元的工资，但因为他没有这方面的任何从业资格证，所以在这样一家大公司，上升的空间非常小，他在这个单位大约只待了三个月，就换到了第二家小型的房地产公司。在这家公司里，他的才能得到重视，一个月工资是10000元。但因为以前都是在一些大型的企业，换到小公司后他感觉很不适应，小公司的操作模式不正规，做生意没有诚信可言，自己没有明确的权限，也无明确目标，"钱多少无所谓，关键是要能学到东西，自己一个人身兼多职，学到的东西特别少"。在年初刚回来郑州的时候，他就想凭借自己多年的经验自己做生意，但手头比较紧，就暂且给别的公司打工。年底把第二份工作辞掉的时候，他干脆一不做二不休直接开公司自己当老板，彻底告别了给别人打工的日子。

（二）2007年年初至今：投资创业阶段

2007年年初他拉了一个朋友投资注册了一家50万元的装修公司。选择装修这个行业原因有三点：一是前期的投入不需要很大，家装都是住户预先付款，因此自己不用垫付资金，但公装仍然需要先垫付资金；二是他对这行业相当熟悉，"选择自己熟悉的行业等于是成功了一半"；三是装修行业发掘客户主要是靠人脉关系，比起承包工程要简单许多，因为做工程从起步到最后完工都要不停地和政府打交道，非常麻烦。所以他前期创业只涉足装修，没有实力涉及承包工程这一块。郑州正规的装修公司已经达到上千家，除了这些正规的公司外，还有很多游击队性质的农民工组成的装修队，你在建材市场随处可以见到许多农民工，他们装修的质量没有保证，但要价低，因此市场的竞争非常激烈。另外，因为建材市场的材料价格透明，现在的顾客也学聪明了，你给顾客用什么样的材料，去建材市场一问就全明白了，所以最终导致家装的利润相当低，一般只有7%的利润。公装的利润要高些，平均有10%的利润，但公装致命之处就是不好拿到钱。装修行业工人的工资按天结算，今天不结，工人就直接走人，家装的装修款是顾客预先付钱，但公装都是完工后付钱，所以所有的材料费、工钱都得他自己垫付，完工后能立刻拿到钱也没什么了，但这样的几率几乎是零。今年3月份他做了一个10万块的公装工程，到现在也没见到钱的影子，打电话给企业，对方以各种理由推迟，这样公司的损失就很大。暑期是装修的淡季，6月份就接了四个家装的活，只够维持公司的正常运转。做装修这一行，主要还是靠公装挣钱，但就是后期要钱十分困难。他目前的客户源一个是靠熟人介绍，二个是靠业务员跑，一般哪个小区开盘，就会有业务员轮班蹲点，有的时候小区里各个装修公司的业务员比业主都多，竞争相当激烈。他目前公司固定的有10多人，工人都是随用随找，"靠装修挣不了多少钱，2007年年底我把主要的精力转移到了承包工程上"。

承包工程必须得有一定的资质，他个人没有，所以一般都与别人合伙或者挂靠有资质的公司。他一方面是老板，另一方面也有技术，所以很多东西都亲力亲为，他说他自己有个最大的毛病，就是别人做活自己不放心。有一次为了承包一个项目，他做了围标（一家公司做三家公司的技术标），每天早上6点之前来到办公室，中午休息一个小时，晚上干到 10 点，整整在桌上趴了 26 天，硬是把三份标书做了出来，当天晚上回家就高烧 39 度不退，整个人都虚脱了，这 26 天累得吃饭都吃不下，太疲惫了，整天大脑里面想的就是图，就是标书。因其经济能力有限，所以其只是一个很小的分包商，2008 年底分红分了 20 万，但钱还没在口袋捂热，又投进了下一个工程。

在提到拖欠农民工工资的问题时，他说拖欠农民工工资不是施工单位想拖欠，而是开发商拖欠施工单位的钱，施工单位无钱支付农民工。有一次，一个项目的开发商是台湾的老板，施工单位与开发商签订的合同价是 4600 万元，但施工单位完工后结算价为 6400 万元，开发商不愿意，找了四家公司审计，最后定的价格为 5600 万元，但就是不给施工单位钱。他说很多农民工闹事都是施工单位在背后组织的，因为施工单位和开发商签订有合同，不好意思撕破脸皮，就组织农民工闹事要钱。这个台湾开发商满世界地飞，想找到他人不容易，有一次得到消息他回来了，施工单位就组织了 10 个农民工去要钱，整整跟了开发商一天，开发商去哪农民工就去哪，最后到了晚上开发商报警，警察来后看是拖欠农民工工钱的事情，不好插手，开发商最后没办法，晚上 10 点叫来了黑帮的人，黑帮的人都是带着枪去的，农民工这次没能讨到钱。第二次在得知开发商又来郑州后，施工单位拉了一中巴的农民工，把开发商团团围住，于是当天就把付款的方式定下来了。目前在上海、北京每到过年的时候在火车站都有政府设置的"清欠办"，农民工可以得到帮助，在郑州没听说有"清欠办"，所以不知道能有什么形式来帮助农民工。

国家规定要给每一位工地上的农民工投保，为了开工，施工单位会给一部人投上保险，这部分人是经常跟着施工单位干活的人，临时找来的工人根本没人给他们投保。比如 600 个工人，为了办手续开工，施工单位只会给 300 人投保，谁也不会知道你工地上用了 600 人，这么大的工地上人根本不显眼，没有人去查。"谁也不愿意工地上死人，但工地上死一个人是很正常的现象。"有些农民工自己也不注意人身安全，没有安全意识，有些农民工在那么高的地方干活，连安全带都不系。有一次在一个工地上一块石板从上面掉下来就直接拍死一个人，晚上来了一辆车直接就把那个人拉走了，至于谁拉的、拉到哪没有人知道。施工单位最反感的就是媒体，如果事故被媒体曝光了就要停工，那么大的工程，一停工每天的损失都要好几万块，因此人死后，消息会立刻被封锁。有的施工单位就给农民工的家庭赔几万块，家属不愿意也没有办法，人已经死了，他们也没有能力和施工单位抗争。前段时间郑州某施工单位因工死了五个农民工，属于重大伤亡事故，中纪委派人下来调查，调查也调查不出什么，因为等到他们来了什么都处理好了，他们能看见的和听见的都是施工方说的，无法接触到事情的真相，当然这中间也还会有别的猫腻，比如塞钱之类的他没有再细说。我问他："农民工死亡就可以这样轻而易举地瞒过去吗？"他说我："学生就是思想单纯，看到的、听到的都是政府好的一面的声音。当然现在比以前好很多了，管理逐渐到位，也不断和工人宣传要有安全意识。"我问他郑州有没有志愿者单位帮助这些农民工维权，他说他不清楚，即便有也没人会搭理这样的组织，除了政府部门来的人，任何组织和个人连工地的大门都进不去。

三、社会关系网络的现状和变迁

现在他的两个姐姐全部都在郑州，2006 年回来郑州后他就买了房子，130 平方米，首付 20 万元，月供 700 元，供 30 年，他 2009 年初刚结婚，也把自己的父母接到郑州和他同住。他不喜欢吃外面的饭，没有应酬就一定回家吃，喜欢和家人待在一起。平常就和做装修、承包工程的人打交道，"这种行业出身的人都是在工地上摸爬滚打的，不讲究吃穿，没有高雅的爱好，就是喜欢打牌"。他一有空闲时间就约上这些人去洗澡或者去茶座打牌，这是他最大的爱好了。

四、对城市社会的参与情况

他唯一一次和居委会打交道是 2007 年办公司的时候，他想把自己的住房改成商用房，这样就不需要租房开公司了，但居委会不同意没有给盖章。他说他自己到现在还这样，就是不愿意花钱办事，最后租了房子开办公司。这次打交道也是因为要办事，平常没有事情的时候和社区没什么联系。

五、社会保障情况

（一）户籍情况

他 2003 年毕业后，把户口和档案全部都放在了河南省人才市场，目前他的户口和档案还在人才市场，虽然在郑州买了房子，但户口没有迁移出来。他老婆是研究生毕业，户口也在人才市场放着。父母的户口还在农村，目前老家还有 10 亩地，承包给别人种了。

（二）医疗、工伤、养老以及其他保险情况

他 2006 年回到郑州在第二家房地产公司工作时就办理了三险（养老、医疗和失业），现在虽然自己做生意，但这些险并没有停交，这三险加起来每个月差不多要交 1000 元左右，由第二家房地产公司替他交，他再把钱给公司。他很看重这些社会保障，还说自己没办住房公积金太亏了，不然每个月就可以少还些房贷。

六、未来规划

他是个很随性的人，也是个不安分的人，"什么事都可能发生，生活过程中会有很多改变，这些改变需要机会，也需要认真的态度"，他在想某一天自己工程生意做大了，能把老家人给组织起来，让他们出来做活，给他们一个机会。他不会再离开郑州这个城市，他已经过够了那种东奔西跑的日子，即便以后外面有再多的挣钱机会，也不稀罕挣这个奔波钱了。

案例编号：郑州—经营型—004

访谈对象：程先生，27岁，河南信阳人，本科学历，毕业后没有找到工作，自己创业
访谈时间：2009年8月1日中午
访谈地点：他的店里
调查员：董玥玥

一、访谈背景

程先生是我很久以前就熟识的朋友，人很聪明，他的父亲也是做生意的，因此他受他父亲影响很大，在一起聊天的时候总会侃侃而谈他的生意经，投资这个项目会如何如何好，投资那个项目会有什么风险。他人十分大胆，什么也不怕，说干就干，办事情从不思前思后、婆婆妈妈，所以他天生就是个做生意的人。之所以选择他作为访谈对象，是因为他2006年毕业后就开始在人才市场找工作，但一直没能找到合适的，中间也在两家公司干过，但都干不到一个月就辞职了，于是开始自己创业，他在首次创业失败后又尝试二次创业，这两次创业都是他自己摸索的，说干就干，遭遇了很多挫折，总结了许多宝贵的经验，他的经历、他的想法在当前大学生创业中很具有代表性。

二、迁移及立足过程

他2006年7月毕业于武汉的一所本科院校，毕业后直接来到郑州找工作，一直到2006年年底，都没能找到满意的工作，中间也在两家公司干过，头一个单位只干了一个星期，后一个单位只干了一个月。2006年年底回到家中，过完年后又来到了郑州，开始自己创业。2007年3月开始在郑州找项目、找店面，不到一个月小店就开起来了，卖纯手工制作的真皮皮包，前期生意不错，但因为合伙人太多且货源不稳定，所以在2008年年底的时候，小店关门歇业了，初次创业失败。这次失败并没有打消他的积极性，反而让他对做生意产生了浓厚的兴趣，2009年年初他通过亲戚的关系有目的地来到广东的一个外贸鞋厂打工，在那个鞋厂待了两个月，混熟了一批关系，弄清楚了各种进货渠道。在2009年4月份的时候他回到了郑州，开始考察市场、选店面、装修，大张旗鼓地干了起来，6月份他在郑州的外贸鞋店开业了。但他并不满足于此，虽然鞋店刚刚开张两个月的时间，但他已经看到了这一行业丰厚的利润，现在他正在信阳的老家联系市场，希望在老家找个合伙人，开一家分店，形成规模后可以赚取更多的利润。

（一）2006年7月—2007年2月：毕业后找工作阶段

他2006年7月本科毕业后直接来到郑州找工作，没有想留在武汉，因为他的女朋

友在郑州这边上学，而且他的家也在河南省，所以他想在郑州找一份工作，以便以后能在郑州定居。他本科学的是物流专业，考到了国家物流师证，但在找工作的时候发现这个证不是很管用。"郑州整个物流行业都不是很正规，小的物流公司充斥着整个市场，大的物流公司需要工作经验"，所以他最终放弃了在物流领域寻找工作。他的父亲是做生意的，家庭条件很好，家里人也一直托关系在郑州为他找工作，但一直没有能找到合适的。他找工作的渠道主要是通过网上投简历，进而面试，面试了许多家公司，有物流公司、商场超市，中间有一个好朋友给他介绍了一家公司，月薪1000元加提成，但需要经常出差，他来郑州就是为了和女朋友在一起，因此这个工作他放弃了。期间，他还在两个公司干过，前一个公司只干了一个星期，后一个公司只干了一个月。2006年9月，他在中鑫通讯干了一个星期，当时是以储备干部的身份招进去的，但先要站柜台卖一段时间的手机。他自小生活环境就很好，拉不下这脸面，怕被同学看不起，干了一个星期就不干了。2006年11月，他又到了郑州市邮政局工作，主要是跑邮政函件，这种业务需要在郑州有关系，他说单位一个同事的老公是移动公司的大区经理，每个月都可以领十几万元的工资。他在这个单位的月薪是360元加提成，由于他在郑州没有任何社会关系，所以这种毫无目的地跑大公司最终的结果是一无所获。这一个月他一个单也没有签到，直接打电话给公司说不干了，一分钱也没有去拿。就这样在郑州晃到了2006年年底，快要过年了，他也没找到工作，就直接回家过年了。他毕业后找工作的这段经历是很多大学毕业生都会遇到的，在头期找工作失败以后，有的选择考研，有的选择创业，有的选择继续漂泊在城市。

（二）2007年3月—2008年年底：第一次创业，开了一家卖皮包的小店

2007年过完年他又来到郑州，心里开始想着自己开店做生意。他的父亲是做生意的，非常能干，几乎各行各业的生意都尝试过，吃了很多苦，他从小受他父亲的影响很大，"我这辈子没有崇拜过什么人，唯一崇拜的就是我的父亲"。他不找工作要自己做生意创业，父亲是不支持的，也许他父亲深知做生意的利害，不愿意他再走这条路，希望他能安安稳稳找个固定工作。可是他决心已定，一定要自己创业。他父亲说："我不会给你一分钱，想创业，自己想办法。"头期选择项目是非常困难的事情，他想了好几个项目，但最终都被自己一一否定，他把郑州所有的大街、小街都逛遍了，看别人都在开店做什么。但因为受资金的困扰，所以选择项目很受限制。他预备初次创业投资10万元左右，即便亏本，也不会损失太多，但这初次投资的10万元也不知道该去哪筹集。父亲一早就说了不会借钱给他，一方面是对他不信任，觉得他还是个孩子，把什么事情都想得太简单；另一方面也是为了让他明白一个道理，只有付出才有收获，想让他吃吃苦，碰到壁后自己回头。父亲不支持他，他就打电话跟表哥借钱，表哥是他从小玩到大的朋友，关系很好，现在他的表哥也在外面做生意，很有钱，借10万块钱对他的表哥来说不算什么，但是表哥的答复让他心都寒了，表哥说钱可以借，但还钱的时候要付两分的利息，很精明的生意人。他当时特别难过，就打电话给自己的父亲，父亲说："我就是要让你知道人世间的冷暖，生意人就是一切以利益为中心的，没有利益的事情是不会做的。"父亲看他那个样子，心也软下来了，但也就给了他2万块钱，剩下的钱让他自己想办法。他从一开始创业就没有打算和朋友合伙，他很明白合久必分的道理，怕到

最后因为利益连朋友都做不成，他身边有很多这样的例子。他说他家以前有个亲戚和别人合伙做生意，那两个人好到都能穿一条裤子，最后因为合做生意牵扯到利益上的事情撕破了脸皮。但他手里只有 2 万元，没有太多的钱，和朋友借不是很现实，只能和朋友合伙。他想了很多朋友，最终挑了两个合伙人，这两个合伙人是他高中的同学，关系特别好，他觉得合伙人不能太小气，不能总在小事上斤斤计较，这两个人平常都是大大咧咧的人，不会太计较，这样生意才能长久地做下去。三个人在一起凑够了 10 万元作为第一笔启动资金，现在资金的问题解决了，下面就是选择一个好项目。

在筹集资金的同时，他一直在想着项目，开始打算卖男式的外贸衣服，但衣服容易积压货，一换季衣服就成了货底子，再卖就很难卖了，这样就容易造成资金积压。也打算过卖小银饰，但考察了市场，发现市场上这样的店很多，顾客认牌子，如果加盟高档的银饰店费用太高，做低档的收益又太少，因此这个想法最终也被否决。他想开小店卖一种市面上不是很多的东西，这样才能赚取利润。偶然的一次机会，他在火车站的小商品城看到一家卖皮包的店，这个店的皮包很有特色，全部都是用纯牛皮手工制作成的，店老板说他的家里有个小的加工作坊，这些皮包都是他自己家里做的，所有的包都只有一款，在市面上不会找到第二款，而且还可以根据顾客自己的设计来做包，满足顾客的要求。这些包没有标签，没有牌子，就是纯手工制作，保留最初的原生态感觉。这些牛皮包非常漂亮，质量也绝对不亚于市面上流行的名牌包，而且价格非常便宜。同一大小的包在这里只卖 200 元左右，但如果加个名牌，就能卖到 600 元，差价就有 400 元。他一眼就喜欢上了这里面的包，开个小店卖这样的包太符合他的理想了，这种包价格便宜而且质量好，在市面上不是很多见，他抑制不住内心的喜悦，当时就和老板谈合作的事情。老板人非常厚道，也有合作的意向，因为这样的包在小商品城不容易卖上价格，如果能在繁华些的街道上卖，包的档次和价格都可以得到提升，老板个人也可以赚取利润，两人开始在一起研究合作事宜。

项目选择好后，下一步就是选择店面，这种纯牛皮的包年轻人尤其喜欢，白领是主要的消费群体，因此这种店必须开在比较时尚的地段。他把目标锁定在健康路，健康路是一个高消费的路段，这里齐集了耐克、阿迪达斯等各种体育品牌，同时云集了各种精品店和服装店，价格都很昂贵，有一群忠实的消费群体，一到晚上，这里面又成了繁华的夜市，客流量非常大，且大多数都是年轻人。但这条街的店面租金十分昂贵，一间普通的 20 平方米左右的小店，每月租金就在 6000 元左右，且还要有一大笔昂贵的转让费，店面十分抢手，想租到店面不是十分简单的事情。为了能尽快把店开起来，他开始考察各个市场，希望把店开到比较繁华的街道上。那段时间他和两个合伙人天天都在外面转悠、找店，这个过程十分痛苦，找到好的店面就意味着成功了一半。有一次他在文化路上转悠，看中了一家转让的店面，这个店的地理位置还不错，离黄河路很近，周围都是卖衣服的小店，客流量也很大，且这个店是装修好的，只需要把门牌换一下，内部布局不需要有很大改动，可以省下一笔装修费。但店面的转让费很高，店主开口就要 5 万块，最后通过谈价，转让费只少了 5000 元，等于首笔 10 万元的启动资金转让费就花去了近一半。这个店的租金一个月 4000 元，一次交三个月的，12000 元，再加上头期找店的交通费用、装修门牌及其各种工商税费等，花去了 6 万元，一分钱的货还没进。"资金对于首次创业的人是最困难的"，还好，这个店面不是很大，15 平方米左右，剩下的钱进的货勉强可以把店面摆满。

2007年3月中旬,他的小店开业了,从想开店到真正开起来用了不到一个月的时间,速度相当快。小店刚开张的头半年,生意很好,他觉得可能是顾客对这个店有新鲜感,第一个月就卖了2万元,去除各种费用,可以净赚1万元,因为他店里的包不贵而且很有特色,所以销路不成问题。但随着时间的推移,他碰到了新的问题而且是一个很重要的问题:货源问题,因为这种包是纯手工小作坊制作的,一天也生产不了几个包,有的时候供应商也会因为皮料供应的短缺无法正常生产,因此在包的供应上就出现了很大的问题。他说:像包店、衣服店、鞋店都是靠不断推新取得成功的,顾客来一次是这些包,来两次还是这些包,慢慢地顾客就不会再来了,那么这部分顾客就会流失。因为初次创业没有经验,所以没有和供应商签订合同,供应商总是不能按时、按量供货,货源的问题不解决,小店也支撑不了多久。他开始打算从别的地方进包,但那些包都有商标,价格十分昂贵,背离了他开店的初衷。因为货源不能及时供应,小店开始慢慢地走下坡路了,最后几个月平均的纯利润只有3000元左右,因为是三个合伙人,所以一人只能赚1000元,他心理开始失衡了。货源的问题是一个大的问题,这样硬撑下去,最后可能会亏本,2008年年底的时候,小店关门,唯一值得庆幸的,这次创业虽然没有盈利,但也没有亏本,保留了投入进去的原始资金。

(三)2009年年初至今:第二次创业,去广东学习经验,开了一家卖外贸鞋的小店

第一次创业虽然没有成功,但他从中学到了很多东西,使他对做生意产生了浓厚的兴趣。他有一个亲戚在广东一家外贸鞋加工厂做厂长,这个厂生产的鞋全部出口,他希望能去这个厂学点东西,弄清楚外贸鞋的特征以及进货渠道等,从而为第二次创业做好准备。2009年年初,他通过亲戚的关系来到了广东这个鞋厂,一个月包吃、住,2000元的工资。他主要做标准化体系检验这一块,看看工人有没有按照标准去生产,这个阶段,他学会了辨别一双鞋的真假。他下班之后,就开始在厂区附近转,厂区附近开了很多鞋店,这些鞋都是外贸鞋,有些是正品的,有些是仿品的,那些在鞋厂的工人有时候会把厂里的正版鞋偷出来卖给街边的商家。他一下班就到各个商家转悠,开始有意识地和这些商家结识,为以后进货做好准备。在这个厂里干了两个月,学习一些知识,了解到进货渠道后,他于2009年4月份回到了郑州。他所在的这个厂有一个员工创业项目,可以在郑州开一家卖耐克、阿迪达斯正品鞋的店,但这个投资非常大,需要投资40多万元,郑州有个百丽集团,小店根本无法和它抗衡,风险太大,他放弃了这个项目,还是一心一意想要开个外贸鞋店。其第一次创业的首笔资金保留了下来,仍然是和另外两个人合伙开店,仍然是10万元的首笔启动资金。但他说:"通过第一次创业,懂得了沉淀,不再那么急于求成,开店的头半年主要是树招牌阶段,已经做好了头半年不挣钱的准备。"他这次仍然是和那两个合伙人一起干,原因一是没有资金,二是他想他有一天总是要上班的,店里得有个人看店。之后就是紧张地选择店面,从他第一次开店,就想在健康路上开,但一直没有机会,这次他把目光对准了任砦北街,这条街在健康路附近,且街上云集了各种外贸店,客流量大。他就开始在这条街上转悠,有一家卖羊毛衫的店转让,转让费最后谈到了1万元,和房东把房租谈到了每个月4500元。头期转让

费、装修费、三个月的房租以及其余的费用有 4 万元左右。"自从把店盘下来后，感觉特别累，为了省钱，都是自己去建材市场买材料，因为不懂，买错材料又重新买，每天早上 5 点起床，晚上从来没有 12 点以前回去的"，"去广东进鞋，是特别累的时候，一天就吃两顿饭，为了能进到好款式的鞋，都是挨家挨户找款式，为了节省钱，坐三轮进货，最后发现那个开车的人是个瘸子，车开得跟飞一样，下了车朋友就说了一句话，以后就是 100 元打的，再也不坐这种车"。虽然开店很辛苦，但年轻人都是积极向上的，从来没有说因为困难就想要放弃，6 月初他的外贸鞋店就开业了。他现在生意很好，这两个月都能卖 2 万元左右的货，货源十分充足，每天，店从早上 9 点开到夜里 11 点，他们干得很有劲。他目前正在老家联系合伙人，希望在老家也开一家这样的鞋店，从而赚取更多的利润。

三、社会关系网络的现状和变迁

他的家庭条件很好，父亲在郑州认识些朋友，起初父亲是想通过关系把他安排到银行工作，但是一直没能安排进去，后来他就通过网络投简历找工作，因此，他找工作的渠道主要有两种：一是通过父亲的关系，二是通过网络。但这两种找工作的渠道都没能使他找到满意的工作，后来他开始自己创业。他的交往网络主要是自己从高中到大学的同学，他为人十分仗义，朋友特别多，从开店的那一天起，店里都没有断过朋友，天天都是人来人往，他高中和大学的很多同学都在郑州，"从卖皮包到现在卖鞋都有同学帮衬着，同学不但自己消费还介绍了很多朋友、客户"，他开店卖外贸鞋的时候，很多同学天天去帮他的忙，因此，同学是他主要的交往网络。他的业余生活十分丰富，没有创业的时候，经常三五人一起喝酒、唱歌、打麻将……他很爱玩，但自从有了生意，他就被彻底捆住了，现在最大的休闲就是晚上关了店门和合伙人一起去打台球，想去唱歌，都说了两个多月了也没能去成，每天都是在店里吃盒饭，根本没有时间和同学一起出去玩。

四、对城市社会的参与情况

他和其中的一个合伙人在大石桥附近的小区里租了一个单间，一个月房租 800 元，"不是自己的房子，又是年轻人，谁会去参与社区活动"，他没有城市社会的参与经历，觉得这样的事情很无聊。

五、社会保障情况

（一）户籍情况

他的户口在老家，去武汉上学的时候，就没有转户口，后来就来到了郑州，他自己对户籍在哪满不在乎的，是因为他现在没有碰见因为户口而带来的麻烦。而且他的户口问题很好解决，他家庭条件很好，父亲一直都说在郑州给他买房，但因为工作一直没能定下来，所以房子就拖着没买，买房子对他家来说是很轻松的事情，现在他女朋友还在上学，没有毕业，如果他女朋友毕业后留在了郑州，立刻就会买房子，因此，户籍不会对他产生障碍，他可以通过买房子解决。

（二）医疗、养老、工伤以及其他保险情况

他各种保险都没有，按他自己的话说："医疗、养老等各种保险都是一个钱的问题，一个人做生意有钱了，还会在乎这个保险吗！"像他的顾客开个车，一次就买几千块钱的鞋。他目前还没有买保险的打算，一是没有意识要买保险，二是钱都投在了生意上，也没有钱买这些保险。而且他总觉得自己现在还不固定，想等有一天工作固定了再买保险也不迟。

六、未来规划

他现在虽然有着自己的生意，收入也不低，但始终无法摆脱一个传统的束缚：希望能有一份稳定的职业。他说："自己倒不是很在乎有没有稳定的工作，但女朋友家里的人都在行政单位上班，思想根深蒂固，觉得我没有工作还是不稳定，不同意她和我交往，所以家里还在托关系看看能不能进个稳定的单位，希望将来能有个固定的工作，生意还是会继续做下去，并且准备开分店不断扩展和壮大。"他的这种情况是很多创业型大学生都遇见过的，中国人的传统思想是觉得不进行政单位和事业单位就不算就业，又因为在创业初期会遭遇很多困难，做生意存在很大的风险，所以最终仍然希望有个稳定的工作。另外，他希望生意能不断做大，并不满足开一家店，希望积累资金开分店，这是一个美好的愿望。如果他的女朋友毕业后能留在郑州，他就准备在郑州买房，以后留在郑州发展，不会再回到老家，他父亲是做工程的，但他的父亲从来就没有想让他子承父业，做工程太辛苦，父亲不希望孩子再走这条路。

案例编号：郑州—经营型—005

访谈对象：谭先生，37岁，河南新乡人，部队转业人员
访谈时间：2009年8月2日晚上
访谈地点：肯德基店
调查员：董玥玥

一、访谈背景

谭先生是我通过朋友认识的，目前是一个完完全全的生意人，一切都是以利益为中心。之所以选择他为访谈对象，是因为想把他和前一个访谈对象进行比较。前一个访谈

的对象是刚刚毕业不久的大学生,年龄不大,社会关系不丰富,想法很单纯,并非是一个纯粹的生意人,目前仍然在创业阶段,属于事业起步期。这一个访谈对象已经步入中年,在郑州打拼了一段时间,社会关系丰富,接触过很多种行业,做过多种生意,一直在生意场上和各种人打交道,从他身上可以清晰地看到生意场上的起起伏伏。他的迁移过程、社会经历、社会网络、对问题的看法、未来规划等等必然与前一个访谈对象有很大不同,通过对他的访谈,可以了解他与前一个访谈对象的相同点和不同点。

二、迁移及立足过程

他初中毕业后就去了部队当兵,文化水平不高。1999 年 1 月份从部队转业后被安排在郑州一家国有企业做保卫工作,他是一个很有想法的人,因为觉得做保卫工作工资比较低且没有社会地位,所以只干了半年就辞职不干了。辞职后,他找了很多工作,但因为他的文化水平低,所以工作不是很好找而且很多也不能胜任。因此,2000 年 9 月份他来到郑大上了两年成人教育班,学的是会计专业,取得了大专学历。从学校毕业后,他通过亲戚的关系先后进入商业银行和建设银行工作,后来感觉在银行没有发展前途和上升空间,于是在 2004 年 3 月份开始做生意。他最先开了一家避风塘的加盟窗口店,后来因为每年的费用太高,而且已经摸清楚了各种原料,所以不再以加盟的形式开店。开始生意很好,但后来奶茶店越来越多,每个月就 1000 元左右的收入,奶茶店开了一年半就不干了。在开奶茶店的同时,他通过朋友介绍迷上了红酒,先在文化路上的欧凯龙家具店一楼广场设置了一个红酒柜台,后因为种种原因,做了半年就撤柜了。之后,与一个女孩合伙,那个女孩又拉了一个大的投资人,在一个大的娱乐场所旁边开了一家红酒店,专门卖法国的进口红酒。从 2005 年年初开业到 2008 年年底关门,往里面投资的 10 万块钱血本无归。起初,因为他对红酒文化十分迷恋,所以一直在坚持,但后来他不得不彻底放弃这个行业。现在他正在和家里的一个叔叔做兽药的生意,不愿再涉足红酒业。

(一) 2002 年 7 月—2004 年年初:为别人打工阶段

2002 年 7 月他从郑州大学的成人教育会计专业毕业,因为 1999 年从部队转业后就一直待在郑州,所以毕业后就自然留在了这个城市,没有想去别的城市发展。他家是新乡的,家庭环境不错,郑州离家近,也不想再去一个陌生的城市。他从学校毕业后报名参加了银行的招考,他成人教育的学历并不高,后来通过亲戚的帮忙才进入了商业银行工作,这个亲戚是做房地产生意的,和银行有很多业务的往来,认识银行的领导,把他安排到了银行。他在商业银行是人事代理的身份,和正式员工的收入差距很大,一个月 800 元加提成,没有任何社会保障和福利,与国有企业的保卫工作相比就是社会地位高一些,银行职员听起来比保安好听,但实际上做保安还有社会保障和福利,在银行的收入还不如在国有企业做保安,也没有国有企业稳定。他在银行的工作主要是去外面推销银行新推出的各种业务,为银行拉各种订单。"跑业务主要讲的是客户关系,我刚刚踏入社会,没有丰富的资源,跑业务是一件非常困难的事情。"他的亲戚给他帮了很多的忙,介绍了很多客户给他,如果不是这个亲戚,他在郑州很难有立足之地。但商业银行的效益一直都不是很好，公司的思路比较老，任务量大，他感觉自己在里面成长非常慢。2003年5月份，建设银行招聘业务推广人员，他凭着自己在商业银行的经验应聘到了建设银行。在建设银行里面，他专做个人理财这一块，主要的工作是开发客户，说服客户买各种理财项目，"我不是郑州本地人，不容易得到客户的信任，建设银行的任务量更大，每天睁开眼就是忙，回到家里就想睡觉，忙得已经没有时间考虑升级、收入、津贴和补助，忙得没有时间规划自己的人生"，"很疲惫的小资生活"。另外，因为他的学历很低，且在金融和会计上不是很专业，所以在银行无法转为正式员工，在银行看不到发展的前途，那时他已经30多岁了，本应该是事业发展的黄金期，但却生活得一团糟。从部队转业回来后，本想通过上学选择好的职业，但现在却看不到未来，如果换到企业打工，说不定还不如银行，我问他为什么没有想帮亲戚做房地产生意，他说："从来都没有想过要给亲戚打工，因为是亲戚，所以很多话不好说，即便去了一个月也就2000元左右的工资，以后想离开也不好意思。"他年纪不小了，已经不想再为别人打工了，想要为自己的梦想好好奋斗一次，所以决定自己创业做老板，他在银行工作早期积累的客户为他后期做生意提供了很大的帮助。

（二）2004年3月至今：自己做生意阶段

2004年年初过完年后，他就从银行出来了，决心自己做生意。因为一开始并没有做生意的经验，所以前一阶段是积累经验的阶段，先要挑选一个小的生意来做，即便亏本，也不会亏得太多。他的家庭条件不错，而且从部队转业回来也带了一部分钱，因此，资金对于他不是问题，他不需要为筹集资金伤脑筋。做生意对于他来说就是要选择一个好的项目，2004年是房地产兴起的阶段，他的亲戚动员他做装修或者开一家卖建材的店，可他对这方面一窍不通，也没有预想到房地产会在随后几年热起来，因此，他放弃了这个项目。现在想起来比较后悔，如果自己能有敏锐的头脑，选择了房地产方面的生意，现在至少积累了第一笔的原始资本。他前期在银行工作，积累了很多客户，他开始翻阅这些客户资料，这些客户资料是他日后做生意的一笔巨大的财富。避风塘在郑州是一个知名度很高的地方，在这里花上18元可以随意喝奶茶、咖啡等各种饮料，24小时营业不关门，因此，这个地方吸引了很多时尚年轻人，是他们休闲聚会的一个理想场所。他在银行工作时候有一个客户是避风塘的经理，他找到这个经理，想通过他再开一家像避风塘这样的店，但经理给他的答复是避风塘只加盟卖饮料的窗口店，不加盟这种消费店，怕经营者经营不善，把牌子砸了。他多次和经理洽谈，但最终也没能把消费店谈下来，最后只能选择加盟窗口店。避风塘的窗口店一般都是开在经济繁华、客流量大的地段，商家会帮忙选址，二七广场这一块是最理想的地段，但二七广场寸土寸金，想开个这种小的窗口店不是容易的事。他多次为了选址找相关的负责人，但都没有弄下来，在一些好的繁华地段的避风塘窗口店都是总店自己经营的。最后他把目光放在了光彩市场，那会儿光彩市场里面的奶茶店可不像现在这样遍地开花，两三步就一个店，那会光彩里面还没有几个奶茶店，而且光彩市场里面都是年轻人，每到周末都是人挤人。他找到光彩市场里面的相关管理人，谈下了一个不到10平方米的空白地段，只有地，没有房子，还要自己建简易的铁皮房，头期加盟费、原料以及租金共投入了三万元。店就这样开业了，他从老家找了一个妹妹过来经营店，自己不经营，也拉不下这个脸面，他感觉这个奶茶窗口店就像是街上摆地摊的，他不愿意被以前的同事知道。前期奶茶店的生意相当好，一杯奶茶3元，也就几角钱的成本，第一个月纯利润就挣了3000元左右，特别在周末每天都能卖出100多杯。他做奶茶用的原料都是避风塘的原料，比普通的奶茶原料要贵很多，他弄清楚各种原料后，也掺杂着用一些普通的原料，口感不会改变太多，顾客也不会知道，这样他每个月的利润就会更多些。2004年9月份的时候，他去武汉玩，"武汉的奶茶卖得真便宜啊，那种品牌的奶茶一杯也就一块五，或者两块，而且口感十分浓"。他在武汉发现了更加便宜的原料市场，回郑州后直接换掉避风塘的招牌，不再用避风塘的原料，直接从武汉发原料回来，这样每个月他可以获得4000元的利润。他正在盘算着再多开几家这种窗口店的时候，光彩市场里面以及市场上的奶茶店越来越多、五花八门，到最后每个月的利润只能维持在1000元左右。他在开奶茶店的同时，还在做红酒生意，也没有精力去管这个小小的窗口店了，不到2005年年底就转让给了别人。但这个奶茶店这一年半挣了有2万块钱，加上后来的转让费1.5万元，这个小小的奶茶窗口店挣了3.5万元左右。

2004年7月份在开奶茶店的同时，一次偶然的机会他应朋友的邀请去听一个红酒企业内部举行的会议，主要讲的是红酒文化，就是那次会议让他一下子迷上了红酒。"对红酒的感觉特别好，喜欢这种做生意的氛围，喜欢红酒的各种礼仪"，红酒的文化使他着迷了，在这种不理性的情况下他选择了红酒这个项目。但要开起一个大的红酒店面至少得50万元的投资，他没有这么多钱，只能想别的办法。2004年6月份文化路上的欧凯龙家具店刚刚开业，且属于高档家具馆，曾经因为在门口树牌子"年薪低于10万元的人勿近"而引起一片质疑声，进出这个家具馆的都是有钱人，他觉得可以很好地利用这个平台来卖红酒。他就和里面的老总谈，最后的协议是不要租金，每个月直接从销量中向商场返利。他之所以选择这个地方，一是因为进出这个地方的都是有钱人，现在有知识和有品位的人都爱喝红酒，他们可以为红酒打开销量；二是不要租金，不用二次装修，直接摆上架子就可以卖红酒，等于是在这里找了一个合伙人。他说："当时是自信满满，胜券在握的感觉，仿佛看到了胜利的曙光。"他联系了法国的波尔罗公司，做它的红酒区域代理，2004年10月份他的红酒在欧凯龙上架，他往里面投入了10万元。但生意并不像他想象得那么好，一个月下来的盈利还不如在光彩市场卖的奶茶，前三个月基本上就没有什么利润。他认识到顾客不相信这种外国的红酒，更加相信超市里面的张裕红酒。商场看他三个月没有盈利，开始向他收取硬性租金，如果收取硬性租金，还不如开独立的门店，不受商场开店、关店时间的制约，但他没有钱开独立的门店。这个时候，他开始找合伙人，以前在银行时他认识一个客户，他知道这个客户也是做酒行业的，他找到了她，给她说了很多红酒未来发展的好趋势。她被说动了，找了一个更大的投资人，这个大投资人投资30万元，她投资了8万元，他带着10万块钱的货从欧凯龙撤柜了。2005年初他们将店面选择在了babybody这个大的娱乐场所旁边，"酒是一个高利润的行业，红酒的利润更是高，红酒行业只要有生意就可以赚钱，但红酒行业又是一个文化行业，因为前期投资量大，所以可能投资一年都不会有回收"。他的这个红酒店的固定会员只有50多个人，生意很不好，"红酒这种单独门店的生意在中国还发展不起来，中国更多的是白酒文化"。另外，因为是两个管理者，大的投资人是女孩找来的，所以女孩说话的权利更大一些，他时常会和她产生矛盾，比如员工上班时间、产品定价、礼仪服务管理等等。店里也总是招不到好的店员，找不到好的员工，因为这种店的薪水比较低，只能聘到高中学历的一般员工，不像肯德基可以按小时计钱，聘请大学生。综合种种原因，从开店的那一天就开始在赔钱。他往里面投入进的10万元也血本无归了，三年的时间他坚持干这一件事情，但最终还是没能成功，说到这他垂头丧气，不愿意过多提起这段失败的经历。店是在2008年年底关门的，但他在2008年年初的时候就不怎么去店里了，往里面投入的10万元已经不指望收回来，他开始与家里的叔叔做兽药生意。这是一个家族企业，他主要负责往各地市推销兽药，天天都是和猪厂老板、鸡厂老板打交道，他不喜欢这样的生活，天天就是各地跑，这不是他追求的理想的生活方式，他还在看能不能做别的生意。

三、社会关系网络的现状和变迁

他从国有企业出来后通过亲戚的关系进入了银行工作，因此，早期他找工作的渠道主要是通过亲戚，没有自己找过。但在银行工作并不顺心，就出来自己创业。他的交往网络主要是早期在银行工作积累下来的客户，以及做生意时认识的朋友，后来开红酒店发展的那50个会员主要就是他发展的，大部分人是他主动联系的。现在他主要打交道的就是各地市卖兽药的经销商。他的业余生活也很丰富，最主要的活动就是吃饭，或找三五个人去茶吧打牌，他一直都很积极地维护这些关系，为自己的生意铺路。

四、对城市社会的参与情况

2001年他家里人给钱在郑州买了房子，出来做生意的时候又买了车，他说："车是交往的一个主要工具，没有车，办很多事情都不方便。"虽然有固定的住所，但他并没有参与城市社会的经历，"天天自己的事情都忙不过来，哪还有时间管那些事情"。

五、社会保障情况

（一）户籍情况

他从部队转业回来被分到国有企业后，户口就迁到了郑州，他2001年就买了房子，户口转到了辖区内的派出所，因此，不存在因为户口而带来的麻烦。

（二）医疗、养老、工伤以及其他保险情况

他在国有企业的时候，单位为他买了三金，后来从国有企业出来后，就没有继续交这些保险。但他对这些保障不是很在乎，而且他把钱都投在了生意上，没有钱也没有意识要买保险。他说等年纪大了，可能才会考虑各类保险。

六、未来规划

他现在并不年轻了，但从来没有想过再找工作，准备一直做生意。做了三年的红酒生意虽然最终失败了，但这三年的时间让他积累了丰富的经验，也积累了很多的客户，这些都是他以后做生意的宝贵资源。他目前和叔叔家合做兽药生意，这是一个家族生意，内部管理十分混乱而且很复杂，他不喜欢里面的环境也不喜欢这样天天跑外地的生活方式，只是暂且在这个生意上过渡一下，边做边找机会寻找更好的项目。

案例编号：郑州—经营型—006

访谈对象：杨先生，45岁，河南信阳人，初中学历
访谈时间：2009年8月2日中午
访谈地点：某饭店
调查员：董玥玥

一、访谈背景

杨先生是我通过家人认识的一位叔叔，他和我父母的关系很好，目前在郑州这边做生意。打电话和他说明来意后，他很爽快地就答应了。之所以选择他为访谈对象，是因为他从90年代末就走出了农村开始自己做生意，在各个行业奔波，经历十分丰富。目前，他在郑州做生意，挣钱主要是为了供三个孩子上学，大女儿明年大学本科毕业，二女儿今年考上了一所大专学校，三儿子还在县城里面读初中，老婆在农村没有出来，种种地、喂喂猪，他的户口还在农村，说等到三个孩子可以自力更生后还是会回到农村生活，不愿意在城市呆，他从农村走到城市最后又想返回农村，很具有代表性。

二、迁移及立足过程

他出生在农村，初中没有毕业就不上学了，在家里开始做起繁重的农活，他是家里的老小，弟兄三个，家里共有九亩地，一年的收入只能维持温饱，别人家里都盖起了楼房，他家里还是破破烂烂的三间砖瓦房。他17岁就结婚了，有三个小孩，前两个都是女孩，第三个是个男孩，经济负担十分重，光靠种地连孩子的学费都承担不起。1998年因为孩子要到县城上初中，他来到了县城租房子住，做些谋生的行当，当过搬运工、修过自行车、开过羊杂馆，日子过得十分潦倒。他人生的转折期是在2001年年底，他跟随几个朋友做起了客运生意，起初只是跑跑短途，后来有了资金，就把钱投入到长途客运上，积累了第一笔资金。目前，他做生意的模式是把资金分散投资到各个行业之

中，哪个行业能赚钱就把钱投入进去，现在大部分资金都投资在客运生意上，主要是经营从固始到郑州的客运生意。他一般不跟车跑，大部分时间长驻郑州做些小生意，比如水果生意、大蒜生意、钢材生意、墓地生意。

（一）1998年9月—2002年年底：从农村走到县城，谋生阶段

1998年，他的第一个孩子要上初中了，大孩子学习成绩特别好，考上了县城里面最好的中学，那时候还没有实行九年义务教育，他很发愁孩子的学费，"教育是孩子一辈子的问题，就是再穷我也要让孩子上学"。1998年9月孩子开学，他也跟随孩子来到了县城，在学校旁边租了一间小房子，边修理自行车边照顾孩子上学。他的老婆还有剩下的两个孩子都在农村，没有带到县城，那两个孩子在农村上学，家里面还有老人要照顾，还有地要种、猪要喂，经济条件也不允许他拖家带口去县城，他周末的时候带着大女儿骑着破自行车骑上一个多小时回农村帮助家里干干农活，周日晚上再带着大女儿骑上一个多小时的自行车回到县城，日子过得十分辛苦。他来到县城一方面是为了照顾孩子上学，另一方面也是为了找个谋生的行当，多挣些钱。他在学校的旁边摆了一个修理自行车的小摊子，做的是小买卖，打个车气1角钱，也帮别人换换破胎等等。"夏天热个死，冬天冻个死，除了撑在头顶上的一把破伞，没有任何遮风挡雨的地方"，一天也就几元钱的收入，只够他们父女两人的生活费。"我是乡下人，有的是力气，一些装卸工的活我也会去干。"他的自行车小摊子旁边有家做编织袋批发生意的，一有货到，他就开始搬运成捆成捆的编织袋，找个麻袋往身上一披，开始来来回回扛着这些庞然大物，扛一捆编织袋给1角钱，多劳多得，少劳少得。"体力透支扛不动的时候，就给自己鼓劲，再扛一包就能多挣这1角钱，再扛第二包、第三包……"扛完袋子往往是累得饭都吃不下去，但看到大女儿学习成绩那么好，心里就有了一丝丝安慰。大女儿上初二的时候，他对县城也熟悉了，就想做些别的生意，毕竟修自行车、扛大包都不是长远之计，家里还有两个上学的孩子。他最开始是在学校旁边摆了个卖早餐的小摊子，主要是卖包子和粥，没有门店，就在路旁摆了几张桌子和椅子，每天早上4点就要起床做包子，馅儿和面都是头天晚上都要准备好的，不然第二天一早来不及，6点的时候准时把摊子摆好，学生都是上完早自习出来吃饭，生意挺不错的，比修自行车、扛大包挣钱，差不多每个月可以挣500元左右，他特别知足。后来，又在学校附近租了一间门面，除了卖包子还卖羊杂汤，这样不仅仅早上可以做生意，晚上也能做。但就是太辛苦，一个人根本忙不过来，后来就雇了一个伙计，自从卖羊杂汤后，除去房租和每个月的伙计工资，一个月还可以挣1000元，比在家种地强得太多太多了，也就是从这时起他决定再也不会回家种地了，一定要闯出个名堂出来。这种小生意虽然比在农村种地要挣钱，但因为家庭负担重，上有老，下还有三个孩子上学，所以每年挣的钱基本上没有结余，他就开始想经营其他的生意。2001年年底，他农村的几个亲戚准备凑钱买一辆二手的小中巴跑农村到县城的客运，他也往里面投资了1万元，但不跟车跑，只是投资，仍然继续做着饭店生意，只等着年底分红就可以了。那时候小巴很少，生意特别红火，基本上每天来回都是满员，2002年年底的时候他分红分到了1万元，100%的利润，做着自己的小饭店生意，不用操心，年底就可以分到利润，他看到了这一行丰厚的回报，这样赚钱特别快，他开始在这一个行业寻找商机，寻找更大的发展机会。

（二）2003 年年初至目前：从县城走到城市，跑客运、做生意阶段

2001 年他的大女儿已经上高中了，在学校住校，可以自己照顾自己了，因此，他想转让学校附近的这个饭店，把资金全部投入到客运上。毕竟饭店挣的是辛苦钱，而且利润低，客运不是特别辛苦，而且是个高利润的行业。2002 年年底，他以 1 万元的价格转让了开在学校门口的小饭店。2003 年年初他在家过年的时候就和家里的几个亲戚商量跑长途客运的事情，长途客运更加赚钱，如果跑得好，一家每年分个 5 万块钱绝对没有问题。他们看准了从固始到郑州的客运，九家合伙，买一辆新车回来需要投资 80 万元，他们九家只凑了 50 万元，还有 30 万元以新车为抵押从银行贷款。他转让饭店的钱再加上家里这么多年的积蓄以及和亲戚可以借到的钱总共 7 万元全投进去了。2003 年的时候从固始到郑州的客运生意没有联营，所谓联营也就是所有从固始到郑州的客运车联合经营，获得的利润按投资的大小分红，因此，抢旅客打架事件时常发生。起初，他跟车卖票，也是抢旅客的关键人物，有一次和另一辆车抢旅客发生冲突，头都打破，40 岁的人了被送到医院缝了 3 针。"做我们这一行业的都是街痞子，入了这一行不会骂人也学会骂人了。"后来，他长期留在郑州做一些相关的工作，比如车到站了刷车、打扫卫生、检票等等，不再跟车跑了。2005 年 9 月份，银行的贷款还完后，他们又继续以新车为抵押上了第二辆从固始到郑州的客运新车，这辆车上得不像第一辆车那么容易，等待他们的是一场持久战斗。他们上的第二辆车是从固始到郑州北站的白班车，以郑州的北站为停靠点，而郑州北站本来就有了从固始到郑州北站的夜班车，上白班车自然会抢到夜班车的生意，夜班车的老板不同意，"第一次投入营运的时候，夜班车的老板不知道从哪弄出来几个老太太睡在车前不让车走，你也不敢动那几个老人，一动他们肯定就说被打坏了，要住医院不起来，新车接了半个月硬是没有投入营运"。一方面，夜班车老板采用这种无赖的手法拖着不让车营运，另一方面，郑州方面也不给白班车办理相关的证件。白班车这边也是在郑州积极地找关系，最后从郑州找关系不行了，直接从北京找关系，直接压着郑州这边，硬是把事情给办成了。这次上白班车找相关领导送礼花了 6 万元，才上成车。"各行各业都不容易，每个行业都有自己的辛酸。"两辆车跑还这一辆车的贷款，差不多两年左右的时间就把车贷全部还清了，2008 年年底拿到了第一笔分红的钱，两辆车在一起分红得到了 7 万元。从固始到郑州的客运车在 2008 年年初开始联营，管理全部规范化，打架的事件再也没有发生，2009 年年底预计分红可以得到 10 万块，生意越做越红火，客运生意是他收入的主要来源，也比较稳定。

2005 年年初的时候他就长期滞留郑州这边做生意，客运车是九家合伙，司机和卖票的都是合伙的老板，他也放心，只用每个月核算一次费用，不用操太多的心。"郑州这边路子宽，容易找到生意项目"，因此，从 2005 年年初到现在他在郑州做过水果生意、大蒜生意、钢材生意、墓地生意。郑州这边有个同乡搞水果批发，2005 年年底的时候资金不够找他合伙，赶上个好时候，"正赶上过年，水果生意特别好，基本两天一车货都卖空了，2006 年我过了个肥年，短短两个月挣了 4 万块"。2005 年到 2007 年的生意都不错，但 2008 年年底的时候赔了，水果价是一天掉一次，最后赔了 2 万元，这 2 万元不算什么，赔得最惨的是大蒜生意。他除了做水果生意，大蒜季节还贩大蒜，大蒜生意从 2004 年开始就十分火爆，他的一个朋友在 2006 年去山东贩大蒜每斤的收购价

才 1 元多，3 月份的时候卖出价为 4 元多，一下子就有 3 倍的利润，2007 年他投了 10 万元，也是 100% 的利润，又挣了 10 万。2008 年的时候，他投入了 20 万，但这次血本无归。2008 年，他每斤大蒜的收购价是 1 元多，最后跌到了每斤几分钱，他和几个朋友总共 100 多万元的货全部在冷库里面放着，最后算算如果按几分钱全部卖出去的话，连租冷库的钱都不够付，最后冷库钱也不付了，货也不要了，打打包从山东走人了，他投资的 20 万元是血本无归啊。因为前几年大蒜生意太好了，种植面积扩大，山东那边的蒜乡的冷库和储存库都多如牛毛，无序的市场经济导致了大蒜价格暴跌，那些蒜乡到处都是倾倒的大蒜，蒜气熏天。说起他的钢材生意也是部辛酸史，前几年房地产生意炒得火热，建材价格大涨，到 2008 年也是开始急速下降，现在他还有 10 万块钱的钢材压在手里面，没有卖出去。不过墓地生意倒是让他赚了一笔钱，只要墓地能卖出去，基本上一转手挣个几千块绝对不成问题，他去年花 2.8 万元买了一处好风水的墓地，一转手就卖了 3.8 万，他现在来回倒腾墓地特别起劲，也给他带来了不菲的收入。他现在在郑州这边是广泛投资，有赚的也有赔的，但还是赚的多，经过十年的时间他从一个农民彻底蜕变成一个地地道道的生意人。

三、社会关系网络的现状和变迁

他白手起家，从修理自行车到现在投资很多行业全部是靠他的辛苦和魄力换来的，如果当时没有走出农村来到县城，就不可能走进城市。他目前在郑州的朋友特别多，各行各业的都认识，这些做生意的渠道也都是朋友之间互相提供的。"越有钱就越有钱，越穷就越穷"，有了人生第一笔生意，有了第一个生意的交往网络，就会有第二个、第三个……因此，生意上的朋友是他主要的交往网络。他会积极地维护这些网络关系，喝酒、吃饭、洗澡、打牌是他主要的业余活动。他在外面做生意，没有带上老婆和孩子，现在只是生意的起步阶段，没有条件带上老婆和孩子，如果在郑州买了房子，再把老婆和孩子带过来，就没有钱投资做生意了，没事的时候，他也会跟着车回家看看，但大部分的时间都在郑州这边。

四、对城市社会的参与情况

他在郑州这边租房子住，租的是两室一厅，孩子放暑假的时候过来有地方住。"我对城市社会没有什么参与，其实我就是一个农民工，没有什么文化，也不会参与这些活动，我来郑州的主要目的就是挣钱。"

五、社会保障情况

（一）户籍情况

他的户口在农村老家，在郑州这边做生意也没有遇到因为户口带来的麻烦，有些生意只需要身份证，户口在哪无所谓。目前，没有在郑州买房子的打算，一是没有钱，二是先要把三个孩子安置好再说,以后最大的可能性还是回农村,如果不想在农村住了,就搬到县城,但在郑州安家的可能性很小。"不觉得郑州好,空气不好,吃的也都是含大量激素的东西,没有老家好,老了还是回老家,几个人在一起打麻将,在外面受什么罪。"

(二) 医疗、养老、工伤以及其他保险情况

他有医疗保险,但是没有养老保险,"我对这也不是太在乎,现在身体都好,主要是挣钱,等到老了再去买保险"。他嘿嘿地笑着,看得出来他对这不是太在乎。

六、未来规划

"也没有什么具体的打算,就是想生意能赚到钱,能让三个孩子生活得很好,我这样辛苦也都是为了孩子。"作为一个父亲,他最大的愿望就是三个孩子能生活得好,生活得快乐,不因为学费而发愁。他做生意就是哪能赚钱就投资,赚上一笔,再投资,没有做实业、做长远生意的打算,按他自己的话说,这都是"小打小闹"。他未来没有在郑州安家的打算,经济条件也不允许他在郑州这边安家,家里还有父母要照顾,最小的孩子还在上初中,经济负担十分重。现在就是赚钱攒钱,等到哪一天生意做不下去了,还是愿意回到家里,"把三个孩子供出来太难了,哪还有钱在郑州安家"。

案例编号:郑州—经营型—007

访谈对象:高总,男,36 岁,河南周口人,小学学历,主要经营建材生意
访谈时间:2009 年 7 月 12 日下午
访谈地点:黄河路上岛咖啡
调查员:段一珂

一、访谈背景

高总是我一个叔叔的材料供应商,叔叔认为这个人符合我要访谈的要求,因此就和他约了时间见了面。这个人的特点:第一,家是农村的,是典型的经营型移民,来郑州的原因很明确。第二,从小就没正经读过书,很早就下学,在家独撑一面,从没给别人打过工。第三,个性特征很明显,又和叔叔关系好,很豪爽,容易获得所需要的访谈信息。

高总最大的特点就是非常霸气,豪爽,仗义,不拘小节,适应能力很强,做事做人又不失精明。之前没见过高总,那天一进咖啡厅,就见一个人戴着墨镜,穿着 V 领的浅灰色带花的 T 恤,坐在对面,我都没敢打招呼。还好他很豪爽,眼镜取下,原来眉

头、眼角都有刀疤，胳膊上有刺青，看着很像黑社会的打手。当时我感觉对这样的人进行访谈很难有成果，所以有些泄气，好在后来他还是很爽快地讲了他来郑州的情况。

二、迁移及立足过程

高总小学毕业后就不再上学了，他贪玩，经常和同学打架，很霸道，看谁不顺眼就打，有些鲁莽。家里在乡里的菜市场卖猪肉，他很小就掂刀了。12岁左右就可以一个人在家里的门面上撑摊子了，有时也跟着父亲去屠宰场买猪。家族成员没有在政府机关等正规单位上班的，都是种地的，他家是唯一做生意的。将屠宰场里嗷嗷叫的猪一棍子打死，然后开膛剖腹，这样血腥甚至残忍的场面，高总习以为常。因为在菜市场上，他很霸道，抢生意很厉害，不免发生口角、争斗，父亲又管不住他，所以给了他1万块钱，让他在县城边承包了个小型屠宰场。

高总动手能力很强，自己带人下村收猪，雇了4个人，两个13岁的小孩，两个四五十岁的成人。他的猪都打过水，因此也比较赚钱。因为整天和血腥的事情掺搅在一起，所以他有很强的暴力倾向，十分具有攻击性。他总是大事小事不断，进派出所是很正常的事。名声当地无人不知，他说老家10里地以内都知道他。1994年20岁的他终于娶到了媳妇，媳妇是特别好的那种人，从不说他半句。1997年有第一个小孩。高总毫不避讳那年他开始兼职做传销。1999年底高家又添了个宝宝。

（一）初到郑州

2000年3月份，他和另一个乡的人抢生意，那人在县城有亲戚，亲戚所在单位买猪的时候就只买那个人的了，高总很恼火，就掂刀把那个人的胳膊砍断了一条。对方当时就放话要他两条腿，没等派出所找上门，高当天拿着钱款就到郑州了。除了媳妇，其他家人及亲戚朋友都不知道他到哪里了。派出所去他家找他，还没上门，就被村长拦住，说他多少年都没回过老家了，后来此事风声也渐渐过去了。

因为是出事才被迫离家来郑州的，因此高总不敢对郑州的朋友说，也不敢住酒店，直接租了个民房。在街上晃荡了一个月，他觉得钱要不够用了，还不敢回老家。于是去八里庙一个屠宰场应聘，屠宰场的人问他会干啥活，他说这个车间从东头到西头的活他都能干，那人看他那么狂，又见他那胳膊上有刺青就婉言拒绝了。高总又去二马路的劳工市场，也没找到合适的工作，自己没啥技术，又不想当保安，找不到工作主要还是因为他看起来就像黑社会的。倒是在二马路有个搞传销的看上他了，把他领到南三环，还住了一晚，第二天他就走了。又过了两天，他觉得再晃悠下去不行了，就买了个三轮车卖菜。从陈砦批发，拉到南郊卖，来回40多里地，一天挣30元钱。他恼得一头火，干了不到10天就不干了。这时他又开始卖水果，不到半个月，也不干了，和在家里开屠宰场相比挣钱太少。

他到处转悠，找市场，找可以做的事儿。在东郊，一个菜市场边，有租门面房的，他问了房租，讨价还价后，就租下来了，他准备卖啤酒。那是个辛苦活，挣的其实是搬运工钱、装卸钱，啤酒本身没利润可赚。一架也就是赚2毛钱。他在这个市场做了一年左右的时间，挣了点辛苦钱，就把媳妇小孩接了过来。当然他在那个市场还是那种很霸的名声，经常吵架抢生意，但也没人敢砸他摊子。

（二）大打出手进班房里了

一次他和人争生意，大打出手，把那人锁骨打断了，虽是轻伤，但这次立马就被警车带走了。关进郑州一个知名监狱的班房里。这种嫌疑犯，定罪之前都是在一个30多人的大号班房里住，监狱里都有很多潜规则，活人进去都得半死出来。而他根本没觉得什么，因为他已经很熟悉这种环境了。在进班房之前，经过不同环节四次搜身，高总有1200元没被搜出来，这简直就是奇迹。班房里是一个大通铺，里面有很苛刻的规则，是狱警所默认不管的。比如刚进去的，得把衣服脱净，一件不留，牢头也就是班房的老大，会指示人搜身。牢头是老大，住的是离厕所最远的一个铺位。二号是管事的、指挥的，三号是被称为班长的，是专门听号令打人的。高总一进去也遭遇强行搜身，从他身上搜出1200元，牢头和手下的就立马明白了，这人有点本事，不是第一次进这种地方。但是这1200元理所当然给牢头上菜了。也正是这1200元，让高总3天后就当上了牢头的打手班长。

在那里边，不仅有社会上的边缘人士、危险分子、吸毒的人，还有银行行长、局长等各种类型的人。那些人有的住进去住得不想出来了，住2年、3年的都有。高总从小就杀猪，天天都要掂几头猪甩在案板上，力大无比。因此他对打人简直是太有一套了，他知道怎么打人，不留皮外伤，而是伤其内脏。他说那里边进来挨打的主要是那些局长类的，之前身份地位很高，进去后落差太大，适应不了。其实打他们最主要的目的是防止他们自杀，里面两个班长是白天、黑夜轮流值班的，一定程度上在代做狱警的工作。他说那里面也有让人看了就反感的人，谁看见都会踹他几脚玩玩，但是他们都不招惹吸毒的人，那些人太赖，和他们还是有区别的。如果打架，就一定要狠狠地打，直到对方跪地喊爷爷，在这里边，如果一次不把对方打怕，他还会挑衅的。还有，班房门外就是风场，但是只有10个左右有地位的才在房里吃饭，其他都在外面吃，冬天也是，高总就是在里面吃的其中之一。平时干活是做彩灯的接线，他说街上的一串一串彩色小灯都是班房里的人做的。

也正是在这个班房里，高总认识到两件事。第一，强中自有强中手。自己打架再厉害，平时一个人能打3人，但是别人会过来5个人打你一个，如果你能打5个，对方会过来10个打你一个，直到把你打死，这是很现实的。第二，他说话开始收敛，不再像以前那样动不动就爆粗口。在那里面，平时都不怎么说话的，因为你不知道哪句话就得罪人了，对方可能听到你哼一声，就会打你的。虽然他是班长，但还有很多惹不起的人，他们之间也是相互制约的，只是牢头这边势力更稳定、更强大些。高总在班房里的时候，还是想出去的，他开始了解法律相关知识，也是在那之后，他学习了很多法律常识。

他和牢头关系好，没受过委屈，他让牢头帮忙联系狱警给家里带了封信，报酬是150元。内容大概是在里面很好，不要担心，要家里人花点钱把他弄出去。他家人花了1.5万元。20天后，他被释放，连牢头都不太相信他能那么快出去，很佩服他，觉得他肯定有背景。我问他如果1.5万元不能把他弄出去，家里需要花10万元才能把他弄出去，他愿不愿意让家里花这么多钱，高总说那咋不愿意呢。如果不弄出去，走到法庭审判那一步，就不好办了，需要花更多的钱。即使花了10万元，他能出去的话，自由了呀，一年就可以把钱赚回来，如果关三年，他得少挣 50 万元。看来高总也是知道自由的可贵的。

（三）出狱后开始谋发展

出去后，他的啤酒生意持续了一年多，也就是从他出去后，那个市场再也没人敢和他抢生意了，但是他也没赚多少钱。他开始考虑做其他的生意，他觉得小孩大了，得存点钱上学用。2003 年底他觉得郑州的工地越来越多，房地产开发已经初现商机。他开始做水泥大沙的生意。

这个行业也是很辛苦的，但是他在这个生意上开始赚到钱了。一年后，他租了块储备局的地，盖成仓库，转租出去，这个是他的一个额外收入，但是回报很是丰厚的。

高总说在我读书的学校东门，盖家属院时，他在那边租了有 5 间门面，两间转租给卖瓷砖和厨卫的了，剩下 3 间作为他的一个销售点。平时他内弟在那里照顾着门面。一次他正好在店里，来了群人，把旁边几个门面的条幅都划烂不让卖了，但是他看起来更像个黑社会的，他们没有划他的条幅。但是不到半小时，来了辆越野警车停在他门口，下来一个人问他，这个店谁是管事的，他说管事的不在，他给人看摊的，问对方什么事，对方说这里不让卖了，这些门面房得拆掉，是违章建筑。高总说那你找房东说，那人转身对车里说，李所长，这边让找房东。一个很有领导派头的人下了车，没等他说话，高总上去主动跟领导握手，并解释说如果拆房需要找房东。高总没等他回答，就说领导贵姓，请留下名字、手机号，回头给房东转达。对方一听要手机号，转身就要上车走，高总立马站在车前头，不让走，坚持让其留下手机号。这时其他几家卖水管、涂料的也都过来围住警车，不让他们走。那些人看阵势不对劲，就答应不拆房子了，然后走人了。这次事件后半年，高总在平顶山正跑一个工程项目，接到内弟电话，说有人要拆塔吊，不允许在院里继续干了。高总当时没办法，一时赶不回去，就对内弟说别跟他们硬顶，让他们拆。但是那群人也就是恐吓了一下，并没有拆。但第二天高总就回到郑州，带了 19 个道儿上的人，乘两辆奥迪 A6、一辆丰田商务车，到工地上，找到那群人，那个带头的一看高总的阵势首先软下来了，就说是场误会。后来高总那里再也没人敢去踢摊子了。

现在高总不仅做着水泥大沙的生意，还承包有工程活，但是没有注册公司，是别人承包的再分包给他做。高总还有仓库出租，每年有大额的固定收入，还有工程用钢管脚手架等出租业务。赚了不少钱的他买了辆奥迪 A6，也买了两套复式商业住宅，另有两套是投资用的房子，但是买的时候正是商业住宅价位走高的时候，虽然没赔，但是也没赚，把资金固定在那里了。他都是一次性付清的，他说不喜欢欠债的感觉。

三、社会关系网络的现状和变迁

高总的社会关系网络非常庞杂，可以说是黑白两道都打交道。刚开始他认识的人只是社会层次比较低的弟兄，从事经营棋牌室，或者相同行业的人，也有脾性相投的弟兄，还有在逃缉拿的案犯。后来随着生意的发展，认识的人更多了，圈子更大了。他说对于那些相关部门的政府工作人员，他经常请他们吃饭喝酒、打牌，时不时送些礼券，他觉得这是正常的，不要跟社会过不去，看不惯这些事。后来几年他涉足基建工程，虽然只是分包，但是牵扯要账难的事，必须和领导接触。因此他认识公安厅几个领导，税务部门及建设厅都有认识的领导，有时一起打牌、喝茶、去洗浴中心、唱歌。他的父母都跟着来郑州了，毕竟小孩上学需要老人照看，老人脾气都特别好，因为管不住他，对于打架这些事，老人不怎么唠叨他。媳妇也是特别好的人，洗衣做饭，公司的账务也帮忙打理。他前些年会经常回老家，最近两三年回得少了，觉得已经没有啥可联系的了。一些道儿上的弟兄，最近几年玩儿的不是那么多了，生意忙，不怎么联系，有几个联系的，也顶多半年见次面喝个酒。他说现在生意做得和以前不一样了，得和上层社会的人多交往交往，不能老和那些人搅活着瞎玩了。

四、对城市社会的参与情况

高总没有参与过社会上组织的公益活动，租住都市村庄时村务选举等也没参与过。他也不关心这些东西，他认为这和自己的生意没什么联系，管那么多干吗。他在以前是法律意识很淡薄的人，对这些事务缺乏主观的行动意识。现在买的房子在高档生活社区，但是他根本不关心这些，业主登记写的是妻子的名字，有什么事情都是妻子出面。

五、社会保障情况

(一) 档案和户籍情况

高总一直以来都没有档案，就是入狱，也没有档案记录，他说这都是花钱的事，要不警察吃什么。高总妻子的户口去年迁入了住房所在地的派出所。户口所在地划的学校不太好，他花钱让小孩去了实验学校上学。这是个很麻烦的事，但是有钱有人都可以办得到。他说有专门吃这路的。他户口不在那个地方，但是可以花3万元，把户口办进那学校附近的小区。那边有些房子很破旧，实际没人住，都是转手几次给有小孩上学的人了。但是也不用把房子全款买下，只用给吃这路的人一部分钱，就可以把户口办到这个房子这里，把小孩的户口也一并迁入这个地方，学校查得再严，也不影响上学。他说学校查得严还不是想多收钱。

(二) 医疗、工伤、养老以及其他保险情况

医疗这块，因为他没有注册公司，所以也不用给手下跟着干活的签合同、交保险，出事了都是私了，直接给钱。但是他自己是买了商业保险，他说不定哪天会出个啥事。他每个月的保险费需要9000元，不仅自己买了，还给老婆孩子买了。他说保险这个东西，跟人的生活档次有关，你达到这个档次了，自然就需要买保险了，并不是为了给朋友帮忙才买的。

六、未来规划

对于未来的规划，高先生说他没有文化，有很多机会转行，但是自己干不了，就放弃了。不过他说现在一直在寻找新的项目做，希望能够稳定些，一年赚个五六十万元的，不需要这样费心催款。现在这活虽然脏、累，但是时间是自己的，想睡到几点都可以，给别人打工太死板，都卖给人家了。他说自己没上成学，但是孩子肯定不能耽误了。他现在很骄傲，大儿子读初中，在学校学习成绩都是班级前10名，小的读小学，学习也好。他说他手下有个跟着他干活的开封人，大女儿学习非常好，当年考了开封状元考入北大，她弟弟读高二。只要弟弟考试没得第一，得了第二或第三，姐姐就照弟弟脸上扇耳光。高总说老大一定要先培养好，那样老二就不用费心了。

案例编号：郑州—经营型—008

访谈对象： 闫先生，30岁，河南省开封县人，初中学历，河南某维权杂志维权首席记者，水厂厂长，大喇叭DM直投老总
访谈时间： 2009年7月8日上午
访谈地点： 河南省新闻出版局办公室
调查员： 段一珂

一、访谈背景

打电话说明情况后，闫先生爽快地答应了接受访谈。之所以访谈闫先生有两点原因：第一，他个人经历非常丰富，家里没有任何关系背景，完全靠自己的奋斗在郑州取得了一席立足之地，符合访谈对象的要求。第二，他很会做事，本身也是记者，对于访谈很配合，也有事找我帮忙，所以很容易进行深入访谈，可以获取访谈所需信息。

因为之前打过交道，对于闫先生的特点有所了解：性格豪爽不失幽默，正直，倔强，对朋友义气，有胆略，敢说敢做，不相信命运等说辞，对事物善于总结。闫先生的性格倔强是因为对于贫穷很敏感，他小时候家里经济条件不好，日常行为表现得具有攻击性，也因此使得他的经历不同寻常。

二、迁移及立足过程

闫先生小学的时候学习非常好，他之所以学习用功是因为家里穷，他对此很耿耿于怀，虽然家穷，但是他学习好也很自觉，周围的邻居都夸奖他，可以弥补他心里的自卑。父母都是很本分老实的农民，没有什么生意头脑。20世纪80年代的时候，邻居家

有电视，他从来不去看，认为很丢人，实在忍不住都是去路边看。其父亲觉得没什么，但是他认为这很不好，特别是父亲端着碗去别人家看电视，然后让他去把碗端回家，再端杯茶过去，他都不愿意去，认为很是丢人。闫先生说当时他很敏感，很自卑，谁说他了，就打架揍人，比较具有攻击性。

小学四年级时一次同村一男孩说他了，他把那孩儿揍得狠了，那孩儿的父亲在村口扇了他一巴掌，他非常恼怒，发誓要杀了他。同时村里的邻居、学校的老师都说那个孩子的父亲，小孩再不懂事，大人也不能打小孩呀。而闫先生更是咽不下这口气，隔几天又把那个小孩狠揍了一顿。那个小孩的父亲是村里的一个干部，家里有钱有势。这次那个孩儿的父亲不再直接揍闫先生，而是给闫先生的父亲告了一状。闫父就揍了闫先生一顿，这彻底把他激怒了。他认为，本来那家就盛气凌人，父亲不护自己小孩，还打自己，让他觉得没脸活了。于是他离家出走了。

（一）流浪生涯初始

闫先生自小是很有主见的人，非常胆大，自称野小子。时值春末，闫先生开始了自己的流浪生涯。他先是去开封市区，拾酒瓶、工地的废铜烂铁卖钱，睡楼梯道。两天后他扒火车到了郑州，在一个地洞宾馆附近捡酒瓶卖。大约半个月后的一天上午，他在宾馆旁边一个小饭店买小米粥和烧饼吃的时候，有个男的看了他半天跟他搭话。问他父母呢，怎么不上学而在街头捡废品。他回答父母双亡没人管。那个男的说有志气，自己养活自己了，于是喊他过去吃烧鸡，闫不予理会。那人说那个烧鸡没人动过的。他还是不理会。对方又问他想上学不，他说想，问他如果有机会让他上午干活挣点钱，下午去读书，愿意去不。他很肯定地说想去。于是那个人说如果哪天想去，就去河北大城有个砖厂，说找他刘某就可以了。刘某是出差来郑的，正在等火车回去。而闫先生对于此事很是上心。他吃完饭立马跑到陇海西路地下道那里，从旁边的斜坡爬上火车经过的铁轨旁边。又顺着铁轨往火车站方向跑，在快到火车站的地方，看好往北去的火车就扒上。到了石家庄下火车（火车上有查票的，旁边的人跟他说查票的来了，他就趴在座位底下），又转去大城的长途车。沿途行程400多公里。

到了大城去了砖厂所在的乡镇，找到了砖厂。闫先生对砖厂的人说明来意，那些人很是惊讶也很是害怕，问是谁介绍过去的，闫说是刘某介绍的。砖厂那些人很慌神，在询问解释的一个小时后，在郑州遇见的那个姓刘的才到砖厂。闫先生说这时那个姓刘的表情明显也是很惊讶和害怕。他们不知道这个野小子怎么这么快就摸到地方了，而且比姓刘的到得还早。姓刘的很后怕，于是解释说厂里现在的情况不能收留他了，并且掏出一百元钱给他，在1989年左右的那个年代，这个面值是很当用的。于是他脑子里就在拿还是不拿之间斗争，但确实太缺钱了，闫先生还是拿住了。谢过之后，他起身又回郑州了，但是是买票坐火车回来的。那年他10岁。

回郑州后，闫先生继续他的旧业——卖酒瓶。持续半年多。他又遇见一个人，问他怎么回事不上学在街头流浪。他还是回答父母双亡，没人管。那人问他给你找家开飞机的咋样，闫先生知道自己遇见人贩子了，但是他觉得找个好家也不赖，真不喜欢了，就跑出来。他问让不让上学，对方回答让上，闫先生觉得只要让上学就中。并且闫先生之前觉得那个姓刘的是个好人，因此对河北人产生信任感了，这个人贩子正好也是河北人,他就跟着走了。去河北的火车上,人贩子给他买了烧鸡、啤酒,他吃得很高兴。

(二) 结束流浪把自己"卖"了

他跟着人贩子到了河北邯郸永年县一个村子,那个村子的人几乎都是以此为生计的。有专门在外找小孩卖的,就好像是找货源的,还有专门联系买家、往外推销的。刚去就有个开着汽车的男的要见闫先生,那个人家里有6个闺女,非得要个男娃。但是那个年代能有私家车的人肯定也很有水平不会那么傻的。那人问闫的基本情况,他说父母双亡。问他,亲戚呢?没有。那邻居呢?这时闫先生想,邻居再没有就说不过去了,就说有,那个买主说开车一起去老家和邻居见见。买主也是怕他日后跑了。闫先生说可以。但是心里很清楚肯定不能见,如果见,就得回家,什么都暴露了。于是对人贩子这边说,不想跟那个人走,死活就是不跟。人贩子隔天又给介绍一家买主。来者两人,一个男的不怎么说话,不问闫先生家里什么情况,哪里人都没问,只是说自己家里穷,问他愿意去不。闫问让不让上学,那人回答可以。随其来的还有个女的,还带了个听诊器,听听闫的心跳,还把了把脉,又翻着闫的眼皮看看,也看了他的牙齿和他的胳膊腿,确定闫没有毛病。闫随后站在旁边听他们和人贩子讲价钱。闫觉得自己像是头猪,被交易了。因为闫的年龄大了,又黑又瘦,开价才1000元,经过讨价还价最终500元,交钱后,闫便随养父回家了。

(三) 在河北安家闯荡

闫先生去到新家才知道,新妈有肺结核,常年卧病在床,需要很多医疗费。新爸也就是去买他的人是很老实的人,挣钱不多,还买了个闺女,比他小4岁,没有上学。在新家,家人都对他很好。闫先生很能吃苦,什么活都干。三姑,就是一起去买他的那个医生,帮忙给他联系了学校,是县里的重点小学。

闫先生非常喜欢学习,也很有心气,语文都是第一,数学第二。女班主任对他也非常好,并且一直给他灌输这种思想:你是外边买来的,以后肯定很难在当地立足,父母死后,更没人管你,应该考出去,离开这个地方。那时闫先生出走后耽误了一年的学习,但当时在班里学习很好,就想5年级时考初中。班主任不同意,当时一个班顶多有两个能考上县里重点中学的,并且老师奖金很高,班主任觉得他根基不牢,让他6年级读完再考。但是闫先生听不进去,他直接辍学,借了6年级的书,自己在家学习。离考试快2个月的时候,一个同学来家里玩,问他怎么不报名考初中。原来当年的6年级考生少,学校允许5年级学习好的学生报考,那个班主任让自己的侄女报名考试,把闫的名额顶替了。他很气愤,去学校找老师。班主任说:即使住店,走的时候也得打个招呼,你辍学也不吭声!闫先生气不过回家说了此事。家里三姑当时在乡里医疗界很有名气,而班主任在当地是教育界知名的老师,三姑找到班主任,非常霸道地对班主任讲,两天内换成俺侄儿考试。无奈班主任让自己侄女退出,闫先生参加了考试,但天不如人意,最后差0.5分落榜。

再回学校,老师也不搭理他了,在2个月内闫先生上课都不知道老师讲的啥,只想着这个事太丢人了。当时村里有个因考学落榜的人后来傻掉了,闫先生想自己不能这样也傻掉。他听不进去,干脆就带学生疯玩,把河南校园的游戏介绍推广给那里的同学玩。那边的学生一学会觉得确实很好玩，于是疯成一团地玩。就这样疯玩了一段时间，闫先生不知道怎么就又想通了，使劲学习，准备第二年继续考重点。

到了暑假，闫先生开始在村头的国道边卖西瓜，因为自己是农村的很会玩儿秤。但卖瓜很辛苦也挣不了多少钱。他老感觉有个人每天带两个麻袋，可沉，从这边经过时就买个瓜吃，吃完背着就走。晚上回来路过拿着空麻袋再买两三个瓜。闫先生觉得他日子过得太好了，于是寻思着问他带了啥，那个人不说。有次麻袋没捆扎严实，露点缝，闫先生看见是蒜苔。问他去哪里卖，回答是国道边的饭店。他想大夏天卖蒜苔，肯定不是自己种的，肯定是从什么冷库提的货。再问哪个地方提的货，对方什么都不说。于是第二天闫先生很早就收摊儿了，往打听到的附近的一个冷库奔去。到那里问，蒜苔批发多少钱一斤，对方说2块2或2块3。闫先生说卖才这个价，批发咋这么贵，然后说有人在这里批的可便宜啊。对方告知是哪个村的某某吧，他批的是不好的蒜苔，就是坏掉一部分的。闫先生说他也要这种的，对方还告知回去把坏的剪掉，就可以再卖了。于是闫先生开始做蒜苔批发倒卖，一个暑假赚了四五千块钱。自己感觉像是赚了3万块钱。

开学后，他觉得反正以后考不上也有钱赚，心态放得很平。考试前的半年闫先生到周末还是去卖蒜苔，也积蓄了不少，给生病的母亲留了很大一部分作为医药费。最后考完，是那个县重点初中的第6名。他做了正班长，还是非常能吃苦，闫先生说现在想起来都觉得不可思议。别人一到周末都回家，他一到周末就去倒卖蒜苔。还对要好的同学说有个挣钱的法儿，带同学一起去卖。结果去的人渐渐多了，国道的饭店就那么几家，也慢慢挣不到钱了。从一天100多块钱掉到一天几十块。这时他又发现去饭店送货的有个人，总是带着大纸箱子，很轻松。他就打听，对方也是不给予正面回答。闫先生就捡饭店厨房扔掉的塑料袋，一看是河南滑县的腐竹。他又发现了新的商机。河南不是自己的老家吗，他大概算了算路程远近，借三姑家的大自行车骑着就上路了。从永年到邯郸再到安阳，路程有一百多公里，他没有考虑什么只是身子前倾趴在车子上，遇见汽车，他就奋力直追那些机动大汽车。他说他觉得简直像是赛车，非常过瘾，非常兴奋，非常刺激。到了滑县那个生产腐竹的村，他问了各家的情况，就批发了20多箱。在车子上捆扎好就又上路回永年。路上摇摇晃晃的，松垮了，他就绑绑再骑，很慢，于是他拦了过路货车，回了永年。这次挣的钱是卖蒜苔的几十倍。尝到甜头的闫先生，一到周末就搭车去滑县批发腐竹。他嘴巴很甜，大叔、大姐地叫，看到别人忙不过来时就搭把手抬抬东西、卸卸货。闫先生因为第一次是骑自行车来的，一下子就在那个村里出了名，还很勤快，嘴巴甜，家家户户都对他很好，还愿意赊给他货，因此，提货量更是翻番，赚的钱也更多了。闫先生买了个奔马车，专门从事倒卖腐竹的生意。他不仅卖给饭店，还批给调料市场的商户，并且自己也开了个小调料门市，让父亲给看着店。

转眼四年过去了，母亲病重卧床不起，医药费越来越重，那几年家里都是靠他挣钱，妹妹初中上完就不上了，他高二的那年，家里财力实在难以为继，只好弃学不上了。闫先生说再苦再累，都没哭过，从学校收拾书本回家时，一出学校大门他眼泪抑制不住直往下掉。又过了半年，母亲肺结核转癌症过世了。这时闫先生觉得松了口气，只觉得身上的负担没有了。他觉得既然学也没上成，要发展还得回郑州，那里是自己的地盘。于是他谎称去北京，但转道回了郑州。调料店留给父亲经营。

（四）在郑州重新开始打拼

闫先生先是回了开封老家，一看周围邻居都盖了好几层楼了，自己家还是一层小平房，心里很不是滋味。拿出3万块钱给亲生父母盖房子，自己拿着剩余的5000元到了郑州。闫先生到了郑州，那时已是1995年了，在七里闫他租了个地下室。看到街头很多喝橙汁饮料的，他寻思卖果粒橙。于是买了书，按照书上的要求，买海藻酸钠等原料，配制出了饮料，然后开始买玻璃瓶。这时遇见中学同学在郑州读书的，告诉闫先生别做果粒橙了，做涂料吧，他舅做涂料就发了。于是他经同学介绍去见其舅舅，对方很热情地告诉他怎么配制，怎么搅拌。他在租住的村子里又租用了一个种地用的温室小棚子。开始寻思生产涂料。因为工艺简单，他很快就配制出来了88涂料。生产出来了，但是没人要，对这一行完全不懂的他，开始自己寻找工地推销。在原中级人民法院旁边的一座小楼正在装修，他做成了第一单生意。但是对方要求他给批墙。他花高价钱找了个二马路的散工，帮他把活儿干了。后来又跑了两家，都是低价给卖掉的，但是他已经知道了里面的门道，一些专业术语也都明白了，因此开始大批量生产。

过了没多久，闫先生报名考了郑州大学的成教法律专业，边上学边做涂料。但是这行很不好做，账很难要回来，他还因为要账与人冲突拘留了14天。闫先生3年成教毕业后，去中级人民法院实习了两月，觉得单位的环境氛围不适合自己就出来了。但是父母不想让他再折腾了，想让他有个稳定的工作，他觉得做涂料也不好听，就应聘去河南日报社做记者了。一次去一个床垫厂采访厂长，他听了厂长讲述自己的发家史，看着他穿着皮衣，但是都裂纹起皮了。他觉得这种人都能做成功，自己也可以。他想还是得做自己的事业，不能呆这里上班拿死工资。

于是他辞了职，反省半死不活的涂料厂的出路。他在五金电料市场转悠考察行情时，认为不能只做工地的生意，因为工地的生意全部赊账。他觉得得走零售市场。他招了几个有点经验的大学生，每月800块，在当时是很高的工资了，他们也是很卖命地跑零售店投货。他做的涂料质量不比其他的厂家好，但是他是当时第一家覆膜压线包装的，看起来很是正规。闫先生做生意很能抓住关键点，他把一元钱过塑，再放置一张印有自己品牌的奖卡，买涂料不仅有现金可拿，还可以积累奖卡。5张兑换收音机，50张就可兑换一辆自行车了。他还印传单给工地工人，推广自己的涂料，并且送货上门，即使一袋也送货上门。这都是强有力的经营手段，每袋涂料一般是15元，他的就卖到26元，并且生意非常火，批工为了攒卡，更是主动推荐这个品牌的涂料。最火的时候，门店的人都截送货车要货。

那时候20出头的小伙子，生意做这么好，是很出风头的。他因为在七里闫租的工棚，房东女儿也喜欢他，俩人也谈上了对象结了婚，老丈人是本村的人，也很喜欢这小伙子，所以闫先生的涂料厂是以非常低的成本运作的。这时他买了桑塔纳车，也买了手机，走哪里都摇下车窗，只怕别人看不见他。他说他已被冲昏了头脑。在这个村，他是别人眼里很能干的小伙子，连村干部见了都点头打招呼，没有外来人的感觉。

（五）得意忘形，投资失误

2002年生意红火的闫先生在报上看到一则报道，说七里闫的水属于优质矿泉水，但无人开发，也无人做这个生意。他萌生了投资做水厂的打算，得到村干部的支持。那时候，他觉得自己能力确实比别人强，做事不理智。村里划了20亩地，自己又画图纸。投资200多万元盖了厂房，招了170余人，工人每人一辆崭新的自行车，还有职工食堂。厂里没有一个纸片，没有一个烟头，三个门岗，进出都给敬礼，闫先生很是得意。

也就是这一年，200多万元呼啦一下就没了影，根本不够用，但是已经推到那个高处了，只能继续投资。10万元、10万元地借，无限度地往里投。在这之前闫先生的职工吃饭都是厂里财务支出。朋友一起吃饭，都是他掏钱。有人借钱他就3000块、5000块地给，没让还过。此时，闫先生困难之际，朋友哪能不管不问。闫先生向朋友都是3万元、5万元地借，亲戚也都借过了，结果还是砸死进去了。最困难的时候，闫先生说半年没发过工资，财务那边职工工资挂账21万元，女职工哭着说：闫总不是我们非得走，真是对不住您啊，现在连买卫生巾的钱都没有了。他一直对职工说再挺挺就挺过去这道坎儿了，听到职工这样的话，他都不知道怎么说了。那时，几个经理在一起大喝一通，然后抱头大哭。闫先生无奈之下，把涂料厂也卖了，以维持这边的运转。

再往后，借给他钱的人都慢慢地转成要账的了。也就在这个时候，他的妻子怀孕了，闫先生觉得自己很是无能为力，因为买营养品的钱都没有了。幸好妻子很理解他，娘家也有些钱，没让他为难。但是这对闫先生打击很大，他为了让要账的不要到他家，不影响妻子和婴儿，搬到厂里办公室住，也为了让要账的能够找到他。他说男子汉大丈夫，做事要敢当。他那时已经不怎么跑业务了，都是坐办公室陪要账的聊天，安慰那些人，解释目前情况，请求宽裕些时间。闫先生在个工厂办公室住，天天只下白面条吃，他无形之中也给了员工一些激励，但是这一住竟住了6年多。几年因为没有资金再投入了，无法买水桶，只这一点就令客户大量流失，这是他觉得最痛心的。业务上非常辛苦，可是都做了无用功了。

2003、2004年闫先生的水厂每年生产不足10万桶水，他思考着怎样改变这种局面，于是进行了改革，不让吃大锅饭了，让员工有限承包，这样员工的干活积极性都调动起来了。从2004年开始生意有了转机，直到目前闫先生的水厂还有欠款60多万元。

（六）寻找新的突破口

自从投资失误，闫先生好像一下子老了很多，但是他从精神上还是没有垮下来。去年初，以前在河南日报的同事，现在做得很不错了，邀请他去河南省法制维权杂志做记者。那时厂里的管理和运作已经比较规范了，他就重操旧业，以期取得更多渠道的支持。

直到2009年6月，不安分的闫先生看到了另一个商机，准备做DM直投，初期投资20万元。闫先生这个举动很大胆，因为郑州的DM市场目前都是不赚钱的，但是闫先生很有信心做好，他给我详细地分析了他的利与弊。他在员工工作不到一个月的时候，带他们去焦作旅游玩了3天。因为这种业务很难做，员工没做几天就会很受打击，没有信心，而闫先生正好是记者，和各地主管宣传的干部很熟，打个招呼，只用出路费，其他都免单，这个也是他的一个优势资源。闫先生说同时做三个事情，并不相互影响，而是相互补充，也是整合资源。

三、社会关系网络的现状和变迁

闫先生的亲生父母都在开封，生活习惯了，也不想跟着他在郑州住。自闫先生离家出走后，家人找了一个多月就放弃寻找了。闫先生在河北的家，其母去世后，他就离开河北回到了郑州，之后，父亲没有问过他去哪里了，是不是北京。闫先生对待那一家的父亲也是很孝顺，生意做得好的时候，一年去两三次河北的家，看望父亲、姑姑、妹妹。去年养父去世了。但是养父从买他时的第一面到去世都没有问过他原来的家里情况。后来，他开车回那边老家时，姑姑问过他情况，他觉得没什么好隐瞒的，就告诉了那个三姑，三姑也没有说什么、提什么要求，觉得他有出息就行。妹妹前年结了婚，闫先生回去给了大礼。那边家里还是把他当自己家人，一直对他很好，也许是因为他很勤快，能吃苦耐劳，完成了他的使命。其他的家人来往不多，但对他还是很好，很和善的。他在河北的同学也都失去了联系，只是邻居俩男孩偶尔趁他回那边时会一起喝个酒，他们也都还在县城里做小生意。闫先生开封的亲生父母只有他一个儿子，对于他离家出走，找了另一个家，并没太多介意。闫先生在郑州除了妻子和妻子的家人，没有其他亲戚，没有太大的家庭负担。妻子家是都市村庄的，属于老户郑州人，他觉得自己也是郑州人，但是关于融入和适应，没有太多感想。闫先生交往的大多是生意场上的朋友，因为为人很豪爽、耿直，朋友对他都不错。上成教的时候，他不怎么在学校呆，和同学联系少，也不怎么和同学联系、交往。但随着生意的起伏和工作转换，他现在结交的法律方面的人比较多。他说他的朋友，除了以前很铁的哥们，其他不怎么联系，朋友都是经过岁月的沉淀，一批一批地淘汰的。因为记者的工作环境、面对的人群很复杂，见识的多了，认识水平会不断提高，结交的朋友，各行业的形形色色的人都会有。

四、对城市社会的参与情况

闫先生现在是搞维权的，对于社会触角很敏锐，他说社会需要真的勇士。他参加过七里闫社区的活动，并且组织过宣传法制的演出，在绿城广场演出、宣传。他自己也很喜欢摄影，是摄影协会的会员，在二七纪念塔举办过摄影展。去年汶川地震第二天他和俩朋友私下请公休去汶川做志愿者，协助军人挖出8具尸体。他们自己开车去，自带食品和水，自己买救灾物资。一周后回到郑州，把车和自己都给消毒了两天。对居住的村里的选举等情况，闫先生倒是给予肯定，说很正规，没有贿选的情况发生，他的户口不在那里，也就不参与投票，再者他是记者，觉得自己过多参与这里的事务不合适。

五、社会保障情况

（一）档案和户籍情况

闫先生在河北的家有套户口，至今仍存在。在开封老家也有户口，结婚后没有迁入女方家里，他觉得户口没有什么用，就小孩上学的时候用，到时候也是掏钱能解决的事。闫先生大女儿7岁,入小学一年级了,女儿户口跟随母亲,享受都市村庄的福利待遇。学费、独生子女费都有。闫先生还有个小儿子2岁,户口入在河北,如果迁入七里闫,妻子和女儿的福利待遇都将取消,因此一直没有入过来,以后在河北高考也可有所照顾。闫先生的涂料厂是小规模纳税人,注册需要户口本原件,他当时是用妻子的户口注册的,包括水厂也是用妻子的户口注册的。闫先生觉得自己很小就离家出走,如果把户口迁出来,对不住父母,有些缺憾。

当初结婚时,领结婚证是老丈人找民政局打的招呼,没用户口本什么的,直接拿照片登记领的证。闫先生的档案在维权杂志社。因为和老板关系熟,所以属于正式员工。

（二）医疗、工伤、养老以及其他保险情况

在维权杂志社,单位把三金都给交了,福利待遇也很不错。并且因为早些年生意好,做保险的朋友上门推介,他就友情支持买了人寿的几个险,给妻子、孩子也都买了保险,都是朋友推介的,不好意思推托才买的。闫先生说自己身体很好,没有得过大病,前几年有过头疼脑热,在村里输液就好了,没去过大医院。

六、未来规划

对于未来,闫先生很有自己的规划,他说人生要规划。在这几年要把水厂的账尽快还了,要不压在心头总是个事。另外要谋发展,维权记者只是个跳板,还是要再寻机会做投资,转行。当然没有这个记者的身份做铺垫不好往前走,他在做记者的时候,一直在关注各种行业,在思考下一步棋。他说不能再输了,要谨慎。在聊到新近投资的DM,我把各种不利的因素和情况给他讲了,但是他还是很有信心,觉得能够做好,他针对各种情况,都有自己的打算和办法。闫先生说这个时代,没有个2千万元就不叫有钱,他说男子汉就应该做出一番事业来。他说如果看准一个行业,如果能做好,2年就可以达到目标,把账还清。但是这些年生意越来越不好做,高利润的时代已经过去了,只能走着看了。

案例编号：郑州—经营型—009

访谈对象：张先生,34岁,河南新乡封丘人,本科学历,郑州某工程装饰公司老总
访谈时间：2009年7月14日晚
访谈地点：西大街富华大厦其公司办公室
调查员：段一珂

一、访谈背景

选择张总作为访谈对象是因为：第一，我叔叔和他有生意往来，关系不错，我说这是学校的课题，他本身也是本科毕业，因此很高兴接受访谈邀请，所以很容易得到访谈所需要的信息。第二，张总是很精明的生意人，经历非常丰富，家是农村的，以前家里很穷，现在的成就全部是靠自己奋斗得来的，属于智力型的经营者，具有代表性。

他最大的特点就是和自己利益无关的东西绝对不去考虑和关心，十分精明，但是又很会伪装，对待朋友看事分人。他小时候为了抢四哥的馒头吃，在奶奶面前大哭，耍赖说四哥欺负他，让奶奶教训哥哥。

二、迁移及立足过程

张总兄弟5个，他排行最小，1975年出生。几个哥哥都没读成书，他自己很勤奋，考入河南农大学习园林栽培。父母在当地就是种地的农民，亲戚中没有在政府或事业单位工作的。1995年农大毕业后20岁的张总被分配到安阳农业局，虽然拿着派遣证去了农业局，但天性精明的张总并不满足于农业局的一点工资，两年后停薪留职和一个早他3年分配到安阳税务机关上班的老乡，合伙承包了一个酒店。当时市场经济刚刚放开，张总和合伙人郭某都很精明，酒店做得很是红火，很挣钱。三年后，郭某和酒店一收银员关系非同一般，并被妻子发现。妻子整天过去大闹，生意受损，而且收银员暗自在账务上动手脚，转移了部分资金，张总无奈退出酒店。

休息不到一个月，农大辅导员联系他说学校有个宿舍要装防盗护网，可以把活揽下来，让他来郑州做。这是送上门的好差事，张总来到了郑州，对此一点不懂的张，去焊铁门的地方偷学，并找了两个焊工。第一次转行做公装，就顺利地得到了第一桶金。张总回到安阳，又和农业局的领导联系，做农业局办公室的防盗网安装。就这样从焊防盗网到后来承包一个办公室装修，张迅速进行着原始积累。这期间也有张的几个哥哥在新乡给他找的活。

到2000年，张在朋友的介绍下认识了现在的妻子，并结了婚，一年后有了一个儿子。这期间张还是在安阳的装修活多，也是因为年纪轻轻就做了老板，买车买房，所以他在一次吃饭时遇见了银行的A小姐，俩人很快好上了。张觉得这种感觉和妻子在一起是不一样的，这是自己喜欢的，不是介绍的那种没感觉。张于是在家人的劝阻下离了婚，孩子归他抚养。A小姐家人话说得很绝，说姑娘就是死了也不能嫁给他。理由是他是农村出来的包工头，长得又黑又瘦也难看，并且离异带有小孩。这个事情对他打击很大，他觉得自己妻离子散，家人对他也很恼火。正值2002年底快过春节了，税务局一个工程全款结清，他又高兴又失落，喝了很多白酒。宴请结束后，他送走领导，站在酒店门外的他被冷风吹得打了一个寒颤，"咚"的一声向后直直倒下。当时他手下的一个经理和他在一起，看他倒下，立即打"120"急救。医生说他没有生命体征了，经过及时抢救醒过来的张总，以后再也不能喝酒了。当时送去医院，除经理外，A小姐工作忙不能过去照顾他，只有妻子听说后，去医院陪了他两天。他很后悔，过完年又复了婚。

（一）业务拓展，来到郑州

安阳林州的施工队在全国有名，张先生的手下都是干活干得很漂亮的工人，加上他很精明，2003年他在郑州接了个大的工程。他先是因为这个工程在郑州干了半年多，又因为某银行老总是安阳人，所以他们搭上线后，这个行里的工程装修几乎全部给他做了。他为了在省会联系业务方便，在郑州注册了个一级资质的公司。

2003年，他的业务做得很是顺利，建设厅、公安厅的领导关系都维持得不错，因此他的大单子也是不断，鼎盛时同时开工三个造价千万的工程。也就是在这一年，他天天在郑州，就是白天去工地，晚上陪领导维持关系，也因此结交了很多领导。这时他认识了一个驻朝鲜的外交人员，推荐他去朝鲜投资。他去朝鲜考察了平壤的一个最大的百货商场，决定作为那个人的合伙人一起投资。连续投资4次，总共700多万元，都因当地经济太不发达，而最终放弃追加投资，而这些投资都打水漂了。那个人总是说没有回款，事实上是那个人把钱转了。

这几百万元对于张总来说是没有影响的。他曾听朋友劝说，投资过外汇，10万美元现在缩水将近一半。对于家装，张总说不挣钱，还不够费事的，他只做百万元以上的工程，并且只做官商。

（二）事业发展期，高回报伴随着高风险

做工程这个行业，没有关系是做不成的，有时候一个工程跟踪1年才拿下。有时签过合同才知道甲方没有款，需要垫资，这时就可能撕破脸皮，前期做关系的投入都算扔掉了。他说即使当时扔掉10万~20万元的人情关系费，总比上了贼船下不来的好。他说有时一个晚上请客吃饭都上万块，还要洗澡、唱歌等，一天花费两三万块都是可能的。有时候签过合同，都准备开工了，工人、机械都到位了，甲方却没有理由地要换公司重新签合同，这一般都是上边压下来的关系。张总一般也不做二级承包商，他说分下去的活哪还有钱挣。2005年正是房地产开发商最耀眼的一年，张凭借本身的资本积累，和人合伙在新乡做了小型商品房开发，2006年是房子销售最好的一年，张正好赶上这个时机，赚了个盆满钵满。

做工程的最害怕的就是工程事故和工程款拖欠追讨不回来，张也同样遇到过这些事情。

2008年比较严重的一次砸死了个人。在一工地，晚上10点多，卸钢筋，这些建材都是需要吊机一捆一捆来回摆动着卸进去，一个脚手架的钢管被吊机运送的一捆钢筋打掉了，正好砸在楼下卸钢筋的工人头上，半个头立即没有了。被砸的是一位父亲，他的儿子和老乡都在地面配合塔吊卸钢筋，他们见状，立马打"110"和"120"。这时工地指挥立马联系张总过去。张总人没到，先电话指挥几个经理都到现场。"110"和电视台是联动的，四大电视台的记者和摄像的都很及时赶过去了。"110""120"都去了。

张总指挥几拨人，同时分工对付过来的"110""120"、电视台的和家属。首先"110"未处理完，并且人已绝对丧命无挽救余地，"120"就先走了。"110"在确定不是人为故意谋害，不是工地安全措施过错也走了。各个电视台给 2 万块也走了。家属刚谈的要 40 万元，最后 32 万元成交。问及为什么没有走正常程序上报。张总说按正常程序是得先一级一级上报，先报施工队，再报甲方，再报业主。同时还得报建委安全站，安全站再报市政府，市政府批文，组织成立一个安全调查小组进驻工地，停工整顿，调查事故原因。张总说一旦走正规程序，就没法干活了，一旦调查小组进驻就得停工两个月，延误工期不说，还得安排调查小组住酒店、吃饭，对公司声誉的影响很大。建委有规定，一年内有什么事故，按等级指标，公司得从一级资质降低到二级资质，以此类推，或者注销该公司。并且家属一般也不愿意公开化，这样他们拿到的赔款反倒少了，通过法律程序，本来可以拿 40 万元的赔款，最后可能只能拿到 20 万元。

  也有工程款拖欠要不回来的情况。一次一个锅炉厂欠装修款 40 多万元，追讨了两年，厂长说现在领导已经换人了，得找上任领导要。张总无奈之下拿合同去信访办，称如不解决就让民工上访。一个月内信访办转市长批示，又转给劳动局，劳动局又转给建委清欠办，协助办理追讨款项。清欠办给锅炉厂下通知，让双方坐在一起协商，那个厂长说得可好听了，说一定还钱，但是又说现在资金困难，厂里效益不好，没钱，要求宽限，但当时给了 2 万元。签的协议是一年内还清，可是一年快过去了，对方没动静，不予执行。于是张总手下找了 40 多个老头老太太，每人 50 元，在厂里上班前堵住大门，直到晚上下班，堵了 3 天，影响了其正常生产。第三天厂长还不出面给个说法，张又找了十几个道儿上的人，一起进厂长办公室，用两个相机对准他就照相，指着他说就是这个人。厂长当时就吓坏了，立即写了个欠款清偿协议，3 个月内还清，当场就给了 15 万元。张总说正规途径根本无法解决，没有力度，约束力不够，只有这样才能解决。

  有个门店老板欠 5 万元的工程余款不给，张气急之下拿着合同书告上法庭。法院也判了，并去执行，但是去了老板不在，张总还得请执行的人吃饭。这还不说打官司前请法官等吃饭的费用。要求去执行一次，得请他们吃一次饭，一次都得五六千块钱地花。执行的人去了也是敷衍的，去那里问了没人，就说没人无法执行，就走了。第三次执行的时候执行费 1000 元，张当时就给执行的人算作买酒钱了，他是希望以后执行得快些，但以后就石沉大海了。张说没有进入法律程序前，可以直接找甲方催要欠款，但是一旦走上法律程序，就把人给熬死了，只能去找执行的人让他们执行，不能直接去找甲方催要。但是法院的人很难缠，找他们执行，他们也不积极，自己还得贴钱进去。

  有时验收完工程，催要欠款，不仅要和单位一把手关系搞好关系让他签字，还要贿赂财务经理让他签字。但是真正干活的是跑银行的小财务，你不给她们这些小姑娘送个价值 2 千元的高档护肤品，关键环节就是不给你打钱过去。一次张没在意一个刚去没多久的小财务，领导和财务经理都签了字可以提款了，但是小财务就是说保险柜没钱，上边也没把款项打过来，让他等几天再去。等几天去，还是这样说，张派经理去跑了几次都是如此，才明白过来小姑娘的意思，给拿了 2000 元的代金券，但是只打了一半款项。张又派人送去 2000 元代金券，外加两盒茶叶，她才把款项都打过去。张说只要有点权力的人就想从他口袋里拿走些钱。

三、社会关系网络的现状和变迁

张说他现在大部分时间都在郑州,但其他地市只要有生意他在前期接触领导做工作时,还有签合同时都要过去的。他在2003年过来时有半个月时间都在酒店住,后来租了个房子,租了三个月,是河南省人民医院的家属院,一室一厅,一个月600元,家具、空调、热水器什么都有。同时买了套商品房,因为他本人就是做装修工程的,所以没多长时间就装修好了,三个月房租没到期就过去新房住了。张的妻子和孩子都在安阳。张的四个哥哥现在生意都做得不错。大哥在新乡做电梯生产,不小的企业,年收入上千万元,张总有时会顺带给大哥的电梯拉业务。二哥三哥在新乡做建材。四哥在安阳帮张总打理那边的公司业务。张总大哥家的女儿前年本科毕业在郑州一个学校教学,是张总给找人弄进去的。张总的父母早在1997年、1999年先后过世。但是张总一提到奶奶很是骄傲,他说奶奶今年110岁了,大河报、电视台都去报道了。他经常回去看望奶奶。奶奶一点都不糊涂,每次回去,还拉着他给他讲,村子东头谁家姑娘结婚又离婚了,谁家怎么怎么了。他说不管老人讲什么,只要她老人家心里有个事,不着急,心情好就好。张总本科的同学,大部分做得不错的每年都会联系、聚会,做得不好的,即使联系,也说不到一起,消费层次差太远。张总大部分时间是和业务往来密切的领导,或者材料供应商,或者各个工程队的头头交往。平时吃饭、消费娱乐活动很多,都没有在家吃过饭,中午、晚上都有应酬,有时晚上要赶两场。有时工程开工了,下边由经理负责,他比较清闲,就和要好的朋友在街上转转,看看什么项目可以投资。张总特别问我,你们学校的老师收入都如何,我说这个不清楚。他说他本科的老师给他打电话,说没事请老师吃个饭呗,他就喊几个同学请老师吃饭,老师最后还要求潇洒潇洒。他问我的老师们平时都干点啥,很清闲吗?我说这个真的不知道,只是自己身边的老师都好忙的。

四、对城市社会的参与情况

我问张总有没有参与其他社会活动,张总说以前有段时间准备弄个政协委员,但是花费比较高,就放弃了。对于小区有什么事情,他从来不问,也没时间,回家都半夜了,哪有闲心管这些事。小区前段时间要成立业主委员会,必须全体业主的信息都登记才能审批下来。于是楼上热心的律师挨家挨户登记房产证号码及身份证号码,遭遇小区内的业主几次拒绝开门,现在再也没音信了。他说这种事情都是很难办的,政府设置的种种管制条例,根本就不想让你民间搞什么组织,万一你打着旗号搞些不正当的活动怎么办,因此他对这些事情一概不理。

五、社会保障情况

(一)档案和户籍情况

他的档案现在还在安阳农业局放着。他们全家的户口都在安阳,没有办过来,觉得麻烦，也没有什么用途，不准备办过来。他倒是想把儿子户口办到北京，但是非常难办，已经一年多了，也没有跑下来。

（二）医疗、工伤、养老以及其他保险情况

张总说现在都不敢拖欠工人工资了，一个是怕他们跳楼，再一个也怕他们上访。另外国家对农民工工资这块有着很严格的规定。工程款拨付后，必须先支付工人工资。在办施工手续前，农民工工资按比例在建委压着，如果敢拖欠，建委清欠办就去封门。工人的保险是强制险，施工许可证之前都必须办理保险。但是一般有工伤，都是队长带着去医院看看，买点吃的就协商解决了。张总本人是买有商业保险的，包括妻子和孩子都有商业保险。张总的几个商务车都有全险，因为要经常跑长途或者去工地。

六、未来规划

张总投资了6套房子，在北京也买了房子，他准备让妻子带着儿子去北京。他的关系主要是在郑州，因此工程也是不断，不准备去外地了。对于未来，张总说做这一行，虽然赚钱，但是事情很杂、很多，心里很累。他想转行，投资其他的行业，如果哪个产品可以做，他入股也可以。最近他正在和人商量做快捷酒店的项目，但是考察结果不是很令人乐观，他不准备轻易投资，现金为王嘛。

案例编号：郑州—经营型—010

访谈对象：李校长，女，30岁，河南南阳镇平人，北京某网校河南分校校长
访谈时间：2009年8月23日下午
访谈地点：郑州市黄河路某网校其办公室
调查员：段一珂

一、访谈背景

李校长是我初中同学，是初三转到我们班复读的。选择她作为访谈对象是因为：首先对她的情况比较熟悉，她家是农村的，现在的成就完全靠自己奋斗得来的，现在生意做得很不错，经历具有代表性。其次她是女性，在经营中遇到过很多麻烦，比较具有访谈的价值。

李校长有很明显的特点，她很聪明，也很机灵，说话非常伶俐。她看事情看得很开，经常会自恋式地开玩笑，即使生意最不顺心的时候也只是骂两句出出气完事。李校长初中的时候因为喜欢看小说耽误了学习，她喜欢看汪国真，几乎会背半本《汪国真小语》的句子，还有看古龙的小说，看得几乎忘了睡觉，她最喜欢李寻欢。她上学的

时候几乎一下课就给我讲李寻欢,能把故事情节讲得绘声绘色。这对她后来做生意有很大帮助。李校长现在非常忙,应付各种事情,暑假是她生意最忙的时候,因此访谈约了一个月才定下时间。

二、迁移及立足过程

李校长家是农村的,但是镇平那个地方,很多人都在做和玉器有关的生意,她父亲看着亲戚做得不错,也开始做,有些积蓄后,把初中成绩不好的她送到市区的学校复读,希望她能够考个好高中。但是她那个时候就没想过要通过考大学改变自己的命运和前途,似乎是看武侠小说严重影响了她,这个也是她本人承认的一个原因。成绩一般的她考入南阳卫校,她说在那里根本就学不到什么东西。毕业后她在南阳市医院实习,但是不可能进去工作的,都是关系很强的人才有可能进去工作。实习后,李校长就没想要找关系托熟人进正规医院工作,她家人托亲戚给她在南阳火车站找了个卖玉器的门市店,她干了4个月,实在不想呆了,就和家人商量自己做个门店。家人那时也没资金支持她,因为她还有个弟弟在读书,家里生意做得也并不好。这时她的老板准备在成都开店,派她过去看店,因为她不想在南阳火车站待,她很讨厌那个地方,"脏,乱,差!"

(一)费尽周折,经营玉器生意

2000年的5月份,去成都后她认识了一个成都某高校的研究生,家是郑州的,非常喜欢她,三天两头去店里找她,并出主意说如果在高校园区的学校门口开店生意肯定可以。2个月后,她在那个男生的帮助下,在某校门口找了个转让的门面房,她先是让家里给打包托运过去一些小件,因为进价非常便宜,她又很会讲话,嘴巴很灵巧,因此生意不错。但是做到年底,她家里希望他们一起去南宁做,因为听说那边市场很好,让她放弃成都的店,她考虑后就放弃了。她说她根本就没考虑那个男生的感受,她说过段时间那个男生会自己想通的,因此她联系方式都没给那个男生留下。

他们全家2001年年初一起去了南宁市,先找房子租,因为事先从老乡那里打听过在哪里做比较合适。很快他们就在南宁市区的公园内找到了门面房,因为这些玉器的运输很麻烦,他们的小件比较多,进的货成色也不错,但是公园内的生意很有限制,全靠游人,幸好南宁那两年的发展很快,有很多外国人,因此生意也算有钱赚。南阳的玉不够档次,她那时联系我找进货渠道,因为我伯伯家是在瑞丽做翡翠的,介绍他们认识后,她直接从瑞丽进货,翡翠的利润很高,因此她后来两年赚了不少。有钱赚的生意在国内会很快被复制、模仿,这种经营小件的玉器店很快在他们周围又开了3家,并且这种守株待兔式的经营,只有在节假日生意才会好,平时很难走大单,她家在南宁没有关系,拉不到大客户,在同等货色下,她家的货走得不如其他有关系的,因此她就考虑转移"战场"。

在2004年的时候,她从报纸上得到消息,贵州要举办一个国际性的大活动,她嗅到了商机,外国人多的地方这个生意就会有钱赚,并且她要提前半年多过去,要不就无法租到很好的门面。在只身前去贵阳考察地理位置后,租到了一个在山上、离会场很近的铺位,她父亲就带着一大部分货过来了。南宁那边的店暂时由母亲看着。到了贵阳没一周时间，他们就觉得那个山上不安全。不到两周后的一个晚上，她店里的所有货物全部被偷走，甚至连他们晚上煮的鸡，剩在锅里半只，也连锅带汤水地都偷走了。他们门店对面的IC电话亭，都被卸掉偷走了，她说简直没见过这么没出息的贼。全家人气愤之余，没有等到月底又撤回了南宁。

（二）重新回到南阳，打算下一步发展

在这个时候，家里也一直催促她找对象，也发动老家的人给她介绍对象，于是家里亲戚给介绍了一个当兵的，因为以后还是要在南阳工作，两人交往后，觉得在南宁也待不久，她就在2004年底回了南阳。

在南阳，她自己找了个在闹市区卖发饰的精品店，做营业员。她有销售经验，能力也很出色，女老板很是喜欢她，把她当亲妹妹对待。但是她心里很清楚，这只是暂时的，她要自己做老板。2005年5月份，她来到郑州，找我陪她在学校附近和几个商场转了几圈，考虑如何进驻郑州市场，当时她已经开始反感那个当兵的了，觉得他与现实世界格格不入，有点"二杆子"。但是这次她没觉得在郑州做玉器或者做发饰有很好的门店和市场。她不能在郑州久留，就先回南阳，再做打算。她非常厌倦在发饰店做营业员，虽然老板给她月薪1200元，在南阳是比较高的了，但在她眼里不算什么，她觉得老板没什么水平，她在那里太屈才了，但是碍于情面她没有立即辞职。

2005年9月份，她去找同学的路上，在南阳人才市场门口路过，一个女的拉着她说，你是找工作的吧，看着你就很有前途，是个做事业的人。她觉得很好笑，怎么跟拉客似的，就顺着问那个女的是干什么的，回答是做某教育事业的，她听了很感兴趣。她觉得很奇怪，教育事业怎么还跑这里招人，不都是花钱找关系还进不去的地方吗？在了解了那个学校的情况后，她觉得挺有意思的，决定去试一试，于是她辞了那个销售工作。就这样她进入了一个完全陌生的领域：网校。

南阳的那个网校是北京四中网校的分校，老板是驻马店人，南阳是第二个市场。那个拉小李的女的，后被小李称作"老巫婆"。"老巫婆"是我们初中的校长，因为竞选南阳副市长不知得罪了谁，最后什么都没竞选上，连校长的位置都没守着，就来这个网校了，因为她手里有很多人事关系资源。刚进驻南阳的网校，有很多关系需要疏通打理，"老巫婆"几乎把持着网校的所有事情。小李在学校主要是做辅导老师，就是给学生卖学习用的网卡。有着丰富销售经验的她很快就能适应这个学校的工作，并且在同事中很快展露出不一样的才能，但是颇有心计的小李从来没有在学校说过那个主管是她中学的校长。她的预见很准确，之后几年内，那个"老巫婆"不仅成为她的竞争对手，而且给她带来了无限多的麻烦。

学校发展得很顺利，利润很高，小李的提成在同事中是最高的，因为她一直租住都市村庄里最便宜的住房，白天都是在学校，晚上都在学校加班到9点多才回去，也没什么其他交往。父母在2006年的时候彻底死了心，不在南宁待了，全部回到南阳镇平，因为南宁那个公园内的竞争已到了白热化的境地。同时他们也更加紧地催促小李结婚的事情，但是她很看得开，没有着急过，她只是很烦家里人不停地催促见面相亲。

(三) 移师郑州,拿下代理

2007年7月份,学生刚放暑假,小李与她们学校的刘校长一起到北京总校商谈请专家讲座的事情,得知郑州分校的校长有意转让经营权。郑州方面因为还有其他生意忙,无心也无人,所以生意不好,做不起来。当时小李与刘校长已确定了感情关系,但是因为很多原因不能公开,俩人商定以小李的名义接下郑州分校,而刘校长又需要在焦作建立分校,资金周转不开,因此郑州分校的资金大部分是由小李出的,教工也都称呼小李是李校长。

在接新校的时候,南阳分校的"老巫婆"非常生气,她本想接那个学校,但是没有资金,希望刘校长让她全权接管郑州分校,并且给她部分股权,不过事情发展得完全出乎她的意料,她得知情况后,气愤之下,从南阳分校辞职,并找到郑州分校前校长,商谈从新转让的问题。郑州这边几乎已经定了,只是没有签合同,正在走正式手续。那个"老巫婆"还鼓动郑州这边的教员和小李作对,因为"老巫婆"很要强,不允许员工的能力超过自己,平时就打压小李,更不允许小李爬到她头上,她几乎有一年的时间把工夫全用在闹腾郑州分校这边上。老巫婆不停地鼓动员工罢工,还几次去北京总部讲小李的不是,要求撤回她的代理权,并不停地向工商税务部门举报小李偷税漏税。对此小李很是无奈,幸好北京那边只是和刘校长谈,和小李谈,对"老巫婆"的说辞没有理会。小李这边也花了很大工夫和工商税务方面周旋。"老巫婆"也在南阳分校那边鼓动员工罢工,并散布关于小李和刘校长的不利于和谐稳定发展的谣言。种种事情没有让小李气馁消沉,反而激发了她的斗志,她说男人因为嫉妒而坚强,女人因为嫉妒而疯狂,那个"老巫婆"疯狂的结果必定是自取灭亡,最后她会后悔终生的。

小李在郑州这边的发展事情非常多,因为刚接手个烂摊子,很多方面都需要她去打理,而那个刘校长大部分时间在焦作。南阳和驻马店的分校,小李也要顾及到,本来就瘦弱的她这两年更是纤瘦了,她也是越来越感觉到身体很重要了,但是她没有一点时间去健身。郑州这边在2009年已逐步走上正轨,当时接这个学校的时候,用的是她以前做生意的积蓄,还有一部分资金是家里支持的,和亲戚那边也借了钱,总共花了将近100万元,她面临很大压力,但是她并未忧愁过,她觉得年底就能翻本,她非常自信。在约谈她的7月份,她非常忙,没有时间,因为8月要请北京总部也就是四中总校的校长来郑州,她不得已和刘校长商量共同出资买了辆奥迪A6,这一下就又占用了大量流动资金。因为暑假要和很多校长、教育系统的领导打点关系,还要举办很多场公益讲座,北京专家的机票、吃喝、住宿、接待,所有费用都是她出,她还要集中4个学校的教员进行业务培训。她说忙得没有打喷嚏的时间,但是她还是精神抖擞地"战斗"着,"越有挑战性的工作越是做得开心",她这样给我解释。

三、社会关系网络的现状和变迁

李校长的父母现在老家镇平,平时帮不上她忙,也不知道女儿的感情发展状况,小李说现在还不是时候,结婚前一天给他们说都不晚,她是做事非常有自己主见的人。小李一个表姐在南阳做玉器生意,各有各的生意,见面不多,平时会打个电话,坦白一下各自的发展情况。

因为有好几年的时间在外地,她和很多同学已不再联系,她说不知道人都是咋想的,初中玩得那么好的,后来都不联系了。有个同学当时失业后找她也去了网校,但是4个月后就走人了,小李说那个人太没脑子了,还想出来混,两个月一个单子都没拿住,和这种人玩,只会让自己倒退,不会让自己提高,她几乎也不怎么主动和同学联系。

现在全身心扑在"教育事业"上的她社会网络都局限于和自己生意有关的人士:各个中学的校长、教育局的领导、知名的班主任,以及电视台的个别领导。她准备在郑州电视台上期节目,加大宣传力度和影响力。

四、对城市社会的参与情况

小李做的是网校,打交道的客户其实就是学生和家长,需要很多正面的宣传,因此每个月她几乎都要组织公益活动。刚开学的时候,会跟各个学校的校长联系,请人大的教授和北京四中的高级教师给学生讲学习方法的培养,给家长讲教育方法。在学生放假的时候,会做很多暑期需要的培训,包括消防知识、安全知识的演讲,请的都是相关专家。

小李还组织教职员工对四川地震灾区捐款,捐款汇集到北京网校总部,总部用这些钱给灾区捐建了一所希望小学,现在已经快竣工了。当时办奠基典礼的时候,小李作为优秀校长代表受邀去四川参加了仪式。

五、社会保障情况

(一) 档案和户籍情况

小李的档案自己也不知道在哪里,她对此根本就不关心,她说事业要做强并不是以有没有档案来衡量的,即使在正规学校上班又怎么样,我们网校的老师也不是游击队员,我们也是高收入人群。她仿佛还是有些在意社会上对网校的看法。

小李的户口一直在老家,她那边有地,将近1亩,不过都是大伯和二伯在家种地,她家的地现在都租给人家种了。她说把户口弄过来费事,现在也没必要,真是以后有必要,再弄也不晚。最近两年肯定不会投资去买房,户口因此也需要等两年再考虑迁移的问题。

(二) 医疗、工伤、养老以及其他保险情况

在医疗、工伤保险方面,小李一直很在意,但是员工的保险,她都是直接把钱发了,因为给他们办理保险很麻烦,她没心思办,也没人专门在学校处理这事,大家也都希望把钱攥在手里。

对于保险,她之所以很在意是因为一件事情。在2007年4月2号早上,她接到一个同学的电话,是我们初中一个班的男生,开了个汽车修理店,4月1号愚人节开业,

晚上请当天唯一也是第一单生意的客户吃饭，因为高兴喝酒多了些，在回家的路上，高速驾驶摩托车撞上电线杆，头盖骨粉碎性骨折，胳膊、腿各断一根，小李第二天和另一个同学相约去医院看望他时，几乎惊呆了。她说她想了好多，这个事情对她的影响太大了。因为同时通知的至少有7位同学，最后只有他俩拿钱去看望那个同学了，她说是不是朋友真遇到事时就知道了。她每隔两个月就要到各个地市转一圈，因此对意外事故很担心，但是却一直没有时间去了解买保险的事情。她说今年得看看买两份，这么大年龄了，在外边混不容易啊，万一出事，全部都赔进去了。

六、未来规划

小李对于自己的网校一直做得很开心，她说这是事业，她喜欢和学生打交道，这个学校的发展前景非常好，她对未来的规划是做一个教育集团。她自己完全有信心，她经常买管理类的、励志类的、教育类的书籍，并且头天晚上看过，就能在第二天给学校的教员讲出来，还能发挥创造性，讲得很有煽动性，因此她觉得只是做个网校、卖卖网卡没有意思，以后要发展一些业务，做个教育集团。

在其他方面，她觉得现在房价总体还是涨，但是眼下手头资金吃紧，因此不考虑近两年买房，还是先发展学校。她打算近两年一定结婚，年龄大了，需要有个人照顾，那个刘校长只是一个考虑对象。

她的弟弟在南阳技校毕业后，在学校找了个镇平的姑娘，准备在老家结婚，以后也准备在老家做生意，对此她很失望。她说男孩儿家，不管他混成啥样是啥样，即使他30岁想明白了再出来创业也不算晚。

案例编号：郑州—经营型—011

访谈对象：胡总，男，36岁，河南南阳石桥镇人，小学学历，某品牌摩托车河南总代理，某酒店集团董事长
访谈时间：2009年8月25日上午
访谈地点：花园路其酒店办公室
调查员：段一珂

一、访谈背景

胡总是我南阳的老乡，曾经在我家附近租过仓库，相互认识。选择他做访谈对象是因为：第一，他的情况符合访谈要求，家是农村的，以前家里穷没有怎么上过学，自己很小就出来混了，做到今天这么大的事业很不容易。第二，他很有个性，人也比较健谈，对我这个读书的研究生很坦诚，愿意交谈，很容易得到需要的访谈信息。

每次见到胡总，都会听他讲很多激发人上进的话语，因此我对他个人特点的总结是：顽强不屈，进取心很强，人生态度很积极，说话做事很是谦虚，但是也有很自我的一面，很有自己的主见。就在访谈的过程中，有个经理进办公室跟他汇报了一下工作。他说另外有位经理昨天晚上给他打电话，他明明听到电话里很吵闹，是在歌厅，那个经理还骗他说在去南阳的路上，这几天他会找个机会罚那个经理 2000 块钱，让他自己反省反省。我说罚款不是公司有章程吗，你这样罚员工人家会不会不服气？胡总说他这样欺骗我，以后对他的话就不信任了，有个啥事交代给他自己心里就没底儿了。这种很坚持主见的自我个性在胡总身上已经见过几次了。对于下级怎样管理，胡总很是有自己独特的一套，也是典型的胡萝卜加大棒，但是他做的仿佛更令下属折服。因为他不仅是在管理手段上让下属信任，更是能让下属如此评价："跟着胡总有钱赚。"他每次说到公司的时候都是说我们集团，很强调团队，把整个集团的员工当作自己的家人。

二、迁移及立足过程

胡总小时候很调皮，即使现在做了老总还是说话很调皮的表情，又是皱眉又是犟鼻子的。他家里兄弟 2 人，父亲在 1992 年因糖尿病晚期并发症抢救无效而亡，这让胡总一直很伤心。母亲一个人种地还要照顾他们兄弟二人，胡总作为大哥小学没有读完就辍学了。经过多年的摸爬滚打，现在他生意做得很大，需要发展，他时常感觉自己知识很少，不够用，"字都写不好，跟你们这种研究生坐一起都不敢说多了，都怕说疵了"。

（一）初去北京做学徒

胡总在 1986 年 13 岁的时候到北京找一个同村的大爷在北京工作的儿子，想着不能在农村种一辈子地，那时候去工厂是最牛的，但是他没有关系进不去，只想着能进城里干活就行了。家里虽然舍不得，但是又不能供两人上学，因此胡总背着一床被子和搪瓷茶杯就去北京了。到北京找到那个叔叔，先暂时在他家住了两天，叔叔也无法给他找到正式工作，看小孩怪勤快的，刚来就给家里洗衣服，就把他介绍去单位的汽修厂做学徒，先能有碗饭吃。

胡总说那时候苦啊，手都冻僵了，又红又肿的，因为修理汽车非常脏、累。他说啥叫定力，啥叫功夫，他能蹲在地上一个小时不起来，头也不晕，腿也没事，这都是练出来的，不经过这个阶段就不会成功。胡总知道自己需要学习这门技术，以后要靠这吃饭，所以很是用心。他说他在那里干了几年快转正的时候竟然遇上学潮，真是把他气得直哭。因为他的叔叔单位可以给他办事的领导受到一些牵连，无法给他办理转正，他当时年少气盛，想甩手不干，但是忍了下来，因为他没存啥钱，不能走人。在那段时间，他不仅跟着师傅学了很多技术，还自己晚上偷偷把修理厂的车开出去偷学、偷练，因此他开车的技术是非常好的。他说环境把自己逼到那个地步，自己啥也不怕，有机会学就学，他把车开进了附近的菜市场，没有了退路，没一个人在旁边教他，他只能自己小心翼翼地把车再倒回来，也因此就学会了开车。他说你要想开车开得老练，主要就得练习倒车的技术，倒车倒得好了就会开了。

（二）无奈回南阳另谋生路

1990年胡总父亲病重，他回到老家，准备在南阳市区找个工作，在北京离家太远，没法照顾家里。在南阳他自己凭着技术在第二高中的小工厂找了个修理工的活，那个小工厂既修汽车又修摩托车，他每天都要干活干到大半夜，因为那几年南阳的经济发展比较快，汽车仿佛也开始多了起来。那个时候的三轮摩托车也很多，他非常喜欢，觉得那车很帅气，他会趁老板不在和工人一起骑修理好的三轮摩托车上街威风一圈。那个时候改革开放的春风刚刚吹到内地，有很多广州的商人来到南阳拓展市场，摩托车也正是那个时候家庭可以消费得起的产品，非常走俏。他很看好这个市场，也很喜欢那些很霸气很威风的摩托车，他说从事这一行，完全是自己喜欢这个。因为会修理摩托车，有代理品牌摩托车的商家要他去店里做修理工，他觉得工资给的可以，就去了。在某品牌的摩托车行做了一年，和厂家的联系比较多了起来，也认识了很多广州的商家经理人员。一来一往的过程中，有个厂家的经理和他混熟了，关系很好，邀请他去广州厂里做，那边机会更多。他考虑了一下，觉得南方机会多，于是热血沸腾的胡总就动身和那个广州的朋友去了南方。

（三）在广州厂家做了几年修理工

1994年他去了广州，在一家知名摩托车品牌厂里干修理工，因为他性格比较开朗，喝酒很厉害，所以在那里很多南方的弟兄们很认可他。1995年3月，有个日本的贴牌摩托车生产厂家大批招人，扩展市场，他应聘过去做修理技师。做了半年，那个厂家的经理觉得他人不错，性格挺适合做销售的，让他试一试，因为他本身对摩托车很熟悉，因此卖起来也很顺手。他考虑在南阳做个小代理商，但是资金没有多少，厂家的经理对他很信任，先让他提货卖，卖了再结账。

（四）重返南阳

1995年11月份，快过年了，是个销售旺季，南阳那个时候摩托车卖得也是正俏的时候，也有消息说再过两年就不给摩托车上牌照了，因此卖摩托车的一个月的销售额都可以达到15万元。他正好赶上这个机遇了，销路很是不错。在往返于广州和南阳的火车上他遇见了同是老乡的小静，他们在火车上一拍即合，但是小静家里是南阳市区的老户，家里根本看不上胡总这个农村娃。他俩不顾家人反对，一个月后闪电结婚。小静对他的事业给予了莫大的支持，胡总说。小静当时在广州和表姐开了一家小型幼儿园，已经初有积蓄，她觉得胡总这么喜欢摩托车，就支持他做河南的总代理。郑州这边的一个代理商做了两个品牌，这让厂家很不高兴，不仅影响销量也影响品牌拓展。于是经过努力他们拿下了河南的代理，胡总的代理不是传统上的代理，他做得比较超前。他和厂家联系很紧密，入股了这个摩托车厂，持有一小部分股份。

（五）意气风发，来到郑州拼下市场

他说年轻人在意气风发的时候，会犯一些冲动的错误。他说1997年那个时候广州很是开放，很多女子都去广州、深圳，他认识了一个叫圆圆的武汉的女孩。那个女孩后来不仅骗走了他两百万的资金，后来更是吸毒成瘾，还因为一些事件被刑拘了。这个事情给他的教训很大，卖摩托是资金占用量很大的行业。虽然凭借着个人的信誉提到了货，但是对公司的损失还是不小的，特别是妻子因为这个事和他大打大闹，整个公司都不得安生。因为当时妻子在郑州是管财务的，这么大一笔账款没了去向，他的行为又让妻子很是怀疑。他保证以后不会再发生这种事情，让妻子放心，妻子后来也原谅了他，采取了忍让和包容的态度处理。这让胡总很是感动，他觉得自己要更加卖力地奋斗，让妻子放心、高兴。那年过年时，他回南阳给了岳父母1万元现金，让他们过完年去海南旅游，因为南阳很冷，他说老人冬天去海南好。这也让岳父母很高兴，觉得这个女婿还不错，没有让他们丢人。

  生意有好的时候就有低谷的时候，郑州在1997年11月份出台了文件，禁止摩托车在市区通行。虽然刚下文件时，郑州执行得还不是很严厉，但胡总还是嗅到了商业的危机。他已经将市场向县城拓展了，但是县城的市场能做多久，他自己也不知道国家的政策会向哪个方向走，但是他觉得再做10年还是可以的，只是利润空间已经不大了。胡总在厂家也是有股份的，他经常要往返于广州、郑州等地。一般在年前半个月的时间和过完年的半个月的时间会在广州待，那边的温度也适合居住。厂里一直在做各个方面的努力应对当时的局势变化，不断地再给各个地区的经销商打气，让他们不要放弃。在2004年是最为困难的一年，他说那时谁对你说今年赚了多少钱，就不要信他，肯定是在骗人的。那两年有很多厂家开始转向电动车生产，很多摩托车的生产厂家倒闭了，而胡总还是在坚持着。他说你努力了9次，坚持了9次，但是第10次的时候你放弃了，那么就放弃了成功的机会，因为那9次的铺垫，第10次的努力是有很大可能成功的，而且这么多年了，他很喜欢这个行业，他不能放弃。2006年更是到了让人抱头痛哭的局面，虽然胡总的销售网络已渗透到湖北省几个地区，但是县城的销售利润不再像1995年那样，一年都能赚100万元。销售网络虽然铺得很开，但是成本也很高，特别是和农村的人打交道，很是费劲，没有耐心、没有吃苦的精神根本不行。

  胡总也不是坐以待毙，郑州摩托车市场60%的销售商开始转行做电动车，也有一部分早期赚了很多钱的，开始涉足汽车销售、房地产等领域。胡总觉得不能那样转行，他说隔行不取利。2004年胡总在广州代理了一个汽车润滑油品牌，但是这个市场很难推广，做了2年赔了一些钱，胡总最终还是放弃了。

（六）柳暗花明又一村，投资酒店业

  胡总平时为人很义气也很豪爽，和老乡们的交往也比较多，他说自己是好交朋友的人。他2005年开始关注酒店，因为他总是各个地市来回跑市场、住酒店，所以不免对这个行业产生很多想法，这是一本万利的行业。他说一次性投资后，只要后来的经营不出问题，就是赚钱的，只是初始投资比较大。几个熟识的老乡商量后，他们开始着手准备酒店的运作。对如家快捷酒店等几家酒店详细考察之后，2006年由胡总作为最大股东，占股份的65%，他们成立了世纪星快捷酒店。为了实现对妻子的承诺和表示对妻子的尊重，酒店名字是按妻子的意思起的，说到这个他很是骄傲。

  胡总很有魄力。他为了考察中州快捷酒店做得如何，一次他故意把客人安排在中州快捷酒店住了两个晚上，并和那个店的总经理畅谈了几个小时，以高薪把他挖了过来，并给予一定的股份,因为他还是要把重点放在他的摩托车上,他觉得酒店的经营管理需要一个专业的人士,他对于此并不专业。

摩托车行业在 2007 年度过了艰难的阶段后,开始复苏,因为河南交通厅有个村村通工程,农村不管哪里都修了公路,这非常有利于摩托车的行驶,也因此带动了摩托车的销售。到今年上半年的销售都已经比去年同期翻了两番,胡总说到这些很是有成就感,做到这一点并不容易。很多转行做电动车的销售商,利润也并不高,甚至倒闭了很多,看到这些结果胡总非常感慨,他说:"小段,你要是喜欢读书,选择了这条路,就一定要读下去,读到博士毕业,读到博士后毕业,你肯定会比你现在放弃的同学成功,不要羡慕别人眼前的潇洒。"胡总的酒店经营得也非常成功,第一家酒店是三星级标准的快捷酒店,入住率达到同行业的领先水平,因为地理位置非常好,也是通过一些关系拿到了相对很低的房租,利润比同行普遍要高。在 2007 年,胡总又发展了两家酒店,一个三星级的,一个四星级的,因为朋友都知道他的为人,几个朋友主动要求注资合伙。2009 年 4 月 17 号,胡总在花园路新开了家四星级酒店,生意也是不错,他说那么多酒店开到最后都倒闭了,那是因为那些人不是做事的人,胡总说做事就要先会做人。

三、社会关系网络的现状和变迁

胡总是个顾家的人,他母亲不愿意来郑州跟着他们生活,待在老家。胡总和亲戚的关系相处得很好,他说有个小侄儿,不听家里的话不好好学习,光想出来做生意,现在哪里有机会让他们起步,老家人让他回去劝说,他过年回去一说,那侄儿很听话,就好好学习了。说这个的时候他也是一脸的骄傲。他说自己成功,不叫成功,要把整个家族都带起来,那才是有本事。他弟弟南阳师专毕业后,先在一所私立封闭学校教学,后辞职在胡总一家分公司任经理,后在驻马店市也打拼出了一片天地。

他和朋友的相处也非常好,经常一起吃饭,商量一些事情,能帮忙的时候也相互帮忙。就在访谈的时候一个人打电话,说晚上请他吃饭,他放下电话说这个朋友做生意赔了些钱,借了他 10 万块,他让这个朋友先拿着用,啥时候还都行。他说越是这样对人家放心,人家越是不好意思不还你,不过这是针对知道底细的朋友。他说有个赌博的朋友,他压根不可能借给他钱,但是来了,还是照样请吃饭,安排住酒店。可见胡总是原则性很强的人。

胡总说他的社会圈子主要是说得来的朋友,虽然自己没怎么上过学,但是和两个河南本科高校的一把手书记关系都非常好,他们经常找他打乒乓球(他酒店里有健身房)。交往的还有一部分朋友是公安厅、税务机关等和自己行业密切相关的领导,也有一部分老乡经常联系,因为要相互帮忙。比如有个在河南做得很厉害的洗浴中心老板,年收入一个亿,也有个做鲍鱼的酒店老板和他关系非常好,为了相互关照,胡总一般都会带朋友去那个酒店吃饭,有时消费 5000 元,那个老板一高兴也就给免单了,而那个酒店的老板也会安排客人在胡总的酒店住宿,可见生意上他们都是相互支持的。

胡总说交朋友就像买衣服,不合身的要淘汰掉,因此他的社会圈子也是不断地向高层次发展。同时老家的亲戚朋友他也不会忘记,但是一般不会让他们到自己的酒店干活工作。

四、对城市社会的参与情况

胡总有很多事情要忙，社会参与这些事情一般都由经理去负责，比如参加个电视台采访什么的，他都不亲自出面。在 2003 年，南阳独山有个摩托车表演，当时的经销商邻居表演回来都是一个腿瘸、一个胳膊断的，他觉得他们神经了，去参加那些活动干啥。第二天他忍不住好奇也去现场看了看，很多业内人士都认识他，让他也来一个。胡总经不住起哄，也骑着摩托飞了一把，刚越过障碍，落地的时候就摔在了地上，结果锁骨骨折，但是他很兴奋，很高兴，现在说起来还是一脸的兴奋。他说要是再有这类活动肯定不会参加了。对于捐款之类的，他 1998 年南方洪灾的时候给部队捐了 100 床棉被，还被南阳电视台采访了，但是他说他不会捐很多钱的，他不相信那些钱会落到灾民的手中。在他老家的中学，他捐款过 10 万元用于修缮教室，他说这都没啥，自己老家哩，能帮就帮点，自己上不起学，不能眼看着他们晚辈用不起教室啊。

五、社会保障情况

（一）档案和户籍情况

胡总没有档案，他的户口在老家放着，现在还有地，他说以后政策就变了，农村人就吃香了。他给母亲拿了 20 万元盖房子，家里现在三层楼，铺了地板砖，在村里那可是排场得很。母亲住不过来，有时候，舅家的侄子都会过去住着玩。他说户口迁过来没啥意义，迁过来，地就收走了。胡总的小孩今年 7 岁，在北京叔叔家住，并在北京的学校读书，费用非常高，他想让小孩先享受那里的教育，以后的事再说。他们考虑让小孩出国发展，因此他说户口迁地北京也是没有意义的。

（二）医疗、工伤、养老以及其他保险情况

说到保险，他说他没问过，没管过，员工都签有合同，行政老总会办理这种事情的，他不管不问。自己的保险，是老婆给买的，买的啥也不知道，每个月光交保险费用都 1 万多元。他有 4 辆商务轿车了，还有运货的依维柯，都买有车险。他说这些具体情况他不是很清楚，但是该给员工的福利都会给，要不人家凭啥给你卖命工作，要想得到别人的尊敬，首先得尊重别人的劳动。

六、未来规划

胡总对于未来的规划是要把集团运作好，把酒店运作成为国内知名酒店品牌，对于摩托车行业他会坚持下去，他想加盟一些汽车的销售，但是国内现在汽车品牌很少，没有可以做的，使用新能源是以后发展的趋势，看情况，如果有机会他会转到汽车销售行业。

胡总没有在 2005、2006 年那两年进入房地产行业和股票投资行业，他说他看不起

那些人，不是靠自己的真实能力赚钱的。因此他在郑州只买了一套房子，大多数时候家里也没人，他和妻子在酒店住的时候反倒多些。他说未来几年他也不会投资房子，买几套房子放在那里做什么，还不如投资多赚些钱呢，再说买了房子资金使用率就低了。

  对于以后的生活，胡总觉得应该过得更健康些，能不喝酒的时候就尽量不喝酒，他现在如果在郑州就坚持锻炼，在自己酒店的健身房或者在郑东新区的湖边跑步5公里。他说生活有品位不仅是体现在穿什么名牌的衣服、戴什么手表上，而且是体现在有没有健身的时间上。他这样认识这个问题是因为去年他带几个经理去欧洲旅游了半个月，今年上半年又去日本旅游了一个星期，他通过比较发现，国外荷兰人的生活很有品位，是他真正向往的生活，那些就留给儿子去努力获得吧。

成都个案调查汇编

案例编号：成都—智力型—001

访谈对象：文先生，25岁，苗族，本科学历，环境影响与测评工作人员，重庆市彭水县
访谈时间：2009年3月12日
访谈地点：文先生（简称"文"）租住房内
调查员：邹敏

　　文先生是我的老乡，他的经历比较特殊，所以这次决定约他做进一步的深访。高中时我们在县城同一所高中上学。毕业后，文先生复读了一年，2003年考上了四川师范大学化学学院，我们又在同一所学校了。大学毕业之后，文先生先是自己办培训学校，失败之后又考研，考研失败之后又找工作，现在在成都一家公司上班。但他仍然想读研，也没有放弃自主创业。

　　文先生来自农村，乐观自信，有个妹妹，年龄相差不大。由于家里经济困难，为了使妹妹也能上学，文读大学期间一直做各种兼职挣钱。整个大学四年期间，文没有向家里要过生活费。兼职挣的钱只够他的生活费，为了减轻父母的负担，文拖欠了学校的学费，毕业之后，因为拖欠学费拿不到毕业证和学位证，给他造成了很多麻烦。这使他慢慢形成了一种观念："一个人一定要挣钱，而且不是挣小钱，要挣大钱。"

　　大学期间，文先是为成都的一家私立培训学校做宣传，每个月的工资是150元，他说那个时候真的很苦，根本不敢随便花钱，也不敢买东西。后来他觉得这个工作收入太少，就开始做家教。先是为个别学生做辅导，到暑假的时候，他同时做两份家教。文很会交际，也会处事，做家教的时候，跟家长的关系不错，家长们还不时请他吃饭。大学期间做了三年的家教，认识了很多家长，家长们对他很好。大三下学期，他就在家长的帮助下，办了一个小学暑期培训班，效果不错，自己也挣了一些钱。他说当时办那个培训班，他挣了4000多元，当时很高兴，他觉得这是一个很有前途的行业，当时就想以后还要继续办。大四那年寒假，又办了一次培训班，但是因为时间短，挣得比较少，不过也为他后来办培训班打下了一些基础。

　　大四那年，他也和很多学生一样，准备考研，但是专业课没过线，2007年考研成绩出来之后，他就开始找工作。因为他的社会实践比较多，成绩也不错，综合能力较强，应聘上了好利来集团公司总部生产基地生产经理，在应届毕业生中是一个很好的工作。但是工作地方在遥远的东北，还很有可能被分到二级城市去，他说经过一番痛苦的选择后，最终放弃了那份工作，留在了成都。他说当时主要是想在成都开办一个中小学培训班，于是留在了成都。

　　想办培训班的主要原因是：大学期间，他长期做家教，喜欢上了教师这个职业，喜欢孩子们的单纯，喜欢他们眼里的求知欲，希望把自己所学会的知识和道理都交给渴望

知识的学生，尤其是那些不太聪明但很努力的学生。他之所以这样，是因为他当初也是一个不聪明但是很努力的孩子，遇到过很多好老师，所以他希望能够把这种对学生的爱和责任传递下去，想通过开办培训班来实现他的理想。他当时想，他在大学期间做家教获得了良好的口碑，基于中小学生的学习状况，家长望子成龙、望女成凤的想法越来越强，他觉得这是个较好的机会。在做了详细的规划之后，他就开始筹备办培训班。另外，大学期间文和他同班的一个女生恋爱了，就在他应聘上那份工作的时候，他女朋友的工作还没有定，但从面试的情况看，很可能会留在成都。这也是他决定留在成都办培训班的一个原因。

在培训班起步的时候，所有的事情基本上是他自己做的，招生、聘老师、购买各种设备、租房等等，我们几个人只是偶然给他帮忙。

首先是培训班的生源问题。因为他大学期间做家教有良好的口碑，办培训班也得到了一些家长的支持。所以他后来办培训班的时候，家长们就帮他做宣传，帮他招生。他当时为了招到更多的学生，降低了培训费，在同等条件下，他收取的培训费比其他培训机构少 100～150 元。到开班时，一共招到了 47 个学生。他说他当时还是很满意的，招到 47 个学生，使他看到了希望，当时他相信他的培训班一定会越办越好，越办越大。

其次是培训教师的问题。当时文叫了我和另外一个老乡帮忙，我们都是在同一所高中、同一所大学上学的，文和他在大学同一个专业同一个班还同一个寝室。我们帮他在川师大学校内贴宣传单，招聘培训教师。一起组织了面试，招了 2 个语文老师、2 个英语教师。他自己和那个老乡当数学老师，他还找了他妹妹来给他帮忙，负责其他的一些事情，当时他妹妹也上大学了。这样就解决了培训班的培训教师问题。

再次是培训学校的硬件设施。他说当时因为没有什么钱，看了很多地方，最后决定租赖家新桥那里的一个房子，因为那里价格最便宜，只是交通有些不方便。当时他租了整个二楼，有三间教室，一个月房租为 800 元。其他的课桌椅子黑板之类，都是他从成都五桂桥的二手市场买的。

这样，他的培训学校在就在 2007 年 7 月正式开班了，当时他把自己为学校起名为"越成辅导"，因为他觉这个名字的意义很好，有超越和成功的意思，既预示着学生的学习也预示着培训班的发展。文的字写得好，所以当时兴奋之下，还专门提笔写了"越成辅导"几个大字贴在楼梯口，他说他当时觉得他的字一定会吸引更多的学生和家长。

文的培训学校培训对象是小学和初中学生，培训内容为中小学语文、数学、英语。那时因为在赖家新桥那个地方还没有一家大的培训学校，没有多少竞争，所以在开始时取得了还算不错的效果，第一次培训结束之后，也就是到 8 月底时，除去所有的花销，他挣了 6000 多元。当时他还是很满足的，觉得这样发展下去，他一定会成功。

但是后来由于各种原因，培训学校变得难以维持，最后不得不停办。他当时主要是遇到了以下的一些困难：一是随着城市的规划发展，培训学校所在的赖家新桥按规定要在 2008 年上半年拆迁，原来较为稳定的生源随着家庭搬家搬到了较远的市中心等地方，那些地方也有较大的培训学校，更为方便，所以生源越来越少。二是执照问题，因为不符合条件，培训学校一直没有办理相关执照。办执照在注册资金、培训人员、学生人数以及校长的教学经验和教龄方面都有严格的规定，而这些他都不具备，所以一直没有办执照。没有执照，培训学校就不敢像其他培训学校那样公开地大规模招生，这就限制了他的培训学校的发展，招到的学生很有限。这是他在办培训学校之前没有想到的。三是资金问题。起初为了招生，降低了培训费，使他的培训逐渐难以维持。四是师资问题。虽然培训学校的教师都是通过面试招聘的，但毕竟都是在校学生，在教学经验方面还是有很多不足，降低了培训学校的教学质量，不能满足家长的要求，使学生逐渐减少。五是家长希望孩子在学习学科文化的同时，还能参加艺术培训，所以培训学校在这方面慢慢地也不能满足家长的要求。六是在办培训学校期间，出现了两起学生安全事故。七是原本就强烈反对办培训学校的父母，那个时候更是坚决要求停办。随着生源的减少，收入越来越少，再加上培训行业竞争得越来越激烈，他觉得拖下去不是个办法，在2008年8月决定停办培训学校，卖掉了所有课桌椅和其他教学用品，结束了办培训学校的日子。

他说办培训学校的时候，他每天都很累，所有的事情都要他自己亲自去做。白天要上课，要处理学校里的各种事情，还要买菜做饭。晚上要备课，要修改作业，打印资料，等等。起初他觉得累得值，但是后来由于学校收入逐渐减少，他慢慢地丧失了信心。在办培训学校的两年时间（这个时间包括他在大学期间办的培训班）里，他没有取得创业的成功，更没有赚到多少钱，但是他真的很不想放弃，以后有机会还是想自己创业。

停办培训学校后，他原本打算考研，但因为大学期间拖欠了学费，没有拿到毕业证，不能报考研究生，最后不得不放弃，开始找工作。这期间，文的女朋友考上了西南交大的研究生。

因为他有自己办培训学校的经历，很快就有一家培训单位看中了他，待遇也还比较好，但是他放弃了，最后他选择了一份环境影响评价技术人员的工作。待遇只有前面那份工作的一半，他这样选择就是觉得那个工作和他本科的专业对口，而且培训行业的发展在短短的几年差不多饱和了，而环境保护随着经济的发展越来越受到重视，将来的发展前景会更好，所以他宁愿接受更低的待遇进入这一行。

自从开始新的工作后，他十分忙碌，经常加班，有时出差要晚上11点后才回家，有的时候周末也要加班。因为做事认真、踏实肯干，公司老总很器重他，一些重要的项目都交给他做，这些使他感到满足，使他觉得累也是值得的，他又看到了希望。现在做这个工作已经有近一年了，他觉得他已经很熟悉这一行了。但他只想用这个工作为以后自己创业积累资金，他说以后自己创业不会在这方面，因为这方面的硬性要求太多。

文一直没有放弃考研，之前虽然因为毕业证问题不能参加考试，但是他已经和一个学校谈好，可以跟读，然后再考。

之后我和他谈到他曾经的理想，他是这样对我说的："实现理想可以有很多条路，可以有不同的选择，我的大学老师在毕业聚餐时讲的话——不管遇到任何困难，通过时间或者空间的变化，什么问题都是有办法解决的——对我启发很大，将来若是条件较为成熟的情况下，还会选择再创业。"

案例编号：成都—智力型—002

访谈对象：王先生，32岁，汉族，成都市某公司办公室职员，本科学历，四川省达州市渠县人
访谈时间：2009年3月5日下午4点
访谈地点：王先生家里
调查员：陈爱

昨天调查了两个人，他们都不愿谈得更多，其中的原因不得而知。也许是创业历程较艰难，不愿回忆艰难的过程，或是因为难度不大、比较平顺，没有多大述说的必要。王先生是我调查的对象中印象较深刻的一位，看起来人很友善。王先生与我同住一个小区，有过几次简短的对话，他的经历可谓比较复杂、艰辛，可以说是很多农村孩子通过读书再到大城市创业的缩影。调查时就对他进行了深度的访谈。

王先生是四川省达州市渠县人，他爱人是绵阳市人，现在在市内一家私人公司当行政人员。他俩是大学同学，感情很深。用他自己的话说就是：十多年了，还像是在谈恋爱。

王先生现在的单位在成都市五块石，每天早上从家里出发到公司差不多骑车要一个小时。就目前的状况来说，单位的绩效还可以。现在他们一家5口（夫妻俩，父母和儿子）租住在成都海椒市街的套二的房子里，儿子在家附近的一家幼儿园上学，虽然经济不是很宽裕，但是他的家庭很和睦。

谈到他到成都工作还得从读大学开始说起。他是10年前从一所师专教育专业毕业的，由于那个时候他们师范专业毕业的学生国家还实行包分配的政策，而且，他们那个时间读书不像现在这样，现在的学生几乎最后一年都在找工作，他们那时到毕业的前一天还必须到教室上课，虽说平时大家都很关注自己将来的工作。因为他自己是农村的，没有什么可以依托的关系，所以毕业后被安排到家乡一个很不起眼的学校教书。他谈到初到那个学校的感觉就是：如果不是有学生出入，那里根本就不算学校，到处透着凄凉。由于学校质量较差，没有多少老师愿意去，所以，他在那个学校一年内担任了很多门课程的教学工作，主要有英语、数学、历史，有时还得上政治与美术课。这里学生的流失率相当高，其中的原因他分析主要有两点：第一，学生到更好的学校去了；第二，家长觉得孩子读书没有用，只要孩子说不读书，家长是绝对不会"强迫的"。

他老婆（那时候还是女朋友）胆子比较大，毕业后没有去分配的学校，而是一个人到成都找工作。因为她刚毕业又是专科生，因此，她在成都找工作还是很费力的。后来还是采取"迂回战术"才到的成都。这样说是因为在成都找了1个月的工作，没有着落，后来终于碰见一所学校的一个外地分校需要招聘老师，她以很多的证书以及自己的能力征服了学校的副校长，在那里担任班主任及两个班的数学教学工作。很幸运的

是，一年以后，由于学校变迁，分校被卖掉，她也就回到了总校，终于到了梦寐以求的省会都市——成都。

因为不愿放弃感情，一年后他借成人高考考到四川大学数学系。由于工作的乡村学校的工资很低，根本没有余钱，也不好再向年迈的父母要钱，原本他想能够边读书边上班挣钱，没想到，川大的教学安排是每学期集中2个月上课。试想上下半年共有4个月不能工作，有哪个单位愿意招聘这样的员工，考虑再三就放弃了读书。后来在温江一所学校找到一份专职班主任的工作。那是一座中专学校的一个分部，学校规模也不大，他的工资每月只有1100元，其他的补助、年终奖少得可怜。大家都知道，中专学校的学生调皮、不懂事、不好学，即使老师多么负责，肯上进的学生还是不多。由于他自己仍然是个专科生，所以一直在努力，一方面提高自己的学历，另一方面也在拓展自己的知识面。

2001年年底，他结婚了。但是婚后一个月，突如其来的消息，打破了原本平和喜庆的气氛。他老丈人得癌症了，经查明已经是晚期。由于他们结婚是自己掏的钱，所以剩下的就只有两人每个月的工资。他们都是农村的，没有大款亲戚，不得不想尽办法筹钱。他们利用闲暇时间找家教等多种能挣钱的机会。那段时间非常艰辛，他说，为了节约从学校到家教地点的车费，有时他们得骑车一个小时。想想真的很难。但是他们的努力并没有挽回岳父的命，八个月后，老丈人不治而亡。这对他爱人的打击是很大的。他说他感觉到即使后来儿子出生了，都没有让他爱人回归原来爱笑的性格。

2003年是他最不顺的一年。记得那年，由于平时的工作任务很繁重，根本没有更多的精力学习，他想最后阶段冲刺一下，好好复习参加当年5月的成人高考，就辞职了。没想到辞职后的第五天全国就流行起"非典"，为此，考试的时间延至下半年10月。这样一来，自己没有工作，又不能马上考试，还欠债，情急之下，就到了一家私人广告公司，负责寻找广告位和招商等事宜。但是那几年正逢城市整治广告位乱架乱设现象，公司的广告位不能很快出租出去，大大影响了公司的资金运转，半年后，他又下岗了。不过，他参加了当年的成人高考并顺利通过，由于只有四川教育学院的计算机应用专业才是周末班，他只好选择这个学校，以后的两年里，每个周末他都要很早起床，从温江赶车到成都去学习。

也许正是这份学习的机会与选择的专业，后来的近三年时间里，他先后在郫县犀浦、团结等地的学校任教，教授的课程有：高等数学、计算机基础、计算机语言以及一些程序课程等。这样到了2007年，经朋友介绍到了成都现在的公司，工作压力没有以前大，但是待遇比以前好多了，一家人的生活基本能够保障。

对于长远的打算，王先生说，这么多年的奔波，使得孩子没有一个安定的学习生活环境，他觉得愧对儿子。现在他的心愿就是在今年在全国房价下降的大背景下，买一套房子，一家人安定下来。儿子明年就要上小学了，他们一家希望孩子有个安定的学习环境，能够好好读书，能够学到实用的东西，不要再像他们那样一路坎坷。

案例编号：成都—智力型—003

访谈对象：何先生，27岁，汉族，大专学历，建筑公司材料管理员，四川资阳人
访谈时间：2009年2月21日
访谈地点：成都市青羊区蜀汉小区
调查员：毛敏

  选择何先生作为访问对象的原因是他个人的成长经历比较复杂、坎坷，个人成长的家庭环境也比较特殊。从小父母关系就不和，自己走向社会的时间也比较早。和许多他的同龄人相比，他的确经历了很多生活的考验，但他始终用一种积极乐观的态度面对生活，而且永远都自强不息。这篇访问的特点是不仅详细地记录了访问对象特殊的成长经历和在城市站稳脚跟的过程，同时也描述了访问对象在城市生活所感受到的压力、不安与担忧。

  何先生的老家在资阳的一个县，父母都是本分的农民，从小因为家里经济条件不好父母经常吵架，现在父亲在家种地，母亲在昆明开了个小餐馆。家里还有一个弟弟和一个妹妹，目前他已经结婚快两年了，家里有个很可爱的一岁多的女儿，妻子在一家超市做导购。因为父母感情不好，经常吵架，所以他说他特别爱自己的妻子和女儿，告诉自己一定要更加努力，勇敢地承担起作为丈夫和父亲的责任。他曾经在长沙当过5年的消防兵，在部队的时候就对自己要求很严格，到第二年就当了班长。当初，他从家里到部队的时候还不到18岁。本来已经在读高中的，成绩也还不错，但是家庭矛盾让他不能集中精力学习，父母天天因为一些小矛盾吵得不可开交，自己也就没有心情再读书了，所以在高三那年辍学了。

  没过多久，国家征兵，他就离开家到长沙当了一名消防兵。就这样在部队待了5年，他说长高了不少，身板也练结实了。从部队退伍后，就在长沙找了一份工作，给一个房地产老板当保镖。因为老板看他有一米八的个子，长得也很壮，脸也长得挺刚毅的，还真有保镖的感觉，所以就很满意地要他做保镖。后来他才知道，当保镖就是跟着老板到处应酬，到处跑，还要给老板挡酒，每天都过着没日没夜的日子，经常凌晨三四点才睡觉。他始终觉得做这一行是吃青春饭的，不是长久之计，自己不能一辈子就干这个，而且这份工作也很不稳定，不安全，所以他做了有大概5个月的保镖就辞职了。

  拿着自己的退伍费和几个月的工资，他决定去充充电，多学点文化知识。于是，向朋友打听了一个比较不错的建筑职业学院，读了一个工程管理专业的专科。因为他知道自己的学习机会实在是很难得，所以在学校里比任何人都努力，都刻苦。同学都嘲笑他，说他太傻，在这种学校读书就是混混而已，何必太认真呢？反正也学不到多少东西。是啊，也许他们来读书的目的是为拿个文凭，但是他和他们不同，他的家庭、他的理想、他个人的追求都决定了他必须努力学习。花了一年半的时间，他以优异的学习成绩顺

利地毕业了，经过仔细地思考，他决定回到自己的家乡。于是他满怀信心地来到了成都。

刚到成都的时候他说自己人生地不熟，也没有亲人在成都。真的觉得特别凄凉，特别想有一个属于自己的家，但一想到自己那个支离破碎的家，眼泪都要掉出来了。刚刚来的两个月，他几乎天天都出去找工作，肯接受他的单位还是有的，但是他们看重的都是他的身板，而不是他所掌握的专业知识，要么想让他当保安，要么想让他去给老板当保镖。他说他当然不会接受，因为他读书深造的目的就是为了摆脱自己只能吃青春饭当保安、保镖的境遇。还好后来有朋友给他介绍了现在的这份工作，在现在的这家建筑公司当材料管理员。虽然累是累一点，但是至少专业对口，发展前景也比较好，待遇还不错，而且单位还给员工买综合保险，还可以享受住房公积金，单位的领导干部对员工也很热情很友善。后来他又通过朋友介绍认识了现在的妻子。他和妻子是老乡，妻子的家境也不好，但是人很乐观开朗，而且挺温柔体贴的，他觉得自己这辈子能遇到他现在的妻子挺满足也挺幸福的。虽然他们现在住的是租的房子，家里的经济情况也不是很好，但是自己始终还有一个家，一家人和和美美的，在一起非常幸福。自己现在的工作虽然也还算稳定，但是压力也挺大的。孩子每个月吃奶粉的钱就要花掉1000元，岳母过来帮忙照顾小孩，所以他们就租了一套两居室的房子，每个月房租要800元，而且他和妻子还要吃饭，还有通讯费、交通费，有时候亲戚朋友之间还得请请客送送礼。除掉这些开支，他和妻子每个月的收入也就所剩无几了。所以，他就想自己要好好干，争取干出点成就来，就能改善一家人的经济条件了。何先生还说，接下来他准备参加成人高考，继续学习，拿个建筑专业的本科文凭。

他还跟我说道：其实，他对自己还是很有信心的，因为在部队的时候就比较注重自己能力的培养与提升，自己这么多年来人际关系也很不错，各行各业的朋友都认识了不少，这些都是他所掌握的资源，只要自己以后能够好好运用这些，前途肯定是一片辉煌。

何先生还感叹说，其实像他这样的城市移民在像成都这样的大城市生存压力还是很大的，但是如果待在老家，情况会更糟糕，现在农村里面的年轻人大部分都到城里打工去了，剩下的都是些老人和孩子。因为老家实在是太贫困了，仅仅靠种地过活，怕是连媳妇都娶不上，现在的城乡差距特别大，许多农村的家庭生病了都没钱上医院，只有自己扛，更别说像城里的人那样买几十万元的房子、几十万元的车子。还有就是小孩的教育问题，现在孩子的教育也出现了严重的贫富分化，有钱人家在孩子的教育上会花很多钱，但是还有很多家庭却连孩子的学习费用都负担不起。现在他孩子还小，教育问题也并非迫在眉睫，等到以后孩子读小学、读中学了，孩子的教育问题将会表现得尤为突出。

案例编号：成都—智力型—004

访谈对象：张先生，30岁，汉族，本科学历，成都市青羊区卫生局一般科员（无编制），四川省苍溪县人

访谈时间：2008年3月25日下午2点左右

访谈地点：成都市青羊区卫生局
调查员：邹小康

  一期定量调查时，我曾对张先生做过调查，觉得他在成都面临的问题和其他人不同。目前让他觉得最苦恼的事情，是找女朋友的事情，他说没有女朋友，让他觉得精神上空虚寂寞，甚至已经出现了一些变态的情况。我觉得，现在生活在城市中的人，像他这样的单身男人很多，但是出于各种各样的原因，很多人都不愿意说出这种苦恼。如果这些问题得不到解决，就会生出很多我们不愿意看到的恶果，所以我决定对他做一个深访，希望能够以点带面，引起共鸣。午饭后，我便利用单位午休的时间，找张先生做进一步的深访。在成都市青羊区卫生局的一间休息室里，我找到了张先生。那会儿正是上班的间隙，中午休息时间，房间里没有人，很安静，我们便聊了起来。

  他说他今年已经30岁了，但是还没有结婚，也没有女朋友。现在和大学同学一起合租了一套房子，在靠近市中心的位置，两室一厅，有阳台、厨房和卫生间，电视机、热水器等家用电器基本上是齐全的。他和同学各住一间卧室，客厅、阳台、卫生间公用，电器也公用，每月分摊水电费。房间70个平方米左右。每月租金是1000元，他和同学每人出500块。房间在5楼，楼梯很窄很陡。是20个世纪80年代修建的当时典型的单位宿舍。房子的主人现在买了新房，搬出去住了，于是这套房子就拿来出租，这样的一套2手房要买的话要30万元左右。

  说到这个房价，他就叹了一口气，然后继续说道："我对当前的房价很不满意，感觉无法承受，而且对找对象造成了很大的困难。和我合租的同学有了女朋友，每天看着他们2个，尤其是偶尔晚上听到一些动静，这都让我十分郁闷，有时甚至会浮想联翩。"

  张先生说大学毕业后，他就到重庆市第5中学当老师，当时是有编制的。后来，由于感觉当老师不太舒服，一是压力太大，二是自己的安全没有保障，三是收入太低，男性中学教师似乎没什么前途，找女朋友也很困难。他就计划考研离开教学岗位，他一边教学，一边复习，但是因为教学任务的影响，复习时间太少，最后考试失败。经过那次事件后，他就放弃了通过考研离开教学岗位的计划，他认为要用这种方式来实现自己的目标太难了，而且就是考上之后，也还有三年的学习时间，同时也需要花费很多金钱。想到这些，他就觉得这条路根本不适合自己，于是就干脆辞职不干了，另谋其他的出路。他说当时辞职的时候，也没有什么具体的打算。辞职后，先后干过几份工作，比如卖手机、做广告等，但是自己都觉得不怎么满意。后来，在同学的介绍下来到成都，并在同学的介绍下来到了现在的单位。虽然是政府部门，但是没有编制，所以他对未来还是有一定的担忧。他说男人要是没有一个很好的工作，要想找个女朋友是很困难的。所以他还是在想办法改变自己的状态。现在大家都想考公务员，他也觉得这条路不错，去年他看到他自己工作的单位招考公务员，便决定报考，并开始复习。复习了一段时间，等到报名的时候，发现报考条件中对年龄作了限制，要求28岁以下才能报考。他说在做决定之前，他根本没有想到会有年龄的限制，这让他感到很郁闷，自己辛辛苦苦地复习了那么久，一下子就全没用了，很失落，忽然觉得自己的前途似乎没什么希望了。他说，他虽然平时总是嘴上说混一天算一天，但其实他内心并不是这样想的，他一直都想改变自己的命运，改变自己这种状况，他一直都在努力，在等待可以改变自己的机会。

他现在每个月的工资大概有2000多块钱，这在本市也算不错的收入了。虽然钱不是很多，但是却能在繁华的市中心生活，而且工作也比较体面、轻松。他说，现在这个工作，比起之前他一个人在重庆当高中老师要好很多。他说现在当老师，压力太大，而且学生不好管，各种法规什么的把教师的手脚都束缚了，只准学生打老师，不准老师保护自己。认为中国现在的教育走向了一条片面强调保护学生的偏差道路，教师的合法权益得不到保证。他以前的学校就发生了好几起学生侮辱、漫骂、殴打老师的事件，最后都不了了之了。

他现在最关心的就是找女朋友的问题，他说和前途相比，他甚至更加关心女朋友的问题。他认为现在年龄这么大了，还找不到女朋友，不仅自己的生理需要满足不了，而且更重要的是精神上面很空虚寂寞，甚至有变态的倾向。他觉得找不到女朋友主要是这几个原因：一是社交面比较狭窄，每天单位、居住地两点一线的有规律的生活，无法接触到更多的适龄异性。二是他是外地人，在成都本地认识的人很少；他没有自己的房子，和其他人比起来，工作也不算稳定。三是现在的女性，找男朋友的要求一般都比较高，都很注重钱和房子。这些，都让他很苦恼。现在他的娱乐活动基本上就是上网，也在网上寻找合适的对象。不过他认为这个不怎么实际。他同时到处托人帮自己介绍女朋友，期间也相过几次亲，因为自己目前的状况一般，所以效果不太好。

案例编号：成都—智力型—005

访谈对象：李先生，25岁，汉族，专科学历，房地产公司销售员，四川省雅安市人
访谈时间：2009年3月21日
访谈地点：李先生租住房内
调查员：邹小康

李先生是我认识的一个朋友，我们认识已经有7年了。对他的情况我比较了解，毕业之后，他没有能做自己想做的工作，而是在房地产行业中摸爬滚打，学习了不少东西，境况也在慢慢地改变。就他的经历来看，算是大学毕业生中比较成功的一类，经过自己的努力，逐渐在这个城市站稳了脚跟，并有望定居在这个城市。但是他也经历了很多辛酸，从他身上可以看出，在当今社会，高校毕业生很难找到和自己专业相符的工作，为了能够生存下去，他们必须去做他们并不想做的工作，他们必须去学习，必须坚持下去，尽管充满了太多的无奈。

见面之后，他就先递给我一支烟，抽上之后，我们就开始聊了起来。他说他以前的情况基本上我也比较清楚，就是在雅安上学，高中毕业后考入成都理工大学影视学院，就是郫县团结镇那个。接着他谈到，现在有点后悔读书的时候没有好好学习了。他说当时学习不努力，花了很多时间在音乐方面，还和同学们组织了一个乐队。在学校举行了

几次演出，也经常去各个酒吧演出，还很受同学们的欢迎。当时，这让他比较有成就感，而且还认识了很多爱好音乐的朋友。接着他叹了叹气，说："你看我现在，好久都没有弹吉他了，手都有点生了。"

在大学的时候，他认识了他现在的女朋友。他女朋友现在和他住在一起，以前是他班上的同学，当时就很仰慕他。现在女友在一家广告公司上班，每天早出晚归，比较辛苦，而他自己工作也比较忙。所以每天回到家里，他们两个都是什么都不想做了。他觉得他有些对不起他的女朋友，并说以后赚了钱，一定要好好对她。

他毕业之后，就进入一家房地产中介公司，主要提供租赁和买卖房屋的服务，从中赚取服务费。刚开始的时候，每个月只有800块钱的底薪。而且第一个月的薪水要作为保证金，交给公司，也就是第一个月没有薪水。他的收入主要是从每笔租赁服务中抽取提成，一笔生意的成交额越大，他的提成就越高。随着时间的推移，他渐渐熟悉了这方面的工作；加上他在工作上的耐心和细致，赢得了很多顾客的照顾，能够完成的交易逐渐增多，收入也慢慢地有所提高。他说最大的一笔提成，是他有一次做成功了一笔二手房的买卖，总额大概是30多万元，那一单他就提成了2万块左右。而且，很多房东出于对他的信任，都愿意把手上的房子交给他处理。他说有一个老人，在成都有40多套房，很有钱，因为信任他，就把他的40多套房的出租业务全部交给他一个人做。

他说做他们这一行的其实很累，每天要带着客户去看房，费劲口舌去游说客户，很多时候还要自己出车费；为了成功完成交易，还必须得掌握很多建筑方面的术语，尤其是地震后，人们对于房屋的安全性很重视，所以框架式、剪力墙等等术语他们都不得不熟悉，而且还得向顾客介绍和解释。

本来他在他们公司干得很好，而且他对业务也逐渐熟悉起来，他们公司当时在全国都很有名，在各个城市都开设了很多的店。他当时很自信地说，你可以去查一下，创×租赁，全国到处都有。可是后来，公司的店越铺越多，覆盖面越来越大，加上很多本地的租赁公司也开始崛起，和他们公司形成了巨大的竞争。这让他慢慢地感觉到有些不对劲，觉得自己应该考虑更换工作了，但当时还只是有这样的想法而已。

他们公司先是停止招聘新的人员，然后是减薪水。而且公司对员工的纪律也要求松懈了，他当时还举了个例子，说："就是上次我们见面那次，我在工作时间跑出来找你耍，你还记得不？"他认为现在公司对员工的纪律基本没什么要求了。之后，公司内的员工开始轮流上岗，这让他感觉到了危机，后来，公司开始撤并一些连锁的店铺。他看出苗头不对，正式决定要跳槽。

但是，他完全没有想到公司会垮得那么快。他还以为，像他们这样一个全国性的大公司，瘦死的骆驼比马大，再困难也可以支持个一年半载的吧。结果就在一夜之间，他们公司就突然倒闭了。当时这个消息，在他们行业内引起了很大的震动。这时候我插了一句：是的，我在网上也看到了这个消息，好像还是头条。

他笑了笑，抽了一口烟，继续给我讲述他的经历。

当时他工作还没有找好，由于有这方面的经验，他还是想继续在房地产这一块干。前面说的那个老人，不知道怎么回事，和子女关系很僵，他自己娶了一个20多岁的小姑娘，两个人生活在一起。在听到李先生他们公司倒闭的消息后，就主动跟李先生说：他很相信李先生，问李先生愿不愿意帮他开间租赁公司？资金全部他出，这个对李先生是个很大的好消息，也给了李先生继续前进的信心。

但是李先生当时很犹豫，他说他当是这么想的："毕竟我在这一行还是新手，无论是经验还是人脉，我都不自信能扛起这个重担，要是万一亏本了，我该怎么办？……"现在他认为，他当时还是太年轻了。由于这些顾虑，他婉言拒绝了那位老人的好意，重新开始找工作。

他后来找的工作还是房地产方面的。当然也不是很顺利，先后换了几家公司，最后才来到现在这家，负责销售一个楼盘。有时候也很清闲，没有客人的时候，觉得很无聊；但忙起来的时候，却是连吃饭的时间都没有。

现在他和他女朋友租了一间房子，在南二环附近，虽然离市中心比较远，但是南边的生活环境还是很好，各种生活设施也很齐全，交通也方便，免去了不少市中心堵车的麻烦。所以他们对租的房还是比较满意的，他们的房子面积大概有60平方米，每月租金800元，热水器、卫生间、电视机、电脑都有。他略带幸福地说："虽然不是我们自己的房子，但是我女朋友还是很喜欢。把房子布置得很温馨。我很喜欢我女朋友，准备有了积蓄之后考虑结婚的事情。"能看得出来，他还是有一些满足感。

现在他们正在存钱，准备在成都买房。他估算了一下，他现在每个月的收入大概有3000多元，他女朋友的收入比他高些，大概有4000多元。平时我们都忙着上班，也没有什么时间和精力去花钱，放假的时候不多，而且两个人的假期往往又不同时。所以他们花钱的地方不多，可以把收入的大部分存下来，再加上他们双方家长的钱，用不了几年，他们就可以在成都买房了。说到这里，他说："我对前途还是充满信心的。"他对未来的打算是，希望以后能自己开一家公司，成为一个老板，有房有车。他说："我相信通过我的努力，我一定可以成功的。"

他现在虽然工作很忙，但是有空的时候还是在练习乐器，但是他现在不弹吉他了。最近他买了个架子鼓，大概5000多块，有空的时候他就练习打鼓，希望以后有时间能够再组建乐队。他说他还是很喜欢音乐的。

案例编号：成都—智力型—006

访谈对象：蒋先生，23岁，四川内江人，大专学历，中国移动四川公司成都分公司职员
访谈时间：2009年3月3日下午4点半左右
访谈地点：四川师范大学校内
调查员：廖华西

我和蒋先生曾经在同一家外贸公司工作过。当时刚进公司，很多东西不懂，他很热心主动地指导我。他给人的第一印象是很亲切，后来相处时间长了之后，发现大家有很多共同的兴趣爱好，性格都比较直爽，于是成为了非常要好的朋友。后来我们都相继离

开了那家公司，各奔东西。但是真正的友谊不会因为相隔遥远而淡漠，分开之后我们还是一直保持着联系，通过网络了解对方近况。这次因为做调查访问，觉得他的经历特别，而且我们关系不错，就向他提出做访问的事情，他很爽快地答应了我的要求。

他 2007 年从成都商务职业学院毕业后，家人在老家那边给他找了工作。但是他不愿回去，一心想留在成都发展，毕竟在成都这样的大都市里，发展机会和前景比老家那边好。刚开始毕业的两年里，他换过几份工作，但都没有持续太长的时间，平均每份工作持续的时间没有超过半年。

最初在茂业百货公司里做产品推销员，干了 3 个月后他就离开了那里。他说，在那里打工完全是因为和家人赌气。因为不愿意回家工作，父亲很不高兴，没有再给他经济上的支持。为生活所迫，他四处找工作，当时的情况是只有先生存下来，然后再发展。据他说，经济最窘迫的时候，兜里只有 5 块钱。当时想，只要能找到一碗饭吃就行，于是就去茂业上班了。干了几个月，从百货公司辞职后，他又在一家外贸公司找到了一份工作，是做财务。在外贸公司的时候，他感觉自己的能力是有的，但是一直没有被公司领导重视。他对我说，他来到这个公司以后就感觉到，公司领导相当强势，一般员工在公司基本没有什么发言权，而且待遇低，虽然财务人员要比业务员拿的钱多些，但是工作强度很大。而且公司的财务管理制度不健全，去了大概有 2 个月，他就针对财务上的漏洞和一个同事一起研发了一个比较简单的办公软件，将公司涉及公司业务的流动资金进行跟踪管理，定期对各笔资金进行审查。他向公司主管财务的副总经理提出建议以后，不但建议没被采纳，而且他还被泼了一盆冷水。副总经理对他说："我们公司的财务制度是很严格的，从前就没出现过什么纰漏。你的这个什么财务软件技术水平太低，根本达不到加强资金监管的目的，不利于公司业务的发展。"这次经历让他感到给人打工永远只能是打工仔，老板说什么就得做什么，就算明知是错的也得照做。他是个很有想法很有抱负的人，受不了被人颐指气使的生活。就这样，他在公司待了 8 个月以后提出了辞职。

辞职后他向家里借了点钱，在电子科大附近租了个门面，做起了服装生意。租了辆二手车拉货，每周跑两三趟成都的服装批发市场。自己做生意，没有合伙人也没请帮手，大小事务都要亲自去跑。办工商税务登记、记账，以及缴纳房租等事务都是他一手操办的。他说，在那段时间里感觉自己确实成长了不少，待人处事都比从前在学校时候成熟了许多。每每看到那些成功的商界人士，总会不时憧憬一下未来，希望有一天自己也能加入成功者的行列。那几个月的生意做下来，利润还是不错的。平均每月除去房租水电等支出大概能赚 2000 元左右。服装生意经营了大概半年，后来租期到期的时候续租，房东要求把租金提高 20%，双方都互不退让，最后他还是退租了。休息了一段时间后，他没有继续做回本行，去了中国移动四川分公司应聘业务员，面试还算顺利。刚开始的工作就是在营业厅当业务员，简单枯燥。好几次想辞职不干，但是家里人都没有同意。硬着头皮干了半年多，被公司调到了技术部门，也就是现在的工作单位。

"现在还不错，在做手机 3G 业务，可以学到技术，比以前单纯做业务员好。一个月拿 4000 元左右，业绩好的话奖金也不错。"他对我说，刚开始调过来，什么都不懂，对 3G 技术完全没有概念，网络维护的工作专业性很强，跟自己在学校所学的专业差得很远。能在这个位置上留下来，全靠一股子拼劲。那几个月每天晚上熬夜看书，学习如何操作,向懂行的前辈请教,没少用心也没少花钱,试用期结束时,他们一起来的5个人留下了2个,其中一人就是他。听到这段故事,我深深地感到了他目前这份工作的来之不易。他告诉我,这几年的经历让他体会最深的就是"打铁先要自身硬",磨练让人成熟,苦难使人成长。从小丰衣足食、生活无忧无虑的孩子从学校进入社会以后就会比从小吃苦的孩子更容易遭受挫折,自己从小家里条件不算好,有个哥哥,已经工作了,还有个弟弟在学校,自己能做的就是自食其力,尽量减轻家里的负担,少让父母操心。

他说,现在自己在单位中人缘还不错,工作也还比较顺利,在工作中也学到了不少为人处事的道理。其实,现阶段挣的钱是很有限的,自己既没有什么社会资本也没有资金支持,但是他相信,只要这几年里多学多做多积累,将来的路一定会比现在更宽更好走。刚毕业那会儿确实很迷茫,不知道自己想要做什么工作。很多好的职位要求很高,自己又只是个大专生,没有什么工作经验。找工作的时候碰了很多钉子。后来他渐渐意识到,只有多积累社会经验,多做多学,开拓自己的眼界,才有可能获得提高的机会,得到更好的发展。

说到感情问题,他笑了笑跟我讲了不久前他的一次相亲经历。家里通过熟人给他介绍了一个女孩子,在内江老家那边。他回去见面,那女孩子给他的第一印象还不错,20岁左右,个子比较高,也还比较活泼。两个人谈得还比较愉快。后来吃饭的时候她叫上了几个朋友一起,气氛很热烈。席间,那女孩接到一个电话,然后就说有事要出去一会。去了大概有2个多小时都还不见人回来,打她电话也不接。后来她给蒋先生打了个电话,但是蒋先生接起来以后对方说话的却是个男的。那男的说,女孩子是他的女朋友,要蒋先生不要再纠缠她,不然就给他好看。蒋先生听了以后莫名其妙,然后对那男的说,你让女孩听电话。电话那头,女孩极力跟蒋先生道歉,说之前是她不对,没有把这些事情处理好之类的。后来,蒋先生就没再和那女孩联系了。"这种女孩要不得,脚踏几只船,对感情不负责,也是对自己不负责。"他说。反正现在自己还年轻,最重要的是把工作做好。其他的随其自然吧,也不用多想。

案例编号:成都—智力型—007

访谈对象: 侯先生,25岁,四川乐山人,本科学历,成都某建筑设计公司设计人员
访谈时间: 2009年3月9日下午3点左右
访谈地点: 一环路红瓦寺
调查员: 廖华西

我与侯先生相识不算久,他是我好朋友的同学。我们在一次聚会上认识了,后来一起踢过几次球,吃过几次饭。刚开始对他没什么特别的感觉,觉得他球踢得还不错。后来接触得多了,对他的印象也开始有所转变。交流能促进了解,由于以前在大学的时候,他跟我的一个好朋友是室友,而且也一直保持联系,久而久之,大家也成了熟人,

也成了朋友。我向他提出访谈要求后，他犹豫了很久一直没有给我答复。后来一个偶然的机会，我们又聚在了一起，于是我恳请他接受一次访谈。他说其实没什么好写的，但是在我再三恳求之下，他还是接受了我的访谈要求。

我对他的了解不是很深，总体上的印象就是他这个人比较深沉，内心比外表复杂很多。当时刚和他接触的时候，感觉他和熟悉的人在一起的时候有点不着边际，喜欢和朋友们开一些旁人看来摸不着头脑的玩笑，用成都话来说就是"扭骚"，就是吹牛很厉害的那种，可以吹捧别人达到让人难以理解的程度。把人捧得很高，然后极力贬低自己。我起初和他们一起时很不适应这种搞笑娱乐的方式，对他熟悉之后发现他远比想象中的深刻。他告诉我，其实他每次和朋友们在一起嬉笑的时候其实是很无奈的，他们那伙人那个圈子里面风气就是这样。我问他，那你在这样的朋友圈子里待久了不觉得累吗？他说，习惯了就无所谓了，大家都这样，不说真心话，很难有真正的沟通，而且勾心斗角的时候很多。我应该是他们圈外的人，所以有些事情我们还可以比较坦诚地交流。

他在重庆读完了大学，毕业后来到成都进了一家房地产公司。这家房地产公司也是成都地区比较有实力的企业。他起初是在设计部门任职。他说，刚开始参加工作的时候，压力挺大的，很多东西都不懂。用学校里学到的理论解决实际工作中遇到的问题，其实很多时候是脱节的。干建筑设计这一行，理论水平不是最重要的，最重要的是实际操作中解决问题的能力。设计任务下来后，设计团队要分配任务，比如A组负责外观设计，B组负责内部设计，所有的设计工作都是团队合作完成的，很难一个人单独揽下包干的。如果团队里的人设计理念相差甚远，那么工作的开展就容易出现问题。一般来说，比较民主的团队遇到分歧争议的时候，少数服从多数，而遇到家长式作风强的单位，领导意志就成为决定因素了，如何处理和上级的关系就显得尤为重要。他说，因为干这行，还是要以老板的意志和喜好为准。一个设计，构思再新颖独到，创作得再完美，如果不能得到老板的认可，也始终只能是个构想，无法实现。在那家房地产公司工作了大概一年多，他始终感觉无法完全释放自己的创作灵感。因为房地产公司追求的是效能最大化，如何以最低的成本来取得最大的利润。可能因为当时刚出学校，他还是过于理想化了，工作中对公司的经营设计理念无法认同。于是在找到另一份工作之后，他辞去了那家房地产公司的工作。

现在这份工作是在一家专业设计公司，公司规模不大，成立时间也不长，而且年轻人居多。他当时就是看中这些才来到这家公司的。当时他认为，在这样的公司，他可以有较大的发挥空间。不用像以前在房地产公司那样，处处得考虑现实的利益问题。不过，在接了几单设计任务以后，他开始意识到，其实干这行到哪里都一样。过于理想化的设计理念很多时候不适用于谋求最大限度追求现实利益的客户。他说，除非你成为知名设计师，名声在外，那么你的设计别人就不敢轻易否定，像自己这样默默无闻的设计人员，就算设计得再好再完美，别人还是可以鸡蛋里挑骨头，以很细微的地方来否定你的设计理念。他给我讲了个笑话，有一次上面派了个项目下来，是成都军区某部队机关大门的设计任务。他和公司的一个合伙人负责这个项目。设计效果图完成递交客户后，那边的领导对这个设计很不满意。他们说，那个大门上半部就像一个棺材，顶口棺材在头上，什么意思？后来那个合伙人把图纸略微地改动了一下，其实和原图没什么大的变化，换汤不换药而已。跟那边的领导解释说，这个不是棺材的"棺"，是升官的"官"，喻义就是官越做越大，越升越高。领导听过大悦，于是这个项目顺利通过。说到这里，我和侯先生都大笑起来。侯先生说，那个合伙人在这个圈子里资格还算比较老，有些名气，又是注册建筑师。只要能把话说圆，把客户哄好，那生意就容易做。我又问他，像干你们这行的收入应该不错吧。他说，钱不算少，但是强度太大了，非常累。熬夜加班是常事，他自己就经常为赶项目通宵不睡，日夜颠倒。而且压力太大，设计通不过返工的情况很常见，一遇到这种情况就头疼。他笑着说，干这行的人没有几个是胖子，压力大、强度大，很难长胖。

问到以后的打算，他说，其实做这行在哪里都一样，挣钱多也很累。不过现在最重要的是在这边安定下来，因为他的女朋友还在交大读研究生，等她毕业之后两个人就准备结婚。买房子是结婚的头等大事，虽然家里可以给予一定的经济支持，但是他觉得现在自己还是有能力独自承担的，所以没问家里要钱。去年买了一套100平方米的中等户型的房子，首付10万元，按揭20年，过两年还要买车，压力确实不轻。我问他，现在你的理想是什么呢？他笑着说："其实现在我想的很简单，就是等到女朋友毕业然后结婚，一起过安稳的生活，也就是说，生活的理想其实就是为了理想的生活。"他是个很有能力也很有魄力的人，为了生活的理想而不断前行，不断努力。

案例编号：成都—智力型—008

访谈对象：张女士，25岁，大专学历，汉族，四川省绵阳市平武县人，导游
访谈时间：2009年2月21日下午4点左右
访谈地点：石人南路石人公园
调查员：熊彧

张女士是几年前我在阿坝的三江景区结识的一位导游，平时偶尔联系，但对她在成都工作生活这几年的感受与体会却知之甚少，毕竟导游这个职业让人一忙起来就像风，来去匆匆，所以我们很少有机会坐下来唠唠家常聊聊天。早早地就和张女士约好了时间地点，吃过午饭便马不停蹄地向石人公园西门赶去。当我下车时，她已经在公园门口溜达了。招呼寒暄之后，便开门见山，直奔主题。

张女士的老家在四川绵阳平武县城里，小学、初中、高中都是在那里度过的。不过，自从来成都上大学之后，她回家的次数就越来越少了。大学的最后一年，她考了个导游证，不过那个时候她并没有想过毕业之后干导游。说到当初考这个证的目的一方面是专业所需、兴趣所致，另一个方面也有点跟风的意思，当时全班同学十有八九都在考导游证。

毕业后，张女士和朋友南下广州，开始了自己的打拼人生。在做导游之前，张女士说自己一共换过3次工作，做过文秘，搞过行政助理，后来还跑过销售，那个时候自己才踏入社会，多多少少有点心浮气躁，受不了打击，一看到自己的劳动没有成果，或者

付出和收入成不了正比例，心里就急，就特想家，所以做的时间都不长久，频频跳槽。在广东待了两年不到，张女士便回了成都，在朋友的引荐下，开始干起了导游。张女士说，自己刚毕业那段时间确实是幼稚，心高气傲，急于求成。做导游之后也吃过亏，碰过壁，不过性子却被磨了不少。因为上团的时候，要和形形色色不同职业、不同身份、不同地位、不同年龄段、不同喜好的人打交道，还要做到顺顺利利地把团带下来，确实很锻炼人。所以现在她在心态、为人处事、与人交流各个方面都成熟了很多。

现在张女士和几个朋友一起合伙开始试着带团，打算以后自己也开家小旅行社。不过就目前情况而言，事情进行得没有预期的那样顺利，主要是客源不是很多，尤其是外地的游客相对更少，毕竟经历了去年的"5·12"汶川大地震之后，四川的旅游业受了很大的打击，再加上金融危机，很多导游都选择转行干了其他的，本地游客出行时也多半会选择去其他省市或者成都东边、南边的一些线路，比如死海、蜀南竹海、观音故里这些地方。不过好在现在四川旅游局出台了很多优惠政策，同时也加大了对旅游资源的宣传力度，整个旅游市场也慢慢有了回温的迹象，加上自己和其他几个合伙人精神状态也还不错，干劲也足，所以大家还是很乐观的，对前景仍然信心满满。

张女士说，她并不打算一辈子带团。以后年龄要是再大点，就更没有那么多的精力和体力了。导游这一行，本来就是吃青春饭的，尤其是在四川，大部分旅游景区，不是在山上就是在沟里，没有好的体力根本不行。何况现在的新导游越来越多，所谓"长江后浪推前浪，前浪死在沙滩上"，行业竞争压力或许会越来越大。而且自己又是个女的，最终还是要嫁人，相夫教子，如果一个月有二十多天都不着家，估计再好的男人也容忍不了。之前自己交的男朋友，就是因为不习惯自己跑起团来几天几天不见人，最后分手了。所以现在趁着团不多，时间比较闲，攒点做团的经验，就算以后不能自己当老板，也可以在其他社里干，做做策划与调度什么的，比较安稳，不必再到处跑。

张女士说，她现在是把导游证挂靠在成都导游服务中心，以前一到旅游黄金季节，最忙的时候要帮十几个旅行社带团，相比挂靠在旅行社的坐班导游，确实要自由些，收入也相对高点，不过自由归自由，由于导服中心只是提供挂靠，所以自己每个月是没有保底工资的，也不能享受旅行社里的福利待遇，一切收入都得靠跑团挣，所以现在就得拼命为以后存钱。如果以后机会合适，就给自己买社保、医保，以后老了，生活也好有个保障。

谈到现在的居住状况，张女士说，她现在在石人公园附近租了套套二的房子，一个人住。以前在双林路那边住的时候，是和朋友一起租的，后来由于朋友去了外地，所以她就搬到这边来了，找房子时也没有想那么多，是直接让中介给介绍的，不过后来一直没有找到合适的合租者，也就作罢了，而且这边套一的房子也不太容易租到。过去一到旅游旺季，团就特别多，三天两头不在家，而且有时半夜还要出去接团，早上天还没亮就要出发，所以还不如一个人住方便自在点，虽然有时回家后也确实觉得太静了，想找个说话的都没有，但是后来慢慢习惯了也就觉得没什么了。

张女士感叹道，有时候自己也会觉得压力很大，目前自己的身体状况不算很好，主要是胃病比较严重，这也是干导游这一行的职业病，长年累月在外面跑，作息时间不规律，下了团，累得也没什么心思做饭，就胡乱对付，结果就落了病根。现在虽说不用给父母寄赡养费，但毕竟爸妈就只有她这么一个女儿。现在父母在平武老家，张女士打算再过几年,在成都按揭一套小户型的房子,把父母接过来一起住,这样在生活各个方面都可以相互照应,父母也可以少为自己操点心,自己也可以安心得多。

案例编号：成都—智力型—009

访谈对象：唐先生,30岁,某广告公司文员,本科学历,四川省绵阳市安县人
访谈时间：2008年2月某日下午4点半左右
访谈地点：川师南大门一茶室
调查员：李翠玲、文涛

  通过同学邹小康,我们约到了一个访问对象——广告公司文案唐先生。因为是文学院的师兄,唐先生对我们的访问很配合,回答问题积极而且认真,我们的采访进行得非常顺利。他有丰富的职业经历,明确的奋斗目标。他既不满足于当前的工作和生活,又不好高骛远。他做事认真负责,下班之后都会想着工作的事情,说明他不是那种得过且过的人,而是真正在做工作的人。他现在所做的一切,都是为建立一个温馨的家庭。他为了做自己想做的事情,毅然辞去了教务主任的工作,到成都打拼,说明他身上有一股闯劲。就他而言,除了经历相对较多外,没有什么特别之处。但是他的经历却可以看作是今天众多的高校毕业生在大城市生活的一个缩影。

  唐先生是绵阳市安县人,他在我们学校（四川师范大学）文学院毕业后,在资阳市车辆厂附属中学找到了一份工作,教语文。因为工作勤奋努力,又是研究生毕业,仅经过短短的三年,他就当上了学校的教务主任。如果他继续留在学校,以后还可以继续发展,评职称,通过各种努力,再当上副校长、校长,或者说进入教育局,都是有可能的。总之,仕途一片光明。但是,唐先生说,他不满足于学校那种平淡的生活。起初去的时候,还觉得工作做起来有些难度,但是一年下来,他就完全掌握了,根本不需要花更多的时间和精力去为完成教学任务而努力。而做了教务主任之后,他对学校的行政工作有了更多的了解,虽然以前就知道,学校并不是一块圣地,但是自己能够想象到的和现实的差距太大。他说自己没有想到,做一个教务主任得考虑那么多的关系,有时候也许随便一个学生,也不敢轻易招惹。因为地方太小,用他的话说就是："车过去车过来都是关系（四川方言,意为到处都是关系）。"一句话,就是学校里关系户太多。而这仅仅是从学生层面上学,还有很多其他方面的事情。这些让他觉得他做的工作似乎不是教书,而是应酬,他觉得长期这样做下去,没有多大意思,因此辞去了学校的工作到成都发展。

  刚到成都的时候,唐先生的遭遇和很多其他到成都打拼的人一样,虽然自己有文凭有工作经历,但是在成都找工作却并不那么容易。唐先生卖过手机,工作很辛苦。他说这种搞销售的工作,老板都是给一个基本工资,然后根据销售情况提成。在手机店里卖手机的人员,提成情况都是不一样的,负责人一般会多一些,根据手机的价格,一般在

两三百元以上，但是下面具体负责卖手机的人，提成就要少一些，少的时候只有几十块钱，多的时候也就一百来块。因此要增加自己的收入，最简单的办法就是多卖手机。在卖手机的那段时间，他见识了销售业中的尔虞我诈。他说他当时卖手机也只不过是作为过渡性的工作，不久之后便换了工作，之后断断续续地换过几次工作。现在他在一家广告公司做文案，负责撰写广告词和做广告策划。经过一段时间的适应，唐先生对现在这份工作有了一定的感觉，认为自己适合现在这份工作，而且也很珍惜这份工作。他说因为工作的关系，经常接触到一些低收入职员，他认为，和低收入群体相比，他无疑要幸运得多，因此，他没有理由不珍惜现有的这一切。

  唐先生现在月收入在四千块左右，在成都地区属于中等收入人群。但是平时做什么事情，都还是得精打细算。为了节约开支，他现在和他的朋友合租了一个二室一厅的房子。这样算下来，他一个月能为自己节省四百到五百块钱，生活压力就小了很多。唐先生说，因为这样，他偶尔还可以和他女朋友出去看个电影或者吃个饭什么的，相对来说，两人的生活还是比较惬意的。唐先生的女朋友收入并不是很高，两人的生活开销主要由唐先生负担，但他对此根本没有什么怨言，认为自己应该尽力照顾好自己的女朋友。他认为，作为一个男人，如果连自己的女朋友都照顾不好，在这个社会上就是一个失败的男人。如果这一点都做不到，那以后成家立业怎么办？所以他说，宁愿自己辛苦一点，也要照顾好她，同时也为以后的幸福生活打下基础。他是一个很有责任心的人，热爱自己的家人，希望让他们过上更好的生活。他说"租的房子当然不如自己买的房子好啊"，他对现在的生活并不是十分满意，他想买一套比较宽敞的房子让家人过得更好，他确实也在为此而努力工作。

  唐先生平时休闲消费并不是太高，他是个较为节约的人。虽然成都很大，但是，唐先生也没有到处去闲逛，他是一个相当传统的人，并不像某些同龄人那样到处吃喝。"还是要节约一点，毕竟还要考虑以后买房子什么的。"唐先生这样说道。他的交际应酬的花销相对较低，他的日常生活确实过得比较节俭。

  从与唐先生的谈话中可以看出，他是相当有事业心的人。虽然，他现在的日子过得很充实、很不错，但是，他仍然有着自己创业的欲望，他有心在广告媒体方面取得更大的成功。作为广告公司文案，唐先生的工作需要有丰富的想象力和创造力，比较具有挑战性。但是他心态很好，而且，这个工作和他在大学所学的专业比较对口，因此他在工作中得心应手。从他的言谈中，看得出他是一个对自己的工作能力很自信的人。同时，对待工作，他也很细心。他告诉我们，他在广告公司中的工作量比较大，但是，他的工作从来没出过什么差错。唐先生说，他平时下了班都在考虑工作的事情，甚至在家里吃饭的时候也在想着某个广告的制作事宜。认真负责应该就是他在现在的工作中得心应手的重要原因吧！

  唐先生是一个很自信的人，他相信自己在工作中体现出了自己的价值。他告诉我们，每当看到街道或者路边上的广告栏刊登出他的广告作品时，他就会有一种成就感。他认为，他现在也正在为成都这个城市的繁荣昌盛贡献着自己的一份力量。确实，唐先生就像许许多多的建设者一样，为成都这个城市的日新月异而奋斗着。

案例编号：成都—智力型—010

访谈对象：张先生，28岁，本科学历，河南人，海尔公司业务员
访谈时间：2009年2月20日晚上7：00—7：40
访谈地点：成都市宏达国际海尔公司
调查员：马君

和张先生的相遇纯属偶然，能调查到他也是偶然中的偶然。那天去海尔公司本想调查高蓉，结果调查高蓉时碰到了一个朋友张彦宏，张彦宏看我做调查，且发现自己也符合调查对象的要求，便欣然接受了调查，但谁知刚调查了一会儿，张彦宏就被通知去开会，张彦宏就过去开会了，这个会不知什么时候会结束，我就在海尔公司成都办事处漫无目的地闲逛，也希望能遇到新的调查对象，玻璃门里面的白领们争分夺秒地忙碌着，玻璃门外的走廊里有我，还有个正在打电话的人，我看了看这个打电话的人，听他的口音不像四川人。于是，我就等他打完电话，问了他几个甄别问题，结果和我想的差不多，他果然是外地人，且也符合我们对调查对象的要求，这个人就是张先生，我们就这样展开了访谈。

张先生是海尔公司的业务员，自大学毕业以来，先后在西安、济宁、青岛、成都的海尔办事处工作。工作后，张先生最大的感触就是漂泊不定，没有固定的假期，没有固定的工作城市，在哪里都只是匆匆一过客，他喜欢这种充满新鲜感、充满挑战的工作状态，但他也期待这种在路上的状态能够早日终结，他也希望自己能有个安稳的家。

身为业务员的张先生是第一位也是唯一一位在我调查的这些人中月薪在5000元以上的，他对自己的工作生活状态还是比较满意的，也认为自己有能力在成都买房，但由于自己职业的调动性太强，过段时间，在成都待了3年的他有可能就要离开成都了。他属于青岛总部的业务员，但负责成都地区的工作，一个人住在单位提供的宿舍，设施齐全。通过调查，我了解到张先生每周没有固定休息的时间，几乎每天都要工作，调查过程中，他透露说自己的工作压力很大，经常会有身心疲惫的感觉，有时会有失眠、烦躁易怒、感到前途茫然、感到孤独的状况……跑业务的他人脉很多，因此，应酬也就跟着多了起来，所以即使有5000元以上的月收入，他仍感觉不够用。5000元的月薪对于我们大多数人来说，应该说是够用了，在调查对象中，有些人挣的钱还不如张先生多，人家也能有点结余，但张先生觉得如果要维持自己的正常月生活，月收入应该在7000元以上。他对成都这个城市总的感觉还不错，对于自己的工作和所在城市的各项标准都比较满意，如果政策允许他愿意在成都买房，但过强的流动性让他无心关注成都的楼市、车市。身为河南人的他从工作之日起，因工作要求，在西安、青岛、济宁、成都都留下了自己奋斗的足迹。这位兄长很注重工作的发展前途，他对幸福生活的理解是：身体健康，家庭美满，实现自己的理想。不知道这位兄长现在距自己的理想还有多远，但很为

他这份执着与有梦的精神感动,祝他早日实现自己的理想,幸福安康。

案例编号:成都—劳力型—001

访谈对象: 海女士,43岁,四川凉山州人,彝族,西南民族大学合同制清洁工。
访谈时间: 2009年3月16日上午10点左右
访谈地点: 西南民族大学教师宿舍区
调查员: 王雨巧

  选择海女士作为我们的访谈对象是因为她是学校老师推荐的,她在成都的生活时间、类型都符合此次新移民调查的要求。这个个案的主要特点是海女士是一位少数民族人士。这能从一定程度上折射出少数民族普通百姓在成都这座城市奋斗、生活的状况。由于来自四川偏远的少数民族地区,没有接受任何的文化教育,所以她的生活很艰难,即使来到成都,她的生活境况依然那么糟糕。但是面对生活的困难,她从不放弃,相反却表现出一种令人敬佩的奋斗精神,迎着生活的困难而上。她对生活的态度不是抱怨,而是深深的感恩,用感激的心态对待周围的人与事。她的这种乐观、平和的精神深深打动了我们。我们去找她时,家里只有她一个人,她正在煎着药,房间里传来浓郁的中药味儿,往房间里看了一下,里面光线很黑,很潮湿,他们家的生活条件确实比较困难。

  海女士女士的娘家经济状况比较差,所以由于家庭因素的影响,她基本上没有受过什么教育,小学没有读完就开始帮助家里干活。这是她感到比较遗憾的地方,也深深地影响到了她的生活,以至于她现在一直鼓励孩子好好念书。她现在与丈夫、小儿子,还有父母一起,居住在成都市武侯区西南民大教师宿舍区里的偏僻角落里。她是西南民族大学的合同制人员,负责清洁卫生。她丈夫也和她一样,是西南民族大学的清洁工,两人工作一样,也拿着一样的工资。另外还有2个孩子在老家上学,大女儿今年上高三了。海女士说,她希望女儿考大学的时候,能够考到西南民族大学。为了供孩子上学,平时两个人根本不舍得花钱,哪怕是买点菜,也不舍得。钱都存起来了,主要的开销是供孩子上学,同时因为有老人,他们又不得不为老人准备医药费之类的。他们一家人的日子过得非常的艰辛。如果不是亲眼所见,可能有很多人都不会相信,如今的社会,还有这样贫困的人家。

  他们一家人居住的房子,正如我们所看到的,十分阴暗、背阳、比较小,总共生活着他们一家5口人,而房间的面积也就20多平方米,所以对于我们的到来,她真的感到挺不好意思的,因为没办法请我们到房间里去坐坐,所以她感到十分抱歉。对于我们给她带来的尴尬我们也是十分抱歉,来之前想得不够周全。对他们几口人来说那么狭小的房间怎么可能住得下呢?他们的解决办法就是一家人睡成上下铺,这样就有足够的地方睡得下5个人了!这在我们看来确实比较难以相信,因为现在差不多只有在学校里才睡成上下铺,何况有些条件好的学校的宿舍已经不用上下铺了。他们家里面没有什么家具，但她觉得他们这么艰难的生活条件也不需要什么家具了，这么小的房间更没啥空间可以放什么家具的。家里没有多余的凳子，只有3个。

房子太小，光线比较暗，所以我们就在外面的小桌子上访问。这个小矮桌子也是住在附近的教师送给她们一家人用的，虽然这桌子比较矮，但对我们还是够用的了。她的儿子回来做作业也是在这张小桌子上，如果天黑了，就回到里面的床上写作业，里面没有他学习的桌子。这也是没有办法的，就只能是这样的条件了。在那么阴暗的房子里，即使开着灯也会给人一种很压抑的感觉，更何况为了省电，他们使用的节能灯十分昏暗。这样的学习环境对小孩子来说确实很辛苦。好在她的儿子也比较懂事，也能在这种环境中学习。

他们一家一天三顿基本上都是吃土豆，而且一些土豆还是周围居住着的老师送来的，她特别感激那些好心的老师，那些老师还会偶尔给她一家送点肉吃，这对他们来说就是美味的享受了！他们自己根本是不会花钱去买肉吃的，也没有那么多钱可以买肉吃，那简直是一种奢侈。他们也不会在节假日买丰盛的菜，一年四季基本上都是吃土豆，过年吃的肉还是别人送的，不然他们在这些节日中还是照旧吃点土豆，过春节对他们来说也是平常的日子。她身上穿的衣服很多也是老师们送的，有一些衣服比较新一点的，她会洗干净了，再寄回老家去，给在老家上学的两个女儿穿！因为家里比较困难，两个女儿也很懂事，会穿别人不要的衣服的，不然她们自己是没有什么钱买新衣服的，孩子们的衣服一直以来，基本上都是捡着别人的穿。其实她感到这种生活也很为难孩子们，但是也没办法。她在访谈中常常提到周围好心的老师，非常感谢那些帮助他们一家的老师们，所以对她而言成都人很好。

她现在主要是做校园的清洁卫生打扫，365天都要上班，上班的时间也是不固定的！工资比较低，每月只有500元，但是她已经很满足了，因为她觉得自己没啥文化，能找到活儿干已经很好了，自己能做的也就是这些粗活了，所以她十分知足，觉得这份工作已经挺好的了，而且学校还给她找到这个地方住，不用交房租，真的很好了。她丈夫也是给学校做清洁工的。她现在还想在晚上找份活干，多少钱的都无所谓，晚上再找份活干能多挣点钱，再少也能以少积多！她之前在食堂洗过碗，洗一下午也才给5元钱，但她还是愿意去做，那么辛苦才能换来的5元钱她也是想努力去挣。她想尽可能地多挣点钱，三个孩子都是在上学，花钱的地方还很多，每年只能给在老家的孩子寄2000元，开销还是比较大。她说对父母也是觉得比较亏欠，因为自己没有能力，也没法好好孝敬他们，他们就在凉山那边生活，种点东西吃，还帮忙照顾着女儿，真的很辛苦他们了。

每个做父母的都是很爱自己的孩子的，总想让他们生活得好点。愿意自己吃苦，只想让孩子能够有更好的生活、学习环境！她对孩子们还是充满了歉意，感觉自己的孩子生活得还是比较艰苦，有点内疚，自己没啥能力，不能给他们提供很好的学习和生活的条件！她的儿子在成都一所公立学校念书，虽然政府还是对他们这些少数民族地区来的学生有一定的优惠政策，但每年还是要交一定的借读费，所以上学对他们这个贫困的家庭来说还是个沉重的负担，所以她还是觉得这个学费贵，有点难以承受。大女儿马上要考大学了，她说女儿挺懂事的，学习也比较认真，想考成都的大学。她是十分希望几个小孩都能到成都生活，毕竟家乡的生活十分艰苦，成都对孩子们将来的发展是十分有利的，而且她觉得一家人生活在一起会比较幸福。

对于成都生活，她觉得这里的物价对他们来说还是比较高的，她总是尽量节俭。她一直觉得背部很痛，但她从来没有检查过身体，她猜测可能跟自己上了年纪有关系，身体没有年轻时好了，更何况也没那个钱去检查什么的，那简直是一种奢侈！有一回她的小儿子发烧，到医院打针，医院说需要连续打几天，但发现诊所的费用太贵，他们又只能把孩子偷偷地背回来了，就买点药医治了，打几天针的话，那费用负担不起，这让我们觉得十分心酸。现在他们一家的生活基本上处于时常需要向人借钱的境地，借钱似乎已经是他们生活的必需了。因为尽管她和丈夫在拼命努力挣钱，但是依然感到心有余而力不足，挣的钱远远不能满足生活所必需的花费，尤其是孩子们的学费，是十分沉重的负担。当然借钱也不是随便就能向别人借的，一般人也不愿意借的，因为借了还不知道啥时候能还上。值得庆幸的是他们的亲友们都很善良，都会帮他们点，他们每次借的数目也比较少。

不管怎样，她对现在的生活还是觉得满意了，虽然比较困难。她每天都很努力地挣钱，她希望她的孩子们以后都在成都，生活得幸福些。只要他们以后都有出息了，她也就满足了，即使现在累点也不算啥。她对生活也没啥抱怨的，也不觉得有什么值得悲观的，她感到这里周围的人都很好，都很照顾她们一家人。

案例编号：成都—劳力型—002

访谈对象：降先生，33岁，四川甘孜州炉霍县人，藏族，小学未毕业，武侯区蜀汉东路社区派出所协管员
访谈时间：2009年3月4日
访谈地点：成都市武侯区蜀汉东路格格屋小吃旁
调查员：李翠玲、邹敏、刘娟

降先生是四川的藏族人，迫不得已移民到成都，在成都生活已经有两年多了。做定性调查的时候，我们就和他做了深度访谈。从他的经历中，可以看到，在今天我们一再强调民族平等的社会条件下，有的藏族人在成都的生活也还并不如意。他们喜欢这里的生活，但同时也充满疑虑。为了能够在成都扎根，他们每天都在努力地奋斗，但是结果却并不是那么的令人满意。降先生的移民经历，可以为研究少数民族在大城市中的生活情况提供很好的素材。

降先生老家在四川省甘孜州炉霍县，他2006年6月份来到成都，至今已近三年了。出了社区大门口，在一家叫格格屋的小吃店旁边，降先生和店主说了一声，拉了一根凳子坐下，说就在这里吧。我们才明白过来他的意思是在这里做调查，原来他刚才说不愿意是不愿意在同事和上司的面前做。

我们也找了凳子坐下来开始做问卷调查，边做边聊，他开始给我们讲述他到成都的

经历。

两年前，他带着他的二女儿来到了成都，现住在社区附近的西南民族大学校园内，女儿在浆洗街派出所对面的一个叫粮食局小学的学校上学。以前他们在蜀汉东路租了一个居民的房子住，后来为了安全，自己在民大学校里面找到了房子，才搬到学校里面去住的。

他的妻子、父母还有另外两个孩子都在老家。当初离开家人来到成都，是因为他以前在老家镇上的公安局做协管员，做了三年也没有给他转正；同时也因为工作的关系得罪了很多人，不得不离开。来成都之后，他在炉霍县公安局政委牛麦生根的介绍下，到蜀汉东路社区派出所做了协管员。他现在社区派出所仍然没有正式的编制，是社区派出所的聘用制员工。

刚来的时候，社区派出所每个月给他发600元的工资。工资太低，根本不够父女俩的日常生活，他不得不去找其他的活干。那时，因为同时在其他地方干活，他平时一般不在社区派出所，只有派出所遇到民族问题的时候，叫他他才到。后来因为社区派出所的人手不够，而且蜀汉东路社区又是藏族人比较多的社区，社区民族问题比较复杂。派出所就和他商量，决定将他的工资涨到1200元，而作为条件，他就不能再去其他地方上班了，只能在社区派出所上班，他答应了。

现在，虽然社区派出所每个月给他1200元的工资，但因为他搬到了民大学校内居住，房租比较贵，每个月光房租就是1200元。他的工资只够交房租，为了挣生活费，他每天早上7点到附近车站，为一个长途汽车喊客（拉客）。他喊客的那个汽车是从成都到康定的，每天从早上7点到8点喊客一个小时。起初，站长按提成的方式给他报酬，喊一个客，站长给他10块钱。据他说，喊客多的时候，一天可以拿到一两百块钱，但少的时候就只有一二十块。后来他主动和站长商量，说让他们给他定个固定工资，不按喊客的多少计。站长就问他那每个月500块钱怎么样，他当时就爽快地答应了，之后就这样定了下来。这500块钱就是他们父女一个月的生活费。虽然有500块钱作为生活费，但500块钱，对一对父女在成都一个月的生活来说，实在太少。四朗降泽父女必须省吃俭用。这使他完全没有多余的钱可以做其他事情，给他在成都的生活带来了很多困难。例如他女儿的社保，就因为没有钱，停交了。

在我们去之前，他曾和社区派出所谈过房租的问题，希望派出所给他一些补贴，但派出所说是要考虑一下，到现在还没有给他答复。他说，如果再过3个月，派出所不给他答复，也不给他房租补贴的话，他就打算不干了，回老家去；但是，如果社区派出所愿意给他补贴的话，他还是愿意继续干下去，并且还是希望以后能在成都住下去，把家人也都接到成都。

他现在每天都很忙，也很辛苦。早上7点到8点在车站喊客，8点从车站回家，送女儿上学。为了节约钱，他们从来不坐车，都是走路。从他们租住的地方到他女儿上学的学校，大概要30到40分钟，他把女儿送到学校之后，才返回到社区派出所上班。下午6点下班之后，他又走路去接女儿回家，然后做饭。他们很少在外面的小饭店吃饭，都是他自己做饭。

在派出所，他主要负责涉及民族纠纷的问题。凡是涉及藏汉和藏族之间的纠纷的时候，派出所都会叫上他。一般情况下，他出面问题都会很好解决。但也不全是这样，在解决这些纠纷的时候他也挨过打。他说，在社区派出所工作，其实压力还是有点大的，而且也有危险性。我们访谈时，因为临近3月14号，他们需要清查所有的旅馆，不准带炸药、藏刀之类的，比以前更忙，危险性也比以前大。

在谈到他们父女在成都期间有没有遇到过困难时，他没有像有的藏族人那样，对成都人充满愤怒，但也不是乐观的那种。我们问他时，他勉强地笑了一下，然后给我们讲了一些他在成都期间遇到的一些困难。

一是租房子的问题，很多人因为他们是藏族人，就不租给他们，他们在成都租房子很困难。他租房子时，为了让房东相信他，专门把社区派出所的证件给房东看，并告诉房东他是社区派出所的协管员。看了他的证件，房东相信之后，才答应把房子租给他。据他说，这个问题很普遍，藏族人要在成都租房子，经常会遇到这样的问题。

二是打出租车的问题，出租车司机也会因为他们是藏族人而不搭载他们。

三是住店的问题，酒店也同样会因为他们是藏族人而不留住他们。四朗降泽说，他去年春节回家过年，皮肤变黑了，看起来比较明显，过完年，回到成都，他当时想好好地洗个澡，就想去住酒店。到了酒店之后，他给前台说他要住宿，结果酒店方说住满了。他说他知道这是酒店方的借口，于是他拿出社区派出所的证件给酒店方看，酒店方还是不相信。后来他们吵起来了，酒店方还撕坏了他的证件。降先生拿出证件给我们看，对我们说："你们看嘛，我的证件被他们撕成这样了，现在还没有补办下来。"（他的证件的确是坏的）后来他打电话给社区派出所的所长，所长给酒店打电话说明情况之后，酒店方才让他住下来，并且还对他很好！

四是小孩上学的问题。他二女儿和他一起过来的，但是在成都待了一年也没有找到学校。各个学校都要求要有成都的居住证，同时有交社保才能入学。他们过来的时候没有居住证，而且也办不到。后来，社区派出所帮他办了居住证，又帮忙给他们父女办社保，并帮忙找学校，他女儿才找到了学校上学。

降先生说，藏族人和汉族人交往困难很大，汉族人一般都不相信藏族人。他因为现在是社区的协管员，社区里的人都认识他，所以情况要好很多。但他去其他的地方，别人还是不相信他。降泽说到这里的时候，又谈到这些问题其实很多都是由藏族人自身造成的，他说藏族人也有一些不对的地方。他说出租车司机不搭藏族客人，不是汉人司机的问题，是因为有些藏族人坐车之后要横，不给钱；有些藏族人在汉人的饭馆吃了饭，也不给钱，并因此和店家发生纠纷，他也处理过这些事情。他认为就是这些人败坏了藏族人的名声，说到这的时候，从他的语气中，我们能感到一丝气愤。中午一起的吃饭的时候，有三个藏族人来向我们讨钱，降先生让我们不要给，说这些人都是骗人的。他说他从来不给这些人钱，还说"那么年轻，好手好脚的，还来要钱"。语气中透着对他们的些许鄙视。

降先生说，虽然现在生活过得很辛苦，但还是觉得成都比家乡好。像福利社保这些，他们家乡根本就没有。他说："这边（成都）政府在这些方面做得很好！在老家的时候，我们全家曾经根据政府政策进行过搬迁，国家给（家乡）政府拨了钱，用于补助我们，但是我们没有拿到钱。"说的时候，降先生很谨慎，没有告诉我们是什么原因，只说不敢说。

降先生很信任社区的派出所。他在成都期间，社区派出所也帮他解决了一些困难，像办居住证、买社保、解决纠纷、帮他女儿入学等。做调查时，我们问他要是需要找人帮助他，他会找谁，他想都不想就说派出所。在我们问卷提到的九种困难和紧急情况中，有六项降先生都选择了找社区派出所。

当我们问他，他的女儿在学校有没有因为是藏族人受到歧视时，他很高兴地告诉我们说没有，还连续说了几个"很好"，对女儿的学校表示很满意。因为他自己的文化程度不高，给自己的工作带来了很多不便，他希望他的女儿能在成都好好学习，接受更好的教育。

案例编号：成都—劳力型—003

访谈对象：杨阿姨，48 岁，望江路保洁员，2004 年来到成都，四川达州人
访谈时间：2008 年 3 月 5 日下午 3 点左右
访谈地点：成都市武侯区望江路
调查员：高杰、谢敏

杨阿姨是望江路的一名保洁员，她不是成都本地人，系第一代移民，之所以选择她为此次采访对象，除了有巧合的因素外，个人觉得，从阿姨身上，或许可以折射出中老年劳力型移民的生活和心态。在城市移民中，中老年人相对要少一些，因为他们受着年龄、体力甚至思想观念的限制。即便是移民成功的，也往往带有更为艰难和复杂的移民经历。正是因为这样，我觉得应该给阿姨做一个深度访谈。

杨阿姨虽身在成都，但穿着打扮依然泛着乡间特有的朴素。谈话开始之时，我就表明来意，希望她能给我提供一些关于街道乞丐的信息。杨阿姨对此似乎有所感受，说到乞丐时更是透露着乡间特有的情感关怀。由于工作原因，她看到的乞丐可以说比任何人都多，也看得更深刻。她每天凌晨就起床来到工作地点，这时的城市还在睡眠之中，当然也包括那些乞丐。在她负责的街道上就有这么一位和她同龄的女乞丐。阿姨每天都能看到她睡在街道边上，每次阿姨都会劝那位女乞丐睡得不要离路太近。许是出于同是女人抑或同龄人的同情，杨阿姨总觉得这些孤苦伶仃的女人很可怜，表示如果有能力，愿意去帮助她们。而在我看来，除了同情以外，阿姨对那个女乞丐似乎还有一种同处社会底层的无奈和同是异乡人的关怀。阿姨还说，她会拒绝帮助那些身体健康的青壮年乞讨者，认为他们完全可以通过自己的劳动去改变自己的生活，因为"就算说你什么技能也没有，也完全可以通过像扫大街这样的工作来维持自己的生活"。

在成都的四年中，杨阿姨换过几次工作，但大都是保洁一类的体力活。虽说这些活儿不是很难找，但其中也充满着种种曲折。刚来之时，她做的也是保洁的工作，但没想到被他们的班头克扣了很多的工资，他们集体抗议，但最后事情也是不了了之。辗转于各个保洁公司后，阿姨最后在负责武侯区的保洁公司定了下来，这一干就是三年。

阿姨工作很辛苦，每天凌晨4点起床，收拾完毕就得来到自己所负责的街道开始工

作，大约要做到中午 11 点左右才能有 2 个小时的休息时间，下午 1 点又得开始工作到 6 点。当然，隔一天，可以在下午回家休息一次。这样，杨阿姨在明天下午就可以回家休息了。她们没有什么周末，就在这样的倒班中日复一日地辛劳着。如果遇到无风的日子，工作就比较轻松，因为树上的叶子不会被吹得到处散落。加之这条街道车流、人流较少，干净的街道容易保持卫生，所以可以在工作期间小憩一下。但这种休憩是以高度紧张的神经为代价的，因为她必须时刻警惕，和随时可能来查岗的领导玩"猫鼠游戏"。说到这里，我很庆幸今天没有刮风，也没有突如其来的领导，不然我们的谈话会被随时打断。可以说，长时间的学校生活阻蔽了我对外部世界的了解，但也激起了我对真实社会的好奇，好奇社会上形形色色的人的生存方式、心理状态，种种好奇已开始使我忘记了此行的目的，宁愿在这样一个清净的街道旁聆听阿姨娓娓道来的故事……

  阿姨有两个儿子，都先于阿姨来到成都打工，干着平凡而简单的工作。为了相互有个照应，阿姨和老伴在四年前也迁来成都。一家人虽不住在一起，但生活在同一个城市也算方便。阿姨的老伴同样是做城市保洁工作的。每逢二老休息时，孩子们时不时地会来看望他们。说到她的孩子，阿姨高兴万分。孩子们虽然没读多少年书，工资不高，但为人踏实正直，很让她放心。他们的孝心更是让阿姨有说不完的话。孩子们开始很反对二老出来找工作，不希望他们在这样的年纪还有所操劳，但二老过不来特别清闲的日子。阿姨说他们刚来成都时，没什么工作经验，也不知道去哪里找工作，看到大街上有些人在拾废旧的瓶瓶罐罐，心想这一天下来好歹也能有十几块的收入，于是他们没有跟儿子说就开始从事这份工作了。但后来儿子发现了此事后很生气，也很自责。阿姨给他们解释："并不是你们对我们不好，而是我们觉得一天在家也没啥事做，这样的工作不是很累还能填补家用，有啥不可以的嘛？"但到底拗不过儿子，这份工作就算了。也许儿子真的很心疼二老；也许同是移民过来的儿子，对城市生活中的阶层差异有更深的敏感情愫。阿姨说她的孩子一再跟她说："妈，以后别去捡垃圾了。"说到这里，阿姨眼角有些湿润，在我看来，这是她欣慰的泪水。

  阿姨没有什么社会保障，孩子们每月给他们的钱足够二老生活，出来工作既是为了自己有个事做，同时也可以有所得。有这样的好儿子，自己还能有所作为，阿姨对自己的生活很满足。她并不觉得自己住在一间十几平方米的房间中不舒服，也不觉得有钱人就一定幸福。这种知足也许是阿姨乐观生活的真正奥秘，但这种知足是不是站在对岸的浮躁的我们所能理解的呢？

  "那您对未来有什么打算吗？"我问道。

  "打算倒没什么大的打算，就是想一家人能平平安安就好，当然儿子能在成都有所发展就更好了，我们两口子没什么，人上了年纪了，也干不了什么了，对物质的要求也没那么多，能过就好了，最重要的就是全家幸福。"

  一阵风突然刮了起来，树上的叶子洋洋洒洒地落在了道上。这阵风来得如此的自然且沉重，阿姨起身开始了自己的工作，我们的谈话也到此结束。

案例编号：成都—劳力型—004

访谈对象：李女士，27岁，汉族，儿童服装店销售员，初中学历，原籍四川简阳河东
访谈时间：2009年2月10日下午
访谈地点：莲花北路阳光宝宝儿童服装店
调查员：陈爱

李女士是一家儿童服装店销售员，由于很早就没有读书，"出道"的时间比较早，她的经历也算比较丰富，历程也算是辛苦，可以说是很多农村的、没有很高学历的在城市谋生人群的代表之一。我觉得有必要对其做一次专访。

李女士个子不高，结婚刚一年，是四川简阳河东人，她老公是简阳石桥人，是她的中专同学，现在在距离她工作不远处的茶楼上班。说到现在的工作经历，其实她现在挺后悔当时没有好好读书的。她介绍说，她小学的成绩还是很好的，经常得到老师的表扬，同学们也认为她的前景很好，父母为她感到骄傲。小学毕业后很顺利地考上了当地较好的初中，可是上了初中以后，由于当地农村一些不重视教育，受读书无用特别是女孩子读书无用等思想的影响，加之看见很多同学都辍学打工、挣钱，她就坐不住了，特别是初三，整个人都是恍惚的，根本不知道老师讲的内容是什么。以至于连普通的高中也没有考上，最后在父母的逼迫下就读于本地一所中专学校。经历中考失败，自己还是有点失落，记得当时她到学校报名的时候，学校的老师告诉她"如果自己努力，还是可以考大学的"，就是那种对口高职。所以，原本想还是要好好读书的。进校后才发现，那里根本不是学习的地方，学校的学风不好，老师也没有过多专注于学生的教学工作，大多数同学根本就是来"混年龄"的。除此之外，学生们没有很明确的追求目标，学校谈恋爱的现象很普遍，不知不觉中，自己也成了当中的一员。学校的学生流失率相当高，到了三年级上学期，班上原有的40多名同学只剩下十一二名了。由于学生少，老师上课就成了"三天打鱼，两天晒网"。在这种情况下，她再也没有学习的动力，也不想再在学校待下去了。缘于自己的男朋友离开学校后到广州打工了，所以，男朋友走后没多久，她就弃学了。父母无奈，也根本没有劝，或许家长也认为在这样的学校读书没有多大出路，现在能出去找点钱也不是什么坏事。经男朋友介绍，她到了广东东莞的一个工厂打工。工作不复杂，主要是生产线上的工作，枯燥。打工的日子很苦，很枯燥，由于自己的学历不高，也没有什么技术，工资很低不说，天天从早上8点上班要到晚上8点才下班，如果加班就干得更晚。说到这里，她还幽默地说："那时候，我们都不知道太阳是什么颜色了。"

后来，她男朋友觉得在那个厂子打工没有前途，就辞职回到四川省，在朋友的介绍下到了成都的一家公司，但是，干的工种仍然是很粗放的。男朋友走了，她一个人在陌生的大城市里，没有能够说话的人，很孤独，没有几天，她也辞职回到四川老家简阳。

父母四处托人给她找工作，后来到了离家不远的一所幼儿园做了临时老师。每天的上班时间还是很长，面对几十个孩子，每月的工资才仅仅 300 元。对于她这样的年纪的人来说，这样的窘境肯定是不行的，后来听了在成都打工的同学建议，不假思索地到了成都。刚开始她并不知道自己要做什么，能做什么。碰巧三多里店招聘营业员，就去试了试，当时与她一起应聘的还有四川师范大学的一名女学生。应聘当天，店里的一位负责人说：先试用三天再看。尽管她在试用的三天内很卖力去工作，但是由于她自己是没有毕业证的中专生，对手是在校的大学生，感觉她自己肯定不是别人的对手，店方也不会选择她，自己一定会被淘汰的，所以试用的第三天晚上就收拾好行李准备回家。没想到的是，第四天的早上她竟然接到了店里来的电话。当时，她很兴奋，她说，她很想感谢上帝这么爱她。

这次机会来之不易，上班时她特别地卖力，店里的上司对她的表现也比较满意。当时三多里的工资不高，她和男朋友也不好意思再向父母伸手要钱，就到当时房租较便宜的成都市红牌楼片区租房住，不过每天要骑 1 个多小时的自行车才能到上班的地方。男朋友天天来接她。几个月以后，冬天来了，由于住的地方距离上班的地方实在太远，男朋友觉得很不安全，他们就又转到其他城市工作。

两年之后，他们又回到了成都，经朋友介绍到了现在的这个服装店。在这里，工资还是不高，但是老板人很好，对她也很好，而且特别信任她，她也把这店子当作自己的店子来经营。

李女士的朋友也都是到成都打工的人，对于自己这些年的打拼，李女士说，有的时候，就是别人的信任让自己失去了方向。其实在这里干了近五年了。还是想再换工作的。因为，他们小两口现在的工资仅够两人开支，都 27 岁了，还不敢生养孩子，也不知道什么时候才会好起来，但是，他们总不能不养孩子吧！所以，在这样的私人店里干活，永远都没有发展的空间，从长远考虑，有一天，自己能够挣到本钱，就可以开间属于自己的铺子，就是不知道这天什么时候到来。

案例编号：成都—劳力型—005

访谈对象：曾先生，汉族，19 岁，四川自贡人，初中文化，厨师，2005 年迁来成都
访谈时间：2009 年 2 月 10 日下午
访谈地点：金牛区某餐馆
调查员：邓世燕

访谈背景

这个访谈的对象，是一个熟识的朋友介绍的。他听说我在做关于城市移民的调查，对我提起他这个小老乡。说他小，是因为他的年纪，虽说出来四年多了，但他才仅仅

19 岁。这让我想到了很多生活在条件艰苦的农村的孩子们,他们的学历不高,年纪轻轻,从事的多是简单的工作,技术含量不高,收入也不是很高。因为条件的限制,他们过早地承担起生活的重担,走上和其他的同龄孩子完全不同的道路,成为了城市移民中的一个特殊的团体。都说青年是社会的主心骨,而他们作为青年的一部分,他们的状况应该得到关注。所以我决定对他做一个深访,他也答应了我的要求。

访谈对象自述

我的老家是自贡的,我很早就出来了,那是差不多才十五岁的样子吧,正值读初中的年纪。现在算来时间差不多有四年多点的样子。来这边后就跟着师傅学习厨艺,直到现在。从出来就一直就在这个饭馆工作了,饭馆是师傅开的。目前的工资也不是说很高,除开自己的食宿,每月自己也就能拿到接近一千元的工资。因为一直跟着师傅,自己又小,一直以来都是师傅照顾着,对于在这里的情况,我觉得还是比较满意的。我自己平常也没有什么地方需要用到很多钱,平时也不经常去专门的休闲场所,也没有频繁的交际活动。因为我在这边上班的时间安排基本是满的,早上就要来,然后开始准备中午会需要的东西,中午的饭点是最忙的时间。我在这里的工作就是炒菜,其实算起来都炒了好几年了,但是现在还是处于跟师傅学习的阶段。虽说不是随时都很忙,但是基本上每天都是必须来的(当然特殊的情况除外,如果确实有事,和师傅说说请假,问题是不大的),除了在饭点的时候人多比较忙外,其他的时间可以利用来休息或者是准备一些其他的东西,你刚刚来之前我就趴在这小睡。所以这样说来,我们几乎是没有固定的休息时间的,人多的话一天就少休息会儿,人少就多休息会儿,就是这样的。我平时的花费不多,所以觉得目前的工作状况还过得去吧,每个月还是有一定的结余(说这话时他脸上带着憨厚的笑容,显得有些腼腆,有些稚嫩,毕竟现在他才只有19岁)。

对于在成都生活的很多方面的一些东西,其实我了解得也不是很多,也不会很深刻。我自己就只读了初中,在这边靠文凭谋生的话肯定是没法的,现在能找这份事情做,也就是凭着自己学的这门炒菜的手艺了。在成都的这几年中,我的工作没有变动过,也打算继续跟着师傅学手艺,以此来营生了。希望继续学习把手艺学到家,看将来能否在这一行发展得好一点。说到各方面的福利状况,其实说实话,我都不是很清楚,你们说的很多东西我都不是很清楚。自己在这边工作就是专心地做这个,其他的事情都没有怎么去关注过。自己做事、拿工资,然后就是关心自己的日常生活,这些安排好了就足够了,其他的事情的话,我觉得和自己的关系不是很大,就很少过问了。作为打工一族,我觉得自己现在的状况,很多东西是无法和成都的本地人相比的,这个是肯定的。教育上在这边肯定是没有享受到的,因为自己根本就没有在这边读过书,哪会有这方面的福利可享啊。而且现在我也没有什么机会去接受继续教育啊,有机会可能也不会去吧,所以这方面我是享受不到了。住房福利也是一样的情况,我觉得现在成都的房价很高,以我现在的收入情况来看,根本就无法承受。我一个月才能挣多少钱啊,买房几乎就是不敢想的事情了。现在我住的是饭馆里的单位宿舍,宿舍里有一些简单的日常生活用品和设备。说不上很好,只是要用的东西基本上都有。我平时的休闲活动也很简单,就是回宿舍看看电视啊,有时去外面网吧上上网,去外面逛逛或是自己听听音乐。

有时饭点中间相对空闲的时候会和同事们打打牌之类的。能和我耍到一起的人，也基本就是同一个饭馆的一些同事、朋友，自己在外面就基本没什么认识的人了。可能就是这样的简单生活，所以我平时的开支也不会很大，本来不高的工资也才固定地有结余。要说工作的压力呢，对于现在的工作，我觉得自己还是有压力的，觉得生活还是有些艰难，对于将来也还是希望能有更好的结果。其实话说回来，我觉得身体健康、有知心的朋友，将来有成功的事业，这些才是幸福生活应该具备的，也只有这样才能称得上是美好的生活。

说到自己的家庭，我觉得压力倒不是很大。现在我的父母的年龄还不是很大，还有一定的劳动能力，加上他们都在农村，还有自己的地可以种，生活上不会说要我来承担太多。但是我自己赚的钱还是会寄回去给父母。就说上个月我就寄了大概有4000元回家。现在我就是希望自己能把技艺学得精点，希望将来自己能发展得好一些。其实我的追求也不是好高，就是希望自己把手头的事情先做好，一步一步地走，希望慢慢地会好起来。

案例编号：成都—劳力型—006

访谈对象：李女士，48岁，汉族，小学文化，某餐馆服务员，四川省南充市人
访谈时间：2008年3月6日下午4点半左右
访谈地点：成都百花潭公园
调查员：李翠玲、刘娟

一期定量调查的时候，刘娟在百花潭公园的一家餐馆找到了这位被调查人——李女士，并给她做了问卷调查。当时就发现李女士的情况比较特殊：起初是在丈夫来成都之后的几年跟着来治病的，什么都不做只是随处转转、玩玩，随后却又开始一次次地找工作。而如今孩子们都已有了工作，虽然她年纪也大了又有病在身，可她现在依然坚持工作，竟然每个月还要为孩子负担生活费，这到底是为什么？而且她并不希望一家人（包括子女）在成都长期发展。好奇心使我对眼前的这位大姐产生浓厚的兴趣，因此当时就决定对她做更深一步的调查访问。

通过交谈，我发现刚和李女士聊起来的时候，她一个劲地说自己没上过学，不认识字，没有文化。我赶忙向她解释，问卷调查需要像她这一类群体的人作为调查对象，这样的调查更全面、更可信，而且不识字没关系，我可以把问卷上的内容念给她听，都是一些选择题，很容易的。说着，我就翻开问卷给李女士举了几个例子，她听了之后羞涩地笑着说，原来是生活中的问题啊，那我试试吧，也不知道能不能做好。

问卷的开头说起来成都的原因，李女士的脸上闪过一丝忧伤，叹了口气说，自己的身体不好（肾结石，同时还经常生病），需要经常去医院。五年前，由于丈夫在成都做生意（做寿衣），为了不耽误丈夫做生意，就跟随丈夫到成都看病。为了节省开支，减

轻丈夫的负担，平日看病的时候，总是选择去小医院，并且选择一些比较便宜的药。

起初，除了治病之外，李女士就只是在成都玩，养养身体，什么事情都不做。可是，一年后，随着孩子上学的开支越来越大，家里的各项开支也比在老家要多很多。同时，自己的医药费又是一笔很大的开销，家里的开支变得越来越紧张，生活条件也是越来越差。为了补贴家用，减轻丈夫的工作压力，改变现在的生活面貌，李女士就勇敢地走出了家门，出去找工作。由于李女士的身体不好，年龄又大，而且没有知识、没有一技之长，工作找得异常艰难，很长时间内都没有找到工作。最后，总算找到了一个地方做点小生意——摆摊卖菜。可是，好景不长，卖菜要起早贪黑，竞争又很激烈，而且很累，利润很低——赚的钱就很少，时间长了她的身体吃不消，综合各方面的情况，经过一家人的慎重考虑之后，就决定不干了。

李女士又没有工作了。在经过很长时间的等待、周折，又经过另外一次工作后，她找到了现在的工作——在百花潭公园的这家餐馆里做服务员。公园的环境好，平时只有中午和晚上有顾客吃饭，所以上午和下午的时间可以自由支配：聊天、逛公园、织毛衣等等都可以。而且这里的工作压力小、环境好，每天都可以听见鸟叫，看看各种各样的花草树木以及来来往往吃饭、喝茶、打麻将的客人们，李女士满意地笑着说自己觉得很开心，就像又年轻了好几岁。相对于其他工作的工资待遇、工作压力、工作环境而言，这份工作还不错，所以，到现在为止，她就一直在这家餐馆工作，已经两年多了。话又说回来，李女士无奈地认为若是自己不在这里工作，似乎就没有别的地方可以去工作了，没办法啊，没文化、没有一技之长啊，所以只能在这儿待着了。还好，现在两个孩子都工作了，生活的压力小了很多，李女士满足地认为在这儿已算是做着一份轻快的工作，一边玩一边享受生活了。

谈及每月的家庭生活开支的时候，李女士说每月要有很大的开支，是为孩子们，这让我迷惑不解。在我的追问下，她细细地向我解释起来。

虽然孩子们现在已经工作了，生活的压力比以前小了，但是作为父母总是有操不完的心。孩子们目前的工作并不理想，都是刚刚工作，现在工资又不高，各项开销却很大，还会碰到很多不如意的事情，有时候还要我们做父母的接济，给他们点零用钱。虽然孩子们各自都有工作，白天一天都在外面上班，但是晚上还是都要回来吃住的。虽然说看着儿女们都长大了，一家人凑在一起很热闹，很高兴，儿女在身边围绕着的感觉还是挺幸福的，但是，他们在家里吃住是从来不交生活费的，每个月家里的生活费也是一笔不小的开支。孩子们每天回来又吃又喝又住的，有时候还会带些朋友回来耍，且不说每个月的饭钱，就只说每天给他们做饭就把李女士老两口累坏了。而且，孩子们马上都要成家了，买房、结婚都是一笔很大的费用，说起这些，李女士的眼里泛起辛酸的泪花，叹了口气说，想起这些自己确实是挺犯愁的。孩子们上学的时候为了学费而犯愁，长大后为了结婚买房就更愁了。以前，李女士天天盼着孩子们毕业、长大，如今当他们真的毕业了、长大了，李女士却反而觉得日子更苦了。孩子们的成年，对于父母而言，是喜更是忧哦。哎，说到底，父母的一生永远都在为儿女们操劳、担忧啊！

说起是否打算在成都定居的事情时，李女士认为：成都是个好地方，环境优美，气候很好，城市建设得很好，生活也很便利，适合居住。但是，她和家人并不打算在这儿购房落户，同时，将来也并不希望子女在这儿发展。在我的追问下，李女士说出了不打算在成都定居的理由。

成都的物价高、房子很贵，尽管丈夫开店做寿衣，经济收入还不错，但是以他们现在的能力在成都定居，或者说站稳脚跟，还是有一定的困难。另外，李女士的思想比较传统、保守，还是希望等他们年龄大了，不能做生意的时候就回老家，种点田，在老屋里待着，老两口互相照应，自己养活自己就行了。毕竟，在老家可以自己种菜，自食其力，各方面的开销要比城里小得多，又有亲戚朋友在身边，不像在成都认识的人少，有的时候和外面的人又说不到一块儿，还是觉得挺孤独的，而且乡下的空气、环境比城市好，适合养老啊。至于孩子们，李女士也不希望他们在成都定居，只是希望他们作为年轻人在有闯劲、干劲的时候在这儿拼一拼、闯一闯，长长见识和本领，等岁数大了的时候随他们一起回老家去，在乡下种点地，自食其力，给父母养老送终，他们也好好放松一下。这样一大家子就又在老家团圆了，身边都是自己的家人和乡亲们，没有压力、不受歧视、和和美美的，挺好。

另外，还有一个原因：李女士觉得在生活观念、风俗习惯等方面，自己与成都人有很大的差异。而且，成都人看不起外地人，对外来人口有歧视，在这里他们一家人没有朋友、亲戚，平日里碰到事情了也不知道找谁帮忙，有时候想想还是挺孤独的，没有亲情，没有人情味儿，所以李女士说他们不打算在成都定居。

问卷进行到三分之二的时候，李女士的上司回来了。他很不高兴，让我们去饭馆外面做问卷。后来，他见问卷很长，又把李女士叫了进去，等她再出来的时候脸色很差。询问后，我才知道，因为问卷的事情，她被上司罚了款。看得出李女士心里很难受，不想再继续做问卷了，我也为她被罚款的事情感到自责。正当我不知所措、打算放弃这份问卷的时候，李师姐和邹敏她们赶了过来，在她们的细心劝说下，李女士终于答应继续把问卷做完。尽管中间又因为她们的集合而再一次被打断了，但是，李女士还是坚持帮我们把问卷做完了，这让我很感激，也十分感动。

案例编号：成都—劳力型—007

访谈对象：张先生，21岁，汉族，四川达州人，理发师
访谈时间：2009年3月15日下午4点半左右
访谈地点：成都市锦江区琉三路双双精剪店
调查员：熊彧

张先生是我上次在这家店里做头发时结识的，当时正值百无聊赖之际，便和他拉起话来，聊着聊着就说到了我目前正在做的这个新移民调查访问，顺带地向他发出了邀请。他听后，大致地问了问，便答应下来，还约好了访谈的时间。我进店的时候，他正在为一位女士做头发，招呼过后，笑着示意我先等等。过了好一会儿，他才忙完。因为之前已经大概给他介绍了一些相关情况，所以也没有过多的客套，便开始了。

张先生的老家在四川达州一个很偏僻的农村，祖祖辈辈都是面朝黄土背朝天，日出而作，日落而息。初中毕业之后，因为家里负担重就没有再继续念书，但又不想像父辈那样过日子，16岁时便跟着村里的其他人一起去外面打工，因为年纪小，又没有什么技术，最开始只能到处给人干零活，拉过蜂窝煤，送过水，挑过垃圾，还去建筑工地上当过临时小工，不但累，还要常常遭人白眼，被人呼来唤去，但是基本上能养活自己，也就觉得不错。2005年过年回家时，听到同村的人说理发很来钱，当下就有了拜师学艺的念想。那年刚过完大年，便去了广东，找老乡帮忙进了广东一家理发店当学徒。说是学徒，其实并没有师傅教，一切都得靠自己观察、消化、琢磨。刚进店的那段时间，就只能扫扫地，清洗清洗理发工具什么的，连帮客人洗头这样的简单的活儿也沾不上边，更别说学理发了。那个时候，心里确实非常着急，因为学徒每个月只有300块钱的基本生活费，只有当上了理发师之后才有提成。这还是次要的，最主要的是觉得自己时间耽搁了，还学不到手艺。这种浮躁的情绪持续了一段日子，不过张先生并没有放弃，后来渐渐和店里的人混熟了，加上自己平时手脚麻利，嘴巴甜，又肯做事，大伙儿私下里都比较关照他，店老板也有心栽培他，开始让他真正接触理发这门技术活儿。

理发看似简单，实则不易。店里的理发师大多都是从美容美发学校出来的，受过专业的培训，而自己只是半路出家，自然要花费更多的精力。每次客人来剪头发时，只要自己有空，张先生都会站在旁边看。有时候，理发师还会临场教学，告诉他为什么这个地方要倒着剪，为什么这种脸型要剪这样的刘海……自己就一边听，一边囫囵吞枣，全部接收，然后再慢慢消化。

张先生说，那段时间都快有强迫症了，看到有毛的东西就想剪。好在皇天不负有心人，他很快就可以自己独立上岗了，工资也涨了上去，加上提成，算下来，每个月基本上有2000多块。后来从广东去了深圳，收入又高了点儿，而且还去参加了些行业组织的协会，在那里大家可以互相交流、切磋，取长补短。不过，凡事都有两面性，因为长年累月地和水以及洗发剂、染发剂、烫发剂这些化学品打交道，张先生的手上好多地方都开了口子。他说，干理发这行的，没有几个的手是光光鲜鲜的。

2007年初，张先生回到了成都。说到原因，主要是想着离家近点，回家方便些，毕竟父母年纪大了，而且成都确实比广东、深圳这些城市要悠闲些，生活节奏没有那么快，压力也要相对小些。不过，成都这边的理发店基本上没有固定的下班时间，晚上什么时候回家完全取决于最后那个顾客的头发什么时候能做好，而在广东、深圳这些地方，有好多理发店都是实行的上下班打卡制度，而且那边的劳动稽查队的工作也比成都这边的要做得更加完善，有时候还会来检查他们的上班卡里的信息，给人的感觉要规范些。

张先生现在上班的理发店是一个老乡开的，人挺不错。不光包吃，每月的房租也是老板出，虽然住的地方有点挤，但是也蛮热闹的。平时下了班，如果时间早，大家凑在一起还可以打打麻将、斗斗地主、看看电视、吹吹牛什么的，再过几天，还要安宽带，到时就可以上网了，日子更好打发了。

张先生还说这家理发店的老板也很重视员工培训，每年都会安排店里的骨干去上海参加技能培训。现在大家都是靠手艺吃饭，拼的是能力，能力越好，升迁的机会就越多。所以，张先生平时喜欢买一些美发方面的书来给自己充电。

现在张先生每个月能拿到 1000 多元，虽然比不上在深圳的时候，但也够用，除去给家里寄的 800 元和其他一些开支，每个月都还有一点点节余。钱虽少，但慢慢攒，总会多起来，等以后攒够数了，张先生打算回老家开间小理发店，不过这个是个长期目标。他说，成都好是好，不过花钱的地方也相对多些。特别是房价，几千块一平方米的价格，确实有点接受不了，自己奋斗一辈子也不一定买得起。当初回成都时也动过在成都购房落户的念头，不过现在看来，基本上是没戏了。而且因为长时间饮食不规律，自己的胃不是很好。以前从没想过给自己买什么医保、社保，现在也要考虑考虑了，这又是一笔较大的支出。还有父母，现在虽说已经买了农村医保，但是社保还没有解决，两位老人家又不可能干农活干一辈子，所以这又是一个花钱的地方。虽说自己还有个哥哥，在家务农，平时可以照顾下父母，但在他们那里有一个观念，就是在外面打工的要胜过在家务农的，所以在经济方面，自己要负担得多些，家里好多事都要靠他出钱，所以自己就只有再拼命干了，等把这些事落实了，自己再回家开理发店。

谈到眼下最想的事情，张先生说，现在就想找个女朋友。在老家，和他一般大的，好多都当爹当妈了，而自己还是"光杆司令"一个，确实有点羡慕旁人，还好家里的人现在正在张罗着为他找对象呢。说到这儿，张先生有点不好意思了，他停顿了会儿，才补充说道，其实主要就是觉得身边有个伴，做什么事都要踏实得多，有什么事都可以两个人一起分担，不过这种事也是可遇不可求，啥事都要讲究个缘分。

案例编号：成都—劳力型—008

访谈对象：罗女士，24 岁，大专学历，私营商店服装营业员，四川省金堂县人
访谈时间：2009 年 2 月 26 日下午 4 点左右
访谈地点：成都市武侯区人民南路尊品牛排
调查员：胡二庆

今天是星期四，天气还不错，下午约了一位女生三点半做访问调查。两点时从学校出发，坐车来到华西医院附近的尊品牛排店。三点半后，罗女士也到了。下午时分，店里没有几位客人，我们要了两份自助下午茶，边喝边聊了起来。之所以选择罗女士作为个案，主要因为虽然她的年龄与我相仿，但却有着我们这个年龄段的人无法相比的社会阅历，有喜悦、有痛苦，同时也充满了迷茫，但她却一直很乐观，也很容易满足。罗女士和我一个大学同学是高中同学，因为有了这一层关系，她十分配合我的访问。

罗女士是四川省金堂县人。父母都是地地道道的农民，她是家里的独生女，虽然家里条件不是很优越，但因为是独生子女，在父母无微不至的关怀中，一家三口其乐融融，生活得很幸福。从小学到初中，罗女士的学习从来没有让父母操过心，中考时以优异的成绩考上了县里的重点高中，让村里的乡亲很是佩服，父母也感到非常的欣慰。来到高中后，和大多数同学一样，罗女士有着很高的目标，希望三年后能考上一所知名的

大学，证明自己的实力同时也为家人争光。但是高考时，由于过于紧张发挥失常，最终没能如愿。不愿意给不太富裕的家庭再增加负担的她，放弃了复读，来到了四川教育学院旅游管理专业（专科）学习。从此开始了在成都的生活。

大学期间，罗女士利用闲暇时间做各种各样的兼职，一是为了减轻家里的负担，二是为了积累社会实践经验。罗女士的三年大学生活，用她的话说，过得很充实，也正是这三年在成都的生活让她喜欢上了这座城市。作为一个外地人，她对成都的各方面评价很高，甚至是赞不绝口。她觉得成都是个很适宜自己居住的城市，吃的、玩的都不错，成都人对外地人的态度也都比较好。成都作为四川省的省会、西南地区的名城，可以为年轻人的发展提供各种机会。听得出来，大学期间的罗女士已经对自己未来的发展有了长远的规划。毕业后，她经历了许多大学生都经历过的频繁地跑各种招聘会，大专学历让她的求职历程充满了不顺利，家人希望她能回金堂县，找个一般的稳定一点的工作，以后再找个合适的对象，就算是有了好的归宿了。但倔强的她坚持要留在成都，认为凭自己的能力可以在成都站住脚，等混出个样子后把父母也接过来，让他们安享晚年。

活泼开朗的性格和大学期间锻炼出的与人交流的能力，对她的求职起到了一定的作用，她找到了在一家酒店做前台接待的工作。虽然工资不是很多，但基本够用；虽然工作很简单，但毕竟实现了自己留在成都的愿望。这份工作对于学旅游的她，做起来游刃有余（旅游管理专业包含酒店管理课程）。单位包吃住，每个月还能有1200元的收入。听得出，她对第一份工作还是比较满意的。提起那段日子，看得出她非常的怀念，虽然生活很平淡，但因为在成都有很多朋友，时常与朋友相聚让她觉得生活也充满了乐趣。

性情开朗、待人真诚的她，在好友的介绍下，交了一个男朋友。男友家条件很优越，父亲是建筑工程师，男友本人在一家国企当会计。但这段恋情一开始就遭到了男方家人的强烈反对，理由主要是罗女士的家庭条件与他们不够门当户对。在巨大的压力下罗女士本想退缩，但男友给了她莫大的鼓励和支持，这让她非常感动，决定与他一同坚持，一同面对。在"反对无效"的情形下，男友家人提出她当时的工作不是很体面，希望她能考公务员。罗女士看到了一丝转机，心想如果自己能考取公务员，就能真正地在成都立足，与男友的感情也会得到他家人的同意。因此，她辞去了那份工作，开始全力备考。只可惜结果未能如愿，罗女士没有考上，巨大的心理失落让她很是痛苦，男友家人的冷嘲热讽也让她无地自容，男友慢慢地也不像以前那样对她关心鼓励了，一开始，罗女士认为男友只是因为承受了太大的压力才这样，所以没有太在意，但后来男友慢慢地开始变得冷淡、疏远，直至向她提出分手，想到自己曾经为这段感情艰辛地付出，包括放弃了原本适合自己的工作，罗女士心里十分痛苦，但倔强的她并未多做挽留，结束了这段有条件的充满功利的感情。

这段感情的挫折对她的打击很大。那段时间她心力交瘁，更谈不上找新工作，好在众多的朋友和至亲的家人给了她足够的支持与关心，怀着对家人的感激之情，她慢慢地从伤痛中重新振作起来。用她自己的话说，经历了那次伤痛后，自己成熟了许多，认为和亲情、友情相比，爱情不值一提。为了自己和自己的家人，她必须在这个城市继续奋斗。

此后她陆续找过几份工作，但都没能做多久。她做过保险推销，那份工作基本工资只有500元，其他的完全靠成功推销后的提成，她告诉我，一般的普通民众对推销员充满着抵触情绪,总是觉得推销的东西都是骗人的东西,因此经常是说破嘴皮也不起作用。其实这一点不用她说我也知道,我也有类似的经历。那个月她一共挣了 700 多块,每天起早贪黑的忙活最后只挣了个基本生活费,她放弃了那份工作。此后的频繁换工作中,她还被一个黑中介骗去了好几百块,她通过各种手段想要回被骗的钱都无功而返。而那个黑中介不仅气焰嚣张,最后还提出可以带她入伙,参与欺诈其他的求职者。提起那段经历,她既气愤又觉得后怕。几经周折,最后她找到了一个在一家私营的商场里做服装营业员的工作,工作地点就在离我们做访问的地方不远。而这份工作从开始到目前也就做了一个月不到。不过提到这份工作,她还是表示出了兴奋和期待。她说,再过几天就做满一个月的试用期了,不仅工资会涨到 1000 多元,单位还会帮她买好几样保险。

案例编号:成都—劳力型—009

访谈对象:何女士,26 岁,东区医院(私立)护士,中专学历,四川省宜宾市南溪县人
访谈时间:2009 年 2 月 19 日下午 4 点左右
访谈地点:成都市成华区东区医院
调查员:胡二庆

何女士老家在宜宾市南溪县,父母都是小学教师,有个弟弟在读高中。护校毕业后,她去了资阳市一家医院工作,工资每个月 1000 多元,单位包吃住,对一个刚毕业的学生来说,待遇还算不错。但是,何女士在资阳没有什么亲戚,也没有特别好的朋友。在那里工作的一年中,同事给她介绍过对象,但相处过后,都觉得不是很合适。提到在资阳的那段日子,何女士觉得过得不是很开心,主要是因为没有要好的朋友,觉得自己很孤独,工作了一年还是感觉没有融入那里的环境。之后,她辞掉了那的工作,回到了宜宾。

因为有工作经验,在宜宾她很快便找到了新工作。回到了自己家乡后,经常可以和家人、好友相聚,让何女士觉得生活多了很多乐趣。在工作问题落实后,何女士下一个考虑的便是早日成家。后来,她和单位的一位实习医生走到了一起。那位医生也是宜宾人,两人在相处后感觉性格、爱好方面都很投缘,很快确立了恋爱关系。男友在实习结束后,希望能够来成都发展。最初对男友的这一决定,何女士不知道该不该支持,一时没了主意。她觉得宜宾这个城市很适合自己生活,自己的家人和朋友圈也都在这边,但看到男友满怀壮志的样子,又不忍心反对,最终她决定支持男友的决定,辞掉了自己的第二份固定工作,同他一起来成都闯荡。

2006 年,他们一同来到现在工作的这家医院——东区医院,以前叫石油东区医院,位于成华区二仙桥路。这是一家私立医院,刚来的时候,他们都要从试用期开始做起,试用期为半年,两人每月的工资加在一起 3000 元不到,单位只包住不包吃。那半年他

们挣的钱,只能说是基本够开销。试用期结束、正式聘用后,他们的待遇逐渐好起来,各项福利也逐渐齐全。经过自己的努力,慢慢地,两人开始有了积蓄。刚来时,他们在这边认识的朋友不多,基本上除了工作外没有其他活动,感觉日子过得很单调。不过很快他们就和医院的其他同事混熟了,其他的同事多数也是外地过来的。何女士还和几位女室友成了无话不谈的好朋友。每逢节假日或是哪位同事过生日什么的,大家都会一起行动。能结识这么多的知心朋友让何女士感觉生活多了很多乐趣。

半年前,何女士迎来了作为女人的幸福时刻,她与男友正式结婚,何女士也感觉从此真正地有了依靠。他们的婚姻得到了众多好友的祝福,单位也特别照顾,给他们单独安排了一间宿舍。后来两人又有了爱情的结晶,一个幸福的三口之家即将形成。

何女士现有 4 个月的身孕。感觉这个即将来到的孩子对何女士的心态有很大的影响。在调查过程中可以看出何女士对问卷中的很多问题的答案都与自己将要出生的孩子有关。例如在选择生活幸福主要标准的时候,她选择了子女孝顺,并说她现在最大的愿望就是孩子将来能够好好的。回答最关注的政策时选择了外来人口子女受教育政策。对问卷的其他问题也都很认真地作了回答。

在调查过程中,我感觉何女士和一些比她年轻的同事比起来,对生活要乐观得多。在回答一些类似于对自己目前的工作状况、生活城市各方面的满意情况时,她的选择大部分都较为积极,可以感觉到她对将来的生活充满了希望。在谈到对成都的印象时,她的评价大多是肯定的。她认为成都作为四川的省会,是个很开放、很包容的城市,因为整个四川语言上的相似性,他们不存在与本地人交流上的障碍。在与本地人打交道的时候,她觉得成都人对待外地人也没有什么异样的地方。

虽然孩子还没有出生,但何女士目前仍然很关心将来孩子的教育问题,她希望孩子以后可以在这边发展,享受和成都其他孩子一样的教育,因为成都毕竟是大城市,教育资源和教育水平都是比较优越的,特别是现在义务教育的借读费又取消了。不过虽然如此,何女士还是表示为了自己的孩子,还是要尽量节俭,多存点积蓄。何女士和众多的母亲一样,希望自己的孩子将来能够通过教育改变自己的命运。

除了教育外,何女士最关心的就是住房了。因为作为一个女人,自己已经有了自己的工作,也有了自己的家庭,基本上这辈子就算有了归宿了。而自己的事业和家庭都与成都这座城市密不可分了,不管别人怎么看,何女士觉得自己已经是这个城市的一份子了。而集体宿舍对自己的家以及将来的孩子来说,都不是长久之计。因此,夫妻二人现在的奋斗目标就是拥有一个在成都的属于自己的房子。那时便算是真正地在这座城市扎根了。

案例编号:成都—劳力型—010

访谈对象:范先生,50 多岁,重庆人,茶楼保安
访谈时间:2009 年 3 月 4 日下午 5 点左右

访谈地点：成都市芷泉街
调查员：吴建英

  时间已经是下午 3 点多，本来今天就已经有些冷了，可是现在成都又开始下雨，路上的人更是少了很多。我是在一处公交车站牌旁找到范先生的，当时范先生正在上班，我抱着试试看的心态问了一下，范先生 50 多岁的样子，很是和蔼。他是重庆人，退休后来成都的，到现在已经有两年多了。决定对范先生做深访，并不是因为范先生的经历有什么特别之处，而是因为范先生和我见到的其他城市移民有一个很大的区别，他是退休之后才来到成都的。一个老人，退休之后，完全可以安享晚年，为什么要千里迢迢从重庆跑到成都当保安？这当中肯定有很多不为常人所知的原因。

  范先生退休之后，选择移民到成都，主要是因为儿子。因为儿子在成都，刚刚步入社会，各方面都不够稳定，范先生为了帮助自己儿子，便决定到成都打工，同时也帮儿子做些力所能及的事情。他刚到成都的时候，因为年纪大的缘故，在找工作的时候遇到过很多麻烦，最后才找到现在这份保安工作。

  范先生说我们现在所在的这家茶楼就是他现在上班的地方，他在这儿做保安工作。在与范先生交流中他说的最多的就是他的儿子了。范先生的儿子现在已经在成都买下了房子，但是因为工作地点在外地，所以现在只是范先生与老伴、儿媳还有刚出生的孙子，一家四口人住在新房子里。说到儿子，范先生严肃的脸上增添了很多笑意。儿子的房子买在三环的位置，虽不在市中心但是环境很好，小区很安静，绿化也不错。而且买房时的房价也合理，不像现在房价这么高，当然如果按现在的价钱他们的房子已经升值了很多了。儿子买房时办理的是按揭贷款，范先生退休后来成都继续工作就是想帮帮儿子还贷款，正好老伴也可以帮儿媳照看小孙子。

  说到现在的这份保安工作，范先生说他还是很满意的，这份工作是范先生和另一位先生两个人轮流做，因此他们都是工作一天休息一天，虽然一上班就要工作一天一夜 24 个小时，但是范先生说到了深夜基本上就没有客人来了，那时候他们还是可以休息一下的，而且单位对上班期间的伙食都是包了的，每个月的工资也有 900 多元，而且在范先生看来，最重要的就是现在这位老板人很好，不歧视外来人，对他们很是关心照顾，这样自己工作起来也很高兴。所以总起来说对于现在的这份保安工作他还是觉得很不错的。

  范先生之所以尤其看重老板的为人，是因为经过这几年在成都的生活他觉得成都本地人在一定程度上存在着对外地人的排斥情绪，因此在找工作的时候他最看重的是老板对自己尊重与否。人要活就要活得有尊严，就要觉得自己活得值，如果说为了工作轻了尊严、淡了平等那是说什么也不能做的。说到这里范先生的脸上又严肃了很多。

  因为范先生以前一直是在重庆工作而且是在重庆退休的，所以在生活中他最关注的是自己退休后的福利待遇能否转移到成都来的问题。对于这个问题范先生说他有一次就去社区的居委会去咨询，可是结果却令他很失望，因为他遇到的办公人员对这件事不怎么关心，而且服务态度也不好，因此他觉得社区在服务工作的态度方面还有待改进，制度方面也有待完善。对于会不会参加本地居委会选举的问题，范先生是有些犹豫的，因为他觉得自己毕竟不是本地人，所以担心不会符合条件，但如果可以的话，他还是愿意去试试的。

范先生说他的经历比较复杂，像很多和他年纪差不多的人一样，他也经历了"文革"，经历过下乡，他觉得他的人生的大部分好时间都被错过了，读过的书也很少，也没学到什么技能，不过好在他的运气还不错，后来自己得到了一份稳定的工作，有了幸福的家庭，20年之后的现在又是一位有固定退休工资的工人。比起很多人来说他觉得自己的生活已经是不错的了。但是随着年纪的渐渐增大他却越来越为没有一技之长而后悔，尤其是刚来成都的时候，自己什么都不会，想打工也没有技术，不过好在自己身体还不错，因此最后找了现在这份工作，而且最让人高兴的事是老板人很好，对外地人也很好。

范先生的经历使他认为学历的高低、知识的多少，以及怎样的机遇这些因素，对一个人的事业发展是很有影响的，而且有时候是有非常大的影响的。但是现在他也只有无奈了，他告诉自己一定要让孙子好好学习，不管怎样也要学到本领。

对于一些福利，因为范先生自己以前是买了保险的，而且又是退休工人，单位也是为他们办理了保险的，所以平时自己对这些福利的关注不是很多。不过就像前面所说的，他目前最关心的是自己的这些保险的异地转移与兑现问题。但是现在看来这还是有点困难的。

说到自己平时的休闲生活，范先生说自己也还是很满意的。由于他们一家的房子是买在川师那边的，位于锦江区，周末或者不上班的时候范先生就会和老伴去附近的公园，比如塔子山公园，散散步，锻炼一下身体，还和一些年纪差不多的当地人聊聊天，喝喝茶，有时也会打打牌，尽管不是很经常，但是总起来说不上班的生活还是挺不错的。而且他们基本不存在在成都住不住得惯的问题，因为他们在重庆的生活就和现在在成都的生活是差不多的，而且关键是现在是和孩子们在一起生活，心里本来就已经很高兴了。

因为是下午5点多了，到了吃晚饭的时间了，所以有同事喊范先生去吃饭。因为要接受采访，所以范先生就把饭菜打了回来，今天的饭菜不错，是米饭和荤素皆有的菜，范先生说平时的饭菜也是这样的。范先生说可见他们现在的这位老板是很和善的。这是工作方面最让他安慰的地方。

对于今后的打算，范先生说至少这几年自己还能做点事情，要尽量地帮儿子减轻一些负担，赚点钱补贴一下家用，而且老伴还可以帮助儿媳照看孙子，等孙子长大一些了或者是上学了，那时如果儿子儿媳愿意的话他们愿意继续留在成都生活，不行的话他们就回重庆老家。而且那里还有好多亲人。范先生说不管在哪儿都可以，在哪里都要尽量发挥自己最大的价值！经历了60年的风风雨雨，范先生觉得一家人即使不怎么富裕但是平安、健康就已经是最大的幸福了。

案例编号：成都—劳力型—011

访谈对象：唐女士，34岁，汉族，小学文化，保洁员，四川安岳人
访谈时间：2009年3月8日下午2点左右

访谈地点：总府路
调查员：彭静

  唐女士是负责总府路段保洁工作的一位普通的保洁人员。她今年34岁，结婚已经九年了，有两个小孩，现在都在成都沙和堡小学读书。在来到成都以前，她和家人在安岳老家山上干农活。当初决定到成都来工作是为了她的两个小孩。两个小孩上学之后，花费也比较大，只凭她老公一个人的工资，要支撑整个家显得很困难。为了减轻老公的负担，同时也是为了到成都更好地照顾两个小孩，唐女士决定把老家的土地让给家里的亲戚种，自己来成都打工。
  唐女士说，她的文化程度很低，初来到成都，有很多不习惯的地方，无论是从生活习惯还是从语言方面，她都感到非常的不适应。成都虽然是一个大城市，但是，她觉得还是乡下更好一点。唐女士说，在乡下，他们不用买菜，可以自己吃自己种的菜。还有就是她在家里面，不用花钱租房，老家有自己的房子。待在大城市，什么都要靠买，她和她老公的工资很低，两个人加起来每月一共才1200元，只能凑合着用，基本上没有什么节余。不过，对他们而言，比较好的一件事就是，他们的两个小孩在成都上学，都不用交借读费，和其他本地的小孩的学费都是一样的。这为他们一家节省了很大的一笔开销。唐女士说，他们平时吃饭都是很节约的，买菜都不会去买很好的那种，一般都是趁下午的时候，买一些稍微差一些的菜。因为那样的菜在价格上要便宜一些。不过，唐女士说，就算这样，他们每天都还是要花十几元钱，她还是觉得花销有些大，成都的生活水平太高了。
  唐女士来成都三年了，到成都打工，和其他农民工兄弟一样，也不是那么一帆风顺的。在这三年里，她换了两次工作。之前在饭馆里打过工，还去做过保姆。感觉生活没有安定感，日子也过得很辛苦，看到有钱人过得好，而自己的日子却总是很艰辛，有时候会觉得难受。但是，唐女士还是说比在家乡好，至少收入要高一些。
  唐女士现在虽然在这个保洁公司有一个比较稳定的工作，但是，她跟成都本地人相比，在公司的待遇不同，成都本地的同事，公司就会为他们买保险，而像唐女士这种外地人，就没有这样待遇，公司什么保险都不会给他们买。唐女士说："说白了，我们就是纯粹的打工仔，更不用说其他的福利了。"
  现在她和她的家人住在一起，在双桥子的城中村租了一间房子，因为那个地方房价很便宜，而且离他们小孩上学的学校近。房东老板知道他们有工作，对他们也很客气。当然，也有很多成都当地有钱有势的本地人看不起他们，那些人觉得像他们这样的扫垃圾的人很低贱。他们前一步扫完，有些人上去就扔垃圾，一点都不珍惜他们的劳动成果。唐女士说，有时候遇到这样的情况，真的很生气。不过转念想想，自己能够留在成都工作就已经很不错了，别人看得起看不起，是别人的事。
  唐女士说，在成都，小孩能有一个好的学习环境，他们在大城市看到的和听到的，都比乡里好，这对他们的成长有很大的帮助。小孩也很争气，他们知道父母辛苦，读书都很认真，不要他们操心的，也很听话，按时完成作业，成绩在班上也是很好的。这让唐女士觉得很满足，她说，有时候干活累了，想想他们，就感到很值得，很欣慰。她也希望他们以后能在成都有很好的发展，不要像自己一样，知识文化水平太低只能做苦力活。

在问到唐女士最关心的问题时,她毫不犹豫地跟我说:"我最关心的就是小孩的教育问题了,我的孩子在这边上学的教育设施、教育条件各方面都很不错,希望以后能一直在这边,我想,就算我自己再辛苦也算不了什么,我的小孩子能有一个好的发展就是我最大的心愿。因为我只有小学文化,所以我希望我自己的小孩能通过在城里面的学习,走出大山,实现我没有实现的愿望。"

案例编号:成都—经营型—001

访谈对象: 李女士,52岁,小学文化,汉族,四川仁寿人,2005年迁来成都
访谈时间: 2009年2月6日晚7点左右
访谈地点: 水果店
调查员: 邓世燕

一、访谈背景

2009年7月21日晚7点左右,我在川师校内商业街的水果店内找到了一对夫妇。他们不是本地人,但是人的个性随和,对人非常好。在很多的城市中,从外地迁来的务工者多是青年,像他们这样年纪大了还要外出务工或做生意的应该具有一定的典型性。他们这个年龄阶段还要出来的原因,现在过的是什么样的生活,他们想要的是什么样的生活,他们对自己的将来有什么打算等等问题,在整个城市移民中具有特殊性和代表性,所以确定选择他们作为访谈的对象。

李女士今年52岁,小学文化,汉族,现在和爱人一起在川师大商业区内做水果生意。

二、访谈对象自述

我们的老家是四川仁寿的,算起来到成都这边已经有四年多、差不多接近五年的时间了。来成都后我们两个人就在川师做起了卖水果的小生意,还算是稳定吧,中途基本就没有什么变动,一直做到现在。我们当初决定来这边做生意,考虑的就是想提高点收入。加上自己本来年纪也不小了,文化程度也不高,就只读了高小(也就相当于现在的小学文化程度),找其他的工作可能就难度很大。另外在家里面种庄稼的话,农活比较重,自己的身体有点承受不住,特别是农忙的时候,收割、播种更是要抓紧时间,活路(农活)太重了,我们两个人根本就不行。考虑到我们的儿女们现在在这边工作,我们到这边来了也好有个照应,另外,成都离老家仁寿也很近,环境也还不错,这些都是促成我们当时决定来这边的原因。

现在就我们两夫妻住在一起，就在川师这边租的房子，儿女们没有和我们住在一起。说到在这边的境况，我们也不能说很满意，但是也不是很坏，觉得还是过得去，勉勉强强吧。住的地方，物业管理感觉不是很好，有些地方让人就不那么满意，比如说我们有些东西坏了，肯定要想找人来修理下，但是又不知道找谁来修理。像是平常吧，更没有人来检查或是过问一下，感觉好像根本没有哪个来关心这些事情，没有人来关心我们。按理说，物业本来就应该管理好这些东西，该为我们在相关的方面提供方便的。

我的文化程度不高，懂得的很少，就受到知识、文化水平的限制，我们对很多政策、相关的一些福利等其实都不是很了解，知道的很少，基本上是没有什么概念。我们到这边来，本来想的是提高点收入，想想自己可能不会就此在这边定居，买房那些其实想都不敢想，所以平时也就觉得能过就过，考虑到自己又不是成都本市的户口，买这边的保险也没有什么意思，也就没有在这边买保险之类的。我们家里面也没有什么人在上学了，子女都出来工作了，又还没有孙子，所以我们平常对教育方面的信息也就没怎么在意，也就不太清楚与此相关的政策什么的，只能是平时和别人摆下龙门阵（闲谈），从那些人那里听到些信息。其实我们两个人现在也没有什么需要担心、顾虑的。我们的儿女都有自己的事情做，老家也没有什么重担需要我们来承担，我们的要求也不高，就是想自己的晚年能过得舒舒服服的，那就行了。也没有说一定要在这边来购房落户，一是因为现在成都这边的房价还是很高的，想我们每个月挣的钱除掉自己的花销，剩余的根本就不多，哪有足够的钱来买房子呢？所以就我们目前的经济状况来看，购房是远不能及的，房价对我们来说太高了。那你要问我愿不愿意，肯定是愿意的，毕竟这边各方面的条件比起我们老家来是要好多了的，但那样的事情仅仅是愿望而已。现在呢，就是说我们希望在这边来做生意多挣点钱，以后回到家，手里面多点积蓄，生活上也可以宽裕点。

我们来这边做生意以来，收入方面感觉一般，每个月的结余也不多。顾客基本是以学生为主，忙倒不是很忙，两个人也能顾得过来，所以就不需要另外请人来帮忙。其实如果说请人帮忙的人选问题，我肯定不会先考虑找亲戚。大家本来还是关系可以的，但是很多时候只要一沾上钱的话就变味了，搞得大家都不好。所以还是找外面的人比较好，说话做事好整些。当然了，我们现在的生意也还不需要帮忙的人，只是说对这方面的问题是这么想的。现在的收入呢虽说不高，但比起在农村呢那是好很多，所以现在考虑的还是继续做下去，至于要做到什么时候，再看情况而定吧。

我们的户口不是成都本市的，也没有买房，加上住的房子又是租的，所以那些什么住房福利啊，感觉和我们基本上是没有什么关系，和成都的本地人相比，住房上的福利我们基本就是没有享受到。不但如此，我们在这边租房，租金都还是经常变化的呢，这方面的保障都没有，我们哪还能享受到什么住房福利哦！就我们租住的社区周围的有些方面也不是很好，你比如说治安，可能是我们住的地方相对偏了点的缘故吧，我有一回差点被抢，有点吓人啰。

过来这么几年了吧，我们和周围的人已经很熟悉了。和他们相处呢，我们还是觉得不错的。相邻的几个做生意的，人都还是很不错，大家相互间也是很热情的，见面了都是要打招呼的，遇到事情也都还是相互帮忙。我们在这边做生意时遇到的有些买东西的人还是不错的。因为这边买东西的基本还是学生啊、老师啊那些，感觉他们素质很不错的。有一次找钱找错了,多找给了人家几十块哦。那个顾客当时也是很忙,拿起就走了,后来她发现了,还专门给我们送过来,还有好多这样的。其实我们现在卖水果,很多时候会多给人家点点,我们都没有那么计较,差几毛钱也就不收了,所以还是有很多人专门愿意到我们这个地方来买呢。我们觉得成都的当地人还是比较热心的,比较好相处,语言上、习俗上虽说有些不同,但是毕竟都是四川人嘛,虽然口音上有差别,但是还是听得懂的,沟通和交往上还是不存在很大的困难。平时我们的休闲时间也不是很多,我们做生意的,肯定不像别人上班的那样,分什么上班时间和下班时间,还有放假的时候。我们就没有专门的休息时间,基本就是打开门就做生意,天天都要做,闲时呢就在店里站着休息会儿,更不要说出去到一些专门的娱乐场所休闲了,根本没那时间,再说我们也不兴(不习惯)那样耍,那是年轻人和上班人的事情。最多也就是在周围逛一下,和临近的朋友些说下话,应该说是平凡人的快乐吧!我在这边有个双胞胎的妹妹,有时间会去找她说会儿话。其实现在作为我们最关心的倒不是自己的什么事情,反倒是很看重儿女的发展,希望他们事业有成。我们两个人身体健康,整个家庭和睦就好,其他的倒是居于次要地位了。至于说是不是非要赚到很多钱,这方面我们觉得赚钱能赚得多当然很好,但是那不是最主要的追求,我们也不强求。自己也这么大的岁数了,也不像年轻人那样热心追求事业,更多的是希望家庭美满,一家人都开开心心的,我们还是希望将来回老家去,毕竟那里还有自己的房子,才是自己真正的家,还是有一种叶落归根的想法。所以你问我关心哪些政策,其实我更多关注农村的土地方面的政策。因为我们不是说想要一直在这边,自己本身是农民,肯定还是更关心农村的一些政策,特别是土地方面的。

总体来说,我们在这边的生活等各方面不敢说很好,但是还过得去,每天还是觉得比较愉快的。

案例编号:成都—经营型—002

访谈对象:王先生,汉族,28岁,专科学历,四川宜宾人,四川某机械设备有限公司总经理
访谈时间:2009年3月9日下午5点左右
访谈地点:成都市锦江区静居寺路一餐厅
调查员:邹敏

决定给王先生做深访,纯粹是一种偶然。今年3月份,我参与了四川省政协的口述历史课题——四川汶川大地震志愿者说。之后在做城市新移民课题的同时,也经常联系曾参加汶川大地震救援的志愿者。后来经过已联系上的志愿者的介绍,我认识了王先生。之前只是听说他做了志愿者,而且将自己公司的员工都派到汶川做志愿者,同时支援了大量的机械零部件。我联系上王先生时,他正在茂县帮忙抢修挖掘机。当我说明了

意图之后，王先生答应回成都后和我联系。

后经过联系，我们定下了见面的时间，为了方便我，王先生特意选择了离我们学校较近的一家餐馆。下午6点，我们在静居寺路旁的一家餐厅见面了，和王先生一同来的还有王先生的几个朋友。王先生人很随和，没有我想象中的老总那么可怕。在正式做访谈之前，王先生和我讲起了他的发家史。听了之后，我觉得王先生的创业史，是一个非常成功的移民典范，具有代表性，值得做深度访谈。尽管王先生的创业史中，有一些当今社会主流意识取向上不认同的一面，但是他通过这些方式获得了成功，也就反映了我们当今社会的一些实际情况。从他的案例中，可以发现，在这个社会上要取得成功，不是一个人有才能有胆识就能实现的。因此，我当即向王先生说明了我的新想法，王先生听后说，这个没问题，只要不是赢利性的，随便你怎么写都可以。

王先生说，在这个社会上，要想挣钱，做个小员工是永远也办不到的；要挣钱就只能自己当老板，而且自己当老板做小生意都不行，只有做大生意、大买卖才行。同时，王先生也说，关系也是这个社会上决定一个人成功与否的重要因素。当时王先生指着和一起来的几个朋友说，你看我现在做得这么好，没有这些关系怎么行，根本办不到。见面时，他向我介绍了他几个朋友，有在大学做行政工作的，有做刑警的，还有在某税务局做局长的。

王先生2001年毕业于成都电子机械高等专科学校。在成都上学期间，王先生就在成都新世纪电脑城打工，卖电脑。收入按他卖出电脑的台数提成，当时电脑才刚开始普及，利润相当可观。他一个月可以挣到2000～3000元，这个收入，在当时不仅对他，就是对很多正式的上班人来说，都是非常可观的。王先生说，他当时认为这个行业很有前途，想过毕业自己就干这行，但后来没做成。因为在电脑城打工，王先生逃课太多，他的老师又都很严格，考试就是不让他过。到毕业那年，王先生因为挂科太多，拿不到毕业证，无法毕业。王先生说，当时实在没有办法，就是参加补考老师都不让他过。最后，他用了最普通的办法，用他打工挣的钱，请老师吃饭，最后老师终于让他过了，他拿到了毕业证。王先生说，这是他第一次感觉到，只要有钱就能办成自己想办的事。

王先生毕业后，在四川烟草公司上班，位于今天成都锦江区三圣乡。当时他的工资是475元，他自己根本不想在那里上班，因为父母的缘故，他才留在那里的。用他的话说："我在电脑城卖电脑，收入比这高得多。"在烟草公司上班期间，王先生认识到，在一个公司里做一个小员工，就永远都是帮上司挣钱，自己永远都没有出头之日。王先生说，虽然他只是专科毕业，但是就当时来讲，也算是有较高文化的人。进公司之后，他被安排在一个主任下面工作。不久之后，他的科室接到了一个项目，主任让他负责做。他说当时他还是很高兴的，充满希望，以为自己能够在这里好好展示自己，认为自己的前途是一片光明的。但是，在他经过近两个月的努力完成那个计划后，他彻底失望了。他说那个项目，当时总共实现盈利两万元。所有人员的安排调配、计划的实施，都是他在做，那个主任什么都没有做。但是项目完成之后，功劳全是那个主任的，他什么都没有。最后发奖金的时候，他也只领到了200块钱。他说，当时他彻底地失望了，曾经有一些迷茫。但是很快，他就醒悟了，他意识到，继续下去，他根本就没有什么前途可言。他决定离开，当时的想法是，辞职后仍然去卖电脑。想好之后，王先生就辞职了。

但是辞职之后的路,并没有像王先生想象得那么顺利。以前卖电脑挣钱,但是那个时候已经不是以前了。到2002年,电脑已经基本上普及了,利润空间和以前相比小了很多。而且竞争也比以前大得多。一个月下来,有时候只能拿到几百块钱。这让王先生有些沮丧,他说那个时候,他就想做什么才能挣钱呢?经过一段时间的思考,在朋友的介绍下,他到了一家机械公司。当时在机械公司,他只是一个小员工,但是那时他的目标就已经很明确了。他要积累经验,赚取资本,以后开一家自己的公司。

用王先生的话说,他机械公司上班,就是跑腿的,但是他干得很开心。那个时候,他主要负责采购东西,在机械公司,就是一个简单的零部件,价格也不便宜。每次采购完成之后,他就是多报几百块,甚至是上千块,都不会被公司发现。不过王先生说,开始的时候,他并不大胆,每次只是多报一两百块钱而已。但是到后来,时间长了,他摸清了这个行业的情况,就大胆了,一般都会选择一个最大极限,但是又不会被公司发现的数目来。在机械公司期间,他弄清楚了机械行业运作情况、内部的潜规则等等。他发现这是一个非常挣钱的行业,于是决定自己开公司,一定要做这个行业。他说那个时候他就认识到了,要赚钱,就只有做大生意、大买卖。2005年,利用在机械公司工作获得的经验,以及在机械公司建立的人际关系,王先生开始筹备建立自己的公司。他当时为自己公司做的规划就是,只做大型设备,如挖掘机、推土机等。

王先生说,他筹备自己的公司,没有要家人帮忙,所有的一切事宜,都是他自己想办法解决的。王先生说他的母亲在政府部门工作,他父亲也是做生意的。他们一家三人见面,从来没有在家里吃过饭,都是在外面的餐厅、饭馆吃。而且每次吃饭的时候,大家都报自己的收入,谁挣得多谁就付饭钱。一直到现在,他们都还是这样。

王先生的公司很快建成了,据王先生说,他的公司从建成到现在,还没有遇到过什么困难。去年,王先生的公司还顺利地实现了资产和规模的扩大。王先生说,这些都得力于他的各种关系。他当时就指着同桌的税务局局长说:"你看,像我们这样做生意的,不和他们搞好关系,根本不行,所以时不时地(经常)都要给他们表示表示才行。"另外,王先生还说到,因为他的公司经营的是大型设备,所以经营额也相当大。一个订单至少都是几十万元,有时也会遇到赖账不给钱的。他说遇到这种情况,他一般都是找他的那位刑警朋友帮忙解决。说到这里时,他的刑警朋友还插话说:"你×××(四川话,骂人的),专门找我给你干坏事,我被逮到了工作就没得了。"这位刑警所说的干坏事,就是收账的时候,他们两人开着警车去,吓唬人。

王先生说,他现在对钱已经没有概念了。他说他挣的钱是社会的,花的钱也是社会的,反正都不是他自己的。他很多时候,一天就要花掉十多二十万元,没钱了就去银行贷款。如果赚钱了可以算作是自己的,如果亏了,那与他无关。王先生说,因为自己做生意,对政府了解得太多,政府性的捐款,他从来都不捐。就像汶川地震一样,他没有向政府捐过一分钱。但是他直接参加救灾,修理抢修公路的挖掘机和推土机,被称为汶川地震"救援队的救援队",第一次到灾区,他就从公司库房中运走了价值5万元的各种零部件。而那仅仅是个开始,从2008年7月参加救灾开始,一直到我们见面,他一直都在支援灾区。

案例编号：成都—经营型—003

访谈对象： 王女士，45岁，汉族，初中文化，箱包店老板，四川省绵阳市人
访谈时间： 2009年3月6日
访谈地点： 成都电子科技大学附近
调查员： 毛敏

　　王女士的个人经历在经营型移民当中是比较有代表性的。为了自己的两个孩子，她选择到成都打工，她所做的一切都是为了自己的孩子和家庭。她刚到成都的时候像很多到城市务工的农民工一样，也是给别人打工，后来由于各种原因，不得不自己做生意，成了个体户。其转变的原因和很多人都有相似之处，主要是因为自己没有文化，没有一技之长，所以打工时赚的钱太少，无法维持家庭的正常开支。王女士本人比较健谈，性格也比较开朗，所以整个访问做起来都非常顺畅。这次访谈的主要特点是详细地记录了访问对象从进城务工到自主创业的详细经过，其中包括访问对象的个人经历以及心理变化，同时对访问对象的家庭背景、成长经历以及家庭背景和成长经历对其日后性格、价值观和个人信仰的影响做了了解。

　　那天是周五，又像往常一样，天空阴沉沉的，似乎马上就要下雨。成都就是这样，最常见的天气就是阴天。今天没有课，昨天我就和在电子科技大学上学的朋友约好了今天要去她们学校玩。所以我早上起床了简单地收拾了一番，带上问卷，准备在电子科大逛的时候找那边的店铺老板做问卷调查。因为同学说她们学校附近的小店铺挺多的，而且在学生上课的时间段顾客比较少，我同学跟有些店铺的老板关系还挺好的，加上我做问卷调查的时间有点长了，也积累了一些经验，所以对这次的访问我还是很有信心的。

　　到了电子科大和朋友见面后闲聊了一会儿，我就把我此行的目的告诉了她，还把自己带来的问卷拿给她看了，没想到的是，她竟然对我们这份问卷也很感兴趣，说我们是在做一件很有意义的事情，她还说城市新移民的确是值得我们关注的一个群体，他们当中的有一部分人生活状况确实不太好。于是，她主动提出要带我到她认识的一个卖箱包的老板那里去做调查，我当然是求之不得了。当我们来到卖箱包的店铺时，时间已经是下午两点半了，可店老板才吃中午饭，看来她做生意也挺不容易的，但是她还是很热情地和我们打了招呼，我朋友向老板介绍了我们的来意，店老板马上同意帮我做这个问卷，但我们还是决定等她吃完饭再做。在店老板吃饭的时候，我们就和她谈开了。因为经历相对特殊，老板对我们也很热情，我就决定给她来个专访，暂时不让她做问卷，和她聊了起来。

　　王女士的老家在绵阳，在成都今年已经是第四个年头了，但是开这个箱包店才有两年。王女士的老家在绵阳农村，小时候家里穷，兄弟姐妹又多，而且她又是家里的老大，后面还有两个弟弟和两个妹妹，所以没什么受教育的机会，只得帮父母拉扯弟弟妹

妹。其实,当初她的成绩挺好的,学习也非常积极,但是家里的经济情况实在没有办法负担她去读书学习了,所以初中没有毕业就被迫辍学了。

结婚后,迫于经济压力,她来到成都打工。刚刚来成都的时候她在一个制鞋厂打工,每天上十几个小时的班,累死累活的,经常要加班到晚上10点,而且待遇又不好,一个月才800元,又没有其他的福利。每个月房租要200元,吃饭再省也要300元,除去这些开支,就算自己再省,每个月的工资也所剩无几了。现在想想,都觉得那时候的日子过得太艰难了。但是自己又不懂技术,又没有能力,家里还有俩小孩要读书,她的老公也是老实巴交的农民,经老乡介绍在成都的某小区当保安,每个月的收入也不高,两口子的收入加起来,根本负担不了两个小孩读书的费用。王女士当时想,不管怎样先干着吧,好歹也能赚点钱补贴家里的开支。以后如果找到更好的工作再说。但是王女士在制鞋厂一干就是两年,她说人都累得不行了,家里的经济负担不但没有减轻,反而是越来越重了,她和她老公都觉得经济压力变大了。

主要是因为两个小孩,一个读了中专,一个读了高中,所以家里的负担也越来越重,他们那点工资根本不能负担两个小孩上学的费用。但是她又不想让小孩辍学,因为自己就是吃了不懂文化、不懂技术的亏,所以她不想让自己的下一代像她一样留下遗憾。她说,那个时候她简直绝望到了极点,对生活都已经彻底绝望了。后来没办法了,最后她和老公商量厚着脸皮,找亲戚借了点钱,自己做生意。好不容易凑了两万块钱,才开了现在的这个箱包店。刚刚开始的时候,由于自己以前也没有做过生意,没有经验,进的货都不畅销,而且自己又不是很会推销,所以特别着急,心想自己就不是做生意的料。

后来,她想到自己有个侄女,以前给一个卖箱包的老板打过工,兴许她会知道这一行的运作情况。于是她就找侄女来店里帮忙,开始的时候还担心侄女不答应,没想到和侄女联系之后,侄女很干脆地就答应了。侄女到店里之后,给她帮了很大的忙。如开始的时候就给她讲进货的时候应该注意的问题,告诉她怎样推销自己的产品。在侄女的帮助下,她慢慢地熟悉了这一行的情况,她的箱包店慢慢也走上了正轨,开始盈利了。现在她侄女已经不在她的店里干了,但是直到现在,她都还特别感激她侄女。她说,是她侄女救了他们全家!

因为王女士的店是开在学校附近的,消费群体主要是学生,相对比较固定,而且政府现在对于她这种个体户给予的优惠政策比较多,每个月上税较少,主要的成本支出就是每个月交铺子的租金和水电费。所以,王女士说,现在只要她自己进货对路、价格公道、态度热情,生意还是比较好做的,最起码比自己以前给别人打工要强得多。每个月除了店面租金、水电费、物管费,收入一般都有1500元,最差的时候也不会少于1200元,这比当初在制鞋厂打工的工资多多了,而且每天只要守一下铺子就行了,做的时间长了,进货也比较容易,反正都是厂家发货。客源也比较稳定,都是学校的学生。所以她对自己目前的这个职业还是非常满意的。

让她觉得欣慰的是自己的两个小孩都很懂事。一个男孩在绵阳读中专,学的是模具设计,王女士对儿子的这个专业挺满意的,而且儿子也很勤奋好学,在学校里表现很好,以后毕业了找工作应该是没有多大的问题。说到自己的女儿,更是让她觉得他们一家的幸福生活已经不远了。女儿现在在老家读高二,学的是理科,成绩很好的,经常考年级前几名，女儿知道父母供她读书的钱来之不易，很懂事很听话。王女士觉得自己现在要更加努力一点，争取多存点钱，好供女儿读大学，甚至读研究生。她说，自己现在挣不到钱，主要就是因为当初读书少，就算再苦再累都不怕，等以后两个小孩都供出来了，一切就都好了，他们一家人的生活就都会得到改善了。

但是王女士又给我们说出了她的担忧。她说虽然他们现在在成都开了这家铺子，在别人眼中，他们可以说已经在成都站稳了脚跟，但是她和老公还是经常没有安全感。一是她和老公都不是正式单位的员工，所以没有经济能力购买任何种类的保险；二是他们毕竟是做小本生意的，由于要负担两个孩子读书，自己也没有能力扩大规模经营，可能随便遇到点小麻烦，生意就做不下去了，所以她觉得她现在开的箱包店完全没有保障。但是自己也没有办法改变目前的状况，为了孩子和家庭，她只能先这样做下去，自己为自己祷告，希望将来生意会做得更好。

案例编号：成都—经营型—004

访谈对象：甘大姐，35 岁，藏族，高中文化，生意人，四川省甘孜藏族自治州人
访谈时间：2009 年 3 月 4 日上午 11 点 30 分左右
访谈地点：成都市武侯区
调查员：李翠玲、邹敏、刘娟

藏族大姐——甘大姐，本来在家乡甘孜藏族自治州有一份令人羡慕的工作，可是出于对更加舒适、美好的成都生活的向往，她毅然辞去了工作，全家搬到成都生活。在他们一家人的身上，我们发现了一些藏族同胞们来成都生活的收获与艰辛，深深地了解了一些藏民们在成都的生活状态。他们情况的特殊而典型性，所以我把他们的情况写成如下的个案。

在藏族协管员——四郎降泽的带领下，我们敲开了藏族大姐——甘大姐的家门。进门时，甘大姐一家正在看电视，气氛很祥和。说明来意后，甘大姐详细地向我们介绍了她们一家人的情况。

甘大姐一家人来到成都已经十几年了，所以他们不仅可以用流利的成都话与成都人进行交流，同时还说得一口流利的普通话，可以说与任何人交流都没有障碍、不成问题。目前，她的大女儿在乐山的一家医院做骨科医生；儿子正在成都读初三，但是平时要交赞助费，一年的赞助费要 3000 元，还不包括生活费、零用钱。所以，孩子在这儿上学，对他们而言，经济压力还是蛮大的。现在，她儿子已经办好了回老家继续就读的手续，因为快要中考了，而一家人的户口都还在老家——甘孜藏族自治州，所以儿子必须回原籍参加中考，否则毕业后没有毕业证。提起这件事的时候，甘大姐觉得幸亏自己之前在老家的单位里的人帮忙，使得孩子回老家继续上学的事情得以成功进行，否则像他们这种情况孩子转学就读是要大费周折的。我看到甘大姐微微地笑了笑，也许是在感

激家乡的老同事，也许是在憧憬儿子美好的未来……

当初，甘大姐一家人来成都的原因很简单：相对于家乡的其他周边城市而言，成都的经济实力还不错。他们当时是这样想的：凭借甘大姐在甘孜藏族自治州老家原单位的一些人际关系，在这边做点生意，可以提高收入，改善一家人的生活条件。所以，做好决定后甘大姐当时不顾家人的劝阻，毅然辞掉了在甘孜藏族自治州老家的一份挺好的、令很多人羡慕的工作，举家来到了成都。还好，与预想的一样，在甘孜藏族自治州原来的工作单位的同事们的帮助下，现在甘大姐已经顺利实现了自己当初来成都时的梦想——从老家收购菌类卖到成都，同时再把成都的一些物品卖到老家，从中赚得差价。由于菌类的生长受气候的影响，因而一年之中她并不是四季都在做这种往来贸易，平时没生意的时候就在成都好好地玩一下，享受享受生活，所以日子过得还算是清闲而滋润。

当初选择来成都的另外一个重要的原因是：成都的气候、生存环境很好，相比较家乡以及周围的城市而言，成都更适合人类居住。并且，成都有休闲之都的美称，甘大姐一家人都很喜欢这里的生活方式，而且离老家又近，回家也挺方便的。所以，将来甘大姐打算在成都购房落户，把自己的根深深地扎在成都，到时候生活就真的很好了。看来，他们一家人对在成都未来的生活充满美好的向往。

只是，最近有一件不太好的事情——甘大姐的丈夫在前不久做了阑尾切除手术，目前不能干活，只能天天在家里玩。甘大姐说，有时候看着他整天待在家中还挺恼火的。提起丈夫做手术的事情，甘大姐脸上露出满意的笑容，并简单地给我们介绍了当时手术的事情。当时，甘大姐丈夫的手术是在一家中等医院做的，共花了4000元左右。那家医院的设备、条件、服务都挺好的，甘大姐估计要是在其他地方做可能要七八千块呢。所以说，说到成都的医疗收费问题他们一家人都积极地表态，一致认为成都的医疗收费水平还可以，算是一般，就他们而言是可以接受的。

当然，对于所有人而言，生活不可能是一帆风顺的，藏族的情况就更是特殊了。

来到成都后，甘大姐一家很快就发现，成都人都不愿意把房子租给他们，就连平时去住旅馆时，大多数老板一见藏民，就说没有房间了。他们当然知道不可能那么多的宾馆都没有空的房间了，只是有些成都人认为藏民野蛮，不愿与他们打交道。说到这儿，甘大姐一家人都很气愤，但是脸上又流露着无奈的表情，毕竟这是很多藏民都面临的问题，他们自身无力解决。

曾经，甘大姐也很气愤地问过旅馆的人，为什么不愿意让她住他们的房子，无论是宾馆，还是出租屋？得到的答案是一致的：藏民野蛮。但是，至今甘大姐依然想不明白的是：不论哪个民族都是有好人也有坏人啊，他们这样不看她本人的情况就拒绝她，就是有素质的表现吗？

通过甘大姐一家人的叙述，我们了解到很多藏民租房子时都会碰到入住难的问题。这确实挺让人恼火的，衣、食、住、行，谁的生活都离不开啊。而且她觉得这完全不合理啊。她也是拿着自己辛辛苦苦挣下的汗水钱去寻找在成都的住处——落脚点，可是对于她而言却很难。这真的是很不公平啊。当时甘大姐去租房子时，本来中介都答应了，但是当她看到甘大姐的身份证上写的是"藏族"的时候，就变卦了。理由很简单，当初从甘大姐的长相、打扮、言谈举止来判断她不是藏族人，这才同意把房子出租给他们一家的。可是，当中介看到身份证上的民族是"藏族"的时候，一切就不一样了，所以中介就变卦了。甘大姐说当时自己心里挺难受的,但是又觉得没有必要和中介生气,反正钱是自己的,早晚会找到房子,把它花出去的。后来,他们从一位藏族回乡的老乡那里把他住的房子转租过来,一家人这才有了住的地方,这也就是他们现在住的房子。真的是来之不易啊!

在生活方式和风俗习惯方面,藏民与成都人有很大的差别。虽然现在他们在成都生活,但是生活方式、风俗习惯还是与在家乡时基本保持一致,只是碰到过年过节的时候会有一定的差别,因为毕竟这里是成都,又是大城市,有些仪式、礼俗在这里不能像在家乡那么隆重、原汁原味地举行的。但是,甘大姐说作为藏民有一点是永远不会变的,那就是他们永远不会丢了自己的根和信仰。虽然现在身在成都,但是藏民的住房中家家户户都依然设有佛堂,天天都要念经。这是每个藏民每天都要做的事情。甘大姐认为,信佛使人向善,说到这儿还笑着对我们说,其实,你们汉族也有很多人信仰佛教的。

说到过节,眼下正在过藏族年。藏族年和汉族新年的时间长短是一样的,都是过十五天。与汉族一样,这是藏民一年中的盛大节日,要好好地庆贺。

节日前,每家每户都要打扫卫生,并按照他们的习惯,在太阳快要下山时,将污水、脏物一律往西边倒掉,表示让一切不吉利、不利于人们身体健康的东西随日落而消失。然后,各家酿青稞酒,做油饼、奶饼,准备血肠、肉肠、鲜奶子和手抓肉等节日食品。大年初一,家家户户的女主人必须在天刚亮时起床,带上水桶到河边、井池背水,背回来的水,要放一些鲜奶子,用这种水给全家人洗脸洗手。梳洗完毕,大家兴致勃勃地玩"龙灯",烧柏香,祝愿当年水草丰茂,牲畜肥壮,接着全家聚餐。饭前,每人必须先吃点糌粑面,表示自己是吃糌粑的人,不忘祖宗。

新年的头三天,村寨里的人一般不外出,大家聚集在一起观看"跳神"。"跳神"是一种宗教色彩很浓的舞蹈,参加者头戴面具,身穿法衣,在铙、钹、鼓、锣、海螺等乐器伴奏下,跳一阵,休息一阵,直到将神灵鬼怪的种种情节跳完。另外,男女青年则欢天喜地地随着锣鼓、笛子、二胡等乐器的节拍歌舞。三天后,人们扶老携幼、走村串寨,彼此登门拜年祝贺。

按照家乡的传统习惯,节日期间,姑娘们和大嫂经常结伴"抢"男子的东西吃,男人们不得表示任何不满和反抗。有的村寨的青壮年还展开"奔牛"活动,比赛时,两人相距两米左右,拉一条牦牛绳,然后在地上做一个中线标记,谁将对方拉过标记为胜。夜间,村寨男女多聚集在村外,载歌载舞。

通过甘大姐的描述,我们就能真切地了解到藏族年是多么的有趣,只是,现在他们觉得有一点遗憾的是,他们现在在成都过藏族年,因而就不如在老家的风俗多,也不如家乡热闹……

不知不觉地和甘大姐一家聊了很多,已经到了吃午饭的时间了。我感觉甘大姐很高兴,依然兴致勃勃,还说希望她的话对我们的调查有一定的帮助。面对如此热情的藏族朋友,我十分感动。

结束调查访问的时候,已经将近12点了。甘大姐一家盛情地挽留我们吃饭,由于我们还有其他的事情要做,就婉言谢绝了。临走的时候,甘大姐一家人还热情地将我们送到门口,并一再要我们有时间的时候再到她们家中做客。从甘大姐家中走出的时候,我的心中暖暖的,同时也祈愿:愿他们所遇到的问题能够早日得到解决,并真心地祝福

他们生活得越来越好!

案例编号:成都—经营型—005

访谈对象:唐女士,39 岁,到成都四年,经营蔬菜生意
访谈时间:2009 年 3 月 4 日下午 1 点左右
访谈地点:西华门街 11 号
调查员:吴建英

  第一次做问卷调查的时候,也许是一种偶然,认识了唐女士。记得那是在 3 月份的时候,我在天府广场旁边的一个居民区里找到唐女士,在这之前我并不认识唐女士的。我到小区门口时,唐女士正一个人坐在自己的蔬菜摊旁边。经了解,唐女士和丈夫都不是本地人,两人来到成都三四年了,这几年一直都在成都做简单的蔬菜生意,唐女士衣着朴素,人很和蔼,于是我开始了对唐女士的采访。当时就觉得唐女士有某种特别之处,应该可以作为深度访谈的对象。当时就多了解了一下唐女士的情况。她和社会上的很多母亲一样,只能依靠自己的勤劳挣得一点微薄的收入,尽力让自己的孩子接受更好的教育,但是在今天的社会,她却不能不面对种种困难。面对当今的社会,她有太多的无奈,但是她却没有那么多的抱怨。她总是那么的心平气和、任劳任怨,也很容易满足。这也许就是在今天的社会环境下,大多数社会底层人物的写照吧!
  唐女士三十多岁的样子,一头长发简单地扎在脑后,由于此时还是冬日天气,她身穿一件较厚但是比较干净利落的外套,在接受我的采访的同时她手里的活计一直没有停下过,而且时不时有附近居民来买菜,所以我们的采访也经常被打断,于是我开始担心唐女士会不会不耐烦,但好在她一直态度很好,一直都是心平气和的,脸上时不时有微笑浮现,即使是对于一些比较挑剔的顾客也是一如既往地笑脸以待,尽力地满足顾客的要求。
  唐女士说来成都这几年都是做卖菜的生意。和丈夫两人就在我们现在所在地这个小区门口摆简单的菜摊。平日里夫妻二人各有分工,丈夫主要是负责采买新鲜蔬菜,等蔬菜买回来之后,剩下的事情就是她的了,主要是守着摊位照顾生意。因为采买蔬菜需要很早就起床,大概凌晨 4 点多的样子,所以在接受采访的时候她的丈夫正在租住的房子里面休息,补上缺的觉。她说其实丈夫比自己辛苦,每天那么早起床,多睡点觉是应该的,即使自己在摊位口守一天也愿意,用唐女士的话说就是心里踏实。我看到她说到丈夫的时候脸上掠过一丝不易察觉的满足与幸福。
  采访中,说到她现在的生活,她说对她来说,生活中的重心就是孩子。她的孩子以前在成都读过一年书,但是因为家里人的户口都不在本地,所以需要交大额的借读费。后来随着孩子的长大与生意的需要,她和丈夫决定还是把孩子送回到老家读书。其实在唐女士的话语里我能感觉到唐女士是多么希望儿子能够留在成都读书。

在我问到为什么她不去市场摆摊时，她脸上先是一抹惊讶然后是无奈，她说因为那些摊位基本上是为成都本地人，尤其是那些下岗工人准备的，像他们这样的外地人一般是进不去的。于是我问到为什么不向有关部门反映一下呢，她说他们觉得没有什么好反映的，毕竟自己是外地人，而且本来就是农民，不像城里人他们没有土地，下岗了政府给他们提供生活的帮助也是可以理解的。当然他们也希望以后也能去市场卖菜，而这就要靠政府的政策与投入了。看着她快速择菜的手指与依旧平和的脸，我不禁为她的善良祝福，希望她一家能进菜场卖菜的那一天快点到来。

对于现在的生意，唐女士说政府在为他们提供信息与服务方面的帮助不是很直接而且也不是很大，她觉得对他们帮助比较大的多是一些老乡与生意的同行。而且她与丈夫以前在别的城市如北京打过工，后来来成都做生意还是老乡介绍的，而且老乡在他们刚来成都时对他们的帮助很大，告诉他们本地菜的行情与采购蔬菜的信息，所以直到现在他们和老乡的关系还是最亲密。

虽然现在是做这种薄利的生意，赚钱不多，积蓄也不多，但是唐女士对成都的住房政策和社保政策尤其是教育政策格外关心，但是他们又总有些无助的感觉。每当说到这些政策、这些措施，尤其是教育方面的政策时，她的心就会沉重一些。可是她说她知道这也不是很快就能解决的！她和丈夫很是希望儿子能在成都读书，像城里孩子一样接受城里良好的教育，儿子很是聪明，学习成绩也不错。他们如同天下所有的父母一样，希望尽自己所能为孩子的未来提供最好的条件，可是现实问题就摆在眼前，一些高额的赞助费与借读费着实让他们为难。至于在成都买房子，他们是想的，但是目前的经济状况让孩子尽力读好书就可以了，实在不行就回老家，毕竟老家是修了房子的。对于一些公共的娱乐设施，因为平时都在忙着做生意，所以根本没有时间去关注这些。不过她说以前孩子在成都的时候也偶尔带孩子去过，孩子很是高兴，他们也感觉挺不错的。

在我们交谈的时候，一位阿婆过来了，她站着帮唐女士整理青菜。刚开始我还以为这是唐女士的婆婆，经唐女士介绍才知道这位阿婆是唐女士这几年在成都的邻居，今年已经快七十岁了。青菜上面有水，阿婆的手一会儿就通红了，但是她还是没有停下来，而且她也不愿意坐下来，她觉得站着活动着能暖和一些。阿婆人很好，唐女士和丈夫与阿婆很合得来，还有别的几位邻居，因为平时年轻人都在上班，她们没事的时候经常来和唐女士摆龙门阵，看得出来，她们之间的关系也很融洽。不只是对邻居，还有顾客，唐女士觉得与他们之间相处得都很好，即使有的顾客有些挑剔，但是人都是不错的，而且她说对于他们做生意的来说本来就是和气生财嘛，当然足斤足两是不在话下的，现在他们与周围的本地人已经相处得很好了。当然这些人里面不少也是外地来成都打工的，这样他们之间更是有了一种亲切的感情。

对于在成都的生活，她觉得日常生活的花费还是比较高的，但因为上个月刚从老家回来，带来了老家自制的熏肉，所以这个月的伙食开支比以前相对减少了许多。但是孩子的教育费用在他们的开支中还是最大的，因为孩子今年读六年级了，马上就要升入中学读书了，所以现在在家里的一切都是为了孩子，在唐女士和丈夫心中，即使自己辛苦一些也不能为难了孩子，所以孩子的学习是她和丈夫最关心的。由于自己不在孩子身边，孩子的健康与学习也是最让他们牵挂的。

唐女士和丈夫现在在成都平日只是忙于自家生意，参与的社区活动不多，可以说基本没有参与,所以生活是简单而且平静、忙碌却也充实的。对于今后的打算,唐女士说她觉得目前就很好,虽然赚钱不是很多,但维持一家人的生活与孩子的教育还是可以的,她认为只要人的要求不是很高,懂得知足就可以了。

总体来说,对于在成都的生活,唐女士的总体评价还是比较好的,她觉得成都本地的人还不错,生意也还好,所以她希望目前的生活像这样继续下去就可以了。

案例编号:成都—经营型—006

访谈对象: 李女士,26岁,四川省眉山市人,汉族,大专文化,宠物诊所店主
访谈时间: 2009年3月4日上午11点30分左右
访谈地点: 成都市龙泉驿区大面镇街道
调查员: 王雨巧

李女士现年26周岁,是汉族人。访问李女士是通过一个很偶然的机会,我在龙泉驿大面镇街道随便下的车,沿路寻找符合条件的店铺老板。就这样找到路边她的店铺,因为是早上所以店铺里也没什么生意的,不会影响她做生意,所以才有机会访问到她,跟她做访问的感觉还比较轻松,因为她年龄也比较小,很随和。

李女士这个个案的主要特点是,她是一个貌不惊人的女孩子,在人群中很平凡,但也正是由于这种平凡,才让她能够享受到在成都生活的平淡与快乐。在这个陌生的城市既有自己挚爱的亲人(丈夫、孩子),也有属于自己的小小事业,生活过得十分悠闲自得。这种状态有时候是许多忙碌的都市人所向往的,"平平淡淡才是真",这也是大部分人生活的状态吧。

李女士是四川眉山人,文化程度是大专,大专学的是宠物护理、美容专业。其实算起来她在成都待得也挺久的了,因为在成都读了3年的书,工作了4年。不过她的户口一直留在老家,没迁过来,因为觉得麻烦,她目前也没想着迁户口。毕业出来后是在以前老师开的一家宠物店里上班,那老师是她大专时的老师,自己开了一家宠物店。在那几年她学习到了一定的经验,老师带领着她经营,使她学到不少。同时也可以说是帮老师挣了不少钱,这个行业做得好的话也能赚不少钱的。所以通过帮老师一起经营她也积累了一定的资金,当然她分到的也不是很多,毕竟是员工性质的,老师是老板。于是,她就想也出来自己干,她觉得可以尝试一下。而且当时她有这个条件,之后就开了这家宠物店,她专业出身,也有点实践经验,而且她对这个职业还蛮喜欢的,也算是兴趣所在吧。

这家店一开始是她和自己的一个亲戚合开的,主要是有人合股的话,可以减少点风险的压力,有人一起扛着。另一方面,刚开始经营,多个人手,总是没有坏处的,能应付些。后来亲戚退出,她不想就这么放弃了,而且她觉得还是可以经营下去的,所以她就自己一个人撑起来,如果太忙就请人。虽然店子不大,但还是有养宠物的顾客光顾,

每月的收入也能达到1500～2000元。虽然有时候还是会感到收入低，会感到有点工作压力，但是这个收入能维持她自己基本的开支。家里的开销不用她负担，所以她只负责她自己的开销就可以了。当然她还是希望生意更好些，但是考虑到这个店铺是在成都市龙泉驿区大面镇，地段不是特别好，这种收入也是正常的。不过在这个地段也是有好处的，比如这里租金比较便宜。另外她觉得开宠物诊所还是蛮好玩的，接触的都是些小猫、小狗的，也是挺可爱的，但是她十分真诚地提醒我，人喜爱养宠物没什么，但是为了自己的健康不要跟动物睡一起，那样对人是不好的，这个是真心话。

她刚刚结婚两年，有一个1岁的孩子。目前跟婆婆、公公住在一起，一家五口人住在104平方米的房子里，家里设施都比较齐全，微波炉、照相机、电脑等都有。别看她结婚了，有小孩，自己给自己打工很自由，又有房子，感觉好像无忧无虑，没有烦恼，其实她说她仍然有比较烦恼的事情的，因为这个房子是婆婆他们出钱买的，她感到跟婆婆他们住在一起还是有很多摩擦。虽然他们会帮李小姐带孩子、煮饭之类的，但是还是会闹些别扭，有点不自由。所以她现在最大的希望就是自己两口子能买个房子，搬出来住，这样就自由自在的了。所以她现在还比较关注成都这儿的住房政策，因为急着想买属于自己的房子，也就理所当然觉得店的生意还不够理想了，离她的目标还比较远。

她认为目前自己在成都生活，各方面还是跟本地人差不多。在她眼里，本地人应该也是把她当成本地人的。平时休闲的生活还是蛮丰富的吧，看看电视、上上网，也会和朋友、同学一起逛逛街、购物，不过这也是比较少的情况，大多数时候还是在店铺里待着，没请人时就自己亲力亲为了。她也会带孩子到公园、游乐场那里玩，想要孩子开心玩一下。现在与她玩得比较好的朋友都是在成都生活的，其中一位玩得比较好的就是她之前提到的她的老师，两个人特别说得来，所以经常聚在一起聊天、谈生活，聊生活的方方面面。所以在成都待着她从来没有什么孤独感，只是有时候会觉得生活比较单调，好像没啥特别不一样的事情，挺枯燥的。

可能是因为跟成都本地人也没啥交往接触的机会吧，她的朋友什么的也都是从四川别的地方到成都来的，连这里周围店铺的邻居也都是外地人。所以她对成都人没啥特别深的接触，对成都人的感觉也是一般，谈不上好也谈不上坏。不过经过这几年的居住，她还是觉得本地人对外地人的态度比以前好了，反正对她有啥不好的。偶尔跟附近的社区干部打交道，他们的态度还是可以，算是挺关心他们的了。他们与附近的邻居相处得还是比较融洽，经常聊天，遇到事情还是比较愿意互相帮忙的。

虽然成都人会把她当成本地人，但是她觉得自己跟本地人相比区别还是存在的，比如在身份上，在她内心中还是觉得自己是个外来人，没有完全归属于成都，这种感觉是没法改变的了。她想即使她以后落成成都户口，一直在成都居住到老，她仍然会觉得自己不是成都人。她的父母都还是在老家住着，她和丈夫偶尔要回去看他们的，当然她也会不定期地寄些东西回去，对父母还是挺孝顺的。像他们上了年纪的，不愿意来成都住，偶尔过来成都住一下，久了也觉得没啥好玩的，还是在老家感觉比较自由自在。

她目前已经在成都落下脚跟了，她承认成都这个城市肯定比她家乡好多了，毕竟是四川的省会嘛，这儿绝对是比她们老家发展得要好，各方面都还是比较满意，所以她希望以后小孩长大后在成都好好成长、发展，小孩儿是她生活的中心了。

案例编号：成都—经营型—007

访谈对象：杜先生，26岁，某咨询培训公司老总。2006年来到成都，四川通江县人
访谈时间：2008年3月8日下午2点左右
访谈地点：龙泉驿区航天甲区受访人家中
调查员：谢敏、高杰

　　自参加此次有关"城市新移民"的课题调查以来，我便一直在QQ上寻求一些老同学的帮助，看是否能觅得合适的访问对象。殊不知，很多老同学竟符合"城市新移民"的条件，杜先生便是其中之一。杜先生是我的高中同学（准确点，是高三同学），上学时因一心一意应付高考，我和他的交往并不是很多。2003年毕业后只知道他上了江西的一所大专院校，之后便杳无音讯。直至我们的班级QQ群建起，才又断断续续地和他在QQ上聊过。知道他2005年读大三时，便涉足社会，分别在江西九江、广州有过短暂的停留；2006年初，因为恋人的关系来到成都，在一家知名的培训管理公司任高级经理人，期间，也顺利完成学业，正式踏出大学的门槛；2006年年底，辞职回到家乡（通江县），做成了一笔房地产生意，赚取了人生的第一桶极有分量的金子；2007年春天，在与相恋多年的女友完婚后，他便带上部分资金、带上自己集聚起来的经验和人脉，在成都开启了自己的创业之路，顺利地当上了老板。像杜先生这样的经营型移民在短时间内能小有所成的还真是不容易，当然也是不多见的。在目前看来，算是一个成功移民的典型，所以我决定采访下杜先生。

　　在杜先生的盛情邀请下，我来到了他家。一方面感念同窗之情，另一方面也是别有目的。所以，今儿一早，我便邀约课题组的另一位访问员——高杰和我一道前去。约摸一个小时的车程后，我们到达了杜先生居住的小区——龙泉驿区航天甲区。小区是四川航天工业总公司的家属住宅区，分了甲、乙、丙、丁四个部分。单是甲区，就大得足够让我们瞠目结舌，估计有300多幢楼房。我们绕了很久，最终还是找到了杜先生租住的房屋。

　　整套房子简洁干净，两室一厅，没有奢华的装修，虽在一楼，但采光颇好。单看小区环境，颇像一个成功人士的居处；但看房屋陈设，又与一个"老总"居处的样子颇不相符。带着满腹疑问，我打听了一番，才知道他已在温江购置了自己的房子（无房贷），没必要再在租住地铺张浪费；更何况还处于事业的起步阶段，仍需勤俭持家。

　　除了杜先生本人，他的妻子和他的一个朋友也住在这里。朋友是他公司的小半个合伙人，还是我和杜先生的老乡，我们叫他"杨哥"。杜先生的妻子有个好听的名字——杨陶，以前在成都一家房地产公司当售楼小姐，现在则在家当起了全职太太。我本以为是杜先生大男子主义作祟，不要妻子出去工作，岂料他却坦言："当售楼员太累了，更何况这两年房地产业不景气，我想让她暂时休息下。等情况好转，自己也想出去工作，

再去也不迟。"怜妻之心，由此可见。不过，怜妻固是一面，家庭有足够的经济收入支撑应是另一面。

打量了整个屋子及他人后，我才得以打量杜先生本人。自信练达的眼神、微微凸起的腹部、恰到好处的言语，都足以说明当年的青涩小男生已全然一副事业型男人的形象。我们自然而然地聊到了过去的同学，不管是结婚生子的，还是求学读书的、工作创业的。经过一番盘算，我在心底思忖，就目前而言，像杜先生这样有个幸福的小家庭、有份像样的事业、没有额外的经济负担的同学还真是没有第二个了。当问及杜先生何以会有如此令人艳羡的生活时，他则坦言，机遇、一定的资金、足够的勇气、常琢磨的头脑、良好的人际关系是他能有今天的必备因素。

也就在我们闲聊之间，杨陶尽显女主人的周到热情，已张罗好了满满一桌的佳肴。午膳完毕，趁着大家休息看电视的当儿，高杰拿出了问卷，告诉了杜先生我来的另一目的。杜先生没有多问，也没觉得不适，便配合起我们的工作来。大约半个小时的时间，才完成了这份厚厚的问卷。我们照例聊了起来，杜先生谈得最多的还是他现在的工作和生活。

他谈到自己的公司，作为一家以国内外职业资格考试培训、企业内训、企业管理咨询、国家职业技能培训和认证的综合性培训管理机构，已基本站稳龙泉驿区此类相关机构的龙头位置。之所以给公司起名为"大地精英"，是为了使每一个在这里接受培训的学员和团体都成为大地中的精英。他的理想就是带领公司立足成都、覆盖西南。他还说将公司设在龙泉驿而不是成都市区，是出于龙泉驿此类公司数量，以及房租、人才等成本的考虑，更何况这边也是一个工业区，市场也足够大。

公司开始运营后，一切还比较顺利，没有遭遇大风大浪，毕竟现在公司规模比较小，所有员工加起也才十来号人，容易调配和管理。若要说公司运转比较艰涩的时候，便是地震后的俩月，当然，这是无法避免的，成都很多公司（除了个别经营水泥、板材、物流等的公司）都有这遭遇。反倒是公司运营前，需要到相关部门办理一些证件，要一趟一趟地跑，幸好有一些朋友帮忙，不然办理这些杂事的时间会更长。所以，开办公司，人脉非常重要。

就因为这样，出于巩固和拓展人际关系的需要，各色的休闲活动，杜先生基本都参加过。有时是和亲戚朋友，有时和同学老乡，有时和客户、生意伙伴。所以，用于人际交往的开支也是日常开支中最重的。但他最喜欢的休闲方式还是在家睡个懒觉、看看电视、打打乒乓球、玩会斗地主（一种扑克牌的玩法）、做一顿家常饭，并不想也不希望自己过那种纸醉金迷的生活。

虽然杜先生最初是因为恋人的关系来成都的，但来到成都后，才发现自己还是很喜欢这里的生活方式的。他说这里的人能够"忙里偷闲""苦中作乐"，虽是一种"小人物"式的心境和态度，但不失为一种豁达的人生观。也正因为这种气息，成都本地人对移民也比较接纳，不像上海等地那么尖刻。

就这样拉拉杂杂地聊着，一晃就下午4点多了。因为还有其他事，我和高杰便起身告辞了。

案例编号：成都—经营型—008

访谈对象：贺先生，28 岁，高中文化，成都市青羊区牧电路菜市场一水产店老板，四川宜宾人
访谈时间：2009 年 3 月 27 日
访谈地点：成都市青羊区牧电路菜市场边
调查员：文涛

今天天气不大好，有点冷。我来到青羊区牧电路菜市场开展调查。今天运气不错，我遇到了一个宜宾老乡——贺先生，成都市青羊区牧电路菜市场一位水产店老板。由于是老乡，加上旁边有小工在照应，他能够走开会儿，因此，贺先生很高兴接受我的采访。

贺先生对我的访问很配合，调查过程中，回答问题也很仔细。调查中，他认真地听着我提的问题，总是思索下再回答我的问题。他来成都有几年了，已经逐渐适应了这里的生活。他喜欢成都这里的城市环境，因此选择在成都这个地方投资做生意。一开始，由于对本地环境的不熟悉，生意做得并不是太顺利。但是，经过艰难的打拼，他已经逐渐适应了这里的环境，生意越做越好。

贺先生现在并没有成家，没有子女。因此，日子过得还是很轻松。他告诉我，现在主要忙于做生意，可能要过一段时间才考虑成家的事情。他说："总得有了比较宽裕的条件才成家。"我理解他的想法，他考虑得很现实、很长远。

贺先生虽然学历不算高，但是，他是一个勤奋好学的人。他说现在科学技术发展得很快，对做生意很有影响。他认为，要真正把生意做好，还是要进行诸如鱼类养殖、保鲜等相关的专业技术学习。贺先生说："成都毕竟是省会城市，做各行各业的人都多，各行各业竞争都大，如果不加紧相关业务技术学习，很快就会在同业者面前处于下风。"因为贺先生的业务涉及鱼类养殖和保鲜，所以，他经常参加成都的一些水产养殖方面的技术协会，及时了解最新技术、产品信息并且就遇到的技术问题积极向大家请教。他说："我参加的水产养殖方面的技术协会活动比较多，了解了很多鱼类养殖等方面的技术信息，认识了一些同行业的朋友，也有助于生意业务的拓展，这样的活动让我受益不浅。"

在贺先生看来，在成都做水产方面的生意有着种种优势，比如，这里的商业、技术等方方面面的信息获取比较快捷；这里的居民不但多而且消费能力比省内其他城市高一些，生意也好做一点。贺先生也认为，成都这个省会城市生活环境较好，自己以后成了家有了小孩，对小孩的生活、上学乃至就业也相对比在省内其他城市安家要好一些，因此，贺先生对在成都市发展他的事业和安家落户充满了信心，他认为前景很好。

同时，贺先生是个很顾家的人，他不时地给老家那边的家人寄钱。他说，他的人生目标就是让自己和家人过上幸福的生活。因为他的父母还在宜宾老家那边做生意，所以，他尽可能多寄钱回去，就是想让他的父母早点不做生意享享福。

但是，贺先生也承认，在成都这个地方做生意，虽然自己初步打开了局面，逐渐适应了这里的环境，还是需要更加努力地拼搏奋斗，因为，他现在的生意只是开了个头，并没有取得多么显著的业绩，生意规模并不是很大，业务也不是很广，收益也不是很高，不可能一下子挣到大钱，也不可能一下子寄很多钱给家里，而只能循序渐进，一步一步地让父母过上更好的日子。

我看到，虽然是"老板"，但是，为了节约成本，贺先生也像其他雇工那样勤劳地干活，他热情地招呼着来来往往的顾客，敏捷地按照顾客的要求捕捉着养鱼池里的鱼，外人根本不会想到他就是这个水产店的老板。贺先生是个精打细算的人，当我问他为什么不多请几个小工时，他笑着说，他的生意还要考虑到水、电、店面租金等等各项成本支出，因此，如果多请几个小工，那么人工成本就要增加很多而导致生意的总成本上涨，这样，无疑会减少很多利润。"我这是小本生意，不得不精打细算，如果我能够做的，决不请别人代劳。这样，就可以少请两个人，减少成本开支。"他还说，其实，他并不是仅仅尽量节约人工开支这一项，他还尽量节约用电、节约用水等等，尽量缩减不必要的成本开支。

贺先生确实是个精明的老板，他的店铺经营得井井有条，他请的小工也很听他的话，我看到不多时就有不少顾客前来光顾他的生意，他的人缘也不错，顾客中有不少是回头客。他告诉我，要做好生意，就要和周围的居民打好交道，他对待顾客很热情、很有礼貌，因此，周围的居民出来买菜时很喜欢光顾他的生意。结束对贺先生的访谈后，我感受颇多，在我们周围，像贺先生这样的经营型移民确实很多，他们正在为着他们的人生理想而努力地打拼着，我真诚地祝愿他们理想成真，过上幸福的生活。

案例编号：成都—经营型—009

访谈对象： 丽女士，28岁，维吾尔族，新疆人，新疆大盘鸡饭店老板娘
访谈时间： 2009年2月16日
访谈地点： 新疆大盘鸡川师校园广场店
调查员： 马君

我很荣幸加入到了这次城市移民的调查活动中，在这次调查中，很多在成都工作生活着的移民协助我做了这些调查，新疆的丽女士就是其中一位，之所以对这位被调查者记忆深刻，一是由于她是少数民族，二是她有自己的生意，三是在调查时，我们之间的交流需要有翻译的帮助才能进行，时间也是所有调查活动中最长的……

川师南门的校园广场是川师学生们品味各地美味的天堂，新疆人丽女士就在这里经营着独具自己家乡特色的餐馆，名叫新疆大盘鸡。我和同学经常来这里改善伙食，得知我正在做成都新移民调查这个项目后，丽女士很热情地接受了我的调查请求，并答应我在2月16日晚上7：00左右接受我的调查访问。差不多7：00时，我来到了丽女士的饭店，但那时，饭店里的客人还依旧很多，我就等了会儿，差不多7：30的时候，丽女

士在店内伙计的帮助下，接受了我的调查。

2009年7月5日，新疆乌鲁木齐发生了境内外三股势力联合策划行动的"打砸抢烧"事件，恐怖主义再次为国人所关注。从新疆来到成都做生意的维吾尔族妇女丽女士给我们讲述了她在外地经商生活的所思所感。

丽女士从小生活在新疆伊犁，说的是维吾尔族语，过的是很淳朴的生活。三年前，为了接管哥哥在成都的生意，她与丈夫带着两个孩子，不远千里从老家来到了完全陌生的成都。来到成都后，她每天都在自己的新疆大盘鸡饭店里忙碌，照顾孩子，经营生意，日子过得很充实，但她却时常感到孤单。店内的伙计介绍："丽女士在这已经生活了3年了，但还是听不懂四川话、普通话，她一般不与别人东家长西家短地唠嗑，常常是一个人默默地做事、生活……丽女士感觉成都是个不错的城市，自己开店每个月也能有两千多元的收入，虽然有些紧张，但基本上还是能支付一大家子的开支，但就因为在这里总找不到家的感觉，所以，即使在这个城市的发展比家里好，挣的钱比家里多，但她也不想在这个城市永久地待下去，她觉得自己总有一天还是会回到自己新疆的家。

如果说语言障碍是丽女士思乡的主要原因，那么她思乡心切的另一个原因是人们对新疆人的看法让她觉得很不适应。"我们上公交的时候，总会看到人们不一样的眼光，这让我感觉很难堪。"

丽女士来到成都后，在生活习惯和饮食方面与当地人有很大差异，她的体貌特征也让人们一看就知道她是新疆人，再加上语言上的障碍，都让她感觉有些不适应，她是个很本分的生意人，希望自己能过上和正常的本地人一样的生活，但她在外乡始终被当地人当作外地人看待。所以，丽女士认为，即使现在她生活在成都，也希望自己的孩子可以在大城市发展，但她最终的归宿还是自己的新疆老家，她觉得那里才是她真正意义上的家。

虽说丽女士自己不愿意在成都长久地生活，但她希望她的孩子可以在这个大都市很好地生活下去。丽女士是一位漂泊他乡、在外闯荡的商人，但同时丽女士还是一位有两个小孩的母亲，丽女士的两个孩子一个两岁，一个四岁，正是淘气的时候，在店内调查丽女士时，两个孩子还因为吃饭打了起来，小的哇哇地哭得稀里哗啦，大的见小的哭了，开始没事，可没多会儿，也哇哇地哭了起来。霎时，整个店内全是孩子的哭声……这时，丽女士谈到了她带孩子的一些事情。我国有句话说"再苦不能苦孩子，再穷不能穷教育"，丽女士的两个孩子也都将面临上学接受教育的问题，特别是大儿子，还有两年马上就要读书了，这件事也成了丽女士所思虑的事情，毕竟，教育关系到孩子们的一辈子，她不希望孩子像她一样很辛苦地在外面打拼，希望孩子能够过上安稳的幸福生活。

丽女士曾想过让孩子在成都读书，毕竟她不想和孩子相隔两地，她希望能天天见到孩子。但一想到在成都读书要交高昂的赞助费，她就放弃了，她决定当孩子到了读书的年龄时，就把孩子送回老家读书，一来，在老家不用交赞助费，二来，到老家读书可以享受当地政府给予的照顾政策。希望孩子们回家读书还有一个原因就是丽女士希望孩子能够身心健康地成长，她不希望孩子在成长中看到别人异样的眼光。所以，丽女士综合考虑，还是希望孩子在小时候在家乡读书，长大了，心智成熟些后，尊重孩子们自己的选择，也支持他们到大城市读书、生活。

丽女士希望我国各民族之间相互团结、友爱，远离偏见、冲突……只有在国家安定、社会稳定的前提下，我们才可能更好地生活……

广州和东莞个案调查汇编

案例编号：广州—经营型—001

访谈对象：谢先生，26 岁，汕头人，电子店老板
访谈时间：2009 年 4 月 18 日
访谈地点：谢先生家中
调查员：谢立关

受访者自述

  刚读完初二那一年，在广州做电子生意的五姨丈找到我，问我还读书不，有没有兴趣到广州帮他忙，因为帮他忙的小舅要结婚了，而且准备出来单干。当时我认真考虑了一下。我自己的成绩在班里属于中等，如果继续读的话，必须要能够挤到上游，不然读来也没什么意义，扪心自问，我觉得自己不可能取得更好的成绩。面对电子这个行业，当时应该说是这个行业的初步发展期，我还记得，当时家乡的人一听到你是做电子的，就会说你很厉害，可以找到这门生意做，我当时就觉得，这个行业是有发展前途的。所以，我觉得我是应该走出去了。

  我来到广州之后，跟着我姨丈做事，当时只有 16 岁，什么也不懂，但是我告诉自己，我要把这个生意当成自己的事来做。因为事实上，我不知道我究竟是属于什么身份，我既不拿工资，也不算是打工的。总之在店里，有什么事情需要做我就做，并没有明确的分工。当时，家里对我的期望，就是在店里学点东西，不要学坏就好，姨丈的任务就是管好我，不要让我到处跑。那时他跟我说，有什么需要做的你就做，这里没有工资什么的，你吃的住的都在家里，但是，如果生意赚了，我是自然不会亏待你的。

  大概工作了半年，姨丈告诉我这半年生意变差了，小舅这时反问我，为什么他在的时候生意越做越好，而我接手之后生意就明显差了。小舅的话重重地敲醒了我，我那段时间一直在反思，我开始怀疑自己是不是不适合这个行业，我是不是没有做生意的头脑，不过，我没有继续怀疑自己，我告诉自己，既然决定了做这行，做不好，就要总结经验、吸取教训。我深深认识到自身存在的不足。我书读得少，没有多少知识，是一个没文化的人，如果想要在社会上立足，如果我想要打下自己的一片天地，我就需要有东西来武装我自己，所以，在这个时候，我开始找书来看。那时我天天去书店，我看到了一本书《青少年社交经验必读》。这本书对我的影响非常大，我最受益的一点就是：人要去认识别人的优点，同时也认识别人的缺点。学习别人，学习他们的优点，改掉他们那样的缺点。我认为，我做生意，就是要让人家能够认识到我，接受我，这样才能接受我的产品。但是，我自己文化水平并不高，那么，要让人家充分认识到我，或者说我为了更好地表现自己，就需要依靠自己的口才来表达。于是，从那时候开始，我就在店里观察身边所有的人，我都是默默地观察他人，琢磨他人，培养自己的口才。我观察每个

人是怎么说话的，话为什么要这样说，假如是我的话我会怎么说，要用什么说法、什么修辞，才能使说出来的话更容易让人接受。我就是这样一步一步去提高自己的口头表达能力，培养自己的口才。这本书我不止看了一次，每一次遇到问题我都会去翻这本书，找到相应的一些经验指导。我看的书主要是一些社交技巧或口才训练的书，因为我始终觉得，做这个生意，口才是非常重要的。而且，我觉得社会上不同的人，不管男女老少，富翁还是乞丐，都有他们自己的长处，因此我觉得做人就是需要虚心向他人学习，来补充自己，提高自己。我觉得现在不要太看重工资或者利润，因为人的成功不是只用钱来衡量的。一个摆摊的可能一年也能赚个 10 来万元，而一个科学家的收入也可能只有 10 来万元，但是他们对社会的贡献的含金量是不同的。我觉得人就是要向上走，要追求高远，我做生意，并不是说要赚多少钱就够了、就算成功。我做生意，我一直深信，只要有付出，就肯定会有收获，但是至于多少收获，我不多奢求和期望，我坚持要尽自己的力做好能做的事情。在打了两年工之后，我就给自己定下了人生的目标，我要在 30 岁之前拥有自己的事业。当我帮忙了两年半之后，我对店里的所有事情都非常熟悉了，我开始觉得自己停止了进步，感觉受到了束缚。所以，我萌发了个想法，我要突破我自己。当时我找了我阿姨和姨丈，跟他们说，我打算买个袋，装下产品然后出去推销。他们满口答应，丝毫不假思索。但我第二天背着包走出店门的时候，我感觉到身后是一种嘲笑，感觉自己就是一个白痴，也许人们会问，生意做得好好的为什么要跑出来做推销？而姨丈他们也可能认为我只是头脑发热，三分钟热情。但是，我依旧坚持自己的想法，因为我不想一直待在店里，因为那样的话生意已经无法再扩张了，我一定要走出去，开拓新的天地。我当时背着包带着产品挨家挨户去推销，第一天我就受尽了白眼，遇到了形形色色的人。有的人觉得我年纪小就这样出来做推销，欣赏我所以买我的产品；有的人是觉得我们的货价格低，从利益上考虑而买我的产品；有的人是凭感情判断，觉得我是一个可靠的人从而认可我，所以买我的产品；有的人是被我坚持不懈的推销感动了然后买我的产品。当时就遇到这么一个客户，我去推销的时候一见到我就拒绝我，说他们已经有这种产品的货源了，不需要新的。第一天的拒绝使我有些害怕，我有点想放弃，但是我又不甘心，于是我调整自己的心理，树立自己的信心，我把他想象成为一只动物，我一定可以打败他。然后我又连续找了他几次，第五次的时候，我就跟他说，我并不是一定让你从我这里拿货，只是我觉得我的货真的不错，希望你也能把生意做得更好，我可以把产品放你这里卖不要你钱，你先试试，如果真的好卖的话再找我。后来，他就成为了我们最大的客户，他没几天就拿一次货，而且每一次拿货都上十万元，是姨丈做生意这么久以来最大的客户。那时候，是我感觉最开心和最成功的时候。我觉得我靠自己的能力证明了自己。我觉得这个推销的经历是最锻炼人的。自从我出去推销后，很多人后来都主动找上了我，和我们做生意，而最让我骄傲的是，他们是冲我而来的。后来，我自己出来做生意，也就是 19 岁的时候，我就把那些客户都介绍给我姨丈，那时很多人都说，一直知道小谢，原来后面还有个大谢。那一年，我的四姨丈跟我说了一番话，虽然我现在生意是做得不错，但是，我始终是站在别人的屋檐下，有别人在帮我挡住风吹雨打，和真正做自己的事业，还是差得很远的。我那时候明白了，我只是在别人的平台上表演，我需要自己的平台。那年年底，刚好天河那边新开了个市场，于是我就下定决心要自己出来创业了。从我姨丈那出来后，我自己做生意，我当时在选择自己的行业和方向时，一个是考虑到我自己在附近市场的影响，一个是考虑到亲戚间的关系。我在我姨丈附近市场的影响是要比我姨丈他大的，如果我也在附近做同一门生意，那势必会影响到我姨丈的生意，如果真的这样的话，即使我真的能够独立出去，能够赚到钱，我也会对我们之间的关系造成严重的破坏。所以，我最后选的是同一行业里的不同产品，商店的地点也远离我姨丈的店。

  我自己做生意的原则就是共赢，而且努力让我的客户成为我的朋友。我卖的产品，首先质量要过关，其次是要有价格优势。我的一个想法是，客户就是我的衣食父母，只有他们做大了，我才能做大，所以，我把我的思想传达给我的客户，和我做生意，就是要大家一起获利，我从来不会因为客户要的量少而嫌弃，也不会因为客户对产品不熟悉而调高价格来卖。如果他们跟我拿的货质量不好，成本又高，那么他们的生意也肯定不好做，这样的话我也不会有生意。所以，有时候我甚至会介绍一些产品给客户，把市场的情况告诉他们，现在哪个产品质量比较好、需求量比较大。有很多客户就是和我一起从小做大的。曾经有个客户说我卖的货比较贵，说另外有一家的货价格低很多，我就告诉他我了解到那批货是有问题的，我提醒他一定要小心。后来他又跑来找我，说是后悔没听我的话，那批货果然有问题，给他造成了很大的损失，他决定以后还是来买我的货。有一些客户和我合作久了，有时候我会主动让价给他们，他们有些会很奇怪地问我，为什么有钱不赚而给他们降价，我就告诉他们因为我也希望他们把成本降了，所以就让价给他们，希望他们在市场上更加有竞争力，很多客户都因为这点而和我的生意联系更加密切，甚至成为了很好的朋友。就因为这样，现在我进行交易时，很多时候都不用和他们讨价还价，我说多少就是多少，因为他们都知道我不会多赚他们的钱。这就是我自己的经营之道，也可以说是我的诚实经营。

  最近我还投资了一个工厂，生产的也是LED二极管，就是我自己的商品。我认识了一个台湾的技术人员，他有这个技术，所以他是技术入股，我是资金入股。但是做这个生意，我也邀请了我姨丈，因为毕竟是他带我入行的。我们的股份是姨丈4成，我3成，技术人员2成，剩下1成作为以后员工的福利股。之所以姨丈是4成，是因为我觉得他是前辈，是他带我出来的，因此，从这种身份上和亲戚辈分关系上我不能高过他，以显示对他的尊重。

案例编号：广州—经营型—002

访谈对象：叶先生，26岁，普宁人，酒店用品批发商
访谈时间：2009年4月16日
访谈地点：
调查员：谢立兴

  个人经历：2007年，叶先生开始到南天国际酒店用品批发市场开店做生意，之前在汕头贵屿做了一年的拆电路板的生意，感觉没发展前途，就在哥哥的帮助下到广州谋

生了。之所以选择这门生意,是因为哥哥已经在市场上站稳了脚跟,感觉酒店用品、厨具的批发零售有利可图,而且自己在去贵屿前曾经在哥哥那里打了一年工。

开始筹备自己做这门生意前,家里提供了 30 多万元,自己做生意攒了 20 多万元,总共投入了 60 万元。然后就到南天市场买了三个档口,花了 30 万元,剩下的就用来装修和进货。进货是做这个生意最难的一个环节。进货的渠道主要有两种,一种是通过哥哥的帮忙和介绍,一种是利用招进来的工人,因为他们之前在市场做过,所以多多少少也了解一些市场货物的来源。他就靠这两方面解决了自己对货源不熟悉的问题,另外,也受益于哥哥和工人,能了解到当今市场上哪些产品比较热销,因此选择和判断出进哪些货和进货的数量。凭着这两点,店很快就开了起来。在问到他如何经营自己的生意时,他说出了一个潮汕人成功经商的经验。因为做的是零售生意,因此,价格是关键。所售的货物中,有的是亏本卖,有的是成本价卖,有的是高价卖。哪些货品卖什么价、怎么卖都是有技巧的。一些市场透明度比较高的商品,卖的价钱就要低,因为顾客很容易货比三家,如果卖贵了,那顾客最终不会选择来自己的店买。比如说,像阳江十八子的刀具,闻名全国,很多商店都有销售,因此,自己卖的价钱就不能高于别的商店,因为顾客很容易做出判断,一把菜刀自己卖 17 元,其他人卖 18 元,那自己就有优势,顾客来了店里,买了菜刀会觉得店里的东西实惠,因此就有可能在店里购买其他的商品,而真正赚的就是另外的商品的利润了。换作是卖一些大件货物的话,则大件货物卖低价或以成本价卖,然后赚卖小配件的钱。至于什么价钱真正合适,要看买家是什么人。这些经验一些是他自己总结的,也有一些是学习得来的。在问到对于店里员工的选择时,他明确说明了不会请亲戚和老乡,因为担心亲戚和老乡的这层关系会影响到日常生活,有些话因为碍着情面而不能讲,因此,不会找亲戚或老乡来帮自己打工,除非是打算自己出来做生意,然后想做学徒学习经验的,那就另当别论。他提到这个问题时,举例说前段时间他姑姑的儿子刚毕业想过来帮他打工,但是他就直截了当说出了自己的担心,坚决拒绝了姑姑的请求。

他的经营网络:顾客一般都是广州等珠三角地区的,外国人也有一些,不过外国人中主要是黑人。货源主要有两个地方:珠三角和潮汕地区。店里上百种货物有 20 种是从厂家直接拿的,其他的就到一些批发市场拿货,如沙溪的批发市场。一般都是大件的商品才从厂家拿,比如锅炉和冰箱之类的,主要是因为成本和售后服务的问题。

在问到他来广州之后的生活习惯时,他表示在广州变得晚睡晚起,不像在老家时候早睡早起,因为广州的夜生活比较多。日常的饮食习惯还是保持潮汕的饮食习惯,早餐还是经常喝白粥,正餐也都吃的是潮汕风味的,因为居住地附近都是潮汕人,潮汕口味的饭店也特别多。居住地是附近一个城中村,村里基本没有本地人,本地人的物业都出租了,本地人自己就住到了外面的小区里。问到他对子女的教育观念时,他说,希望子女读的书越多越好,时代已经不同了,就算女孩也要读多点书。这是与潮汕地区的观念不同的。

案例编号：东莞—经营型—003

访谈对象：毛女士，36岁，江西人，祖籍湖南，汉族，民办学校老板娘
访谈时间：2009年3月26日早上
访谈地点：东莞虎门智升中学办公室
调查员：田活

原本约好的访谈对象是学校的老板唐总，也就是毛女士的丈夫。早上在去学校的路上遇到了毛女士。她穿着红色的上衣，黑色格子短裤和黑色皮靴，热情地邀请我一起吃早饭。她满脸笑容，给人亲切随和的感觉。在我们吃饭的过程中，学校的保卫正好叫了拌面，毛女士很自然地付了钱并给保卫带到学校，对方也没有显示出一点吃惊，还说："早知道你在那边就直接叫你了。"显然，这位老板娘平时对人随和大方，与员工之间并没有隔阂。于是，我决定要先与毛女士聊聊。她带我来到老板办公室，这里看起来很气派，一整面的墙都是陈列柜，上面摆满了照片与各色纪念品。有唐总到北京参加全国道德模范大会时与很多名人一起的照片，有飞机、战舰、鸟巢、水立方等模型，其中还有两个一看就是纯金的。办公室的另一边是办公区与接待区，与一般的办公室无异。

毛女士与老公唐先生都是祖籍湖南，毛女士家是20世纪50年代前到江西的，她已经无法讲标准的湖南话了，而唐总家是70年代迁到江西的，全家都能讲地道的湖南话。毛女士是1989年中学毕业之后到广州工作的，那时，她的姨丈在广州珠江医院工作，她就通过姨丈的关系进入了珠江医院做学徒，学习三年、工作三年之后离开。她丈夫唐总是1988年离开江西到广州的，他父亲本来就在家乡做医生，后来因为挣不到钱就到广州白云区开了个诊所，唐总到广州后直接进入父亲的诊所工作。1995年，毛女士离开珠江医院经老乡介绍到唐家的诊所中工作，认识了唐，并于1996年结了婚。1997年，夫妻俩认识了因为家里孩子多而常到诊所看病的梅州人A，他因为自己开的塑料厂亏本而没有资金，但手里正好有块地，就拉毛女士夫妻合伙做民办学校。那时，民办学校才刚刚兴起。于是，他们又找了个伙伴共同出资100万元（每方30多万元）办起了一所民办小学"侨隆小学"，位于广州白云区，当时办学校的资金主要是两边的家人借的。2000年，因为合作不愉快，夫妻俩将手中的股份以招标的方式卖出，同时在天河区买下了原来的村办小学校舍，办起了另一所小学，取名为"浦东小学"，这次他们与唐的同学共同出资，当时小学一般由唐的弟弟照看。同一年，唐关闭了在白云区的诊所，因为他父亲1998年去世，也因为与侨隆小学的合作破裂。2001年，夫妻俩开始筹建虎门智升小学。2002年，江西老家招商引资，为了拉他们回家办学校，免费给了500亩地，50年的产权。于是，唐总与另外两个同学出资修建了两所中学，都取名为"唐彩"。因为家乡的城镇比较小，而且已经有了两所中学，所以招生很不容易。再加上后来政策环境发生变化，政府突然提出要对学校征收60万元的税，对于学校招生方面的

困难也不愿意帮忙。2005年唐总将学校卖出。2003年，浦东小学已被卖给了唐的合伙人。2004年，夫妻俩到东莞万江建起了小学，投资80万元（60%股份），而原本在浦东小学的弟弟也被转移到了万江的学校。2007年，毛女士在塘厦买了家幼儿园，由表妹一家在那边经营。2008年，在虎门智升小学的旁边修建了智升中学，投资1000多万元（75%股份），现金500万元，仍欠工程款。

现在虎门智升学校共有学生4200多人，老师及行政人员200多人。万江小学共有学生2300多人，老师及行政人员100多人。塘厦幼儿园有学生300多人。学校的老师及行政人员都是通过公开招聘的方式从全国各地招来的。毛女士说，他们故意不在同一个地方招过多的人，因为以前就出现过湖北的教务主任与老师团结起来要求提高待遇的事情。而学校后勤人员则主要是从自己的亲戚或者老乡中挑选的。现在全部学校的财务都是家里的朋友或亲戚在做。如万江学校的财务是毛女士妈妈的妹妹，虎门小学的财务是唐总的表妹的女儿，虎门中学的财务是唐总老表的老婆。虎门小学与中学内的小店分别是唐总的妹妹与毛女士的妹妹开的。万江学校的食堂是唐总兄弟媳妇在管，而这边的食堂则是唐总的老表在管。

学校的老师都有教师宿舍、食堂餐以及社保（包括工伤、养老、失业与生育保险），福利相对而言不错，但老师要负责到外面招生以及进行学生家访。（每个老师每年要上街定点招学生）。

毛女士有两个女儿，大的11岁，小的6岁。大的是在1998年底侨隆学校起步的时候出生的，小的是在建江西唐彩学校时出生的。现在，大女儿被送到虎门某贵族学校住宿，一年需要1.6万元的学费。小女儿就在自己家开的智升幼儿园中上学。

毛女士平时并没有什么休闲娱乐。她说自己每天早上六七点起床，梳洗打扮后将女儿送到幼儿园，便去学校上班（她主管幼儿园与小学会计，唐总表妹的女儿是出纳）。中午回家吃饭午睡，午饭主要是唐总的母亲与唐总妹妹准备。下午再到各个学校看看，有时也会去万江和塘厦的学校看看。晚饭时间将小女儿接回家。吃过晚饭就做做家务，看电视休息。她说自己不爱打麻将，也不打牌，一般也很少出去玩。晚上一般不出去，周六日也是出去买了东西就回来，她平时也不去唱K或者从事其他娱乐活动。全部的休闲活动就是看电视、玩电脑。

说到亲戚，毛女士说，亲戚多很好，帮忙的人也多，关键是信得过，他们最开始在广州办学校的时候，广州的舅舅在审批执照方面就帮了忙。现在唐总的母亲还与他们一起住。去年之前，毛女士的父母也在这边，但因为她妹妹的事回老家去了。去年之前，毛女士的母亲在万江食堂，父亲买了十几辆车做校车老板。而唐总的妹夫去非洲做生意，因此她也来到了这边，毛女士在学校里给她安排了个单间。

毛女士家是江西吉安的，父亲在老家做木材生意，家住在镇上，没有地。而唐总老家还有地，唐总大哥在家里，家里的地大多分给亲戚邻居种，唐总大哥只种一点点，因为每年在外面的两兄弟都会给他十多万元，也帮他修了房子买了车，他在老家够花了，也不愿意出来。每年过年和清明节的时候，他们回去就住在哥哥那里。夫妻俩在虎门广州买了套86平方米的商品房，住了两年之后就租给跟学校做保险生意的了，每个月1200元。现在他们自己在学校的教师宿舍隔出半层楼，装修成160多平方米的房子居住，水电都算在学校那边。

毛女士说,她还是打算退休之后回江西,老家亲戚多,虽然现在亲戚大多在这边,但以后不工作了也就没有直接的联系了,所以大家都回老家比较好。2008年上半年,他们在江西县城郊区买了200亩地,准备建成别墅区,卖给现在广东做生意的江西人。因为今年过年的时候在修建智升中学而没能回老家,夫妻俩决定清明节回去,在两边各住两天。这次回去也准备看一看一处据说是很好的别墅,如果合心意就打算买下来。

后记:上午与毛女士聊完后,下午遇到了唐总,我又特意与他聊了一会儿。唐总告诉我,当时在广州办小学时,有同学在虎门开服装学校,也有广州的同行在虎门开学校,他们都说虎门这边政策、环境都不错,让他过来看看,于是在考察之后他也决定在虎门办学校。他说,那个时候虎门已经有5家民办小学,但是还是不能满足大量外来子弟的需求。于是政策也比较宽松,政府鼓励他们办学,并且,比起广州,虎门能够批到更大的地,缴纳比较少的租金。他说,学校才开的时候,预计第一期招生800个,但经过宣传一下就招了1500个学生,可见当时对于学校的需求量还是很大的。现在虎门有7家小学,政府觉得基本上可以满足外来子弟读书的问题了,所以政策也收紧了,不让开新的学校了,对此,唐总很是满意。

现在,智升学校在虎门同类学校中的规模仅次于汇英学校,而教学成绩这几年都是同类学校中第一的。因此就算今年受到金融风暴的影响,到虎门的外来人口明显减少,很多学校生源都有所减少的情况下,智升小学的生源还有所上升,虽然只增加了不到100人,但唐总说还是很满意的。他说,以前外来的家长只要有个地方给孩子上学就满足了,现在不同了,家长也在选学校,民办学校竞争也很激烈,拼的是教学质量、学校设施什么的。

唐总是广东地区江西商会的副会长,朋友特别多,应酬也多,晚上常常很晚才回家。他说,平时和自己一起出去玩的大多数是生意上的朋友还有同学、老乡,一般就是吃饭、唱K。对于唐总而言,朋友特别重要,他们是经营信息的来源,也常常会给他提供新投资机会,在资金周转不那么好的时候,主要也是朋友在注资入股。

说到回老家,唐总的想法不如毛女士那么坚决,他说现在还没有想好,但是退休之前是一定不会回去的。他说自己很多年不回老家了,家里什么人都不认识了,完全没有关系。而内地政府官员收入比较低,观念也不如广东的实际,办事情更讲人情,他们现在已经无法适应家乡的办事风格了。唐总觉得广东这边公务员工资高,素质也较好,想法符合实际,很容易交往。不会因为没有人情而在公事上非常刁难。在女儿将来的问题上,唐总说没有考虑很多,他希望能够把女儿的户口迁到虎门,让她们在这边读书、高考。虽然想在哪里发展是她们自己的选择,但是作为家长他内心不支持女儿回老家。

案例编号:东莞—经营型—004

访谈对象:王先生,28岁,江西人,制衣厂老板
访谈时间:2009年3月26日下午

访谈地点：智升中学办公室
调查员：田活

下午准备到唐总那里继续了解情况，一进办公室便遇到了正在这里与唐总聊天的王先生。他给我的第一印象是个斯文的年轻人，带着银色金属框架眼镜，穿着深色条纹衣服，头发稍微有点自然卷，看起来像个老师，和我想象中制衣厂老板的样子怎么都联系不起来。

王先生对我说的第一句话是："我最怕大学生了，看到大学生我自卑！"让我不知所措。后来他告诉我，他高中的班级40多个人有30多个都念了大学，他当时是班上成绩最好的，因为叛逆，觉得外面的钱好赚，放弃了读大学，只身跑到虎门打工。他说自己一离开家乡就到了虎门，现在已经10年了。1999年到虎门的时候就进了鞋厂做普工，那时的工资也就三四百块钱一个月，在鞋厂呆了7个月，便被厂里开除了，原因是他不是一个坐得住的人，不好管理。之后的一年，王先生开始在路边摆摊，他从广州拿到便宜的服装，到虎门卖，那个时候收入不稳定，也没有固定的住处。他将那一年称为"流浪的岁月"。

摆摊的那一年，在广州拿货的时候，他认识了一些同是做服装生意的老乡，其中一个人告诉他，一个台湾人开的商贸中介公司正在招人，让他去试试。于是，2001年，王先生去台湾老板的公司应聘，那家公司是做中介生意的，专门负责联系香港、台湾、新加坡的客户与国内的加工厂，并不做具体的生产工作。王先生以前在学校的时候就喜欢写点繁体字什么的，只是为了好玩。而听说是台湾人的公司之后，他就写了一份繁体字的简历递了上去，被老板看重，招进了该公司。老板吩咐他，以后与香港、台湾的客户发传真什么的都用繁体字。后来他才知道，老板正是在寻找这样一个会写繁体字的人，高中时的一点兴趣爱好给了王先生一个走进服装业的机会。而在贸易公司的工作需要在外面跑业务，应酬客户，也合了他的心意。

2004年，在积累了一定的经验与客户的情况下，王先生开始了自己的制衣生意。他说这一举动也得到了贸易公司以及客户的支持。当时以王先生两三年的工作积累，并没有足够的资金。第一期开厂的钱都是找亲戚朋友借的，甚至还由亲戚朋友作担保借了高利贷。他说没办法，他们无法从银行借到钱，因为既没有固定的工作也没有固定的资产。一直到现在，制衣厂都是做贴牌加工的生意，今年因为金融风暴的影响，厂里只有60多名员工，前几年生意好的时候整个厂有80多号人。现在，厂里的管理主要由王先生的老婆及老婆娘家的亲戚负责，而他自己则是主要负责重要的客户接待。

王先生的老婆是湖南人，2002年在广东与王先生认识并结了婚，现在生有两个孩子，大的一个今年上幼儿园，小的才刚刚满月。2006年，王先生的父母从江西老家来到虎门，帮忙照顾孩子。王先生正在着手将自己和孩子的户口迁到虎门，但老婆的户口暂时打算留在湖南农村。他觉得农村户口还是有用的。王先生说自己的兄弟姐妹都是大学生，现在在老家做公务员，不打算到虎门。

说到金融风暴，王先生觉得现在金融风暴的影响才开始显现。今年的生意不那么好做了。他也炒股，但是在去年亏了不少钱。他觉得做外销始终受制于人，因此，他现在已经找了自己的表妹和嫂子各开了一家店，自己也亲自开了一家，准备做内销。现在每月每个店都有 4000～5000 元的利润,这让王先生觉得内销的路是走得通的。因此他打算在经济情况不稳定的未来给愿意做他服装的人免费供货甚至可以奖励 1 万块让他们开店,逐步打开国内市场。在生意上,他觉得对自己影响最大的不是金融风暴,而是人民币升值,人民币一升值,他们做外销的厂生意就会差很多。

关于未来,王先生表示不回江西老家了,他说这边做生意的环境比较好,政府办事效率也比较高。他办营业执照就花了一个星期的时间,比起家乡来说要快很多。他认为与家乡相比,广东的人更加实在,特别是政府官员。各方面环境也更加公平,只要努力就能得到回报。而家乡政府不同,他认为自己现在已经不能适应家乡的办事方式了。他觉得在老家,别人只要有关系就能搞垮你,而在广东,关系虽然也重要,但花钱就可以办事。

王先生说,他现在已经习惯了广东的生活方式,也在这边买了房子。饮食习惯方面也很少吃辣,听、说广东话已经成为习惯。他说:"其实我现在都不知道自己是哪里人了,到虎门十年,但户口还是在老家,我们这代还可以说自己是江西人,但是我的孩子,生在虎门,长在虎门,读书在虎门,没有回老家几次,连江西话都不会说,但户口还是在江西,如果迁不过来以后还要回去高考,真不知道该算是哪里人!"

王先生说,自己是 2007 年才开始与以前的同学联系的。他一直因自己没有读大学而自卑,直到生意步入正轨,才觉得稍微有脸面与同学联系,但在他心里,还是觉得读过大学的同学层次比较高。

说到虎门的治安,王先生表示,暂住证制度的放宽是造成社会治安环境下降的主要原因。他才出来打工的时候,就算不拿工资也想进厂,因为要找个落脚的地方,才能办暂住证。现在查得不严了,就有人不进厂在社会上游手好闲,治安也就越来越差了。

朋友对于王先生来说很重要,闲暇生活中,他一般都和生意上的伙伴一起玩,老乡只有几个合得来的有时会在一起。而他同学主要在深圳,很少来往。出去玩也是与客户应酬,吃饭、唱 K,平时在家里就会玩 QQ 游戏,他说自己在家经常玩斗地主,级别特别高。

后记:王先生离开后,唐总告诉我,王先生做的服装生意是外销的,利润大,风险也大。因为先发货,后付钱,货又是都发到国外。如果那边老板跑了就会全亏掉。当然,他从中大旁边的布匹市场拿货也是月结,如果国外的老板出了问题,布匹商也会跟着亏。唐总说,王先生曾经被骗过,对方是个新加坡老板,让他分别发 2 万元的货到新加坡的 20 个店。出货之后对方老板便消失了。先发货后付款是行规,大家都这么干,因此,做外销只能凭信誉。他现在的客户也大多数是以前在贸易公司积累下来的,多年来成了朋友。新的单现在也不太敢接了,不是怕对方骗人,而是金融风暴之下,说不定对方哪天就破产了。这也是广交会上外商下单,这边的厂不敢接的原因。

案例编号:东莞—经营型—005

访谈对象:贺先生,47 岁,江西人,到东莞 4 年
访谈时间:2009 年 3 月 27 日上午

访谈地点：汽车修理厂
调查员：田活

　　本来早上打算到学校小卖部与毛芳聊聊，中途接到梅金秋的电话，说正好有个老板过来，机不可失，于是我急忙赶了过去。贺总看上去40多岁，开着一辆广本轿车，经过梅金秋的介绍，他答应与我聊聊。

　　贺先生也是江西人，当他告诉我他是2005年才到广东时，我稍微有些吃惊，这些天接触到的老板都是到广东十几年了，而贺总看起来年长于他们。我心里本以为他到广东也有十几年了，没想到他却说他真正离开家乡出来是2005年之后的事情。

　　贺总是个有着丰富经历的人。按照他自己的话来说，他的经历都可以写一本书了。1979年，贺总17岁，高中毕业，开始学习木匠活。学了6个月，那个时候木匠工资只有1.6元/天，并不赚钱，因此学成后他也没有从事木匠的工作。他父亲是当地乡里的党委书记，他便靠着这关系到乡里的小学当起了代课老师，工资45元/月。一年半之后，他离开了学校。1982年，贺先生向当地信用社贷款4000元开办了养鸡场。那个时候因为没有钱，买不起饲料，喂鸡都是赊的农民家里的南瓜、萝卜。鸡吃这些长不好，瘦得可怜。而且出乎他的意料，那些鸡不仅瘦而且特别会飞，1983年，养了一年的鸡全部飞到山上去了，养鸡场里的1000多只鸡只剩下了40多只。那次养鸡场生意的失败不仅亏了1万多元钱，还欠了老乡家里的南瓜和白萝卜有几万斤。1984年，生意失败的贺先生开始学习做包子、馒头等，做起了饮食的生意，那个时候一斤面可以赚10多块钱，还是挺好做的。1986年，他又开了一家卖酱油等的店。但那个店主要是他妹妹在管。1987年，贺先生开始做木材生意，那时一车木材可以赚到几千块钱，木材生意为贺先生之后的生意积累了一些成本。其间，他获得了汽车驾驶执照并在1989年买了货车，开始跑运输。他说，在跑运输的几年里，全国除了西藏他都跑过，什么苦都吃过，有时候车在路上坏了就睡在路边，吃泡面、饼干，几天几夜两个人交换着开车赶路，没有时间吃饭，就为了早到能多拿点钱。虽然辛苦，但是也挣了一些钱。1996年，贺先生自己盖了房子，1999年在老家的县城也盖了房子。中间还换过好几辆车，这些都是通过跑运输赚的钱。

　　关于到广东，贺先生是这样说的："2005年，我觉得家里房子也有了，钱也够了，就想出来看一看，闯一下。"他说以前跑运输的时候也到过虎门，觉得很不错，后来想出来就到这边买了几辆车，做起了校车的生意，也入股了智升学校（投资了20万元，每年有几万块分红）。2006年，贺先生与人合作做起了贸易公司，主要做化工产品，每人入股20万元，另外两个股东都是搞技术的，贺总主要负责贸易这一块。他说自己胆子比较大，什么营业执照之类的，他都大着胆子去找相关部门办的。贸易公司经营得不错，3个月就开始有了利润，他们主要出口到美国、波兰等，但竞争还是比较激烈的。他们的外销生意有月结的、45天结的和60天结的，45天结的要75天后才能到账，60天结的要90天后到账，超过90天的他们一般都不做。因为其中的风险，他们在挑选贸易伙伴时还是很严格的，主要考察对方的信誉度，但这样还是有两次共20万元的货款没有收回来。

　　贺总夫妻俩都在这边了，他有两个女儿，大女儿读大学，小女儿还在读初三，都在江西，两个女儿主要是外公外婆在带。他认为家里的教学质量要好过虎门。贺总到虎门做生意之后，家里的亲戚也跟着到了这边，现在他弟弟帮他管理车队，外甥女一家在贸易公司帮忙。除了亲戚之外，公司办公室的文员与校车队的师傅大多都是市场招聘人员，其中也有老乡和熟人介绍的。

说到虎门，贺总表示他来之前本来打算在这边买房子的。但现在没有这种想法了，他认为广东人歧视外地人的现象很严重，对这一点，他表示很不满意。他说下个月他老婆就要到浙江去了，他准备在那边开公司做连锁的生意。他觉得浙江环境比较好，治安好，政府办事效率也比较高，最重要的是当地人素质好。他觉得广东这边贫富差距太大，富人富，穷人穷，而浙江老百姓普遍生活水平比较高，家家都有小厂或者做点小生意。对外地人也好，他更愿意去那边发展，也想让女儿去那边，按贺先生的话说："我希望她们嫁到那边去。"

不工作的时候，贺先生周末会带着妻子去爬山，也会到深圳和同学交流经营情况，获得经营信息。平时则主要是生意上的应酬，吃饭、唱K等。他说自己每天都会看新闻，了解国家大的经济形势与国家政策是很必要的。

虽然孩子与老人都在家乡，但是贺先生夫妻并不常回老家，只是过年时才回去，清明也有回去过，但很少。他说暑假的时候会把孩子们接到身边住，而平时只能常常打电话回去关心她们。他觉得自己教育孩子非常成功，虽然不能常在她们身边，但是父母同样可以尽到责任。

贺先生说，他1983年就开始从老家的农村信用合作社贷款，信用也一直非常好。直到去年才没有贷款了。最开始贷一两千元，到最多的时候贷了100万元。最近一次贷款是入股智升学校的时候贷了20万元。因为以前与当地信用社合作良好，所以贷款也很顺利。他说贷款一直是他经营事业获得本金的重要来源，他不愿意找亲戚朋友借钱，因为要欠人情，虽然信用社利息很高，但是他还是觉得钱容易还，人情难还。虽然贺先生不找亲戚朋友借钱，但是常常借钱给亲戚朋友，曾经有老乡也是朋友借了他20多万元，有的人都不见了，他也只好算了，人家亏本了当然还不起。

贺总说，他如果不在浙江买房子，再工作5到10年就回老家去，他们家那里现在是旅游景区，他打算回去开个度假山庄，这样同学朋友可以常来聚会。

与贺先生的交谈过程中，他说得最多的就是"尝试"两个字。他说自己一直在尝试，失败了也是经验。以前有房子有车有钱了就尝试到外面闯，等老了回家准备尝试开旅游度假山庄，在他看来没有退休养老的概念。

案例编号：东莞—经营型—006

访谈对象：毛女士，33岁，到东莞15年，在智升小学经营小店
访谈时间：2009年3月27日晚上
访谈地点：毛女士家里

调查员：田活

毛女士在智升小学经营小卖部。店里的东西都是小朋友爱吃的小零食和少量的文具。而商品的价格也大多为5毛/包，符合小学生的购买力。一到下课和放学的时候，店里就挤满了来买零食的小朋友。平时我也在毛女士的店里帮忙，估计每天的营业额在300元以上。

毛女士是1994年到广州的，中学毕业的毛女士一到广州就通过姨丈的关系进到珠江医院，只不过她在珠江医院是做幼儿园老师。在做老师的一年时间里，她自学美容的技术。1995年，毛女士离开珠江医院在广州白云区开了一家小小的美容院。当时开店的钱主要是家里给的，美容院开了大概一年半的时间。之后几年，毛女士陆续又开了几家美容院，但规模都不大，持续的时间也都不长，那个时候他在广州与姐姐一起租房子住。毛女士与丈夫是同学，从小就认识，2000年，毛女士开始与丈夫离开广州，在全国各处跑。她说，那个时候去了哪些城市她都无法完全记起来了，什么西安啊、浙江啊都去过。每到一个地方毛女士就开美容院，她老公就开水果店。2002年，他们订婚并回江西结了婚。2003年生了第一个小孩，是儿子。那个时候夫妻俩都在家乡，也没有工作。2004年，两人一起到了深圳，丈夫与以前认识的人一起合伙搞摄影，主要是帮人拍照做广告的那种，她老公以前并不会摄影，也是边学边做。毛女士则在家带孩子。摄影搞了一年之后，2005年，夫妻俩到万江的学校开起了小店。那个时候也做出租屋的生意，就是转租生意。2005年5月，夫妻俩又到虎门，开了一个湘菜馆，请了湖南的厨师做饭。2007年，毛女士生了第二个小孩，这次是个女儿。同一年，丈夫开始了校车的生意，一开始便买了三辆校车，都是二手的，相对比较便宜。2008年又购进一辆校车，她说买校车的时候他们并没有存下什么钱，主要是靠男方的父母支持。2008年，毛女士在虎门智升小学开了现在这间小店，一直做到现在。

现在，双方的父母和两个孩子都在江西老家。孩子主要是爷爷奶奶在带，他们并不打算把孩子接到虎门。毛女士觉得家里的教学质量比较好，暑假的时候他们会把孩子接到身边，寒假过完年就送回老家。毛女士说，等孩子读中学了就打算回家，毕竟孩子读书还是需要家长守着的。

毛女士告诉我，他们没有也不打算在广东买房子，她说总有一天是要回家的。她并不喜欢广东，虽然这边赚钱容易，但是到哪里都是饿不死的，家里感觉还是要好些，为了孩子读书，少赚点钱也没什么。

平时不工作的时候，毛女士家里是我知道的这边最热闹的一个地方，常常有朋友在那里打麻将、斗地主。而这些常客也大多是亲戚以及学校里的车老板等人，毛女士也常常与梅金秋以及在她店里工作的另一个车老板的老婆一起去逛街、吃东西等，生活还算充实，晚上她也常常看电视、玩电脑。周末的时候，毛女士会自己去零食批发的地方选货，进的货和平时店里的经营情况有很大的关系，因此并不是一件很容易的事情。

关于将来，毛女士说自己并没有考虑很多，现在还年轻，很多事情还没有想，将来也不一定会怎么样，现在能做的就是好好工作。

案例编号：东莞—经营型—007

访谈对象：梅女士，34岁，到广东15年
访谈时间：2009年3月28日上午
访谈地点：梅女士家里
调查员：田活

在虎门调查期间，我便是住在梅女士家里。在调查开始之前，便了解到许多关于梅女士的事情，最初也将她一家人到虎门的迁移经历以及生活现状作为本次调查的主线。但经过几天在梅女士家里的居住，我发现她与我之前听说的那个人可谓大相径庭，很多次我都注意到我的存在给梅女士带来的影响，特别是在对待孩子的时候。我常常可以感到她压制着内心的怒火，温和地对待儿子。而与我一起生活的这段时间，她都表现得非常耐心，慢慢地教导儿子写字、做作业，尽量表现出一个好母亲的样子。但从她儿子彬彬的言行中，还是很明显地可以看到其父母平时的言行与指导。

在我调查期间，梅女士带着小儿子与我到虎门的学校居住。而平时大多数时间她是与丈夫以及另外两个女儿一起住在万江的。这无疑不是她生活的常态，客观条件的限制造成的遗憾只有以后找机会到万江生活几天才能弥补。

梅女士是1994年离开湖南老家到广州打工的。她的第一份工作是在番禺的鞋厂做工，那时，老家正好有人在该鞋厂工作，她知道那里要招人，于是便通过老乡的关系进了鞋厂。在鞋厂工作不到3个月的时间，通过早在广州打工的哥哥的介绍，她进入广州流花宾馆集团下的一家位于广州火车站附近的酒店工作。开始是做客房服务，后来做前台接待。在这里工作的1年多时间里，梅女士学会了讲白话。在朋友老乡的一次聚会中，她认识了现在的老公。她老公祖籍也是湖南，后来全家迁到江西，原籍地与梅女士家很近，并且他也讲湖南话而不是江西话，这点让她觉得很亲切。在认识现在的老公后，梅女士说自己刚好生病了，全身发痘痘，怎么都不消，无法工作，她只好返回湖南老家养病。1997年，梅女士重新返回广州，因为有在宾馆工作的经历，她又选择了去宾馆上班，虽然这次也有熟人介绍，但还是经过了宾馆的面试。这个时候，梅女士的哥哥在广州停车场做保安。1998年，梅女士回湖南宁乡县买了房子，三房两厅的商品房共100多平方米。而她丈夫则在广州开车，在舅舅帮助之下，他一边自己开车一边管一个车队，拿着双份的工资。1998年12月，梅女士与丈夫结婚，她说与丈夫谈了三年恋爱，才认识的时候丈夫一无所有，家里也不同意，三年时间，他们就在攒钱想买房子。1999年，她生下了双胞胎女儿，并留在湖南家里带孩子。2000年，梅女士带着一个孩子回到了广州，另一个孩子给家婆带。丈夫开始给舅舅开车，在烟草公司，那时一个月工资有五六千元。第二年，在家乡的女儿也被接到了广州与父母一起住。2002年，梅女士在广州天河客运站附近开了一个士多店，自己做起生意。2004年，丈夫自己买了

货车装烟搞运输，买车花了二十七八万元，当时他们自己存了十多万元，剩下十多万元是向双方的家人借的。2005年，舅舅退休之后，烟草公司的车队没有了，而依附于烟草公司做运输也不行了。2005年7月，夫妻俩到了万江，买了两台二手巴士作为校车。2006年又买了四台校车。2007年，梅女士在万江开了一家士多店，现在是老公的哥哥在管。2008年，夫妻俩又买了两台校车，放在虎门，同年又增加了一台。2009年2月4号，梅女士在虎门开了一家汽车修理厂，地方是免费租用智升学校的，但是建厂房等投资了五六万元。现在，梅女士的丈夫自己管理校车队，同时也开校车，梅女士主要是每周管理一下修理厂的生意，因为修理厂的师傅们都是从湖南老家带过来的，所以梅女士觉得比较放心。梅女士说，他们在这边收入不低，但是花费也高，孩子读书要钱，每年也要给父母两三千块。修理厂和校车队每天都要花钱，所以存的也不多。

说到以后是否留在广东，梅女士说并没有想好，她愿意也觉得自己有能力在广东生活，但是户口迁不过来，另一方面小孩子读书也必须要回去，一方面家里的教育质量比虎门好，教育费用也便宜，现在三个孩子读书一年就要接近两万块钱。而且小孩子必须要回原籍地高考，这是国家规定的，没办法改变。结婚时候买的房子2006年便卖掉了，当时不打算回去了，但是2008年，夫妻俩又回江西买了块地，1亩，就在县政府旁边，他们打算退休了就回去修别墅。

梅女士说，她会讲白话，所以平时在外面和广东人接触没有觉得不方便。她是在广州宾馆工作期间学习的白话。因为是国营宾馆，里面的员工大多数都是本地人，她说常常有人说本地人很难相处，但是在宾馆工作的时候，她觉得广州人很好相处，她们很友善，鼓励她学习并说白话，因为这样她才能这么快能听、说白话。而因为有舅舅的关系，丈夫开车那里的老板也都很给面子，在广州的时候，几乎没有觉得当地人不好相处的。到虎门都是自己做生意，没有老板同事，和本地人接触的机会非常少，只有交房租的时候和本地的房东有些接触，她觉得房东太现实了，没有人情味，住在他们附近的一些打工仔因为厂里没发工资想晚一点交房租，房东都很不乐意，会骂人，态度恶劣。

平时休闲娱乐都是和家里人在一起，这边亲戚也多，她自己的婶婶就在万江学校的食堂工作，她父亲也在万江食堂当保安，除此之外还有很多的亲戚都在这边。平时出去逛街、在家打牌什么的也都是和自己的亲戚、老乡什么的，几乎没有本地人参与。

梅女士说，以前才到广州的时候为了躲避暂住证检查，到处跑，到处躲。现在查得不严了，他们也没有办，倒是计划生育从来没有人管过。她说现在努力的目标就是把江西的房子建起来，再买辆小车，存钱给孩子读书就可以了。虽然她蛮想在这边买房子的，但是户口进不来。她说自己已经适应了这边的生活方式，觉得这里气候好，买东西也方便，钱在这里投资了就会有回报。但是另一方面，又如很多的城市人一样，她也觉得自己已经开始厌倦城市的生活了，想回家修个房子，种点菜，种点果树，弄个鱼塘，养鸡养鸭什么的。她说这样才是理想的生活方式。

附录 1

从农民工到城市新移民：一个概念、一种思路[①]

杨小柳　周大鸣

摘要：本文在回顾国内外有关人口迁移研究的基础上，分析了城乡二元结构视野中的农民工研究形成的背景及其局限性，尝试以城市新移民概念为核心，转变我国移民研究的思路，摆脱城市－农村二元对立的思维，将移民作为一种社会发展方式来看待。并指出需要将研究重点置于城市新移民通过社会融合所引发的城市社会重构，从而带来城乡二元结构的消解，最终实现城乡和谐的社会的过程。在此基础上，本文还就"城市新移民"研究思路的理论意义和对策意义作了进一步讨论。

关键词：农民工、城乡二元结构、新移民、社会融合

一、理解"差异"：国外移民研究的经验

人口迁移是世界各国在现代化进程中普遍出现的现象。19 世纪初，以英国为代表的欧洲发达国家率先进入现代化转型进程，用前后 100 年的时间完成了城乡劳动力转移。英国地理学家 Ravenstein 曾两次撰文探讨英国国内县域（county）人口迁移[②]，以人口得失（gain and loss）判断各地区人口迁移类型——聚集（absorption）和疏散（dispersion），以此描绘全国形势图，从而总结出人口迁移规律。1889 年，Ravenstein 把这个方法应用在欧美 20 余国的人口统计资料上，试图证明"不同国家在相似条件下有着相似的移民运动"[③]。20 世纪上半叶，美国经济大发展，也出现大量的"农民被挤出农村，转向城市寻找非农就业"的现象[④]。除了城乡迁移，发达国家还是大规模的跨国人口迁移的输入地。随着交通、信息科技的发展，在全球化和时空压缩时代，人口大量从较不发达地区"奔向西方"。根据联合国所提供的数据，全球跨国移民数量从 1990 年的 1.54 亿激增至 2008 年底 2.14 亿，创历史新高。[⑤]

[①] 原文发表于《中山大学学报》（社会科学版）2014 年第 5 期。

[②] E. G. Ravenstein, "The Birthplace of the People and the Laws of Migration," The Geographical Magazine, Vol. 3 (1876), pp. 173 – 177, 201 – 206, 229 – 233. E. G. Ravenstein, "The Laws of Migration," Journal of the Statistical Society of London, Vol. 48, No. 2. (June, 1885), pp. 167 – 235.

[③] E. G. Ravenstein, "The Laws of Migration," Journal of the Royal Statistical Society, Vol. 52, No. 2. (June, 1889), pp. 241 – 305.

[④] Blaine E. Mercer, "Rural Migration to Urban Settings: Educational and Welfare Problems," International Migration Digest, Vol. 2, No. 1 (Spring, 1965), pp. 52 – 62.

[⑤] http://esa.un.org/migration/index.asp?panel=1.

在发展中国家，工业化和城市化的迅速发展也带动了大批农民向城市的迁移。如拉丁美洲的一些发展中国家，在二战后进入了极为迅速的城市人口增长阶段。这些国家 20 世纪 20 年代时城市人口比重为 22%，远远不到北美国家的一半，到了 40 年代只达到 31%。但是第二次世界大战以后城市化速度增快，1980 年为 64%，已经达到北美发达国家 20 世纪 50 年代的水平。特别是墨西哥和巴西的城市人口从 1950 年到 1980 年的 30 年间就增长了三倍，智利增长了两倍。① 在这一过程中大量的农村人口自发性地迁往城市，聚集于少数大城市中。Michael P. Todaro 认为发展中国家的城乡移民取决于农民"预期的乡城收入差异"（the rural-urban "expected" income differential）以及在城市找到工作的可能性（the probability of finding an urban job）。②

可见，不管发达国家还是发展中国家，在现代化的语境中，人口迁移都是各国客观存在的社会现象。人口的迁移带来了许多来自不同背景的人们在城市的聚集。沃思很早就注意到移民要素在构成都市性中所发挥的重要作用，他将这种由社会流动带来的异质性作为都市性的重要特征之一。③ 对这种差异性的关注不但是移民研究领域讨论的热点，更可以作为理解移民研究脉络的一条线索。在基于不同国家和地区个案的众多研究中，学者们关注的差异多种多样，包括城乡差异、职业差异、阶层差异、性别差异、种族差异、族群差异等等。这些差异在现实中相互交织，学者们多以其中的某种差异为研究线索，综合其他各类差异，以此来分析差异对移民生活及城市社会的重要影响。

其中，种族和族群差异是学者们在研究中难以回避的一类差异。族群差异包括族群在语言、宗教、人种以及文化上的不同，而种族差异首先是一个生物学的概念。种族和族群存在差异是处于不同社会经济发展阶段所有国家和地区的共同特征。学者们曾经认为，由于工业化和现代化力量，在族群多样化的社会中种族和族群性的重要性将逐渐降低，人们的忠诚和认同将被引向民族国家，而不是内部的种族和族群团体。④ 但现实是二者往往与特定制度、文化、意识形态等紧密结合，成为社会区隔、等级划分的重要机制，甚至在分隔种族和族群的制度被取消后，种族和族群的差异作为一种信仰体系，内化到人们的日常生活中，长期持续难以被改变。

基于上述认识，国外学者们常把种族和族群的差异作为现代社会的一种社会结构加以研究，族群的分层体系、随之而来的偏见和歧视、文化社会融入等都被纳入到研究者的视野。这种思路在有关不同族裔移民聚居区的研究中特别突出。一部分学者在结构化视角下将之置于全球经济和民族国家影响框架之下，认为基于种族和族群差异导致的移民区隔将带来新的城市社会结构，移民聚居区会成为"被边缘化的"、消极被动的受害者，成为"底层阶级"（underclass）的"隔陀"（ghetto）⑤。另一部分学者在后现代主

---

① 马侠、陈玉光：《关天墨西哥、巴西、智利的城市化和人口迁移问题》，《人口与经济》1985 年第 3 期。

② Michael P. Todaro), "A Model of Labor Migration and Urban Unemployment in Less Developed Countries," The American Economic Review, Vol. 59, No. 1 (1969), pp. 138 – 148.

③ Louis Wirth. "Urbanism as a way of life" The American Journal Of Sociology, Vol. 44, No, 1, Jul, 1938, pp. 1 – 24

④ Deutsch, Karl w. Nationalism and Social Communication. Cambridge：MIT Press. 1966.

⑤ Marcuse, P. What's so new about divided cities? International Journal of Urban and Regional Research, 1993. 17 (3)：pp. 355 – 365.

Wilson, W. J., The truly disadvantaged: the inner city, the underclass, and public policy. 1987, Chicago：University of Chicago Press.

义与行为主义视角下将其视作具有积极"孵化"作用的功能性场域,强调移民建立的跨越地理、文化与政治边界的"社会场"(social field)作用,移民聚居区被视为促进城市融合的"熔炉"。① 虽然学者对移民聚居区的社会融合效应观点不一致,但大家都将其作为社会区隔机制的一种产物,讨论其融入问题。

而对于在我国人口迁移研究中非常关注的城乡移民差别问题,国外学者们则更多的是在经济、职业、阶层的层面上进行探讨。工业化、城市化在为许许多多农民提供可能和机会争取体面的生活②的同时,移民的聚集也有可能导致出现劳动力无限供给的困境。③ Lipset and Bendix 研究工业社会农村移民对城市职业结构的影响,发现城市化的扩张使得同样条件的进城农民和城市居民有着不一样的流动情形:农村移民进城沦为底层,而本地底层却有机会实现职业向上流动。④ Blau and Duncan 也有类似观点,农村背景的移民在社会经济地位获得上处于劣势,通常处于最差的职业层次;而城市居民和城市背景的移民在农村移民占据底层之后,因为有良好的教育和培训条件,自然不会获得更差的职业地位。⑤

不过也有很多学者认为从城乡差异的角度来看,农村移民并不比城市居民弱势。Hagen Koo, Calvin Goldscheider 等学者基于发展中国家的研究,认为城乡移民具有很强的选择性(selectivity),即城乡移民有相当大比例来自于农村社会中上层家庭,而不是想象中的低技能和底层群体,他们有足够的教育和资源与城市居民竞争较好的职位,所以农村移民的铺垫角色是不存在的。特别是移民一段时间之后,他们和城市居民之间没有太多的系统差异(systematic differences)。教育和技能才是影响农村移民和城市居民在正式和非正式部门实现职业获得(occupational attainment)的最重要因素。⑥

也有学者认为不同发展中国家的情况有差别。Michael P. Todaro 将发展中国家的整个移民过程分为两个阶段:首先没有太多技能的农村移民到城市找到传统部门的工作,

---

① Zhou, M., New York's China Town: The Socioeconomic Potential of an Urban Enclave. 1992, Philadelphia: Temple University Press.
Davis, C. P., Beyond Miami: The ethnic enclave and personal income in various Cuban communities in the United States. International Migration Review, 2004. 38 (2): pp. 450 – 469.
Portes, A., ed. Globalization from Below: The rise of transnational communities. Latin America in the World Economy, ed. W. P. Smith and R. P. Korczenwicz. 1996, Greenwood Press: Westport.
② Blaine E. Mercer, "Rural Migration to Urban Settings: Educational and Welfare Problems", International Migration Digest, Vol. 2, No. 1 (Spring, 1965), pp. 52 – 62.
③ W. Arthur. Lewis, "Economic Development with Unlimited Supplies of Labor," Manchester School of Economic and Social Studies, Vol. 22, No. 2. (1954), pp. 139 – 191.
④ Lipset, Seymour M., and Reinhard Bendix. Social Mobility in Industrial Society. Berkeley: University of California Press, 1959, pp. 204 – 216.
⑤ Blau, Peter M. and Otis Dudley Duncan. The American Occupational Structure. New York: Wiley, 1967, p. 269.
⑥ Calvin Goldscheider, Migration and Social Structure: Analytic Issues and Comparative Perspectives in Developing Nations, Sociological Forum, Vol. 2, No. 4, Special Issue: Demography as an Interdiscipline (Autumn, 1987), pp. 674 – 696.
Hagen Koo, "Rural-Urban Migration and Social Mobility in Third World Metropolises: A Cross-National Study," The Sociological Quarterly, Vol. 19, No. 2 (Spring, 1978), pp. 292 – 303.

然后经过一段时间（代内或者几代人的时间）的努力和适应再找到稳定的现代部门职位。① 半个世纪之后，韩国、日本、台湾等东亚后发国家和地区按这个路径成功完成了转型，农村居民不仅能在城市找到稳定的工作，而且可以选择回流乡村地区从事非农职业。② 相反，拉美国家没能走过刘易斯拐点，经济社会发展停滞不前，大量移民聚集在城市传统部门，甚至几代人都没办法实现向上流动。③

总的说来，欧美发达国家、东亚国家以及拉美国家在工业化时期显示出了三种城乡差异的变化模式：①欧美国家快速完成城乡移民，短期内城市结构完全复制城乡二元结构，但经济发展很快就消解了这种差异；②东亚后发达国家存在明显的选择性城乡移民，城市结构趋向精英化，农村移民与城市居民并不存在明显的系统差异；③拉美国家城乡移民趋向大众化，城市结构分化严重，而经济发展不能消解日益严重的分化。

围绕"差异"，国外学者们所展现出的多种移民研究范式，一方面体现出了移民问题的普遍性、多样性和复杂性，另一方面则有助于我们思考中国人口迁移问题的普遍性和特殊性。和世界其他国家一样，我国大规模人口迁移的出现是工业化和城市化发展的必然结果，人口迁移也带来了城市高度的异质性和流动性。中国人口迁移个案最特殊之处莫过于城乡二元体制的存在。这一制度的存在，使城乡差异成为了一种涉及身份、公平和分隔的结构性差异。中国的这种城乡差异虽然特殊，但此种类似的差异在国外人口迁移中也普遍存在，只不过往往以其他的表现形式出现，并成为国外移民研究讨论的热点。基于对中国个案普遍性和特殊性的理解，我们才能回顾我国移民研究的历程，并思考今后的发展方向。

二、城乡差异与农民工研究

我国因工业化和城市化所致的大规模人口迁移于20世纪80年代拉开序幕，其中城乡人口迁移是迁移的主流。家庭联产承包责任制的实施释放了大量的农村剩余劳动力，政策的松动使农民的流动成为可能。与此同时，沿海地区工业化的迅猛发展，为这些剩余劳动力的转移提供了方向。"百万民工下广州"是当年民工潮的真实写照。我国规模性的农民工群体兴起于20世纪80年代末，至90年代以后急剧扩大，至90年代中期达到高潮。他们主要来自人多地少、经济欠发达的中西部地区，主要流向大中城市和沿海经济发达地区。如此众多的人口涌入城市，既给城市和乡村带来了新的问题，反过来也使农民工面临着自身的角色转换和城市适应问题。

自80年代开始出现的农村向城市的大规模人口流动被视为我国社会转型的一个重要特点，一直是我国学界研究的热点，同时也是亟待各级政府解决的社会问题。对这一领域的研究具有非常显著的对策性和应用性，致力于通过研究解决农民工流动所带来的

---

① Michael P. Todaro), "A Model of Labor Migration and Urban Unemployment in Less Developed Countries," The American Economic Review, Vol. 59, No. 1 (1969), pp. 138–148.

② Alden Speare, Jr., "A Cost-Benefit Model of Rural to Urban Migration in Taiwan," Population Studies, Vol. 25, No. 1 (March, 1971), pp. 117–130.

③ Manoela Guidorizzi Borges, "Citizenship for the Urban Poor? Inclusion trough Housing Program in Rio De Janeiro, Brazil", Doctoral Dissertation, the University of Colorado, 2005.

一系列社会问题,体现了学术界问题意识和实践意识、社会关怀和人文关怀的统一。学者们一开始关注的重点是所谓"民工潮"的问题,一些论文研究"民工潮"形成的原因、特点、社会作用以及历史过程;或者讨论农村劳动力转移的问题,研究这种转移的动力、路径、组织方式、影响因素及后果等。后来,这些研究扩展开来,牵涉到与农民工问题相关的诸多方面,如城乡二元体制、工农业比较利益、中国都市化前景、乡村发展、农民工的城市适应和角色转换等等。通过研究,学者们一方面指出农民工群体跨区域流动具有合理性、现实性,并一致认为农民工为城市建设和经济发展、乡村都市化做出了巨大贡献,其主流是应该肯定的。另一方面,对农民工流动带来的各类社会问题,如农民工的集中分布、城市公共产品供给滞后、户籍制度为基点的社会保障制度不完善、分配制度的公平与效率问题、农民工的适应和融合等做了深入的分析。

与国外移民研究不同,我国学术界和政府都将上述社会问题的出现归结于城乡差异,并认为这种城乡差异是城乡二元制度的产物。因而,在研究和实践中既把城乡二元结构作为带来移民流动和移民问题的原因所在,同时又把它作为改革的目标和对象。城乡二元体制是改革开放前国家建立的城乡之间的户籍壁垒、城乡之间不同的资源配置制度,这种制度导致了城乡居民在社会身份和地位等方面的差异。这种研究思路的出现,与我国特殊的制度环境紧密相关。

在研究层面,学者们都认为,计划经济的"重工业优先发展战略"造成了城乡严重的隔离,加上改革以后工业化与城市化的错位发展共同造成"半城市化"——农村流动人口无法实现市民化,[1] 以至于学术界对外来人口研究基本形成一种"农民工"的表述。"农民工"表述强调这样一个认识:城乡移民受户籍身份相关的制度限制,[2] 在城市社会构成中复制了户籍相关的二元结构。它包含以下几个要点:①外来人口主要是由农村进入城市及城镇的,而又以进入大城市为主,其中农民工集中地区,如珠三角、长三角、京津唐地区大城市成为问题的焦点。②户籍制度及政策区隔是外来人口难以实现经济、社会融合的主要原因。[3] 户口制度作为城乡隔离的基本制度,把人分为城市户口和农村户口,划分成不同的社会等级,限制了人口迁移,制度性地使得农民工不能分享城市公民所享用的服务、权利和资源。③外来人口总体上处于城市社会的底层[4]。这种体制的存在,使得农民工常常成为都市"边缘人",如何克服和改善一系列导致农民工边缘化的社会排斥,如农民工工资待遇和劳动环境、农民工社会保障、农民工维权、农民工身份转换、农民工享受城市公共服务等方面成为研究重点。

在实践层面,经历了20世纪80年代开始对"民工潮""盲流"的严格控制阶段后,自20世纪90年代开始,人口流动政策转向有序化,有关部门先后成立了外来人口管理协调机构,发布户籍、就业和社会保障等方面的管理政策,以实现对外来人口的有序化管理。再到2003年以来中央一号文件多次肯定农民工作为产业工人在我国现代化建设中的地位、作用,而且表示要"推进大中城市户籍制度改革,放宽农民进城就业

---

[1] 王春光:《农村流动人口的"半城市化"问题研究》,《社会学研究》2006年第5期。
[2] 陈映芳:《"农民工":制度安排与身份确认》,《社会学研究》2005年第3期。
[3] 李若建:《广州市外来白领群体现状分析》,《中国人口科学》2009年第2期。
[4] 朱力:《农民工阶层的特征与社会地位》,《南京大学学报》(哲学人文科学社会科学)2003年第6期。

和定居的条件"①。在国家的层面将农民工涵盖到解决三农问题的层面上，并着手推进作为城乡二元制度基础的户籍制度的改革。国家"十一五"规划纲要指出"对在城市已有稳定职业和住所的进城务工人员，要创造条件使之逐步转为城市居民"。"十五""十一五"期间，北京、上海、广州、深圳、杭州、郑州、武汉和沈阳等大城市纷纷取消暂住证，代之以居住证和相应的户口准入政策。同时，国家"鼓励农村人口进入中小城市和小城镇定居，（要求）特大城市要从调整产业结构的源头入手，形成用经济办法等控制人口过快增长的机制"②。再到中共十八大以后，将农民工问题纳入到统筹城乡的层面上，通过推进城镇化、工业化和农业现代化三化协同的中国特色的城镇化道路，解决包括农民工问题在内的三农等深层次社会问题。这种政策演变的过程，充分体现了国家试图通过破除城乡二元结构以解决农民工问题的决心。

在城乡二元结构的视角下，学术界经常讨论：该不该让农村人口进城——就地非农化还是异地非农化，能不能接纳外来人口——小城镇发展战略还是大城市集中式发展，需不需要控制城市人口数量等，以至于许多研究通过计量方法计算"城市最大可能容量""可以接受的外来人口数""农民工市民化的社会成本"等，试图消除政府的担心和疑虑。我们发现一种有意思的现象：每每学术界为改善弱势群体的现状而发出呼吁，即使中央政府都能做出积极回应并高姿态发布指导性文件，而地方政府的相应政策则往往具有明显的保守倾向——比如"选择性的城市准入""综合的社会保障"，其实都与学术界的关怀颇有出入；这些政策以及一些相应的研究主要针对如何改善农民工在城市的暂住状况，而不是解决一个常住人口的发展问题。回顾30年的发展事实，想限制农民进城，可农民还是进了城；想控制城市规模，可城市还是壮大了而且人口数目屡屡突破控制指标。理念和现实的矛盾，时刻提醒着我们进行制度改革的艰难性，也很有可能导致这一以问题趋向的学术研究领域的简单化趋势——将所谓的问题归结为城乡二元结构，从而忽略了迁移过程本身的复杂性和多样性。是不是松动和取消城乡二元结构就是我国人口迁移研究的全部？如果不是，对城乡二元结构我们是否还能形成别的理解？我们应该如何处理移民与城乡二元结构之间的关系？随着时间的推移，各种迁移新动向的出现，给城乡二元结构视野下的农民工研究带来了巨大挑战。

三、城市新移民概念的引入

农民工其实是外来人口中务工人员的一部分，其最初含义是受聘于城镇国有或集体工业企业（建筑、采矿、机械制造等行业），从事一线体力劳动操作的农村居民，是相对于固定工而言的。③ 从早期"民工潮"的研究开始，在城乡二元结构的研究视角下，渐渐地"农民工"概念成了每个城乡迁移者的个人身份④，研究者也用"农民工"概

---

① 参见《中共中央国务院关于促进农民增加收入若干政策的意见》。
② 参见《中华人民共和国国民经济和社会发展第十一个五年规划纲要》。
③ 《经济日报》社论：《让农民工在建筑业大显身手》，1984年6月7日，第1版；龚永泉：《招聘固定工 顶替农民工 南京氮肥厂挖掘厂内劳务潜力》，《人民日报》1988年8月17日，第2版；朱力敏：《企业大量招收农民工进厂顶岗利弊析》，《上海企业》1988年第8期。
④ 陈映芳：《"农民工"：制度安排与身份确认》，《社会学研究》2005年第3期。

念泛指进城务工经商的农民①，乃至外来人口整体②。

首先，农民工群体是一个非常复杂的构成。特别是随着经济转型和结构调整的深化，农民工群体本身正在经历着急剧扩大和分化的过程，早在1991年，笔者就注意到农民工分化的事实，并对其中城市散工这一亚群体进行调查。③ 而且，在三十多年的城乡迁移中，有部分农民工在城市通过自己的努力已经从底层的务工者转变为专业技术型、投资经营型的移民，农民工"已经完全分属于三个不同的社会阶层，即占有相当生产资本并雇用他人的业主、占有少量资本的自我雇用的个体工商业者和完全依赖打工的受薪者"④。还有许多农民工不再是暂时居住城市，而是倾向于长期居住，随着居住的时间在不断地延长，并且有举家迁移的倾向。更还有"新生代的农民工"群体，他们几乎没有务农经历，对城市的认同超过了对农村的认同。等等分化现实的存在，都表明"农民工"作为泛化的概念，"不能被当作一种本质性的存在，而只是其成员（由户籍身份来标识的）在一种特定的承认与排斥关系下建立起来的暂时的、可变的联系"⑤，这种表述方式在面对今天农民工群体中现实存在的群体差异性和多样性方式上存在着明显的局限性。

也有学者尝试拓展农民工概念的内涵，提出了"农民工市民化"的研究问题，也就是说外来人口因为处于非市民的状态而全部被赋予"农民"属性，进而将其标识为"农民工"。在市民－非市民的视角下，学者们认为中国的城市化过程可分成两个阶段：①农民转移到城市成为农民工，即"农民非农化"过程；②城市农民工向市民的职业和身份转变，即"农民工市民化"过程。⑥ 农民工市民化包括四个方面：①在职业上，由次属的非正规劳动力市场的农民工转变为首属的正规劳动力市场上的非农产业工人；②社会身份上，由农民转变为市民；③农民工自身素质的进一步提高和市民化；④农民工意识形态、生活方式和行为方式的城市化。农民工市民化非常重视农民工阶层的分类和分化。⑦ 其中很多学者对"新生农民工"或"二代农民工"特别感兴趣⑧，认为新生代农民工更具有城市性，相对容易被市民化，但他们又"回不了农村，融不进城市"，所以是最有市民化意愿又亟须市民化的群体。农民工市民化，理论上关注农民如何变为市民的问题，实际上可以看作农民工研究思路应对农民工分化等迁移新动向的一种尝试。即通过"市民化"的概念，将农民工人之外的还有外来私营企业主、个体工商户，甚至外来的白领都涵盖到研究的范畴中来。不管这一主题的研究是否达到了研究目的，

---

① 李强：《中国大陆城市农民工的职业流动》，《社会学研究》1999年第3期；王东、秦伟：《农民工代际差异研究——成都市在城农民工分层比较》，《人口研究》2002年第5期。
② 李强、唐壮：《城市农民工与城市中的非正规就业》，《社会学研究》2002年第6期。
③ 周大鸣：《广州外来"散工"调查研究》，《社会学研究》1994年第4期。所谓散工是指外来劳动人口中从事各种"自由"职业的人，既无个体营业证件，亦非各类企业中的合法雇用者。
④ 李培林：《流动民工的社会网络与社会地位》，《社会学研究》1996年第4期，第48页。
⑤ 王小章：《从"生存"到"承认"：公民权视野下的农民工问题》，《社会学研究》2009年第1期。
⑥ 刘传江：《中国农民工市民化研究》，《理论月刊》2006年第10期。
⑦ 辜胜阻、易善策、郑凌云：《基于农民工特征的工业化与城镇协调发展研究》，《人口研究》2006年第5期；胡春娟：《促进农民工市民化应注重分类引导》，《光明日报》2009年11月13日第9版。
⑧ 王春光：《新生代农村流动人口的社会认同与城乡融合的关系》，《社会学研究》2001年第3期；张智勇：《农民工市民化的代际实现——基于农户兼业、农民工就业与农民工市民化比较的视角》，《江汉论坛》2009年第11期。

它的出现都显现出了外来人口研究中"农民工"表述的概念限制。①

同时,农民工只是中国各级城市庞大的外来人口群体中的一部分。各发展中国家的经历也表明城乡移民并不是城市化唯一形式,从城镇(towns and small cities)向大城市迁移者或者从大城市向大都市(metropolis)迁移者也是城市外来人口的重要部分。②"外来打工者已经不都是来自乡村,从小城市到大城市、从欠发达地区城市到发达地区城市、从经济不景气城市到经济活跃城市的流动打工者越来越多。"③其次,外来人口的分化事实是学界的共识,其中不仅有"经济底层的劳动力",也有希望向上流动的白领、"类白领"和"挣够钱就回老家"的小业主,还有"已经具有中产阶级及以上的社会经济地位"的移民④,在工业企业中,"外来人容易脱颖而出,与本地人形成竞争生存的格局"⑤。有学者指出中国流动人口研究过度"特例化"——中国特有的户籍制度造成外来人口无法永久性迁移。⑥ 其实,除开户籍制度或者彻底取消户籍制度之后,影响外来人口的社会地位、与本地人的差别以及社会融入的变量和发生机制仍将存在,笔者认为按来源地(农村-城市)或者身份(农民-市民)来处理外来人口研究议题以及外来人口的社会政策的做法是需要完善的。

近年来学术界也注意到城乡二元结构之外的视角,开始尝试突破"农民工"概念的限制,探讨外来人口的分化和多样性特点,尝试将以往农民工研究所忽略的其他类型的移民群体纳入研究事业。陈映芳曾就"流动人口""农民工"等概念的使用提出异议,并尝试将乡城迁移群体表述为"城市新移民",把他们的权益问题定义为"市民权"问题。⑦ 朱力则将流动人口统称为城市新移民,并分类为智力流动人口、资本流动人口和体力流动人口上,不过他主要关注体力流动人口——农民工的生存状况和社会地位。⑧ 文军也把注意力放在体力流动人口上,并称之为"劳动力新移民",所谓"劳动力新移民"是指"在城市中主要从事以体力劳动为主的简单再生产工作,但已经获得相当稳定工作和固定住所且主观上愿意长期定居于所在城市的群体"⑨。张文宏、雷开

---

① 参见王艳华:《新生代农民工市民化的社会学分析》,《中国青年研究》2007年第5期;该文提到新生代个案,"对把自己认同为农民工的身份无法接受,认为农民工应是指建筑行业中盖房子的干体力活的那一类人,但对于自己的户口、社会保障等问题他们又很模糊",形象表达出这种概念的局限。

② Alan B. Simmons and Ramiro Cardona G., "Rural-Urban Migration: Who Comes, Who Stays, Who Returns? The Case of Bogotá, Columbia, 1929 – 1968," International Migration Review, Vol. 6, No. 2, Internal Migration in Latin America (Summer, 1972), pp. 166 – 181.

Hyung-Kook Kim, "Social Factors of Migration from Rural to Urban Areas with Special Reference to Developing Countries: The Case of Korea," Social Indicators Research, Vol. 10, No. 1 (Jan., 1982), pp. 29 – 74.

Robert V. Kemper, "Rural-Urban Migration in Latin America: A Framework for the Comparative Analysis of Geographical and Temporal Patterns," International Migration Review, Vol. 5, No. 1 (Spring, 1971), pp. 36 – 47.

③ 李培林:《巨变:村落的终结——都市里的村庄研究》,《中国社会科学》2002年第1期。

④ 翟振武、侯佳伟:《北京市外来人口聚集区:模式和发展趋势》,《人口研究》2010年第1期。

⑤ 李若建:《地位获得的机遇与障碍:基于外来人口聚集区的职业结构分析》,《中国人口科学》2006年第5期。

⑥ 朱宇:《国外对非永久性迁移的研究及其对我国流动人口问题的启示》,《人口研究》2004年第5期。

⑦ 陈映芳:《关注城市新移民》,《解放日报》2004年8月22日。

⑧ 朱力:《如何认识农民工阶层(代前言)》,见朱力、陈如主编:《城市新移民——南京市流动人口研究报告》,南京:南京大学出版社,2003年版,第22页。

⑨ 文军:《论我国城市劳动力新移民的系统构成及其行为选择》,《南京社会科学》2005年第1期;文军:《是流动性人口,还是永久性居民?——20世纪80年代以来上海劳动力新移民研究》,见中共上海市委宣传部编:《现代意识与城市研究》,上海:上海人民出版社,2006年版,第32 – 67页。

春将外来人口均看作城市新移民,而他们主要研究其中的白领新移民。[①] 卢卫认为"新移民的定居问题绝不仅限于改善农民工的居住条件,而应延伸到城市聚居和宜居的本质,进而放大到推进中国城市化、工业化和现代化的视角"[②]。

随着工业化的深入,一方面,产业开始有序转移,工业发展呈现分散布局的趋势;另一方面一线、二线城市寻求产业升级,发展服务经济;再加上新农村建设的开展,我国城市化的形式将日益多元,职业分化也更加明显。与"农民工"表述的形成背景不同,如今的社会经济环境已发生了巨大的变迁:第一,城市化正加速前进,而且城市化将是未来一段时间经济发展的主要动力;第二,从以往研究结果来看,大城市外来人口不再是乡城迁移者的天下,城镇背景的外来人口所占比例日益扩大;第三,外来人口的人力资本差异很大,从事的职业也非常广泛,从工程师、白领,到私营企业主、个体工商户,再到产业工人、散工等等,应有尽有;第四,外来人口的阶层分布和职业分布类似,都比较分散;第五,外来人口在城市的社会流动是事实;[③] 第六,户籍制度以及分割性福利保障制度将继续存在;第七,市场化改革很大程度上瓦解了人口流动的制度障碍,而且有助于剥离制度性福利。这些便是我们提出"城市新移民"概念的现实基础。

四、一种思路:作为发展方式的移民

新移民概念的出现体现了学术界对我国人口迁移新动向的敏感性。这一概念的提出,不但突破了以往农民工概念可能带来的在研究对象上的局限,关注移民群体本身的复杂性和分化性,更是将移民过程的动态性纳入研究视野,有助于学者们区分并聚焦在输入地城市有定居意向的移民群体,而且在实践层面,这一概念还有助于调整移民政策,将不属于城乡移民范畴的外来人口纳入到政策瞄准的范围。不过,这一概念虽然充满张力,但学术界就如何围绕这一概念,调整我国人口迁移研究的研究思路,仍然没有形成共识,导致许多情况下,学者们仅用这一概念指代人口迁移过程中出现的新问题,却没有用新的研究思路分析解释这些新问题。

笔者认为,在研究思路层面,"城市新移民"概念最大的理论张力在于摆脱城市-农村二元对立的思维,从而使我们的注意力集中在城市社会。以户籍制度为基础的城乡二元体制是我国在特殊发展背景下形成的制度设计,这一体制与宏观层面的国家和区域的社会经济发展,以及微观层面的人们的日常生活紧密相关,已经内化成了我国社会结构的一种重要事实。基于此种认识,我们再回过头看其他国家的人口迁移过程,不管是内部移民还是国际移民,各种"差异"一直都客观存在,如制度、族群、种族等等多种差异交相作用。国外学者多将其作为社会区隔的一种机制,是社会结构的一种体现,在研究中的关注点往往不在于如何破除某种区隔机制,而在于分析这类区隔机制如何产生,以及迁移如何影响了城市社会多元文化的构成,从而再思考探讨区隔机制的变迁过

[①] 张文宏、雷开春:《城市新移民社会认同的结构模型》,《社会学研究》2009年第4期;张文宏、雷开春:《城市新移民社会融合的结构、现状与影响因素分析》,《社会学研究》2008年第5期。

[②] 卢卫:《居住城市化:人居科学的视角》,北京:高等教育出版社,2005年版,第140页。

[③] 我们认为外来人口社会流动很大一部分表现为体制外向体制内转变的形式,在"农民工"表述的情境中无法被注意到。

程。这种研究思路大大突破了以解决"移民问题"为主导的应用研究范畴,从而可将更为广泛的论题纳入到讨论中,展现移民过程的多样性。

国外学者的这种研究思路对于我们拓宽我国国内移民的研究很有启发。笔者认为,城乡二元结构的存在具有中国特色,但作为社会的一种构成方式,难以通过某些政策改革就破除。在人类学的视野里,社会结构有其延续性,很难通过各种人为的干预推倒重来,同时它又是一个实实在在变迁的过程,制度的改革、产业结构的变化、人们的日常生活等等要素都是促使社会结构变迁的因素。而涵盖了多种变迁要素的移民过程本身就是一个城乡二元经济社会结构现代化转型的过程。换句话说,移民是一种社会发展方式。"城市新移民"表述为这种发展方式提供了一种有效的阐释路径(如下图):首先,这一过程的起点是城市经济结构的扩展和升级,吸引人口大量向城市流动,在空间意义上促进区域的平衡;继而城市新移民通过劳动力再生产实现职业的代际流动,在时间意义上实现职业流动;从而使本地结构接纳城市新移民,实现结构意义的社会流动;最终,城市社会得以重构。

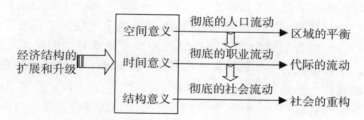

"移民作为发展方式"的解释图式

当这一宏观过程落实到城市层面时,我们的视角便转移到新移民在城市的"社会融合(social incorporation)"上[①]。所谓"社会融合",在"新移民"语境下的表述认为,是指在相同的条件(比如制度环境、经济环境等)下,相同背景(比如教育)的城市新移民与本地居民有同等的机会,获得同一待遇水平的职业,进入同一层次的社会结构。考虑到城市里有2亿外来移民,那么研究外来移民各尽其才的发生机制,研究如何促进这些外来人口融入城市社会,将更具有实际意义。首先,外来人口在城市生活出现长期化、家庭化、定居化的趋势,说明外来人口已经以某种方式、在某种程度上融入城市社会。其次,社会融合是理解城市社会问题的重要思路,也是解决城市社会问题的重要方法;因而社会融合是一个社会过程,也是一个终极目标。第三,社会融合包含经济融合(economic incorporation)和结构融合(structural incorporation)两个过程:经济融合,是指不同人力资本的移民在城市里,与相同背景的本地居民有同等机会获得相应职业,以及实现代内、代际的职业流动,从而获得相应经济地位;结构融合[②],则是指

[①] 参见 Josh DeWind and Philip Kasinitz, "Everything Old is New Again? Processes and Theories of Immigrant Incorporation," International Migration Review, Vol. 31, No. 4, Special Issue: Immigrant Adaptation and Native-Born Responses in the Making of Americans (Winter, 1997), pp. 1096 – 1111. 该文认为"assimilation""acculturation""pluralism"and "melting pot"等概念包含争议的假设,有明显的价值取向,因而采用"social incorporation"。

[②] 这一概念受启于 Milton M. Gordon, "Assimilation in America: Theory and Reality," Daedalus, Vol. 90, No. 2, Ethnic Groups in American Life (Spring, 1961), pp. 263 – 285.

移民在获得相应经济地位之后，有足够的机会与相近阶层的本地居民发生社会联系（比如通婚）。对于移民群体而言，社会融合使他们得以跨越移民群体边界，消除本地居民群体的偏见和歧视，这一过程表现为身份认同的接近与文化习俗的相互包容。对于移民个人及其家庭而言，社会融合使移民和本地居民跨越社会空间的分隔，增进了他们在学校、工作场所和邻里空间的交流，这一过程表现为社会距离的缩小与行为习惯的相互尊重。

我们发现国内学者研究城市外来人口的社会融合时，往往把"心理""文化""身份"和"行为习惯"等与"经济融合"相提并论，并关注"它们之间的依存关系和互动关系"；这些研究认为国外的相关理论和经验强调文化，以及"文化之间的相互交融和渗透"，受其影响把文化融合放在与经济融并列的位置。① 且看杨菊华、张文宏两文都提到的 Milton M. Gordon 的移民融合理论：虽然 Gordon 把结构融合（social assimilation）和文化融合（acculturation or behavioral assimilation）列为融合的两个过程，但他认为"一旦实现结构融合，其他各类的融合都将出现"；在美国，由于复杂的种族关系，整个社会的结构融合并没有出现，而种族内部的文化融合却在很大程度发生了。② 事实上，国外相关研究的背景与我国有些不同：一方面，国外移民社会融合研究的对象是国际移民（特别是来自发展中国家的移民），以及基于种族的文化差异；而我们研究城市外来人口的社会融合显然没有遇到明显的种族文化差异，而是基于阶层的文化差异；另一方面，国外研究的国际移民发生在发达工业阶段，而我国正处在现代化转型时期。本文正是在现代化转型背景下提出"城市新移民"的表述，并以此推导出符合我国实际情况的社会融合过程——经济融合的发生先于结构融合，并且为结构融合创造条件。在我们的研究中，文化差异，用布迪厄（Pierre Bourdieu）的观点来说，是"不同阶级的成员总是在各自阶级惯习的约束下，带着自己特有的阶级秉性，进入不同品位的场域，并通过选择不同的生活方式来表明自己的阶级身份"的结果，它随着社会融合状况的变化而变化，同时表现在个人及家庭与群体两个层面上。③

综上所述，"城市新移民"的表述，不仅加深了我们对社会发展方式的理解，并且可以推导城市新移民"社会融合"的视角。这样的理论转向尝试把城市社会构成变化，以及将移民与本地居民的结构关系置于研究的核心，为城市新移民问题的研究奠定基础。一般来说，移民（immigration）作为过程可以分成前、中、后三个阶段；类似地，城市新移民问题也包含三个议题：①城市新移民的基本状况，以及对城市社会构成的影响（比如人口结构、劳动力市场和阶层结构等的变化）——（What has happened?）；②城市的社会融合作为一种终极目标如何定义——（What should happen?）；③城市的社会融合作为一种过程如何发生——（How does it happen?）。移民（immigrants）作为研究对象可从宏观、中观和微观上切入上述三个议题；在实际研究中不仅有宏观的论证，还有会有中

---

① 杨菊华：《从隔离、选择融入到融合：流动人口社会融入问题的理论思考》，《人口研究》2009 年第 1 期；张文宏、雷开春：《城市新移民社会融合的结构、现状与影响因素分析》，《社会学研究》2008 年第 5 期。

② Milton M. Gordon, "Assimilation in America: Theory and Reality," Daedalus, Vol. 90, No. 2, Ethnic Groups in American Life (Spring, 1961), pp. 263 – 285. Richard Alba and Victor Nee, "Rethinking Assimilation Theory for a New Era of Immigration," International Migration Review, Vol. 31, No. 4, Special Issue: Immigrant Adaptation and Native-Born Responses in the Making of Americans (Winter, 1997), pp. 826 – 874.

③ 刘欣：《阶级惯习与品位：布迪厄的阶级理论》，《社会学研究》2003 年第 6 期。

观、微观等变量的影响，从而使得城市新移民问题的实证研究多姿多彩。

同时，在上述的新移民研究思路中，我们还要特别注意移民社会融合的长期性和持续性。从国外的移民研究经验来看，新一批的移民，对于移民定居过程来说只能算作第一代（first generation），或者有些可以算作1.5代，他们往往是移民融合过程的起点。①这是我们开展城市新移民研究的重要背景。大规模的人口迁移在我国出现不过三十多年的时间，虽然"新生代移民""二代农民工"已成为学术关注的热点，但我国的情况与国外移民研究讨论的新生代移民（new generation）不完全相同。②我国早期农民工大多流而不迁，具有定居意向的新生代移民实际上大部分只能是第一代的移民，城市新移民的社会融合过程才刚刚开始。不过今天在移民群体中表现出的城市定居倾向、移民家庭化趋势的日益明显，移民在城市的代际再生产等都体现了城市社会融合的良好开端③。由此，我们必须在相对较长的时间段内关注城乡二元结构的消解。

五、结　语

早有学者提出中国正在进入移民时代，认为应该着手接纳这些城市新移民④，"让愿意在城市居住和发展的外来人口定居下来，并使其能最终融入城市社会"⑤。30余年的时间对于移民的融合过程来说并不长，目前正是拓展我国移民研究的最好时机。我们一方面要意识到以往户籍上农业、非农业的分类，以及城市中本外二元的分立，对研究思维和分析资料所产生的深刻影响，比如在城市社会流动研究中往往会"产生严重的样本选择性偏误"⑥。另一方面也要承认农民工、流动人口并不是中国特有的移民现象，因而推动"农民工"表述转向"城市新移民"表述，意味着外来人口研究应重视发展中国家和后发达国家的移民研究经验⑦，也必须借鉴发达国家的移民社会理论，比如移

---

① 这里的"1.5代"来源于 Ruben G. Rumbaut, "The Crucible within: Ethnic Identity, Self-Esteem, and Segmented Assimilation among Children of Immigrants," International Migration Review, Vol. 28, No. 4, Special Issue: The New Second Generation (Winter, 1994), pp. 748–794.，意指外国出生，12岁之前移民本地的一代人；国内相关研究可以参考周大鸣、程麓晓：《农民工的职业分化与子女教育——以湖南攸县为例》，《华南师范大学学报》（社会科学版）2009年第6期。

② Charles Hirschman, "Problems and Prospects of Studying Immigrant Adaptation from the 1990 Population Census: From Generational Comparisons to the Process of 'Becoming American'," International Migration Review, Vol. 28, No. 4, Special Issue: The New Second Generation (Winter, 1994), pp. 690–713.

③ Stanley Lieberson, "Generational Differences among Blacks in the North," American Journal of Sociology, Vol. 79, No. 3 (November, 1973), pp. 550–565.

④ Zai Liang, "The Age of Migration in China," Population and Development Review, Vol. 27, No. 3 (September, 2001), pp. 499–524. 叶裕民、黄壬侠：《中国流动人口特征与城市化政策研究》，《中国人民大学学报》2004年第2期。

⑤ 任远、邬民乐：《城市流动人口的社会融合：文献述评》，《人口研究》2006年第3期。

⑥ 吴晓刚：《中国的户籍制度与代际职业流动》，《社会学研究》2007年第6期；蔡昉、王美艳：《为什么劳动力流动没有缩小城乡收入差距》，《经济学动态》2009年第8期。

⑦ Feng Wang and Xuejin Zuo, "Inside China's Cities: Institutional Barriers and Opportunities for Urban Migrants," The American Economic Review, 1999. Vol. 89, No. 2, Papers and Proceedings of the One Hundred Eleventh Annual Meeting of the American Economic Association, pp. 276–280. Kenneth D. Roberts, "China's 'Tidal Wave' of Migrant Labor: What Can We Learn from Mexican Undocumented Migration to the United States?," International Migration Review, 1997, Vol. 31, No. 2, pp. 249–293.

民社会学或者移民人类学的发展①。在此基础上，将研究的重点转向30多年来所积累的移民问题，尤其是城市社会的融合问题。

本文提出"城市新移民"的研究思路，将移民作为一种社会发展方式，关注移民引发的城市社会重构，而城市社会重构的最终图景便是城乡和谐的社会。这一思路将移民与本地居民的结构关系置于研究的核心，不仅限于单一取向的宏观过程，也可以将这一过程落实到城市层面，还可兼采中观与微观的角度，由社会心理、群体互动追溯到社会结构层次。由这些取向来探索转型时期我国城市社会的真正特质，有助于了解城市社会融合的真相。

这一研究思路在实践层面也具一定启发意义。笔者认为处理城市移民问题也需要树立"可持续发展"的理念，认识到城乡二元结构作为社会结构的发展规律，理解城市融合过程的长期性和持续性，从长远的角度，为具有城市定居意向的城市新移民融入城市制定相关政策，推动"彻底的劳动力流动"→"彻底的职业流动"→"彻底的社会流动"的理想状态的实现。

---

① Mary C. Waters, "Sociology and the Study of Immigration," *American Behavioral Scientist*, 1999, Vol. 42 No. 9, pp. 1264 – 1267. Nancy Foner, "Anthropology and the Study of Immigration," *American Behavioral Scientist*, 1999, Vol. 42 No. 9, pp. 1268 – 1270.

附录2

迁移与立足：经营型移民创业历程的个案研究[①]

周大鸣　余成普

摘要：本文基于对6市49位经营型移民的深度访谈，探讨了他们在城市中的创业和立足过程。城市新移民内部出现分化，其中经营型移民可以看成是部分劳力型移民和智力型移民的高级阶段。他们依靠资金或者技能来运作自己的投资和产业，早期的经历和关系网络是他们后来创业的基础。在持续地利用传统的血缘、姻缘和地缘关系实现资源和信息共享的同时，他们也积极建构新的商业网络。他们虽然远离乡土，但依然保持着乡土之根，这既是他们创业的资源，也是创业的动力。

关键词：经营型移民、创业、社会网络、乡土

一、引　言

早期的研究表明，农村的私营企业主主要是生产队干部、留在农村的下乡知青和退伍军人，这些人比普通农民具有更多的人力资本和（或）政治资本[1]。在城市，大部分个体户和私营企业主来自于社会边缘群体，比如失业青年、下岗工人和退休者[2]。随着农村劳动力持续大规模地向城市转移，处于城市空间中的农村劳动力群体内部在发生分化。其中最为显著的是职业分化加速，人们从求生存向求发展转化，从纯粹出卖劳动力的劳力型向技术、资本、智力型输出与劳力型输出并存转化。在这些整体性转变过程中，通过社会资本和货币资本的积累，一些出卖苦力的劳工逐渐转化为持有生产资料甚至雇佣工人的经营型新移民，实现了社会角色和身份的跨越。

2008年11月至2009年4月间，我们在广州、东莞、沈阳、成都、杭州、郑州等6个城市开展了有效问卷为3168份的大样本调查和146位新移民的定性访谈。本研究中"城市新移民"的界定包含以下几个要素：出生地与原户籍都不在本地，在本地居住了2～5年；有在城市（城镇）定居的意愿；具有合法居所；具有合法收入。根据从事工作的类型不同，我们将新移民主要分为三大类，即劳力型移民（48位被访者）、智力型移民（49位被访者）和经营型移民（49位被访者）。其中劳力型移民的特点有：未受过高等教育；有合法收入，但技术含量低；工资收入低于输入地平均水平；出生地与原户籍都不在本地；本人及家庭成员在本地居住了2～5年；常住输入地，有定居城镇的意愿；农民工是劳力型移民的主要部分。智力型移民的特点有：受过高等教育；就业门

[①] 原文发表于《中南民族大学学报》（人文社会科学版）2015年第4期。

槛高；出生地与原户籍不在本地；本人及家庭成员在本地居住了 2～5 年；常住输入地，有定居城镇的意愿。而经营型移民，则是有自己的投资和产业（如小企业、小作坊、商铺、饭馆等等）的一部分人，他们依靠资金或者技能来运作自己的产业[3]。

当前已有一些学者关注到城市新移民。朱力等将城市新移民分为智力流动人口、资本流动人口与体力流动人口，与本文的分类相似，不过他关心的依然是体力流动人口的生存状况与社会地位[4]。文军关注了"劳动力新移民"的构成与行为选择[5]，张文宏等研究了白领新移民的社会认同与社会融合问题[6-7]。在《从农民工到城市新移民：一个概念、一种思路》[8]一文中，我们已经讨论了"城市新移民"概念提出的背景和理论意义。本文则是以具体的深度个案为基础，探讨尚未得到充分关注的经营型移民的形成过程。

二、创业与资源积累

前文讲到，改革开放以来城市中的个体户和私营企业主最初大多来自于社会边缘群体，比如下岗工人和退休者。他们不被纳入正规就业的制度中，与城市中"有单位"的就业群体相比，他们被局限在次级劳动力市场的非正式就业岗位，通过自谋职业获得生存。随着农村劳动力大军涌入城市，部分人也加入到城市个体户和私营企业主队伍中，我们称这些人为经营型移民。我们的研究发现，部分经营型移民与劳力型移民在发展初期并无本质上的差别，只有具体职业分布的不同。其中相当一部分先是在企业打工，然后逐渐转变为自雇的小商贩和拥有少数工人的小业主。还有一部分来自于以大学生为主体的创业人群，他们掌握着技术，在经过一段时间的磨练、积累了商业的人脉后，开始了创业之路。

毛先生，28 岁，河南开封人。他 2003 年毕业于洛阳工学院土木工程专业，后在武汉一家地质勘探企业工作。当时他一个月的工资是 824 元。记忆深刻的一件事是有一次去丘陵地带做地址勘探工作，地上长满了柏树，车开不进去，步行了 50 千米。柏树叶上带刺，胳膊碰上就是血痕，地上随处都有水坑，他比较肥胖，很多水坑跳不过去，如果绕路又得绕很远，实在是筋疲力尽，就跳进水坑爬过去。身上的衣服是湿了干，干了湿。干了两个月他晒得浑身脱皮，怕回家后母亲看见受不了，就辞工来到了上海。

他来到上海后进入到一家大型建筑单位，从此开始了两年半的漂泊生活。哪个城市有工程，他就会被派往哪个城市，这一阶段的工程结束后，没有休息的时间，他又要马不停蹄地赶往下一个城市。在这两年半的时间里，中国所有的城市几乎他都跑遍了。他说自己虽然本科出身，但仍然觉得自己是个"土八路"，一是因为没有任何证书，比如造价工程师、建造师等；二是工作流动，从不会在一个地方待太长时间。到 2005 年底他手上已经存了 5 万块钱，"总有一天要安定下来，不想再过这种流浪的日子，没有家的感觉，感觉自己就像一个过客"。2006 年初他回到郑州后，受聘于一家大型房地产公司，做项目预算和标书编制工作。在那里，他觉得上升空间很小，于是工作三个月后，又去了一家小型房地产公司。这里每月能拿到 10000 元，但公司不正规，也没有诚信。

2007 年初他拉了一个朋友创办了一个注册资本为 50 万元的装修公司。选择装修这个行业原因有三点：一是前期的投入不需要很大，家装都是住户预先付款，因此自己不用垫付资金，但公装仍然需要先垫付资金；二是他对这行业相当熟悉，"选择自己熟悉的行业等于是成功了一半"；三是"装修行业发掘客户主要是靠人脉关系，比起承包工程要简单许多，因为做工程从起步到最后完工都要不停地和政府打交道，非常麻烦"。（案例编号：郑州—经营型—002）

这里较为详实地描述了毛先生的创业经历以及他从智力型移民到经营型移民的转变过程。毕业后找一份稳定工作是很多大学生的选择，毛先生也不例外。但工作的辛苦和流动性让他觉得和出卖劳力的普通工人没有什么差别。在经历了颠沛流离的建筑企业，又在两家房地产企业工作后，他选择了创业。从他所创办的装修公司来看，他前期的学习和工作无疑是一段宝贵的经历。首先，他有专业技术，在大学学过、在房企实践过；其二，更重要的是，他熟悉这个行业，"选择自己熟悉的行业等于是成功了一半"，同时，工作中积累的人脉也为他的创业带来了丰富的资源。

吉先生，30岁，辽宁抚顺人，初中学历，现经营一家理发店。初中毕业后，吉先生曾随父母去上海做过药材生意，由于药材生意不好做，他就跟着老乡到沈阳打工，在饭店刷了两个月盘子，他觉得"这样混下去也不是个事"，就回到抚顺准备学门手艺，考虑再三，他选择了理发。在抚顺的美发学校学习期满后，他回到老家所在的县城里，开起了理发店。可是他的手艺还不成熟，顾客很少，没过多久就倒闭了。家里人认为他根本不适合理发，亲戚朋友也纷纷反对他再从事理发行业。他一言不发，执拗地来到沈阳继续学习理发。

2005年刚过完年，他身上只带了200元钱来到沈阳，一个月后才找到一家发廊愿意接受他，给他每月200元的薪水。他觉得工资难以维持生活，在这家发廊也没有学习机会。于是，又几经周折到第二家发廊学习。在这家发廊里，老板很关照他，对他指导，也给他试剪机会。第一个月他就挣了700元，后来有时也能拿到3000元。吉先生说："能开一家属于自己的发廊是我一直以来梦寐以求的。"在第二家发廊工作一年半后，他不仅在理发行业有了一定的经验，而且也有了一定的积蓄。于是接手了一家转让的小理发店，实现了他理想的第一步。

他以前在家乡开过店，在其他理发店打工时也非常留心人家的经营方式，他说他现在很看重两点。首先是理发用品的选择，每次他都要亲自到配货中心与老板商量具体细节，因为配送的货物直接影响到顾客挑选美发产品时的价格问题，一旦和其他店的美容产品雷同，且价格不同，就会失信于顾客；其次理发是服务性行业，顾客就是上帝，无论顾客怎么难缠都得耐着性子。吉先生说，以后等资金充足了，他想找个地段好点的地方，开个分店，把理发店再做大一些。（编号：沈阳—经营型—001）

从某种程度上讲，大多数经营性移民是劳力型移民的高级阶段[9]。与单纯劳力型移民不同的是，他们具有创业的梦想，前期的劳力付出是一种资源积累的过程。这里的资源，既包括资金积累，同时也有行业的经营方式或门路的积累。吉师傅，就像其他从事小型经营性行业的业主一样，开始都有一段艰苦的磨练和学习历程，但有一份属于自己的事业是他们的梦想。待时机成熟，他们就开始了小规模的自雇式经营，并可能向更大的经营转变。

三、社会关系网络与城市立足

在外来人口的适应和立足上，已有研究指出，寻求关系和建构社会关系网络是他们的适应策略，是其应对制度性障碍、社会性障碍和文化性障碍的重要社会资本。李培林指出，民工群体在从农村到城市的流动过程中，主要依赖其传统的亲缘和地缘的社会网络[10]。张继焦也注意到这种乡村社会关系网络关系的城市植入性，将进城农民的社会关系网络称之为"城市版的差序格局"，一方面，以血缘、地缘和业缘等为基础的纽带关系，是外来者最亲密和可靠的社会基础，也为他们在城市中实现基本的生存提供了条件，另一方面，他们不可能只在熟人圈里生存，还需要按城市的规则建立新的就业、投资和经营等关系[11]。蔡禾等还将社会关系网络按照工作支持网、生活帮助网和紧急求助网的分类在珠三角地区进行了一项量化统计，发现三缘（血缘、地缘、亲缘）对打工者的工作支持而言集中在信息提供等方面，当进入工作后实质作用很小，但在生病照顾、情感安慰和重大问题决策方面有较大影响[12]。我们早期对佛山"攸县人"挖掘经济的研究发现，农民工由劳力型输出向技能型、投资型输出转型的过程中，会有意识地培育和扩展以业缘关系为基础的新的社会关系网络，这类网络对他们的城市融入与发展有积极效应[13]。

我们针对全国6个城市的调查则进一步表明，不同类型的城市新移民的社会关系网络状态具有不同的特点。劳力型移民，无论是工作圈子还是业余交流圈子多限于亲戚、老乡。朋友这一常被用来指代在工作、学习中结交而成的较为现代的关系，在一些劳力型移民的表述中却被用来指代传统的血缘和地缘关系，"朋友"常与亲戚和老乡关系重叠。面对就业压力，智力型移民可以动员的社会网络和资源更多，这使其能较为顺利地找到一个安身之地，但与本地人的隔阂并未完全消除，外来智力型移民与本地居民进行初级关系的结构性融入依然需要较长的过程。经营型移民的社会网络呈现出两大特点，一是传统的血缘、姻缘和地缘网络，二是积极建构的新的商业网络。但基于商业来往建构的关系多是一种出于工具理性的交往行为，一旦关系互动双方中的某一方做出另一方期待以外的行为，这种社会关系就会面临解体危机。相对而言，基于血缘和地缘的交往在经营型移民的社会网络中仍然处于核心位置。

处于世界制造中心的珠江三角洲腹地的广州市有各行各业批发零售市场500余家，其中多是中小型市场，较有规模的专业市场近150个，包括商品设计服饰、图书、化妆品、玩具、电子、茶叶、酒店用品等。在这些批发商贸市场中，活跃着一个极富活力的潮汕商人群体，实践着潮汕地区迁移和经商文化的传统。在这个聚集群体内，基于亲属和同乡的联系，人们相互协助、避免竞争、一致对外，在道义的基础上频繁互惠，形成同一类型产品或是处于产业上下游不同产品销售的联盟。随着新市场的开发，潮汕商人的扩展还涵盖了多个市场，形成了具有强大经济和社会凝聚力的聚集[14]。经营型移民的聚集还为后来的移民提供了一种适应空间，可有效地帮助新移民群体实现城市中社会地位的稳定和向上流动。

叶家有兄弟五人，是普宁市某村在广州发展最大的一个家族，在广州的沙溪、南天两大贸易市场占据生意上的大头，其中在南天市场就有9栋档口，1栋档口有铺位20个。说起当初的经历，叶老四说，1997年那会儿，他还是广州某街道派出所所长，接触到了关于附近新开的国际酒店商品贸易市场的信息，同时也有同事对这行业有比较多的了解，于是他就把老家里的几个兄弟都叫了来，筹得资金，在市场里抢占先机，买了几个铺位，做起了酒店用品的销售。而随他们之后，村子里同家族的"自己人"也慢慢跟着他们出来做生意，现在整个南天市场就有他们村里的7户人。到我们访谈他时，他们五兄弟也一直联合在一起，没有分家，对店铺生意共同经营管理。（编号：广州—经营型—005）

一些生意日益做大的经营型移民，往往在城市中建构出庞大而复杂的社会网络，这种社会网络中，官兵匪痞、三教九流等社会身份的人都有。如果运用社会资本理论进行理解，那么这种"请客吃饭""打牌喝茶""去洗浴中心""唱歌"只不过是一种社会关系网络运作和关系资本动员的过程和策略。边燕杰的量化研究表明，在中国，人们对"请客吃饭"有共同的价值体系，即请客吃饭是维持社会关系的手段，在中国城市当中是一个经济和政治发挥作用的过程，同时也是一个社会关系网运作的过程，具有关系资本的动员的作用[15]。虽然这种社会交往工具性多过情感性，但对于经营型移民实现资源动员和社会流动而言，却是重要的。

李先生（23岁，吉林永吉县人，中专学历，现在沈阳经营一家制冷电器维修店）交友广泛，朋友遍布各行各业，这些朋友都是在工作中认识的，本地人和外地人都有。他说，出门在外朋友最重要，大家都不容易，朋友买房、开店问他借钱，他便很大方地拿个万八千借给朋友。他特别看重朋友的人品，最讨厌别人骗他，有一次一个朋友借口家里出了事向他借了笔钱，将这些钱挥霍一空后被他发现了，他后来就和这个朋友绝交了。（编号：沈阳—经营型—002）

闫先生（30岁，河南开封人，初中学历，郑州某水厂厂长）交往的大多是生意场上认识的朋友，因为他为人豪爽和耿直，朋友对他都不错。因为工作关系，他现在结交的法律方面的人比较多。他说他的朋友，除了以前很铁的哥们，其他不怎么联系，朋友都是经过岁月的沉淀，一批一批地淘汰。（编号：郑州—经营型—007）

高先生（36岁，河南周口人，小学文化，现在郑州做建材生意）的社会网络非常庞杂。刚开始他认识的人只是社会层次比较低的弟兄，从事棋牌室经营，或者相同行业的人，也有脾性相投的弟兄，还有在逃缉拿的案犯。后来随着生意的发展，认识的人更多。对于那些相关部门的政府工作人员，他经常请他们吃饭喝酒、打牌。他的父母都跟着来郑州了，毕竟小孩上学需要老人照看。媳妇也是特别好的人，洗衣做饭、公司的账务都帮忙打理。他前些年会经常回老家，最近两三年回得少了，觉得已经没有啥可联系的了。一些道上的弟兄，最近几年玩的不是那么多了，生意忙，不怎么联系，有几个有联系的，也顶多半年见次面喝个酒。他说现在生意做得和以前不一样了，得和上层社会的人多交往交往，不能老和那些人搅活着瞎玩了。（编号：郑州—经营型—006）

经营型移民在城市中日常交往和互动的对象以传统的亲友关系以及生意圈的人为主。如果用情感性和工具性交往对经营型移民的交往类型进行划分，背后都是一种理性逻辑，与经营型移民在城市生活中的个体发展和盈利的主要目的是吻合的。相对于传统固定的社交网络，如今到城市从事经营活动后，他们的社会网络灵活性更强，流动性也更大。原有以差序格局构建的熟人社会所带来的安全感也逐渐削减，人与人之间的情感趋于淡漠，不信任感趋于增强，而处于文化转型中的人们，对这种现象的不适应感受至深。但是，从另外一方面来说，流动的"圈子"为人们提供了自由选择人际关系的机会，利用什么样的社会关系作为个人交际圈的背景非常重要，直接影响着个体的发展方向，对于现代社会来说，流动的"圈子"为个体提供了把握自身人际交往的机会[16]。

四、乡土之根

家庭共同移民，或者说移民的家庭化趋势成为经营型移民的显著特点[13,14]。但我们需要注意到，移民的家庭化并非是一贯的，因为家庭移民必然带来一定的风险和增加移民的成本。按照世界范围人口流动的演变轨迹分析，人口流动的历史进程大致要经历密切相关和依次递进的三个阶段，第一个阶段是单个人流动的先锋阶段，第二个阶段是人口流动的家庭化阶段，第三个阶段是人口流动的大众化阶段。[17]中国在20世纪80年代后期尤其是20世纪90年代初开始，农村劳动力的流动已经进入了人口流动的第二个阶段，即人口流动的家庭化阶段。但是在这股潮流中，我们应当关注到逆潮流化行动的流动群体。事实上，并不是每个流动人口都能实现人口流动的家庭化，城市安家的高成本并非人人可以承担。另外在我国现行的户籍管理制度框架内，选择移民城市就意味着对农村户籍和背后的土地收益以及相应的集体收益的放弃。2006年珠三角农民工的一项调查也显示，愿意放弃土地的农民工占56%，不愿意放弃土地的占44%，而不愿意将户口迁移到打工所在城市的占到60.2%[12]。因此，经营型移民出于一种理性选择，往往是希望能够在城市经营和农村土地两个方面都得到收益。

燕红的老家在铁岭，18岁出来打工，被访时32岁，其间打工、结婚、生子、摆地摊、开小店。她与大多数誓要变成沈阳户口的外来人不同，每天不辞辛苦挣钱，是为了攒够钱再回到农村老家去。她从不否认在城市里生活比在农村好，但现实不允许，心中渴望的还是老家那一片土地，她从那里走出，也强烈地希望回到那里去。她每日不辞辛苦奋斗的目的很朴素：老家能有一间大房子，里面住着父母、女儿、丈夫和自己，养几头猪，喂一群鸡鸭。用她自己的话说："就实惠儿地活着吧！"（编号：沈阳—经营型—005）。

李阿姨，52岁，小学文化，四川仁寿人，考虑到儿女都在成都工作，2005年她和老伴也来到成都，在一所高校附近经营一家水果店。在谈到自己关心的事时，她说："其实现在我们最关心的倒不是自己的什么事情，反倒是儿女的发展，希望他们事业有成。我们两个人身体健康，整个家庭和睦就好，其他的倒是居于次要地位了。至于说是不是非要赚到很多钱，这方面我们觉得赚钱能赚得多当然很好，但那不是最主要的追求，我们也不强求。自己也这么大的岁数了，也不像年轻人那样热心追求事业，更多的是希望家庭美满,一家人都开开心心的,我们还是希望将来回老家去,毕竟那里还有自己的房子,才是自己真正的家,还是有一种叶落归根的想法。所以你问我关心哪些政策,其实我更多的是关注农村的土地方面的政策。因为我们不是说想要一直在这边,自己本身是农民,肯定还是更关心农村的一些政策,特别是土地方面的。"(编号:成都—经营型—001)

李女士,26岁,四川省眉山市人,大专文化,成都某宠物诊所店主。虽然成都人会把她当成本地人,但是她觉得自己跟本地人相比区别还是存在的,就是在身份上,在她内心中还是觉得自己是个外来人,没有完全归属于成都,这种感觉是没法改变的了。她想即使她以后落成成都户口,一直在成都居住到老,她仍然会觉得自己不是成都人。她的父母都还是在老家住着,她和丈夫偶尔要回去看他们的,当然她也会不定期地寄些东西回去,对父母还是要孝顺些的。父母上了年纪,不愿意来成都住,偶尔过来成都住一下,久了也觉得没啥好玩的,还是在老家比较自由自在的。(编号:成都—经营型—006)

上述几个案例既有现实的考虑,比如城市没有住房、难以落户、生活成本高、小孩上学难等,致使部分经营型移民并没有扎根城市的打算,另一方面,在于他们的乡土情怀,他们觉得流出地的农村才是他们永远的家。从农村到城市,不仅是一种地域的转变,也是一种文化的转型。在这个转型过程中,传统的熟人社会不再"熟人""圈外"的人近在眼前、社会关系频繁转换,这直接被这些流动者所体验,给他们带来诸多社会和文化上的不适应[16]。

经营型移民的乡土之根还体现在他们为家乡捐资兴学、修路筑桥、扶贫帮困上。他们的"反哺"行为给家乡带来了收益,也实现了自我和家族"社会地位的补偿"[18],甚至会影响到乡村的权力结构。这在潮汕籍经营型移民中表现得尤为明显。潮汕地区的地方社会治理以宗族治理为基础,各宗族祠堂村村可见。强烈的宗族意识是潮汕人最重要的创业动机,他们希望自己通过努力,壮大族人的力量,获得村庄支配权力,实现光宗耀祖。谢先生的谈话表明了这一点。

谢先生,44岁,汕头人,现在广州经营服装生意。在谈到自己来广州的目的时,他说:"我出来做生意赚钱,不光是为了自己和家里的人能过上好日子,同时也是为了壮大我们房的力量,我一直都希望有一天,回到村子的时候,其他房的人看到我会说,他们三房的真是出了人才啊!或者,我和其他三房出来做生意的做得成功的人能够在村子里有一些威慑力,村里要决定什么事或者有利益争夺的时候,会因为我们的存在而犹豫和估量。就拿最近村子里选书记的事情来说,以前一直是六房的人管村里的事,村委里就只有一个我们三房的人,一般村子决定什么事情根本就没有我们说话的地方。但是,这些年,我们三房的人一个个都在外发展得不错,村里论经济实力的话就属我们最强了。现在办事什么都要钱,没有钱,祠堂没法修、公路没法修、排水道也没法修。我们三房的有钱人多,六房以前都是靠着几个华侨,现在我们跟他们比也不会差,因此,讲话也可以大声点了。所以,最后选举的结果还是我们三房的人赢了,因为大家都知道,要靠我们事情才好办。"(编号:广州—经营型—004)

五、小　　结

　　本文结合具体案例，重点探讨了城市新移民之经营型移民在城市的创业与立足过程。经营型移民作为部分劳力型移民和智力型移民发展的高级阶段，他们具有多种身份和资源动员方式。他们早期有着劳力型移民或智力型移民的经历，这实际上是一种无论在资金上还是在商业人脉上的资源积累。为了扩大经营，他们在持续地利用传统的血缘、姻缘和地缘关系实现资源和信息共享的同时，也积极建构新的流动性的商业网络。从农村到城市，不仅是一种地域的变化，也是一种文化的转型。城市生活的高成本、低信任、流动性，给他们带来了诸多不适应，甚至在经济上已经挤入城市中上层之后，他们依然觉得自己是"外来人"。因而，将城市新移民纳入城市社会建设和居民管理范畴，重点关注城市新移民的分类及各群体特征，探讨新移民的适应与融入，乃至于定居和城市居民身份的转换问题，是当前移民政策和城市治理的重要任务。

参考文献

[1] Nee, Victor. "A Theory of Market Transition: From Redistribution to Markets in State Socialism." American Sociological Review, 1989, 54.
[2] 吴晓刚. 下海：中国城乡劳动力市场转型中的自雇活动与社会分层（1978—1996）[J]. 社会学研究, 2006（6）：126-127.
[3] 周大鸣, 等. 城市新移民问题及其对策研究[M]. 北京：经济科学出版社, 2014.
[4] 朱力, 陈如. 城市新移民：南京市流动人口研究报告[M]. 南京：南京大学出版社, 2003.
[5] 文军. 论我国城市劳动力新移民的系统构成及其行为选择[J]. 南京社会科学, 2005（1）：54-58.
[6] 张文宏, 雷开春. 城市新移民社会认同的结构模型[J]. 社会学研究, 2009（4）：61-87.
[7] 张文宏, 雷开春. 城市新移民社会融合的结构、现状与影响因素分析[J]. 社会学研究, 2008（5）：117-141.
[8] 周大鸣, 杨小柳. 从农民工到城市新移民：一个概念、一种思路[J]. 中山大学学报（社会科学版）, 2014（5）：144-154.
[9] 周大鸣, 田洁. 经营型移民的社会流动[J]. 江西农业大学学报（社会科学版）, 2013（1）：9-11.
[10] 李培林. 流动民工的社会网络和社会地位[J]. 社会学研究, 1996（4）：50-51.
[11] 张继焦. 城市的适应[M]. 北京：商务印书馆, 2004.
[12] 蔡禾. 城市化进程中的农民工：来自珠江三角洲的研究[M]. 北京：社会科学文献出版社, 2009.
[13] 周大鸣, 刘玉萍. 社会关系网络与农民工投资型输出[J]. 广西民族大学学报（哲学社会科学版）, 2011（1）：47-48.
[14] 杨小柳, 谢立兴. 经营型移民的集聚与创业——以广州批发零售市场的潮汕商人为例[J]. 广西民族大学学报（哲学社会科学版）, 2010（1）：82-83.
[15] 边燕杰. 城市居民社会资本的来源及作用：网络观点与调查发现[J]. 中国社会科学, 2004（3）：136-145.
[16] 周大鸣. 都市化中的文化转型[J]. 中山大学学报（社会科学版）, 2013（3）：100-101.
[17] 俞宪忠. 中国人口流动态势[J]. 济南大学学报, 2004（6）：74.
[18] 黎相宜, 周敏. 跨国实践中的社会地位补偿——华南侨乡两个移民群体文化馈赠的比较研究[J]. 社会学研究, 2012（3）：182-200.